D1717718

ZHOU CHUN

ACH, WAS FÜR EIN LEBEN!

ZHOU CHUN

ACH, WAS FÜR EIN LEBEN!

SCHICKSAL EINES CHINESISCHEN INTELLEKTUELLEN

Autobiographischer Roman

Die Deutsche Bibliothek - CIP-Einheitsaufnahme

Zhou Chun:
Ach, was für ein Leben! Schicksal eines chinesischen Intellektuellen /
Zhou Chun. - Hamburg : Abera-Verl., 2001
ISBN 3-934376-27-4

© 2001 ABERA VERLAG MARKUS VOSS

Satz und Layout: ABERA VERLAG, HAMBURG
Druck und Bindung: DRUCKEREI POHLAND, AUGSBURG

ISBN 3-934376-27-4

Meinem Lande
meinem Volke
zum Andenken
und mit Liebe

DAS ALTE SHANGHAI – STADT DER FINSTERNIS

Zwei Republiken auf einer Straße? – Rätsel

Das Gedächtnis spielt einem ab und zu gerne einen Streich. Man vergißt ausgerechnet das, was man unbedingt im Kopf behalten muß. Man denkt unwillkürlich an Dinge, die man lieber vergessen will.

Wer hat in seiner Kindheit nicht etwas Dummes gemacht? Nach fünfzig Jahren taucht plötzlich diese Szene auf und man muß sich immer noch dafür schämen.

Kleine Kinder nässen im Schlaf das Bett. Das ist keine Schande. Aber wenn ein zehnjähriger Junge am hellichten Tage auf der Straße seine Hose näßt, so ist das eine so große Schande, daß er nie wieder daran denken will. Das Gedächtnis läßt ihn aber nicht in Ruhe und erinnert ihn von Zeit zu Zeit noch daran.

Ach, hätte ich es an jenem Tage nur rechtzeitig geschafft, diese Straße zu überqueren! Drüben war mein Elternhaus. Dort hätte ich meine Notdurft in Ruhe und Würde verrichten können.

Diese verdammte Straße!

Wie sie hieß?

Boulevard des Deux Républiques.

Wieso? Zwei Republiken auf einer Straße?

Das klingt wie ein Rätsel.

Rätsel oder nicht Rätsel, das kann warten. Aber an jenem Tage der Schande konnte ich nicht warten. Die Notdurft war so dringend, daß sie mich verrückt machte. Ich kam aus der Schule und war auf der südlichen Seite der Straße, also in der Republik China. Wir wohnten aber auf der nördlichen Seite, das heißt in der Republik Frankreich. Wie hätte ich unter solch peinlichen und demütigenden Umständen rechtzeitig von einer Republik zur anderen rennen und mein Gesicht wahren können?

Diese verdammte Straße!

Heute heißt sie Volksstraße. Das ist schon viel besser.

Adieu, République Française!

Ach so, Rätsel.

Nein, das war kein Rätsel. Das war Geschichte.

Vor der Gründung der Volksrepublik China 1949 war Shanghai eine Stadt der Finsternis. In dieser Stadt bin ich 1926 geboren und in dieser Stadt bin ich aufgewachsen. Ich bin ein Teil der Geschichte von Shanghai und Shanghai ist ein Teil der Geschichte von China.

Shanghai war vor dem Sieg im Antijapanischen Krieg 1945 eine geteilte Stadt, vergleichbar mit Berlin nach dem Zweiten Weltkrieg. Zwar war China ein souveränes Land und Shanghai eine chinesische Stadt, aber außer den Bezirken unter der Kontrolle der damaligen chinesischen nationalistischen Regierung, zum Beispiel Nanshi, Südstadt, wo sich meine Grundschule befand, gab es noch eine internationale Niederlassung – das International Settlement, vorwiegend unter britischer Kontrolle – und eine rein französische Konzession – die French Concession. Der Boulevard des Deux Républiques war die Grenze zwischen dem chinesischen Bezirk Nanshi und der French Concession.

Meine Erinnerungen an das alte Shanghai sind finster. Ich muß immer an die Inder oder die Sikhs, die Vietnamesen und die verbannten Russen denken, die als Polizisten im Dienste der Kolonialisten chinesische Rikschakulis grausam schlugen, an die japanischen Schildwachen, die chinesischen Vorübergehenden großzügig Ohrfeigen schenkten, an amerikanische Militärpolizisten, die in ihren Jeeps wie verrückt hin und her rasten. Ich muß immer an die zahlreichen Bettler, Prostituierten und Gauner denken und auch an die mehrere Millionen Einwohner, die in Armut und Angst lebten.

Über das alte Shanghai der Kolonialzeit hat man viel geschrieben: »Paradies der Abenteurer«, »Paris des Osten« …und über das berüchtigte Schild am Eingang des damaligen Bundgartens: »Für Chinesen und Hunde verboten«.

Die ersten achtzehn Jahre meines Lebens in meiner Heimatstadt will ich lieber vergessen. Aber das Gedächtnis läßt mich nicht in Ruhe. Es tut mir weh, daran zu denken. Oh, altes Shanghai – Stadt der Finsternis!

Das Heldenbild und die Sonnenfahne – Enttäuschung

Meine Grundschule war eine der besten der von der chinesischen Stadtregierung geführten Schulen. Eben deswegen haben meine Eltern mich und meine Geschwister in diese Schule geschickt, obwohl es in der French Concession, unweit unseres Hauses, eine gute französische Schule gab.

Meine Eltern wollten, daß ihre Kinder, das heißt mein zwei Jahre älterer Bruder Qiuzhen, meine zwei Jahre jüngere Schwester Tianzhen und ich, eine chinesische Erziehung erhielten. Als meine Eltern jung waren, waren sie

Christen und hatten an der Neukultur-Bewegung vom 4. Mai 1919 teilgenommen und später ihren Beruf als Lehrer ausgeübt. Ihre patriotische Grundeinstellung ließ auch nicht nach, als mein Vater sich schließlich als Kleinunternehmer selbständig machte und meine Mutter ihm bei der Verwaltung seiner Werkstatt half. Sie waren die ersten Lehrer, die uns Kinder im Geist des Patriotismus erzogen.

In meiner Schule sammelten sich montags morgens Lehrer, Schüler und Angestellte in der Aula und führten eine Zeremonie zu Ehren des Vaters der Republik China, Dr. Sun Yatsen, durch. In feierlicher Atmosphäre verbeugten sich alle Anwesenden vor dem Bild von Dr. Sun Yatsen. Wir sangen das Lied der Kuomintang-Partei und rezitierten das Vermächtnis unseres Ex-Premiers Sun. Sich dreimal tief zu verbeugen war nicht schwer. Schwer war es, das Lied zu singen und das Vermächtnis zu rezitieren. Bis heute weiß ich nicht, was wir Woche für Woche in den sechs Grundschuljahren gesungen und rezitiert haben. Beide Texte waren in schwer verständlichem klassischem Chinesisch verfaßt und niemand hat uns das gelehrt.

Doch meiner Erziehung zum Patriotismus und Nationalbewußtsein tat dies keinen Abbruch. Denn allein die feierliche und würdevolle Atmosphäre in der Aula hat mir jedesmal zu verstehen gegeben, daß es sich hier um eine große Sache handelt, die auch mich betraf. An der rechten Seite des Bildes von Dr. Sun Yatsen stand geschrieben: »Die Revolution ist noch nicht gelungen« und an der linken Seite: »Die Genossen müssen sich noch darum bemühen«. Das war seine letzte Mahnung.

Bin ich nicht auch ein Genosse, obwohl noch so klein? fragte ich mich jedesmal und dachte gleichzeitig an die Weisung, daß jeder für das Schicksal seines Landes verantwortlich ist. Es war in dieser Aula, wo unser Staatsvater, Vorkämpfer der Revolution, die große Verantwortung auch auf mich lud.

In der Schule habe ich gelernt, daß die Revolution noch nicht zu Ende ist, auch wenn China seit 1912 eine Republik war. Wir mußten unter der Führung von Dr. Sun Yatsens Nachfolger, Generalissimus Chiang Kaishek, weiterkämpfen, um aus China ein reiches und starkes Land zu machen, so daß die imperialistischen Mächte der Welt nicht mehr wagten, uns zu unterdrücken und auszubeuten.

Nicht nur die Erziehung in der Schule, sondern auch das Leben in der kolonialen Stadt Shanghai hat mich politisch gebildet. Ja tatsächlich, wieso lebten wir, Bürger eines souveränen Landes, in unserer eigenen Stadt nicht wie Herren, sondern wie Sklaven? Wieso benahmen sich ausländische Sklaven in unserem Lande wie Herren? Ich meine die Sklaven der Franzosen, die kleinen gelben Vietnamesen mit ihren von der Katechupalme geschwärzten Zähnen, die Sklaven der Briten, die großen schwarzen, bärtigen Sikhs mit ihren riesigen Turbanen, und die Russen, die immer nach Alkohol und Knoblauch rochen. Sie waren Flüchtlinge der Revolution 1917. Jeder nannte sich Graf oder Baron. Und ihre Weiber, die in Nachtclubs sangen oder tanzten oder sich gar als Prostituierte verkauften, gaben sich für Prinzessinnen aus. Diese Polizisten waren in der Tat Herren meiner Heimatstadt und Meister ihres Fachs. Sie beschimpften, ohrfeigten und schlugen uns Chinesen. Sie schleppten uns auf die britischen oder französischen Polizeistationen. Sie sperrten uns ein. Sie verurteilten uns zu Geldstrafen. Sie taten alles, was sie wollten. Und wir Chinesen in China waren ihnen gegenüber ganz und gar rechtlos, wehrlos und hilflos. Jedesmal wenn ich einen solchen Sklaven-Herren auf der Straße entdeckte, nahm ich die Hand meiner Mutter. Einmal sah ich, wie ein Sikh einen chinesischen Rikschakuli mit einem Stock brutal verprügelte. Blut rann ihm vom Gesicht. Er schützte seinen Kopf notdürftig mit den Armen und heulte, doch er leistete keinen Widerstand. In der Nähe standen einige chinesische Passanten, die mit versteinertem Gesicht die Szene beobachteten, ohne einzugreifen. Ich stand da wie gelähmt. Dann lief ich schnell davon. Aber vor dieser erschütternden Szene kann ich nie mehr weglaufen. Ich habe sie mir tief eingeprägt – einen verprügelnden Sklaven und einen verprügelten Herrn.

Ja, ich verstand, Generalissimus Chiang Kaishek war der Retter und die Hoffnung unseres Landes. Er war mein Held. Wie andere Schüler, hatte auch ich ein Bild von ihm in meiner Schulmappe. Jedesmal, wenn ich ihm tief in die Augen schaute, wurde mir das Blut heiß. Schnell groß werden! Ich wollte schnell erwachsen werden und dem Generalissimus folgen, um für ein reiches und starkes China zu kämpfen. Das war die Pflicht eines jeden Chinesen. Ich war mit meinen zehn Jahren ein kleiner Patriot!

* * *

13. August 1937. Shanghai begann seinen heroischen Kampf gegen die japanischen Eindringlinge. Der Kampf endete nach drei Monaten mit der Niederlage der chinesischen Truppen.

Ich war zehn Jahre alt. An einem Morgen stand ich auf dem Balkon und schaute auf den Boulevard des Deux Républiques vor unserem Haus. Ich stand allein auf dem Balkon, meine Eltern und Geschwister waren irgendwo außer Haus.

Die Straße war leer. Da, vom Westen her hörte ich ein fürchterliches Geräusch. Und dann, ganz langsam kam der erste Panzerwagen in Sicht. Der Deckel war offen. Ein kleiner japanischer Soldat stand aufrecht im Wagen mit einem Stahlhelm auf dem Kopf und einer Sonnenfahne in der Hand. Ihm folgte ein zweiter, dann ein dritter ... immer auf der chinesischen Seite der Straße.

An diesem Tage hat die japanische Invasionsarmee alle chinesischen Bezirke von Shanghai okkupiert.

Ich verließ den Balkon, nachdem der letzte Panzerwagen außer Sicht war.

Hatte ich Angst? Nein.

Habe ich geweint? Auch nicht.

Aber ein schwerer Druck saß mir auf der Brust. Ich hatte ein noch nie erlebtes weihevolles Gefühl, als ob ich auf einmal erwachsen wäre. Mit großem Ernst ging ich ins Zimmer und nahm die Schulmappe, in der das Bild vom Generalissimus Chiang Kaishek steckte. Jetzt nahm ich es heraus und begab mich in die Küche. Noch einmal schaute ich meinem Helden tief in die Augen, bevor ich das Bild ins Feuer warf. Ich stand aufrecht wie ein Soldat und salutierte, während das Bild langsam von den Flammen verschlungen wurde.

Shanghai war gefallen - trotz des heroischen Kampfes der chinesischen Truppen. Überall sah man Sonnenfahnen - oder »Heilpflasterfahnen«, wie wir Chinesen sie mit Haß und Verachtung nannten. Chiang Kaishek hatte versagt! Ein bleiernes Gefühl der Enttäuschung hatte mich erfaßt. An jenem Tag war ein Licht in mir erloschen. Das Heldenbild war verbrannt, nicht nur im Feuer, sondern auch in meinem Herzen. Daß Generalissimus Chiang Kaishek den Befehl erlassen hatte, den Widerstand einzustellen und Shanghai aufzugeben, erfuhr ich erst viel später.

An jenem Abend stand ich wieder allein auf dem Balkon und schaute nach den blinkenden Sternen. Dieses bleierne Gefühl saß mir immer noch tief in der Brust. Ich hatte wenig zu Abend gegessen. Niemand hatte Appetit gehabt. Schweigend hatten wir am Tisch gesessen. Sogar Opa, der sonst immer gerne Witze erzählte und so laut lachen konnte, hatte geschwiegen. Vater, der häufig mißmutig aus seinem Betrieb kam, wenn in der Werkstatt irgend etwas schief lief, machte heute ein besonders finsteres Gesicht. Merkwürdig war, daß sogar Mutter ihre Bemühungen, die Atmosphäre zu beleben, aufgab. Für uns Kinder galt immer die Lehre des Konfuzius: »Beim Essen wird nicht gesprochen«. Erst als die Hausangestellte begann, den Tisch abzuräumen, sagte Mutter zu uns in einem flachen Ton:

»Wenn wir verstreut werden sollten, müßt ihr eure Namen und die Namen eurer Eltern sowie unsere Adresse wissen. Ihr müßt auch Geld bei euch haben. Ich habe für jeden einen Umschlag mit Banknoten und Unterlagen vorbereitet. Den Umschlag müßt ihr immer in der Brusttasche tragen. Versteht ihr?«

Meine Schwester war nicht einmal acht Jahre alt. Konnte sie das verstehen? Ich war zwar zwei Jahre älter, aber ein solches Gefühl habe ich noch nie erlebt. Das war nicht Angst, sondern Trauer.

Trauer, weil Generalissimus Chiang Kaishek uns verlassen hat; Trauer, weil uns die Eltern auch verlassen könnten; Trauer, weil ich mich ganz alleine unter diesem Sternhimmel fühlte – im Stich gelassen, schutzlos und wehrlos.

An diesem Tag wurde ein zehnjähriges Kind auf einmal erwachsen. Zum ersten Mal verstand es, was es bedeutet, Sklave einer fremden Macht zu sein.

Kinder im Krieg werden frühreif.

Der Französische Park – Demütigung

Wir waren drei: meine Schwester, ihre Klassenkameradin und ich, hatten aber nur zwei Monatskarten für den Französischen Park. Eine Eintrittskarte kostete sehr wenig, aber wir wollten diesmal auch ein kleines Abenteuer erleben, und zwar wie andere Kinder, die heimlich eine Karte durch einen Spalt im Zaun des Parks hindurchschoben, so daß die Klassenkameradin, die draußen wartete, auch in den Park kommen konnte, aber ohne eine Karte kaufen zu müssen. So etwas macht doch Spaß, dachten wir.

Aber wer sollte es riskieren? Ich war der ältere Bruder und auch ein junger »Ritter«. Meine Schwester sollte sich hinter einem Baum verstecken und wachsam Ausschau halten, das heißt auf die vietnamesischen Wächter aufpassen. Sie sollte mich im Falle der Gefahr sofort alarmieren.

Kaum hatte ich mein Kunststück vollbracht, da hörte ich meine Schwester dringend rufen: »Renn schnell, Brüderchen! Der Wächter kommt!«

Ich bekam solch einen großen Schreck, daß ich sofort begann, wie ein Kaninchen vor dem Wolf wegzurennen.

Ich rannte sehr schnell, aber der Vietnamese rannte noch schneller.

Er war klein, ich war aber noch kleiner.

Der Abstand wurde immer geringer. Da vorne sah ich einen Chinesen. »Onkel, Onkel!« rief ich. »Hilf mir! Der Wächter ...!«

Ich packte ihn fest an der Taille. Er war mein Retter. Aber der »Onkel« zögerte. Er tat, als ob er von mir weglaufen wollte. Da packte mich auch schon der Vietnamese am Kragen, wie ein Adler ein Küken. Dabei schimpfte er im Shanghaidialekt:»Du stinkendes Kinaschwein!« Ich hatte solche Angst, daß ich auch das Weinen vergaß. Starr vor Schreck war ich der Gewalt dieses kleinen Vietnamesen ausgeliefert.

Als er mich zur Polizeistation schleppte, sah ich ringsum im Park nur apathische Gesichter der Chinesen. Niemand reckte mir eine helfende Hand entgegen, setzte sich für mich ein oder beschwichtigte den Wächter.

Da, auf einer Böschung entdeckte ich meine Schwester. Ihre Kameradin stand neben ihr. Beide waren blaß und schauten mich an, als ob sie ein Leichenbegräbnis beobachteten.

Die Polizeistation bestand aus einem schrecklich großen Zimmer. Dort fragte man mich nur nach meinem Namen und meiner Adresse. Ohne weitere Fragen sperrte man mich einfach in eine Ecke. Im Zimmer herrschte viel Betrieb. Französische und vietnamesische Polizisten kamen und gingen. Aber niemand kümmerte sich um mich.

Oh, ich hatte solche Angst. Ich war ganz und gar hilflos, in einem fremden Zimmer, unter fremden Menschen. Ich wurde so müde, daß ich nicht mehr stehen konnte. Mutter, komm schnell und hol mich hier raus!

Es hat lange gedauert - furchtbar lange, bis sie kam. »Mutter!« Ich hielt sie fest und begann zu heulen. Auf ihre Fragen habe ich nicht geantwortet.

Ich habe nur geheult. Geheult habe ich in der Polizeistation, auf dem Weg nach Hause und in meinem Bett, bis ich keine Tränen mehr hatte und meine Stimme ganz heiser wurde. Ich heulte, bis ich todmüde war. Dann muß ich eingeschlafen sein.

In meinem ganzen Leben habe ich nur einmal so geweint. War das lediglich Angst? Nein.

Obwohl ich kaum älter als zehn Jahre war, war ich auch ein Mensch. Aber ich habe erlebt, daß es in der Welt eine Macht gab, der gegenüber ich ganz wehrlos war, vor der mich keiner schützen konnte. Ein Ausländer konnte mich am Kragen packen, mich zu einer ausländischen Polizeistation bringen und einsperren lassen. Ich habe um Hilfe gebeten, aber niemand hat mir geholfen. Meine Schwester war noch kleiner als ich, ihre Kameradin auch. Selbst der »Onkel« und die vielen Chinesen im Park hatten alle Angst vor dem kleinen Vietnamesen.

Daß ein Chinese in China in solch eine total hilflose Lage geraten konnte, war ungeheuer demütigend.

Ich weinte nicht nur aus Angst, sondern vielmehr aus Demütigung. Später habe ich wesentlich Schlimmeres erlitten. Aber ich habe nicht mehr geweint. Ich habe inzwischen gelernt, die Zähne zusammenzubeißen und die Hände zur Faust zu ballen. Für Demütigung habe ich keine Tränen mehr.

Die Garten-Brücke – Haß

Der Bund, die Uferpromenade, ist ein Lieblingsort der Touristen in Shanghai. Was sie hier suchen, ist mir nicht bekannt. Reminiszenzen an gestern, als Schiffe, groß und klein, mit Flaggen aller Nationen außer von China, auf dem Huangpu-Fluß hin und her fuhren, als ob sie sich in ihren eigenen Gewässern befänden? Oder suchen sie den Park, wo einst das »historische« berüchtigte Schild »Für Chinesen und Hunde verboten« gehangen hat?

Der Park trug damals den Namen Bundgarten, deswegen hieß die Brücke nebenan, die das International Settlement mit Hongkou, einem der chinesischen Bezirke der Stadt, verband, Garten-Brücke.

Bis zum Angriff auf Pearl Harbor im Jahr 1941 hatten die japanischen Eindringlinge die Grenzen zwischen den von ihnen besetzten chinesischen Bezirken der Stadt und dem International Settlement sowie der French Concession noch geachtet. Sie eroberten ganz Shanghai erst nach diesem Angriff. Deswegen standen vorher immer zwei japanische Schildwachen mit Bajonetten in der Mitte der Garten-Brücke, jeweils an einer Seite. Alle Chinesen, Mann oder Frau, alt oder jung, reich oder arm, die diese Brücke überqueren wollten, mußten zehn Schritte von der Wache entfernt stehenbleiben, sich neunzig Grad tief verbeugen und durften erst wieder aufrecht stehen und weitergehen, wenn sie einen undefinierbaren Laut hörten, wie etwa wenn man einen Hund verjagt. Um diese Brücke in Sicherheit überqueren zu können, hätte man sich eigentlich vorher von den Japanern trainieren lassen müssen, denn es geschah nicht selten, daß ein Chinese, der mit diesem japanischen »Ritual« nicht vertraut war, Fehler machte. Was für Fehler? Oh, alle möglichen. Man konnte zu weit vor oder zu nahe an der Wache stehenbleiben. Oder statt neunzig Grad verbeugte man sich nur fünfundvierzig Grad, ganz unbewußt nach der chinesischen Gewohnheit. Oder man hob eine Sekunde zu früh den Kopf. Oder man schaute unwillkürlich nach der Wache. Und wehe dem Chinesen, der einen solchen Fehler machte! Eine Ohrfeige wäre noch sein »Glück« gewesen, denn er konnte wenigstens nur mit einer geschwollenen Wange oder mit einem blutenden Mund seines

Weges gehen. Manche wurden brutal geschlagen, bis ihnen das Blut in die Augen rann. Manche wurden heftig gekickt, so daß sie auf die Brücke fielen und sich vor Schmerzen rollten. Manche mußten in der Sonne oder im Regen stundenlang vor der Wache aufrecht stehen und bei jeder unwillkürlichen Bewegung sich selber ohrfeigen. Was einem Mädchen oder einer jungen Frau passieren konnte, will ich hier lieber verschweigen.

Meine Mittelschule befand sich in dem chinesischen Bezirk Hongkou jenseits der Brücke. An Schultagen mußte ich zweimal über diese Brücke gehen und zweimal dieses japanische »Ritual« richtig durchführen. Glücklicherweise ist mir nie etwas passiert. Doch soll ich mich bei den Japanern für ihre Großzügigkeit und Gastfreundlichkeit bedanken?

Ach nein, etwas ist mir doch passiert, aber auf eine ziemlich komische Weise. Einmal winkte mich eine Wache - nicht sehr barsch - heran. Mit klopfendem Herzen näherte ich mich ihr. Irgendwie hatte der japanische Soldat den weichen Flaum auf meiner Oberlippe bemerkt. Mit seinen Fingern versuchte er ihn zu ziehen und zu wickeln. Dabei sagte er zu mir lächelnd etwas auf Japanisch, was ich nicht verstand. Ich stand starr da, der neugierigen Blicke der Vorübergehenden gewahr. Vielleicht aus Mangel an Erwiderung meinerseits verschwand sein Interesse, und mit einem Winken der Hand hieß er mich weitergehen. Ich war zwölf oder dreizehn. Dieser »Tiger mit einem lachenden Gesicht« konnte kaum älter sein.

In der Grundschule wurden wir im Geist des Patriotismus erzogen. Geschichten von chinesischen und ausländischen Patrioten sind seitdem in meinem Gedächtnis geblieben. Aber jetzt mußte ich mich - Bürger eines großen Landes - vor Soldaten eines viel kleineren Landes verbeugen, und das in meinem eigenen Land?! Sicherlich war das sehr weit von einer patriotischen Haltung entfernt! Hatte ich meinen Sinn für Patriotismus verloren? Wieso fühlte ich nur Furcht, jedesmal wenn ich diese Brücke überqueren mußte?

Die Antwort präsentierte sich ganz zufällig.

Zhang war ein langjähriger Mitarbeiter in Vaters Werkstatt. Wegen seiner Loyalität war er fast so etwas wie ein Mitglied der Familie geworden, jedenfalls ein gern gesehener Gast. Und für mich war er wie ein großer Bruder. Eines Abends war er dem Weinen nahe, als er kam. Er weinte auch, als Mutter nach seinem Zustand fragte. Wir dachten alle, etwas Unangenehmes müßte in seiner Familie passiert sein. Aber nein, es war viel schlimmer.

An jenem Tag, als er die Garten-Brücke überquerte, war er in Eile und hatte deshalb seinen Kopf eine Sekunde vor dem undefinierbaren Laut erhoben, den die Wache als Passiersignal zu geben pflegte. Er hatte zwar seinen »Fehler« gleich bemerkt und schnell seinen Kopf wieder gesenkt, aber da war es schon zu spät. Die Ohrfeige war so stark, daß er beinahe sein Gleichgewicht verloren hätte. Tränen sprangen ihm in die Augen. Schmerz? Demütigung? Haß? Oder eine Kombination von allem? Er hatte keine Zeit, darüber nachzudenken, denn ein furchtbarer Gedanke hatte ihn erfaßt. Und diesen Gedanken vermochten wir am Anfang nicht zu verstehen, denn er konnte sich fast nicht artikulieren. Das Weinen hatte ihn so sehr erschüttert. Und ebenso erschüttert waren wir, seine Zuhörer, als wir ihn endlich richtig verstanden.

Er wurde gewahr, als er immer noch gebeugt vor dem Japaner stand, daß er lautlos vor sich hin murmelte: Mutter, verzeih deinem Sohn. Er ist auch ein Mensch. Wenn mich dieser Bastard noch einmal berührt, so werde ich ihn mit aller Kraft und allem Haß fest greifen und mit ihm zusammen in den Fluß springen. Mutter, verzeih deinem Sohn. Er ist auch ein Mensch ...

Zhang hatte eine kranke alte Mutter, eine schwache Frau und zwei noch sehr kleine Kinder. Wenn er sterben sollte ...

Mir wurde das Blut heiß, siedend heiß, als ich ihn weinend erzählen hörte. Haß! Haß gegen die japanischen Aggressoren! Haß gegen die britischen und französischen Kolonialherren! Haß gegen die Sikhs, die vietnamesischen und russischen Polizisten! Haß gegen alle Leute, die uns Chinesen unterdrückten! Haß gegen diese verdammte Welt!

Zhangs Unglück war wie ein Funken. Er hatte das Feuer des Hasses, das in meiner Brust verborgen lag, auf einmal entzündet.

Zhangs Geschichte ist Vergangenheit. Oder, Zhangs Vergangenheit ist Geschichte, und zwar schon mehr als eine Jahrhunderthälfte alt. Viel Wasser ist unter der Garten-Brücke hindurchgelaufen. Ich dachte, ich hätte diese Geschichte schon längst vergessen.

November, 1988. Radio RIAS in West-Berlin hat mich mit dem Flugzeug aus Zürich für eine siebenstündige Livesendung »Lange Nacht China« geholt und ein Zimmer für mich im Hotel Regent reserviert. Renate, meine deutsche Freundin, die mir eigentlich den Mut gab, endgültig zu entscheiden, dieses Buch zu schreiben, kam mich mit einem Kassettenrekorder besuchen und bat mich, ihr meine Lebensgeschichte weiterzuerzählen.

An diesem Morgen kam ich zu Zhangs Geschichte. Plötzlich tauchten vor meinen Augen zwei Szenen so lebendig auf, als ob es erst gestern geschehen und ich immer dabei gewesen wäre – Eine Szene: Zhangs Demütigung auf der Garten-Brücke; die andere, Zhangs Schmerzen in meinem Elternhaus.

Ganz unvermittelt brach ich mitten in der Erzählung in Tränen aus und konnte einfach nicht mehr weiter. Tränen haben mich der Stimme beraubt. Ich zitterte so heftig, daß Renate erschrocken und ganz außer Fassung war. Zhang hat auch so gezittert, als er uns sein Unglück erzählte. Die Szene in meinem Elternhaus in Shanghai vor einer Jahrhunderthälfte wiederholte sich in West-Berlin.

Vergessen? Nein! Oh, dieser Haß!

* * *

Die Japaner, die sich heute mit ihrem ewigen Lächeln und ihren Kameras wieder am Bund sehen lassen, sind natürlich längst nicht mehr unsere Feinde. Sie sind eher unsere Freunde, wenigstens Freunde unserer Politiker, die einen solchen Eifer dabei zeigen, daß sie heute schon wiederholt und betont die chinesisch-japanische Freundschaft im 21. Jahrhundert beschwören. Das ist sicherlich die einzig vernünftige Politik. Aber ist eine aufrichtige Freundschaft wirklich möglich, wenn meine Generation noch lebt und die Kriegsgreuel noch frisch in Erinnerung sind?

September 1989. Die Neue Gesellschaft für Literatur in West-Berlin hat mich eingeladen, im Literaturhaus in der Fasanenstraße über die Rezeption der deutschen Literatur in China zu sprechen. Nach dem Vortrag bat mich Herr Münzberg, der Vorsitzende der Gesellschaft, mit ihm gemeinsam in einem griechischen Restaurant gegenüber zu Abend zu essen. Am Tisch wurde mir ein japanischer Professor für Germanistik vorgestellt, der meinen Vortrag besucht hatte. Wir haben nicht viel miteinander gesprochen – ich, weil ich nicht wußte, was ich einem Japaner sagen sollte; er, weil ihm anscheinend etwas auf seinem Herzen lag. Aber bevor wir voneinander Abschied nahmen, kam der Japaner auf mich zu, verbeugte sich neunzig Grad und sagte zu mir auf Deutsch:

»Herr Professor, ich bedaure sehr, was Japan vor einer Jahrhunderthälfte China angetan hat.«

Vielleicht hatte mich das üppige griechische Essen in gute Stimmung versetzt, denn ich hörte mich mit einer englischen Redewendung darauf erwidern: »Let bygones be bygones!«

Ich gab dem Japaner sogar meine Hand. Was hätte ich sonst sagen oder tun können?

Am westlichen Ende des International Settlement gab es damals eine Straße mit dem Namen Bubbling Well Road oder Straße des Sprudelnden Brunnens. Doch der Brunnen, nach dem sie benannt war, war schon längst ausgetrocknet.

Neben dem Brunnen war ein Friedhof. Da dort »fremde Teufel« aller Nationen außer China beerdigt wurden, wurde er »Friedhof für zehntausend Länder« genannt. Der Friedhof ist heute der »Park des Friedens«. Das ist schon viel besser.

Gegenüber dem damaligen Friedhof lag die Deutsch-Chinesische Mittelschule, in deren Oberstufe ich drei Jahre Deutsch lernte. Die Unterstufe hatte ich in einer britischen Schule jenseits der Garten-Brücke absolviert. Es war eine gute Schule. Ich hatte nichts gegen die Engländer. Aber ich wollte Medizin studieren. Damals glaubte man in China, daß deutsche Ärzte die besten der Welt wären. Deswegen verließ ich, als 1941 eine neue Mittelschule als Vorbereitungsschule der Deutschen Medizinischen Akademie in Shanghai gegründet wurde, die britische Schule.

Nun, die neue Schule lag, wie gesagt, dem Friedhof gegenüber. Am hinteren Eingang des Friedhofs war eine Bushaltestelle. Um Zeit zu sparen, pflegte ich an Schultagen durch den Friedhof zur Schule beziehungsweise nach Hause zu gehen, denn sonst hätte ich einen großen Umweg auf der Straße machen müssen. Außerdem hatte der Friedhof den Vorzug eines Parks - Ruhe -, und nicht seinen Nachteil - Eintrittsgebühren.

Es war wahrscheinlich ein Unglückstag. Denn als ich nach der Schule gewohnheitsmäßig durch den Friedhof zur Bushaltestelle gehen wollte, wurde mir der Eintritt von einem russischen Polizisten verwehrt. Das war neu für mich. Ich erkundigte mich nach dem Grund des Verbots. Doch er nannte ihn nicht. Vielleicht reichten seine Sprachkenntnisse nicht aus, denn er sprach ein furchtbares Englisch, oder er dachte, ich hätte nicht einmal das Recht auf eine solche Frage. So begann ich mit großer Geduld den Versuch, ihn ein wenig klüger zu machen. In meinem Oxford-Englisch erklärte ich ihm eine sehr einfache Tatsache:

»Ich bin Chinese. Ich bin in China. In China darf ein Chinese überall hingehen, wohin er will. Daß ein Russe versucht, einem Chinesen den Eintritt zu verbieten, ist doch nicht akzeptabel.«

Aus Höflichkeit habe ich nicht »staatenloser Flüchtling« gesagt. Ich dachte, wenigstens meine englische Beredsamkeit müßte ihn so bewegen, daß er mir nun den Eingang freimacht, möglicherweise noch mit einer tiefen Verbeugung, um seine Hochachtung mir gegenüber zum Ausdruck zu bringen. Aber nein, ich hatte »vor einem Ochsen musiziert«. Denn Ochsen verstehen keine Musik, weder klassische noch moderne, wahrscheinlich auch keinen Rock and Roll. Mein russischer »Ochse« war ebensowenig verständig. Er wollte mich einfach auf die Polizeistation mitnehmen!

Schon wieder auf eine Polizeistation? Ich dachte an den scheußlichen vietnamesischen Wächter vom Französischen Park und den schrecklich großen Raum der französischen Polizeistation. Damals war ich noch klein und nicht in der Lage, mich zu wehren. Aber jetzt? Jetzt war ich schon fünfzehn Jahre alt - ein junger Gentleman, der sich auf Englisch zu verständigen wußte. Wer sollte mich noch einschüchtern können? Wer zuletzt lacht, lacht am besten. Du irrst dich riesig, wenn du glaubst, einen Vorteil aus mir ergaunern zu können, du staatenloser Flüchtling!

Kalt, aber höflich sagte ich zu ihm:

»Polizeistation? Bitte schön, gehen Sie voran und zeigen Sie mir den Weg.«

Diesmal war der Raum nicht mehr so schrecklich groß. Oder wirkte er nur kleiner, weil ich größer geworden war? Er sah wie ein Gerichtshof aus, wie ich ihn bisher nur in Filmen gesehen hatte. Lediglich ein Beamter und sein chinesischer Dolmetscher saßen auf den Bänken. An seinem Akzent erkannte ich den Beamten als Landsmann des Polizisten. Leider war ich mit der russischen Sprache noch nicht so weit vertraut, um den Bericht des Polizisten zu verstehen. Aber eins war mir klar: Der Polizist versuchte dem Beamten den Eindruck zu vermitteln, als ob ich am Eingang des Friedhofs sehr frech mit ihm gesprochen hätte. Das war wirklich gemein. Ich hatte eine »politische Rede« gehalten, vielleicht etwas spitz, aber sicherlich nicht frech.

Der Beamte begann mich auf Englisch zu fragen: Name? Alter? Adresse? usw...

Hier machte ich zwei Fehler. Erstens war ich noch zu unerfahren, um etwas von Taktik zu verstehen. Ich hätte dem chinesischen Dolmetscher in gehöriger Form Respekt zeigen sollen. Ich hätte warten sollen, bis er die Fragen des Beamten ins Chinesische übersetzt hatte und hätte ihm dann auf chinesisch antworten sollen, so daß er vor seinem Chef seine Befähigung unter Beweis hätte stellen können. Aber nein, ich war zu jung und zu eitel und wollte meine Englisch-Sprachkenntnisse zur Schau stellen. Ich antwortete dem Beamten direkt auf Englisch. Damit verlor der Dolmetscher sein Gesicht, vielleicht sogar seine »Reisschüssel«, wenn man ihn nach Hause schicken sollte.

Mein zweiter Fehler war, daß ich darauf beharrte, daß der Friedhof ein »chinesischer Park« wäre. In den Augen des Beamten, war er aber erstens kein Park, sondern ein Friedhof; zweitens war er ein Friedhof für zehntausend Länder, nur nicht für China; und drittens lag er innerhalb des International Settlement und nicht in einem chinesischen Stadtbezirk.

»Absurd!« Widerlegte der Beamte mit aller Schärfe. »Dieses Gerede von einem chinesischen Park ist absoluter Quatsch!«

Aber aus irgendeinem Grund zeigte er sehr wenig Interesse für meinen Fall. Jedenfalls wollte er nichts mehr von mir wissen. Von ihm aus konnte ich sofort verschwinden.

Ich hatte mich schon umgedreht, als etwas Unerwartetes geschah.

»Halt!« hörte ich den Dolmetscher brüllen. Dann sagte er zu dem Beamten, indem er mit einem Finger auf mich zeigte: »Er ist zu frech!«

Er schlug vor, mir deshalb wenigstens meinen Kopf kahlscheren zu lassen.

Zum ersten Mal während dieses »internationalen Kampfes« kriegte ich Angst, und zwar richtige Angst.

Oh, mein Gott! Wie soll ich eine Freundin finden mit einem kahlgeschorenen Kopf? Mit meinen fünfzehn Jahren hatte ich schon ein Auge für schöne Mädchen.

Doch dem Beamten schien mein Fall lästig zu sein. Er ignorierte den Einwand seines Dolmetschers, denn er sagte:

»Laß ihn laufen, Mann! Oder willst du, daß er das Geld fürs Haarschneiden spart?«

Zu mir sagte er ungeduldig:

»Hau ab, Junge! Na los, geh schon!«

So konnte ich trotz der Drohung des Dolmetschers samt meiner schönen Haare die Polizeistation verlassen. Der Dolmetscher hatte noch einmal sein Gesicht verloren, denn er konnte nicht einmal einen blutjungen Schüler bezwingen.

Dieser Dolmetscher arbeitete für die Briten. Er erinnerte mich aber an solche, die für die japanischen Aggressoren arbeiteten. Der Haß der Chinesen galt auch ihnen. Manchmal war der Haß gegenüber diesen Lakaien noch größer als der Haß gegen die Japaner. Nicht selten konnten chinesische Soldaten das Leben der geschlagenen japanischen Soldaten vor den wütenden Volksmassen retten, denn die Politik der kommunistischen Truppen hieß damals, die Gefangenen nicht zu töten. Aber das Leben eines festgenommenen Dolmetschers zu retten war viel schwieriger. Solche Verräter wurden oft heimlich vom Volk hingerichtet. Und das war eine Mahnung an mich, als ich später selbst Dolmetscher wurde, vor meinen Landsleuten nie Hochmut zu zeigen. Dasselbe verlangte ich auch von meinen Studenten, als ich sie zu Dolmetschern ausbilden sollte.

Aber kommen wir auf die Polizeistation zurück. Offensichtlich war der Polizist noch im Dienst und mußte zum Friedhof zurück, um die Toten weiterhin vor frechen chinesischen »Eindringlingen« zu schützen. Das war auch mein Weg. Um ihm zu zeigen, daß ich auf seine »Autorität« pfiff, hielt ich mich dicht neben ihm. Das gab mir ein Gefühl der Befriedigung. Ich mußte nicht vor »fremden Teufeln« weglaufen, wie damals im Französischen Park vor dem Vietnamesen. Eine noch größere Befriedigung hatte ich, als wir wieder an den Eingang des Friedhofs gelangten. Den Polizisten absichtlich streifend, ging ich in den Friedhof hinein, wie ein Pfau einherstolzierend, und pfiff ein fröhliches Lied dabei.

An diesem Tage habe ich wie immer den Bus am hinteren Eingang des Friedhofs genommen. Seitdem hatte ich nie mehr Probleme mit dem Durchgang durch den Friedhof.

Zu Hause fragte mich meine Mutter:

»Wieso bist du heute so spät? Ach, du strahlst! Hast du wieder eine gute Note bekommen?«

»Protest, Mutter, Protest!« plapperte ich.

»Protest? Gegen wen? Gegen was?« Wie sollte sie es verstehen?

»Gegen die 'fremden Teufel' ! Und ich habe gewonnen! Oh, Mutter, ich bin so glücklich! « sagte ich und barg mein Gesicht an ihrer Brust.

»Er hat Hunger« – Mitleid

Das alte Shanghai erwies sich als eine gute Schule, wo die von den Imperialisten unterdrückten Chinesen sehr leicht und schnell Nationalbewußtsein und Patriotismus lernen konnten. Aber immerhin waren die ›fremden Teufel‹ zahlenmäßig die Minorität. In der Majorität waren selbstverständlich die Chinesen - die meisten von ihnen arm, reich nur sehr wenige. Ausserdem gab es eine große Zahl von Menschen, die sich hungernd durchs Leben schlugen. In solch einer Gesellschaft lernte man auch sehr leicht und schnell Nächstenliebe und Humanismus. Es sei denn, daß man von Habsucht durchdrungen war und das Gewissen völlig verloren hatte. Leider gab es tatsächlich solche nach Geld stinkenden Menschen. »Revolutionärer

Humanismus« war eine von Mao Zedongs Erfindungen, »Papiertiger« eine andere. Er wollte den »Humanismus der Kommunisten« von dem »bourgeoisen Humanismus« oder von dem gar »reaktionären Humanismus der Kirche« unterscheiden. Denn nach den Lehren von Karl Marx könnten Kapitalisten, einschließlich ihrer Familienmitglieder, als eine ausbeutende Klasse überhaupt kein Mitleid für arme Menschen oder die ausgebeutete Klasse empfinden. Deswegen wurden zu Maos Zeit Romane, Filme oder andere Werke scharf kritisiert oder verboten, die nach seinen Maßstäben »scheinheiligen bourgeoisen Humanismus« propagierten und ihren Verfassern wurde ein tragisches Schicksal bereitet.

Ist das alles wirklich wahr? Wieso sagt mir das Leben etwas anderes?

Mein Vater war vor der Volksrepublik Besitzer einer Werkstatt mit ungefähr zwanzig Arbeiterinnen und ein paar aus Holz hergestellten Maschinen. Die Volksregierung hat ihn ab 1949 als »Kapitalisten« klassifiziert. Daraus ersieht man schon, was man in der Volksrepublik als Kapitalisten bezeichnete, war nicht immer ein großer Unternehmer. Und nach Mao sollten Vater und seine Familienmitglieder nichts von dem ›revolutionären Humanismus‹ verstehen. Aber wie waren die menschlichen Beziehungen in der Familie und wie verhielten sich ihre Mitglieder den Armen gegenüber?

Als Schulkinder bekamen wir Geschwister nicht nur in der Schule, sondern auch in der Familie Belohnung und Strafe. Jedesmal, wenn mein Bruder sich nicht richtig benommen hatte und Mutter drohte, ihn schlagen zu wollen, begann er laut zu weinen, Mutter um Verzeihung zu bitten und ihr zu versichern, nie mehr etwas Ähnliches zu machen. Welche Mutter hat nicht ein weiches Herz? Unsere Mutter war keine Ausnahme. Deswegen blieb mein Bruder sehr oft verschont.

Ich, der Esel - eigentlich bin ich nach dem chinesischen Horoskop Tiger - habe mich ganz anders benommen als mein Bruder. Das heißt, wenn Mutter drohte, mich zu schlagen, ging ich zu einem Stuhl, entblößte meinen Po, beugte mich und wartete. Mutter, um ihr Gesicht und ihre Autorität zu wahren, sah sich gezwungen, mich zu schlagen, obwohl sie es nur sehr ungern tat. Aber das hat sie erst zugegeben, als ich erwachsen war. Damals mußte meine Amme mich von Mutter wegnehmen und in Sicherheit bringen. Ich habe nie geweint oder um Verzeihung gebeten. Aber meine Amme weinte immer und tadelte mich: »Oh, du dummes Ding, kannst du nicht von deinem Bruder lernen?« Aber hinter meinem Rücken sagte sie nicht ohne Stolz: »Dieses Kind, eines Tages wird er ein großer Mann werden. Er hat Charakter. Warten wir nur ab!«

Meine Schwester war als einzige Tochter die Perle der Familie. Sie erhielt immer die günstigste Behandlung. Sie brauchte meinem Vater nur zu sagen: »Bitter, in meinem Mund ist alles bitter«, dann konnten wir mit Sicherheit mit einem europäischen Essen in dem besten Restaurant rechnen. Nur einmal hat Mutter sie geschlagen. Vater war im Büro, sonst wagte Mutter es auch nicht zu tun. Und das, weil meine Schwester mit fünfzehn schon einen »boy friend« gleichen Alters hatte. Für Mutter und ihre Generation galt doch: zuerst Ehe, dann Liebe.

* * *

Es war einmal zu Semesterende und ich hatte gute Noten bekommen. Mutter war sehr stolz auf mich. Ein chinesisches Sprichwort lautet: »Man hofft, daß der Sohn ein Drache wird.« Das war genau Mutters Stimmung, als sie mich in ein kantonesisches Restaurant mitnahm, um mich mit Garnelennudeln zu bewirten. Ich aß Nudeln so gern, daß meine Amme mich »Nudelkönig« nannte. Und die kantonesische Küche ist neben Peking und Sichuan eine der besten Cuisinen Chinas.

Mutter aß wenig, forderte mich aber immer wieder auf, zu essen. Dabei lächelte sie lieb. Der »Nudelkönig« aß soviel, daß er kaum aufstehen konnte. Da lachte Mutter herzlich und bestellte eine Tasse Kaffee für mich, »um mir bei der Verdauung zu helfen«.

Bevor ich soweit war und aufstehen konnte, um das Restaurant zu verlassen, kaufte Mutter noch einen Mondkuchen mit süßer Paste aus roten Bohnen für mich. Sie kannte meine Schwäche für Süßigkeiten. Mir wird der Mund wässrig, wenn ich jetzt darüber schreibe!

Da der Kuchen eine besondere Belohnung für mich war, durfte ich ihn auch selbst tragen. Lächelnd ging ich neben Mutter nach Hause, wobei wir noch über dieses und jenes plauderten.

»He, was soll das?«

Ein Knabe hatte mir den Kuchen aus der Hand gerissen und war weggelaufen. Aber ein paar Schritte vor uns blieb er stehen und bediente sich von meinem Kuchen!

»Eine Unverschämtheit!« rief ich und wollte mich auf ihn stürzen.

»Er hat Hunger,« hörte ich Mutters ruhige Stimme.

Ich hielt inne und schaute den Knaben an. Er war ungefähr in meinem Alter, sehr mager, in Fetzen, barfuß, mit langen und ungekämmten Haaren. Seine Hände waren schmutzig, seine Nägel lang. Meinen geliebten

Mondkuchen – Belohnung für ein Semester harter Arbeit – hielt er in seinen Händen. Und mit seinen gelben Zähnen biß er hinein, hastig, gierig. Dabei guckte er mich an. Ich las Angst in seinen Augen.

Ratlos schaute ich Mutter an. Ich hatte das Gefühl, als ob sie etwas von mir erwartete. Sie wollte wahrscheinlich sehen, wie ich mit diesem ›Überfall‹ fertig werde.

Bevor ich es mir genau überlegt hatte, hörte ich mich zum Bettler sagen:

»Das ist dein Kuchen. Nimm dir Zeit und iß ihn in Ruhe.«

Auf Mutters Gesicht glaubte ich die Spur eines Lächelns zu sehen. Sie hatte tatsächlich etwas von mir erwartet. Offensichtlich hatten meine Worte an den Bettler ihre Zustimmung gefunden. Jedenfalls nahm sie meine Hand, gab ihr einen leichten Druck und führte mich weg von der Szene.

Ich schaute über meine Schulter. Der kleine Bettler hatte mit dem Verschlingen aufgehört. Er guckte uns nach. Ein Ausdruck der Dankbarkeit war auf seinem Gesicht nicht zu finden. Statt dessen sah ich Verblüffung. Und ich glaubte auch einen Schimmer in seinen Augen zu sehen.

Klein wie ich war, hatte ich damals schon die Gewohnheit, wenn ich das Bedürfnis fühlte, mein inneres Gleichgewicht wiederzufinden, alleine auf den Balkon zu gehen und nachzudenken. Wenn es am Abend geschah, schaute ich dabei die Sterne an.

An diesem Abend dachte ich an den kleinen Bettler. Sein ›Überfall‹ hatte mich bestürzt. Ich war traurig.

Es sind so viele Menschen in der Welt und sie sind so sehr verschieden, dachte ich. Onkel Gu und seine Familie sind viel reicher als wir. Sie bewohnen ein großes Haus mit einem schönen Garten. Sie haben ein neues Auto. Die Arbeiterinnen in Vaters Werkstatt hingegen haben nicht einmal genug zu essen. Ihre Kinder dürfen nicht in die Schule. Auf den Straßen sind immer so viele Bettler und arme Menschen zu sehen. Und ich? Bin ich glücklich? Ja, ich bin zufrieden. Aber was, wenn ich in einer armen Familie geboren wäre, so wie der kleine Bettler? Liberté, égalité, fraternité, sagen die Franzosen. Aber wie kann man einander gleich sein? Das Leben sagt mir gerade das Gegenteil.

Mitleid, oder genauer, Mitleid für die Armen – ein vorher fast unbekanntes Gefühl, schlug an diesem Tage Wurzeln in meinem jungen Herzen. Dabei bin ich Sohn eines Kapitalisten.

Im Winter ist es in Shanghai noch kälter als in Peking, wenigstens im Hause, obwohl Shanghai wesentlich südlicher liegt. Denn der Winter in Peking ist so kalt, daß man unmöglich ohne Heizung leben kann. In Shanghai sind die Temperaturen zwar höher, doch hier wird bei den meisten Leuten nicht geheizt. Kohlen sind so teuer, daß sich kaum jemand in Shanghai sie leisten kann. Deswegen haben wir Shanghaier im Jahr drei Monate lang – manchmal noch länger – eine schwierige Zeit, besonders wenn man den ganzen Tag am Tisch sitzen und arbeiten muß. Man hat eiskalte Finger und kann nicht mehr richtig schreiben. Manchmal muß man aufstehen und mit den Füßen stampfen. Die gefrorenen Zehen tun einem weh. In Peking ist es im Freien natürlich kälter als in Shanghai, aber wenn man zu Hause bleibt oder nach Hause kommt, hat man wenigstens ein warmes Zimmer, wo man nicht unbedingt behaglich, aber wenigstens normal leben und arbeiten kann. Wir Shanghaier sind daran gewöhnt. So oder so überleben wir den ungeheizten Winter. Heute stirbt niemand vor Kälte. Aber vor der Volksrepublik war es nicht der Fall. In meiner Kindheit waren jeden Winter viele Menschen erfroren.

In Shanghai gab es damals viele Bettler und Obdachlose. Im Sommer konnten sie noch überall ein Plätzchen zum Übernachten finden, solange die Polizisten sie nicht ertappten. Aber im Winter? Am Tage habe ich gesehen, wie Bettler in dünnen Fetzen vor Kälte zitterten. Wenn sie etwas zu essen erbettelt hatten, suchten sie eine sonnige und dem Wind abgekehrte Ecke, wo sie ihren großen Hunger ein wenig stillten. Besonders schlimm war es selbstverständlich für die Alten, die Kranken und die Kinder. Sie boten ein trauriges Bild. An dieses Bild war ich so sehr gewöhnt, daß ich das Elend kaum noch registrierte. Ich fragte mich auch nicht, wo die Bettler in der noch kälteren Nacht bleiben sollten. Es waren einfach zu viele.

In der Schule habe ich ein klassisches Gedicht von dem berühmten Dichter Du Fu gelernt. Er hat in einer poetischen Form die Frage aufgeworfen: »Wie kann man es erreichen, daß es eines Tages Hunderttausende Häuser gibt, in denen alle Obdachlosen, die vor Kälte zitterten, jetzt glücklich lachen können?« Wegen dieses einen Gedankens hatte ich Hochachtung vor dem Dichter. Aber meine Teilnahme für die Armen ging nicht weiter.

Ich muß schon fünfzehn Jahre alt gewesen sein, denn mit fünfzehn bin ich erstmals mit dem Fahrrad zur Schule gefahren. Im Winter, wenn es schneite, war es gefährlich, wenn man mit dem Fahrrad abbiegen mußte. Aber an diesem Morgen hatte es nicht geschneit. Es wehte ein starker Nordwestwind. Jeder Shanghaier weiß, daß es meistens trocken, aber besonders kalt ist, wenn der Wind aus dieser Richtung bläst. Dann hilft es auch nichts, wenn man dicke und warme Kleider anzieht, denn der Wind dringt durch die kleinsten Ritzen und Öffnungen und schneidet wie ein Messer.

Es war noch früh, die Straßen waren fast leer und nur wenige Geschäfte hatten schon geöffnet. Trotz des Windes fuhr ich schwer atmend mit dem Fahrrad zur Schule. Ich mußte abbiegen. Ich war schon fast um die Ecke, da sah ich unter der Dachrinne einer Apotheke eine Leiche liegen. Zu sehen waren nur Füße und Unterschenkel, denn sonst war sie mit einer Strohmatte bedeckt. Die Füße waren blaß, leicht gelb, ja fast weiß. Sie mußten einem Mann gehören, denn sie waren ziemlich groß. Sie waren so dürr, daß man glaubte, sogar die Knochen unter der Haut sehen zu können.

Ich war erschrocken. Ich hatte noch nie eine Leiche gesehen, noch dazu auf der Straße. Ich blieb nicht stehen, sondern fuhr weiter.

Am Abend, als ich nach Hause fuhr, war die Leiche an der Ecke nicht mehr zu sehen. Es gab damals in Shanghai Wohlfahrtsorganisationen, die meistens den Kirchen angehörten.

Am Tisch erzählte ich von der Leiche. Vater runzelte die Stirn und sagte:»Iß, iß nur weiter!«

Niemand sagte etwas. Niemand fragte. Jeder aß seinen Reis. Es gab Hammelfleischsuppe mit Rüben. Die Köchin sorgte dafür, wenn es besonders kalt war.

Hätte der Tote heute morgen auch einen Schluck von dieser heißen Suppe und ein Stück von diesem Hammelfleisch zu sich nehmen können, wäre er vielleicht nicht erfroren, dachte ich. Wahrscheinlich war er nicht nur erfroren, sondern auch verhungert.

Mechanisch aß ich weiter, jedes Korn zählend. Auch das Hammelfleisch reizte meinen Appetit nicht. Meine Gedanken waren immer noch bei der Leiche. Wer war er? Ein Flüchtling oder ein Bettler? War er auch ein Vater mit Kindern? Oder war er ganz alleine? Wie kommt der Tod, wenn man vor Kälte stirbt? Wahrscheinlich allmählich und ohne Schmerzen, denn man wird zuerst ohnmächtig, habe ich irgendwo gelesen. Aber woran dachte er, bevor er sein Bewußtsein verlor? Wollte er sich nicht vom Leben trennen, oder hat er sein Schicksal akzeptiert? Vielleicht war aber der Tod für ihn eine Erlösung? Sicherlich war sein Leben kaum zu ertragen gewesen.

Aber ich fand, daß nur ein natürlicher Tod akzeptabel sei, denn niemand ist unsterblich. Man ist darauf vorbereitet. Auch dann wollen viele Menschen sich noch länger am Leben halten, wenn möglich. Aber vor Kälte oder Hunger sterben? Das war für mich unvorstellbar, denn man ist nicht alt, man ist nicht krank. Wenn er nur etwas zu essen und warme Kleider bekommen hätte, hätte er weiterleben können, noch zehn Jahre, vierzig Jahre, wer weiß? Etwas zu essen und warme Kleider, das kann doch nicht die Welt kosten. Aber er hat das Leben aufgeben müssen, nur deshalb?

Traurig, wirklich traurig!

Schlechte Weiber – Mysterium

»Gehen wir auf die andere Seite,« sagte Mutter und überquerte unauffällig die Straße.

Doch ich hatte es auch gesehen - das geschminkte Mädchen, nicht viel älter als ich, in einem Kostüm, das an die Schauspielerinnen der Peking-Oper erinnerte. Dicht neben ihr stand eine ältere Frau, mit Augen, die nur auf die vorübergehenden Männer gerichtet waren. Nicht weit von ihnen konnte man ähnliche Paare sehen - ein geschminktes Mädchen mit einer älteren Frau. Gute Beobachter konnten noch Männer entdecken, meistens große und kräftige, mit einer Zigarette im Mundwinkel, einer Sonnenbrille auf der Nase, auch wenn es schon nach Sonnenuntergang war, und einem Fächer in der Hand, auch wenn es Winter war. Sie gingen hin und her, aber nie zu weit von den Pärchen entfernt. Auch eine Art Trinität - aber eine verdammte: Prostituierte, Zuhälterin und Leibwache.

Ich war kein Knabe mehr, sondern ein junger Gentleman, ein Medizinstudent. Da ich in der Schule Englisch und Deutsch gelernt hatte, konnte ich schon literarische Werke in diesen beiden Sprachen lesen. Mein erster englischer Roman hieß »Love Episode«. Ich hatte ihn mir aus der Stadtbibliothek geborgt, nicht weil er mir ein Meisterwerk schien, sondern wegen des Wortes »love«. Das Wort »Episode« konnte ich damals noch gar nicht verstehen. Ich nahm das Buch mit ins Bett und begann zu lesen. Nicht alles konnte ich verstehen: manchmal fehlten mir die Vokabeln, manchmal war mir der Inhalt unverständlich. Aber ich las immer weiter, und freute mich, wenn ich Sätze verstehen konnte, wie:»I love you« oder »They embraced tightly and kissed each other fondly«. Ein nie erlebtes Gefühl machte mich heiß. Ich las und las, bis ich einschlief und das Buch auf den Boden fiel.

Liebesszenen konnte man auch in Filmen sehen - meistens in Hollywood- Filmen, aber auch in englischen, französischen oder russischen Filmen. Manche Szenen nahmen mir einfach den Atem. Was für ein Glück muß es sein, zu lieben und geliebt zu werden, dachte ich.

Westliche literarische Werke und Filme waren damals für die Jugend in den Großstädten praktisch die einzige Möglichkeit der Sexualerziehung. Denn sowohl in der Familie als auch in der Schule war dieses Thema streng tabu.

Außerdem habe ich meine Fremdsprachenkenntnisse auch wesentlich den westlichen Romanen und Filmen zu verdanken.

Ich ging meistens mit meiner Schwester ins Kino. Das Nanking-Kino, die jetzige Musikhalle, war das erste Kino, wo man für zehn Fen einen Kopfhörer für die chinesische Simultanübersetzung ausleihen konnte. Meine Schwester nahm jedesmal einen solchen Hörer, ich nie. Nicht weil ich die zehn Fen sparen wollte, sondern vielmehr weil ich mein Ohr mit der englischen Sprache vertraut machen wollte.

Die Prüderie und der Puritanismus zu Hause und in der Schule einerseits, der mögliche Zugang zu der westlichen Erotik andererseits, waren gerade die richtige Mischung, Neugierde für das Verbotene zu wecken.

Diese Mädchen auf den Straßen zum Beispiel. Sie waren immer etwas Mysteriöses für mich. Dirnen, Huren, Prostituierte - das sind ihre Namen.

Mutter glaubte, wenn wir die Straße überqueren, so wäre ihr Sohn vor der Versuchung geschützt. Sie hatte aber keine Ahnung, daß der geschützte Sohn schon einmal ein Abenteuer mit den schlechten Weibern gehabt hatte.

Einmal war ich alleine ins Kino gegangen. Es war schon dunkel, als ich nach Hause ging. Meine Gedanken waren noch bei dem Film »Dr. Jekyll and Mr. Hyde«. Merkwürdig! Ein ehrenwerter Arzt auf einmal in einen elenden Schurken verwandelt! Doppelcharakter! Es muß doch etwas Wahres daran sein.

Ein Lehrer von mir war auch so ein Typ. Er sprach im Klassenzimmer immer von Moral und Anstand. Aber ein Kommilitone hatte ihn einmal aus einem Bordell kommen sehen. Er war wie Professor Unrat. Und ich? Habe ich nicht auch manchmal solche Gedanken gehabt, die niemand erfahren durfte? Das Mädchen aus Kanton, das uns gegenüber wohnte, pflegte am Abend vor dem Fenster singend die Haare zu kämmen. Wie schön sie war! Und ihre Brüste schimmerten durch ihr leichtes Hemd! Diese vorzüglichen Kurven! Die vage zu sehenden dunklen Brustwarzen. Einfach atemberaubend! Ich versuchte immer, sie zu beobachten, ohne daß sie mich bemerkte. Oder hatte sie meine verstohlenen Blicke vielleicht doch entdeckt? Warum sollte sie sonst immer vor sich hin lächeln? Sollte ich sie...?

Plötzlich fühlte ich eine Hand leicht an meinem Arm. Ein betörender Duft von Eau de Cologne strömte mir entgegen. Und ich hörte eine sanfte Stimme etwas bange fragen: »Kommst du mit?«

Es war ein Straßenmädchen. Ich war schockiert und verlegen und wußte nicht, was ich tun sollte. Ich wollte weggehen, ohne zu antworten, doch eine ältere Frau neben ihr faßte mich fest am Arm und sagte zu mir in einem vulgären Dialekt: »Komm, Junge, meine Tochter hat dich gern. Sie ist erst sechzehn, noch unberührt, gerade die richtige für dich. Schau dir ihr hübsches Gesicht an, ihre weiße Haut, die festen Brüste...«

Mit hochrotem Gesicht machte ich mich frei und floh. Hinter mir lachte die Frau spöttisch:

»Das ist sicherlich ein Junggeselle. Komm zurück, Schätzchen! Dir mache ich es auch umsonst! Das wird ein Spaß! Ha, ha, ha...«

Ich rannte bis diese gräßliche Lache nicht mehr zu hören war. Mein Herz hämmerte. Ich schnappte nach Luft.

Pfui, wie entsetzlich! dachte ich.

Doch wie hat das Mädchen überhaupt ausgesehen? Hübsch?

Ach, ich Dummkopf! Ich Feigling! Ich habe nicht einmal gewagt, ihr ins Gesicht zu schauen. Ihre Stimme war aber schön - so sanft und süß. Ob sie aus Suzhou war, wo es die schönsten Mädchen geben soll?

Ich ging weiter, noch immer an meine erste Begegnung mit einem »schlechten Weib« denkend. Ihre Tochter? Und noch eine Jungfer? Quatsch! Diese verdammte Zuhälterin hat mich wohl für einen Grünschnabel gehalten. Daß diese Mädchen von armen Dorffamilien gekauft sind, weiß doch jeder. Und daß sie zuerst von den Zuhältern vergewaltigt werden, bevor sie auf die Straße gehen, ist auch kein Geheimnis.

Zu Hause habe ich niemandem von meinem Abenteuer erzählt, auch meiner Schwester nicht, vor der ich sonst gar keine Geheimnisse hatte. Mit ihr über solche Sachen sprechen? Nein, denn inzwischen ist sie auch eine junge Dame geworden.

An jenem Abend dachte ich, bevor ich in das Traumland kam: Was wäre geschehen, wenn ich mitgegangen wäre? Sicherlich hätte sie mich umarmt, wie es in den westlichen Filmen immer dargestellt wird. Aber dann? Das sieht man in Filmen nie. Sie hat feste Brüste, hat die Zuhälterin gesagt, und weiße Haut ... Noch lange geisterten diese Gedanken in meinem Kopf herum, bevor ich irgendwann einschlief. Geträumt habe ich nicht von ihr - erotische Träume liest man nur in Romanen vielleicht -, sondern davon, daß ich mit meiner Mutter in einem kantonesischen Restaurant Hühnernudeln aß. Später sah ich statt des kleinen Bettlers, der mir den Kuchen aus der Hand riß, die kantonesische Nachbarin, geschminkt, in einem Kostüm wie das Straßenmädchen es trug.

»Die Intellektuellen sind die Seele der Nation« – Lebensweg

Mein Grundschullehrer, Herr Wang, legte großen Wert darauf, seinen zehnjährigen Schülern den Sinn des Lebens klarzumachen, indem er sie aufforderte, Aufsätze zu dieser Thematik zu schreiben. Solche Aufgaben wurden durch einen vorgegebenen Satzanfang eingeleitet, etwa in der Art: »Der Mensch lebt auf dieser Welt, um...« Aufgabe von uns Schülern war es dann, in dem Satz fortzufahren, etwa in der Art: »...um ein sinnvolles Leben zu führen« oder »...um seinem Land und seinem Volk zu dienen« oder »...um seinen Vorfahren Ehre zu machen« oder »...um allen anderen Menschen überlegen zu sein«. Wir Schüler, die hinter den Ohren kaum trocken waren, waren gehalten, schon früh unseren Lebensweg zu erwägen.

Nicht nur in der Schule, auch in der Familie wurde öfter darüber gesprochen, was wir wohl machen würden, wenn wir erst einmal erwachsen sind. Vater konnte sich nur eine kleine Werkstatt leisten. Er hoffte aber, daß seine Söhne seinen Traum, das Vaterland durch die Entwicklung der Industrie zu retten, verwirklichen könnten. Die Textilindustrie von Manchester war sein Vorbild. Das war der eigentliche Grund, warum er mich und meinen Bruder 1938 in eine britische Schule - Henry Lester Technical Institute - geschickt hatte, wo wir schon früh in Englisch unterrichtet wurden.

Ich aber hatte andere Träume.

Ich wollte kein Unternehmer werden, sondern ein Intellektueller. Die Intellektuellen sind doch die Seele der Nation. Sie sind aufrichtig und stolz. Sie lassen sich nicht durch Reichtum oder Ansehen verführen. Sie beugen sich vor keiner Gewalt und ordnen sich nur der Wahrheit unter. Für die Wahrheit zögern sie nicht, ihr Leben hinzugeben. Der Dichter Qu Yuan, der vor über 2000 Jahren gestorben war, war mein Vorbild. Wegen seiner freiheitlichen Gedanken hatte er einen tragischen Tod sterben müssen, und dessen gedenken wir, wenn wir am fünften Tag des fünften Monats nach dem Mondkalender das Drachenbootfest begehen. Auch Galileo Galilei war einer dieser Intellektuellen, die auf ihrer Entdeckung beharrten, und sich um keinen Preis einschüchtern ließen. Ja, solch ein Intellektueller wollte ich auch werden!

Einmal erzählte uns ein Lehrer der Unterstufe, Herr Chen, von Lu Xun, dem Vater der chinesischen Gegenwartsliteratur. Lu Xun hatte zunächst Medizin studiert, bevor er Schriftsteller wurde. Ihm war es wichtiger, den Menschen moralisch zu helfen statt physisch. Unser Lehrer stellte in der Unterrichtsstunde einen Zusammenhang her, zwischen Lu Xuns Erfolg als Schriftsteller und seiner Ausbildung zum Arzt.

»Was ist die Hauptaufgabe eines Schriftstellers? Er muß die Menschen verstehen und darstellen. Und wer erlebt einen Menschen ganz echt und natürlich? Der Arzt. Wieso? Weil kranke Menschen ihre echte Natur ganz ungekünselt preisgeben!«

Ich weiß nicht, ob seine Theorie begründet war, aber seine Worte haben mich beeindruckt. Ich habe meinem Lehrer geglaubt. Und seit jener Unterrichtsstunde stand für mich fest, daß ich erst Medizin studieren wollte in der Hoffnung, später auch als Schriftsteller zu arbeiten. So habe ich sehr früh meinen Lebensweg bestimmt.

Vater war natürlich sehr enttäuscht. Doch er und Mutter akzeptierten Arzt als einen anständigen Beruf, zumal mein Opa Arzt der chinesischen Medizin war. Daß sich später auch mein Bruder und meine Schwester für die Literatur entschieden, muß ein harter Schlag für Vater gewesen sein. Doch er war zu gütig, um uns seinen Lebensplan aufzuzwingen.

So erlaubte er mir 1941, nach der Unterstufe die Schule zu wechseln und die Deutsch-Chinesische Mittelschule zu besuchen. Nachdem ich die Oberstufe dieser Schule absolviert hatte, war ich meinem Ziel schon viel näher: Ich konnte Medizin studieren.

Aber alles kann man planen, nur nicht das Leben. Wer hätte geahnt, daß ich weder Arzt noch Schriftsteller werden würde? Doch immerhin, ich bin zu einem Intellektuellen herangewachsen.

»Akademiker lassen sich töten, aber nicht beleidigen!« Dieses alte Sprichwort ist mein Lebensmotto geworden. Der Geist dieser Losung spornte mich an, mich der Revolution anzuschließen, um zuerst gegen die japanischen Aggressoren und dann gegen die nationalistischen Reaktionäre zu kämpfen. Denn unter den damaligen Umständen konnte man erst dann ein wirklicher Intellektueller sein, wenn man zugleich ein Patriot war. Aber der Geist dieser Losung war es auch, der mir immer wieder Probleme machte. Denn dieser Geist brachte mich in Konflikt mit der Kommunistischen Partei, die von ihren Mitgliedern und Kadern absoluten Gehorsam verlangte. Der damalige Generalsekretär dieser Partei, Liu Shaoqi, drückte es so aus, daß die Mitglieder »fügsame Werkzeuge« der Partei zu sein hätten. Die chinesischen Intellektuellen haben viele Probleme. Mein größtes Problem ist, daß auf meiner Schulter ein selbständig denkender Kopf sitzt. Fügsamkeit ist nicht meine Stärke - leider oder Gott sei Dank, je nachdem. Meine späteren Erfahrungen werden zeigen, was ich damit meine.

Als ich in der Deutsch-Chinesischen Mittelschule Deutsch lernte, gründeten einige linke Intellektuelle, Literaten und Künstler, in Shanghai eine China-Akademie der Künste. Meine Schwester und ich gehörten zu den ersten Studenten dieser Abend-Akademie. Hier habe ich zum ersten Mal etwas über marxistische Theorien der Literatur und Künste gehört. Die Akademie hatte nicht nur einen erstklassigen Lehrkörper, sondern hatte auch eine experimentelle Theatertruppe aufgebaut. Hier lernten wir, eine Verbindung zwischen Theorie und Praxis herzustellen. Meine Schwester und ich haben selbst zwar nicht mitgespielt - dazu waren wir noch zu jung - aber dies war die Bühne, die uns auf das sehr viel größere und ernstere Schauspiel der Revolution vorbereitete.

Der junge Tian war auch Student dieser Akademie. Er war eine Art Wunderkind, wirklich talentiert und künstlerisch begabt. Meine Schwester hatte sehr bald ein Auge auf ihn geworfen. Und sie war mit fünfzehn Jahren eine reizende junge Dame - ein Meisterwerk meiner Eltern. Unsere Mutter hatte bei der Geburt ihrer Kinder wohl experimentiert. Als sie meinen Bruder zur Welt brachte, war sie noch sehr unerfahren, mich schickte sie schon mit einem wesentlich hübscheren Aussehen auf diese Welt. Aber als Mutter meiner Schwester das Leben schenkte, war sie schon eine Meisterin ihres Fachs, so schön war meine Schwester! Allein ihre Nase war ein Kunstwerk für sich. Keiner konnte an ihr vorbeischauen, auch der Kleine Tian nicht. So verliebten sich die beiden ineinander. Es stellte sich heraus, daß Tian mit seinen fünfzehn Jahren schon Mitglied der geheimen Kommunistischen Partei war. Er war es, der meine Schwester davon überzeugte, daß nur diese Partei das Land retten könnte.

Unter den Lehrern der Akademie gab es einen Dramatiker, einen Maler und einen Dichter, die sich so gut verstanden und die so fest zusammenhielten, daß wir sie »die drei Musketiere« nannten. Der Dramatiker, Fang Xin, gab uns Schauspielunterricht und leitete die Schauspieltruppe. Auch er hatte Kontakte zur Partei und stand in Verbindung zu den Befreiten Gebieten. Seine Idee war es, dort eine Schauspieltruppe aufzubauen. Mit ihm waren meine Schwester und ich trotz großen Altersunterschieds gute Freunde geworden.

An dieser Akademie machte ich also Bekanntschaft mit neuen Ideen, die mich mein Leben lang prägen sollten. Hier entwickelte ich mich zum Intellektuellen und beschäftigte mich erstmals mit Literatur und Kunst, hier bekam ich erstmals Kontakte zur Kommunistischen Partei, obwohl ich immer noch mehr von den Nationalisten beeinflußt war. Diese Kontakte waren streng geheim, denn damals wurden die Kommunisten noch als »rote Banditen« beschimpft und die nationalistische Regierung trachtete danach, »Zhu Mao« - gemeint waren Mao Zedong und Zhu De - zu vernichten.

So habe ich den Weg eines patriotischen Intellektuellen eingeschlagen.

Sklaven der Sklaven – Erwachen

Das Studium an der Deutschen Medizinischen Akademie war weniger interessant, als ich erwartet hatte. Interessant waren andere Dinge, die eigentlich mit den Studieninhalten nichts zu tun hatten.

Das akademische Viertel, zum Beispiel, das ich von der chinesischen und britischen Schule her nicht kannte. Oder die Begrüßung der Studenten für den Dozenten, indem sie mit den Füßen stampften. Heute klopft man mit der Hand auf den Tisch - das ist auch eigenartig. Und eine Vorlesung wurde tatsächlich vorgelesen. Unser Professor für Botanik war ein typischer Vorleser. Er kam ins Klassenzimmer, und ohne einen Blick auf seine Studenten, unter ihnen auch deutsche, zu werfen, begann er vorzulesen, bis die Glocke läutete. Dann packte er seine Sachen zusammen und verließ, wieder ohne auf uns zu blicken, das Zimmer. Er hat seine Studenten nicht einmal gesehen!

Oder unser Unterricht der chinesischen Literatur. Der Dozent war ein deutscher Professor der Sinologie! Man stelle sich das einmal vor: Ein Deutscher gab den chinesischen Studenten in China Unterricht in der chinesischen Literatur! Das war sicher auch einzigartig. Nicht, daß er kein guter Professor war. Nein, ganz im Gegenteil. Professor Schmidt war sehr beliebt bei seinen Studenten. Ich habe sogar bei ihm Privatunterricht in literarischer Übersetzung genommen. Aber als er uns auf Chinesisch mit einem schweren Akzent Lu Xuns »Tagebuch eines Irren« vortrug, mußte sich jeder chinesische Student fragen, ob es nicht die Idee eines Irren gewesen war, einen Ausländer als Dozenten zu nehmen, wenn es in Shanghai so viele gute chinesische Literaturwissenschaftler gab.

Aber ich habe mein Medizinstudium nicht deswegen unterbrochen, weil es mir wenig Spaß machte. Nein, vor der Volksrepublik gehörten Ärzte der westlichen Medizin zu einer Schicht der Bevölkerung mit sicherem Einkommen und hohe gesellschaftlicher Stellung, besonders diejenigen, die nach ihrem Studium in Deutschland zurückkamen, nicht selten mit deutschen Ehefrauen. Eine so gute Berufsausbildung hätte ich nie aufgegeben, wenn ich nicht dazu gezwungen gewesen wäre.

Ich hätte Shanghai auch nie verlassen, denn Shanghai ist bis vor einigen Jahren die größte Stadt Chinas gewesen. Shanghai ist nicht unbedingt die schönste Stadt, aber immerhin ein wirtschaftliches und kulturelles Zentrum. Ich bin in dieser Stadt geboren und in dieser Stadt bin ich aufgewachsen. »Eigen Nest ist stets das best.« Die Straßen, die Häuser, die Menschen, ja sogar die Katzen waren mir so lieb.

Auch von meiner Familie wollte ich mich nicht trennen. Wir waren zwar nicht reich, aber immerhin eine wohlhabende, kultivierte und glückliche Familie. Das Wort »Not« habe ich nie am eigenen Leib kennengelernt.

Die chinesische Philosophie lehrt uns: »Diejenigen, die Zufriedenheit verstehen, sind immer glücklich«

Oder im Volksmund heißt es: »Wenn man sich mit den Menschen über sich vergleicht, so mangelt es an etwas; wenn man sich aber mit den Menschen unter sich vergleicht, so hat man noch etwas übrig.«

Ich hatte wirklich nichts zu klagen. Aber jeder muß seinen eigenen Weg gehen. Nicht, daß ich Zufriedenheit nicht verstehe. Mein Schicksal ist eben anders.

Wenn ich mir heute mit meinen vierundsiebzig Jahren in Berlin diesen Wendepunkt in meinem Leben ins Gedächtnis zurückrufe, muß ich mich fragen: Welche gewaltige Kraft hat mich aus dem damaligen behaglichen »bourgeoisen« Leben herausgerissen, um einen total neuen und unbekannten Weg einzuschlagen - einen Weg voller Gefahr und Ungewißheit, einen Weg voller Not und Aufopferung?

Diese gewaltige Kraft war politisches Erwachen, Nationalbewußtsein, Patriotismus.

Das alte Shanghai war eine Stadt der Finsternis. Was für die reichen Ausländer ein Paradies der Abenteurer war, war für die gewöhnliche Bevölkerung eine Hölle. Alles in der Welt, was ungerecht war, konnte man in dieser Stadt finden. Ich spreche nicht von den Konflikten zwischen den wenigen reichen und den unzähligen armen Chinesen, also zwischen den Ausbeutern und den Ausgebeuteten. Denn das war eine innere Angelegenheit, die wir Chinesen selbst lösen mußten und auch konnten. Ich fragte mich: Was haben diese verdammten »fremden Teufel« hier in unserer Stadt zu suchen? Nein, ich bin nicht ausländerfeindlich. Ganz im Gegenteil. Ich verdanke meine heutige Bildung nicht nur meinen chinesischen, sondern auch meinen britischen und deutschen Lehrern, oder der westlichen Kultur überhaupt. Ich schätze den Sinn für Humor und die Bereitschaft zu Kompromissen der Engländer. Für mich ist die einst legendäre »deutsche Tugend« ein Vorbild gewesen, obwohl sie heute leider nicht mehr vollständig aufrechterhalten ist. Meine systematische und logische Denkweise und meine wissenschaftlichen und effizienten Arbeitsmethoden verdanke ich der deutschen Ausbildung. Ich spreche von etwas ganz anderem.

Als ich noch ein Kind war, habe ich gelernt, daß Indien eine Kolonie Großbritanniens und Vietnam eine Kolonie Frankreichs war und daß die russischen Flüchtlinge aus der Sowjetunion kamen. Wir Chinesen waren aber Bürger eines souveränen Landes - der Republik China. Wieso es in einer souveränen Stadt Shanghai ein International Settlement und eine French Concession gab, war für meinen kleinen Kopf zu kompliziert. Aber als die Japaner mit ihren Panzerwagen und Bajonetten kamen, war mir alles klar.

Und in dieser von »fremden Teufeln« besetzten Stadt bin ich geboren und aufgewachsen. Ich war bereit, das Leben zu akzeptieren, wie es war. Aber eines konnte ich nie dulden: die fremden Polizisten. Ich weiß es nicht, aber vielleicht wäre es ein wenig erträglicher gewesen, wenn die Polizisten, die man jeden Tag sehen mußte, denen man unmöglich aus dem Weg gehen konnte, alle Engländer und Franzosen gewesen wären. Aber nein. Für die vornehmen Kolonialherren waren wir Chinesen - Bürger eines souveränen Landes - viel zu niedrig, als daß sie sich um uns kümmern wollten. Sie haben einfach ihre Sklaven - die Sikhs und die Vietnamesen - hierhergeholt, um uns Chinesen zu tyrannisieren. Und die Sklaven haben ihren Herren loyal gedient, indem sie sich eine Freude daraus machten, chinesische Rikschakulis blutig zu schlagen, Bettler mit ihren schweren Stiefeln zu kicken, ja sogar anständige Chinesen zu beleidigen. Die russischen Polizisten freuten sich nicht weniger, wenn sie Chinesen mißhandeln und erpressen konnten. Mich haben zuerst ein vietnamesischer, dann ein russischer Polizist in die französische beziehungsweise britische Polizeistation geschleppt.

Nein, das ist zu weit gegangen. Das ist etwas, was ich nach mehr als einer Jahrhunderthälfte immer noch nicht vergessen und den »fremden Teufeln« nicht vergeben kann. Wir Chinesen sind in unserem eigenen Land zu Sklaven der Sklaven herabgesunken!

Und die Japaner hatten uns gerade noch gefehlt. Sie waren der letzte Tropfen, der das Faß zum Überlaufen brachte.

Nein, sagte ich zu mir selbst, so kann es nicht weitergehen. Es ist höchste Zeit, dagegen zu kämpfen. Aber wie?

Wie? Das Leben hat mir einen Weg gezeigt, und ich bin diesem Weg gefolgt - einem Weg, der mich so gestaltet hat, wie ich heute bin.

Manchmal kann ich nicht umhin, mich selber zu fragen: Bedauerst du die Wahl dieses Weges? Ich finde keine Antwort.

Ich verstehe mich selbst manchmal nicht. Anscheinend gibt es genug Gründe für das Bedauern. Aber wenn ich noch einmal die Wahl meines Lebensweges unter denselben Verhältnissen hätte, würde ich höchstwahrscheinlich wieder diesen schweren und undankbaren Weg gehen. Denn sonst bin ich nicht das Ich mehr, mit meinem eigenartigen Charakter und Temperament.

Im übrigen, es gab auf diesem mühsamen Weg nicht nur Blitz und Donner, Fallgruben und Strudel, sondern auch Sonne und Brise, Blumen und Vögel. Es war ein Leben nicht nur voller Trauer und Leiden, sondern auch voller Freude und Verwirklichung. Manchmal, wenn ich mich mit geschlossenen Augen zurücklehne, flüstere ich seufzend: »Ach, was für ein Leben!«

WIEDERGEBURT – »ZU DEN BEFREITEN GEBIETEN«

»Reinheit« – Vaters früherer Name

»Erhebt euch, Leute, die ihr keine Sklaven sein wollt!« So hieß es in der ersten Strophe des Marsches der Freiwilligen, eines populären Liedes im Antijapanischen Krieg. Jetzt ist dieses Lied die Nationalhymne der Volksrepublik China geworden.

Ich wollte kein Sklave sein - oder Sklave der Sklaven. Aber wie sollte und konnte ich mich erheben? Mein Held, Generalissimus Chiang Kaishek, hatte mich bitter enttäuscht, auch wenn es hieß, daß er den Kampf gegen die Japaner von Chongqing, dem provisorischen Sitz der Zentralregierung, aus weiterführte. Vor dem stetigen Vorrücken der japanischen Aggressoren führte er die »Politik des Verzichts auf Widerstand«. Kein Wunder, daß die nationalistischen Streitkräfte eine Niederlage nach der anderen erlitten. Peking gefallen, Nanking gefallen, Shanghai gefallen - keine der großen Städte Chinas hatte er halten können. Mein Held war also ein Versager!

Aber von Chongqing erhielt unsere Klasse eines Tages einen Brief von einem Klassenkameraden, der sich lange nicht mehr hatte sehen lassen. Chen hieß er, aber wir nannten ihn alle den »vieräugigen Hund«, denn er war einer der wenigen, die schon eine Brille trugen. Er schrieb in seinem an die ganze Klasse adressierten Brief:

»Endlich bin ich in Freiheit! Als ich den Hauptbahnhof von Chongqing verließ, sah ich endlich wieder einen Trupp unserer eigenen Soldaten vorbeimarschieren. Mein Herz begann vor Freude zu schlagen. Ich rannte schnell vorwärts, um sie zu grüßen. Aber bevor ich in ihre Nähe kommen konnte, haben Tränen meine Augen verschleiert... Chongqing ist Symbol des freien Chinas... Wir müssen Generalissimus Chiang Kaishek folgen und uns unter seiner Führung den Japanern entgegenstellen... ›Jedermann ist für das Schicksal seines Landes verantwortlich.‹ Kommt auch hierher...«

Ist das alles wahr? dachte ich. Jedenfalls ist es lebensgefährlich, nach Chongqing zu fahren. Man muß die von den Japanern besetzten Gebiete heimlich durchlaufen. Wer erwischt wird...

*　*　*

Eines Tages wollten wir mit dem Abendessen anfangen. Aber wo war meine Schwester? Daß sie so spät noch nicht nach Hause gekommen war, konnte nur Böses bedeuten. Vater, Mutter, Bruder und ich, wir suchten sie in der Schule, bei ihren Lehrern, Klassenkameradinnen und bei unseren Verwandten. Als jeder wieder erschöpft zu Hause eintraf, war klar, daß sie verschwunden war. Es war ein furchtbarer Schlag für die Familie. Es war, als sei der Himmel über uns zusammengestürzt und die Erde unter unseren Füßen versunken. Wir waren alle von tödlicher Panik erfaßt. Tag und Nacht konnten wir keine Ruhe mehr finden. Das Essen schmeckte wie Wachs. Man bedenke, es herrschten Kriegszeiten. Was konnte ihr da alles zugestoßen sein! Sie war doch kaum sechzehn Jahre! Wie konnte sie sich da wehren? Sie war als die einzige Tochter und das jüngste Kind von uns allen so sehr verwöhnt. Ein Schauer lief mir über den Rücken. Ich liebte sie so sehr. Aber am schwersten getroffen war Vater. Schon immer sprach er von ihr als einer »glänzenden Perle auf seiner Handfläche«. Er pflegte jeden Morgen genau um halb neun das Haus zu verlassen, um ins Büro zu gehen. Jetzt hütete er den ganzen Tag sein Zimmer. »Vielleicht kommt sie zurück - irgendwann. Ich muß unbedingt da sein«, sagte er eher zu sich selbst als zu uns. Er machte ein noch betrübteres Gesicht, saß da und wußte offensichtlich nicht, was er tun sollte. Seine Brille lag neben der Zeitung. Mutter war das eigentliche Rückgrat der Familie. Jetzt tat sie ihr Bestes, uns alle zu trösten. Oft kochte sie selber ihre Spezialität - Karausche in klarer Brühe - für uns in der Hoffnung, daß wir mehr essen würden. Aber beim Essen schwebten ihre Eßstäbchen manchmal in der Luft. So geistesabwesend hatte ich sie noch nie gesehen. Auch Opa schwieg beim Essen. Daß er auf seine komischen Geschichten am Tisch verzichtete, wirkte besonders bedrückend. Er betete oft allein in seinem Zimmer vor der Göttin der Barmherzigkeit um das sichere Zurückkommen seiner Enkelin. Mein Bruder, der sonst gerne den starken Mann spielte, verzog sich in den nächsten Tagen immer bedrückt auf sein Zimmer und wollte mit keinem mehr sprechen. Ich glaube aber, ich habe ihn weinen gehört.

Einige Tage später erschien an der Tür ein unbekannter Mann mittleren Alters, der den Dialekt von nördlich des Yangtse sprach. Er brachte uns einen Brief von meiner Schwester.

Oh, die verlorene Perle ist wiedergefunden!

Aber wo ist sie? Es stellte sich heraus, daß sie sich mit ihrem Freund Tian heimlich zu dem Befreiten Gebiet nördlich des Flusses aufgemacht hatte. Aus der Freude wurde wieder Angst. Befreites Gebiet? Da waren doch die Kommunisten! Die roten Banditen, wie die Nationalisten sie immer nannten. Dort wurde nicht nur das Vermögen geteilt, sondern auch die Frauen. Was hatte meine Schwester in einem solchen Gebiet zu suchen?

Die Köchin zauberte im Handumdrehen ein Willkommensessen für den unerwarteten Gast. Er war ein geheimer Verbindungsmann der Kommunisten zur Außenwelt. Er hatte einen guten Appetit. Drüben schien das Leben hart zu sein. Doch der arme Mann kam kaum zum Essen. Vater und Mutter bombardierten ihn mit Fragen.

»Stimmt es, daß die Kommunisten wirklich Banditen sind?« fragte Vater ohne Umschweife.

Mutter starrte Vater mit großen Augen an und meinte, das allerwichtigste wäre doch zu wissen, wie es ihrer Tochter ging.

»Bekommt sie genug zu essen? Fehlt ihr etwas? Kann sie zurückkommen oder können wir sie besuchen?«

Bevor der Gast alle ihre Fragen beantworten konnte, rief Opa dazwischen: »Was macht meine Enkelin auf dem Lande?«

Natürlich wollte ich auch ein paar Fragen stellen, doch ich konnte nicht zu Wort kommen. Fasziniert lauschte ich den Worten des Verbindungsmannes.

»Es ist so, wissen Sie,« sagte er mit einem ziemlich vollen Mund, »die wahren Kämpfer gegen die Japaner sind nicht die Nationalisten, sondern wir Kommunisten mit Genossen Mao Zedong an der Spitze. Die Befreiten Gebiete sind die Basen der Streitkräfte der Kommunistischen Partei. Allein der Name unseres Oberbefehlshabers, Zhu De, flößt den japanischen Teufeln Angst ein. Natürlich leben wir nicht so gut wie Sie hier in Shanghai. Aber was uns am materiellen Leben fehlt, bekommen wir geistig mehr als doppelt gelohnt, denn wir leben in Freiheit. Wir sind die Herren des Landes und unseres Lebens. Wir kennen keine Unterdrückung oder Ausbeutung, alle sind gleichberechtigt. Genosse Mao Zedong ißt und kleidet sich genauso wie die einfachen Soldaten. Und die Soldaten helfen der Bevölkerung bei ihrer Feldarbeit, ja sogar bei der Hausarbeit.«

Er nahm einen Schluck Wein und fuhr fort:

»Sie brauchen sich keine Sorgen um Ihre Tochter zu machen. Ihr geht es gut. Sie studiert jetzt an einer Universität. Ja, sie wird dort politisch geschult, um später am Kampf gegen die Japaner teilzunehmen.«

Unser Gast erzählte noch viel - lauter neue Dinge, von denen ich noch nie gehört hatte. Merkwürdig, ich verstand wenig, doch wie berauscht sog ich die Worte und Gesten dieses seltsamen Mannes in mich auf. In seiner

Rede fand ich neue Hoffnungen: Mao Zedong, die Kommunistische Partei, die Befreiten Gebiete. Vielleicht waren sie die echten Retter des Landes? Mein Held, der Generalissismus, hatte mich schon längst enttäuscht. Wie konnte er die japanischen Teufel ins Meer treiben, wenn er sich hinter dem Emei-Gebirge weit im Hinterland verschanzte? Dagegen kämpften die Kommunisten an den Frontlinien mit primitiven Waffen und konnten den kleinen Japanern trotzdem schwere Schläge versetzen und große Verluste beibringen, denn das Volk unterstützte seine eigenen Streitkräfte, die Neue-Vierte-Armee und die Achte-Route-Armee mit Leib und Seele. Gerade hier sah ich die Hoffnungen auf den Sieg im Krieg.

*   *   *

Nach ein paar Monaten tauchte meine Schwester wieder auf – genauso plötzlich, wie sie damals verschwunden war. Mit ihr hielt auch das Lachen wieder Einzug in unserer Familie. Opa gab am Tisch wieder seine Witze zum besten. Als er behauptete, daß die Göttin der Barmherzigkeit ihm persönlich versprochen hatte, ihm seine Enkelin noch in diesem Jahr zurückzugeben, lachten wir alle herzlich. Mein Bruder machte ein ganz ernsthaftes Gesicht, fragte Opa aber frech, ob sie mit ihm im Shanghaidialekt oder in Mandarin parliert habe. Da war er ernsthaft böse.

Meine Schwester war dünner und auch brauner geworden und sah mit ihrer kurzgeschnittenen Frisur und in ihrer einfachen Kleidung wie ein Dorfmädchen aus. Aber auf dem Lande konnte sie sich nicht so schnell akklimatisieren. Außerdem war sie an perniziöser Malaria erkrankt, und zur besseren ärztlichen Behandlung hatte die Parteileitung sie heimlich zurück nach Shanghai geschickt.

Meine Schwester hatte sich verändert, nicht nur äußerlich. Sie war kein schüchternes Schulmädchen mehr. Sie war eine Agitatorin geworden. Sie war die erste Lehrerin, die mir Elementarkenntnisse des Marxismus und der chinesischen Revolution vermittelte.

Es war wirklich erstaunlich, wie schnell sie diese schwer zu verstehenden Theorien begriff. »Historischer Materialismus«, »Dialektischer Materialismus«, »Politökonomie«, »Geschichte der chinesischen Revolution«, »Statut der Chinesischen Kommunistischen Partei« usw. usf. Sie konnte stundenlang darüber reden, ohne Nachschlagewerke heranzuziehen. Das wäre auch nicht möglich gewesen, denn solche Bücher waren in den »weißen Gebieten« - im Gegensatz zu den »roten« oder Befreiten Gebieten

- streng tabu. Ich habe mich aber nie für Theorien interessiert, sondern viel mehr an dem Leben in den Befreiten Gebieten. Ich konnte nicht glauben, wie meine Schwester dort in Essig gekochten Spinat essen konnte. Daraufhin hat sie selber dieses Gericht für das Abendessen vorbereitet und alle waren des Lobes voll. Sie hatte ganz unauffällig eine proletarische Revolution in der kapitalistischen Familie entfesselt.

*   *   *

Nach ihrer Genesung wollte meine Schwester wieder zu den Befreiten Gebieten gehen. Sie forderte mich auf, mitzukommen. Diesmal wollten wir nicht mehr heimlich aufbrechen, wie sie das letzte Mal, als sie noch fürchtete, daß die Eltern es ihr verbieten könnten. Wir wollten mit dem Einverständnis unserer Eltern gehen.

Das war nicht mehr schwer. Denn die Eltern waren so froh, daß ihre verlorene Perle unversehrt nach Hause gekommen war, daß sie ihr gleich verziehen hatten. So etwas ist für die Herren Dogmatiker weder zu verstehen noch zu erklären. Denn nach ihnen lebt in einer Klassengesellschaft jeder Mensch in einer Klassenstellung und jeder Gedanke des Menschen hat eine Klassenbrandmarke. Wie konnten ein Kapitalist und seine Ehefrau es gestatten, daß ihre Kinder zu den von den Kommunisten kontrollierten Gebieten gehen? Dieses Argument schien so autoritativ zu sein, daß es unanfechtbar bleiben mußte. Aber die Tatsachen waren dem völlig entgegengesetzt. Übrigens war es meiner Schwester gelungen, die Eltern zu überzeugen, daß sie in dem Befreiten Gebiet so glücklich war wie nie zuvor. Die Eltern waren auch überaus stolz auf ihre Tochter. Denn sie wollten immer, daß sich ihre Kinder hohe Ziele steckten. Und gegen die Japaner zu kämpfen, war damals das allerhöchste Ziel aller Chinesen.

Meine Schwester war auch sehr geschickt und erfolgreich mit ihrer Propaganda. Unbemerkt legte sie die chinesische Übersetzung von Maxim Gorkis Roman »Die Mutter« neben Mutters Kissen. Und Mutter begann, das Buch zu lesen. Sie war so sehr bewegt von den Heldentaten der russischen Mutter, die ihrem Sohn bei seinem illegalen, aber gerechten Kampf half, geheime Propagandamaterialien aufzubewahren und weiterzugeben, Flugblätter und Handzettel heimlich zu verteilen, daß sie sich entschloß, auch wie diese ausländische Mutter ihre Kinder zu unterstützen, wenn sie für die Befreiung Chinas von den japanischen Aggressoren kämpfen wollten.

Vater war weniger empfänglich für Schwesters Propaganda, aber die Zufriedenheit seiner Tochter ging ihm über alles. Er konnte ihr keinen Wunsch abschlagen, selbst diesen nicht.

Als gerade in diesen Tagen die traurige Nachricht von dem Tod eines befreundeten Klassenkameraden eintraf, wuchs auch der Haß der Eltern auf die Japaner bis zur Unerträglichkeit. Philip hieß dieser Kamerad von mir. Er war ein Flüchtling aus der Mandschurei, gerade achtzehn Jahre alt. Nach dem Abitur hatte er sich zu den Befreiten Gebieten aufgemacht und sich einer Partisaneneinheit angeschlossen. Es hieß, er sei bei einem Überraschungsangriff der Feinde freiwillig als Letzter zurückgeblieben, um alle geheimen Papiere und Dokumente der Partei in Sicherheit zu bringen. Eine Kugel der Japaner traf ihn, gerade als er nach Erfüllung der gefährlichen Aufgabe seiner Einheit folgen wollte. Er war bei uns ein gern gesehener Gast gewesen, und auf seinen Tod reagierten meine Eltern energisch. »Jetzt erst recht!« sagten sie. »Der Mensch muß erhabene Ziele haben. Der junge Philip ist einen würdigen Tod gestorben. Seine Eltern können stolz auf ihn sein. Er lebt in unseren Herzen weiter. Geht, Kinder, und seid ebenso tapfer wie euer Klassenkamerad. Aber kommt zurück, wenn der Krieg vorbei ist. Wir kämpfen, um zu leben.«

Natürlich konnte es den Eltern nicht verborgen bleiben, daß sich viele junge Leute der von der geheimen Kommunistischen Partei geführten Studentenbewegung in Shanghai angeschlossen hatten, andere entweder heimlich in das Hinterland zu den Nationalisten oder zu den Befreiten Gebieten in Yenan, dem Hauptquartier der Kommunistischen Partei, oder nahe Shanghai, zum Beispiel nach Nord-Jiangsu, Ost-Zhejiang oder Süd-Anhui gegangen waren. Es war eben die historische Strömung der Jugend während des Antijapanischen Krieges.

All das hat dazu beigetragen, daß meine Schwester und ich mit dem Segen der Eltern das Haus verlassen konnten. Nur mein Bruder hielt sich bei dieser Entscheidung sehr zurück. Erst nach der Befreiung stellte sich heraus, daß er damals schon der Leiter einer unterirdischen kommunistischen Studentengruppe war und deswegen in Shanghai bleiben mußte. Außerdem fiel ihm als dem Erstgeborenen die Aufgabe zu, sich um die Eltern zu kümmern. Daß ich nicht zu den Nationalisten ins Hinterland, sondern zu den Kommunisten in die Befreiten Gebiete ging, war ein Zufall - Beeinflussung durch meine Schwester. Und dieser Zufall hat mein ganzes Leben bestimmt - ein Leben voller Kummer und Schmerzen, aber auch nicht ohne Glück und Freude.

* * *

Der Tag des Aufbruchs war gekommen. Obwohl Vater uns seine Zustimmung gegeben hatte, weinte er so heftig, daß er sich setzen mußte. Mutter gab sich die größte Mühe, ruhig zu bleiben. Still umarmte mein Bruder mich und meine Schwester. Von seiner geheimen Tätigkeit in der Studentenbewegung sagte er uns aber kein Wort. Auch Familienmitglieder durften Geheimnisse der Partei nicht erfahren. Von Opa haben wir nicht Abschied genommen. Mutter meinte, das wäre besser so. Wozu ihn traurig machen?

Vom Vergnügungszentrum »Die große Welt« fuhr uns ein Lastkraftwagen bis zum Fluß, von wo aus wir mit einem Segelschiff in Richtung der benachbarten Provinz Zhejiang weiterfuhren. Das war keine große Reise, aber eine sehr gefährliche. Wenn uns die Japaner oder ihre Lakaien, die Geheimpolizei der Marionettenregierung unter Wang Jingwei, erwischten, so wären nicht nur wir, sondern die ganze Familie verloren. Deswegen mußten wir uns verkleiden. Entweder hatten wir Glück, oder die Feinde waren dumm und nachlässig. Wir waren zu viert. Mit uns reisten noch unser Lehrer Fang Xin, der Dramatiker, und ein weiterer Student. Wir drei Männer trugen alle die gleiche Kleidung: Strohhut, Sonnenbrille, blaues Gewand, schwarze Hose, weiße Socken, schwarze Schuhe - alles funkelnagelneu. Fang Xin sollte ein Kaufmann sein und wir seine Gehilfen. Meine Schwester, geschminkt und im seidenen Kleid, spielte die Ehefrau des Kaufmanns. Dafür war sie natürlich viel zu jung. Außerdem waren wir so nervös, daß wir sicherlich auffällig waren.

Die Gefahr war noch nicht vorbei, als wir am zweiten Tage das Schiff verließen und an Land gingen. Denn hier war Niemandsland. Es kamen manchmal Japaner oder ihre Lakaien, manchmal aber auch kommunistische Truppen. Ohne eine Minute anzuhalten, liefen wir so schnell wie möglich, bis wir zu einer Kreuzung kamen und einen anderen Weg einschlugen als die meisten anderen Fahrgäste, die hinter uns flüsterten:

»Das sind die Kommunisten, die Anhänger Maos! Die Neue Vierte Armee!«

Dann waren wir in Sicherheit, auch wenn wir noch eine Strecke laufen mußten, bis wir das Hauptquartier erreichten.

Unterwegs fiel uns ein, daß wir uns einen neuen Namen geben mußten. Selbstverständlich hatte jeder einen Namen, aber diese Namen würden die Familienmitglieder in Shanghai in Gefahr bringen, wenn die Geheimpolizei, die für die Japaner arbeitete, Wind davon bekäme, daß ein

Sohn oder eine Tochter jetzt in den Befreiten Gebieten war. Deswegen durfte auch niemand unsere Adressen in Shanghai erfahren.

Meine Schwester war die einzige, die in einem Befreiten Gebiet gewesen war.

»Ich hieß Zhen in Nord-Jiangsu,« sagte sie. »Ihr müßt euch auch Decknamen zulegen.«

Zhen bedeutet »Wahrheit«.

»Wie soll ich heißen?« fragte ich sie.

»Wie wäre es mit Chun?« Sie hatte einen falschen Namen für mich parat.

»Nicht übel.« Ich war sofort damit einverstanden. Chun, das heißt »Reinheit«. »Aber wie kommst du darauf?«

»Na ja, ›Wahrheit‹ und ›Reinheit‹ passen gut zusammen und sind eine gute Losung für unseren Kampf. Meinst du nicht?«

»Richtig! Nur reine Menschen sagen die Wahrheit. Also, Reinheit kommt vor Wahrheit. Das ist auch gut so, denn ich bin dein älterer Bruder.«

»In Ordnung, aber vergiß nicht, daß du ohne mich noch in Shanghai säßest. Mach bloß keine großen Worte.«

Die anderen beiden brachen in Gelächter aus.

»Guck dir diese Geschwister an!« sagte der jüngere.

»Ja, sie spielen wohl den Kampf zwischen Drache und Tiger.« Fang hatte ein sicheres Gespür für unser Horoskop. Denn meine Schwester ist wirklich ein Drache und ich bin ein Tiger.

Seit diesem Tag heiße ich mit Rufnamen »Chun«, und Reinheit ist auch mein Lebensmotto geworden.

* * *

Nach dem Sieg der Revolution erzählte Vater bei der ersten Familienzusammenkunft im Jahre 1950, daß er auch den Namen »Reinheit« getragen hat, als er als Lehrling zu arbeiten anfing. Welcher Zufall! Weder ich noch meine Schwester hatten davon gewußt. Vater besaß ein Siegel aus Edelstein mit den zwei Zeichen »Zhou Chun« in klassischer Siegelschrift. Strahlend vor Glück holte er dieses Siegel hervor und überreichte es mir.

Vater war einer der letzten Kapitalisten auf dem Festland. Er hat seiner Nachkommenschaft kein Erbe hinterlassen, Gott sei Dank, auch keine Schulden. Ich bin glücklich, sein Siegel als Andenken bekommen zu haben.

»Eine Dattel, ohne zu kauen, hinunterschlucken« –
Glaube an den Kommunismus

»In den Befreiten Gebieten ist der Himmel sonnig und klar; in den Befreiten Gebieten ist das Volk froh und lacht.«

Im Jahre 1949 wurde dieses Lied in allen von den Kommunisten befreiten Städten spontan von den Einwohnern gesungen. Das chinesische Volk fühlte sich befreit - befreit von der Okkupation durch die japanischen Aggressoren, befreit von der Unterdrückung durch die Nationalisten.

Befreiung ist ein schönes Wort, aber es bedeutet auch ein Leben kaum hinreichender Existenz, ein Leben voller Schwierigkeiten, Leiden und Aufopferungen.

Die Kommunisten hatten nach der Strategie von Mao Zedong zuerst die Dörfer befreit. Deshalb waren die sogenannten Befreiten Gebiete eigentlich ländliche Gebiete. Für mich, der ich immer in einer bourgeoisen Familie in der Großstadt Shanghai gelebt hatte, war das Leben auf dem Lande unvorstellbar schwer, denn der Unterschied war wirklich zu groß. Wir hatten zwar genug zu essen, aber da man Tag für Tag nur schlechten Reis und in Wasser gekochten Kohl bekam, wurde man nie richtig satt. Die Uniformen waren aus grobem Tuch, das die Städter nur als Lappen benutzt hätten. Und fast jede Nacht schliefen wir in einem anderen Dorf. Wir waren dauernd auf dem Marsch. Ein Bett war Luxus. Man schlief einfach, wo man sich hinlegen konnte. Ich habe zum Beispiel einmal auf einem sehr schmalen Ladentisch in einem Dorfladen geschlafen und konnte mich am nächsten Morgen nur wundern, wieso ich nachts nicht hintergefallen war. Wahrscheinlich schlief man wie ein Dachs, wenn man von dem Marsch todmüde war. Ein anderes Mal fand ich eine Kornkammer. Ach, man schlief wie der Kaiser auf dem Kornhaufen - weich und warm. Nicht selten mußten wir im Freien übernachten. Glücklich war derjenige, der einen Baum gefunden hatte. Die Luft war zwar frisch, aber im Winter fand man sich bisweilen mit einer Eisdecke zugedeckt, wenn man erwachte.

Nach Mao Zedongs Strategie des »Bewegungskrieges« mußten wir den Feind auf dem Marsch angreifen und vernichten. Der Feind war motorisiert, wir auch. Wir hatten den »Nummer-II-Wagen« - unsere zwei Beine. Täglich mußten wir dreißig bis vierzig Kilometer laufen, manchmal noch mehr, und meistens in der Nacht, um nicht von feindlichen Flugzeugen entdeckt zu werden.

Weil wir vier Städter waren und keine militärische Ausbildung hatten, wurden wir der politischen Abteilung zugeteilt, die Propaganda und Agitation unter den Soldaten durchführte. Kämpfen mußten wir zwar nicht, aber unser Laufpensum war eher höher, denn wir mußten vor ihnen ein Ziel erreichen und nach ihnen zum nächsten Ziel aufbrechen.

Marschiert wurde häufig nachts, einer hinter dem anderen. Jeder mußte ein weißes Handtuch um den Hals binden, so daß sein Hintermann ihn sehen und ihm folgen konnte. Es wäre eine Katastrophe gewesen, den Vorgänger aus den Augen zu verlieren, denn der ganze Rest einer Kolonne wäre ohne Orientierung gewesen. Wohin hätten sie dann gehen sollen? Wir marschierten oft sozusagen unter der Nase des Feindes. Sprechen war selbstverständlich verboten, Rauchen ebenfalls.

Wer diesen nächtlichen Gänsemarsch nicht mitgemacht hat, kann sich kaum vorstellen, wie ermüdend er war. Am Anfang freute ich mich, denn ich hatte reichlich Zeit zum Nachdenken. Doch ich mußte bald auf dieses Vergnügen verzichten, denn ich dachte immer wieder an dieselben Dinge. Meine Gedanken wanderten entweder zu meinen Eltern, und ich hatte Heimweh, oder zu den Klassenkameraden, und ich beneidete sie um ihr Studium. Ich wünschte unseren Sieg herbei und malte mir immer die gleiche Szene meines Einzugs in Shanghai aus: Shanghai ist befreit; meine Schwester und ich tragen funkelnagelneue Uniformen, wir marschieren im Triumphzug durch die Straßen Schanghais. Menschenmassen bejubeln uns, unter ihnen auch unsere Mutter. Sie macht große Augen und ruft voller Stolz:

»Seht her, da laufen meine heroischen Kinder!«

Jede Nacht dieselben Gedanken. Nichts Neues. Das nächtliche Nachdenken machte mir keinen Spaß mehr.

Wenn man stundenlang in der Dunkelheit läuft - links, rechts, links, rechts - und mit niemandem sprechen darf, wird man schnell schläfrig. Es ist kaum zu glauben, aber beim Laufen kann man auch einschlafen. Manchmal stieß jemand an meinen Rücken oder ich gegen jemandes Rücken. Man brauchte sich nicht zu entschuldigen. Außerdem durfte man keinen Laut von sich geben. Die alten Hasen hatten immer etwas zu kauen bei sich, meistens Maiskörner, die sie eins nach dem anderen in den Mund warfen und gründlich kauten, bevor sie sie hinunterschluckten. Ich habe es ihnen nachgeahmt, fand aber, daß es keine gute Idee war, denn das Kauen machte mich noch hungriger.

So war das Leben in den Befreiten Gebieten. Trotz aller Mängel hatte man auch unglaublich wenig Sorgen. Man pflegte zu sagen:

»He, altes Brüderchen, wofür hast du zu sorgen? Für die großen Entscheidungen haben wir den Vorsitzenden Mao, für die kleinen den Quartiermeister. Was du und ich zu tun haben, ist nichts, als zu folgen. Und eines Tages werden wir schon den Kommunismus erreichen.«

Aber was ist Kommunismus? Durch Marschieren kommt man sicherlich nicht zum Kommunismus. Man muß sich die Theorie aneignen. Die Gelegenheit bot sich, aber erst später.

Wenige Monate nach unserer Ankunft im Befreiten Gebiet von Ost-Zhejiang kam die begeisternde Nachricht: Japan hat bedingungslos kapituliert! Nach acht langen Jahren und unzähligen Opfern haben wir endlich den Krieg gewonnen! Jetzt kann ich mein Medizinstudium fortsetzen.

* * *

Meine Schwester und ich sind nach dem Sieg über die Japaner nach Shanghai zurückgekehrt. Wir waren glücklich, daß auch wir einen kleinen Teil zu diesem Sieg beigetragen hatten. Die Freude in der Familie, daß wir endlich wieder vollzählig waren, war riesig. Aber wir durften uns nicht in der Uniform der Kommunistischen Armee zeigen, denn Shanghai stand wieder unter der Kontrolle der Nationalisten. Auch nach dem Sieg waren wir für sie immer noch Feinde.

Kurz darauf fuhr meine Schwester nach Peking, um dort die berühmte amerikanische Yanjing-Universität zu besuchen.

Die Deutsche Medizinische Akademie existierte zwar nicht mehr, weil die Deutschen nach dem Ende des Zweiten Weltkrieges nach Deutschland zurückgekehrt waren. Aber wie groß war meine Freude, als ich mein Medizinstudium trotzdem fortsetzen konnte. Das bedeutete die Chance zur Verwirklichung meines Lebenstraums. Nach dem Sieg im Antijapanischen Krieg kehrten die Shanghaier Universitäten vom Hinterland wieder nach Shanghai zurück, darunter die deutschorientierte Tong-Ji-Universität. Die Deutsche Medizinische Akademie wurde mit der Medizinischen Fakultät dieser Universität vereinigt. Ich konnte an dieser Universität weiterstudieren.

Jetzt war Mao Zedong erst recht mein Vorbild. Er war der Retter des Landes. Er hatte nicht nur die Japaner verjagt, sondern auch ein umfassendes Programm des Wiederaufbaus aufgestellt. Ich sah China in absehbarer Zukunft als ein freies, demokratisches, reiches und starkes Land. Dagegen war die vom Hinterland nach Nanking zurückgekehrte Nationalistenregie-

rung korrupt und diktatorisch und drohte dem Volk mit einem Bürgerkrieg, um die Kommunisten zu vernichten. Die Einwohner von Shanghai
waren bitter enttäuscht. Die illegale Kommunistische Partei organisierte
eine Studentenbewegung, der ich mich selbstverständlich anschloß. Unsere Parole hieß:»Für Freiheit - gegen Bürgerkrieg; für Demokratie - gegen
Diktatur!« Ich war ein aktiver Teilnehmer der Bewegung. Einmal, als wir
auf der Nanking-Straße, einer der Hauptstraßen, demonstrierten, hielt ich
mit einem anderen Studenten ein Transparent vor dem Demonstrations-
zug hoch, auf dem stand:»Das Volk stirbt nicht« - als Protest gegen die
Nationalistenregierung, die kurz vorher zwei Professoren einer demokratischen Partei ermordet hatte. Die Kommunistische Partei organisierte weitere Demonstrationen, um gegen die Verschleppung von Kommilitonen
und Professoren zu protestieren. Wir schöpften den heiklen Freiraum aus,
den die Nationalisten uns ließen.

*   *   *

Eines Tages erhielt ich einen kurzen Brief von einem Unbekannten, der
mich dringend aufforderte, ihn am nächsten Tag vor einem Kino zu erwarten, und zwar gerade zu der Zeit, wenn die Kinobesucher das Kino
verlassen. Ich sollte als Erkennungszeichen ein dickes Medizinbuch in der
linken Hand halten. Er kam pünktlich mit dem Fahrrad. Ohne abzustei-
gen, sagte er in der Menschenmenge ganz natürlich zu mir:
»Vielen Dank für deine Filmzeitschrift.«
Und einen Augenblick später war er wieder verschwunden. Wie die
Zeitschrift von seiner Hand in die meine kam, habe ich gar nicht gemerkt.
Er war offensichtlich ein Verbindungsmann der Kommunistischen Partei.
So arbeitete man im Untergrund.
Zu Hause las ich den in der Zeitschrift verborgenen Zettel:
»Dein Name steht auf der schwarzen Liste. Verlaß Shanghai so schnell
wie möglich. Kontaktiere Soundso. Zettel sofort verbrennen.«
Wieder mußte ich meinen Lebenstraum aufgeben. Wer wußte, ob es
mir jemals vergönnt sein würde, das Medizinstudium abzuschließen? Das
letzte Mal mußte ich mein Studium wegen der Japaner unterbrechen,
diesmal wegen meiner eigenen Landsleute - wegen der Nationalisten. Verdammt noch mal!

*   *   *

Wenn ich heute an Vater und Mutter denke, so denke ich mit Dankbarkeit an zwei aufgeklärte Menschen, die den Kommunisten gegenüber eigentlich hätten feindlich gesinnt sein müssen. Dankbar bin ich, weil sie mich zweimal nicht gehindert, sondern unterstützt hatten, als ich am Scheideweg stand. Mit ihrem Einverständnis und Segen durfte ich zum zweiten Mal das Elternhaus verlassen. Wir hofften uns, in einem neuen China wiederzusehen.

Nach dem Sieg im Antijapanischen Krieg hatte die Kommunistische Partei die Absicht, reguläre Universitäten zu gründen, um Fachkräfte für den Wiederaufbau auszubilden. In eine solche Universität bin ich gegangen, die Mitte-China-Aufbau-Universität hieß und ihren Sitz in der Stadt Huaiyin in Nord-Jiangsu hatte. Es kamen nicht nur Studenten, sondern auch Professoren aus Shanghai, Nanking und anderen benachbarten Großstädten, die demokratisch gesinnt und bereit waren, auf ihre guten Bedingungen in den von den Nationalisten kontrollierten Großstädten zu verzichten und hier aus dem Nichts eine neue Universität aufzubauen. Es sollte auch eine medizinische Fakultät geben!

Kaum hatten wir aber mit dem ersten Semester angefangen, da brach trotz der Bemühungen der Kommunistischen Partei und der Proteste des Volkes der Bürgerkrieg aus. Die Nationalisten hatten ohne Kriegserklärung plötzlich an allen Fronten kommunistische Streitkräfte angegriffen. Huaiyin, Sitz unserer Universität, war in Gefahr, zerbombt zu werden. Wir mußten dringend die Stadt verlassen. Von einer regulären Universität konnte selbstverständlich keine Rede mehr sein. Denn die Universität mußte die vielen Klassen zerstreut in verschiedenen Dörfern unterbringen, wo wir nur noch politischen Unterricht machen konnten. Aber das war für mich ein wichtiger Wendepunkt in meinem Leben, quasi eine Wiedergeburt. Endlich hatte ich ein klares und sinnvolles Ziel für mein Leben gefunden - für den Kommunismus zu kämpfen.

Unter den an der Universität Lehrenden waren berühmte Experten. Sie gaben uns systematisch Unterricht in Historischem Materialismus, Dialektischem Materialismus, Politischer Ökonomie, Geschichte der gesellschaftlichen Entwicklung, Geschichte der chinesischen Revolution, Geschichte der Kommunistischen Partei Chinas usw. Ich konnte ohne Vorurteil alles absorbieren.

Einen Zweifel hat es bei mir nie gegeben. Diese kommunistische Weltanschauung war für mich eine Umwandlung von einer Klasse zu einer anderen. Früher war es bei mir ein einfaches Nationalbewußtsein, ein Patriotismus, der nicht aus der Theorie, sondern aus der Praxis, aus der Realität stammte. Die Unterdrückung der Chinesen durch Ausländer empörte mich schon sehr früh, doch jetzt begann mich ganz allgemein die Ausbeutung von Menschen durch Menschen zu beschäftigen. Ich fing an, meine Familienherkunft oder Klassenzugehörigkeit in einem neuen Licht zu betrachten. Ich dachte an die Arbeiterinnen in Vaters Werkstatt. Die meisten waren ältere Frauen, aber es gab auch Dreizehn- und Vierzehnjährige. Alle waren sehr mager und in Fetzen gekleidet. Mittags aßen sie nur kalte Maisbrötchen mit ein wenig gesalzenem Gemüse. Sie lachten nie. Verglichen mit ihnen lebte ich in Shanghai wie ein Kaiser. Ich schämte mich. Ich war bereit, meine kapitalistische Lebensweise zu ändern, meinen bourgeoisen Klassenstandpunkt aufzugeben und den des Proletariats anzunehmen, mit dem Ziel, die ganze Menschheit zu befreien.

Diese ideologische Schulung machte mich zu einem überzeugten Kommunisten. Aber diese Umwandlung geschah nicht durch die Praxis, sondern durch reine Theorie. Und einmal zu dieser Erkenntnis gekommen, hörte mein Interesse für Politik und Theorie auf. In all den Jahren danach habe ich mich auch nicht mehr darum gekümmert. Das Abc des Kommunismus habe ich wie eine Dattel hinuntergeschluckt, ohne zu kauen.

Am Anfang des Bürgerkrieges wollte der große Stratege Mao Zedong »den Feind in die Tiefe der eigenen Gebiete locken«. Deshalb mußte auch die Universität mit den Kämpfenden und zur gleichen Zeit sich zurückziehenden Truppen immer nördlicher ziehen. Die Universität wurde quasi eine mobile Einheit, und der Unterricht fand immer zwischen zwei Rückzügen statt.

Eines Nachts kam der Feind unerwartet so nahe an unser Lager, daß wir rasch und heimlich diese Dörfer evakuieren mußten. So etwas ist mit einer regulären Universität gar nicht vorstellbar. Aber mit unserer mobilen Einheit war es sehr einfach, denn jeder durfte nur vier Kilo Gepäck auf dem Rücken tragen. Bücher hatte keiner. Wir bekamen unentgeltlich von der Universität vervielfältigten Lehrstoff, bestehend aus losen Blättern. Bei der Evakuierung hatten nur die Alten und Kranken das Recht, einen Esel zu reiten oder auf einem Handkarren transportiert zu werden.

Unser Prorektor war ein berühmter Historiker. Nach der Befreiung arbeitete er als Parteisekretär an der alten Fu- Dan-Universität in Shanghai. Da er immer wieder Zeitungsartikel schrieb und öffentliche Vorträge hielt, in denen er die Partei kritisierte, wurde er ihr ein »Dorn im Auge«. Niemand wagte, ihm etwas anzutun, denn er war ein Veteran der Revolution und ein bedeutender Theoretiker der Partei. Schließlich ernannte ihn das Parteikomitee wegen »seiner großen Verdienste« zum Parteisekretär für Kultur und Erziehung. Als ihm bewußt wurde, daß er in dieser Eigenschaft kaum noch etwas gegen das Komitee sagen oder schreiben konnte, war es schon zu spät. »Zieh ihn hinein und binde ihm die Zunge«, hieß diese List. Für das Shanghaier Publikum war das ein Verlust, denn er war bei ihm vorher sehr beliebt gewesen.

Unser Philosophielehrer war ein Kettenraucher. Er ermutigte uns immer, Fragen zu stellen. »Nur so kann man etwas lernen,« meinte er. Während einer Diskussion tauchte eine seltsame Frage auf. Eine Studentin aus Nanking wollte wissen, warum leitende Funktionäre der Partei sich von ihren älteren Ehefrauen vom Lande scheiden ließen und jüngere städtische Frauen heirateten. Als Beispiele führte sie Mao Zedong und Liu Shaoqi an. Daß Mao in Yenan die junge Shanghaier Schauspielerin, Jiang Qing, geheiratet hatte, ist inzwischen weltbekannt. Wenige Leute wissen jedoch, daß der damalige Generalsekretär der Kommunistischen Partei Liu eine junge Studentin, die Tochter eines großen Kapitalisten aus Tianjin, geheiratet hatte. Viele Leute meinten, das sei eine Schande für die Partei, ein Beweis, daß bei den Führern dieser Partei Wort und Tat im Widerspruch zueinander stünden.

Auf eine solche Frage war unser Philosophielehrer, der sonst immer eine Antwort parat hatte, nicht vorbereitet. Als er schließlich eine Antwort anbot, klang sie ausnahmsweise nicht sehr überzeugend. Er meinte, erstens haben sich diese Genossen dadurch nicht illegal verhalten, zweitens sei dies ihre Privatsache, die mit der Revolution nichts zu tun habe, drittens ...

Kurz darauf wurde dieser Lehrer versetzt und bald auch vergessen. Eines Abends aber, als wir Korbball spielten, kam ein Soldat angeritten. Er führte noch ein Pferd, ohne Reiter. Er fragte uns, wo er eine bestimmte Studentin finden könnte. Wir wunderten uns über diese Frage, gaben ihm aber trotzdem Auskunft. Später sahen wir zwei Reiter das Dorf in der Richtung verlassen, woher der einsame Reiter gekommen war. Der eine war der Soldat, und neben ihm ritt eine Studentin, die uns allen wohlbekannt war. Sie kam aus der Großstadt Kunming, war jung und hübsch, konnte wunderbar singen und tanzen. Unsere Neugierde war groß.

Bevor wir ins Bett gingen, hatte unser »Späher« den Schlüssel für dieses Geheimnis gefunden.

»He, wißt ihr, was mit den beiden Reitern los war?« fragte er.

»Nein, was denn? Erzähl schon.«

Unter den Bettdecken wurde es lebendig. Neugierig lugten die Köpfe hervor, während unser »Späher« sich genüßlich eine Zigarette drehte.

»Erzähl schon. Spann uns nicht so auf die Folter!«

»Hat jemand Feuer?«

Er hatte keine Eile, und erst nachdem er einige tiefe Züge eingesogen hatte, hob er an zu erzählen.

»Der Soldat hat die Kommilitonin zu seinem Vorgesetzten gebracht.«

»Zu welchem Vorgesetzten?«

»Nun, zu unserem ehemaligen Philosophielehrer. Er ist jetzt Leiter der Politischen Abteilung des Bezirks.«

»Was will er denn von ihr? Braucht er eine Sekretärin?«

»Ach Quatsch, er hat sich eben von seiner Frau vom Lande getrennt und braucht Ersatz.«

»Ach so.«

Es blieb nicht mehr viel zu erzählen. Der Reihe nach fielen die Bettdecken wieder über die Gesichter. Nur ein Kommilitone murmelte für alle hörbar:

»Wieder eine frische Blume, die in einen Misthaufen gesteckt wird.«

»Auch sterben wollte ich in den Befreiten Gebieten!« – Revolutionär

Unsere Aufbau-Universität konnte wegen des Bürgerkriegs nichts aufbauen. Sie wurde eine mobile Kaderschule. Außerdem waren wir in die Provinz Shandong weitergezogen, die noch viel ärmlicher war als Nord-Jiangsu. Die Leute aus dem Süden müssen ihren Reis haben. Aber Reis war jetzt eine kostbare Rarität geworden, die es nur noch einmal wöchentlich gab. Meistens gab es einen Schlag Mais oder sogar nur Sorghum.

»Was? Wir sollen dieses elende Vogelfutter essen?!«

Viele waren entsetzt und bald hartleibig. Süßkartoffeln sind zwar laxativ, aber damit ist man nie richtig satt. Und wenn man sehr viel ißt, hat man zuviel Magensäure.

Besonders rar waren Medikamente, denn es gab in den Befreiten Gebieten keine pharmazeutischen Fabriken. Arzneimittel mußten aus den Großstädten, die unter nationalistischer Kontrolle standen, in die Befreiten Gebiete geschmuggelt werden. Genossen, die diese wichtige, aber gefährliche Aufgabe ausführten, mußten mit Arrest, Folter, ja gar Hinrichtung rechnen, wenn sie von dem Feind ertappt wurden.

Eine Krankheit, die uns am schlimmsten bedrohte, war Malaria. Man fand kaum einen, der davon verschont blieb. Ich hatte zwar vorgesorgt und mir ein Moskitonetz aus Shanghai mitgebracht, doch es half mir nicht, denn im Freien konnte man sowieso keinen Gebrauch davon machen, und wenn wir mal ein Dach über dem Kopf hatten, mußte man den Raum mit so vielen Menschen teilen, von denen keiner ein Moskitonetz hatte. Natürlich wurden in den kommunistischen Gebieten nicht das Vermögen oder die Ehefrauen geteilt - das war dummes Propagandageschwätz der Nationalisten. Das Moskitonetz war immer noch mein Privateigentum, aber ich konnte es einfach nicht übers Herz bringen, dieses Privateigentum allein zu genießen. Als Besitzer eines Moskitonetzes ungestört von den kleinen Viechern gut zu schlafen und süß zu träumen, das war einfach zu »unkommunistisch«. Oder die Mittel gegen Malaria aus Shanghai. Wenn du einen Genossen sahst, der vor Schüttelfrost so heftig zitterte, daß sein Bett - wenn er überhaupt ein Bett hatte - oder sein Lager quietschte oder wenn er im Fieber faselte und »Mutter, Mutter!« murmelte, konntest du ihm deine Medizin, die einzige, die weit und breit verfügbar war, vorenthalten? Konntest du an seinem Bett vorbeigehen - unberührt und unbesorgt? Er war dein Genosse! Du teiltest mit ihm deine Spezialmittel - freiwillig. So waren die Beziehungen zwischen den Menschen in den Befreiten Gebieten.

Ich hörte sozusagen auf die Stimme meines Gewissens mit dem vorauszusehenden Resultat, daß ich bald selber auch der Malaria zum Opfer fallen würde. Als ob das dann noch nicht schlimm genug gewesen wäre, mußte ich mitmarschieren, wenn kein Esel oder Handkarren zu finden war.

Unterernährung, Übermüdung, Malaria, dauerndes Marschieren... So war das Leben in den Befreiten Gebieten.

Eines Tages hatten wir Vollversammlung im Freien. Niemand besaß einen Hocker. Wer wollte beim Marschieren einen Hocker auf dem Rücken tragen? Wir saßen entweder auf unseren festgebundenen Bettdecken oder auf einem Stück Ziegel, auf einem einzelnen Schuh oder einfach auf dem Boden. Als die Versammlung beendet war und ich aufstehen wollte, fühlte ich mich plötzlich so schwach, war mir so schwindelig, daß ich etwas als Stütze greifen mußte. Der kalte Schweiß brach mir aus. Ich sah kleine Sterne vor meinen Augen tanzen. Bevor ich um Hilfe rufen konnte, wurde ich ohnmächtig. Als ich wieder zu mir kam, lag ich in einem Lazarett.

Also, hier bin ich gelandet! dachte ich. Maschinen müssen repariert werden - Menschen auch. Nun mal sehen, was man mit mir macht.

Das Lazarett war in einem Nachbardorf untergebracht und äußerst primitiv ausgestattet. Aber das Personal war erstklassig - nicht unbedingt im fachlichen Sinn, sondern in seiner Herzlichkeit und Fürsorge. Hier erfuhr ich Mao Zedongs »revolutionären Humanismus« am eigenen Leib. Eines Tages kam unsere politische Instrukteurin mich besuchen. Sie ließ sich an meinem Bettrand nieder, denn es war kein Stuhl da. Sie nahm meine Hand - wie weich ihre Hand war! -, guckte mich an - wie groß und glänzend ihre Augen waren! - und lächelte. Sie hatte bezaubernde Grübchen. Ich fühlte mich auf der Stelle besser.

»Kleiner Zhou,« begann sie zu sprechen. Wie sanft ihre Stimme war! »Ich habe gute Nachrichten für dich. Der Arzt hat mir eben gesagt, daß du in ein paar Tagen das Lazarett verlassen darfst. Freust du dich? Deine Genossen haben dich vermißt. Ich soll dich von ihnen herzlich grüßen.«

Ich drehte schnell meinen Kopf nach der anderen Seite, aber sie hatte meine Tränen schon gesehen. Sanft, oh, so sanft streichelte sie meine Wangen. Und mit ihrem nach Seife, nicht nach Parfüm duftenden Taschentuch wischte sie mir die Tränen ab.

»Du hast mir auch sehr gefehlt, weißt du das?« fuhr sie fort.

»Schwesterchen! «

Ich ergriff ihre Hand und brach in Tränen aus. Welch unverschämte Schwäche!

Eine jüngere Schwester habe ich, die ich sehr liebe, aber ich habe mir immer noch eine ältere Schwester gewünscht. Die Instrukteurin war nicht viel älter als ich. Und ich hatte sie sehr gern.

»Schon gut, schon gut, nicht weinen, Brüderchen,« begann sie mich zu trösten. »Schwesterchen versteht dich. Du hast Heimweh. Und das ist gerade das Problem, worüber Schwesterchen heute mit dir reden will.«

Sie streichelte immer noch meine Wangen und trocknete mir die Tränen. Sie wartete geduldig, bis ich wieder ruhig wurde.

»Weißt du,« setzte sie fort, »die Parteizelle ist um dich sehr besorgt. Wir halten dich für einen guten Genossen. Zwar stammst du aus einer bourgeoisen Familie, aber wer kann schon seine Klassenherkunft auswählen? Du bist zweimal trotz Lebensgefahr zu uns, zu der Partei, gekommen, ein Beweis, daß du die Partei liebst, daß du an den Kommunismus glaubst. Das alles muß man zuerst anerkennen.«

Das ist eine Formel, wie die Kommunisten reden. Man darf nicht direkt mit der Kritik anfangen, sonst wird es als Angriff gegen den Kritisierten verstanden. Da aber diese Formel von Schwesterchen verwendet wurde, klang es nicht so irritierend. Trotzdem war eine gewisse Spannung da, denn das Lob war nur die Einleitung zu dem, was sie mir eigentlich zu sagen hatte.

»Aber« - wichtig ist immer, was nach dem »Aber« kommt -, »du bist ein Städter, hast immer in einer Großstadt gelebt, kommst aus einer wohlhabenden Familie und bist ein Intellektueller. Verständlicherweise fällt es dir schwerer als den Genossen, die aus bäuerlichen Familien kommen, dich den schwierigen Verhältnissen in den Befreiten Gebieten schnell anzupassen. Uns fehlen auch die notwendigen Mittel, dir dabei zu helfen. Deshalb ist die Parteizelle auf die Idee gekommen, ob es nicht besser für dich wäre, nach Shanghai zurückzukehren...«

Ich wollte aufspringen, aber sie legte einen Finger auf meinen Mund.

»Psst, reg dich nicht auf. Schwesterchen weiß, daß du deine Genossen nicht verlassen willst, nicht wahr? Aber hör zu, wenn man an den Kommunismus glaubt, kann man überall, sogar im Gefängnis oder am Hinrichtungsort für seinen Sieg kämpfen. Du gehst nach Hause, nicht als Deserteur der Revolution, sondern als Kämpfer. Du kannst dein Medizinstudium fortsetzen. Die Partei braucht gute Ärzte, je mehr, desto besser. Gleichzeitig kannst du an unserer Studenten- und Demokratiebewegung teilnehmen. Du kannst...«

Lange hat die Instrukteurin mit mir an diesem Tage geredet - dienstlich und auch privat.

»Weißt du,« sagte sie, nachdem sie den Auftrag ihrer Parteizelle erfüllt hatte, »ich war erschrocken, als ich dich an jenem Tag umkippen sah. Erinnerst du dich noch daran? Der Klassenälteste und ich haben dich hierhergebracht. Unterwegs habe ich dich immer in meinen Armen gehalten. Ich habe dich gerufen, ganz leise, um dich nicht zu erschrecken. Aber du warst die ganze Zeit ohnmächtig. Deine Stirn war mit kalten Schweißtropfen bedeckt. Ich habe versucht, mit meinem Taschentuch deine Stirn zu trocknen, aber es kamen immer wieder neue...«

Bevor sie sich schnell umdrehen konnte, sah ich, wie ihr Tränen in die Augen kamen. Meine Kehle verengte sich.

»Weißt du,« fuhr sie fort, als sie sich wieder unter Kontrolle hatte, »ich habe mir immer einen jüngeren Bruder gewünscht, so einen wie dich.«

Sie lächelte!

Aber jetzt kamen mir die Tränen.

»Heimweh?« fragte sie leise und sanft.

»Ja, ein bißchen.«

Vor ihr schämte ich mich nicht, es zuzugeben.

»Dann geh nach Hause, zur Mutter. Dort wirst du wieder gesund und stark werden. Du wirst ein guter Arzt werden, dessen bin ich mir sicher. Ich weiß, du bist der fleißigste in der Klasse. Sag mal, wenn du eines Tages ein berühmter Arzt in Shanghai bist, wirst du mich, dein Schwesterchen vom Lande, vergessen?«

Sie kam aus der damaligen Hauptstadt Nanking, das wußte ich. Sie wollte mich nur necken.

Wir guckten einander in die Augen, lange, ohne ein Wort.

In ihren leuchtenden, bodenlosen und faszinierenden Augen las ich Verständnis, Fürsorge, Sympathie und...

Plötzlich ließ sie meine Hand los und stand hastig auf. Warum war sie so nervös?

»Leider muß ich gehen. Ich habe noch eine Sitzung. Weißt du, was das Volk sagt? Die Kuomintang verlangt zu viele Steuern, die Kommunisten halten zu viele Sitzungen ab.«

Dieser Scherz konnte die Spannung nicht brechen, denn jeder kannte ihn. Warum hatte sie mir das erzählt? Was wollte sie verbergen? Vielleicht daß sie mich...?

»Also gut, überlege es dir. Einen so wichtigen Entschluß zu fassen ist nicht leicht. Ich komme wieder. Jetzt ruh dich aus.«

Eilig drehte sie sich um und verließ den Raum. Warum so hastig? Mir war, als ob mir etwas verlorenginge, etwas, was mir sehr am Herzen lag.

Ich gesundete schnell. Und bald konnte ich wieder studieren. Doch die Frage der Instrukteurin ließ mir keine Ruhe. Zu einem Ergebnis kam ich nicht. Meine Schwester - ich meine die leibliche, jüngere Schwester - hatte auch einmal das Befreite Gebiet verlassen, als sie schwer krank war. Aber sie ist zum zweiten Mal dorthin gegangen. Die Parteizelle machte mir den Vorschlag, nach Shanghai zu gehen. Sie erwartete von mir etwas anderes - daß ich in Shanghai bleiben und nicht wieder zurückkehren sollte. Sollte ich das Angebot annehmen? Ich war kein Mitglied der Partei. Die Partei konnte mir nichts befehlen.

Bei wem konnte ich mir Rat holen? Beim Rektor! Aber natürlich! Er war ein Veteran der Revolution und obendrein auch ein Intellektueller - ein Historiker und Antiquitätenkenner. Er konnte mich bestimmt besser verstehen als die Genossen vom Lande.

Sein Zimmer gehörte einem entflohenen Großgrundbesitzer. Es war sein Studierzimmer. Die Regale waren voller alter Bücher, die noch mit

Fäden geheftet waren. Der Rektor schien das Gewicht meiner Frage zu verstehen. Er nahm sich Zeit. Mit einer ungestopften Pfeife im Mund ging er im Zimmer auf und ab. Diese Pfeife hatte einst einem japanischen Kommandeur gehört. Jetzt war sie seine Beute.

Meine Frage an ihn war, ob er mich für einen Deserteur hielte, wenn ich auf den Vorschlag der Parteizelle einging.

Plötzlich blieb er mitten im Raum stehen und begann, an seiner leeren Pfeife kauend, in seinem schweren Sichuan-Dialekt zu sprechen: »Nein, ich werde dich nicht für einen Deserteur halten. Ich habe nichts gegen den Vorschlag eurer Zelle. Im Gegenteil, ich finde ihn vernünftig. Sag uns bloß, wann du gehen willst. Wir wollen dir helfen.«

Er begann wieder auf und ab zu gehen. Das war die Einleitung zu einer längeren Rede. Einige Runden später hielt er wieder inne und fuhr fort:

»Aber das war keine Antwort auf deine Frage. Denn du hast offensichtlich etwas auf dem Herzen. Du würdest wahrscheinlich erst dann mit gutem Gewissen nach Shanghai gehen, wenn du dir sicher bist, daß niemand etwas hinter deinem Rücken sagt, daß dich keiner als Schlappschwanz bezeichnet. Nicht wahr?«

Ein alter Hase, der Rektor! Er hatte den Nagel auf den Kopf getroffen.

»Nein, einen solchen Trost kann ich dir leider nicht zusprechen. Denn wir Kommunisten sind Materialisten. Wir nennen das Ding immer beim richtigen Namen und machen kein Hehl aus etwas, um jemandem zu gefallen. Nie!«

Wie ernsthaft er aussah!

Aber komischerweise gab er mir den Eindruck, als ob er selber ein Stück Antiquität wäre. An ihm war alles altmodisch: Kleidung, Brille, Bart, Sprechweise und Verhalten.

Er ging wieder auf und ab.

»Daß du zurückkehren darfst und wir dir dabei helfen, ist die Politik der Partei, denn man nimmt freiwillig an der Revolution teil, tritt auch freiwillig zurück, solange man mit seinem Rücktritt der Revolution nicht schadet. Auf der anderen Seite aber müssen wir auch die Tatsache anerkennen, daß einer von unseren Kameraden die materiellen Schwierigkeiten in den Befreiten Gebieten nicht mehr aushalten kann. Vergleicht man ihn mit den hier weiterkämpfenden Genossen, kann man ihn meiner Ansicht nach nicht als den entschlossensten Kameraden bezeichnen. Oder was meinst du?«

Mit dieser Gegenfrage blieb er direkt vor mir stehen und guckte mir prüfend in die Augen. Aber nur für eine kurze Weile. Ein wenig hastig ergänzte er sich:

»Aber ich wiederhole: Ich habe nichts dagegen. Du kannst gehen. Wenn du willst.«

Der Ball war wieder zu mir zurückgekommen.

Ich bin kein Mensch der schnellen Entscheidung. Aber als der Rektor sprach, hatte ich das Gefühl, daß etwas in mir stärker wurde. Ob es mein politisches Bewußtsein oder der Glaube an den Kommunismus oder einfach mein Ehrgefühl war - ich weiß es nicht. Blitzartig wurde mir klar, daß ich doch alles aufgegeben hatte, um ein Revolutionär zu werden. Und so verständlich der Wunsch auch war, einen leichteren Weg zu wählen und wieder nach Shanghai zurückzukehren - aber ein echter Revolutionär war man dann nicht mehr! Schwierigkeiten nicht aushalten können und sich das noch verzeihen, das tut kein Kämpfer, denn als Kämpfer darf man auch die größten Mühen nicht scheuen, darf man nicht nachgeben, solange man nur irgendwie kann.

Bevor ich zu Ende gedacht hatte, hörte ich mich aufgeregt zum Rektor sagen:

»Genosse Rektor, ich bleibe! Auch sterben wollte ich in den Befreiten Gebieten!«

»Herzlichen Glückwunsch, Genosse!« sagte der Rektor. Vorher hatte er mich immer »Kamerad« genannt. Er nahm aufgeregt meine Hand und hielt sie fest in der seinen.

»Du hast deine eigene Schwäche überwunden. Heute haben wir in unseren Reihen einen Revolutionär mehr.«

An der Tür hörte ich ihn mir noch nachrufen:

»Komm zu mir, Genosse, zu jeder Zeit, wenn du Probleme hast.«

»Ich will auch ein Parteimitglied werden!« – Kommunist

Der Bürgerkrieg zog sich in die Länge. Die Nationalisten hatten am Anfang drohend angekündigt, die Kommunisten in drei Monaten zu vernichten. Später entdeckten sie, daß sie eine viel härtere Nuß zu knacken hatten als erwartet. Die Kommunisten wollten das ganze Land von der Diktatur der Nationalisten befreien und ein neues, freies und demokratisches China aufbauen. Das war viel leichter gesagt als getan. Ihr Feind wurde von den

USA unterstützt. Er verfügte über hochmotorisierte Truppen, während sie selbst weder Flugzeuge noch Kriegsschiffe hatten. Unter solchen Umständen war der Aufbau des Landes Zukunftsmusik. Im übrigen brauchten alle Fronten Kader in großer Menge. Mein Traum, in den Befreiten Gebieten weiter Medizin zu studieren, platzte. Auf Anweisung der Partei wurde meine Universität eine Ausbildungsstätte für Kader, die in einjährigen Kursen auf ihren Fronteinsatz vorbereitet wurden.

Ich war sehr enttäuscht darüber, doch galt es, die persönlichen Interessen den Interessen der Partei unterzuordnen. Ich lernte die rare Gelegenheit, mich mit den kommunistischen Theorien und den Werken von Mao Zedong vertraut zu machen, zu schätzen. Von Mao Zedong lernten wir, mit den Volksmassen umzugehen und daß es nicht nur auf das Ziel unserer Arbeit, sondern auch auf den Weg dahin ankam. Zum Ende der Ausbildung bekamen wir zwar kein Abschlußzeugnis, aber in unseren Akten wurden Vermerke über die Art der Ausbildung und unseren Erfolg registriert. Nun waren wir alle ausgebildete Kader, und jeder bekam eine Stelle zugewiesen.

Im Sommer 1947, bevor ich die Universität verließ, um in Yantai (früher Chefoo genannt), meine erste Stelle als Englischdolmetscher und Übersetzer anzutreten, besuchte ich den Rektor, um von ihm Abschied zu nehmen. Er konnte seine Freude kaum verbergen, als er mich sah. Es stellte sich heraus, daß er mich schon längst etwas fragen wollte.

»Genosse Zhou,« sagte er, indem er mir eine große Birne - eine Spezialität dieser Gegend, besonders saftig und süß - in die Hand drückte, »wenn ich mich nicht irre, bist du schon länger als ein Jahr in den Befreiten Gebieten. Und wir freuen uns zu sehen, daß du politisch reifer geworden bist. Aber du hast nicht einmal die Parteimitgliedschaft beantragt. Wenigstens hat mir eure politische Instrukteurin das gesagt. Ist das wahr? Warum? Wartest du etwa, daß dich die Partei dazu einlädt?«

»Nein, natürlich nicht,« antwortete ich verlegen und suchte nach einer Antwort auf diese Frage, die mich so unvorbereitet traf.

Er wartete.

»Sehen Sie, Genosse Rektor,« irgendwie mußte ich mich rechtfertigen, »ich habe gelernt, die Partei zu lieben und ihre Mitglieder zu schätzen. Sie haben durch ihr Verhalten gezeigt, daß sie Vorbilder für uns alle sind. Verglichen mit ihnen bin ich noch sehr unreif. Ich meine, ich bin egoistisch, ich bin überheblich, ich bin manchmal politisch schwankend. Ja, ehrlich. Doch die Parteimitgliedschaft ist etwas Heiliges. Ich darf sie nicht mit meinen vielen Schwächen und Fehlern besudeln.«

»Und du meinst, du wirst ganz alleine deine vielen ›Schwächen und Fehler‹ selbst überwinden und erst dann, vom Scheitel bis zur Sohle rein und makellos, in die Partei eintreten? Typisch kleinbürgerliche Vorstellungen! Ist es dir nie eingefallen, daß du, gerade weil du, wie du eben selbst gesagt hast, noch nicht ganz reif bist, die Hilfe und Erziehung von der Partei brauchst? Ist es dir nie eingefallen, daß die Partei dir besser helfen und dich besser erziehen kann, wenn du in der Partei bist und nicht außerhalb der Partei bleibst. Natürlich stellt die Partei höhere Anforderungen an ihre Mitglieder. Und die Mitglieder machen auch größere und schnellere Fortschritte. Aber Mitglieder der Partei sind auch normale Menschen mit diesen Schwächen oder jenen Fehlern. Sie verbessern sich im Laufe ihrer revolutionären Tätigkeiten. Die Revolution braucht neues Blut. Die Partei braucht Intellektuelle. Worauf wartest du noch? Hast du etwa Angst? Oder bist du noch nicht endgültig bereit, dein ganzes Leben der Sache des Kommunismus zu widmen?«

Eigentlich hatte der Rektor mir beim Abschied nichts Neues gesagt. Aber irgendwie haben seine Worte überzeugender auf mich gewirkt als der Unterricht meiner Lehrer. Denn hinter seinen Worten steckten Fürsorge und Erwartungen eines Veteranen.

In den Befreiten Gebieten waren die Menschen wirklich gleichberechtigt. Die Beziehungen zwischen den Vorgesetzten und Untergeordneten waren sehr harmonisch. Selbstverständlich waren Befehle und Anweisungen unentbehrlich. Aber die Führung geschah mehr durch Überzeugung, durch ideologische Arbeit. Anstatt »du mußt das tun« zu sagen, sagten die Vorgesetzten lieber: »Guck mal, ich glaube, das muß getan werden, und ich würde es so tun, meinst du nicht?« So stand man nicht unter Druck, wenigstens fühlte man sich nicht gezwungen, etwas zu tun. Diese Art ließ einem mehr Freiheit zu überlegen, zu diskutieren und auch sich zu überzeugen. So hielten, trotz Mangel und Not, alle Leute zusammen. Gleichheit, Offenheit und Solidarität - das war die politische Atmosphäre in den Befreiten Gebieten.

Diese gute Tradition ist heute in China zwar noch zu finden, aber leider nur noch selten. Diese harmonische Atmosphäre und die kameradschaftlichen Beziehungen sind oft zerstört. Macht verdirbt, glauben viele Leute.

* * *

Yantai war eine der ersten Städte, die die Kommunisten von dem Feind befreiten. Während des Bürgerkrieges stellte Yantai eine Art Oase dar, denn hier wurde nicht gekämpft. Hier waren die Nationalisten nicht unsere Feinde, sondern unsere Gäste. Sie waren Vertreter der CNRRA (Nationalisten), die hier mit den Vertretern der CLARA (Kommunisten) und der UNRRA (UNO) verhandelten. Das waren Organisationen, die sich mit der Beseitigung der Schäden des Antijapanischen Krieges befaßten. Für solche Tätigkeiten brauchte man selbstverständlich Dolmetscher und Übersetzer. Da es damals in Yantai sehr wenige Menschen gab, die englisch sprachen, wurde ich nicht selten »ausgeborgt«, um für den Oberbürgermeister oder andere leitende Funktionäre zu dolmetschen. Bald wurde in der Stadt bekannt, daß das CLARA-Büro einen Jungen aus Shanghai eingestellt hatte, der »Oxford-Englisch« sprach. Diese Nachricht bestätigte eine amerikanische Journalistin. Denn bei unserem ersten Zusammentreffen hatte sie mich voller Neugierde gefragt:

»Now, tell me, young man, where did you learn your British?« Ihrer Meinung nach sprächen Engländer ein komisches Englisch.

So kam ich zu meinem ersten Job als Dolmetscher und Übersetzer. Eigentlich war das ein Mißverständnis, denn ich war ja kein Student der Fremdsprachen. Aber die Personalabteilung war der Meinung, daß jemand, der in der Schule Englisch gelernt hatte, alles können müßte: verstehen, sprechen, lesen, schreiben, übersetzen. Und er sollte auch alles übersetzen können: Astronomie, Geographie, Philosophie, Chemie, Wirtschaft und Politik... Mein Versuch, den Personalkader davon zu überzeugen, daß ich damit überfordert sei, scheiterte kläglich. Er konnte meine Bedenken beim besten Willen nicht verstehen.

»Aber, Genosse, du hast doch in der Schule drei Jahre Englisch gelernt. Das steht in den Akten. Und ich habe nicht einmal drei Minuten Englisch gelernt. Wenn du sagst, daß du es nicht kannst, meinst du etwa, daß ich es können sollte?«

Mein Gott, wie kann man mit jemandem argumentieren, der nicht einmal logisch denken kann? Um mir den Ärger zu ersparen, gab ich klein bei.

»Na gut, ich versuch's.«

Und was sagte er?

»Siehst du, ich habe gleich gewußt, du bist ein guter Genosse! Das steht in den Akten. Keine Angst! Wenn du Probleme hast, kannst du zu jeder Zeit zu mir kommen.«

So nahm mein Schicksal seinen Lauf. Wenn ich meine Zukunft hätte voraussehen können, hätte ich mich als Dolmetscher und Übersetzer in allen wichtigen Sprachen der Welt ausbilden lassen. Denn dieses Mißverständnis der Personalabteilung hat meine Karriere bestimmt. Das ganze Leben lang habe ich mich mit Fremdsprachen befaßt. Die zweiundzwanzig Jahre in der Verbannung kann man natürlich nicht einrechnen.

Gleich am ersten Tag sollte ich eine Protestnote an die UNRRA übersetzen. Am Tage zuvor war ein Schiff der UNRRA in Yantai eingelaufen. Doch anstelle der versprochenen Materialien zur Beseitigung von Kriegsschäden in den Befreiten Gebieten hatte man an Bord nur Toilettenpapier und Damenstöckelschuhe gefunden. Welche Unverschämtheit! Welche Empörung! Hingegen bekamen die Nationalisten den Löwenanteil, manchmal sogar Militärhilfe von den USA - natürlich unter Tarnung.

Mit solchen Arbeiten waren meine Tage gefüllt. Heute bombardierte ein Flugzeug der Kuornintang eine Kleinstadt, die unter kommunistischer Kontrolle stand, morgen wurden zwei Grenzsoldaten der Achten-Route-Armee von Soldaten der Kuomintang erschossen. Heute Meldungen über Kriegsverbrechen der Kuomintang, morgen Berichte über die amerikanische Unterstützung der Kuomintang. Und auf alles galt es zu reagieren mit eigenen Briefen, Berichten, Meldungen und Protestnoten. Wenn man jeden Tag solche Dinge übersetzen mußte, so hatte man bald genug davon. Meine Arbeit machte mir wenig Spaß. Um wieviel lieber hätte ich ein Gewehr in die Hand genommen und selbst gegen die Kuomintang gekämpft, anstatt im öden Büro zu sitzen und nur auf Ereignisse reagieren zu können.

In solche Gedanken war ich vertieft, als eines Vormittags mein Chef zu mir kam und sagte:

»Kleiner Zhou, heute nachmittag wird der Stabschef zwei amerikanische Kriegsgefangene verhören. Du bist sein Dolmetscher.«

»Okay,« sagte ich, ohne den Kopf zu heben. Ich dachte immer noch an meinen eventuellen Einsatz an der Front.

Wenn ich mir heute mein erstes wichtiges Auftreten als Dolmetscher ins Gedächtnis zurückrufe, muß ich mich selbst wundern, woher ich den Mut dazu fand. Ein militärisches Verhör war kein Kinderspiel, und ich war total unerfahren. Heute würde ich mich fragen: Kannst du es schaffen? Aber damals war ich zu jung, zu unerfahren, um die Schwierigkeiten dieser Aufgabe zu verstehen. Wie man auf Chinesisch zu sagen pflegt: »Das neugeborene Kalb hat keine Furcht vor dem Tiger.« Ich hatte auch keine Furcht, weder vor dem Stabschef noch vor den »Uncles Sam«.

Ich ging durch einen gewöhnlichen Bauernhof, wo ich einen Soldaten mit Mauser sah, und kam zu einem kleinen und einfachen Zimmer. Hier soll das Verhör stattfinden? wunderte ich mich. Der Stabschef saß schon an einem Tisch, Papiere blätternd. Neben ihm war ein Platz für mich freigehalten. Vor dem Tisch standen zwei niedrige Hocker - offensichtlich für die Gefangenen. An einer Ecke saß ein Mädchen in Uniform - vermutlich die Protokollführerin. Das war alles. Es sah überhaupt nicht wie ein Gerichtshof aus. Ich war ein wenig enttäuscht. Der Stabschef war ziemlich nett, gar nicht imponierend oder Ehrfurcht einflößend.

»Komm, Kleiner Zhou, setz dich neben mich,« sagte er. »Na, du Intellektueller, du bist der beste Dolmetscher der Stadt, habe ich vom Oberbürgermeister gehört. Und ich kann nicht einmal das Abc. Ich bin ein Bauernsohn. Heute spielst du eigentlich die Hauptrolle. Die »fremden Teufel« verstehen sowieso nicht, was ich zu sagen habe.«

Oho, dieser hohe Offizier, dieser Bauernsohn hat Humor, dachte ich.

Er räusperte sich und rief dem Soldaten im Hof zu:

»Bring die Gefangenen!«

Ach, er ist ganz und gar ein anderer Mensch geworden - wirklich achtunggebietend, mußte ich feststellen.

Dagegen sahen die beiden Amis, die vor uns erschienen, wie zwei »ins Wasser gefallene Hunde« aus. Sie kamen mit hängendem Kopf ins Zimmer und wagten nicht, uns einmal anzusehen. Na, diese beiden Yankees sind ganz anders als die MPs der US-Army in Shanghai, die arrogant und wie verrückt in ihren Jeeps durch die Straßen rasten, dachte ich.

»Setzen!« befahl der Stabschef.

Meine Gedanken waren noch in Shanghai, so daß ich halb geistesabwesend, halb gewohnheitsmäßig, begann, mit »Sit down, please!« zu übersetzen. Da fiel mir plötzlich ein, daß der Stabschef die Gefangenen mit strenger Miene wie Hunde angeherrscht hatte, und ich konnte gerade noch das »please« hinunterschlucken. Ab jetzt begann auch ich, meine Rolle als Dolmetscher bei einem militärischen Verhör gewissenhaft zu spielen.

Die Amerikaner behaupteten und beharrten darauf, daß sie keine Kriegsgefangenen waren, denn sie gehörten nicht der US-Army an. Sie waren Beamte der UNRRA. Sie fanden mit dieser Behauptung aber kein Gehör beim Stabschef, denn vor ihm lag ein Bericht, aus dem hervorging, daß die Miliz die beiden in der Nähe eines Stützpunktes festgenornmen hat. Sie trugen Uniformen der US-Army. Darüber hinaus hatte jeder eine Kamera um den Hals baumeln.

Anklage - Verteidigung - Anklage. Das Verhör geriet in eine Pattsituation. Die Atmosphäre wurde immer gespannter. Dem Stabschef blieb nicht viel Geduld übrig. Er begann, die Gefangenen anzustarren. Ihn nachahmend, machte auch ich große Augen, sogar noch größere als der Stabschef. Er fing an, sie anzuschreien. Ich schrie noch lauter. Schließlich verlor der Stabschef seine Geduld und hieb so heftig auf den Tisch, daß die erschrockenen Amis auf ihren Hockern zusammenzuckten. Ich war jetzt völlig hingerissen und haute noch heftiger als der Stabschef auf den Tisch. Später tat mir die Hand weh, doch in dem Augenblick hörte ich nur, wie ein Glas auf den Boden fiel und zerbrach. Das war der dramatische Höhepunkt. Die Amis hatten furchtbar große Angst. Sie begannen zu zittern. Welche Genugtuung! Von der Arroganz und Aggressivität der amerikanischen Soldaten in Shanghai war keine Spur mehr zu sehen.

»Wegführen!« befahl der Stabschef. »Ab sofort nur noch Brot und Wasser!«

Die Amis hatten kaum noch die Kraft aufzustehen.

Als sie außer Hörweite waren, sagte der Stabschef zu dem Mädchen, das während des Verhörs alles wunderbar schnell in das Protokoll eintrug:

»Geh, Kleine Li, und sag dem Wächter, daß er den Gefangenen ein Stück gepökelte Gurke oder so etwas Ähnliches geben soll, wenn sie sich benehmen. Aber darüber hinaus nichts als gedämpftes Brot und abgekochtes Wasser. Wir mißhandeln unsere Gefangenen nicht.«

Zu mir sagte der Stabschef in guter Stimmung:

»Na, junger Genosse, wir beide haben das Theaterstück prima gespielt, meinst du nicht? Übrigens, du hast gut gedolmetscht. Ich habe zwar kein Wort verstanden, aber du warst mir immer auf den Fersen. Schnell und mächtig. Wunderbar. Du hast Talent fürs Dramatische.«

Also, das Verhör war wirklich ein Drama, ein Theaterstück. Und mein Debüt war ein Erfolg. Denn der Stabschef hat, bevor er wegging, noch zu mir gesagt, ich sollte beim nächsten Verhör wiederkommen.

* * *

Yantai ist eine mittelgroße Hafenstadt in der Provinz Shandong, in der sich auch Qingdao (früher Tsingtau genannt) befindet. Sie ist berühmt für ihre Äpfel, ihren Traubenwein und auch für ihre Uhrenindustrie. In den achtziger Jahren wurde sie »Internationale Weinstadt« genannt. Für mich war Yantai eine unvergeßliche Station auf meinem Lebensweg, denn hier habe ich einen wichtigen Entschluß gefaßt.

Es war im Sommer sehr angenehm, am Strand einen Abendspaziergang zu machen. Ich hatte vorher nie das Meer gesehen und mußte das blaue Wasser bewundern (der Huangpu in Shanghai war schmutzig und stank im Sommer). Das rhythmische Plätschern des Wassers gegen die Böschung wirkte beruhigend und half mir beim Nachdenken. Ich schaute nördlich nach dem Horizont, wo der Himmel und das Meer eine weiße Linie formten. Dort wollte ich die Antwort auf eine wichtige und schwere Frage finden, nicht etwa »to be or not to be«, sondern »Parteimitgliedschaft beantragen oder nicht beantragen«. Die Worte des Rektors hatten sich tief eingeprägt: »Worauf wartest du noch? Hast du etwa Angst?«

Angst wovor? Vor dem Verlust der persönlichen Freiheit? Das Mitglied muß den Beschlüssen der Partei bedingungslos gehorchen. Vor dem harten Leben und Kampf? Das Mitglied muß als erstes die Härten auf sich nehmen und als letztes sein Leben genießen. Vor der Gefahr der Revolution oder ohne Umschweife, vor dem Tode?

In der Kriegszeit sich ein solches Problem zu überlegen hieß, sich zu entscheiden, alles zu geben und nichts zu nehmen. Nach dem Sieg der Revolution wurde die Situation wesentlich anders. Viele Menschen wollen Mitglieder werden, nicht, um alles zu geben, sondern soviel wie möglich zu nehmen. Sie sind eine privilegierte, ja gar korrumpierte Schicht geworden. Sie haben nichts Gemeinsames mehr mit den Mitgliedern während der Revolution. Daß das Volk ihnen den Rücken kehrt, ist nur zu erwarten.

Aber man muß nicht die Ereignisse der Nachkriegszeit nach vorne schieben. Wir waren mitten im Bürgerkrieg und befanden uns in einer strategisch defensiven Phase. Hatte ich wirklich Angst? Nein. Ein Held war ich nicht, aber auch kein Feigling. Wenn ich mich vor mir selbst schämen mußte, so war das kein Leben mehr.

Hin und her am Meeresstrand, schon ein paar Tage lang. Es war wirklich nicht leicht, ganz alleine einen so wichtigen Entschluß zu fassen. Wenn meine Schwester hier wäre, könnte ich wenigstens mit ihr darüber sprechen. Aber nein, sie studiert jetzt in Peking. Im Büro war der Parteisekretär der einzige »offene« Vertreter der Partei. Sonst war die Partei »geheim«. Man wußte zum Beispiel nicht, ob unser Direktor, der Alte Li, ein Mitglied war oder nicht. Ich riet, ja, denn er war wirklich ein guter Mensch - immer als erster kommend und als letzter gehend, immer so umsichtig, hilfsbereit und opferbereit. Aber ich durfte ihn nicht danach fragen. Er hat auch niemandem unaufgefordert Auskunft über sich selbst oder die Parteizelle des Büros gegeben. Außerdem sollte niemand außer dem Sekretär wissen, wenn ich einen Antrag auf Aufnahme in die Partei stellen sollte.

Gerade am Vorabend des Geburtstags der Partei, am 1. Juli 1947, erhielt ich einen Brief von Tian, dem Freund meiner Schwester aus Shanghai, der zu dieser Zeit in der politischen Abteilung der Armee arbeitete. Er schloß seinen kurzen Brief ab, indem er mich fragte:

»Darf ich dich jetzt »Genosse« nennen?«

Das war der entscheidende Impuls!

An diesem Abend fand der Sekretär der Parteizelle des CLARA-Büros einen Brief unter seinem Kissen - das war mein Antrag auf Mitgliedschaft. Irgendwie hatte ich mich geniert, ihm den Brief in die Hand zu drücken. In dieser Nacht schlief ich besonders ruhig, als ob ich etwas Wichtiges vollbracht hätte.

Auch am Meeresstrand erhielt ich am zweiten Tage während eines Abendspazierganges die offizielle Antwort der Parteizelle.

Der Sekretär ging neben mir und hielt eine lange Rede:

»Die Parteizelle des CLARA-Büros freut sich über deinen Antrag. Die Parteizelle ist der Ansicht, daß der Antrag an und für sich ein Zeichen deines politischen Fortschritts darstellt. Die Parteizelle hofft, daß du immer weiter Fortschritte machst...«

Hier eine unentbehrliche Zwischenbemerkung: In der chinesischen Sprache gibt es zwar auch Pronomen, aber sie werden nicht so häufig gebraucht wie in der deutschen oder englischen Sprache. Im übrigen verlieh die Wiederholung des Wortes »Parteizelle« der Rede des Parteisekretärs Würde und Feierlichkeit. Also lassen wir den ernsthaften Sekretär das Wort »Parteizelle« immer weiter wiederholen.

»Die Parteizelle möchte dich an die Politik der Partei erinnern, nämlich diejenigen, die aus nichtproletarischen Familien stammen, insbesondere diejenigen, deren Herkunft aus ausbeutenden Klassen ist, müssen unbedingt ihren Standpunkt der Ausbeuter aufgeben und den Standpunkt des Proletariats erwerben, bevor sie in die Partei aufgenommen werden dürfen. Das ist eine schwere Aufgabe, die nicht jedermann erfüllen kann, denn es handelt sich hier um eine gründliche Änderung, wobei der Betroffene das alte Ich ablegen muß, um ein neuer Mensch zu werden.«

Der Sekretär blieb hier stehen. Mit einer Hand auf meiner Schulter fuhr er fort:

»Die Parteizelle hofft, daß du durch Taten zeigst, daß du schon so weit bist, den ehrenvollen Titel eines Parteimitglieds zu verdienen. Nicht verzweifeln, Kleiner Zhou, sondern vorwärts, immer vorwärts!« Er ergriff meine Hand und drückte sie fest. Dabei sah er mir in die Augen. Dann drehte er sich um und war weg. Abgelehnt! Mein Antrag wurde abgelehnt, weil ich Sohn eines Kapitalisten bin. An meiner Arbeit konnte niemand etwas aussetzen.

Wie betäubt stand ich da, eine Sekunde, zwei Sekunden... Plötzlich kochte ich vor Wut. Welche Demütigung, welche Empörung! Ich fühlte mich ungerecht behandelt. Mein Rektor konnte mich verstehen, denn er war Intellektueller. Aber dieser Parteisekretär, Sohn eines armen Bauern, der nicht einmal einen Bericht korrekt schreiben konnte, hielt immer Abstand von den Intellektuellen. Mit diesen Herren Dogmatikern hatte ich schon meine Erfahrungen gemacht. Sie beharren auf ihren Klassenkampftheorien. Für sie sind Theorien und Autorität alles. Gegenüber den Tatsachen verschließen sie die Augen und verstopfen sich die Ohren.

Als er sprach, hatte ich das Gefühl, daß der Sekretär von seinen eigenen Worten tief bewegt war. Er muß sich selbst als Autorität gefühlt haben, als er im Namen der Partei ein so autoritäres Urteil aussprechen durfte. Was die politische Zukunft des Antragstellers betraf, so war sie ihm total egal.

Es war ziemlich spät, als ich den Strand verließ. Das Meer hat mich beruhigt. Man muß lernen, weitherzig wie das Meer zu leben. Abgelehnt oder aufgenommen, ich will weiter für die Revolution arbeiten. Mein Gewissen ist rein. Ich habe freiwillig alles aufgeopfert, um meinem Land und meinem Volk zu dienen. Auch jetzt, nachdem die Partei mich abgelehnt hat, ist dieser Wille ungebrochen. Ich habe dem Rektor versprochen, auch sterben würde ich in den Befreiten Gebieten. Mitglied oder nicht Mitglied, das ist die Sache der Partei. Sie wird mich eines Tages verstehen. Jedenfalls fühle ich mich wie ein Kommunist, »Bolschewik außerhalb der Partei« - diesen Ausdruck gibt es schon lange. Der große Denker und Schriftsteller Lu Xun ist ein glänzendes Vorbild. Warum kann ich und soll ich nicht wie er für mein Ideal weiterkämpfen?

»Nach Osten, nach Osten! Wir sind die eiserne Neue-Vierte-Armee!« –
Kämpfer

Vor der Gründung der Volksbefreiungsarmee gab es zwei Armeen unter der Leitung der Kommunistischen Partei: die Achte-Route-Armee im Norden und die Neue-Vierte-Armee im Süden. Beide Armeen wurden während des Antijapanischen Krieges von der Nationalistenregierung anerkannt. Aber eines Tages überfielen sie das Hauptquartier der Neuen-Vierten-Armee, nahmen den Befehlshaber General Ye Ting fest und warfen ihn ins Gefängnis. Doch diese Armee kämpfte trotz schwerer Verluste weiter. Jetzt aber war Bürgerkrieg. Beide Armeen kämpften gegen die Regierungstruppen.

Bevor ich nach Yantai versetzt wurde, war ich in den von der Neuen-Vierten-Armee kontrollierten Gebieten. Dort habe ich das Armeelied gelernt. Man sagte, das war ein Lied der Intellektuellen. Hier in Yantai hörte man dieses Lied nicht mehr, denn Yantai stand unter der Kontrolle der Achten Route-Armee. Sie hatte natürlich auch ihr Armeelied, das man aber als ein Lied der Bauern bezeichnete. Vielleicht, weil ich Intellektueller bin, sagte mir das Lied der Neuen-Vierten-Armee mehr zu, insbesondere diese Zeile:

»Nach Osten, nach Osten! Wir sind die eiserne Neue-Vierte-Armee!«

Mir wurde das Blut heiß, jedesmal wenn ich das hörte, denn es gab mir ein erhabenes Gefühl voller Kampfgeist. Ich habe selbst das Lied oft gesungen - immer mit Liebe und Stolz.

*   *   *

Yantai war damals die einzige Stadt unter kommunistischer Kontrolle, wo Vertreter der nationalistischen CNRRA und der von den USA manipulierten UNRRA legal auftreten und offiziell arbeiten konnten. Außerhalb der Stadt wurde gekämpft. Aber in der Stadt waren sie unsere Gäste, natürlich keine gern gesehenen Gäste. Immerhin waren ihre Sicherheit und ihre Arbeitsbedingungen gewährleistet. Hier fanden regelmäßig dreiseitige Konferenzen statt. Das CLARA-Büro war zwar Gastgeber, aber bei den Sitzungen führten die Hauptbeamten der drei Seiten der Reihenfolge nach den Vorsitz.

Die Konferenzen waren immer sachlich. Meistens wurde die Verteilung der Materialien für den Wiederaufbau diskutiert. Natürlich versuchten sowohl die Kommunisten als auch die Nationalisten einen größeren Teil für sich zu gewinnen. Und die Amerikaner spielten die Rolle des »Schiedsrichters«. Oberflächlich schienen sie weder der einen noch der anderen Seite zuzuneigen. In Wirklichkeit war diese unparteiische Einstellung nur eine Maske. Selbstverständlich waren sie für die Nationalisten. Deswegen mußten wir Kommunisten manchmal mit überzeugenden Argumenten für die Gerechtigkeit eintreten und, wenn notwendig und günstig, sogar Proteste erheben; manchmal aber, wenn uns wirklich keine andere Wahl blieb, einen Kompromiß eingehen.

Natürlich gab es außer Konferenzen auch noch private Kontakte. Aber dann waren solche Kontakte rein gesellschaftlicher Verkehr und auf die Hauptbeamten von den drei Seiten beschränkt. Hier spielten die Gemahlinnen eine aktive Rolle - gegenseitige Besuche, kleine Geschenke und lauter Komplimente, aber niemals sprachen sie über irgend etwas Ernsthaftes.

Der fünfzehnte Tag des achten Monats ist nach dem Lunarkalender das Mondfest. Am Abend gab unser Chef, Direktor Li des CLARA-Büros, ein großartiges und feierliches Bankett. Er wollte alle Mitarbeiter der drei Seiten mit Fisch und Obst - Spezialitäten dieser Gegend - bewirten. So etwas geschah nur sehr selten.

Der Festsaal war mit verschiedenartigen Chrysanthemen geschmückt und roch nach Meer und Obstgarten. Alles war einwandfrei vorbereitet. Aber irgend etwas gefiel mir nicht. Ich fühlte mich hier einfach nicht wohl.

Nach der Begrüßungsrede des Gastgebers erhob sich langsam und gewichtig der Direktor des CNRRA-Büros und wollte einen Trinkspruch ausbringen. Bevor er sprach, wurde mir auf einmal klar, warum ich mich so bedrückt fühlte: Unsere Leute sahen wie Bauerntölpel aus, während die der CNRRA und UNRRA in ihren prachtvollen Uniformen und Abendkleidern alle so selbstsicher und überheblich auftraten. Sie schienen die Herren des Hauses zu sein. Dagegen saßen unsere Leute befangen, schüchtern und nervös da. Und dieses ewige, gefrorene, dumme Lächeln auf dem Gesicht! Daß sie schlecht gekleidet waren, daß sie nicht einmal Messer und Gabel benutzen konnten - das alles konnte ich verzeihen. Schließlich kamen sie vom Lande und waren solch ein Gesellschaftsleben nicht gewöhnt. Aber mußten sie ihr Minderwertigkeitsgefühl zeigen? Konnten sie ihre Verlegenheit nicht wenigstens verbergen? Bevor ich zu Ende denken konnte, hörte ich den CNRRA-Direktor sich räuspern. Mit einem Glas in der Hand, mit einem selbstzufriedenen Lächeln auf dem Gesicht sprach er große und stolze Worte in seinem einwandfreien amerikanischen Englisch über den beispiellosen, großen Sieg der Nationalisten unter der Leitung des großen Führers, Generalissimus Chiang Kaishek. Sieg über wen, über die Kommunisten? Er sprach über die unverbrüchliche große Freundschaft und enge Zusammenarbeit zwischen den Nationalisten und den USA, dem Land des Reichtums, der Freiheit und Demokratie, usw... An seinen Gastgeber wandte er sich mit keinem einzigen Wort, als ob unser Chef überhaupt nicht existierte, als ob er nicht in Yantai, in einer befreiten Stadt unter kommunistischer Kontrolle, sondern in Nanking oder Shanghai seine Rede hielt. Diese Arroganz! Diese Aggressivität! Das war einfach unerträglich! Voller Verachtung starrte ich ihn an, weigerte mich zu applaudieren und hörte mich im Geist sprechen: Wo würdest du ohne deinen amerikanischen Almosengeber sein, du Ausländerssklave, du Lakai der Imperialisten? Warte, bis wir Nanking befreien. Dann wirst du in einem anderen Ton sprechen.

»Du hast fast nichts gegessen, Kleiner Zhou,« sagte mein Tischnachbar, der Parteisekretär, zu mir. »Ist dir nicht wohl?« Der berühmte Yantaier Traubenwein hatte seinem Gesicht eine schöne rote Farbe gegeben. Sein Teller war voll von Fischgräten. Ihn schien es nicht zu stören, wenn seine Klassenfeinde, die Nationalisten und ihre Herren, die Amis, auf uns Tölpel herabblickten. Und die anderen Mitarbeiter unseres Büros? Es war verständlich, daß die meisten diese Rede ruhig hinnahmen, denn sie wurde nicht ins Chinesische übersetzt, und sie verstanden kein Wort. Aber die anderen Übersetzer und Dolmetscher? Wieso blieben auch sie ruhig und gelassen? Ich mußte ihre »Selbstbeherrschung« bewundern. Unser Chef, Direktor Li, der Gastgeber, aber saß aufrecht und würdevoll da. Vor Wut lief er bläulich an. Ich fühlte mich besser. Ich war nicht der einzige.

Jetzt kam der UNRRA-Vertreter an die Reihe - ein großer, dicker Amerikaner, der zwar freundlich lächelte und sogar vorschlug, ein Glas auf die Gesundheit des Gastgebers zu leeren, aber er gab allen Anwesenden ganz deutlich zu verstehen, daß die USA mit ihren Atombomben den Weltkrieg beendet hätten und daß die USA nun die führende Rolle in einer neuen Weltordnung nach dem Krieg spielte. Er betonte die Freundschaft zwischen seinem Präsidenten und Generalissimus Chiang Kaishek und versicherte Nanking weiterer Hilfe und Unterstützung. Dabei war er Vertreter einer UNO-Organisation, und nicht der USA-Regierung. Das war eine unverhohlene und unverschämte Drohung. Ich kochte vor Wut. Ich muß etwas tun, dachte ich, um den vornehmen Gentlemen zu zeigen, wer der Herr im Hause ist. Wir Kommunisten lassen uns nicht einschüchtern.

Aber wie? Was kann ich tun?

Schon näherte sich das Bankett seinem Ende. Man hatte gut gegessen und viel getrunken. Ein holländischer Schiffskapitän wollte aufstehen und einen Trinkspruch ausbringen, statt dessen rutschte er unter den Tisch. Als er aus dem Saal getragen wurde, sang er etwas Komisches und schrie: »He, Boys, noch eine Flasche Bambuslikör, bitte!«

Eine UNRRA-Mitarbeiterin, eine junge Afrikanerin, stand auf und sang ein Lied aus ihrer Heimat, das so bekannt war, daß viele Leute mit ihr sangen.

Es muß erwähnt werden, daß, obwohl die UNRRA von den USA kontrolliert war, die Mitarbeiter nicht alle Amerikaner waren. In Yantai zum Beispiel habe ich einen Arzt aus Indonesien, einen Ökonomen aus Belgien und einen Fahrer aus Afrika kennengelernt.

Der nächste Sänger war ein junger CNRRA-Beamter. Verglichen mit der Afrikanerin vor ihm war seine Stimme schwach und wackelig. Aber die Hauptsache war, daß er nicht ein chinesisches, sondern ein amerikanisches Lied sang. Gab es kein gutes chinesisches Lied?

Jetzt kam die CLARA an die Reihe. Unser Direktor fragte alle Anwesenden von seinem Büro mit einem ermutigenden Blick. Aber manche senkten den Kopf, manche lächelten verlegen. Niemand hatte den Mut dazu. Von den Gästen der CNRRA und UNRRA kamen Blicke der Erwartung und auch Geringschätzung.

Bevor ich es mir reiflich überlegt hatte, war ich schon aufgesprungen. Und mit einem roten Gesicht gab ich in aufgeregtem Ton allen Anwesenden folgendes zur Kenntnis:

»Ich komme aus dem Süden, wo die Neue-Vierte-Armee für die Interessen des chinesischen Volkes heroisch kämpft.«

Ich blickte die CNRRA-Leute herausfordernd an. Jetzt, gerade jetzt, wo wir in Yantai mit den nationalistischen Gästen »freundlich« anstießen, kämpften die Nationalisten mit der Unterstützung der USA gegen die Neue-Vierte-Armee und versuchten, sie zu vernichten.

»Ich bin stolz auf diese Armee,« fuhr ich fort. »Deswegen möchte ich heute abend das Lied der Neuen-Vierten-Armee hier den Freunden der CNRRA und auch der UNRRA vorsingen. Bevor ich singe - ich singe auf Chinesisch -, möchte ich den Text des Liedes einmal auf Chinesisch, einmal auf Englisch vortragen, so daß alle Freunde verstehen, was ich singe.«

Applaus - freiwillig oder gezwungen?

Als ich jung war, hatte ich eine ziemlich gute Stimme, und ich sang auch gerne. An diesem Abend habe ich mit besonderem Pathos gesungen. Und der letzte Satz: »Nach Osten, nach Osten! Wir sind die eiserne Neue-Vierte-Armee!« war eine Herausforderung an die anwesenden Nationalisten. Kaum hatte ich das Lied beendet, applaudierte schon das Publikum - diesmal viel lauter und länger. Natürlich haben die Hauptbeamten der CNRRA und UNRRA nur aus Höflichkeit applaudiert. Laut geklatscht haben ihre Mitarbeiter und meine Leute.

Ich verbeugte mich und setzte mich wieder, stolz, daß ich als Kämpfer durch mein Lied die Würde der Partei vor den Nationalisten und Amerikanern verteidigt hatte. Unser Direktor kam auf mich zu, klopfte mir auf die Schulter, sagte ganz kurz: »Gut! Sehr gut!« und gab mir seine Hand.

Mit dem Lied der Neuen-Vierten-Armee endete das Bankett. Auch die Afrikanerin und ihre Kolleginnen kamen auf mich zu, um mir zu gratulieren.

»Du hast schön gesungen,« sagte sie aufgeregt. »Wirklich! Du hast nicht aus der Kehle gesungen, sondern aus dem Herzen. Durch dieses Lied kann man sich ein gutes Bild von der chinesischen Revolution machen. Ich danke dir herzlich.« Auf dem Wege nach Hause fühlte ich mich besonders glücklich. Ich hatte das Gefühl, daß ich zum ersten Mal etwas zur Revolution beigetragen hatte, zwar nicht viel, aber immerhin. Ich war nicht nur Revolutionär und Kommunist. Ich war Kämpfer geworden.

Aber warum wollte die Partei mich nicht aufnehmen? Warum?

Schwesterchen, wo bist du? Du hast mir furchtbar gefehlt. Ich habe dich aufgesucht, bevor ich die Uni verließ, aber du warst auf Dienstreise. Ich habe zweimal an dich geschrieben, aber nichts von dir gehört. Ich will dir von meinem Erfolg und Kummer erzählen. Willst du nichts mehr von deinem Brüderchen wissen? Hast du Angst? Wovor? Vor mir oder vor dir selbst? Schwesterchen, wo bist du?

»Ich werde den Kommunismus in China noch mit eigenen Augen sehen!« –
Prophet

Die politische Atmosphäre in Yantai begann sich nach dem Mondfest zu verschlechtern. Das konnte man bei den dreiseitigen Verhandlungen deutlich spüren. Man hatte das Gefühl, daß der Direktor des CNRRA-Büros

Schwierigkeiten hatte, nicht mit dem Finger auf uns zu weisen und uns »kommunistische Banditen« zu nennen. Einmal, als unser Direktor ihm beim Abschied die Hand gab, salutierte er kurz und ging. Der amerikanische Direktor wurde wortkarg. Manchmal saß er offensichtlich geistesabwesend da und ließ die Nationalisten die Hauptrolle spielen.

Bald kam die Nachricht, daß Yantai evakuiert werden mußte. Mao Zedong wollte seinen Feind noch mehr ins Innere locken, um endlich vom Nordosten aus die Gegenoffensive zu starten. Die Nationalisten und Amerikaner waren schon weg. Das CLARA-Büro wurde aufgelöst. Die Mitarbeiter, einschließlich Übersetzer, waren meistens aus dieser Provinz und wurden an andere Arbeitsplätze versetzt. Ich hatte Befehl, nach Nordosten zu gehen. Da brauchte man Dolmetscher und Übersetzer.

Nach Nordosten gehen, aber wie? Zwischen Yantai und dem Nordosten liegt das Meer, blockiert von den Kreuzern der Nationalisten. Eine Dringlichkeitssitzung wurde von einer provisorischen Parteizelle einberufen.

Wir hatten zwar keine Kriegsschiffe, aber ein Kanonenboot. Unser Plan war, in einer Sonnabendnacht, in der der Mond nicht schien, das Meer heimlich zu überqueren. Am Sonnabend deshalb, weil die Seeoffiziere und Matrosen der Nationalisten an diesem Abend in Nachtlokalen und Bordellen sich zu amüsieren pflegten und dadurch die Blockade lockerten. Das war die einzige Chance für uns. Niemand konnte uns Sicherheit garantieren. Jeder mußte sich dem Risiko aussetzen. Vor uns war schon ein Boot von dem Kreuzer erwischt und weggeschleppt worden. Es gab kein Lebenszeichen von den Insassen. Wir hatten einen Tag, es uns zu überlegen.

Dieser Abend fand mich wieder am Strand. Hier hatte ich mich damals entschieden, die Parteimitgliedschaft zu beantragen, heute sollte ich mich entscheiden, mich der Lebensgefahr auszusetzen. Das Meer war ruhig - es schlief. Aber in mir brausten Wogen. Ich dachte an Shanghai, an meine Eltern und auch an meine Klassenkameraden. Sie studierten Medizin, und eines Tages würden sie Arzt sein. Und ich? Wofür dieses Risiko? Die Partei will mich nicht haben. Von Schwesterchen immer noch keine Nachricht. Und was habe ich im Nordosten zu suchen? Im Winter werden Nase und Ohren abfrieren. Hat man dort wirklich keine Nase, keine Ohren? Wie scheußlich! Aber denk lieber an das Kanonenboot! Was für eine Chance hätte ein Kanonenboot gegen einen Panzerkreuzer? Und du kannst nicht einmal schwimmen. Oh, mir tut der Kopf weh vom Denken!

Eigentlich wußte ich schon, was ich tun sollte, bevor ich zum Strand kam. Im Hinterkopf ist die Antwort immer da: Für dich gibt's keine Rückkehr mehr. Du hast dich der Revolution gewidmet. Leben oder Tod, Parteimitglied oder nicht, der Revolution folgen ist dein Lebensweg.

Auf dem Schreibtisch des Sekretärs der provisorischen Parteizelle konnte man am nächsten Morgen einen kurzen Brief finden: »Ich bin bereit, für die Partei und Revolution zu kämpfen und auch dafür zu sterben.« Die Unterschrift war von einem jungen, kaum einundzwanzigjährigen Mann mit dem Namen »Reinheit«.

* * *

Die Nacht des Risikos war gekommen. Es war eine wirklich finstere Nacht. Man konnte nicht einmal seine Finger vor den Augen sehen. Wir waren alle schwarz gekleidet, genauso finster wie die Nacht, aber nicht so ruhig wie das Meer.

Am Anfang ging alles ganz gut. Unser Boot war schnell und sehr leise. Der Motor war kaum zu hören. Nach einiger Zeit kam der erste Befehl: »Achtung! Wir sind fast in der Mitte. Nicht sprechen! Nicht husten! Nicht rauchen!«

Die Kreuzer fuhren immer in der Mitte des Meeres, von Osten nach Westen, dann von Westen nach Osten. An jedem Kreuzer waren starke Schweinwerfer angebracht, die das Meer ableuchteten. Einmal von einem Schweinwerfer erwischt, wären wir verloren gewesen.

»Alles auf den Bauch legen!« lautete der zweite Befehl.

Niemand zögerte, dem Befehl zu folgen. Alle starrten nach vorne, als ob sie etwas tun könnten, wenn sie eine Gefahr entdecken sollten. Allmählich konnte man die Motoren und das Wasser hören. Dann sah man auch das Licht der Scheinwerfer.

Der Panzerkreuzer! Ein Schrecken fuhr mir durch Mark und Bein. Mir wurde bange. Die anderen mußten genauso fühlen. Es war eine entsetzliche Minute. Dann war der Kreuzer schon vorbei.

»Vorbei! Vorbei!« Viele leise Ausrufe der Erleichterung.

Unser Boot beschleunigte und stürzte pfeilschnell auf das nördliche Ufer zu.

Als wir das Boot verließen, begann die Morgendämmerung. Auf dem Boot waren wir alle so angespannt gewesen, daß wir kein Auge zugetan hatten. Aber jetzt, wieder in Sicherheit, waren wir auf einmal so müde, daß wir kaum noch zu Fuß zur Empfangsstation laufen konnten, die gar nicht so weit vom Ufer entfernt lag.

In der Südmandschurei hatte ich kein Glück. Hier brauchte man zwar dringend Übersetzer, aber für die russische Sprache. Leider reichte mein Russisch, das ich in Shanghai nur nebenbei gelernt hatte, nicht aus. Die Parteileitung meinte, ich müßte weitergehen - Richtung Nordmandschurei. Vielleicht könnte ich in Harbin Arbeit finden.

Weitergehen, aber wie? Eine direkte Eisenbahnverbindung gab es damals nicht, denn die meisten Städte waren noch in den Händen der Nationalisten. Die Antwort hieß: Mit dem Linienbus II, also mit zwei Beinen laufen.

Heute, hier in Berlin, von wo aus man mit der Eisenbahn jede Großstadt in Europa schnell und bequem erreichen kann, erscheint es mir wie ein Wunder, daß ich in der weit und breit mit Eis und Schnee bedeckten Mandschurei meinen »Langen Marsch« gemacht habe, und zwar ganz und gar allein, ohne Landkarte, ohne Kompaß. Ich hatte nicht einmal meine »Siebensachen« bei mir, wahrscheinlich nur sechs oder fünf - ich habe es vergessen. Jedenfalls konnte ich meine ganzen Habseligkeiten auf einer Schulter tragen und meine Hände in die Manteltaschen stecken, so daß es mich nicht an den Händen fror. Es war ein Luxus, wenn ich eine Strecke per Anhalter reisen konnte, denn das geschah nur sehr selten. Ich kann mich heute nicht mehr erinnern, wie weit mein »Langer Marsch« war. Ich habe in einer Stadt unweit von Dalian, damals Dairen genannt, angefangen. Von Dalian bis Harbin - einer Strecke von ungefähr zweitausend Kilometern - habe ich tagtäglich nur drei Dinge getan: Laufen, Essen, Schlafen. Mit einem Empfehlungsbrief von der örtlichen Obrigkeit konnte ich in irgendeinem Dorf immer freie Unterkunft und Verpflegung finden. Mein Weg führte mich von Dorf zu Dorf.

Ich weiß nicht mehr, wie lange es gedauert hat. Es ist auch nicht wichtig, denn damals war Zeit kein Geld, wenigstens nicht für mich.

Eines Tages, als ich in einem Dorf anhielt und eine kleine Stärkung zu mir nahm, hörte ich eine Stimme aus dem Lautsprecher. Ah, da sprach Genosse Zhu De, der Oberbefehlshaber. Er sprach sehr selten. Es mußte etwas Wichtiges sein. Ich hörte aufmerksam zu.

»Genossen!« - sein Akzent war schwer, aber verständlich -, »heute ist mein sechzigster Geburtstag. Ich bin fest davon überzeugt, daß ich mit meinen eigenen Augen den Kommunismus in China noch sehen werde.«

Die Nachricht wirkte wie eine Explosion. Denn vorher war Kommunismus für mich ein erhabenes Ideal - in Sicht, aber außer Reichweite. Wir als Vorfahren pflanzen Bäume, so daß unsere Nachkommen den kühlen Schatten genießen können. Und die Nachkommen können unsere Kinder sein. Oder auch ihre Kinder. Aber die Rede Zhu Des - als Oberbefehlshaber wußte er natürlich, wovon er redete -, sagte uns, daß wir in zehn oder zwanzig Jahren, aber sicherlich nicht später als in vierzig Jahren, im Kommunismus leben würden. Der kleine Abakus in meinem Gehirn begann automatisch zu arbeiten. Ich war damals einundzwanzig Jahre alt, also 21+40=61. Das war nicht schwer zu rechnen. Das hieß, wenn ich so alt sein würde wie der Oberbefehlshaber jetzt ist, könnte ich in Frieden und Glück meinen Lebensabend genießen. Oder sogar früher. Daß das Paradies nicht nur in Sicht, sondern auch in Reichweite war, war wirklich etwas Neues, etwas Ermutigendes für mich. Ich war so aufgeregt, daß ich meine Ermattung vergaß und mich gleich wieder auf den Weg machte.

Als ich das Dorf verließ, hörte ich Zhu Des Geburtstagsrede wiederholt ausgestrahlt, ein Zeichen, für wie wichtig die Parteileitung diese Verkündung hielt.

»Mein Sohn lebt noch!« – Brief aus Paris

Als ich endlich Harbin erblickte, war meine Freude sicherlich nicht geringer als die Mao Zedongs, als er und seine Genossen nach dem Langen Marsch in Yenan ankamen.

Harbin, heute Hauptstadt der Provinz Heilongjiang, war wenigstens bis zum Ende der vierziger Jahre noch sehr russisch geprägt, besonders im Bezirk Nangang, was Süd-Höhe bedeutet. Nicht nur, daß man überall russische Gebäude sah, man sah tatsächlich Russen und ihre Kinder. Gott sei Dank waren die Russen hier nicht Polizisten wie in Shanghai, sondern meistens arme Menschen. Von ihrem imponierenden und würdevollen Gebaren vor ihrer Flucht aus dem zaristischen Rußland war keine Spur mehr zu finden. Sie wurden von den Chinesen »Lao Maozi« genannt, also die »Alten Haarigen«. Da sie anscheinend gerne Sonnenblumenkerne aßen, hießen solche Kerne in Harbin »Maozi-ke«. Das »ke« bedeutet knacken. Das Wort »Brot« war eine russische Lautnachahmung »lieba«, »bailieba« für weißes Brot und »heilieba« für schwarzes oder braunes Brot.

Harbin war vor der Gründung der Volksrepublik besonders wichtig für die Partei, die von den Nationalisten eingekreist und blockiert wurde. Denn in Harbin begann damals der wichtigste Verbindungsweg der Partei zur Außenwelt. Von Harbin konnte man mit der Eisenbahn nach Moskau fahren. Deswegen hatte sie hier die Abteilung für Internationale Propaganda errichtet. Und hier sollte ich 1947 wieder als Übersetzer arbeiten.

Obwohl Yantai und Harbin beide befreite Städte waren, unterschied sich die Atmosphäre in ihnen wesentlich. In Yantai kam man mit dem Feind von Angesicht zu Angesicht in Berührung. Der Kampf an der diplomatischen Front war nicht weniger angespannt, auch wenn keine Säbel rasselten oder Schwerter blitzten. Aber in Harbin war überhaupt keine Spur mehr vom Krieg zu finden. Hier herrschten, wenigstens oberflächlich gesehen, Frieden und Sicherheit. Für die Harbiner war der Krieg schon weit, weit weg. Man ging ins Kino oder Konzert. Man spielte Billard oder Tennis. Man sonnte sich nackt auf der Sonneninsel im Sommer oder lief Schlittschuh auf dem Songhua-Fluß im Winter. Junge, glückliche Liebespärchen verbargen sich unter alten, hohen Bäumen, auf denen Vögel zwitscherten und ihre Federn putzten.

In dieser Stadt konnte ich mich am Anfang nicht zurechtfinden. Nicht nur auf die Lebensweise der Menschen, sondern auch auf die Beziehungen zwischen ihnen blickte ich mit Mißfallen. Krieg - hartes Leben - in Not und Leid treu zusammenhalten - die engen und gleichberechtigten Beziehungen zwischen den Vorgesetzten und Untergeordneten, zwischen den Kadern und den Volksmassen - diese guten Traditionen der Befreiten Gebiete waren für mich eine unabänderbare Wahrheit geworden. Als ich sie nach meiner Odyssee plötzlich nicht mehr finden konnte, hatte ich das Gefühl, ich sei fehl am Platze. Aber das gesellschaftliche Sein der Menschen bestimmt ihr Bewußtsein. Es dauerte seine Zeit, bis ich mich akklimatisierte und mich assimilieren ließ.

Als ich mich bei meiner neuen Einheit, der Abteilung für Internationale Propaganda, meldete, trug ich meinen ganzen Besitz auf einer Schulter. Zwei Jahre später, als ich nach Peking versetzt wurde, benötigte ich einen großen Koffer.

Am Eingang zur Abteilung stand immer eine Schildwache. Jeder mußte ihr seinen Arbeitsausweis zeigen. Denn in diesem großen russischen Gebäude mit dem schönen Garten wohnte der Minister für Propaganda mit seiner Familie. »Um die Sicherheit der führenden Funktionäre zu gewährleisten«, hieß es. Also wir, seine Untergeordneten, auch seine Genossen, waren alle verdächtig und mußten von seiner Wache streng kontrolliert werden, nicht nur wenn wir hinein-, sondern auch wenn wir hinausgehen wollten. Wir könnten ja hineingehen wollen, um ihn zu ermorden oder seiner Familie Gewalt anzutun. Wir könnten hinausgehen wollen, nachdem wir die Antiquitäten aus seiner Wohnung, die eigentlich nicht ihm persönlich gehörte, sondern ihm nur zur Verfügung stand, gestohlen hatten.

Selbst sein Sekretär, der langjährig und loyal für ihn gearbeitet hatte, war von dieser Behandlung nicht verschont. Einmal verlor auch er seine Geduld, als die Wache ihn aufforderte, ihr den Ausweis zu zeigen. Gekränkt fragte er die Wache:

»Wenn du mich nicht kennst, kennst du meine Uniform auch nicht?«

Die Uniformen der Kader und Offiziere hatten vier Taschen, während die der Soldaten nur zwei hatten.

Auf der nächsten Kadersitzung mußte der Sekretär auf Befehl des Ministers Selbstkritik üben, weil er sich der Wache gegenüber angeblich als Bürokrat aufgespielt hatte. »In den Reihen der Revolution gibt es nur den Unterschied zwischen den Arbeitsteilungen, aber keinen Unterschied zwischen vornehm und niedrig.« Das war die Parole der Partei. Der arme Sekretär mußte sich kritisieren und zugeben:

»Da ich aus der alten, feudalen Gesellschaft stamme, sitzen in meinem Kopf trotz langjähriger Erziehung der Partei und des Ministers persönlich immer noch feudale Gedanken. Heute habe ich vier Taschen an meiner Uniform und blicke schon auf die Wache mit zwei Taschen herab. Was würde ich tun, wenn ich einen Pelzmantel und hohe Stiefel hätte? Gefährlich, Genossen, gefährlich sind meine Gedanken. Ich bin der Partei und dem Minister sehr dankbar, daß sie mich rechtzeitig gerettet haben. Sonst könnte ich noch schwerwiegendere Fehler machen.«

Alle Anwesenden waren mit seiner Selbstkritik zufrieden. Sie meinten, daß er »die gesellschaftlichen Wurzeln seines Fehlers« gefunden hatte - eine Garantie, daß er denselben Fehler nicht wiederholen würde.

Ich war aber etwas durcheinander. Die ganze Sitzung schien mir ein Verwirrspiel zu sein. Wo blieb denn die Logik? Die Anwesenden waren alle Intellektuelle. Ein Analphabet konnte doch keine Propaganda für die Partei machen in der Form, wie sie bei uns gemacht wurde. Der Sekretär war sogar Absolvent einer der ältesten und besten Universitäten Chinas. Also gut, Arbeitsteilung: Einer war der Minister, der andere war sein Sekretär, und noch ein anderer war die Wache. Sie sollten alle gleichberechtigt sein. Der Fahrer fuhr den Minister in seinem prachtvollen Auto mit Vorhängen an allen Fenstern, so daß niemand den Minister erblicken konnte, hinaus und hinein. Die Wache machte schnell das eiserne Tor auf und salutierte.

Der Minister brauchte nicht auszusteigen, um der Wache seinen Ausweis zu zeigen. Hatte er überhaupt einen Ausweis? Aber der Sekretär, der nur einmal ungeduldig geworden war - wer weiß, vielleicht weil er gestern nacht einen Wortwechsel mit seiner Frau hatte - und seiner Zunge freien Lauf ließ, der sollte auf Befehl des Ministers sich vor seinen Kollegen demütigen? Was meinte er mit »gefährlich«? Was könnte er tun, wenn er tatsächlich einen Pelzmantel und hohe Stiefel bekäme? Bestand dann die Gefahr, daß er, weil er aus der feudalen, alten Gesellschaft stammte und in seinem Kopf immer noch feudale Gedanken saßen, nicht mehr für das Proletariat oder für die Kommunistische Partei arbeiten, sondern zur Gegenseite überlaufen und Chiang Kaishek dienen würde? Ich fand wirklich keinen Zusammenhang. Diese Seite »der Reihen der Revolution« war mir bis dahin fremd geblieben. Auf der einen Seite Hierarchie, auf der anderen Seite Gleichheit. Auf der einen Seite Theorie, auf der anderen Seite Praxis. Bin ich ein Wirrkopf?

Aber die Worte meines Rektors hatte ich nicht vergessen: »Komm zu mir, Genosse, zu jeder Zeit, wenn du Probleme hast.« Vor seiner Tür hatte keine Schildwache gestanden. Um ihn zu besuchen, brauchte man keinen Ausweis.

Ich dachte an die Geschichte von Lenin und der Wache am Kreml.

Lenin war nämlich einmal von einer Wache aufgefordert worden, seinen Ausweis zu zeigen. Da kam der Wachtmeister gerannt und tadelte die Wache:

»Bist du verrückt? Das ist doch Lenin - Wladimir Iljitsch Lenin.«

Und gegenüber Lenin erklärte er:

»Verzeihen Sie, Genosse Lenin, dieser Junge hat heute seinen ersten Wachdienst. Er kommt vom Lande ...«

»Aber ich bitte Sie, Genosse Wachtmeister,« soll Lenin ihn unterbrochen haben. »Die Bestimmung, daß jeder der Wache seinen Ausweis zeigen soll, habe ich unterzeichnet. Bin ich nicht einer von den ›jeden‹? Dieser junge Genosse hier hat seine Pflicht musterhaft erfüllt. Ihn soll man loben, nicht tadeln.«

Man macht einen Krieg, um eventuell den Frieden wiederherzustellen. Aber der Frieden zerstört die kameradschaftlichen Beziehungen zwischen den Menschen.

*   *   *

Unsere Abteilung nannte sich zwar Abteilung für Internationale Propaganda, hatte aber nur zwei Sprachen: Russisch und Englisch - Russisch für die Sowjetunion und Osteuropa, Englisch für die westliche Welt. Unsere Aufgabe war eigentlich relativ einfach und mechanisch zu erfüllen. Wir bekamen von der Presseagentur Xinhua Nachrichtenbulletins, die wir bearbeiten, ins reine tippen, vervielfältigen und an verschiedene Nachrichtendienste der Welt schicken mußten. Zum Beispiel, wenn die »Rote Fahne« in Österreich, der »Daily Worker« in England, die »L'Unita« in Italien über den Befreiungskrieg in China berichteten, dann hieß es für uns, daß wir unsere Aufgabe mit Erfolg erfüllt hatten. Manchmal mußten wir auch Broschüren auf diese Weise bearbeiten.

Wenn für uns Mitarbeiter die Arbeit einfach und mechanisch war, waren die Nachrichten für die Außenwelt sicherlich sehr interessant. Denn in einer ziemlich kurzen Zeit hatte sich die Lage in China wesentlich geändert. Die Strategie des Bewegungskrieges von Mao Zedong hatte sich als richtig erwiesen. Jetzt waren die Kommunisten in der Offensive. Die Armee, die nun Volksbefreiungsarmee hieß, konnte eine Großstadt nach der anderen befreien, während die von den USA ausgerüsteten und trainierten Truppen der Nationalisten jetzt beim ersten Angriff schon zusammenbrachen. Wir waren uns des Sieges im Befreiungskrieg sicher. Es war nur noch eine Frage der Zeit.

Unsere Abteilung war klein. Außer fünf oder sechs Übersetzern hatten wir noch zwei russische Maschinenschreiberinnen. Natürlich hatten sie ihre Namen, aber irgendwie nannten wir sie unter uns immer »Lao Maozi«, die »Alte Haarige«, und »Xiao Maozi«, die »Junge Haarige«. Die »Alte Haarige« war keine sehr angenehme Frau, aber sie tippte schnell und gut. Wenn sie manchmal bei uns zu Abend essen mußte, weil die Bulletins zu spät ankamen, dann sagte sie immer: »Bitte, sehr viel Kohl, aber sehr, sehr wenig Sorghum für mich!« Die »Junge Haarige« - sie hieß Lena, aber sie hatte mich gebeten, sie Lenotschka zu nennen - war dagegen ein sehr sympathisches, hübsches Mädchen. Sie tippte zwar nicht so schnell und gut wie die Alte, aber sie war freundlicher. Sonntags besuchte sie mich manchmal, und wenn ich noch im Bett faulenzte, klopfte sie leise an die Tür und fragte schüchtern: »Schläfst du noch?« Sie war froh wie ein Kind, wenn ich schnell aufstand und sie irgendwohin begleitete. Einmal hat sie mich sogar eingeladen, sie zu Hause zu besuchen. Als wir alleine waren, guckte sie mir in die Augen und flüsterte: »Deine Augen sind sehr groß und sehr schwarz!«

Sie erlaubte mir, sie zu küssen, aber nur einmal und ganz zart auf die Lippen. Unzufrieden sagte ich: »Aber das war sehr kurz.«

Darauf antwortete sie: »Ich dachte, du würdest lieber ein chinesisches Mädchen küssen.«

Beim Abendessen gab es nur Suppe und Brot, und auch nicht den berühmten russischen Borschtsch, sondern in Wasser gekochten Kohl und einige Scheiben Gurke. Das Brot war natürlich braun - »heilieba«. Ach, wie arm die Russen in Harbin lebten! Wer weiß, vielleicht war Lenotschkas Vater einmal General oder ihre Mutter eine Prinzessin gewesen. Ich habe sie nie gefragt. Lenotschka sprach chinesisch. Aber mit mir sprach sie lieber russisch oder englisch. Lenotschka, Lenotschka, wo bist du jetzt? Bist du auch so dick wie ein Faß geworden, wie die meisten alten russischen Frauen? Ich hätte dich so gerne noch einmal gesehen.

Die Parteileitung war mit unserer Arbeit sehr zufrieden. »Eine kleine Abteilung spielt eine große Rolle«, war das Lob. Und es war nicht übertrieben, denn durch unsere Arbeit konnte die Partei die Presseblockade der Nationalisten zerschlagen.

* * *

Unsere Abteilung hatte noch die Aufgabe, jede ins Ausland fahrende Delegation mit Propagandamaterialien so reichlich zu versehen, daß sie auf internationalen Konferenzen verteilt werden konnten. In diesem Sinne war Harbin eine wichtige Zwischenstation. Damals war das Hauptquartier der Partei noch in Yenan, von wo aus die Partei sehr schwer Kontakt mit der Außenwelt aufnehmen konnte. Deshalb fuhren Delegationen der Gewerkschaften, der Jugendliga, der Frauenvereinigung oder sonstiger Organisationen der Befreiten Gebiete über Harbin nach Moskau, und dann war der Weg zur Außenwelt für sie frei.

Die Delegationsmitglieder befanden sich ausnahmslos in Hochstimmung, wenn sie in Harbin ankamen. Denn Yenan und Ausland waren praktisch zwei verschiedene Welten. Jedes Mitglied freute sich auf die Möglichkeit, im Ausland seinen Horizont zu erweitern. »Wenn man jahrelang in Tälern und Schluchten herumläuft, wird man dumm,« meinten sie.

Einmal verabschiedeten wir eine Jugenddelegation am Hauptbahnhof Harbin. Im Zug saß der Leiter der Delegation, Chen Jiakang, Generalsekretär der Jugendliga der Befreiten Gebiete. Er war vorher Zhou Enlais Sekretär gewesen - ein kluger, witziger und redegewandter Mann. Um ihn herum standen Jungen und Mädel, Mitglieder der Delegation, die gerne Chens Eindrücke von Harbin kennenlernen wollten. Chen sagte in seiner weitschweifigen Redeweise:

»Wißt ihr, bisher haben bei uns immer die Bauern auf dem Thron gesessen. Sie können nie sicher und dauerhaft darauf sitzen, denn der erste Kaiser einer neuen Dynastie war meistens der Führer des erfolgreichen Bauernaufstands, und der letzte Kaiser war von der Macht schon total verdorben und so despotisch und töricht, daß die Bauern ihn in einem neuen Aufstand stürzten. Jetzt sollen die Arbeiter auf dem Thron sitzen. Dann werden wir endlich Frieden im Lande haben. «

Und er hatte auch recht. Zwei Jahre später fand der Bürgerkrieg mit dem Sieg der Kommunisten über die Nationalisten ein Ende. Chen wurde Hauptabteilungsleiter für Asien im Außenministeriurn, wo er mit einem anderen Hauptabteilungsleiter, Qiao Guanhua, eine sogenannte »Quatschgesellschaft« gründete, denn es gab unter den Hauptabteilungsleitern nicht wenige redelustige »Genossen«. Qiao hat in Deutschland studiert, war auch Zhou Enlais Sekretär und wurde während der »Kulturrevolution« Außenminister. Chen und Qiao waren beide anerkannte Talente.

Einmal fuhr über Harbin eine Frauendelegation nach Paris, geleitet von Cai Chang, der Vorsitzenden der Frauenvereinigung der Befreiten Gebiete. Ob sie in Frankreich studiert hat, daran kann ich mich nicht mehr erinnern. Jedenfalls hat man sich in Paris sehr gewundert, daß es unter den Frauen »aus den Tälern und Schluchten« auch eine gab, die ihre Sprache einwandfrei sprach, nämlich Cai Chang.

Eines Abends machten einige »befreite Chinesinnen« in Paris einen Spaziergang. Die Leiterin Cai war nicht dabei, die Dolmetscherin auch nicht. Bald merkten sie, daß viele Passanten sie neugierig anguckten, merkwürdigerweise nicht ins Gesicht, sondern auf ihre Füße. »Was ist los mit unseren Schuhen?« fragten die Chinesinnen. Nichts. Sie hatten ihre Strohsandalen in Yenan gelassen. Alle trugen Lederschuhe. Schließlich kam eine ältere Dame auf sie zu und gab ihnen durch Gesten zu verstehen, daß sie ihre Füße gern sehen möchte. Verblüfft zog ein junges Mitglied der Delegation einen Schuh aus. Die Französin bückte sich und betastete ihren Fuß. Sie war noch verblüffter als die Besitzerin des Fußes. Jetzt leuchtete es den Chinesinnen ein. Die Pariser Passanten wollten wissen, ob sie »Lilienfüße«, gebundene Füße, hatten!

Wer konnte ahnen, daß diese Frauendelegation meiner Familie eine freudige Nachricht von ihrem zweiten Sohn bringen sollte. Am Anfang des

Bürgerkrieges hatten die Nationalisten die Stadt Huaiyin, wo sich meine Universität befand, zerbombt. Am Tag darauf berichtete die Zentralagentur der Nationalisten, in Huaiyin gebe es nur noch Schutt und Trümmer, wo nicht einmal eine lebende Maus zu finden sei. Dieser »glorreiche Sieg« der Nationalisten über die Huaiyin-Mäuse war nicht weniger als eine Bombe für meine Eltern in Shanghai. Mutter hatte nicht nur am Tage geweint, sondern auch im Traum. Sie konnte den ganzen Tag nur noch ein Wort sagen: »Unser Zweitältester ist nicht mehr!« Vater wußte nicht, wie er sie trösten konnte und seufzte. Beide waren in ihrer Jugendzeit zwar Christen gewesen, aber nun schon längst nicht mehr, nicht, weil sie etwas gegen das Christentum hatten, sondern einfach weil sie sich von ihrem Familienleben und der Werkstatt ablenken ließen, sonst hätten sie noch in ihren Gebeten Trost finden können. Der einzige Optimist war Großvater. Ob er auch etwas von der Astrologie verstand, wußte niemand. Aber er behauptete, die Sterne hätten ihm gezeigt, daß sein zweiter Enkelsohn noch am Leben sei und sich ganz weit von Shanghai in Richtung Norden befinde. Für dieses Mal wenigstens hatte die Astrologie recht, das muß man schon zugeben, denn Harbin liegt wirklich sehr weit und nördlich von Shanghai.

Um auf die Frauendelegation zurückzukommen. Unser Abteilungsleiter Liu kannte zufällig die Sekretärin, die gleichzeitig Dolmetscherin der Delegation war, und hatte sie gebeten, Briefe mitzunehmen und sie in Paris zu frankieren und in die noch von den Nationalisten kontrollierten Großstädte zu senden. Er und seine Mitarbeiter waren ausnahmslos Großstädter. Wo sonst konnte man damals Übersetzer finden?

Auf diese Weise fiel noch einmal eine »Bombe« auf mein Elternhaus - diesmal ein Brief aus Paris, und zwar von dem längst verloren geglaubten zweiten Sohn. Daß die Eltern überrascht und glücklich waren, ist selbstverständlich. Und diesmal konnte Mutter wieder nur ein Wort sagen: »Mein Sohn lebt noch!« Vater, der nicht ohne Sinn für Humor war, meinte: »Aber er ist auch mein Sohn!« Am glücklichsten war Großvater: »Na, seht ihr! Was habe ich euch gesagt?« Als die erste freudige Überraschung vorbei war, ergriff mein Bruder das Wort. Er war der Skeptiker der Familie. Er sagte: »An dem Bericht der Zentralagentur der Nationalisten über die Zerstörung von Huaiyin habe ich nie wirklich geglaubt. Nicht, weil ich nach dem Horoskop Maus bin und ein natürliches Mitgefühl für meine Mäusegeschwister in Huaiyin habe, sondern aus Erfahrung weiß ich, daß die Zentralagentur eine Gerüchteagentur ist. Und jetzt dieser

Brief aus Paris... hm, hm!« Mein Bruder hat an der St. John's Universität Dramatik studiert und verstand durch eine gespielte Unterbrechung auf dem Höhepunkt der Erzählung die Spannung zu erhöhen.

Mutter, die nie Geduld hatte, war die erste, die dem Trick meines Bruders zum Opfer fiel. »Erzähl schon,« rief sie, »spann uns nicht so auf die Folter!« Mein Bruder räusperte sich und fuhr gelassen fort: »Naja, der Alte Zweite hat Deutsch gelernt. Wenn der Brief aus Berlin käme, würde ich es gerne glauben. Aber Paris? Was hat er in Paris zu suchen? »Aber er hat doch geschrieben, er studiert in Paris.« Vater war, wie immer, geistesgegenwärtig! Mein Bruder wollte nicht nachgeben, fand aber nicht so schnell ein Argument und sagte: »Na, wollen wir mal sehen!« Großvater warf ein: »Ich nenne es viel Lärm um nichts. Hauptsache, der zweite Mönch lebt, und zwar - nicht vergessen, was ich sagte - weit im Norden. Ob er in Paris oder Berlin ist, ist mir egal. Meinetwegen könnte er auch in Manila sein. Manila ist doch auch im Norden, oder?« »Im Süden, Opa.« Bruder verlor keine Sekunde, um Großvater zu korrigieren. Er hatte nie Hochachtung vor Großvater und äffte ihn gerne am Tisch nach, zur großen Empörung von Vater, der die Eßstäbchen dann auf den Tisch warf und brüllte: »Eine Ungehörigkeit!«

Das alles habe ich bei der ersten Familienzusammenkunft im Jahre 1950 erfahren. Es war das erste Frühlingsfest oder das alte chinesische Neujahr nach der Befreiung oder der Gründung der Volksrepublik. Meine Schwester und ich waren aus Peking und mein Bruder und seine Frau aus Suzhou nach Hause gefahren, um mit den Eltern zusammen das häusliche Glück zu erleben. Großvater war leider nicht mehr da. Der Brief aus Paris war ein beliebtes Gesprächsthema.

Vater war so stolz auf seine Kinder, daß er zu jedem mit einem glücklichen Lächeln sagte:

»Weißt du, ich habe drei Kinder. Der Alte Große arbeitet in Suzhou, unserer Heimatstadt, beim Amt für Öffentliche Sicherheit und trägt eine Pistole. Mein Alter Zweiter arbeitet im Außenministerium und dolmetscht für den Vorsitzenden Mao und Premier Zhou. Dabei hat er nur drei Jahre Englisch und drei Jahre Deutsch gelernt und war nie im Ausland...«

»Doch,« unterbrach ihn mein Bruder, »in Paris.« Vater war aber mit seinen eigenen Gedanken zu sehr beschäftigt, um auf Bruders Humor zu reagieren. Er fuhr fort: »Eigentlich wollte er Arzt werden. Jetzt hat er aber alle leitenden Funktionäre der Partei und Zentralregierung kennengelernt. Meine einzige Tochter arbeitet in Zhong Nan Hai, dem Sitz des ZK der

Partei und der Zentralregierung, und sieht fast jeden Tag den Vorsitzenden Mao, Premier Zhou und alle leitenden Funktionäre der Partei. Mit vielen von ihnen hat sie nicht nur gesprochen, sondern auch getanzt...«

Sein Publikum konnte vor Neid und Bewunderung kaum den Mund zumachen.

»Aber jetzt reicht es.« Mutter tat, als ob sie ihren Mann vom Selbstlob abhalten wollte. Aber auch ihr kaum stillstehender Mund und besonders ihre vor Glück strahlende Miene verriet sie.

Jener Abend war der Höhepunkt im Leben meiner Eltern. Die Hoffnung, daß der Sohn ein Drache werden und im prachtvollen Beamtengewand nach Hause kommen würde, war tausend Jahre lang der Lebenstraum aller chinesischen Eltern. Auch im sozialistischen China sind die Eltern nicht viel anders geworden. Wie hätten meine Eltern ahnen sollen, daß dieser Festabend der Anfang vom Ende ihres Glücks sein sollte?

»Why, I thought it was a lean British gentleman!« – Schritte der Revolution

Vor meiner Teilnahme an der internationalen Propagandaarbeit in Harbin betrieb die Partei ein englisches Rundfunkprogramm in Yenan, welches eine nur sehr begrenzte Wirkung hatte, und zwar aus dem einfachen Grund, weil der Sender zu klein war. Eigentlich war das kein richtiger Sender, sondern ein alter Kurbelinduktor, den man von den Japanern erbeutet hatte. Dieser »Opa Apparat«, wie man ihn zu nennen pflegte, war in einem abgelegenen, alten Tempel montiert worden. Er wurde von zwei Arbeitern bedient. Wenn er kaputtging, war die Sendung beendet. Auch wenn er funktionierte, hatte er nur eine sehr geringe Reichweite.

Nach der Befreiung von Harbin beschloß die Partei, das englische Programm von Yenan nach Harbin zu verlegen, denn Harbin hatte eine richtige Rundfunkstation. Diese Aufgabe wurde für unsere Abteilung bestimmt, denn wir machten ja ausschließlich internationale Propaganda. Aber es gab vor meinem Eintritt in die Abteilung nur eine Genossin, die gut englisch sprach. Zu einem täglich auszustrahlenden Programm gehörten wenigstens zwei Ansager, so daß, wenn einer krank oder anders verhindert war, immer noch einer da war. Deshalb war ich für die Abteilung quasi ein »rechtzeitiger Regenfall«.

Kaum war ich eine Woche in der Abteilung tätig, kam Leiter Liu zu mir und sagte in einem sachlichen Ton: »Kleiner Zhou, du wirst unser Ansager in der englischen Sprache sein. Du gehörst zur ersten Generation der Englischansager der Partei. Mach's gut!«

»O.k.!« antwortete ich, genauso wie damals in Yantai, als mein Chef zu mir sagte, ich solle beim Verhör der amerikanischen Kriegsgefangenen für den Stabschef dolmetschen. Das »neugeborene Kalb«, das »vor dem Tiger keine Furcht hatte«, war jetzt nur ein Jahr älter.

Bevor wir offiziell anfingen, hatte uns ein Engländer kurz trainiert. Er hieß Alan, war Journalist des Organs der Kommunistischen Partei Großbritanniens »Daily Worker« und arbeitete als Berater unserer Abteilung. Jetzt wurde er gleichzeitig unser Instrukteur. Wir mußten ihm die auszustrahlenden Nachrichten vorlesen. Er unterbrach uns nicht, machte aber Notizen, und sagte uns, nachdem wir fertig gelesen hatten, was für Fehler wir gemacht hatten - meistens Fehler in der Aussprache oder im Tonfall.

Jeden zweiten Tag kam ein alter Kutscher der Rundfunkstation mit seiner Eselskutsche, um mich abzuholen. Nach der Sendung fuhr er mich wieder zurück. Dann ging ich auf Alans Zimmer, um eine »Zensur« von ihm zu holen. Am Anfang hatte er immer etwas zu sagen: Dieses Wort mußte betont werden; hier sollte eine klare Pause sein, usw. Aber in der zweiten Woche wurde er »faul«. Er sagte zu mir, als ich noch in der Tür war: »Xiu xi!« - zwei chinesische Zeichen, die er gerade gelernt hatte und die »Ruh dich aus« bedeuten. Dabei winkte er mit seiner Pfeife, und auf seinem Gesicht war die Spur eines Lächelns zu sehen.

Die andere englisch sprechende Genossin hieß auch Zhou, war viel älter als ich und behandelte mich deshalb wie einen jüngeren Bruder. Sie war am Anfang furchtbar neugierig und konnte auch vor mir als Ansagerin auftreten, vielleicht weil sie Mitglied der Partei war. Aber ihre Neugierde hielt nicht lange an. Als sie diese Arbeit als zu mechanisch und schablonenhaft anzusehen begann, hatte sie bald heute Zahnschmerzen und morgen Bauchschmerzen.

»Du darfst nicht fragen,« antwortete sie auf meine Nachfrage. »Das ist eine Frauenkrankheit.«

Ich errötete und wollte weggehen.

»Nein, du bleibst hier,« sagte die kranke Frau. »Hör zu, Xiao Zhou, wenn du heute für mich einspringen kannst, kauft dir deine ältere Schwester morgen Bonbons. Na, was sagst du dazu? Sei ein braves Kind und sage ›Ja‹.«

Ich sagte »Ja«, aber nicht um der Bonbons willen, sondern wegen der vielen hübschen Mädchen in der Rundfunkstation, die gerne mit mir flirteten. Aber das mußte die ältere Schwester nicht erfahren, Alan und der Abteilungsleiter auch nicht. So ging es immer weiter. Sehr bald wurde ich der einzige Englischansager, bis zu dem Tage, wo die Zentrale Volksrundfunkstation in Peking 1949 das englische Programm übernahm. Danach war ich nur noch der Übersetzer der Abteilung.

Die meisten Mädchen waren Ansagerinnen. Sie waren ausnahmslos freche Katzen. Auf der einen Seite war ich in ihren Augen quasi ein »Held«, denn ich war der einzige, der englisch sprach. Sie bewunderten mich. Auf der anderen Seite versuchten sie, mich auszupressen, wann auch immer sie die Chance fanden - Bonbons, Kuchen, Obst und dergleichen mußte ich ihnen schon schenken. Denn sie wußten ganz genau, daß ich, obwohl ich mit ihnen ungefähr gleichaltrig war, mehr verdiente als sie. Ich gehörte sozusagen zu den »technischen Kadern« und bekam monatlich außer dem sehr schmalen Taschengeld, das jeder erhielt, noch täglich einen »technischen Zuschuß«, und zwar in Höhe des Preises, den man für einen halben Liter Milch täglich zahlen mußte. Außerdem durfte ich nach der Sendung eine Mahlzeit in der Kantine für die Kader der mittleren Ebene zu mir nehmen, denn die Kantine für einfache Kader war dann schon zu. Und in der erstgenannten Kantine gab es immer selbstgebackenen Kuchen, den ich mir selber nicht gönnte, sondern am nächsten Tag lieber einem Mädel in die Hand drückte, um ihr ein süßes Lächeln zu entlocken. Ich bin heute alt genug, um zu gestehen, ohne mich schämen zu müssen, daß es mir nicht selten gelang, auch einen Kuß zu stehlen. Und da waren die Mädchen sehr verschieden: Manche erröteten und liefen weg, natürlich mit dem Kuchen; manche taten, als ob sie böse auf mich wären; aber nur die eine, Liu, war frech genug, meinen Kuß zu erwidern. Sie mußte in mich verliebt sein, denn ihre Kolleginnen erzählten mir, daß sie jeden Tag, eine halbe Stunde vor meiner Sendung, ins Bad ging und sich frisch machte - jede wußte, für mich. Einmal kam sie sogar nach meiner Sendung ins Studio, packte mich mit beiden Händen am Kragen und küßte mich voll auf den Mund.

Oh, aber das alles hatte mit meiner Arbeit als Ansager gar nichts zu tun. Es war wirklich keine sehr angenehme Arbeit. Das Studio war furchtbar schwül, und wenn man eine ganze Stunde lang im Diktattempo etwas vorlesen mußte, insbesondere im Sommer, so wurde man sehr schnell müde. Einmal konnten wir wegen eines Gewitters keine Nachrichten von der Presseagentur Xinhua in Yenan empfangen. Ich mußte drei Tage hintereinander ein Referat von Liu Shaoqi, dem Generalsekretär der Partei, wiederholen. Ich war so schläfrig, daß ich von Zeit zu Zeit schnell den Knopf ausschalten, aufstehen und mich bewegen mußte, bevor ich weitermachen konnte. Das Referat war besonders schwer für mich, denn es hatte als Thema: »Über Nationalismus und Internationalismus«. Ich mußte jedesmal besonders darauf aufpassen, daß ich die beiden politischen Ausdrücke nicht verwechselte. Das wäre dann ein politischer, und kein technischer Fehler gewesen. Als ich das Studio verließ, waren meine Achselhöhlen völlig naß.

Ja, diese Arbeit war wirklich sehr langweilig. Kein Wunder, daß die andere Ansagerin nicht gerne weitermachen wollte. Jeden Tag dasselbe:

»You are listening to the New China Broadcasting Station XNMR in Manchuria. We are broadcasting on a wavelength of...«

Jedesmal fing ich so an. Und zum Schluß sagte ich:

»You have been listening to the New China Broadcasting Station XNMR in Manchuria. Goodby, everybody.«

Nur einmal, als etwas mit der Antenne schiefgelaufen war, hatte ich ein bißchen Abwechslung und sagte:

»Owing to a technical hitch, there will be no English news broadcast today.«

Manchmal, wenn ich in das Mikrofon sprach, fragte ich mich, ob man mich überhaupt hörte. Das ist wahrscheinlich das unangenehmste beim Radioansagen - man sieht das Publikum nicht. Man spricht buchstäblich in die Luft.

Noch etwas Unangenehmes war, daß ich meine eigene Stimme nicht hören konnte. Damals gab es noch keine Tonbandgeräte. Aber die Mädels sagten immer: »Du sprichst wie ein Opa.« Ich wußte nicht, ob sie die Wahrheit sagten oder mich nur ärgern wollten. Diese frechen Katzen!

Die Arbeit war uninteressant auch deshalb, weil man jeden Tag Berichte der Volksbefreiungsarmee ansagen mußte, die alle nach einer bestimmten Formel geschrieben waren:

»The People's Liberation Army liberated the city of..., ...kilometres east or west of... on... day.«

»The People's Liberation Army killed and wounded so many Kuomintang soldiers.«

»The People's Liberation Army captured so many Kuomintang prisoners.«

»The People's Liberation Army captured so many machine guns and so many bullets.«

»The People' s Liberation Army...«

»The People's Liberation Army...«

»Großer Gott!« rief Alan einmal ganz verblüfft. »Haben Sie denn keine Pronomen?«

Das Programm war noch nicht eine Woche gelaufen.

»Aber sicher,« antworteten wir genauso verblüfft, weil wir nicht verstehen konnten, warum er verblüfft war.

»Warum gebrauchen Sie sie denn nicht?« fragte er weiter.

»Wie meinen Sie?« Wir waren uns immer noch nicht im klaren, warum er so aufgeregt war.

»Ich habe mindestens sechs oder sieben Mal hintereinander ›The People's Liberation Army‹ gehört. Das ist bei uns völlig unmöglich. Warum sagen Sie statt dessen nicht ›it‹?«

»Ach so!« riefen wir wie aus einem Munde und begannen zu lachen.

Da konnte Alan unser dummes Lachen wieder nicht verstehen.

»My God!« Er war ganz ärgerlich. »Was gibt's da zu lachen? Antworten Sie doch!«

»Eine gute Frage, Alan,« versuchte unser Abteilungsleiter Liu ihn zu beruhigen. »Laßt es uns versuchen. Also ›it‹ statt ›The People's Liberation Army‹, nicht wahr?«

Er begann halblaut vor sich hin zu murmeln:

»It liberated... It killed and wounded... It captured...« Dann laut zu Alan: »Nein, Alan, ich fürchte, es geht nicht.«

»Geht nicht? Warum nicht?«

Alan wollte seiner Frage unbedingt auf den Grund gehen. »Ist das grammatisch nicht richtig? Oder gibt es in der chinesischen Sprache überhaupt keine Grammatik?«

»Das schon. Wir haben unsere Grammatik. Man kann auch nicht willkürlich, ohne Regeln sprechen. Aber wissen Sie, Alan, genau wie bei Ihnen müssen wir idiomatisch sprechen. Die Pronomen werden bei uns viel seltener gebraucht als im Englischen.«

»Bei uns heißt ›it‹ entweder ›Tier‹ oder ›Ding‹,« warf ich ein.

»Wirklich?« Alan begann zu schwanken.

»Notfalls könnte man eventuell ›they‹ statt ›The People's Liberation Army‹ sagen,« fuhr Leiter Liu fort, »aber dann klingt es nicht mehr wie ein Kriegsbericht.«

»O.k., o.k.!« sagte Alan. »Ich kapituliere!« Er hob auch seine langen Arme und zog eine Grimasse.

Wir brachen in Gelächter aus.

»Alan, Alan!« wieder der Leiter. »Die Engländer sind stolz auf ihren ›sense of humour‹ und berühmt für ihre Bereitwilligkeit, Kompromisse zu schließen. Take it easy.«

Alan war bereit, einen Kompromiß zu schließen, und dadurch konnten wir 1947 einen neuen anglo-chinesischen Krieg in Harbin vermeiden.

Alan hat nicht lange bei uns gearbeitet. Er schien nicht sehr glücklich zu sein. Nicht, daß wir ihn vernachlässigten. Nein, ganz im Gegenteil. Er lebte bei uns wie ein Prinz. Er bekam immer das Beste oder, genauer gesagt, das Beste, was wir ihm zu jener Zeit und an jenem Ort zu bieten hatten. Nur ein Vergnügen konnten wir ihm leider nicht gönnen.

Einmal hatten wir ihn zur Sonneninsel mitgenommen, wo die Russen sich ohne weiteres nackt sonnten. Am nächsten Tage sahen wir einen halbnackten Alan im Hof der Abteilung liegen. Er hatte zwar den Anstand, eine Badehose zu tragen. Aber auch so hatte er den Mädchen und jungen Frauen einen solchen Schrecken eingejagt, daß er es nie wieder versuchte.

Wie die meisten Engländer, hatte auch Alan Humor. Er war noch nicht lange in Harbin, da begann er schon auf der Straße zu den Vorübergehenden zu sagen:

»Wo shi da bizi, bu shi lao maozi!«

Niemand konnte umhin, in ein Gelächter auszubrechen, auch wenn man einem ausländischen Genossen die legendäre chinesische Gastfreundschaft zeigen wollte, denn was er sagte oder sagen wollte, war folgendes: »Ich bin ›Große Nase‹, nicht ›Alter Haariger‹.«

Er konnte es einfach nicht dulden, daß man ihn mit den von der Revolution verbannten oder aus der Heimat entflohenen, staatenlosen Russen verwechselte oder in einem Atemzug erwähnte. Humor, wie gesagt, hatte er schon, aber einen mindestens ebenso großen Stolz. Als Mitglied der Kommunistischen Partei Großbritanniens sah er keine Möglichkeit, hier einen Kompromiß zu machen.

Man darf nicht denken, daß er sich glücklich fühlte, wenn er zeichnete. Nein, das war bei ihm leider nicht der Fall. Er zeichnete, weil ihm seine Verlobte Jacqueline fehlte. Er zeichnete sie nicht nach einem Foto, sondern aus dem Gedächtnis. In seinem Zimmer hingen drei oder vier Porträts von ihr. Er hat mich auch einmal gezeichnet, weil er mein Gesicht interessant fand.

Eines Tages kam er mit einem mürrischen Gesicht ins Büro, sprach wenig und rauchte dauernd Pfeife.

Aus Erfahrung wußten wir, es wäre besser, zu schweigen. Das Zimmer war voller Rauch. Die Atmosphäre war bedrückend. Nach der fünften oder sechsten Pfeife fragte er plötzlich mir nichts, dir nichts den Abteilungsleiter, ob er nach London fahren und dort ein paar Monate bleiben dürfe?

Leiter Liu versuchte herauszufinden, was Alan passiert war.

»Nichts.« Alan war an diesem Tage kurz angebunden und nicht sehr gesprächig.

»O.k.,« sagte Leiter Liu. »Ich muß zuerst mit dem Hauptabteilungsleiter darüber sprechen. Und wenn er mich fragt, warum, was soll ich ihm sagen?«

Das hat Alans Mund endlich aufgemacht. Aber als er zu sprechen begann, war es ziemlich explosiv: »Daß chinesische Ehepaare langjährig getrennt voneinander leben und die Ehe trotzdem gültig bleibt, ist ihre Sache. Aber für mich ist ein Leben ohne Frauen kein Leben mehr. Außerdem habe ich mich kurz vor meiner Abreise mit Jacqueline verlobt. Ich habe Ihnen nicht viel von ihr erzählt. Aber sie ist eine Fee, von vielen Männern begehrt. Sie ist solch ein lebenslustiges Wesen, daß sie ohne ihre Verehrer nicht leben kann. Ich weiß bis heute nicht ganz genau, warum sie sich für mich entschieden hat. Um ehrlich zu sein, ich habe Angst, daß, wenn ich noch länger von ihr wegbleibe...« Er konnte nicht weitersprechen, mußte auch nicht, denn wir hatten sein Problem verstanden.

Kurz danach, als ich eines Tages nach der Sendung zurückkam und wie üblich die »Zensur« von ihm wissen wollte, war er nicht mehr zu finden. Von mir wenigstens hat er auf französisch Abschied genommen. Diese verdammte »Große Nase«!

Am 30. September 1950 habe ich Alan dann zufällig noch einmal gesehen. Das war beim Staatsbankett in Peking, das Mao Zedong anläßlich des ersten Nationalfeiertages der Volksrepublik gab. Als der erste Verbindungsmann zwischen dem Außenministerium und der damaligen Diplomatischen Mission der DDR mußte ich die deutschen Gäste betreuen. Eine bekannte Gestalt ging vorbei.

»Alan!« rief ich spontan.

Es war tatsächlich die »Große Nase«. Jetzt war er aber akkreditierter Korrespondent des »Daily Worker« in Peking.

»How is Jacqueline?« mußte ich Alan natürlich fragen.

»Jacqueline?« Für eine Sekunde schien Alan dieser Name fremd zu sein. »Ach so, Sie meinen Mrs. Richardson. Ich habe lange nichts mehr von ihr gehört.«

Alles klar. Wie war Alans Familienname? Ich habe ihn vergessen. Aber Richardson hieß er sicher nicht. Also, was Alan befürchtet hatte, war tatsächlich geschehen. Der arme Mensch! Ich wollte ein paar passende Worte finden, um ihn zu trösten, da brauchte der Leiter der Diplomatischen Mission der DDR meine Hilfe. Ein französischer Journalist, der eine Mischung von Deutsch, Englisch und Russisch sprach, hatte den Botschafter total verwirrt. Ich mußte mir große Mühe geben, um seine »internationale Sprache« zu verstehen und zu dolmetschen. Als die Neugierde des Franzosen befriedigt war und ich Alan wieder suchte, war er nicht mehr zu finden. Das Peking-Hotel hatte eine riesengroße Halle, vollgestopft mit Gästen aller Länder der Welt. Seitdem habe ich Alan nicht mehr gesehen. Ob er ein anderes Mädchen gefunden hat? Ob er glücklich geworden ist? Genosse »Große Nase«, für China haben Sie Ihre Freundin geopfert.

* * *

Der Direktor der Nordost-Volksrundfunkstation war Absolvent einer der besten Universitäten in Peking. Er konnte Englisch und war mein treuer Zuhörer. Auch er mochte die dumme Wiederholung von »The People's Liberation Army« nicht, wagte aber nichts zu unternehmen, denn die Kriegsberichte erhielt er vom Hauptquartier, übersetzt von der Presseagentur Xinhua in Yenan.

Eines Tages kam ich erschöpft aus dem schwülen Studio, wo ich eine ganze Stunde im Diktattempo die Kriegsberichte abgelesen hatte. Vor der Tür erblickte ich Xiao Hua, die Sekretärin des Direktors. Ihr Name bedeutete »Pracht« oder »Prunk«, und sie war tatsächlich bildschön. Auf einmal war ich wieder frisch und munter.

Heute kann ich mich auf einen schönen Abend freuen, dachte ich.

Aber nein, das Mädchen war gar nicht zugänglich. Sie gehörte wohl zu diesem Typ: prächtig wie eine Blume, kalt wie das Eis.

»Der Direktor möchte dich sprechen,« sagte sie ganz dienstlich, ohne mich auch nur einmal anzuschauen. »Er ist in seinem Zimmer.«

Bevor ich etwas sagen konnte, war sie schon weg - ihre Schritte leicht wie die einer Fee.

Na gut, auf Wiedersehen, meine Prinzessin, dachte ich. Du wartest wohl auf deinen Prinzen auf dem Schimmel. Ich habe leider keinen Schimmel, sondern nur den alten Esel, der mich abholt und nach Hause bringt.

Als ich in das Zimmer des Direktors trat, stand jemand auf. Ich war verblüfft. Der Direktor saß am Tisch. Und neben ihm stand ein Mann, der genauso wie er aussah, nur, daß er westliche Kleidung trug.

»Xiao Zhou,« sagte der Direktor Luo freundlich zu mir. »Das ist mein Bruder, Dr. Luo aus Amerika. Wir haben uns,« er sah seinen Bruder fragend an, »wieviel Jahre nicht gesehen?«

»Fast zwanzig Jahre,« antwortete der Bruder. »Du hast mich noch zum Schiff gebracht, als ich nach Amerika fuhr.«

»Ja,« seufzte Direktor Luo. »Wie schnell die Zeit vergeht.«

Hat der Direktor mich rufen lassen, damit ich dieses Wiedersehen miterlebe?

»Und er,« sagte Direktor Luo weiter. »Aber komm doch rein und nimm Platz. Und er ist Xiao Zhou, unser einziger Englischansager.«

»Was?« rief Dr. Luo, und in seinem Staunen sprach er aus Gewohnheit Englisch. »Why, I thought it was a lean British gentleman!«

»A British gentleman indeed!« Direktor Luo lachte laut. Er sprach auch Englisch. »Xiao Zhou ist kaum zwanzig.«

»Ich bin schon einundzwanzig, Direktor Luo,« protestierte ich gegen diese Geringschätzung.

»Ach, ja?« Er hat meinen Protest einfach ignoriert! »Hör zu, Kleiner Zhou,« begann er zu erzählen. »Dr. Luo hat in Amerika studiert und ist mit einer Amerikanerin verheiratet. Er ist als Auslandschinese mit seiner Frau zurückgekommen - wegen der Beisetzung unseres Vaters. Sie wohnen im Gasthaus und hören jeden Tag unser Englischprogramm...«

»Ja,« warf Dr. Luo ein. »Stimmt. Aber wenn ich das meiner Frau erzähle, daß du der Ansager bist - das werde ich heute abend sicher tun -, wird sie sagen: ›Well, John, you can knock me down with a feather!‹«

Was sollte ich dazu sagen? Danke schön? Aus Verlegenheit lächelte ich dumm und befangen.

Direktor Luo hat das aber unmißverständlich als ein Kompliment angenommen. Er lachte herzlich. Er war offensichtlich sehr stolz auf seinen »einzigen« Englischansager.

»Xiao Zhou,« sagte Direktor Luo dann, »ich habe eine gute Nachricht für dich. Gut, daß mein Bruder auch das mitbekommt. Das Zentralkomitee der Partei ist mit unserem Englischprogramm sehr zufrieden. Endlich hat man uns in der Außenwelt gehört. Neulich hat das ZK Grußtelegramme von mehreren Bruderparteien der Welt bekommen. Hier einige Beispiele.«

Er nahm seine Brille ab und las die Abschriften der Telegramme.

»›Herzliche Glückwünsche, liebe chinesische Genossen. Wir haben endlich die Schritte der chinesischen Revolution gehört.‹ Aus Brasilien.

›Wir wünschen euch weitere und größere Siege im Kampf gegen den ›Papier-Tiger‹, die amerikanischen Imperialisten und ihre ›rennenden Hunde‹, die reaktionären Kuomintang-Lakaien.‹ Aus Italien.

›Euer Kampf ist auch unser Kampf. Euer Sieg ist auch unser Sieg‹ Aus Vietnam.«

Ich war wie betäubt.

»Hörst du zu?« fragte mich der Direktor Luo.

»Ja,« sagte ich wie in einem Traum, »ja, ja.«

»Aber verstehst du, was du hörst?« Ohne auf meine Antwort zu warten, sprach Direktor Luo weiter:

»Xiao Zhou, was man in Amerika, in Europa, in Asien als ›Schritte der chinesischen Revolution‹ gehört hat, das war deine Stimme, ja, deine Stimme! Wir sind alle sehr stolz auf dich. Ich danke dir herzlichst im Namen der Rundfunkstation.«

Als ich das Zimmer mit einem schweren Kopf und schwachen Beinen verließ, hörte ich noch Dr. Luos Stimme hinter mir:

»Oh great, that boy is simply great!«

Als der Esel mich nach Hause brachte - der Kutscher summte ein Volkslied aus der Mandschurei, - war ich immer noch von innerer Unruhe erfaßt. Der Direktor hatte mich gefragt, ob ich verstünde, was ich hörte.

Ob ich es verstünde?

Ja, ich verstand es nur zu gut. Man hatte uns tatsächlich gehört - die Schritte der Revolution. Also haben wir nicht umsonst gearbeitet. Ich habe nicht in die Luft gesprochen. Diese ermüdenden Stunden in dem schwülen Studio, dieses Hin- und Herfahren mit der Eselskutsche an eiskalten Winterabenden, diese merkwürdige Ermattung der Zunge... das alles hat sich doch gelohnt.

Vor ein paar Tagen hatte ich noch den Abteilungsleiter Liu aufgesucht und ihn gebeten, sich nach einem Ersatzmann umzuschauen.

»Wieso?« Er war verblüfft.

Statt ihm einen Grund zu nennen, zeigte ich ihm einfach die Zunge.

»Was ist mit deiner Zunge?« Er konnte mich gar nicht verstehen.

»Siehst du nichts?«

»Was soll ich denn sehen?« Leiter Liu legte eine Hand auf meine Schulter. »He, Junge, du bist ein kleiner, aber ernsthafter Genosse, das wissen wir alle. Was ist heute mit dir los?«

»Siehst du nicht die vielen Zahnabdrücke am Zungenrand? Meine Zunge ist einfach zu groß. Manchmal habe ich während der Sendung Schwierigkeiten, die Zunge zu bewegen, wirklich, weil sie zu groß ist. Und dann muß ich stottern. Hast du mich nicht manchmal stottern gehört während der Sendung. Nein? Aber es ist furchtbar, wenn ein Ansager nicht klar und deutlich sprechen kann. Ich bin nicht geeignet, als Ansager zu arbeiten.«

Für eine oder zwei Sekunden traute Leiter Liu seinen Ohren nicht, dann fing er an zu lachen. Er war wirklich amüsiert. Er lachte so herzlich, daß ihm die Tränen in die Augen kamen. Aber ich war dem Weinen nahe.

Immer noch lachend, sagte er:

»Ach, Xiao Zhou, du bist eine komische Nummer. Das habe ich nicht von dir erwartet.«

Dann wurde er ernst. Wieder legte er eine Hand auf meine Schulter und sagte:

»Du bist müde. Geh schlafen. Du hast immer gut gesprochen. Nicht nur ich bin stolz auf dich und dir dankbar, auch der Hauptabteilungsleiter ist es. Alan hat mir vor seiner Abreise noch gesagt: ›Liu, kümmern Sie sich mehr um den Xiao Zhou. Der Junge wird eines Tages Star-Ansager werden. Ja, ich weiß, was ich sage. Schade, daß ich ihn nicht weiter trainieren kann. Also, kümmern Sie sich mehr um ihn.‹ Das habe ich dir vorher nicht gesagt, aus Angst, du könntest eitel werden. Aber heute muß ich es dir sagen, damit du dein Selbstvertrauen nicht verlierst. Aber, jetzt geh ins Bett und schlaf gut. Morgen wirst du wieder in Form sein.«

*   *   *

Der Esel ist automatisch stehengeblieben. Wer behauptet, daß Esel dumme Tiere sind? Wenigstens wußte mein Esel, wo ich wohne.

Schritte der Revolution, dachte ich, bevor ich einschlief, nicht übel. Aber wieso »ein schlanker britischer Gentleman«? Sprechen schlanke und dicke Briten verschiedene englische Sprachen?

»Persönliche Interessen den Parteiinteressen unterordnen« –
Nach Peking

So arbeitete ich, trotz einer zu großen, von Zahnabdrücken am Rand entstellten Zunge weiter als Englischansager in Harbin.

Diese Rundfunkstation werde ich nie vergessen, weil ich mich hier zum ersten Mal in ein Mädchen verliebte, das meinen Lebensweg entschied.

Sie war nicht das schönste Mädchen der Rundfunkstation, aber sie war unendlich süß. Mit den anderen habe ich geflirtet, mit ihr aber habe ich es gleich von Anfang an ernst gemeint. Es war Liebe auf den ersten Blick.

Sie hieß Yu Heng. Das war nicht ihr wirklicher Name. Sie brauchte nicht wie ich aus Angst ein Pseudonym zu nehmen. Aber um ihre Loyalität zur Partei zum Ausdruck zu bringen, hatte sie diesen Namen angenommen, der bedeutete »Ich« und »Immer«. Sie wollte immer für die Partei arbeiten.

Eines Tages saß ein unbekanntes Mädchen in der Eselskutsche und wartete auf mich. Ich wollte nach der Sendung nach Hause gehen, und sie hatte etwas in meiner Nähe zu tun. Sie gab mir lächelnd die Hand und stellte sich vor. So haben wir uns kennengelernt. Unterwegs hatten wir genug Zeit zu plaudern, denn der Esel hatte keine Eile. Das war eine sehr angenehme Erholung nach der Sendung. Ich sprach nicht viel. Meine Zunge war müde.

Aber sie erzählte mir von ihrem Leben, wie einem alten Bekannten. Vielleicht war es ihre Natürlichkeit und Offenheit, die mich anzogen. Ich fühlte mich unbefangen und wohl an ihrer Seite. Obwohl ich gerne mit den Mädchen flirtete, hatte ich noch nie mit einem ein Rendezvous verabredet. Im Grunde genommen war ich noch unerfahren und schüchtern. Aber mit Yu Heng war es anders. Ich hatte überhaupt keine Scheu vor ihr. Deswegen lud ich sie ein, obwohl wir uns gerade erst kennengelernt hatten, mit mir am nächsten Tag ins Kino zu gehen. Als ob sie das erwartet hätte, nahm sie meine ungewöhnliche Einladung, ohne sich zu zieren, an.

»Auch ein blindes Huhn findet mal ein Körnchen.« Irgendwo habe ich so etwas gelesen oder gehört. Daß ich Yu Heng gefunden hatte, war wirklich ein Zufall gewesen. Denn welches Mädchen wollte schon einen Jungen aus einer bürgerlichen Familie haben, der nicht einmal Parteimitglied war? Und dann: Niemand hatte mir beigebracht, wie man einem Mädchen den Hof macht. Wenn ich mit einem Mädchen geflirtet hatte, waren immer mehrere Mädchen dabeigewesen, und ebendeswegen waren sie frech. Ich war noch nie allein mit einem Mädchen ausgegangen.

Der Film hatte schon angefangen, als wir hineingingen. Wir fanden oben ganz hinten in einer Ecke zwei freie Plätze. Kaum hatten wir uns niedergelassen, legte ich meinen Arm um Yu Hengs Schulter. War das Mut oder Frechheit? Auf jeden Fall ließ sie es nicht nur geschehen, sondern nahm meine Hand in die ihre. Ermutigt flüsterte ich ihr ins Ohr:

»Wir kennen uns erst zwei Tage, aber ich will mich nicht mehr von dir trennen.«

War es die Dunkelheit, die mich tapfer machte, oder der kaum zu merkende Händedruck?

Yu Heng verstand das Herz des armen Jungen. Und ihr Verständnis hatte ihn wiederum so ermutigt, daß er sich die Freiheit nahm, ihre Wange zu lecken, ja, zu lecken wie eine Katze oder ein Hund. Yu Heng kicherte. Es amüsierte sie. Und als Belohnung gab sie mir großzügig und ungeniert einen Kuß voll auf den Mund. Daß ich nicht gleich vom Platz herunterrutschte, war nur der Tatsache zu verdanken, daß meine Knie von dem Platz in der vorderen Reihe eingeklemmt waren. Oh, der erste Kuß, so süß, so bezaubernd, so unvergeßlich! Und daß an einem Kuß nicht nur die Lippen beteiligt sind, konnte ich, der Grünschnabel, nun auch unschwer feststellen.

Seitdem trafen wir uns fast jeden Abend. Obwohl es in Harbin genug Cafés, Restaurants, Kinos, Konzertsäle und dergleichen gab, alles, was zu dem normalen Nachtleben in einer friedlichen Großstadt gehört, suchten wir lieber den Schatten eines großen Baumes oder die Ecken eines abgelegenen Parks, denn wir hatten soviel miteinander zu reden. Hier konnten wir uns auch dicht aneinander halten und uns nach Herzenslust küssen. Yu Heng hatte eine Art zu küssen, als ob sie mein Herz aus dem Mund saugen wollte. Es war einfach überwältigend. Wir vergaßen oft die Zeit. Ich fragte sie zum Beispiel, wieso sie in Harbin arbeitete und nicht in Peking studierte. Sie ist doch in Peking geboren. Oder, warum hat sie ihren Job als Ansagerin aufgegeben? Sie konnte viel besser Mandarin sprechen als die Mädchen in der Mandschurei. Übrigens war ihr jetziger Job - Buchhaltung - uninteressant, aber verantwortungsvoll. Natürlich wollte sie auch von meiner Vergangenheit erfahren. Sie nannte mich einen »jungen, alten Revolutionär«.

Es stellte sich heraus, daß Yu Heng ein Waisenkind war. Eine Tante hatte sie von Peking nach Harbin gebracht, als viele arme Menschen sich nach der Mandschurei durchschlagen mußten, um in dieser weniger bevölkerten Gegend mühsam ein Auskommen zu finden. Die Tante starb, als Yu Heng zwanzig war. Da war Harbin auch befreit. Natürlich mußte sie sich nach einer Arbeit umsehen, um sich zu ernähren. Da sie aus Peking kam, wollte die Rundfunkstation sie gern als Ansagerin einstellen. Hier muß erwähnt werden, daß, weil Peking in der Geschichte Chinas immer wieder Hauptstadt war, die sogenannte Beamtensprache, Mandarin, dem Pekinger Dialekt am ähnlichsten war. Während der ersten Republik sagte man nicht mehr Mandarin, sondern »Guoyü« oder »Staatssprache«. Und seit der Volksrepublik sagt man wieder etwas anderes, nämlich »Putonghua« oder »allgemeine Sprache« - »allgemein« deshalb, weil nicht nur die Han-Chinesen, die so unglaublich viele Dialekte haben, sondern auch die fünfundfünfzig sogenannten nationalen Minderheiten, die wiederum ihre eigenen Sprachen und Dialekte haben, diese »allgemeine Sprache« benutzen sollen, um einander verstehen zu können. Die Schriftsprache ist, Gott sei Dank, einheitlich im ganzen Lande geblieben. Aber um auf meine Liebste zurückzukommen: Später brauchte die Rundfunkstation dringend eine Buchhalterin. Es mußte eine zuverlässige, sorgfältige und tüchtige Genossin sein. Gerade ein solcher Typ war Yu Heng. So wurde sie Buchhalterin. Inzwischen konnten die Ansagerinnen aus der Mandschurei viel besser »Putonghua« sprechen, und das war auch Yu Hengs Beispiel zu verdanken. Ob sie diese neue Arbeit mochte? Damals hieß es, daß persönliche Interessen den Parteiinteressen unterzuordnen seien. Eine berufliche Freiheit hat es nicht gegeben. Statt dessen erwartete die Partei, oder besser gesagt, verlangte die Partei nicht nur von ihren Mitgliedern, sondern von allen Kadern, absoluten und bedingungslosen Gehorsam.

Einmal durfte ich Yu Heng sogar in ihrem Zimmer in der Rundfunkstation besuchen. Ich wollte sehen, wie sie lebte, mußte sie aber ein paar Mal darum bitten, bis sie endlich nachgab und mir einen Zeitpunkt nannte. Sie wollte nicht, daß Kollegen der Rundfunkstation uns zusammen sahen. Ich habe es einfach als Schüchternheit verstanden; den wahren Grund dafür erfuhr ich erst später.

Ihr Zimmer war nicht besonders hübsch, aber gemütlich. Hier fand ich etwas, was ich vorher nie probiert und nachher nie mehr gesehen habe - eine Obstsorte, eine einheimische Spezialität mit dem schönen Namen »Süße Mädchen«. Es war auch wirklich süß, saftig und ein wenig sauer. Yu Heng forderte mich auf: »Greif zu. Laß es dir schmecken.«

Aber ich streckte nicht meine Hand aus, sondern öffnete meinen Mund. Ich wollte gefüttert werden.

»Bitte, nimm doch selbst,« flehte sie mich fast an.

Ich fing an, frech zu sein und steckte meine Zunge heraus.

»Ach, du großes Kind, wie kann ich bloß mit dir fertig werden?«

Sie fütterte mich. Bevor sie ihre Hand zurückziehen konnte, biß ich in ihren Finger. Erschrocken schlug sie mir leicht auf den Kopf und sagte:

»Du bist mein Schätzchen, du bist mein Liebster, nicht wahr?«

Vage läutete die Glocke des Gedächtnisses - das Schwesterchen jenseits des Meeres, die politische Instrukteurin der Aufbau-Universität. Jetzt sah Yu Heng ihr sehr ähnlich - nein, es war ganz offensichtlich. Sicherlich hätte sogar ein Analphabet die zwei Zeichen, die in ihren Augen geschrieben standen, unschwer entziffern können: im linken Auge »Lie-« und im rechten »be«. Sie starrte mich mit traumversunkenen Augen an und streichelte mein Haar, meine Wange. Fasziniert, konnte ich meinen Blick nicht von ihren liebestrunkenen Augen wenden, bis alles vor mir trübe wurde. Auf einmal nahm sie mich in ihre Arme und murmelte: »Du bist mein, du bist mein,« und begann zu weinen.

Fest umschlungen saßen wir da. Eine riesengroße Flamme des Glücks überschüttete mich. Mir war, als ob ich zu schmelzen begönne.

Ein solches Glück habe ich in meinem ganzen Leben nur einmal genossen. Vielleicht wird es einem auch nur einmal zuteil.

Die »Süßen Mädchen« aber saßen in der Schüssel, guckten uns an und wunderten sich, wieso sie so schnell das Wohlgefallen ihrer Wirtin und ihres Gastes verloren hatten.

Der Winter in Harbin ist furchtbar kalt. Oh, bevor ich es wieder vergesse - inzwischen hatte ich natürlich feststellen können, daß die Leute in der Mandschurei auch Nasen und Ohren hatten. Was ich in Yantai gehört hatte, war reiner Unsinn. Yu Heng kam abends oft zu mir, denn mein Zimmer war warm, es hatte eine Heizwand - eine ganze Wand war hohl und wurde von außen wie ein Ofen geheizt. Mit solch einer Heizwand war die Luft im Zimmer nicht so trocken wie mit einem Ofen. In diesem Zimmer haben wir viele glückliche Stunden zusammen verbracht.

Yu Heng konnte ziemlich gut Japanisch - eine Sprache, die die Japaner während ihrer Okkupation der Mandschurei den Chinesen dort aufzwangen. Jetzt wollte sie bei mir Russisch lernen. Das war damals eben Mode in Harbin. Sie war nicht dumm. Aber das russische »R« war für sie quasi ein Tiger, der ihr den Weg blockierte. Sie war keine Ausnahme. Viele Han-Chinesen können es auch nicht, und zwar aus dem einfachen Grund, weil wir in unserer Sprache einen solchen Laut überhaupt nicht haben.

Es war unendlich amüsant anzusehen, wie Yu Heng sich Mühe gab, diesen schwierigen Laut richtig auszusprechen. Sie konnte sich wie ein Kind freuen, wenn es ihr gelang, und sich auch wie ein Kind über ihren Fehlschlag ärgern. Ich sah besonders gerne, wenn sie aus Ärger den Mund spitzte.

»Ach, eine fleißigere Schülerin findest du nicht. Zu Hause« (sie meinte die Rundfunkstation) »helfen mir die Mädchen, die auch Russisch lernen. Natürlich nicht umsonst,« sagte sie.

»Mußt du was bezahlen?« fragte ich erstaunt.

»Ach, dummes Zeug,« war die Antwort. »Ich muß ihnen das Tanzen beibringen.«

Es gab natürlich auch Zärtlichkeiten. Doch heute muß ich mich wundern, wieso wir keinen Schritt weiter getan haben. Wir waren ein Liebespaar. Aber wir waren auch wie Bruder und Schwester, die in aller Unschuld miteinander spielten. Wenn ich zum Beispiel dicht neben ihr saß, um ihr Unterricht zu geben, dann pflegte sie meine Hände auf ihre Brust zu drücken.

»Deine Hände sind immer kalt,« meinte sie.

»Ja,« gab ich zu, »aber mein Herz ist immer warm.«

Es war schön, so zu sitzen. Ihre Brust war weich und warm. Aber ich bin nicht einmal auf den Gedanken gekommen, ihre Brüste zu streicheln. Oder sie sagte manchmal nach dem Unterricht zu mir:

»Ich bin müde. Legen wir uns ein bißchen hin.«

Wir lagen dicht nebeneinander in meinem Einzelbett und plauderten. Manchmal umarmten und küßten wir uns. Einmal sagte sie zu mir:

»Leg dich über mich. Ich möchte wissen, wie schwer du bist.«

Das habe ich auch getan. Dann lachte sie und sagte:

»Oh, du bist so schwer wie ein Bär.«

»Nein, ich bin Tiger,« verbesserte ich.

»Um so schlimmer.«

Und das war alles. Ich war zufrieden und glücklich. War ich rein? War ich dumm? Und sie? War sie auch zufrieden? Sie schien wenigstens genauso glücklich zu sein wie ich.

Aber eines Tages kam sie zu mir mit roten Augen. Sie hatte geweint. Als sie mich sah, stürzte sie sich in meine Arme und begann wieder zu weinen. Ich war erschrocken. Ich versuchte, sie zu trösten, aber ohne Erfolg. Sie verbarg ihr Gesicht an meiner Schulter und weinte und weinte. Oh, wie lange sie an diesem Tage geweint hat! Meine Schulter wurde ganz naß. Und als sie endlich sprechen konnte, sagte sie leise und immer noch schluchzend:

»Ich muß heiraten!«

Heiraten? Ich konnte meinen Ohren kaum trauen. Ich guckte sie verständnislos und fassungslos an, fand aber kein Wort. Sie hatte mir nie von einem Freund erzählt.

»Du, sag doch was! Was guckst du mich so an?« Sie war wieder dem Weinen nahe.

»Was kann ich sagen? Ich verstehe nicht. Du mußt heiraten? Aber wen? Ich habe keine Ahnung, daß du ...«

»Ja, das ist meine Schuld. Ich hatte so große Angst, dich zu verlieren. Ich wollte dir gleich am Anfang davon erzählen, im Kino, wo du gerne mit mir zusammen sterben wolltest, erinnerst du dich noch daran?«

Ob ich mich noch daran erinnerte?

»Komm.« Sie nahm meine Hand. »Legen wir uns hin. Ich erzähl' dir alles.«

Es stellte sich heraus, daß sie schon verlobt war, und zwar mit einem Abteilungsleiter Ji, der fast zwanzig Jahre älter als sie war. Nach dem Tod der Tante war Yu Heng sehr einsam. Sie war zwanzig und wünschte sich einen Mann, der sich, wie die Tante, um sie kümmern konnte. Ein Junge ihres Alters konnte in ihren Augen nur ein Spielgefährte sein, aber nicht ein Lebensgefährte. Sie war nie selbständig gewesen. Früher hatte sie die Tante, die sie wie ihre eigene Tochter liebte. Nach ihrem Tod fühlte sie, sie brauchte unbedingt jemanden, der sie schützen konnte. Deshalb hatte sie Ji trotz des Altersunterschiedes nicht abgelehnt. Außerdem war Ji ein durchaus ehrlicher und anständiger Mensch. Er hatte seine Chance der Ehe in den langen Kriegszeiten verpaßt und wollte, bevor er zu alt wurde, eine Frau finden, die er sowohl als Ehemann als auch als Vater behüten konnte. Jeder Mensch ist anders. Er war einfach solch ein Mensch. Das Waisenkind Yu Heng war ihm sehr sympathisch.

Die Vermittlerin, eine Ärztin, die beide Seiten kannte, brauchte gar nicht lange zu reden, bis eine Verlobung - eine Kombination der Interessen, und nicht der Liebe - zustande kam.

Bevor Yu Heng mich kennenlernte, dachte sie, sie hätte eine gute Partie gemacht. Sie durfte jeden Sonntag ihren Fiancé besuchen, für ihn kochen, seine Wäsche waschen, seine Strümpfe stopfen, sein Zimmer saubermachen - alles tun, was eine gute Ehefrau zu Hause tut. Am Tisch mußte sie ihm Rechenschaft geben, was sie in der Woche alles getan, was sie gelesen, woran sie gedacht hatte, wie ihre Beziehungen zu ihren Vorgesetzten und Kolleginnen waren, aber insbesondere zu der Parteizelle, ob sie etwas falsch gesagt oder getan hätte.

Wenn der Abteilungsleiter den Eindruck hatte, daß seine »Pflegefiancée« politisch reifer geworden war, so war er zufrieden.

»Mach's gut,« sagte er, »immer so weiter. Dann wird die Partei dich als Mitglied aufnehmen.«

Von ihrem Wohlbefinden war selten die Rede oder nur sehr flüchtig und nebenbei; von ihren Emotionen schon gar nicht. Wenn Yu Heng nach dem Abendessen ihren Fiancé verließ, war sie mit ihm und auch mit sich selbst zufrieden. Denn sie hatte das Gefühl, daß sie jemanden hatte, der sich um sie kümmerte, auf den sie sich stützen konnte, und nicht zuletzt jemanden, der sie gerne hatte, denn er kaufte Kleider und Bücher für sie, gab ihr sogar Taschengeld. Sie glaubte, den richtigen Ehemann gefunden zu haben und freute sich auf ein ruhiges und behagliches Leben. Sie fühlte sich glücklich. Sie las manchmal von der Liebe oder sah Liebesszenen in Filmen. Aber das war nur für Ausländer. Welche Chinesin hat Liebe in der Ehe erfahren? Die Tante nicht. Und sie hat, bevor der Onkel starb, mit ihm in Frieden zusammengelebt. Yu Heng hatte noch eine ältere Schwester, die in Peking geblieben war. Auch sie lebte in Frieden mit ihrem Mann, einem Koch, und ihren Kindern.

Dann stürzte ich unerwartet in ihr Leben. Für sie war das, wie ein Stückchen Stein in einen ruhig fließenden Bach geworfen. Auf einmal wurde etwas in ihr wach - die Sehnsucht nach Liebe, die sie nie erlebt hatte. Sie wußte, sie hatte kein Recht dazu, denn sie war schon verlobt. Sie wußte auch, das war nur eine Fata Morgana, aber ebendeswegen wollte sie so lange wie möglich an ihrer ersten Liebe festhalten. Und heute, heute war der letzte Tag. Sie war zu mir gekommen, um von mir Abschied zu nehmen.

»Haßt du mich, Liebster?« fragte sie bange. »Kannst du mir verzeihen?«

Oh, Yu Heng - meine erste Liebe! Wie kann ich dich hassen? Was gibt es da zu verzeihen? Du hast mich so glücklich gemacht. Jetzt beginne ich, dich wirklich zu verstehen. Das muß eine bittere Liebe für dich gewesen sein. Diese träumerischen Blicke, so verweilend und schmiegsam. Diese plötzlichen Umarmungen und leidenschaftlichen Küsse, die mich immer wieder überwältigten. Und erinnerst du dich noch, Liebste, das war eine besonders kalte Nacht. Schnee und Wind. Auf der Straße war niemand mehr zu sehen. Ich begleitete dich nach Hause. Aber kaum war ich zehn Schritte weg von deinem Haus, bist du mir nachgerannt und wolltest mich nach Hause bringen. Als ich versuchte, dich davon abzuhalten, weil es zu spät und zu kalt war, wurdest du plötzlich böse und fragtest mich:

»Liebst du mich nicht mehr? Hast du genug von mir? Willst du mich loswerden?«

Erschrocken mußte ich dich fest in meine Arme schließen und dich mit Küssen bedecken, bis du wieder munter wurdest, meine Hand nahmst und mich nach Hause führtest. Unterwegs hast du wie ein Spatz auf einem mit Schnee bedeckten Ast gezwitschert. Und vor meinem Haus hast du mich gefragt:

»Ich bin so müde. Darf ich bei dir schlafen?«

Ich wollte schon »ja« sagen, aber du hast dir selbst geantwortet:

»Nein, also gute Nacht und schlaf schön. Träumst du von mir?«

Natürlich konnte ich dich nicht alleine nach Hause gehen lassen. Jetzt kamst du an die Reihe. Du versuchtest, mich davon abzuhalten. Und ich ahmte dich nach, aber nicht böse, sondern wie ein Clown, und du hast so herzlich gelacht und wieder meine Hand genommen und mich zu deinem Hause geführt. Du warst immer diejenige, die die Führung in der Hand hatte.

Als wir beide kalt und müde wieder vor deinem Haus standen, fragtest du mich:

»Willst du bei mir schlafen?« Diesmal mußte ich »nein« sagen.

»Was machen wir dann? Soll ich dich wieder...?« fragtest du weiter.

»Um Gottes Willen, nein!«

Als ich endlich nach Hause kam, war ich todmüde und schlief sofort ein. Und ich habe wirklich von dir geträumt. Aber nicht von einer Nacht mit Wind und Schnee, sondern von der Sonneninsel, von einer Bootsfahrt.

Sie lag immer noch neben mir und wartete auf meine Antwort, während ich mich in meiner Träumerei verloren hatte.

Wir versuchten einen Ausweg zu finden, obwohl wir beide wußten, daß es keinen Ausweg gab. Sie drückte mich plötzlich ans Herz und zischte:

»Ich heirate ihn nicht. Ich liebe dich, dich allein. Du bist mein,« und begann wieder zu weinen.

»Dann mußt du ihn auch nicht heiraten,« sagte ich.

»Aber ich bin doch schon mit ihm verlobt.« Sie wußte nicht mehr, was tun.

»Verlobung ist aber keine gesetzliche Bindung,« fand ich ein Argument. »Du kannst immer noch...«

»Aber was werden die Leute sagen?« unterbrach sie mich.

»Laß sie sagen, was sie wollen. Sie können dich nicht zwingen.«

»Du hast sicherlich recht. Aber dann muß ich ganz alleine gegen die öffentliche Meinung kämpfen. Was würde die Partei sagen? Meine Kolleginnen? Wie soll ich es meinem Fiancé klarmachen? Er hat soviel für mich getan und auch meinetwegen sehr viel Geld ausgegeben. Ich bin ihm gegenüber wenigstens moralisch verpflichtet. Und nicht zu vergessen, er ist ein Abteilungsleiter. Wenn er mich nicht heiraten kann, weil ich ihn im Stich gelassen habe, dann verliert er sein Gesicht und auch sein Prestige...«

Ich wußte auch nicht mehr, was tun. Außerdem wurde es spät. Schließlich sagte sie, jetzt ganz ruhig:

»Ich muß gehen. Ich muß mich noch baden und umziehen.« Dann, nach einer kleinen Pause:

»Kommst du?« fragte sie.

»Wie du willst,« war meine Antwort.

»Dann lieber nicht. Das ist besser für dich und für mich.«

Bevor sie ging, gab sie mir noch einen Kuß - einen Kuß ohne Leidenschaft. Ihre Lippen waren kalt. Sie sah mir lange, lange in die Augen und flüsterte endlich:

»Du, du weißt ja, mein Herz bleibt bei dir, immer, auch wenn mein Körper einem anderen gehört.«

Was habe ich ihr gesagt? Oder habe ich überhaupt etwas gesagt?

Sie war weg, ruhig und gefaßt.

Ich stand auf dem Balkon und schaute, wie sie in dem Zwielicht verschwand. Ich wollte ihr winken, ihr »Leb wohl« zurufen. Ich habe ihr nicht einmal gratuliert. Oder war es besser, daß ich es nicht getan habe? Sie hat nicht, wie die meisten Bräute, vor Freude und Schüchternheit gelächelt. Sie hat geweint. Irgendwie schien sie mir älter geworden zu sein, kein Mädchen mehr, sondern eine Frau, mit viel Besonnenheit, mit viel Vernunft.

Diese Nacht fand mich fast schlaflos. Keine Tränen, kein Seufzen. Ich blickte in das Dunkel, als ob es mir etwas zu sagen hätte.

So ging meine erste Liebe zu Ende.

Yu Heng verschwand für einige Zeit. Ohne sie war das Leben fade und freudlos. Ich mied die Straßen, wo wir unsere Spuren hinterlassen, wo unsere Plaudereien, unser Gelächter und unsere unschuldige Liebe uns glücklich gemacht hatten.

Als ich sie wiedersah, war es schon 1948 in Shenyang, damals Mukden genannt. Nach der Befreiung dieser größten Industriestadt in der Mandschurei war die Rundfunkstation dorthin verlegt worden.

Ich hielt gerade mit meinem Fahrrad vor der roten Ampel. Rechts von mir war eine Buchhandlung. Ich glaube nicht an Telepathie. Aber damals muß es so etwas gewesen sein. Ich schaute ohne bestimmte Absicht nach rechts und sah Yu Heng in der Buchhandlung, und zur gleichen Zeit schaute Yu Heng nach draußen und sah mich. Ich hörte sie nicht, aber sah sie vor Freude aufschreien. Sie kam schnell heraus und rannte, um mich zu begrüßen. Aber einen Schritt vor mir blieb sie plötzlich stehen. Sie war sehr verlegen. Ich wußte nicht, was ich sagen sollte.

Wir gingen schweigend und ziellos die dunkle, menschenleere Straße entlang.

Dann sagten wir beide zur gleichen Zeit:

»Nun, erzähl doch, wie es dir geht.«

Eine Sekunde Pause, dann brachen wir in ein Gelächter aus. Es war wieder wie in Harbin. Sie nahm meine Hand und wir begannen, unbefangen miteinander zu reden.

»Na, erzähl mal, wie war die Hochzeit?« fragte ich halb ernst, halb neckend.

»Ach, du,« sie schaute sich um, und als sie sicher war, daß niemand uns hören konnte, sagte sie, oder besser, flüsterte sie weiter:

»Weißt du, die erste Nacht habe ich geweint.«

»Geweint?« Ich dachte, sie hätte an mich gedacht. Aber nein, denn sie sagte schon weiter:

»Es hat mir so furchtbar weh getan.« Sie war wieder verlegen, fuhr aber noch leiser fort: »Doch es war nachher so schön.«

Ich schaute sie verständnislos an.

»Ach, du Trottel, jetzt verstehe ich alles. Ja, jetzt verstehe ich viel mehr als du. Ich erzähle dir alles, weißt du...«

Sie zögerte: »Nein. Schade, daß du ein Junge bist. Wenn du ein Mädchen wärst, dann würde ich dir alles erzählen. Wirklich. Es war so wunderschön.«

»Wenn es so schön ist«, fragte ich, »können wir es nicht auch einmal versuchen?«

Sie schlug mir lachend leicht auf den Kopf und fragte zurück: »Willst du, daß wir beide ins Gefängnis gehen? Das dürfen nur die Geliebten machen.«

»Aber du bist doch meine Geliebte,« protestierte ich. »Oder liebst du mich nicht mehr?«

»Ach, dummes Zeug, was verstehst du denn von meinem Herzen? Gar nichts.« Sie wurde wieder ganz ernst. »Mein Herz gehört dir - immer. Glaubst du es mir nicht? Ich habe dir nur davon erzählt, weil du mich danach gefragt hast. Übrigens ist das die Pflicht einer Frau ihrem Mann gegenüber.«

Jetzt hatte sie es genau ausgedrückt. Bei den Kommunisten sind manche Begriffe nicht immer klar. Zum Beispiel das Wort »Geliebte«. Wenn jemand sagt: »Das ist meine Geliebte«, oder »Das ist mein Geliebter«, so meint er oder sie, das ist meine Frau, das ist mein Mann, auch wenn das Ehepaar sechzig oder siebzig Jahre alt ist. Vor der Ehe ist man »Gegenstand« (der Liebe).

Yu Heng hatte sich verändert. Sie sprach mit mir und tat auch alles wie meine ältere Schwester. Sie war in der Tat auch zwei Jahre älter als ich.

»Ich wagte nicht, es dir vorher zu sagen,« gestand sie. »Die Jungen wollen immer jüngere Mädchen haben. Du nicht auch?«

Ohne auf meine Antwort zu warten, drängte sie weiter:

»Nun, erzähl endlich, wie es dir geht. Hast du mich vermißt?«

Diese Frage machte mich sehr unglücklich. Ich schaute nach meinen Schuhen.

Sie nahm meinen Kopf sanft in ihre Hände, guckte lange, lange in meine Augen und gab mir einen langen, feurigen Kuß. Dann drückte sie meine Hand fest an ihr Herz. Ihre Haut war warm und zart. Ihre Brust war groß und fest. Und ihre Brustwarze war wie ein Spielzeug. Sie nahm mich fest in ihre Arme und flüsterte, schwer atmend - ich konnte ihren heißen Atem an meinem Ohr spüren: »Oh, wie gerne möchte ich dir alles geben, alles, aber leider kann ich dir nur das geben. Jetzt drück meine Brust. Ja, fester, noch einmal! Noch einmal!«

Sie nahm dann meine Hand und preßte sie an ihre Lippen.

»Verzeihst du jetzt deiner älteren Schwester, Brüderchen?« fragte sie mich unendlich lieb. Wieder diese traumversunkenen Blicke. Auf einmal war der Abstand weg. Sie ist immer noch meine Yu Heng, dachte ich.

Als ob sie etwas sehr Wichtiges erledigt hätte, begann sie jetzt, locker und auch munterer zu sprechen:

»So, jetzt muß die ältere Schwester auch eine Geliebte für das Brüderchen finden, sonst wird er unglücklich sein. Was für eine Braut wünschst du dir? Sei nicht schüchtern. Sag es deiner Schwester.«

»Eine genau wie du,« antwortete ich, ohne auch eine Sekunde zu zögern. Sie lachte voller Freude, daß sie ihren jüngeren Bruder nicht verloren hatte.

Wir fanden eine Bank und ließen uns nieder. Wir waren schon eine gute Stunde spazierengegangen.

»Jetzt erzähl mir, was gibt's Neues?« fragte sie.

»Ich habe den Abteilungsleiter gebeten, mich zurück nach Harbin fahren zu lassen,« erzählte ich ihr.

»Nach Harbin zurück?« Sie war verblüfft. »Was hast du da zu suchen?«

»Ich will an die Uni.«

»An die Uni? Du warst doch schon an einer. Wie hieß sie denn? Aufbau? Wieso noch einmal?«

»Ach, was war das für eine Uni! Ein Jahr politische Schulung, davon die Hälfte der Zeit unterwegs. Diesmal will ich an der Uni Harbin Russisch lernen.«

»Ach so. Ja, du hast mir davon erzählt, als wir noch in Harbin waren. Aber was sagte der Abteilungsleiter?«

»Zuerst sagte er nein. Aber ich gab ihm zu verstehen, daß ich für die Revolution mein Studium geopfert habe. Jetzt steht der Sieg vor der Tür. Ich will mein Studium fortsetzen. Dann sagte er, daß er persönlich nichts dagegen habe, aber er müßte noch mit dem Hauptabteilungsleiter sprechen, denn ich sei ein Fachkader.«

Yu Heng schwieg und schien in Gedanken versunken zu sein. Dann sagte sie mehr zu sich selbst als zu mir:

»Schade, dann sehen wir uns nicht mehr.«

»Wieso?« wollte ich wissen.

»Weißt du, mein Mann...,« sie zögerte, als ob es ihr peinlich wäre, von ihrem Mann zu sprechen. Dann setzte sie fort: »Mein Geliebter sagte mir neulich, Peking wird Hauptstadt des neuen China sein. Alle Leute fahren dorthin. Wir wahrscheinlich auch. Und du, du fährst umgekehrt nach Harbin, aber Harbin hat seit der Befreiung Shenyangs keine wichtige Bedeutung mehr. In Zukunft wird es eine abgelegene Stadt sein.«

»Aber für mich immer eine Stadt voller süßer und bitterer Erinnerungen. Ich habe meine erste Liebe in dieser Stadt begraben.«

Yu Heng schwieg.

»Oh, verzeih!« Ich verstand plötzlich, daß ich etwas gesagt hatte, was ich für mich hätte behalten sollen. »Ich wollte dich nicht kränken. Bist du böse auf mich?«

»Du hast mir sehr weh getan,« sagte sie ehrlich. Trotzdem nahm sie meine Hand. »Weißt du, es gibt in Peking sicher auch Unis, wo du entweder Russisch oder Medizin studieren kannst.«

»Und du meinst...?«

»Wenn du auch nach Peking fahren könntest...« Sie sah mich an, erwartungsvoll.

Wenn ich das, was eigentlich später geschah, jetzt schon erwähne, so geschieht es nur wegen des inneren Zusammenhangs beim Erzählen.

Im Jahre 1950 habe ich in Peking Yu Heng wirklich wiedergetroffen. Wir saßen in einem kleinen Empfangszimmer des Außenministeriums. Sie war dicker geworden, sah wie eine richtige junge Frau aus.

»Was habe ich schon viel von mir zu erzählen? Wir haben immer noch kein Kind.«

Eine Frage tauchte auf.

»Sag mal,« fragte ich sie, »wenn du damals noch frei gewesen wärst, hättest du mich geheiratet?«

»Natürlich, bei mir war es ohne Probleme,« antwortete sie, ohne zu zögern. »Ich weiß bloß nicht, wie du damals dachtest.«

Ich verstand sofort, was sie meinte.

Wenn ich ihr in Harbin am Tage des Abschieds einen Heiratsantrag gemacht hätte, was wäre dann geschehen? Ich habe das nicht getan, nicht, weil ich sie nicht haben wollte, sondern nur, weil ich noch nicht so weit war, mich durch eine Ehe binden zu lassen. Ich wollte die Freiheit eines Junggesellen noch ein wenig länger genießen. Aber auch wenn ich es getan hätte, hätte sie den Mut gehabt, an Ort und Stelle mir das Jawort zu geben? Ich glaube kaum. Öffentliche Meinung - diese unsichtbare, aber fühlbare Kraft - wievielen Menschen hast du das Glück zerstört oder gar das Leben geraubt?

Yu Heng hat ihre Frage nicht wiederholt. Sie dachte vielleicht, daß ich sie gerne geheiratet hätte. Sie sprach von etwas anderem - etwas, was sie als Mädchen wahrscheinlich nicht über die Lippen gebracht hätte.

»Weißt du, wir beide waren damals in Harbin die einzigen aufrichtigen Menschen. Wir hatten so oft die Gelegenheit, aber wir haben es nicht getan. Deine Hand ist immer unbeweglich auf meiner Brust geblieben, erinnerst du dich noch daran? Und einmal hast du über mir gelegen...«

»Würdest du mir gegeben haben, wenn ich...?« Ich war inzwischen auch nicht mehr naiv.

»Ich weiß nicht, vielleicht,« erwiderte sie unsicher, »aber vielleicht auch nicht. Ebendeswegen sagte ich, wir waren die einzigen aufrichtigen Menschen. Und weißt du, was die anderen Leute alles getan haben oder immer noch tun? Unglaublich! Bevor ich verheiratet war, erzählte mir auch niemand etwas davon. Aber jetzt, wenn verheiratete Frauen zusammenkommen, hört man alles mögliche. Wer mit wem, wie, wo, wann, usw. Ach, du bist immer noch Junggeselle. Ich will dich nicht mit solchen unanständigen Geschichten verderben. Aber hast du jetzt eine Freundin? Erzähl mir mal.«

Was sollte ich ihr erzählen? Daß ich eine neue Freundin hatte, daß ich kein Junggeselle mehr war? Wozu ihr Bild von mir zerstören. Ich lächelte dumm.

Das letzte, was ich von Yu Heng hörte, war ein Telefonat. Damals war der Krieg gegen die amerikanischen Aggressoren zur Unterstützung des koreanischen Volkes ausgebrochen. Die Chinesische Volksfreiwilligen- Armee hatte den Yalu-Fluß überquert und kämpfte Schulter an Schulter mit der Koreanischen Volksarmee gegen die amerikanischen Aggressoren. Viele junge Leute wollten an die Front gehen. Eines Tages rief Yu Heng mich an, um Abschied von mir zu nehmen. Sie gehörte zu diesen jungen Menschen. Wir konnten uns nicht noch einmal sehen. Sie hatte mich vom Hauptbahnhof aus angerufen. Der Zug wartete. Vielleicht hatte sie absichtlich gezögert, mir Bescheid zu geben, um den Abschied leichter zu machen.

Der Koreakrieg war längst vorbei. Nichts mehr hat Yu Heng von sich hören lassen. Jemand glaubte, sie in Tientsin gesehen zu haben. Aber ob sie es wirklich gewesen war?

Yu Heng, meine erste Liebe, wo bist du? Hast du mich vergessen und die vielen süßen und bitteren Erinnerungen? Ein Lied lautet: »Eines Tages, als wir jung waren, sagtest du zu mir, du liebtest mich. Wir lachten, wir weinten. Dann kam die Zeit, voneinander Abschied zu nehmen.«

Eines Tages, Yu Heng, als wir jung waren...

Um dich noch einmal zu sehen, wäre ich bereit, zehn Jahre meines Lebens zu opfern!

* * *

Kurz nach meinem Wiedersehen mit Yu Heng in Shenyang wurde eine Sitzung der Abteilung einberufen, bei der der Hauptabteilungsleiter auch anwesend war.

Abteilungsleiter Liu kam ohne Umschweife direkt zum Thema:

»Unsere Abteilung, die Abteilung für Internationale Propaganda, wird ab heute aufgelöst.«

Das war keine Nachricht mehr, sondern nur eine Formalität. Nach Leiter Liu sprach der Hauptabteilungsleiter:

»Im Namen der Partei...« Ja, das war seine Funktion. Im Namen der Partei bedankte er sich herzlichst bei allen Mitarbeitern für ihre ausgezeichneten Leistungen. Die Partei hätte dank der Bemühungen aller Kollegen die Presseblockade der Nationalisten brechen können. Jetzt sei aber Peking befreit worden, und das ZK der Partei sitze nicht mehr im abgelegenen Yenan und könne die Internationale Propaganda direkt leiten. Die Abteilung für Internationale Propaganda habe ihre historische Aufgabe hervorragend erfüllt und die Notwendigkeit des weiteren Bestehens verloren. Den Mitarbeitern der Abteilung würde neue Arbeit zugeteilt werden. Aber das würde nach der Sitzung einzeln mit jedem Kollegen besprochen werden, usf., usf.

Danach sprach ein »Vertreter der Mitarbeiter«. Wer hat ihn gewählt? »Im Namen aller Mitarbeiter der Abteilung...« Das war seine Funktion. Es sei eine große Freude und auch Ehre für alle Mitarbeiter der Abteilung, daß sie während des Befreiungskrieges an der internationalen Propagandafront hätten arbeiten können. Wenn diese Abteilung ihre Aufgaben hatte erfüllen können, so nur unter der weisen Leitung der Partei, des Hauptabteilungsleiters - dabei erhob er sich ein wenig von seinem Stuhl - und des Abteilungsleiters. Er machte eine zweideutige Bewegung mit der Hand: Annahme oder Ablehnung des Lobs? Was die Leistung des einzelnen Mitarbeiters betreffe, so sei sie, verglichen mit dem glorreichen und großen Sieg der Partei, unbedeutend und nicht nennenswert. Und auch diese unbedeutende und nicht nennenswerte Leistung sei nur unter der weisen und korrekten Leitung der Partei möglich gewesen. Er sei sicher, daß jeder Mitarbeiter dem Beschluß der Partei bedingungslos gehorchen und in bester Stimmung mit der neuen, ihm zugeteilten Arbeit anfangen würde.

Wieso war er sich so sicher? Hatte er mich gefragt? Mir fiel auf, daß alle nach einer bestimmten Formel gesprochen hatten. Absolut korrekt, aber sehr weit davon entfernt, der Rede etwas Persönliches oder Originelles zu verleihen.

Nach der Sitzung folgte die Besprechung mit den einzelnen Mitarbeitern. Leiter Liu zeigte mir ein Telegramm aus Peking von der Arbeitsgruppe für Auswärtige Angelegenheiten des ZK der Partei.

Das war eine Nachricht für mich. Ich sollte mich möglichst bald bei dieser Arbeitsgruppe melden, um an der Gründung des Außenministeriums teilzunehmen.

Yu Heng! Harbin! Zwei Gedanken gingen blitzschnell durch meinen Kopf.

Leiter Liu räusperte sich und begann zu sprechen:

»Ich habe deinetwegen mit dem Hauptabteilungsleiter gesprochen. Wir sind... wir waren damit einverstanden, daß du nach Harbin zurückfährst, um an der Universität Russisch zu studieren. Aber jetzt - das Telegramm...«

Er wartete.

Das war eine Situation, in der mir das Sprichwort einfiel: »Wer einen angebotenen Becher Wein nicht trinken will, muß schließlich einen Becher zur Strafe trinken.« Wenn ich mich nicht freiwillig nach Peking begeben will, muß ich mich schließlich unter Zwang bei dieser Arbeitsgruppe melden. Ich dachte an Yu Heng und ihren Mann, die eventuell auch nach Peking fahren würden.

Diese Überlegung dauerte höchstens eine halbe Minute. Dann hörte ich mich zum Abteilungsleiter sagen:

»Die Partei hat mich nicht umsonst erzogen. Ich verstehe das Prinzip der Partei, persönliche Interessen sind den Interessen der Partei unterzuordnen. Ich fahre nach Peking.«

Ein Lächeln der Zufriedenheit erschien auf Leiter Lius Gesicht.

»Kleiner Zhou, du bist der jüngste Mitarbeiter unserer Abteilung, aber du hast am meisten und am besten gearbeitet. Du bist oder warst Übersetzer und gleichzeitig Ansager. Wir sind stolz auf dich. Für die Revolution hast du dein Studium geopfert. Jetzt willst du für den Aufbau des neuen China dein Studium wiederum opfern. Deine Verdienste wird die Partei nie vergessen. Im übrigen kannst du in der Arbeit auch sehr viel lernen. Genosse Mao Zedong ist ein gutes Beispiel. Er ist auch kein Uniabsolvent...«

Die Besprechung ging reibungslos und harmonisch zu Ende. Beide Parteien waren zufrieden, denn beide Parteien haben nach einer bestimmten Formel gesprochen und gehandelt.

Also nach Peking. Aber für das Außenministerium oder für Yu Heng?

PEKING – STADT DER HOFFNUNGEN

Aufseher – Einer der ersten »Diplomaten« der Volksrepublik

Die Stadt hat drei Namen: Peking, Beijing und Beiping. Peking bedeutet »die Hauptstadt im Norden«. Die Nationalisten hatten vor ihrer Flucht nach Taiwan als Hauptstadt Nanking - »die Hauptstadt im Süden«. Damals hieß Peking Beiping - »Frieden im Norden«. Beijing ist die lateinische Umschrift von Peking - im Westen bis heute noch nicht allgemein bekannt.

In meiner Kindheit war Beiping eine uralte, typisch chinesische Kulturstadt, wo die Menschen einfach, bieder, gelassen, gastfreundlich waren und gute Manieren hatten; wo die Straßen entweder östlich-westlich oder südlich-nördlich verliefen, so daß man sich immer unschwer orientieren konnte; wo man Papier statt Glas für die Fenster benutzte; wo der Lebensrhythmus langsam und angenehm war, ... kurz und gut, genau das Gegenteil von Shanghai. Ich liebe Shanghai, die Stadt, in der ich geboren und aufgewachsen bin. Aber Shanghai ist wegen der langjährigen Kolonisierung nicht mehr typisch chinesisch. Außerdem ist es eine Hafenstadt, eine Handelsstadt. Der Lebensrhythmus ist hier viel schneller und weniger angenehm. Die Menschen sind egoistisch, raffiniert, grob und nicht wenige von ihnen sind profitgierig. Deswegen wollte ich als Schulkind schon gerne Beiping besuchen. Und jetzt war ich wirklich in Peking.

Das war im Frühling 1949, kurz nach der friedlichen Befreiung der Stadt. Dank dem Weitblick des damaligen Stadtkommandanten konnte diese historische Kulturstadt unzerstört erhalten werden. Dafür bekam der Kuomintang-General nach der Gründung der Volksrepublik mehrere ehrenvolle Posten.

Peking hat sich selbstverständlich sehr verändert. Es ist eine Metropole, ein politisches Zentrum. Und es ist quasi meine zweite Heimatstadt, denn hier habe ich mehr als fünfzehn Jahre gelebt und gearbeitet. Hier habe ich meine Jugend verbracht. Es ist aber sehr zu bedauern, daß die einst legendäre gute Moral der Einwohner kaum noch zu finden ist. Und das Vergröbern der Menschen geschah vor meinen Augen. Zwei Beispiele können diese Veränderung bildhaft veranschaulichen.

In den ersten Monaten hatte ich oft Bedenken, einen Pekinger nach dem Weg zu fragen, nicht, weil ich vielleicht nicht den notwendigen Hinweis bekommen hätte, nein, ganz im Gegenteil, weil ich dann den Gefragten nicht so schnell losgeworden wäre. Seine Beschreibung war unglaublich detailliert, seine Geduld überraschend groß. Und das hatte mit dem Alter und dem Geschlecht nichts zu tun. Alle Pekinger, Mann oder Frau, alt oder jung, waren gastfreundlich, hilfsbereit und geduldig.

Das erlebte ich kurz nach meiner Ankunft in Peking, als ich nach dem Weg fragte:

»Ach, Sie wollen den Palast besichtigen? Gute Idee!« fing der gefragte Pekinger an. »Warten Sie mal, ich suche für Sie den besten Weg dorthin. Also, hören Sie zu - Sie verstehen, was ich sage, nicht wahr? Ja, wir sprechen anders. Sie kommen doch vom Süden, nicht wahr? Und wenn ich fragen darf, aus welcher Stadt? Ach, Shanghai. Oh, das ist eine große Stadt. Mein Großvater war kurz in Shanghai, hatte dort etwas zu tun. Ich erinnere mich noch an das, was er uns alles von Shanghai erzählte. Aber es gibt keinen Palast in Shanghai, oder? Kein Wunder, es hat in Shanghai nie Kaiser gegeben. Und woher soll man einen Palast haben, wo es keinen Kaiser gibt?«

Ich begann, schon ein bißchen ungeduldig zu werden, aber Gott sei Dank, er kam auf meine Frage zurück.

»Ja, also hören Sie gut zu, Junge. Sie gehen geradeaus bis zur dritten Rot-Grün-Lampe.« Ampel meinte er. »Da biegen Sie nach Westen ein. Links oder rechts? Moment mal, wir sagen eigentlich immer Ost, Süd, West, Nord und nicht links oder rechts, aber da Sie mich fragen, Sie biegen rechts ein und kommen schon auf die Straße des Ewigen Friedens. Bleiben Sie immer auf der nördlichen Seite der Straße - ach so, ich meine, rechts natürlich. Sie laufen an dem hohen und großen Peking-Hotel vorbei - das können Sie nie verpassen - und laufen dann immer geradeaus. Ich laufe ungefähr eine halbe Stunde. Aber Sie haben jüngere Beine. Vielleicht schaffen Sie es in zwanzig Minuten...«

Eigentlich genügte es jetzt schon, und ich hatte auch zweimal »Vielen Dank, ich finde schon den Weg« gesagt und wollte weiterlaufen, aber nein, er sprach weiter:

»Und wenn Sie sich dann dem Platz des Himmlischen Friedens nähern, passen Sie auf, Sie kommen zuerst zum Konfuziustempel - ach ja, jetzt heißt er Kulturpalast der Werktätigen. Nein, das ist noch nicht der Palast der Kaiser. Sie müssen noch ein Stückchen weiterlaufen. Dann sehen Sie schon den Torturm des Himmlischen Friedens und durch dieses Tor...«

Als ich endlich den enthusiastischen Gefragten loswerden und weitergehen konnte, fühlte ich mich schuldig, undankbar. Also gut, du bist in Eile, er etwa nicht? Er hat deinetwegen seine kostbare Zeit vergeudet, und du wolltest ihn »loswerden« - was für ein gemeines Wort! Mit diesen Gedanken ging ich weiter. Ich war schon zehn oder zwanzig Schritte weg, da hörte ich - Donnerwetter! - den Gefragten hinter mir rufen: »Ja, so ist es richtig. Immer geradeaus und nicht mehr abbiegen. Und nicht vergessen, bleiben Sie immer auf der nördlichen - ja, ja, auf der rechten Seite der Straße...«

Mein Gott, nimmt das kein Ende?

Peking hat viele winzige Gassen, Hutong genannt, mit phantastischen Namen, wie zum Beispiel »Gasse des Tigerschwanzes« oder »Gasse des Katzenohrs«. Und daß sich Gott erbarme, wenn man nach dem Weg zu diesen Gäßchen fragen muß!

Und das »Sie« - das muß man in Peking extra lernen, denn es wird nur noch in Peking benutzt, und man wird als schlecht erzogen betrachtet, wenn man einen unbekannten Menschen mit »du« anredet.

Irgendwann während meiner langen Abwesenheit muß die Liebenswürdigkeit den Pekingern abhanden gekommen sein. Als ich dreißig Jahre später nach Peking kam, ist mir folgendes passiert:

Ich fuhr mit dem Bus zum Zoo. Die Schaffnerin, ein blutjunges Mädchen mit zwei kurzen, bürstenförmigen Zöpfen, drückte mir einen Fahrschein in die Hand, drehte sich um und nahm das Gespräch mit einer anderen Schaffnerin auf, die anscheinend nicht im Dienst war. Sie war nicht viel älter und hatte Sommersprossen und eine Stupsnase. Ich erinnerte die Schaffnerin an das Wechselgeld. Ohne sich umzudrehen, erwiderte sie kurz und bündig: »Warten!«

Ich fand eine Ecke, wo ich wenigstens stehen konnte. Der Bus war unglaublich voll. Vor fünfzehn Jahren waren nicht so viele Menschen in Peking, dachte ich und wartete geduldig auf mein Wechselgeld. Der Bus stank. Die Fahrgäste waren gereizt. Einer trat dem anderen auf den Fuß.

»He, bist du blind, Mann?«

Statt sich zu entschuldigen, sagte der erste grob und laut:

»Wer das Gedränge nicht leiden kann, soll lieber mit seinem privaten Auto fahren. Glaubt ihr, daß dieser Typ einen PKW besitzt, ah?«

Einige Fahrgäste lachten. An ihrem Akzent konnte ich unschwer feststellen, daß sie alle Einwohner der einst wegen ihrer Höflichkeit weltbekannten Stadt waren. Wie sich die Pekinger verändert haben, dachte ich wehmütig.

Endlich kam der Bus zur Endstation am Zoo. Alle wollten als erste den stinkenden Bus verlassen. Wiederum großes Gedränge an der Tür. Eine alte Frau schrie schrill im Pekinger Dialekt:

»Wessen Haus steht in Feuer und Flammen, ah?«

»Geh schnell nach Hause, Omachen!« rief ein Junge mit langen Haaren und einer Sonnenbrille, auch im Pekinger Dialekt. »Dein Enkelsohn hat Cholera bekommen!«

Lachen.

»Hol dich der Teufel, du Rowdy!«

»Nein, dich hol der Teufel, Omachen. Mich holt der Präsident der USA ins Weiße Haus!«

Wieder Lachen.

Furchtbar, dieser Wortwechsel! Vor fünfzehn Jahren hatte es so etwas nicht gegeben, dachte ich und wartete, bis das Gedränge vorbei und der Bus fast leer war. Ich ging zur Schaffnerin und fragte höflich:

»Darf ich mein Wechselgeld haben? Ich steige aus.«

Die Bezopfte hatte mich wahrscheinlich schon längst vergessen und starrte mich mißtrauisch an.

»Wechselgeld? Was für Wechselgeld?«

Ich erklärte ihr alles mit großer Geduld. Da nahm die Sommersprossige einen Besen und machte damit einen unmöglichen Staubwirbel. Ich begann zu husten. Sie drohte mir mit dem Besen:

»Aussteigen, aussteigen! Bist du blind? Wir machen den Bus sauber.«

Ich stieg schnell aus, blieb auf dem Fußsteig und hustete. Der Bus begann langsam abzubiegen. Das Fenster flog auf. Die Bezopfte schleuderte einige Münzen auf den Fußsteig und schrie:

»He, du alter Kauz, kauf dir mit dem Geld Aphrodisiaka. Vielleicht kannst du noch...«

Die Sommersprossige, die dicht neben ihr auftauchte, unterbrach sie: »Erspar dir die Mühe. Dieser alte Wollüstling ist mindestens seit zehn Jahren impotent.« Mir rief sie zu: »Kauf dir lieber einen Sarg, aber ohne Deckel, so daß du die vorübergehenden schönen Frauen noch sehen kannst!«

Die beiden schüttelten sich vor Lachen.

Ich stand wie angewurzelt da. Als der Zorn empor drang und ich einen Arm im Protest hob, war der Bus schon weg. Am Fenster waren die lachenden Gesichter der Bezopften und der Sommersprossigen noch zu sehen. Ihr Gelächter machte mich verrückt. Ich wollte ihnen auch etwas Beleidigendes nachrufen, fand aber kein Schimpfwort. Mir fiel da auf, daß ich versäumt hatte, wenigstens einige bissige Bemerkungen zum Selbstschutz zu lernen. Jetzt war es schon zu spät. Jemand hinter mir seufzte. Ich drehte mich um und sah einen Mann mit weißen Haaren und einem grauen Ziegenbart. Er schüttelte den Kopf und murmelte vor sich hin: »Ach, die Jugend heute...,« guckte mich traurig an und ging.

Auf dem Weg zum Zoo - ich wollte nach mehr als fünfzehn Jahren meine Affengeschwister noch einmal sehen, bevor ich Peking verließ, diesmal vielleicht für immer - hing ich immer noch meinen Gedanken nach. Diese Umwandlung meiner zweiten Heimatstadt hat mir furchtbar weh getan. Aber ich konnte sie auch unschwer nachvollziehen. Bevor ich fünfzehn Jahre zuvor aus der Hauptstadt deportiert wurde, hatte diese Veränderung schon vor meinen Augen begonnen. Das Traurige ist, daß niemand daran schuld ist. Das ist vielmehr ein unvermeidliches Nachwirken der Revolution.

Als die Arbeiter und Bauern dem System der Unterdrückung und Ausbeutung durch die Grundbesitzer und Kapitalisten ein Ende bereiten wollten, hatten sie keine andere Wahl, als die Unterdrücker und Ausbeuter mit Gewalt zu stürzen und selbst Herren des Landes und ihres Schicksals zu werden. Während der Revolution wurden Arbeiter und Bauern die Heldenfiguren der Geschichte. Und sie meinten: Wir sind die »Großen Alten Grobiane« mit schmierigen Händen und schlammigen Beinen. Für sie waren Höflichkeit und gute Manieren Merkmale der Grundbesitzer und Kapitalisten. Also glaubten sie, je gröber man ist, desto revolutionärer ist man. Die Intellektuellen, die eigentlichen Vertreter der Zivilisation und Kultur, wurden während der Revolution als Anhängsel der unterdrückenden und ausbeutenden Klassen diskriminiert und gezwungen, »sich ideologisch zu reformieren«, das heißt, wie Arbeiter und Bauern denken und handeln zu lernen. Und der erste Schritt dieser »ideologischen Reform« bestand darin, der Kultur und Zivilisation, der Höflichkeit und den guten Manieren den Rücken zu kehren und auch so grob wie die Helden der Revolution, die »Großen Alten Grobiane«, zu sprechen und zu handeln. Auch so wie sie zu denken, das sollte ein langwieriger Prozeß sein. Es gab damals eine ungeschriebene Formel oder ein Verhaltensmuster: Grobheit = Werktätige = Ehre; Höflichkeit = Ausbeuter = Schande. Mao Zedong hat nicht nur gesagt, sondern auch schwarz auf weiß geschrieben, die Intellektuellen seien am schmutzigsten, während Arbeiter, Bauern und Soldaten am saubersten seien. Daher dieser weltbekannte, berüchtigte Name für die Intellektuellen während der »Kulturrevolution«: »die stinkende Nummer neun«. Mao Zedong hat die Intellektuellen sogar ausgelacht, indem er schrieb, sie seien nur fähig, Bücher zu lesen, und Bücher seien unbeweglich. Sie seien nicht einmal fähig, ein Schwein zu schlachten, denn Schweine haben Beine. Und so begann die am Anfang kaum zu bemerkende und später nicht mehr zu bremsende Veränderung der gesellschaftlichen Moral, so wie ich sie in Peking erlebt habe. Eine historische Kulturstadt von Weltgeltung ist sie heute nicht mehr!

Kommen wir aber zum Jahr 1949 zurück, als ich mich bei der Arbeitsgruppe für Auswärtige Angelegenheiten des ZK der Partei melden sollte.

Damals war Peking wirklich sehr anders. Eine Stadt der Hoffnungen war sie. Und die Anfangsjahre der Volksrepublik nannten wir die Jahre im Paradies. Die Stadt war schöner, sauberer und ruhiger: die Menschen waren netter, freundlicher und höflicher und die Preise viel niedriger. Wenn man sonntags mit einem Kollegen oder einer Freundin ins Restaurant ging, fand man immer ein behagliches Eckchen, wo man in aller Ruhe miteinander plaudern konnte. Und mit einem Yuan RMB konnte man das Restaurant mit Anstand verlassen, nachdem man sich mit Huhn, Fisch oder Fleisch sowie mit einem Liter Bier oder auch zwei Litern hatte bewirten lassen. Ein Trinkgeld kam gar nicht in Frage, denn so etwas wäre als Beleidigung der Menschenwürde verstanden worden, schließlich sind in einer sozialistischen Gesellschaft alle Menschen gleichberechtigt. Trotzdem fand man überall hilfsbereite und gutgezogene Verkäuferinnen, Polizisten, Schaffnerinnen. Man war überhaupt besser gelaunt. Wir Chinesen waren endlich befreit und konnten uns aufrichten und voller Freude und Stolz den Kopf hoch tragen.

In einer solchen Stadt habe ich in einer der unzähligen Gassen die Arbeitsgruppe für Auswärtige Angelegenheiten gefunden. Das Außenministerium in einer engen Gasse? Natürlich nicht. Es gibt in der Oststadt eine Straße, die Straße des Außenministeriums heißt, weil sich dort das Außenministerium der Nordchina-Regierung (1912-1927) befand. Dieses Gebäude sollte nach der Renovierung der Sitz des neuen Außenministeriums sein. Es ist schöner als das zweite Außenministerium, das erst später gebaut wurde.

Die Arbeitsgruppe bestand aus zwei Kategorien von Menschen: Veteranen aus Yenan und jungen Intellektuellen aus den Großstädten, meistens Universitätsabsolventen. Alle waren mit der Vorbereitung für das Außenministerium beschäftigt. Mit den Kollegen dieser Gruppe habe ich nur kurz zusammengearbeitet, denn ich erhielt bald eine Sonderaufgabe - Aufseher bei der Renovierung des alten Außenministeriums.

»Aufseher?« rief ich erstaunt aus, als mein neuer Abteilungsleiter, Yao, mir diese Aufgabe übertrug. »Aber, aber... aber ich verstehe nichts von Architektur. Was soll ich... oder was soll ein Aufseher tun?«

Dieser Yao war kein Bürokrat, sondern ein Kader mit viel Humor. Er blinzelte mit seinen kleinen Augen und sagte, mehr zu sich selbst als zu mir:

»Nun, da bin ich überfragt. Wie soll ich denn wissen, was ein Aufseher tun soll? In Shanghai habe ich an der Uni Byron, Shelley und Keats gelesen. Aufseher habe ich nur in Filmen gesehen. Du wahrscheinlich auch. Aber in einem bin ich sicher. Du gehst nicht mit einer Peitsche in der Hand zum Bauplatz und schlägst diesen Arbeiter, der sich ein wenig aufrichtet, oder jenen Arbeiter, der den Schweiß von seiner Stirn abwischt. Nein, denn wir sind Kommunisten. Ich würde einfach hingehen und zu den Arbeitern sagen: ›Guten Tag, Alte Meister, ich bin Xiao Zhou vom Außenministerium.‹ Sag einfach Außenministerium. Sie werden Arbeitsgruppe für Auswärtige Angelegenheiten des ZK der Partei nicht verstehen. ›Was kann ich für Sie tun?‹«

Er machte eine Grimasse und schob mich einfach aus seinem Büro.

Also war ich ganz und gar auf mich selbst angewiesen. Was tun?

He, Mann, wo ist dein Mut? Du bist doch Tiger! Geh ruhig hin, und wenn du nichts zu tun findest, wird das Gebäude schon nicht umfallen.

»Guten Tag, Alte Meister!« begrüßte ich die Arbeiter, die gerade eine Pause machten und in einer Ecke hockten und rauchten. »Ich bin Kleiner Zhou vom Außenministerium.«

Dabei lächelte ich höflich und bescheiden, denn mein Publikum war doch die führende Klasse des neuen Staates.

»Ich bin gekommen, um von Ihnen zu lernen und mit Ihnen zusammenzuarbeiten. Zuerst möchte ich mich im Namen sämtlicher Mitarbeiter des Außenministeriums, einschließlich des Außenministers, bei Ihnen für Ihre musterhaften Leistungen herzlich bedanken.«

Hier machte ich ganz fromm eine tiefe Verbeugung. Ich war von meiner eigenen Beredtheit so sehr begeistert, daß ich fast vergaß, was ich noch sagen wollte.

»Sie stehen,« ich räusperte und korrigierte mich, »wir stehen vor einer wichtigen und glorreichen Aufgabe. Denn die Renovierung muß rechtzeitig fertig sein, so daß der Außenminister hier Diplomaten aus aller Welt empfangen kann. Wir müssen die Renovierung nicht nur rechtzeitig, sondern auch gründlich machen, denn das Außenministerium kann den ausländischen Botschaftern nicht eine offizielle Note schicken, in der es heißt: ›Das Ministerium für Auswärtige Angelegenheiten der Volksrepublik China beehrt sich, Ihnen anzuzeigen, daß das Gebäude des Ministeriums noch einmal saniert werden muß, weil wir leider einen Narren als unseren Aufseher hatten.‹«

Wieso lachte keiner? Sie schauten ja überhaupt nicht zu mir, sondern rauchten mit gesenktem Kopf. Macht nichts. Ich versuchte, noch humorvoller zu sprechen.

»Die Herren Botschafter können während der Sanierung nach Europa, nach Asien zurückkehren und dort warten, bis wir mit der Sanierung fertig sind.«

Immer noch kein Gelächter! Dann muß ich an ihr Klassenbewußtsein appellieren!

»Alte Meister, ich weiß, daß Sie in der alten Gesellschaft als Sklaven der verdammten Kapitalisten wie Ochsen und Pferde gelebt haben. Aber dank der Kommunistischen Partei, dank dem Vorsitzenden Mao Zedong...«

Hier sah ich einen älteren Arbeiter eine Bewegung mit seiner Pfeife machen. Dann standen alle Arbeiter auf, klopften ihre Pfeifen gegen ihre Sohlen und gingen schweigend an ihre Arbeit.

Oh, Schande! Welche noch nie zuvor dagewesene Schande! Ich wollte im Erdboden versinken oder in ein Mauseloch kriechen. Ich konnte meinen Fehlschlag nicht verstehen. Ich hatte alle möglichen Mittel versucht, um die Arbeiter zu motivieren. Gleichheit, Bescheidenheit, Enthusiasmus, Humor, Agitation, einfache Sprache des einfachen Volkes... Selbst der Vorsitzende Mao hätte auch nicht mehr oder es anders machen können. Wieso waren die Arbeiter - Vertreter der führenden Klasse - so apathisch und gleichgültig? Oder waren sie zu müde, um mir Gehör zu schenken?

Nach dieser Demütigung verhielt ich mich den Arbeitern gegenüber höflich, aber distanziert. Ich konnte das Risiko nicht eingehen, noch einmal geschmäht zu werden. Um die Zeit totzuschlagen, machte ich vormittags einen Rundgang und nachmittags noch einen. Vielleicht könnte ich einen Vorschlag ausarbeiten, wie man die vielen Zimmer besser verteilen kann, dachte ich. Das beste Zimmer ist natürlich für den Minister. Hier kann man einen Festsaal einrichten. Diese grandiose Lampe gefällt mir... Aber wo soll ich denn später sitzen?

Als ich eines Tages den Bauplatz verließ und nach Hause ging - ich war immer der erste, der kam, und der letzte, der ging -, sah ich in der Nähe des

Ministeriums wieder dieselbe Szene, die ich in Shanghai so oft gesehen hatte: Prostituierte und Zuhälterinnen. Na, so etwas, dachte ich, Prostitution im neuen China? Und ausgerechnet nahe dem Außenministerium? Das schadet doch dem Image des Staates. Da kam mir eine Idee. Ich wollte mir einen Spaß erlauben, der aber auch dem Bild der Hauptstadt guttun sollte.

Am nächsten Morgen rief ich vom Ministerium aus das städtische Büro für Öffentliche Sicherheit an und verlangte den Direktor zu sprechen. Bevor mein Gesprächspartner Fragen an mich stellen konnte, sagte ich ihm in einem sehr seriösen Ton:

»Ich telefoniere aus dem Außenministerium. Was denkst du, Genosse, äh? Daß die ausländischen Diplomaten und Journalisten - äh - gerne in der Nähe des Außenministeriums - äh - Prostituierte und Zuhälterinnen sehen, äh? Daß ihre Existenz ein schönes Bild von der Hauptstadt bietet, äh? Wie lange muß man noch warten - äh -, bis dieser von der alten Gesellschaft hinterlassene, schwarze Schlamm, dieses schmutzige Wasser verschwinden, äh? Freue mich zu hören - äh -, daß der Direktor nicht im Büro sitzt und Tee trinkt - äh -, aber sieht er auf seiner Inspektion nur Blumen und Vögel, äh? Sag deinem Direktor - äh -, das ist das letzte Mal - äh -, daß ich ihn darauf aufmerksam mache - äh. Das letzte Mal - äh! Verstanden - äh? Ich erwarte konkrete Maßnahmen - äh!«

Dem Mann am anderen Ende der Leitung imponierte das offenbar sehr. Er fragte respektvoll, mit wem er die Ehre habe.

»Ich heiße mit Familiennamen Zhou. Laß es dir genügen!« und mit einem »Bang« hängte ich auf. Ich glaubte, das Zittern meines Gesprächspartners fühlen zu können. Denn wer wußte nicht, daß Zhou Enlai der Außenminister sein würde. Im übrigen hatte ich mir Mühe gegeben, wie eine richtige »very important person« zu sprechen, sogar meine Stimme hatte wie die eines alten leitenden Funktionärs geklungen. Ich war sehr zufrieden mit meinem kleinen Scherz und Zeitvertreib und erwartete geduldig die Wirkung.

Schon an demselben Abend habe ich in der Nähe des Ministeriums tatsächlich keine Prostituierten oder Zuhälterinnen mehr gesehen. Es war nur schade, daß ich niemandem mein »Verdienst« anvertrauen konnte. Ich hatte Angst, daß man mich für kindisch halten könnte. Ein Pedant könnte mir sogar einen Schandhut überstülpen, weil ich mich fälschlich für einen führenden Funktionär des Außenministeriums ausgegeben hatte. Es hat mir zwar Spaß gemacht, aber es war eigentlich eine ernsthafte Sache und hat dem Staat Nutzen gebracht.

Aber wer annimmt, daß ich während meiner Tätigkeit als Aufseher aus purer Langeweile lauter Unfug getrieben habe, der irrt sich. Denn ich habe zwischendurch auch den sowjetischen Botschafter »empfangen«. Eigentlich sollte man dies in die Geschichte der Diplomatie der Volksrepublik China eintragen, denn der sowjetische Botschafter war der erste ausländische Diplomat, der vor der Gründung der Volksrepublik schon im zukünftigen Außenministerium den ersten offiziellen Besuch abstattete, und ich war der erste chinesische »Diplomat«, der ihn »empfing«. Außerdem wurde während des Besuchs die wichtige Frage der gegenseitigen diplomatischen Anerkennung zwischen den beiden größten kommunistischen Ländern der Welt gelöst.

Eines Tages, als ich meinen täglichen Rundgang machte, sah ich ein prachtvolles Auto vor dem Tor halten. Es war ein »SIS«, ein Luxusprodukt aus dem Autowerk Stalin. Natürlich flatterte auch die Flagge mit Hammer und Sichel am vorderen Teil des Autos. Ich eilte hin und kam gerade zur rechten Zeit. Aus dem Auto stieg der ehemalige sowjetische Botschafter bei den Nationalisten in Nanking. Er reichte mir die Hand und grüßte: »Sdrawstwuite, towarischtsch!« Ich suchte schnell in meinem sehr beschränkten russischen Wortschatz und freute mich, daß es mir gelang, unseren »Alten Großen Bruder« willkommen zu heißen.

Der Weg zum Empfangszimmer, wo der Vizeleiter der Arbeitsgruppe, Zhang, der spätere Vizeaußenminister, auf den ersten Ehrengast wartete, führte durch einen Flur, wo noch das Baugerüst stand. Und der vornehme Besucher mußte sich leider herablassen und meinem Beispiel folgen - nämlich, um unter dem Baugerüst seinen Weg zu finden, mußte er sich hier bücken und dort ducken. Schade, daß ich den Botschafter nicht weiter »empfangen« konnte, denn der Vizeleiter empfing ihn nun offiziell. Immerhin fühlte ich mich sehr glücklich, als ich meinen Rundgang fortsetzte. Warum? Es war mir immer angenehm, und ist es heute noch, erster von irgend etwas zu sein. Ich gehörte zur ersten Generation der Englischansager. Später war ich der erste Deutschdolmetscher und der erste Verbindungsmann zwischen dem Außenministerium und der damaligen DDR-Botschaft. Danach war ich einer der ersten Lektoren der deutschsprachigen Literatur. Und nach einer Unterbrechung von mehr als zwanzig Jahren war ich der erste Direktor der ersten Forschungsabteilung für Komparatistik und der erste Chefredakteur der ersten Zeitschrift für Komparatistik.

»Das chinesische Volk ist aufgestanden!« –
Die erste rote Fahne mit fünf Sternen auf dem Tiananmen-Platz

Der historische Tag war endlich gekommen. Am 1. Oktober 1949 wurde das neue China - die Volksrepublik China - ausgerufen. Für mich war dieses Datum aus persönlichen Gründen besonders angenehm, denn ich bin am 2. Oktober geboren. Und da zwei Tage gefeiert wird, ist mir so, als ob das ganze Land auch meinen Geburtstag feierte. Nun haben die Deutschen ihren Tag der Einheit am 3. Oktober. Bin ich etwa ausersehen, ein natürlicher Verbindungsmann zwischen China und Deutschland zu sein?

Wer heute als Tourist einen Bummel auf dem Tiananmen-Platz (Platz des Himmlischen Friedens) macht, kann sich wahrscheinlich nicht vorstellen, wie dieser Platz an jenem historischen Tag ausgesehen hat. Damals war das ein kleiner Schlammplatz mit einem Busch hier und einem Strauch dort. Es war ein herrlicher Herbsttag gewesen. Nach dem Frühstück kamen schon unzählige Menschen aus allen Richtungen auf den Platz: Arbeiter, Bauern, Kader, Studenten und Schüler und nicht zuletzt Einwohner dieser Stadt. Der Platz glich buchstäblich einem wogenden Meer von Menschen und einem Wald von flatternden Fahnen. Mit voller Überzeugung und einem unheimlichen Schauer von Pietät, endlich das langersehnte Ziel erreicht zu haben, sangen wir das Lied, in dem es heißt: »Über den Befreiten Gebieten ist der Himmel sonnig und klar; in den Befreiten Gebieten ist das Volk froh und lacht.«

Ich erinnerte mich an die vergangenen Jahre. Die Kriegszeit gegen die Japaner, Krieg gegen die Nationalisten - passierte mein inneres Auge. Heute, heute endlich war der Sieg da! Endlich herrschte Frieden. Frieden? Noch nicht ganz. Denn in Randgebieten, zum Beispiel im Südwesten, wurde noch gekämpft. Sogar Peking war noch nicht ganz sicher. Vor genau fünf Monaten, als wir am 1. Mai auch hier auf diesem Platz den Internationalen Tag der Arbeit feierten, erwiesen uns die Nationalistenflugzeuge die Ehre eines unerwarteten Besuchs, und wir mußten die Kundgebung unterbrechen. Ob sie heute wieder an uns dächten?

Plötzlich spielte die Militärkapelle laut und feierlich »Der Osten wird rot« - das Loblied für Mao Zedong. Da unserer Arbeitsgruppe ein Platz ganz vorne zugeteilt worden war, konnten wir ziemlich deutlich sehen, wie Mao Zedong, Liu Shaoqi, Zhou Enlai, Zhu De und andere Funktionäre der Partei auf dem Tiananmen-Torturm erschienen. Sie winkten freundlich. Das Publikum jubelte, Fahnen flatterten. Was für eine überwältigende Szene.

Von dem hohen Torturm erschallte eine mächtige Stimme, die Stimme des ersten Vorsitzenden der Volksrepublik - Mao Zedong. Obwohl er mit seinem schweren Hunanakzent sprach, konnten alle ihn gut verstehen, denn auf diese Worte hatten wir Chinesen lange gewartet.

»Hiermit erkläre ich vor der ganzen Welt, daß die Volksrepublik China gegründet und daß das chinesische Volk aufgestanden ist!«

Jubel, Beifall, Singen, Springen... Auf einmal wallte der Platz auf.

»Es lebe die Volksrepublik China!«

»Es lebe die Kommunistische Partei Chinas!«

»Es lebe der Vorsitzende Mao!«

Salutschüsse wurden abgefeuert. Die Militärkapelle spielte die Nationalhymne - den Marsch der Freiwilligen, ein patriotisches Lied aus dem Antijapanischen Krieg:

»Erhebt euch, ihr Leute, die ihr nicht Sklaven sein wollt...

Laßt uns uns eng zusammenschließen...

Vorwärts, vorwärts!«

Da stieg langsam mitten auf dem Platz eine Fahne auf - die erste rote Fahne mit fünf Sternen, die neue Nationalfahne. Ruhig flatterte sie im Herbstwind.

Meine Stimme wurde heiser, meine Hände taten mir weh, meine Beine wurden müde, und meine Augen wurden trübe. Szene auf Szene tauchte auf und flog dahin: die japanischen Schildwachen auf der Garten-Brücke; die Sikhs, die vietnamesischen und russischen Polizisten in Shanghai; Malaria und die politische Instrukteurin; der Panzerkreuzer der Nationalisten auf dem Meer; mein »Langer Marsch« in Schnee und Eis; die Eselskutsche; das schwüle Studio und Yu Heng...

Die Herren Nationalisten hatten keine Lust, dieser noch nie zuvor dagewesenen bewegenden Szene beizuwohnen. Ihre Flugzeuge blieben dem Luftraum über der neuen Hauptstadt der neuen Republik fern. Trotzdem hat die Kundgebung nicht so lange gedauert, wie wir erwartet hatten. Alles war wunderbar kompakt organisiert.

* * *

Am Anfang gehörten Ost- und Westdeutschland zu zwei verschiedenen Hauptabteilungen des Außenministeriums - die damalige DDR zur Hauptabteilung Sowjetunion und Osteuropa, die Bundesrepublik Deutschland zur Hauptabteilung Westeuropa und Afrika. Ich hatte meine Aufgabe als

Aufseher schon längst erfüllt, sonst hätte das Außenministerium ja nicht anfangen können zu arbeiten. Zuerst wurde mir eine Stelle als Sachbearbeiter für westdeutsche Angelegenheiten zugeteilt. Es gab aber am Anfang sehr wenige Angelegenheiten zu erledigen. Da auch nordeuropäische Länder zu derselben Abteilung gehörten, mußte ich als Englischdolmetscher an Verhandlungen über die Aufnahme der diplomatischen Beziehungen zwischen der neuen Volksrepublik und diesen Ländern teilnehmen. Jedesmal, wenn ich die offiziellen Noten des Außenministeriums vor den Vertretern dieser Länder, meistens ehemaligen Botschaftern bei den Nationalisten in Nanking, vorlas, mußte ich an Alan, meinen Englischinstrukteur in Harbin, denken. Er würde seine Stirn runzeln, wenn er hörte:

»The Central People's Government of the People's Republic of China insists that there is only one China in the world, namely the People's Republic of China...« Es gibt nur ein China.

»The Central People's Government of the People's Republic of China insists that all countries which wish to establish diplomatic relations with the People's Republic of China must sever all relations with the former Kuomintang Government...« Mit Taiwan müssen alle Beziehungen abgebrochen werden.

Alan würde wieder fragen: »Haben Sie keine Pronomen? Warum gebrauchen Sie sie nicht und wiederholen immer ›The Central People's Government of the People' s Republic of China‹?«

Solche Verhandlungen wurden im Kreise westlicher Diplomaten in Peking scherzhaft als »Prüfung« bezeichnet. Im Peking-Hotel oder International Club konnte man hören, wie sie sich gegenseitig aufzogen:

»Sagen Sie mal, Herr Kollege,« fragte ein blonder, schlanker Europäer mit einem Glas Sekt in der Hand, »wie weit sind Sie denn mit der ›Prüfung‹?«

»Ach,« erwiderte der Gefragte, ein untersetzter Mann mit rötlichen Backen, »ich hatte Pech. Mein Dolmetscher - so ein verdammter Chinese - hat alles durcheinandergebracht. Ich muß noch einmal einen Termin machen.«

»Wieso?« fragte der Blondschopf und nippte gelassen seinen Sekt. »Der Vizeaußenminister Zhang hat doch einen fantastischen Dolmetscher. Moment mal, wie heißt der Junge denn?«

»Zhou,« antwortete der Rotbackige. »Und das war es gerade, was mich ärgerte. Mein Dolmetscher hätte einfach dasitzen können und nichts tun. Der Kleine Zhou machte alles tiptop. Aber nein, der mußte sich einmischen, als ob er fürchtete, daß er sein Gehalt verlieren würde, wenn er schwieg. Er verdarb alles - dieser verdammte Idiot! Aber lassen wir das. Wie steht es bei Ihnen, Herr Kollege?«

»Was? Die ›Prüfung‹? «Vielleicht hatte ihn der Sekt hochnäsig gemacht, denn er entgegnete:»Wir kennen uns schon lange, nicht wahr? Von Nanking bis Peking, von den Nationalisten bis zu den Kommunisten. Sie kennen meinen Arbeitsstil: klar und deutlich, schnell und ordentlich. Gleich bei der ersten Verhandlung habe ich Vizeaußenminister Zhang gesagt, meine Regierung akzeptiert alle Bedingungen der Zentralen Volksregierung der Volksrepublik China. Wir wünschen, so früh wie möglich diplomatische Beziehungen mit der Volksrepublik China aufzunehmen. Wissen Sie, Herr Kollege, mein Prinzip lautet: ›Nie kleinlich auf etwas bestehen und deshalb einen großen Verlust erleiden.‹ Dieser Mao Zedong ist ein furchtbarer Mensch. Er hat ohne uns die Japaner verjagt. Er hat ohne uns die Nationalisten vertrieben. Ohne uns kann er China hundert Jahre - nein, die Chinesen sagen zehntausend Jahre - regieren. Aber dann haben wir keinen Anteil am größten Markt im Osten. Denken Sie, Herr Kollege, an die billigen Arbeitskräfte, denken Sie an die reichen Bodenschätze...«

Es stellte sich heraus, daß der Rotbackige seinen Dolmetscher als Vorwand und Sündenbock benutzt hatte. Vertreter wie er, die während der Verhandlungen zwischen zwei Parteien zu lavieren versuchten, mußten selbstverständlich bei den »Prüfungen« durchfallen. Der Rotbackige, der in Nanking die Nationalisten mehrmals überlisten konnte und oft im Vorteil war, versuchte, bei den Kommunisten wieder den alten Schwindel zu machen. Er, oder vielmehr sein Land, wollte diplomatische Beziehungen mit uns herstellen, ohne mit den Nationalisten zu brechen. Bei den Verhandlungen hat er ein Konzept nach dem anderen vorgelegt. Kernpunkt war natürlich: Sein Land wollte mit Taiwan Geschäfte machen. Diesmal fragte er den Vizeaußenminister Zhang ganz höflich, ob sein Land eine Handelskommission in Taiwan gründen dürfte. Das nächste Mal war er noch höflicher. Lächelnd fragte er, wie es mit einem ständigen Handelsattaché in Taiwan wäre. Mit seiner Zermürbungstaktik bekam er einen Korb nach dem anderen. Denn der Vizeaußenminister wies jedesmal darauf hin, daß sein neues Konzept nichts anderes als junger Wein in alten Schläuchen war. So zog sich die »Prüfung« natürlich in die Länge. Als er die »Prüfung« endlich bestand, hatte er alles verloren, auch sein Gesicht. Er war nicht der einzige. Vertreter anderer Länder versuchten auch, mit uns zu feilschen. Manche lernten schneller, manche langsamer ihre Lektionen, aber ausnahmslos mußten sie zum Verhandlungtisch zurückkommen, um unsere Forderungen bedingungslos zu akzeptieren.

Wenn man die Diplomatie der Qing-Dynastie oder die der Nationalisten mit der der neuen Volksrepublik vergleicht, versteht man besser, daß, als Mao Zedong am 1. Oktober 1949 vor der ganzen Welt proklamierte: »Das chinesische Volk ist aufgestanden!«, er das nicht nur mit Stolz, sondern auch mit Recht gesagt hatte. Denn zum ersten Mal in seiner modernen Geschichte war China ein gleichberechtigter Verhandlungspartner. Mit der Gründung der Volksrepublik wurde der Diplomatie ein Ende gesetzt, die die Souveränität einbüßte und Schmach und Schande über das Land brachte.

Es ist bekannt, daß unser »Alter Großer Bruder« - die damalige Sowjetunion - das erste Land war, das die neue Volksrepublik offiziell anerkannte. Um die »unverbrüchliche, brüderliche Freundschaft« beider Länder zu festigen, hatte Mao Zedong ausnahmsweise eine Auslandsreise gemacht. Er war nach Moskau gefahren, um mit Stalin einen Freundschafts- und Bündnisvertrag zu unterzeichnen. Es ist auch bekannt, daß Stalin vor dem Sieg der chinesischen Revolution nicht die chinesischen Kommunisten, sondern die Nationalisten anerkannt und unterstützt hatte. Viele glauben, daß Mao Zedong deswegen einen alten Groll gegen Stalin hegte und gleich nach der Unterzeichnung des Vertrages Moskau verlassen hatte. Nach Peking zurückgekehrt, saß er bis zu seinem Tode fast immer in seinem Palast und empfing ausländische Oberhäupter auf seinem Thron - genau wie die Kaiser vor ihm.

1988. Eines Tages saß ich im Generalkonsulat der Sowjetunion in West-Berlin. Der Generalkonsul, ein Historiker, hatte in der Zeitung ein Interview mit mir gelesen und wollte mich kennenlernen. Er bewirtete mich mit Kaviar und Wodka. Wir sprachen über dies und das und auch über die »unverbrüchliche, brüderliche Freundschaft« beider Länder, die doch einmal abgebrochen wurde. Lachend sagten wir uns, hoffentlich sind wir alle durch diese Jahre weiser geworden.

Der Gigant – Meine Begegnung mit Mao

Bald brauchte die Hauptabteilung Sowjetunion und Osteuropa dringend einen Deutschdolmetscher, der als Verbindungsmann zwischen dem Außenministerium und der bald ankommenden Diplomatischen Mission der DDR arbeiten konnte. Ich wurde deswegen in diese Hauptabteilung versetzt.

Der Leiter der Mission, Johannes König, war ein Chinakenner. Er hatte während des Antijapanischen Krieges als Journalist in Shanghai unter dem Pseudonym »Argus« für die sowjetische Zeitung »Zarja« gearbeitet.

Am Anfang tauchten bei mir immer wieder einzelne englische Wörter auf, als ich mit den deutschen Genossen - wir nannten uns immer »Genossen« - deutsch sprach. Eine fremde Sprache verlernt man so schnell und leicht. Nach meiner Abreise aus Shanghai 1945 hatte ich nicht mehr deutsch gesprochen und war aus der Übung gekommen. Um meine Verlegenheit zu verbergen, pflegte ich zu sagen:

»Ich spreche ein bißchen Deutsch.«

Ein schlagfertiger Diplomat der Mission sagte einmal:

»Sie sprechen aber sehr viel mit Ihrem bißchen Deutsch.«

Ich war jung und eitel und wollte mich von niemandem übertreffen lassen und erwiderte:

»Sie sind ein richtiger Diplomat. Sie sprechen wirklich diplomatisch.«

Da brachen alle in ein herzliches Gelächter aus. So waren damals die Beziehungen unter uns.

Am häufigsten kam zu uns der Geschäftsträger, Genosse Grüttner, ein sehr netter und korrekter Mann. Er telefonierte: »Genosse Zhou, ich möchte mit Genossen Su Dan sprechen.« Das war mein Abteilungsleiter. Oder er wünschte: »Genosse Zhou, der Genosse König möchte mit Genossen Wu Xiuquan sprechen.« Das war mein Hauptabteilungsleiter. Dann mußte ich schnell für sie einen Termin machen. Und wenn die Besprechung sofort möglich war, mußte ich noch schnell mit einer Schere meinen Bart »rasieren«. Dabei habe ich mich aus Eile nicht selten geschnitten. Aber es gelang mir jedesmal, meinen Gast am Haupteingang zu begrüßen und ihn ins Empfangszimmer zu begleiten, wo der Leiter schon wartete.

»Übung macht den Meister.« Bald konnte ich wieder besser deutsch sprechen. Russisch spreche ich wirklich nur ein bißchen. Aber dieses bißchen Russisch hat mir sehr viel geholfen, denn die meisten deutschen Diplomaten sprachen russisch, und meine beiden Leiter auch. Manchmal sprachen sie nicht ihre eigenen Sprachen und warteten, bis ich ihre Worte dolmetschte. Vielleicht war es Ungeduld, vielleicht ein Zeichen der »Brüderlichkeit«, wenn sie russisch miteinander sprachen. Der Protokollführer, der keine Fremdsprachen konnte, saß vor Erstaunen da und wußte weder aus noch ein. Da mußte ich einspringen und die auf russisch geführte Besprechung in chinesisch protokollieren.

Französisch spreche ich noch weniger. Einmal fand im Außenministerium eine Konferenz statt, an der Vertreter aller sozialistischen Länder teilnahmen, um die Unterstützung für das koreanische Volk gegen die amerikanischen Aggressoren zu koordinieren. Da haben die Vietnamesen französisch gesprochen. Die anderen Vertreter haben entweder russisch, englisch oder deutsch gesprochen. Ich gebe zu, ich habe geschwitzt, aber ich habe nicht alles durcheinandergebracht, sondern immer gedolmetscht, wenn wer wen nicht verstehen konnte. Das konnte man wirklich eine internationale Konferenz nennen. Was mich ärgerte, war, daß niemand sich darum gekümmert hat, ob ein Dolmetscher allein das alles schaffen konnte. Ich fragte mich mitunter, was wäre geschehen, wenn jemand griechisch gesprochen hätte. Erwarteten die Teilnehmer der Konferenz oder wenigstens meine Vorgesetzten, daß der Kleine Zhou auch griechisch sprach?

Glücklicherweise hat mir die Arbeit mehr Spaß als Ärger gemacht. Da war zum Beispiel die erste Sekretärin der Diplomatischen Mission Ingeborg Herold aus Dresden. Sie war zuständig für kulturelle Zusammenarbeit und hatte sehr viel mit der Staatlichen Kommission für kulturelle Verbindungen mit dem Ausland zu tun. Aber sie kam auch manchmal zu uns, wenn sie Probleme hatte. Dann rief sie mich an, um einen Termin zu machen, und schon ihre Stimme faszinierte mich. Sie sprach ein wunderschönes Hochdeutsch, ruhig, deutlich und melodisch. Sie war eine graziöse und vornehme Erscheinung, rank und schlank. Außerdem hatte sie eine eigene Art, ihren Gesprächspartner zu fesseln und ihm gleichzeitig ein Gefühl der Ruhe zu vermitteln. An ihrer Seite habe ich mich immer besonders wohlgefühlt. Die Gespräche, die Spaziergänge, die ich mit ihr gemacht habe, sind in meiner Erinnerung geblieben. Sie erschien oft an der Seite des Leiters der Mission wie eine geliebte Tochter. Deswegen war es in diplomatischen Kreisen eine Sensation, daß sie nach ihrem Urlaub als seine Ehefrau zurückkam. Sie arbeitete nach ihrer Heirat mehr in der Botschaft. Sie wollte Chinesisch lernen und hatte auch die Zeit dafür. Ich habe mich darum gekümmert, daß sie an der Peking-Universität einen Kurs Chinesisch als Fremdsprache für Anfänger besuchen konnte. Sie war so sehr sprachbegabt und fleißig, daß sie nach einigen Jahren beim Abschiedsbankett des Premiers Zhou Enlai für ihren Ehemann, den abberufenen Botschafter, dolmetschen und mit der Frau des Premiers auf chinesisch plaudern konnte.

1988 - nach mehr als dreißig Jahren - habe ich sie in Ost-Berlin wiedergesehen. Als ich sie am Bahnhof Friedrichstraße am damaligen Durchgang für Ausländer erwartete, hatte ich ihr Erscheinungsbild aus den fünfziger Jahren vor Augen. Aber als sie dann vor mir stand, konnte ich nur sagen: »Wie die Zeit uns verändert hat!« Wir hätten uns ohne Verabredung nicht mehr erkannt. Das war zu erwarten gewesen, und doch war ich enttäuscht. Keine Spur von ihrer jugendlichen Schönheit war zu finden. Außerdem sprach sie sächsischen Dialekt. Sie erzählte, daß ihr Mann schon vor längerer Zeit verstorben war. Sie war inzwischen auch pensioniert. Mir wurde noch trauriger zumute, als es sich herausstellte, daß sie mich mit dem damaligen Protokollchef und jetzigen Botschafter in Washington verwechselt hatte. Ihr Chinesisch hatte sie auch völlig vergessen - eine letzte Kette der Gemeinsamkeit existierte nicht mehr. Nach ein paar Stunden nahmen wir wieder in der Friedrichstraße voneinander Abschied. Seitdem habe ich nicht mehr versucht, sie wiederzusehen. Ich bereue, eine wunderschöne Erinnerung zerstört zu haben. Im übrigen hat sie mir gesagt, daß sie das westliche Leben überhaupt nicht interessiere. Ob sie jetzt noch so denkt?

Eine andere erste Sekretärin, die Frau des Geschäftsträgers, Genossin Grüttner, kam noch häufiger zu uns als die Frau des Leiters der Diplomatischen Mission. Es war ein Ehepaar Ende vierzig. Sie hatten erst nach Kriegsende geheiratet und liebten einander sehr. Natürlich wünschten sie sich ein Kind. Aber der Arzt riet ab. Genossin Grüttner brachte trotzdem ein Kind zur Welt - und starb. Nachdem wir in der Diplomatischen Mission der Verstorbenen die letzte Ehre erwiesen hatten, brach ich in Tränen aus. Ich habe vor ihr noch nie und nach ihr nie wieder einen Nichtchinesen beweint.

So waren meine Beziehungen zu den Diplomaten der damaligen Diplomatischen Mission der DDR, die 1953 Botschaft wurde - Genossen, Freunde und beinahe Geschwister. Unsere Zusammenarbeit war für mich immer eine angenehme Erinnerung.

Die Erinnerung wurde noch angenehmer, als ich nach ungefähr dreißig Jahren von dem damaligen Generalkonsul der DDR in Shanghai empfangen wurde und erfuhr, daß es in der Botschaft in Peking noch alte Genossen gab, die mich nicht vergessen hatten. Aber haben sie so lange in derselben Botschaft gearbeitet? Das hätte ich den Generalkonsul fragen sollen. Der Generalkonsul selbst konnte sich wenigstens noch an mich erinnern.

Es war so: Eines Tages kam die Nachricht, daß Erich Honecker, der ehemalige Partei- und Staatschef der DDR, auch meine Uni, die Jiao-Tong-Universität in Shanghai, während seines Chinabesuches besichtigen wollte. Da ich immer für den Präsidenten der Uni dolmetschte, wenn er deutsch oder englisch sprechende Gäste empfing, war nur zu erwarten, daß ich auch während Honeckers Besuch als Dolmetscher tätig sein sollte. Ich beschloß, diese Gelegenheit zu meinem persönlichen Vorteil zu nutzen; denn ich hatte eine kurze Biographie von Wilhelm Pieck und in Zusammenarbeit mit einem Kollegen »Ernst Thälmann« von Willi Bredel ins Chinesische übersetzt. Es gehörte am Anfang der Volksrepublik zu den politischen Aufgaben der Verlage, Biographien der Führer der Bruderparteien als Lehrmaterialien des Internationalismus herauszugeben. Jetzt wollte ich Honecker um ein Autogramm in diesen beiden Büchern bitten. Das konnte in fünf Minuten erledigt sein. Aber unglücklicherweise sagte er seinen Besuch ab. Daraufhin habe ich einen Brief an den damaligen Botschafter der DDR in Peking geschrieben und ihn gebeten, mir zu helfen. Ich wartete und wartete, keine Antwort von der Botschaft. Ich war zutiefst besorgt, denn diese zwei Bücher waren längst vergriffen. Endlich rief ich den Generalkonsul an. Nach einigen Tagen wurde ich eingeladen, ihn im Konsulat zu besuchen. Er sagte sofort, als er mich sah, daß er mich noch kennen würde und erzählte:

»Ich war damals ein junger Mitarbeiter der Botschaft. Ich habe Sie mehrmals gesehen, Sie mich wahrscheinlich nicht, denn Sie hatten nur mit den Diplomaten zu tun. Sie waren der Beobachtete aller Beobachter.«

Bedauerlicherweise sei der Botschafter nicht dazu gekommen, Honecker für mich um ein Autogramm zu bitten. Schließlich sei er auch schon über siebzig und brauche seine Ruhe - eine mündliche Entschuldigung des Botschafters, der mir schöne Bildbände der DDR schenkte, und zwar mit seinem Autogramm und noch einem Dank für meine Verdienste für die DDR in den fünfziger Jahren. Natürlich nahm ich das Zweitbeste mit Dank an. Und ich freute mich riesig, als der Generalkonsul mir erzählte, daß, als er das letzte Mal in Peking war und meinen Namen erwähnte, einige alte Genossen sagten:

»Ach, der Kleine Zhou, ja, er ist ein alter Bekannter. Einen schönen, herzlichen Gruß von uns allen, aber nicht an den Kleinen, sondern an den Alten Zhou.«

* * *

In den ersten Jahren der Volksrepublik war Mao Zedong beim Volk sehr beliebt, von ihm verehrt. Einer der Gründe seiner Popularität war, meiner persönlichen Meinung nach, seine majestätische stattliche Statur: China ist ein großes Land, das Land brauchte einen Mann mit seiner großen und kräftigen Gestalt als Repräsentanten.

Als Dolmetscher des Außenministeriums hatte ich mehr Gelegenheit als andere Menschen, Mao zu sehen. Jedes Mal bekam ich einen imponierenden Eindruck von seiner Größe. Ich denke zum Beispiel an das Jahr 1954, als die Volksrepublik ihren fünften Gründungstag feierte. Wir Chinesen feiern den fünften und zehnten, dementsprechend auch den fünfzehnten, zwanzigsten... Festtag mit großem Zeremoniell. Deswegen war der 1. Oktober 1954 ein besonders wichtiger Festtag für die junge Volksrepublik. Sowohl die Zentrale Volksregierung als auch das ZK der Partei haben alle befreundeten Länder und Schwesterparteien zur Feier eingeladen. Unsere Abteilung erwartete die erste Regierungsdelegation der damaligen DDR.

Das Außenministerium beschloß, daß ich als Dolmetscher die Delegation begleiten und betreuen sollte. Ich war ein wenig enttäuscht, daß weder Wilhelm Pieck noch Otto Grotewohl kommen konnten. Denn von der Sowjetunion sollte Chruschtschow, von den anderen osteuropäischen Ländern entweder der Partei- oder Staatschef kommen. Die DDR war noch zu jung, es wäre nicht ratsam, daß Pieck oder Grotewohl das Land verließ ... haben wir inoffiziell als Begründung gehört. Außerdem hatte die DDR sechs Tage danach auch ihren eigenen fünften Gründungstag. Also kam Dr. Lothar Bolz, stellvertretender Ministerpräsident und gleichzeitig Außenminister als Leiter der Delegation zu uns. Die Mitglieder waren die Vorsitzende der Staatlichen Plankommission und der Botschafter in Peking.

Dr. Bolz war ein dicker und gutgelaunter Herr, Herr deshalb, weil er nicht Mitglied der Sozialistischen Einheitspartei, sondern Vorsitzender der Nationaldemokratischen Partei war. Ich bin mir bis heute immer noch nicht im klaren, ob man dick ist, weil man gut gelaunt ist oder umgekehrt. Jedenfalls schließe ich Freundschaft viel leichter mit dicken Menschen. Dr. Bolz war keine Ausnahme. Wenn er im Auto saß, pflegte er seine dicken Finger gekreuzt auf seinen dicken Bauch zu legen. Und wenn er die Daumen bewegte und mehr zu sich als zu mir sagte: »Lieber Bolz, gutes Holz,« so wußte ich, daß er bei bester Stimmung war. Da führte er mich immer in Versuchung, ihn nach seiner Meinung zu meinem obenerwähnten Rätsel zu fragen.

Er hatte aber auch seine Sorgen und seinen Ärger.

Eines Morgens, als ich in sein Zimmer trat, war er eben beim Rasieren.

»Wissen Sie, Zhou,« sagte er, »mit dem elektrischen Messer ist man zwar immer rasiert, aber nie richtig rasiert.«

Einen größeren Ärger hatte er direkt nach seiner Ankunft in Peking. Er saß noch im Bad in seiner provisorischen Residenz, der ehemaligen französischen Botschaft, da kam schon die Mitteilung vom Büro des Vorsitzenden Mao, daß der Vorsitzende in zirka einer Stunde die Delegation empfangen möchte. Diese besondere Ehre brachte alles durcheinander. Dr. Bolz hatte unterwegs einen weißen Anzug an. Zum Empfang mußte er einen schwarzen Smoking tragen, der aber unbedingt vorher gebügelt werden mußte. Da fingen wir alle an, wie »kopflose Fliegen« herum zu schwirren oder zu telefonieren, um eine Stelle zu finden, wo man Kleider sofort bügeln lassen konnte. Und in einer halben Stunde mußten wir alle feststellen, daß alle Mühen und Versuche gescheitert waren. Das war eine richtige Katastrophe. Der arme Delegationsleiter war furchtbar entsetzt und brummte mürrisch vor sich hin:

»Na, so was!«

Er hatte die Wahl zwischen dem weißen Anzug, der nicht die korrekte Kleidung für den Empfang war, und dem im Koffer knitterig gewordenen schwarzen Smoking. Nach einer dringenden Konsultation mit dem Botschafter wurde beschlossen, daß sie beide auf schwarze Smokings verzichten würden.

»Nicht so tragisch,« meinte der Botschafter, »der Empfang ist noch nicht das Staatsbankett.«

»Was der Mao von uns Deutschen denken soll?« jammerte trotzdem der Delegationsleiter. »Und das ist das erste Mal, daß eine Regierungsdelegation der DDR die Volksrepublik besucht. Außerdem soll ich dem Mao Grüße von Pieck und Grotewohl ausrichten. Na, so was!«

Komischerweise war ich, der Unwichtigste, der einzige, der für den Empfang richtig gekleidet war, nämlich in einem dunkelblauen Mao-Anzug.

»Ausgezeichneter Stoff!« Dr. Bolz musterte meinen Anzug, nicht ohne Neid.

Gerne hätte ich ihm meinen Anzug gegeben, wenn er nicht wenigstens doppelt so dick wie ich gewesen wäre.

Na, so was!

* * *

Mao Zedong hatte seine Residenz in Zhong Nan Hai, westlich von der Verbotenen Stadt. Das ist der Sitz der Zentralen Volksregierung und des ZK der Partei. Da meine Schwester in der Verbindungsabteilung des ZK arbeitete, konnte ich sie drinnen besuchen, wo ich manchmal Zhou Enlai mit Liu Shaoqi im Gespräch oder Zhu De beim Spaziergang sah. Mit der Zeit wurde der Zugang immer schwieriger, und die Schildwache erinnerte einen an die Redewendung: »Der König des Totenreichs ist zugänglich, schwer ist es, mit den Kobolden fertig zu werden.«

Unser Auto hielt vor einem Hof, wo ein Beamter schon auf uns wartete. Er begleitete uns schweigend durch ein paar Höfe. Ich war voller Freude und Begeisterung. Dr. Bolz guckte seinen weißen Straßenanzug an, streichelte meinen Ärmel und machte eine Grimasse. Beinahe hätte ich gelacht. Mit einem tröstenden Blick versuchte ich, ihm die Botschaft zu übermitteln: Nicht so schlimm, lieber Bolz, gutes Holz!

Der letzte Hof war größer und auch schöner. Ich wußte, der Moment war gekommen. Aber ich war trotzdem ein wenig überrascht, den Giganten Mao Zedong vor uns wiederzusehen. Er war wirklich ein Gigant. Er stand an der Schwelle und schien, fast den Türrahmen zu füllen. Er lächelte freundlich, reichte Dr. Bolz seine große Hand und sagte mit seinem schweren Hunan-Akzent: »Huanying!« - ein Wort, das man auch ohne Übersetzung verstehen könnte: Willkommen!

Im Empfangszimmer standen auf dem Tisch nur Tee und Zigaretten. Wollte Mao seinen Gästen damit sagen: Schaut mal, wie schlicht und bescheiden wir chinesischen Kommunisten leben? Daß der Tee von der besten Sorte war, war keine Überraschung. Die Zigaretten mit dem Markennamen Da Zhong Hua, was das große China bedeutet, waren auf dem Markt damals aber nicht zu kaufen.

Zhou Enlai deutete auf einen Sessel links von sich und rechts von Mao. Zwischen Mao Zedong und Zhou Enlai war ein Platz für mich, den Dolmetscher, vorgesehen. Links von Mao nahm Liu Shaoqi Platz. Zhu De, der nach dem Krieg die Funktion des Präsidenten des Volkskongresses bekleidete, war nicht dabei. Die Gäste saßen auf der anderen Seite des Tisches.

Am Anfang der Volksrepublik durften Dolmetscher immer als Ebenbürtige an der gleichen Tafel sitzen. Daß später Dolmetscher sich herablassen und hinter dem Gastgeber oder dem Gast hocken mußten, habe ich immer als erniedrigend empfunden. Als ich noch später im Fernsehen sah, daß die Dolmetscher in Frankreich neben dem Gastgeber oder dem Gast stehen mußten, war ich sprachlos.

Für Mao zu dolmetschen war leicht und schwer zugleich - leicht deshalb, weil er nie große Reden machte, sondern immer kurz und klar sprach; schwer, weil er sich überhaupt keine Mühe gab, »Putonghua« zu sprechen, sondern immer in seinem Hunan-Dialekt, der für einen Shanghaier wie mich manchmal fast unverständlich war. Trotzdem war es wirklich ein Vergnügen, neben ihm zu sitzen. Da saß er ruhig und gelassen mit einer Da-Zhong-Hua-Zigarette zwischen den Fingern, rauchte aber fast nie. Er machte auf mich den Eindruck eines belastbaren und zuverlässigen Führers, als ob er immer gefaßt und sicher bleiben würde, selbst wenn die Erde beben und das Gebirge schwanken sollte. Sowjetische Filmemacher haben versucht, Stalin auch so zu schildern. In Wirklichkeit war er ein nervöser Mensch. Während der Unterzeichnung des Bündnisvertrages mit China hat er hinten gestanden und mußte jede Sekunde sein Körpergewicht von einem Bein auf das andere verlagern. Lenin war noch unruhiger. Er konnte keine Sekunde bewegungslos bleiben, sondern mußte immer heftig gestikulieren. Er war vielleicht ein ausgezeichneter Agitator, aber ein Führer...?

Mao bot wirklich das richtige Bild für ein Land wie China. Er ließ sich häufig in einem grauen Anzug sehen, den man im Westen Mao-Anzug nennt. In Wirklichkeit aber hat es solche Anzüge schon längst vor ihm gegeben, und sie wurden nach dem Gründer der ersten bürgerlichen Republik Dr. Sun Yatsen benannt. Vor Gästen trug Mao keine chinesischen Stoffschuhe mehr, sondern ein Paar westliche schwarze Lederschuhe. Er war zwar groß, hatte aber keinen Bauch wie Wilhelm Pieck oder Lothar Bolz. Seine Augen waren trübe, aber er trug keine Brille. Er war natürlich, versuchte überhaupt nicht, seinen Gästen zu imponieren oder zu gefallen. Er sprach nicht besonders laut, obwohl er eine laute Stimme hatte. Er lachte gar nicht und lächelte auch nicht dumm und heuchlerisch. Er übertrieb nicht, machte auch keine albernen Witze, um seinen Humor zu zeigen, obwohl er schon Sinn für Humor hatte. Er nickte nicht dauernd und sagte auch nicht »ja, ja, ja«. Wenn er seinen Gästen die Hand gab, blieb er aufrecht stehen. Auf der anderen Seite konnte man an ihm auch keine Spur von Überheblichkeit finden. Er war nicht zurückhaltend und abweisend, sondern milde und tolerant.

Bei der Besprechung gab es manchmal eine kleine Pause von einer oder zwei Sekunden. Einmal guckte Mao während einer solchen Pause mich an. Vielleicht hat mein Shanghai-Akzent ihn an seine Jugendzeit in dieser Stadt erinnert? Oder vielleicht war der Blick ohne jegliche Absicht? Jedenfalls konnte ich meine Freude über diese Aufmerksamkeit nicht verbergen und rief ganz leise: »Vorsitzender Mao!« Da dachte der Vorsitzende vielleicht, daß ich ihm etwas zu sagen hätte, und neige sich ein wenig zu mir hinüber. Zur gleichen Zeit schaute Liu Sahoqi nach rechts und Zhou Enlai nach links. Ich war sehr verlegen und senkte hastig meinen Kopf.

Die Besprechung war an und für sich nicht sehr interessant, denn das war nur ein Höflichkeitsbesuch. Dr. Bolz hatte inzwischen anscheinend seinen weißen Anzug vergessen und richtete Mao die kameradschaftlichen und brüderlichen Grüße von Pieck und Grotewohl aus, für die Mao sich bedankte und Dr. Bolz bat, ebenfalls seine Grüße weiterzuleiten. Dafür bedankte sich Dr. Bolz mit der Versicherung, daß er das bei seiner Rückkehr sofort tun würde.

Was mich interessierte, war eine Bemerkung von Mao. Er sagte, weniger diplomatisch und mehr vom Herzen, er habe den Wunsch, daß die deutschen Gäste mehr von China sehen und uns offen und direkt sagen würden, was für Mängel und Fehler sie in unserem Lande gefunden hätten.

»Sie können überall hingehen und alles sehen,« versicherte er Dr. Bolz und dem Botschafter, »denn wir sind doch Bruderländer.«

Und dann wandte sich Mao an Zhou Enlai und fragte:

»Nicht wahr, Genosse Enlai?«

Darauf erwiderte Zhou Enlai:

»Aber natürlich, Vorsitzender.«

Auch Zhou Enlai versicherte der Delegation, daß sein Ministerium alles tun würde, um den Besuch der deutschen Ehrengäste angenehm und fruchtbar zu machen.

Während der Besprechung hat Liu Shaoqi außer der Begrüßung kein Wort gesprochen. Zhou hat auch nur, wenn Mao ihn fragte, eine kurze Antwort gegeben oder eine notwendige Ergänzung gemacht. Sie haben geschwiegen, nicht, weil sie kein Interesse hatten, sondern aus Respekt vor Mao. Auch in der Kommunistischen Partei war und ist die Hierarchie sehr markant. In der Partei gab es eine fixierte Rangordnung: Mao, Liu, Zhou, Zhu. Das merkte man, wenn die vier vor dem Publikum erschienen. Die Porträts wurden auch in dieser Reihenfolge aufgehängt. Selbst in den Zeitungen erschienen die Namen immer in dieser Reihenfolge.

Zhou Enlai, der sich in seiner Jugendzeit kurz in Berlin aufgehalten und ganz in der Nähe meiner damaligen Wohnung gewohnt hat, ist im Westen auch nach seinem Tode 1976 immer noch sehr populär. Hingegen sind Liu Shaoqi und Zhu De im Westen weniger bekannt, obwohl Zhu De auch in Berlin studiert hat, und zwar zur gleichen Zeit wie Zhou Enlai.

Liu Shaoqi hatte früher die Untergrundorganisation der Partei in den Großstädten geführt. In Yenan galt er als der erste Theoretiker der Partei. Sein Essay »Über die Selbsterziehung der Kommunisten« war einst nicht nur für die Mitglieder der chinesischen, sondern auch für Mitglieder einiger ausländischer kommunistischer Parteien eine klassische Pflichtlektüre. Am Anfang der Volksrepublik war er Generalsekretär der Partei gewesen. Ich habe praktisch für alle leitenden Funktionäre der Zentralen Volksregierung gedolmetscht, nur nicht für Liu, denn er hatte damals keine Funktion in der Regierung. Als Generalsekretär hatte er sein eigenes »Außenministerium« - die Verbindungsabteilung des ZK. Mein Eindruck war, daß Liu zurückhaltender und ernsthafter war als Mao. Ich habe ihn zwar mehrmals gesehen, aber er hat nie gelächelt, geschweige denn gescherzt. Er war offensichtlich ein Mann mit starkem Willen und großer Durchsetzungskraft.

Hingegen war Zhu De eine »Oma«. Als er mir zum ersten Mal die Hand gab, war ich überrascht und amüsiert. Ich mußte mich wundern, wie der ehemalige Oberbefehlshaber sämtlicher Streitkräfte der Partei, dessen Name den japanischen Aggressoren und den Nationalisten Furcht eingejagt hatte, eine so weiche Hand haben konnte. Er sah überhaupt nicht kraftvoll oder furchteinflößend aus wie die meisten Feldmarschälle, nicht einmal militärisch. Er war mild und sanft. Wilhelm Pieck hatte Mao Zedong einmal eine Musikanlage geschenkt, die Zhu De als Präsident des Volkskongresses für den sich auf einer Inspektionsreise befindenden Mao in Empfang nehmen sollte. Bei der Zeremonie waren nur Zhu De, der Botschafter Johannes König und ich zugegen. Nach der Zeremonie hat er buchstäblich wie eine Oma mit dem Botschafter geplaudert. Bekanntlich war Zhu De am Anfang Kommandeur bei einem Kriegsherrn und hatte die Übel der alten Gesellschaft am eigenen Leibe gespürt. Unzufrieden war er nach Berlin gefahren, um die geheimen chinesischen Kommunisten zu suchen. Dort hatte er Zhou Enlai kennengelernt und war auf Zhous Empfehlung Mitglied der Partei geworden. Nach seiner Rückkehr nach China hat er Schulter an Schulter mit Mao, Liu und Zhou bis zu seinem Tode gekämpft.

»Sa drushba!« – Wieviele Fremdsprachen konnte Zhou Enlai?

Zhou Enlai (05.03.1898 - 08.01.1976), der beliebteste chinesische Staatsmann im Westen, ist eine Persönlichkeit mit Charisma, eine legendäre Gestalt. Schon lange vor der Gründung der Volksrepublik glaubten viele

Menschen, Zhou Enlai sei der ideale Ministerpräsident und Außenminister für die neue Regierung. Der chinesische Amtstitel »Ministerpräsident« bezeichnet eigentlich jenen hohen Beamten, der alle Geschäfte des Staates in seiner Hand hat. Es gab in der damaligen Parteileitung nur einen Politiker, der über eine solche Fähigkeit verfügte, nämlich Zhou Enlai. Im feudalen China wäre er ein klassischer Kanzler gewesen, der dem Kaiser loyal zur Seite gestanden hätte. Es war Zhou Enlai, der für die Kontakte und Verhandlungen mit den Nationalisten und den Ausländern zuständig war, als die Partei noch nicht im Regierungsamt war. Sein vornehmes Auftreten mußten sogar seine Feinde bewundern. Ebendeswegen war die Ernennung Zhou Enlais zum Ministerpräsidenten und Außenminister der Zentralen Volksregierung eher eine Befriedigung der Erwartungen der Volksmassen als eine Überraschung. Aber natürlich Zhou Enlai, wer denn sonst? Fast ausnahmslos dachten alle Menschen so. Eine solche Persönlichkeit wollte natürlich jeder kennenlernen, und zwar so früh wie möglich. Für mich kam aber die Gelegenheit nicht vor der offiziellen Gründung des Außenministeriums im Oktober 1949.

In Yenan hatte Zhou Enlai einen Beinamen: »Herr Schönbart«. Als zum ersten Mal ohne seinen langen, schwarzen Bart vor sämtlichen Mitarbeitern seines Ministeriums erschien, war er immer noch ein ansehnlicher Mann, dabei mußte er schon um die Fünfzig herum sein. Sein besonderer Reiz bestand in seiner Ungezwungenheit. Alles war bei ihm locker und unbefangen. Er sprach natürlich. Das war schon selten bei den hohen Funktionären. Er benahm sich auch natürlich, ohne jedes Zeichen von Wichtigtuerei. Nur Menschen, die genug Selbstvertrauen haben, können so ungezwungen sein.

Im Außenministerium hörte man oft Vorträge von hohen Funktionären. Am liebsten aber hörte ich Zhous Reden zu, nicht nur, weil er es wunderbar verstand, alles so einfach und klar darzustellen, sondern auch wegen seines Stils. Oft merkte man nicht, daß er schon mit seinem Vortrag angefangen hatte.

Die meisten hohen Funktionäre folgten einer bestimmten Formel, wenn sie sprachen. Sie erhoben sich langsam, mit beiden Händen auf den Tisch gestützt, als ob sie durch das Gewicht ihrer Person das Gewicht ihrer Stellung zeigen wollten. Sie schauten ganz nach hinten, so daß sie in der Tat keinen Zuhörer sahen. Dann räusperten sie sich feierlich, bevor sie zu sprechen begannen:

»Genossen, heute möchte ich zum Thema... sprechen. Eigentlich habe ich dieses Problem auch nicht genau studiert.« Wieso nicht, beginnt sich das Publikum zu wundern. »Übrigens habe ich so viel zu tun, daß ich einfach nicht die Zeit finden konnte, um mich für den Vortrag vorzubereiten.« Hätte er nicht besser sein Auftreten verschieben sollen, bis er darauf vorbereitet ist? »Also, was ich zu sagen habe, sollte man als einen ›hingeworfenen Backstein‹ verstehen, der einen ›Jadestein anzuziehen beabsichtigt‹.« Diese abgedroschenen Phrasen! Als ob er wirklich mit seinem ›hingeworfenen Backstein‹ eine fruchtbare Diskussion anregen wollte! »Jetzt möchte ich meine unreife Meinung über die sieben - oder zehn - Aspekte dieses Problems äußern.« Wenn seine Meinung noch unreif ist, kann er das Problem nicht zuerst genauer studieren und dann seine reife Meinung äußern? »Ich habe den Wunsch, mit euch zu diskutieren.« Eine anschliessende Diskussion ist überhaupt nicht vorgesehen. Wie kann man mit ihm diskutieren? »Punkt eins, Marx sagte...; Punkt zwei, Engels sagte...; Punkt drei, Lenin sagte...; Punkt vier, Stalin sagte...; Punkt fünf, Vorsitzender Mao sagte...« usw. Mein Gott, hat er selber auch etwas dazu zu sagen?

Nein, Zhou Enlai hat nie so gesprochen. Er saß auch nicht hinter dem Tisch, um, sich darauf stützend, sich langsam zu erheben, sondern er stand vor dem Tisch, direkt vor seinem Publikum. Er räusperte sich nicht. Er fing nicht mit »Genossen« an. Beispielsweise fragte er anscheinend ganz nebenbei, als ob er mit jemandem plauderte:

»Wißt ihr, was das für ein Gebäude war?« Ich fühlte mich angesprochen und hatte Lust, aufzustehen und zu antworten: »Jawohl, Premier, ich war Aufseher und weiß es ganz genau. « Aber es gab einen, der die Frage schneller beantwortete.

»Jawohl,« sagte Zhou. »Freut mich, daß ihr es wißt. Als ich noch Schulkind war, habe ich gehört...«

Dann erzählte er seinen Zuhörern, immer noch in diesem Plauderton, die Geschichte der chinesischen Diplomatie seit der Nordchina-Regierung im Jahre 1912, als dieses Gebäude ihr Außenministerium war. Das Publikum glaubte, das sei nur eine Vorbemerkung, er habe noch nicht offiziell angefangen. Aber nein, von der Nordchina-Regierung ging er weiter und sprach jetzt über die Nationalisten-Regierung, wie sie ihre Diplomatie führte. Er hatte gleich mit der Frage an das Publikum seinen Vortrag angefangen. So war eben sein Stil. Dann unterbrach er sich und fragte ganz unvermittelt:

»Ach, ist ... da?«

Er nannte seine Untergeordneten oft mit Rufnamen. Da stand der oder die Gefragte auf und meldete sich:

»Premier, ich bin hier.«

»Hast du schon mit ... gesprochen?« wollte der Premier wissen.

Da mußte ein kurzer und klarer Bericht erstattet werden.

»Sehr gut, setz dich bitte!«

Der Premier war offenbar zufrieden. Als das Publikum sich wunderte, was diese Zwischenfrage mit seinem Vortrag zu tun hatte, da sprach der Premier wieder seine Zuhörer an:

»Seht ihr, solche Sachen muß man so machen. Genosse soundso hat es ganz richtig gemacht.«

Ach so, das gehörte doch zu seiner Rede. Er sprach schon fast eine Stunde. Diejenigen, die in der vordersten Reihe saßen, bemerkten, daß der Premier zu schwitzen anfing. Da schrieb jemand ein Zettelchen und überreichte es unauffällig dem Versammlungsleiter. Das war meistens der Stellvertretende Minister, der dann aufstand und sagte:

»Premier, verzeih, daß ich dich unterbreche. Ich habe eben ein Zettelchen bekommen. Darf ich vorlesen?«

»Aber natürlich,« antwortete Zhou Enlai, noch ganz ahnungslos.

»Stellvertretender Minister Zhang,« begann er zu lesen, »wir bitten, daß der Premier sich setzen und einen Schluck Tee trinken möchte, bevor er weiterredet.«

Kaum hatte der Versammlungsleiter das Zettelchen bis zu Ende vorgelesen, da brach in der Aula schon stürmischer Beifall der Zustimmung aus. Diesmal war Zhou ausnahmsweise ein wenig befangen. Er versuchte, den Beifall zu unterbrechen, indem er mit beiden Händen das Zeichen für Ruhe gab. Dann sagte er:

»Ich danke euch, Genossen, aber wenn ich sitzend spreche, kann ich euch nicht mehr sehen. Und ich möchte euch alle so gern sehen.«

Wieder Beifall, gefolgt von einem Sprechchor:

»Bitte, Premier, setz dich! Bitte, Premier, setz dich! Bitte...«

Der Versammlungsleiter versuchte auch, Zhou zu überreden.

»Danke, danke!« rief Zhou, offensichtlich gerührt. »Laßt uns ein bißchen Demokratie hier in der Aula haben. Es scheint mir, daß ich die Minorität bin. Also gehorche ich bedingungslos der Majorität.«

Fröhliches Lachen und stürmischer Beifall folgten.

»Ach!« seufzte Zhou, indem er sich mit steifen Beinen langsam auf einem Stuhl niederließ, »wenn man alt wird, so muß man das zugeben. In Yenan konnte ich einen halben Tag stehend reden.«

Ein anderes Mal hörte ich ihn zu seinem Publikum sagen:

»Der Klubdirektor unseres Ministeriums, Genosse Yang, hat mir freundlicherweise eine Einladung zu einem internen Tanzabend geschickt. Ich schäme mich, daß ich schon lange nicht mehr hierher gekommen bin und eine Rede gehalten habe. Die Arbeit kommt immer vor dem Vergnügen. Also bin ich heute hier, um nach meinem Vortrag das Recht auf Vergnügen zu erwerben. Ich versichere euch, bei dem nächsten Tanzabend bin ich unbedingt da.«

Beifall, Lachen, Jubel. So war Zhou Enlais Stil. Die Mitarbeiter des Außenministeriums liebten ihren Minister.

Am Anfang der Volksrepublik wohnten viele Mitarbeiter, besonders die jungen Leute, in Wohnheimen des Ministeriums. Um ihre Freizeit zu beleben, wurde ein Klub gegründet. Der Klub veranstaltete unter anderem alle zwei Wochen einmal einen internen Tanzabend, wobei auch der Premier sich ab und zu als Ehrengast des Klubs sehen ließ. Er erschien aber nie mit seiner Frau, der »Großen Schwester Deng Yingchao«, sondern immer mit einem jungen Sekretär, der vermutlich auch seine Leibwache war.

Apropos, es ist vielleicht hier die rechte Stelle, bevor wir den Tanzsaal betreten, eine Episode über Deng Yingchao und ihre Beziehung zu Zhou Enlai einzuflechten.

Obwohl alle Menschen in den Reihen der Revolution »Genossinnen« oder »Genossen« waren, so nannte man einige führende Genossinnen doch noch anders, nämlich »Große Schwester«. Außer »Großer Schwester Deng« gab es zum Beispiel noch »Große Schwester Cai« und »Große Schwester Kang« - beide Führerinnen der Frauenbewegung. Merkwürdigerweise wurden die Ehefrauen von Mao Zedong und Liu Shaoqi nie »Große Schwester« genannt, denn sie bekleideten keine wichtige Funktion in der Partei und wurden nicht so wie die Ehefrauen anderer leitender Funktionäre respektiert. Während Mao und Liu unbeständig waren und sich von ihren Ehefrauen vom Lande scheiden ließen und mit viel jüngeren Frauen aus Großstädten wiederverheirateten, ist Zhou Enlai seiner Kameradin aus der Jugendzeit Deng Yingchao bis zu seinem Tode treu geblieben. Verglichen mit Maos und Lius letzten Ehefrauen war Deng viel älter, weniger gutaussehend, und das Schlimmste - unfruchtbar. Ebendeswegen sprach man mit Respekt von der echten und dauernden Liebe von Zhou zu Deng. Er genoß einen guten Ruf als ehrlicher Ehemann mit hohem Sinn für Moral. Natürlich gab es auch Gerüchte. Aber der Volksmund sagt: »Gibt es überhaupt einen Menschen, hinter dessen Rücken nicht gesprochen wird?« Zhou hatte mehrmals gesagt: »Die Große Schwester Deng und ich haben keine Kinder. Oder wir haben viele Kinder. Ihr seid alle unsere Kinder.« Tatsächlich hatte das Ehepaar viele Adoptivkinder, meistens Waisen von den im Krieg gefallenen Kameraden, unter ihnen auch eine sehr berühmte Schauspielerin. Der einstige Ministerpräsident Li Peng war auch ihr Adoptivkind.

Die »Große Schwester Deng« habe ich im Außenministerium nur einmal gesehen, und das wegen einer Dummheit von mir:

Eines Tages kam die Sekretärin unserer Hauptabteilung in mein Büro und erwähnte etwas von einem Vortrag an diesem Nachmittag. Ich war gerade am Telefon und hatte diese Bekanntmachung nur mit einem Ohr gehört.

Kurz vor Beginn des Vortrags ging ich in die Aula, die noch fast leer war. Ich nahm Platz in der hintersten Reihe und begann ein Buch zu lesen.

Ich hatte mich so sehr in das Buch vertieft, daß ich meinen Kopf nicht mehr hob, bis ich eine weibliche Stimme, die Stimme der Versammlungsleiterin hörte. Die Aula war inzwischen ziemlich voll, aber voll von Genossinnen.

Ich konnte keinen einzigen Genossen sehen!

Bevor ich begriff, begann die Versammlungsleiterin schon zu sprechen:

»Genossinnen, heute ist der Internationale Frauentag...«

Donnerwetter! Ich hatte mich blindlings in eine Frauenversammlung verirrt. Schnell, schnell und unauffällig weggehen. Oh je, beide Türen der Aula waren zugemacht. Ich dockte mich so tief wie möglich. Was konnte ich tun, wenn die Versammlungsleiterin irgendwie das weibliche Publikum mit meiner Anwesenheit bekanntmachen wollte? Sie könnte zum Beispiel sagen:

»Liebe Genossinnen, wir freuen uns, daß wir heute, am Internationalen Frauentag, auch einen Vertreter des männlichen Geschlechts unter uns Frauen finden können...«

Hätte ich eine Leiter in den Himmel oder eine Lücke in der Erde finden können!

Gott sei Dank, daß die Versammlungsleiterin kein Interesse für einen »jungen Bruder«, sondern nur für die »Große Schwester Deng« hatte, denn sie sagte weiter:

»Wir freuen uns sehr, daß unsere hochgeachtete, liebe ›Große Schwester Deng‹ zu uns gekommen ist, um über die Funktionen der Genossinnen an der diplomatischen Front zu sprechen. Unsere hochgeachtete, liebe ›Große Schwester Deng‹ ...«

Dann fing die »Große Schwester« an, zu sprechen.

Ohne Umschweife kam sie direkt zum Thema. Es stellte sich heraus, daß viele Genossinnen, die mit ihren Ehemännern ins Ausland als Gattinnen von Botschaftern, Botschaftsräten oder Sekretaren fahren sollten, sich sehr unglücklich fühlten, denn sie hatten bisher immer als emanzipierte und gleichberechtigte Genossinnen für die Revolution gearbeitet, manche sogar als verantwortliche Funktionärinnen. Jetzt sollten sie »Gattinnen« werden, wie die Frauen in den kapitalistischen Ländern! Welche Schande und Demütigung! Darüber kamen sie einfach nicht hinweg. Manche waren so furchtbar mißgelaunt, daß sie ihrem Mann mit der Scheidung drohten.

»Genossinnen, ihr kennt mich alle,« sagte »Große Schwester Deng«. »Genauso wie ihr, habe ich auch immer für die Partei und die Revolution gearbeitet. Als die Revolution von uns verlangte, daß wir in den Tälern und Schluchten arbeiten und ein bescheidenes Leben führen sollten, haben wir alle bedingungslos und frohsinnig im Dienst der Erfordernisse der Revolution gestanden. Nach dem Sieg der Revolution arbeiten wir weiter für die Partei, um ein neues China aufzubauen. Und für den Aufbau stellt die Partei neue Forderungen an uns. Genosse Enlai soll als Ministerpräsident und Außenminister arbeiten und ich als seine Gattin. Solange wir für die Partei arbeiten, sind wir glücklich. Es kommt nicht darauf an, was für eine Arbeit wir machen, sondern wie wir sie machen. Auch als Gattinnen der Diplomaten arbeiten wir für die Partei und müssen gut arbeiten, Genossinnen...«

»Große Schwester Dengs« Worte hatten mich so sehr angesprochen, daß ich beinahe mein männliches Geschlecht vergessen und in die Hände geklatscht hätte.

Aber jetzt ist es höchste Zeit, die Aula zu verlassen und zur Tanzdiele zu gehen. Allerdings wurde immer in der Aula getanzt.

Wenn man vor einem Tanzabend zehn hübsche Mädchen wie Bienen hin und her laufen sah, um schicke Kleider oder Kosmetiksachen von anderen Mädchen zu borgen, dann konnte man zweifellos mit der Anwesenheit des Premiers rechnen. Sie waren die glücklichen »Prinzessinnen« des Abends, denn der Klubdirektor hatte sie als Tanzpartnerinnen des Premiers eingeladen. Das war nicht nur ein Vergnügen für die Mädchen, machte sie nicht nur stolz, sondern vielmehr bedeutete es Vertrauen, denn die Auswahl der Tanzpartnerinnen wurde vom Sicherheitsbüro des Ministers getroffen. Selbstverständlich waren die Ausgewählten fast alle Mitglieder der Partei oder der Jugendliga. Kein Wunder, daß die Mädchen sich vor Freude und Erwartung strahlten. Sie hatten wirklich sehr selten Gelegenheit, sich geschminkt und in bunten Kleidern sehen zu lassen. Es waren die Jahre, wo fast alle Menschen graue oder blaue Mao-Anzüge trugen, so daß man schwer sagen konnte, ob ein »Genosse« oder eine »Genossin« vor einem ging. Ein buntes Hemd konnte mißbilligende Blicke auf sich ziehen, und merkwürdigerweise meistens von gleichaltrigen Mädchen. Es war unter Umständen auch die Begründung dafür, warum einer Bewerberin der Eintritt in die Jugendliga verweigert wurde, oder es konnte der Anlaß für Kritik an einem weiblichen Mitglied der Jugendliga sein, und zwar wegen ihrer »bourgeoisen Ideologie und Lebensweise«. Aber an solch einem Tanzabend war dem Premier, der »sich jeden Tag um zehntausend Sachen kümmern mußte«, wenigstens ein kleines bißchen Entspannung und Genuß zu vermitteln. Das war eine »politische Aufgabe« der proletarischen Klasse! Deswegen mußten die hübschen Mädchen ihre grauen oder blauen Mao-Anzüge für diesen Abend ablegen, bunte Kleider anziehen, sich schminken und pudern, um dem »hochgeschätzten und innig geliebten Premier« zu gefallen.

Der Tanzboden war nicht besonders groß, aber immerhin gab es zwei Balkone für Orchester, die leider nie auftraten. Stattdessen wurden Schallplatten abgespielt. Die Musik kam wieder aus kapitalistischen Ländern, denn »proletarische« Tanzmusik war schwer zu finden. Die wenigen Ausnahmen waren einige chinesische zeitgenössische Musikstücke. Die klassische Musik war viel zu langsam für Gesellschaftstänze.

Der Tanzabend hatte längst begonnen. Der Premier wollte ohne jede Förmlichkeit vorbeikommen, um »sich gemeinsam mit dem einfachen Volke zu vergnügen«. So hatte er den Klubdirektor wissen lassen, daß man ohne ihn anfangen solle.

Auch Vizeaußenminister Zhang war anwesend. Komischerweise tanzte er nicht mit den Mädchen. Seine Partnerin war ein Stuhl. Er hielt ihn hoch vor sich und drehte seinen kleinen dicken Körper nach dem Rhythmus der Musik. Offensichtlich gefiel ihm diese hölzerne Partnerin besser als eine menschliche, denn ein Lächeln schimmerte auf seinem sonst immer ernsthaften Gesicht.

Der Chef des Sekretariats, Lai, tanzte einen Tango. Seine Schritte waren so korrekt und graziös, daß jeder ihn bewundern mußte. Leider konnten nur wenige Mädchen ihm folgen, denn die meisten hatten gerade erst angefangen, tanzen zu lernen.

Einmal lud ich meine Schwester zu einem solchen Tanzabend ein. Ich wollte von ihr wissen, wie weit ich mit meinem Tanzen war. Ich war nämlich auch ein Grünschnabel. Ihr Kommentar:

»Du tanzt wie ein Kaderveteran aus Yenan. Ich meine, du bist einer der besten von ihnen - korrekt, aber nicht phantasievoll genug.«

Als das ZK der Partei kurz vor der Befreiung von Peking seinen provisorischen Sitz in der Nähe der Stadt hatte, arbeitete meine Schwester in der Verbindungsabteilung. Sie hat praktisch mit allen führenden Funktionären getanzt. Damals haben sie jeden Samstagabend unter Bogenlicht auf den Tennen der Bauern getanzt, und zwar mit nicht weniger Vergnügen. Unter den Stammtänzern befanden sich Mao Zedong, Zhou Enlai und Zhu De.

Meine Schwester setzte ihren Kommentar fort: »Mao tanzte soso, Zhou prima, Zhu schrecklich! Gut, daß Zhu heute abend nicht kommt, sonst hätte ich deine Einladung nicht angenommen.«

»Wieso denn? Was ist mit dem Oberbefehlshaber?« Ich wurde neugierig.

»Ja, genau, weil er Oberbefehlshaber war, wollte er auch seine Partnerinnen beim Tanzen befehligen. Wir hatten alle Angst vor ihm und versuchten, ihm nicht in den Weg zu kommen. Einmal hatte er ein Mädchen ›festgenommen‹ und wollte mit ihm tanzen. Das arme Mädchen war nahe daran zu weinen. Es flüsterte flehend: ›Oberbefehlshaber‹, ich kann heute nicht tanzen.‹ ›Wieso nicht?‹ wollte der Oberbefehlshaber wissen. Die Stimme des Mädchens wurde noch leiser, als sie sagte: ›Ich habe die Regel.‹ Zhu hat das nicht sofort kapieren können. Dann brach er in ein Gelächter aus und sagte: ›Genossin, wir revolutionären Soldaten haben an der Front nie Blut gescheut. Was sollen ein paar Tropfen Blut auf dem Tanzboden? Komm, Genossin, nur Mut!‹ Und bevor die Genossin Mut fassen konnte, hat Zhu sie gepackt, wie ein Adler ein Küken ... Ach, er tanzt überhaupt nicht, er marschiert! Er hat kein Gefühl für Takt.«

Meine Schwester forderte mich zum Tanzen auf. Sie wollte mir nicht erklären, sondern zeigen, wie Zhu De tanzte.

Wir standen beide auf. Mit ihrer rechten Hand packte sie mich fest am Rücken; mit der linken hob sie meine Hand fast senkrecht nach oben. Sie gab mir einen unsanften Stoß und sagte:

»Jetzt beginnt der Oberbefehlshaber seinen ›Langen Marsch‹.«

Ganz egal, ob Foxtrott oder Walzer ertönte, meine Schwester marschierte immer eins-zwei, eins-zwei nach vorne. Wenn wir das Ende der

Tanzfläche erreicht hatten, drehte sie sich um und begann wieder eins-zwei, eins-zwei nach vorne zu marschieren. Es war eigentlich gar nicht schwer. Ich brauchte nur eins-zwei, eins-zwei rückwärts zu marschieren. Es belustigte mich sogar. Aber die Mädchen fanden es so blöd, daß sie weglaufen wollten.

»Hat er auch so mit dir getanzt?« wollte ich wissen.

»Nur einmal,« sagte sie. Sie war ein Schlaukopf. Wenn sie nicht weglaufen konnte, dann verbarg sie sich hinter anderen Menschen. »Aber der Oberbefehlshaber ließ sich nie entmutigen. Er fand jedesmal eine ›Mitmarschiererin‹.«

Als dann ein damals sehr populärer Bauerntanz, der »Yangge« erklang, ließ meine Schwester das Marschieren und stürzte sich in die fröhlich tanzende Menschenmenge. Als sie sich nach Herzenslust erfreut hatte und sich wieder auf den Heimweg machte, war sie erschöpft.

Aber was machten die zehn »Prinzessinnen«, bevor der Premier kam? Sie saßen ganz brav auf den Sofas am Ende der Tanzdiele. Die Erfahreneren gönnten sich ab und zu einen Tanz, wenn sie aufgefordert wurden. Die Neulinge hatten nicht einmal den Mut, mit ihren Freunden zu tanzen, aus Angst, daß sie dadurch ihre geborgten Kleider oder die Kosmetik in Unordnung bringen könnten. Als Zhou Enlai endlich an der Tür erschien, freundlich lächelnd und winkend, ertönte ein stürmischer Beifall. Alle unterbrachen ihren Tanz . Die wartenden »Prinzessinnen« kamen lächelnd ihrem »Prinzen« entgegen. Zhou bat die Tänzer, sich nicht stören zu lassen und gab jeder »Prinzessin« die Hand. Er fragte nach ihrem Namen und ihrer Arbeitseinheit und sah sie dabei an. Unter den führenden Funktionären, die ich kannte, war er die einzige Ausnahme. Die anderen gaben unverständlicherweise immer dem ersten die Hand, schauten aber nach dem zweiten. Ein merkwürdiges Gefühl hatte man dabei.

Mit Zhous Erscheinen kam erst der Höhepunkt des Abends. Zhou tanzte leicht, frei und locker, doch sehr korrekt. Er tanzte besonders gern einen schnellen Foxtrott nach der kantonesischen Musik. Walzer und Tango waren anscheinend nicht nach seinem Geschmack.

Wir Chinesen haben den Ruf, ein diszipliniertes Volk zu sein. Das zeigte sich sogar beim Tanzabend. Eines nach dem anderen forderten die zehn Mädchen den Premier zum Tanzen auf. Die anderen, auch wenn sie genauso hübsch oder gar hübscher waren, mußten sich begnügen, mit anderen Jungen oder Männern zu tanzen. Sie durften sich nicht spontan dem Premier aufdrängen. Und der Premier akzeptierte auch die Auswahl oder Empfehlung des Klubs. Nur wenn er eine Bekannte erblickte, mit der er gerne ein bißchen plaudern wollte, hatte sie ausnahmsweise das Vergnügen, mit dem Premier einmal zu tanzen, sonst verfügten die zehn »Prinzessinnen« für diesen Abend über das Vorrecht, mit dem Premier das Tanzbein zu schwingen.

Was machte aber Zhous Sekretär? Er hat nicht einmal getanzt. Er paßte auf alles auf. Als Zhou in die Aula eintrat, schloß der Sekretär leise die beiden Türen. Er blieb nicht stehen oder sitzen, sondern spazierte durch die Tanzdiele. Er beobachtete. Manchmal schlich er zu den wartenden Mädchen und flüsterte ihnen etwas zu. Er bemerkte die ersten Schweißtropfen auf Zhous Stirn. Vielleicht hat er sogar die Tänze gezählt? Zhou blieb zirka eine Stunde. Dann bedankte er sich bei allen seinen Partnerinnen und nahm Abschied. Ihm folgten allmählich einer nach dem anderen die führenden Funktionäre des Ministeriums und die »Prinzessinnen«. Es wurde zwar weitergetanzt. Aber der Höhepunkt war schon vorbei.

Einen Tanzabend mit Zhou muß ich unbedingt erwähnen. Es war ein Frühlingsfest oder das chinesische Neujahr am Anfang der fünfziger Jahre. Der Klubdirektor wollte einen Maskenball veranstalten. Unsere Jugendligagruppe erhielt den Auftrag, einen Kiosk an der Ecke der Tanzdiele zu eröffnen. Man hatte den Durst beim Tanzen vorausgeahnt.

Ich borgte mir einen weißen Kellnerkittel, machte selbst aus weißem Papier einen Chefzylinder, schmierte mit weißer Kreide einen langen und breiten Strich quer über jedes Auge und schminkte meinen Mund ganz rot und groß. Der Gruppenleiter, Li, ein Bauerntölpel, der wahrscheinlich noch nie einem Maskenball beigewohnt hatte, war richtig erschrocken und empört.

»Mann! « schrie er. »Bist du verrückt? Heute kommt doch der Premier. Es handelt sich um eine politische Aufgabe. Wie kannst du so frech sein?«

»Gerade weil der Premier kommt.« Ich wollte mein »Meisterstück« nicht aufgeben. »Sonst hätte ich mir die Mühe erspart.«

Wegen meines Make-ups und meines Ungehorsams mußte eine Notsitzung einberufen werden. »Genossen!« begann der Gruppenleiter Li gereizt und aufgebracht. »Der Vorsitzende Mao hat uns immer gelehrt, auch nach dem Sieg der Revolution einfach zu leben und uns vor Verdorbenheiten zu hüten. Auch der Maskenball muß proletarisch sein. Schaut mal, was ich anhabe.« Er zeigte auf sein »Kostüm« - einen schlichten Arbeitsanzug. »Und schaut mal, was Zhou alles mit sich gemacht hat - geschminkt und gepudert, typisch bourgeois, wenigstens petitbourgeois. Außerdem ist der

Kellner in unserem sozialistischem Land kein Sklave der Kapitalisten mehr wie vor der Volksrepublik. Er ist unser Klassenbruder. Wie kann Zhou sein Bild so unverschämt verzerren? Ich verlange, daß Zhou sofort diese Dummheit aufgeben und etwas Anständiges anziehen soll. Was sagt ihr?«

Niemand sagte etwas. Einige guckten nach ihren Fingernägeln, die anderen nach ihren Schuhspitzen. Schließlich wagte sich die Kleine Wang, aber immer noch kleinlaut, etwas zu sagen:

»Ich denke an einen sowjetischen Film - leider habe ich den Namen vergessen -, da war auch ein Maskenball im Kreml. Dort konnte man alles mögliche sehen. Vielleicht...«

»Was heißt vielleicht?« unterbrach sie grob der Gruppenleiter Li. »Genossen! Das ist eine Dringlichkeitssitzung. Wir nehmen sofort eine Abstimmung vor. Wer meine Meinung unterstützt...«

Niemand hob die Hand.

Gruppenleiter Li war völlig verblüfft. Er war nach der Sitzung leider nicht glücklicher, denn die Teilnehmer haben durch ihr Schweigen ihre Meinung gesagt, nämlich, für einen Maskenball seien alle Make-ups erlaubt.

Also, als Kellner erschien ich an diesem Abend vor den Gästen. Mit einem Servierbrett in den Händen, worauf Getränke standen, ging ich nun in der Tanzdiele herum, verbeugte mich höflich und fragte lächelnd:

»Möchtest du einen Orangensaft oder eine Limonade...?«

Ah, da saß mein alter Hauptabteilungsleiter Huan Xiang, der später Botschafter in London wurde. Seine Gattin hielt den Sohn auf dem Schoß.

»Was darf es sein, Hauptabteilungsleiter Huan?« fragte ich. »Orangensaft oder...?«

»Hätte ich genug Geld bei mir,« unterbrach mich Huan, » so würde ich unbedingt dein großes Maul kaufen.«

Lachend öffnete ich meinen ungeheuer großen Mund. Doch damit erschreckte ich den kleinen Sohn, und er begann zu weinen. Ich versuchte, ihn zu trösten, aber er schrie nur noch lauter.

»Tut mir leid, aber der kleine Huan hat mich zur persona non grata erklärt.« Ich verbeugte und entfernte mich.

Huan Xiang lachte, sein Sohn schluchzte, die Gattin seufzte.

Der Maskenball war ein großer Erfolg, zumal der Klub so etwas zum ersten Mal veranstaltet hatte.

Auch der Premier freute sich sehr, wenn er seine Untertanen - pardon! - Untergeordneten trotz der Masken und Kostüme wiedererkannte. Schade, daß er immer noch seinen grauen Mao-Anzug anhatte. Aber er war kein Spielverderber. Mal tanzte er mit einem barfüßigen Fischermädchen, mal sah man eine mongolische Prinzessin in seinen Armen.

Irgendwo in der Aula ertönte ein Gong.

»Liebe Genossinnen und Genossen!« Der Klubdirektor Yang erschien in einer Matrosenuniform vor den fröhlichen Menschen. »Ich habe eine gute Nachricht für euch. Unser Premier hat sich freundlicherweise bereit erklärt, die Preise für den heutigen Maskenball zu verteilen.«

Beifall und Jubel brachen aus.

»Aber, bitte, Genosse Klubdirektor,« protestierte der Premier, »wann habe ich mich freundlicherweise bereit erklärt...?«

Lachen, Beifall und Jubel übertönten seinen Protest. Wohl oder übel wurde er zu dem Ehrenplatz geführt. Daß ein so mächtiger Ministerpräsident eines so großen Landes vor seinen nach Herzenslust jubelnden Untergeordneten so machtlos sein konnte, war wirklich lustig anzusehen.

Yang begann, die Preisträger zu nennen:

»Den ersten Preis erhält die Genossin...« Beifall, Lachen.

»Der zweite Preis geht an...« Wieder Beifall und Lachen.

»Unser freundlicher und aufmerksamer ›Kellner‹ des Abends, Genosse Zhou Chun, hat den dritten Preis verdient. Wir danken ihm herzlich für seine ausgezeichnete Bedienung.«

Was? Ein Preis für mich?

Das war aber ganz und gar unerwartet. Die Menschen klatschten und lachten besonders laut als Dankbezeigung. Ich durfte den Premier nicht warten lassen. Also los!

Immer noch mit dem Servierbrett in den Händen, das jetzt aber leer war, ging ich, nein, ich marschierte ohne zu lächeln, ganz ernsthaft zum Premier. Nie zuvor hatte ich mir einen Bierbauch gewünscht. Damit wäre ich jetzt aber ein richtiger Kellner gewesen.

Drei Schritte vor dem Premier blieb ich stehen und verbeugte mich wie ein Japaner - neunzig Grad.

»Ho, ho, ho!« lachte der Preisverleiher. »Du bist eine komische Nummer!«

Wollte der Premier auch meinen großen Mund kaufen? Vielleicht hatte er mehr Geld als mein Hauptabteilungsleiter? Nein, eine solche Absicht hatte er leider nicht. Der Klubdirektor überreichte ihm den dritten Preis - ein Paar bunte Seidensocken, die er mir weitergeben sollte. Anstatt den Preis mit der Hand in Empfang zu nehmen, verbeugte ich mich wieder und hob das Servierbrett respektvoll hoch. Noch einmal lachte Zhou Enlai herzlich.

»Prima trainiert! Die ›Große Schwester Deng‹ könnte einen solchen Kellner gut gebrauchen,« lobte mich der Premier und legte die Socken auf mein Brett. Ich drehte mich nicht um, sondern mit dem Gesicht immer noch dem Premier zugekehrt, zog ich mich langsam zurück.

Lachen, Beifall.

Irgendwie habe ich nicht daran gedacht, dem Premier sofort meine Bereitwilligkeit, der »Großen Schwester Deng« zu dienen, an Ort und Stelle zu erklären. Schade! Sonst wäre ich heute nicht ein armseliger Professor, sondern Kellner beim Premier und könnte eine Sensation schreiben, wie etwa »27 Jahre unter demselben Dach mit Zhou Enlai«.

An jenem Abend waren alle Leute froh. Die einzige Ausnahme war meine Freundin Qiu, zufällig ein Mädchen aus Yantai, wo ich als Dolmetscher gearbeitet hatte. Ich hatte Dienst und konnte leider nicht mit ihr tanzen. Und die anderen Jungen, die sie begehrten, fand sie aufdringlich. Sie tanzte meistens mit anderen Mädchen, wobei sie sich einsam fühlte. Nach dem Ball aber, als ich ihr die gewonnenen Socken weiterschenkte, lächelte sie wieder lieb und glücklich. Gekleidet wie eine Krankenschwester, sah sie zierlich und vornehm aus. Sie ist jetzt die Frau eines Botschafters. Vielleicht ist es gut so, denn sonst hätte sie mit mir ein schweres Schicksal teilen müssen. Ist sie schon Großmutter? Ich habe nicht nur sie, sondern auch das einzige Souvenir von Premier Zhou Enlai verloren.

Die Menschen sind wirklich sehr verschieden. Dieser Gruppenleiter der Jugendliga zum Beispiel, der vor dem Ball so sehr gegen mein Make-up war, sagte auf der nächsten Sitzung: »Es ist uns eine große Ehre, daß Genosse Zhou Enlai unserer Gruppe den dritten Preis überreicht hat.« Dabei hat er nicht nur meinen Namen nicht erwähnt, sondern auch nicht einmal in meine Richtung geschaut, als ob ich für ihn überhaupt nicht existiere. Er bewarb sich zu dieser Zeit um die Mitgliedschaft in der Partei. Später wurde er tatsächlich Parteimitglied und dann Abteilungsleiter. Ich habe gehört, daß er sich während der »Kulturrevolution« an die »Viererbande« verkauft hat und zum Hauptabteilungsleiter befördert wurde. Nach der Zerschmetterung der »Viererbande« aber war auch seine Karriere zerschmettert. Sein ganzes Leben lang hat er versucht, wie es im Volksmund heißt, »Wasser in einem Bambuskorb zu holen«, und trotz großer Anstrengungen nichts erreicht. Das geschah ihm und seinesgleichen recht!

Zhou Enlai war eine legendäre Figur. Auch wenn er kein ausgebildeter Diplomat war, so entsprach seine Sensibilität, seine Schlagfertigkeit, seine Weisheit, sein Witz, sein Mut, ja sogar seine vornehme Miene, seine Haltung und Sprache einem geborenen Diplomaten. Auch seine Feinde zögerten nicht, ihn als Diplomaten ersten Ranges anzuerkennen. Es gibt genug Anekdoten, um ein Buch damit zu füllen.

War es in Genf? Und wer war damals der britische Außenminister? Jedenfalls war Zhou Enlai einmal im Foyer dem Außenminister Großbritanniens begegnet. Da Großbritannien schon diplomatische Beziehungen mit der Volksrepublik China hergestellt hatte, mußte der Außenminister wohl oder übel Zhou Enlai seine Hand geben. Zhou merkte sofort, daß sein Partner oder Gegner nicht die Absicht hatte, ihm die Hand zu drücken oder zu schütteln. In der Tat zog der britische Außenminister nach einer flüchtigen Berührung seine Hand zurück, nahm ein Tuch aus seiner Tasche, wischte seine Hand ab und steckte das Tuch in die Tasche zurück. Unverzüglich und auffällig tat Zhou dasselbe. Aber im Gegensatz zu dem britischen Diplomaten warf Zhou sein neues seidenes Taschentuch in einen Papierkorb und ging erhobenen Hauptes seinen Weg, den verlegenen Außenminister des Vereinigten Königreichs Großbritannien und Nordirland hinter sich lassend. Das alles war von den im Foyer herumgehenden Diplomaten und Journalisten der Welt natürlich nicht unbeobachtet geblieben.

Ein anderes Mal war Zhou Enlai auf Staatsbesuch in Birma. Als er mit dem birmanischen Ministerpräsidenten im Auto durch die Ranguner Straßen fuhr, war wenigstens die Hälfte der Einwohner der Hauptstadt da, um ihn willkommen zu heißen.

Da sagte der birmanische Ministerpräsident:

»Premier Zhou, ich fürchte, ich werde arbeitslos werden.«

»Wieso?« fragte Zhou, noch ahnungslos.

»Sie sind hier populärer als ich,« kam die Antwort, halb scherzhaft, halb ernsthaft.

Zhous Antwort war ernsthaft und eindeutig.

»Sie irren sich, Herr Premier. Ihr Volk ist begeistert, weil Sie eine weise Politik gewählt haben, nämlich mit der Volksrepublik China freundlich zu sein und zu bleiben. Hören Sie nicht, daß Ihr Volk Ihren Namen ruft?«

Die Ranguner hatten an diesem Tag tatsächlich zwei Namen gerufen, sowohl Zhous Namen als auch den Namen ihres Premiers.

Das mit Birma hat uns Zhou erzählt. Wie war es mit einem anderen Nachbarland - mit Indien?

Am Anfang der fünfziger Jahre erfuhr die Welt mit Freude und Erleichterung von den »fünf Prinzipien der friedlichen Koexistenz«, die angeblich von Zhou Enlai und Nehru, dem indischen Premier, gemeinsam öffentlich bekanntgegeben wurden. Das war ein wichtiger Beitrag zum Weltfrieden und den internationalen Beziehungen, insofern als das ein Beispiel gab, daß Nationen mit unterschiedlichen politischen Systemen oder mit Differenzen auch ohne Krieg zur Verständigung kommen können. Nehru hatte Angst, China würde Indien eines Tages überfallen. Mit diesem Dokument sollte der Frieden gesichert werden. Aber Nehru, den wir unter uns »den alten Fuchs« nannten, blieb auch nach der Veröffentlichung dieser Prinzipien China gegenüber skeptisch. Einmal hatte er auf einer Pressekonferenz in Hongkong sehr unfreundlich über China gesprochen. Kurz darauf sagte Zhou Enlai in einem internen Vortrag im Außenministerium:

»Es ist sehr zu bedauern, daß Premier Nehru trotz unserer Aufrichtigkeit und unserer Bemühungen uns gegenüber immer noch so skeptisch bleibt. Ich habe Premier Nehru unseres echten Wunsches nach friedlicher Koexistenz mit Indien wiederholt und betont versichert, und er hat auch seine Dankbarkeit dafür zum Ausdruck gebracht. Er hatte aber das Tor Chinas kaum verlassen, da begann er, der Ehrengast unseres Landes, schon zu schimpfen. Ich finde seine Einstellung sehr unfreundlich. Unter solchen Umständen sehe ich mich gezwungen, wenigstens den Mitarbeitern des Außenministeriums mitzuteilen - und diese Mitteilung bleibt auch intern im Ministerium -, daß wir der Öffentlichkeit bekanntgegeben haben, die fünf Prinzipien der friedlichen Koexistenz seien die gemeinsamen Ideen Chinas und Indiens. Wir haben das getan, um dem indischen Volk unsere Aufrichtigkeit zu zeigen und auch um Premier Nehrus Besorgnisse und Befürchtungen aus der Welt zu schaffen. Tatsache ist und bleibt, das waren Ideen ausschließlich unserer Seite. Wir haben sie Premier Nehru vorgeschlagen, und er hat sie akzeptiert.«

Später haben wir erfahren, das waren Zhou Enlais persönliche Ideen. Das zeigte seinen weiten geistigen Horizont als Diplomat. Aber er konnte, wenn notwendig, auch sehr bissig und sarkastisch sein.

Anfang der sechziger Jahre kam eine Handelsdelegation der Sowjetunion nach Peking und wollte Getreide von China kaufen. Das war eine Zeit, wo beide »Schwesterparteien« schon öffentlich miteinander stritten und China sich gerade von einer dreijährigen Hungersnot erholte. Zhou sagte zu dem sowjetischen Delegationsleiter: »Getreide haben wir leider nicht mehr übrig. Wie Sie wissen, hatten wir eine landesweite Hungersnot. Jetzt müssen wir Chinesen uns auch sattessen. Da Sie aber schon gekommen sind, sollen Sie auch nicht mit leeren Händen zurückgehen. Warten Sie mal. Wir werden sehen, was wir für Sie tun können.«

Er nahm ein Notizbuch aus seiner Tasche und blätterte darin.

»Hm, hm, hm. Was haben wir noch? Nicht viel, wirklich nicht viel! Ach ja, wir haben noch Schweineschwänze. Ich weiß bloß nicht, ob sie Sie interessieren. Ich meine, Sie essen gerne Ochsenschwanzsuppe, nicht wahr? Ob man mit Schweineschwänzen auch Suppe machen könnte? Wir Chinesen essen sie nicht. Wir gebrauchen sie für andere Zwecke.«

* * *

Wieviele Fremdsprachen konnte Zhou Enlai? Und wie gut? Er hat in seiner Jugendzeit in Japan, Deutschland und Frankreich studiert und gearbeitet. Wir, seine Dolmetscher, nahmen an, daß er wenigstens diese drei Sprachen konnte, aber wie gut? Was konnte er außerdem? Höchstwahrscheinlich die internationale Sprache - Englisch. Und Russisch? Vielleicht auch ein bißchen? Niemand war sicher. Und das war eine Frage, die seine Dolmetscher quälte. Sie hatten alle Angst vor ihm, denn niemand wußte genau, was er verstand und wieviel. Ich war wahrscheinlich die einzige Ausnahme, nicht weil ich zufällig denselben Familiennamen wie Zhou Enlai habe, und wie man im Volksmund zu sagen pflegt, weil wir »vor dreihundert Jahren zur selben Familie gehörten«, auch nicht, weil ich besser als die anderen Dolmetscher war, sondern einfach, weil ich damals noch zu jung und unerfahren war, um Angst vor Zhou zu haben. Hier gilt das Sprichwort: »Das neugeborene Kalb fürchtet den Tiger nicht.«

Die Beziehungen zwischen China und Indien waren, wie oben erwähnt, wegen Nehru gespannt. Einmal sprach Zhou mit dem indischen Botschafter. Er versuchte, ihm klarzumachen, China sei der Meinung, daß auch Nationen verschiedener Systeme in Frieden nebeneinander existieren sollten und könnten. Er sagte: »Wir sind ein sozialistisches Land, und Indien ist ein kapitalistisches Land...« Der Dolmetscher war eigentlich ziemlich gut, aber vor Zhou war er nervös, und Nervosität verursacht oft Fehler. Er hat auf englisch gesagt: »... und Indien ist ein imperialistisches Land...«

Blitzschnell unterbrach ihn Zhou Enlai und sagte auf chinesisch: »Falsch. Ich habe gesagt: Indien ist ein kapitalistisches Land. Ich habe nicht gesagt: Indien ist ein imperialistisches Land. Erkläre das dem Botschafter und sage ihm, es war dein Fehler. Bitte ihn um Entschuldigung und geh!«

Ein Ersatzdolmetscher mußte sofort geholt werden. Als der unglückliche Dolmetscher das Empfangszimmer verließ, war er ganz blaß. Er war weder der erste noch der letzte, der aus Nervosität vor dem Premier Fehler machte. Andere Dolmetscher erzählten von ähnlichen Begebenheiten. Alle hatten Angst vor Zhou.

Am Anfang der Volksrepublik waren die Beziehungen zwischen China und den sozialistischen Ländern, wie der Premier es formulierte, wie die von »Genossen plus Brüdern« und sollten einen neuen Typ der Diplomatie darstellen, einen Typ, den es in der Geschichte noch nie gegeben hatte. Wir nannten uns »Genossen«, obwohl wir uns immer noch siezten. Unsere Beziehungen waren wirklich kameradschaftlich und freundlich. Das Außenministerium veranstaltete oft Freundschaftstreffen, wobei nur Diplomaten der sozialistischen Länder, ihre Gattinnen und Kinder eingeladen waren. Wir machten Ausflüge, Picknicks, Freundschaftsspiele und Kulturabende. Die Botschaften luden uns auch gerne ein, wenn neue Filme aus dem Heimatland gekommen waren oder einfach zu einem Plauderstündchen, bei dem sie uns mit ihren Spezialitäten bewirteten.

Der erste Sekretär der sowjetischen Botschaft war ein noch ziemlich junger Sinologe. Er machte gerne ab und zu einen Witz mit meiner Abteilungsleiterin, die russisch sprach. Einmal fragte er ganz unvermittelt:

»Genossin Liu, sind die Chinesen verrückt?«

»Wieso? Was meinen Sie damit?« Liu hatte nicht die geringste Ahnung, worauf der Sekretär abzielte.

»Na ja, Ihre Abteilung heißt doch ›Abteilung Sowjetunion und Deutschland‹, nicht wahr?«

»Das wissen Sie doch seit langem. Warum fragen Sie?«

»Tja, wie können die Chinesen uns und die Deutschen in einer Abteilung unterbringen?«

»Was ist damit? Heraus mit der Sprache, junger Mann!« Liu war in der Tat älter.

»Haben die Chinesen gar keine Angst, daß Ihre Abteilung das Schlachtfeld des dritten Weltkriegs werden könnte?« Der junge Mann machte eine ernste Miene.

Genossin Liu mußte an diesem Morgen mit dem linken Fuß aus dem Bett gestiegen sein, denn sie versuchte zu erklären:

»Ach, Unsinn, bei mir ist doch nur ein halbes Deutschland, nämlich die DDR - ein Bruderland. Die andere Hälfte, die BRD, gehört zu einer anderen Hauptabteilung - der Hauptabteilung Westeuropa und Afrika.«

Diese einwandfreie Erklärung machte den armen Sekretär sehr unglücklich. Er mußte das Gefühl haben, Wachs zu kauen - so wenig schmeckte ihm Genossin Lius Reaktion.

Zhou Enlai hatte viel mehr Humor als seine für die zwei einst kriegführenden Mächte zuständige Untergeordnete. Er war immer willkommen bei den sowjetischen und osteuropäischen Diplomaten.

Es war wieder einmal ein solches Freundschaftstreffen im International Club, bei dem der immer sehr beschäftigte Premier sich ausnahmsweise sehen ließ. Er wurde sofort zum Mittelpunkt des Treffens. Die Diplomaten fühlten sich geehrt und waren sehr begeistert. Jeder versuchte Zhou zu gefallen. Wenn es dieser Veranstaltung an etwas mangeln sollte, so sicher nicht an Witz und Humor, an Lachen und Beifall. Außerdem gab es viel Händeschütteln und Schulterklopfen. Die Atmosphäre war sehr angenehm - zwanglos und freundlich. Und Zhou war ein großartiger Gastgeber. Er gab sich anscheinend überhaupt keine Mühe, seine Gäste zu amüsieren. Aber wie ein Magnet zog er alle Menschen an. Daß er scharfsinning, humorvoll und flexibel war, wußte längst jeder Diplomat. Aber Zhou war an diesem Abend bei bester Stimmung. Er sprach besonders ausführlich über einen neuen Typ der Diplomatie unter sozialistischen Ländern. Seine Darstellung fand Anklang bei allen Zuhörern. Der Abend näherte sich seinem Ende. Wie um zu zeigen, daß diese neue Diplomatie manche alte Regel ignorieren konnte, zum Beispiel die, daß Diplomaten in ihrer Muttersprache reden müssen, stand Zhou Enlai auf und brachte auf russisch einen Trinkspruch auf alle Anwesenden aus. Das Glas erhoben, sagte er laut:

»Sa drushba!«

Die Diplomaten brachen in Gelächter aus, so laut, daß beinahe der Saal platzte.

Alle erhoben ihre Gläser und stießen mit Zhou und miteinander an und riefen:

»Ganbei, ganbei!« Auf chinesisch heißt »gan« trocknen und »bei« das Glas.

Wir Dolmetscher guckten uns an. »Sa drushbu« hätte es heißen müssen. Ich glaube, Zhou Enlai hat nie begriffen, warum alle »Genossen plus

Brüder« so herzlich lachten. Und wegen dieser Unwissenheit war er mit sich selbst und seinem Russisch sehr zufrieden.

Genosse Zhou Enlai, wieviele Fremdsprachen Sie konnten, blieb ein für Ihre Dolmetscher ungelöstes Rätsel, aber eins weiß ich: Wenigstens Ihr Russisch war so lala. Aber großer Tugend tun kleine Schwächen keinen Abbruch. Also möge der hochgeschätzte und innig geliebte Premier Zhou in Frieden ruhen.

DDR-Botschafter total verblüfft –
Zhou Enlai guckte nach links, Zhu De schaute nach rechts

Die Deutsche Demokratische Republik war in der eigentlichen Bedeutung ein »Bruderland« der Volksrepublik China. Sie war nur sechs Tage jünger. Diplomatische Beziehungen zwischen den beiden neuen Republiken waren schnell hergestellt, und mit der Zusammenarbeit wurde sogleich begonnen.

Deutschland hat in China immer ein hohes Prestige als ein Land der fortgeschrittenen Wissenschaften und Technologien genossen - trotz des Boxeraufstandes und der Kolonie Qingdao. Jetzt kamen aus der DDR wieder neue Beweise der hohen Entwicklung auf diesen Gebieten. Die Ausstellung mit dem »Gläsernen Menschen« - die Pekinger nannten ihn »Glasmenschen« - im Sun-Yatsen-Park am Tiananmen-Platz war eine Sensation. Viele Menschen sahen zum ersten Mal, was sich in ihrem Körper befindet. Nach der Ausstellung, habe ich gehört, wurde dieses Modell einer medizinischen Akademie als Lehrmittel geschenkt. Als ein Turmdrehkran auf demselben Platz in der Stadtmitte wie ein Gigant hoch in die Wolken emporragte, waren die Pekinger wirklich begeistert. Nicht nur die, die am Platz vorbeigingen oder -fuhren, sondern auch die, die ziemlich weit entfernt wohnten, bewunderten das neue Produkt und waren stolz auf ihr Bruderland. Ich sah, wie ein Radfahrer von seinem Fahrrad herunterfiel, als er im Vorbeifahren auf den Giganten schaute. Ein alter Bauer verlor seine Mütze, als er seinen Blick erhob. Und anstatt seine Mütze aufzuheben, sagte er zu seinem Enkel, den er an der Hand hielt: »Großer Gott! Wenn dieses Riesenmonstrum umfallen sollte, dann zerstört es den Kaiserpalast. Kind, wir gehen nach Hause.«

Im Jahre 1954, als beide Republiken ihren fünften Jahrestag feierten, kam zu uns das Staatliche Gesangs- und Tanzensemble der DDR, eine der stärksten Truppen, die wir bis dahin empfangen hatten. Die meisten Tänzer und Sänger waren sehr jung und lebhaft. Sie sangen und tanzten nicht nur auf der Bühne. Überall konnte man ihre strahlenden Gesichter sehen und ihr fröhliches Gelächter hören. Sie hatten großen Erfolg in Peking und wollten noch andere Großstädte besuchen. Vor ihrer Abreise gab die Staatliche Kommission für kulturelle Zusammenarbeit mit dem Ausland ein großes Dank- und Abschiedsbankett in dem neuerbauten Friedenshotel schräg gegenüber vom Außenministerium. Noch vor dem Bankett kamen chinesische und deutsche Künstler im Foyer zusammen. Obwohl ihnen nicht genug Dolmetscher zur Verfügung standen - man hatte mich zum Beispiel für den Abend ausgeborgt - konnten sie sich ziemlich gut verständigen. Denn »Frieden«, »Freundschaft« und »Zusammenarbeit« - das sind Wörter, die man auch ohne Übersetzung verstehen kann. Mimik, Gesten und noch eine internationale Sprache - die Musik - sorgten dafür, daß alles wunderbar verlief.

Der Leiter dieser Kommission, Zhao, war Musikwissenschaftler und wurde später Intendant des Zentralen Konservatoriums. Er war ein ganz netter, aber vor allem ein runder Mann - sein Kopf war rund, seine Brust war rund, sein Bauch war rund, sogar seine Finger waren rund. Leider hatte er vorher wahrscheinlich nicht viel mit Ausländern zu tun gehabt und war vor so vielen lauten und unförmlichen jungen Leuten ein bißchen befangen. Er saß neben mir auf einem langen Sofa und bat mich, ihm einige am häufigsten gebrauchte deutsche Wörter beizubringen. »In Bedrängnis muß man auch Buddhas Füße flehentlich umklammern,« sagte er zu mir und meinte, daß er in letzter Minute Hilfe bei mir suchen mußte. In seiner Funktion als Leiter einer solchen Kommission hatte er auf diese Weise schon einige Wörter der Sprachen Osteuropas gelernt. Aber er sagte manchmal »Willkommen« auf polnisch zu den bulgarischen Gästen, die glaubten, daß er Chinesisch sprach, und um Übersetzung baten. Der arme Bulgarischdolmetscher konnte kein Wort Polnisch und glaubte, daß der Leiter Zhao Dialekt seiner Heimatstadt sprach, und bat ihn, Standard-Chinesisch zu sprechen. Auf diese Weise erzeugte er einen richtigen internationalen Mischmasch. Als Musiker hatte er ein feines Ohr und konnte alle Laute wunderbar nachahmen. Das bereitete ihm offensichtlich Spaß. Auch jetzt wollte er immer mehr deutsche Wörter lernen. Da kam ein zierliches blondes Mädchen in bunter sorbischer Tracht. Und anstatt auf dem Sofa Platz zu nehmen, setzte sie sich ganz unvermittelt auf Zhaos Schoß und legte einen Arm um seinen Hals. Das war ein seltenes und unerwartetes Glück, wofür ich gerne zehn Jahre meines Lebens geopfert hätte. Der arme Leiter war aber völlig unvorbereitet, offenbar auch ungeübt, um mit einer solchen Situation fertigwerden zu können. Er saß kerzengerade da und wußte nicht, wo er hinschauen sollte. Er drehte seinen runden Kopf soweit wie möglich von ihrem strammen Busen weg. Schade, daß er sein Glück nicht zu genießen verstand. Ich war sehr neidisch, denn ich war viel jünger als der Leiter, und ich schäme mich nicht zu behaupten, auch viel hübscher. Wenigstens hatte ich keinen runden Bauch.

Die Blondine wollte keine Sekunde verlieren und begann sofort eine Unterhaltung, natürlich auf deutsch. Der Leiter war so verlegen, daß er nicht wußte, wie er dem Mädchen entkommen sollte. Er dachte wahrscheinlich mit Bedauern daran, daß er nicht früher angefangen hatte, Deutsch zu lernen. Und ich? Hätte ich diese romantische Szene vorausgeahnt, so hätte ich dem Leiter gleich zu Anfang die drei deutschen Wörter »Ich - liebe - dich« beigebracht. Jetzt war es aber viel zu spät. Also mußte ich widerstrebend für das »Liebespaar« übersetzen. Es stellte sich heraus, daß die Blondine Ingeborg hieß, aus Dresden stammte und Tänzerin war. Als sie erfuhr, daß ihr Gesprächspartner ein Leiter und gleichzeitig Musiker war, gab sie ihm einen richtigen Schmatz auf die Wange. Der Leiter, obwohl zuständig für den kulturellen Austausch mit dem Ausland, hatte vorher sicher noch nie einen Kuß mit einem Mädchen aus dem Ausland ausgetauscht. Er fing an zu schwitzen. Der arme Mensch, er mußte wie auf Kohlen sitzen. Ich wollte ihn retten. Aber wie?

Gerade zu dieser Zeit ging ein Kellner vorbei. Da kam mir eine Idee. Leise bat ich ihn, in zwei Minuten zurückzukommen und dem Leiter zu sagen, daß er am Telefon verlangt wird. Der Kellner machte große Augen, stellte aber keine Fragen. Das Mädchen konnte offensichtlich auch ohne Dolmetscher ganz gut kommunizieren. Sie streichelte dem Leiter einmal die runde Wange, einmal die spärlichen Haare. Ich erklärte Leiter Zhao meine Intrige. Er war erleichtert. Das Mädchen verstand aber kein Wort, denn ich habe natürlich Chinesisch gesprochen.

»Genosse Leiter,« da stand schon der Kellner, mein Mittäter, vor ihm und sagte: »Telefon für Sie. Bitte folgen Sie mir.« Der Leiter verschwand hinter der Tür und war vor dem Bankett nicht mehr zu sehen.

»Wollen wir nicht in den Speisesaal gehen?« fragte ich das in völliger Vernarrtheit wartende Mädchen. »Leiter Zhao hat offenbar ein langes Telefonat.«

Nur ungern folgte mir die Dresdnerin.

Ich muß sagen, ich bin durchaus ein ehrlicher Mensch. Daß ich ab und zu lügen muß, geschieht immer nur aus einem ehrlichen Grund. Das sind dann die bekannten Notlügen, nicht wahr?

Eine Maus hatte auf diese Weise einen Elefanten aus dem Liebesnetz befreit, und zwar nicht mit ihren Zähnen, sondern mit ihrem Witz. Wieso hatte sich der Elefant nicht einmal bei der Maus bedankt? War er zu groß oder hatte er zu kleine Augen, daß er seine Retterin nicht wahrnehmen konnte?

* * *

Das Wort »diplomatisch« ruft viele Assoziationen hervor: scharfsinnig, humorvoll, geschickt, taktvoll, flexibel, usw. So soll das Image eines Diplomaten sein. Das Leben sagt uns aber manchmal etwas anderes. Es gab wenigstens eine Ausnahme - den ersten Botschafter der DDR in Peking, Herrn König. Allerdings nannten wir ihn damals »Genosse König«. Er war eher ein Akademiker als ein Diplomat im oben erwähnten Sinne.

Er erhielt einmal eine Einladung vom Außenministerium, über die DDR zu sprechen. Das Publikum bestand nur aus leitenden Funktionären. Er hat wie ein Professor für Deutschlandkunde ein zweistündiges Referat gehalten - umfassend, systematisch und informativ. Ich mußte mich beim Übersetzen besonders konzentrieren, denn es gab so viele Fakten und Zahlen im Referat. Aber sein Referat war ein Erfolg. Es war für die leitenden Funktionäre des Außenministeriums eine seltene Gelegenheit, über die DDR aus berufenem Mund informiert zu werden.

Als ich ihn nach seinem Referat zu seinem Auto begleitete, sagte er zu mir auf der Treppe:

»Das war nicht leicht zu übersetzen, ich weiß. Aber Sie haben es prima gemacht. Vielen Dank, Genosse Zhou.«

Da erinnerte ich mich an seine Bemerkung über meine Übersetzung einige Zeit zuvor, und zwar auch auf dieser Treppe, als ich ihn nach einer Besprechung mit dem Vizeaußenminister Wu Xiuquan zu seinem Auto begleitete. Er hatte ganz gleichgültig zu mir gesagt, ohne mich anzuschauen:

»Wissen Sie, Genosse Zhou, früher stand ich Ihrer Übersetzung immer etwas mißtrauisch gegenüber.«

Ich wäre beinahe die Treppe hinuntergefallen.

»Jedesmal, wenn ich zwei oder drei lange Sätze gesprochen hatte,« fuhr er fort, ohne auch nur zu ahnen, was für eine Wirkung seine »Anklage« auf mich ausübte, »und wartete, bis Sie übersetzten, habe ich immer zugehört. Ich verstehe zwar kein Chinesisch, aber ich habe gemerkt und mich gewundert, daß Sie nur sehr kurz übersetzten. Nanu, sagte ich zu mir selbst, Genosse Zhou hat meine Worte wieder hinuntergeschluckt. Aber heute habe ich es richtig verstanden. Denn Genosse Wu Xiuquan hat immer sehr kurz gesprochen, aber Sie mußten immer sehr lange übersetzen. Chinesisch ist vielleicht kürzer als Deutsch, nicht wahr?«

Da hatte der Botschafter den Nagel auf den Kopf getroffen. Chinesisch ist in der Tat kürzer als Deutsch oder Englisch, aber nicht weniger ausdrucksvoll. Außerdem haben wir so viele bildliche Idiome in nur vier Zeichen. Wenn man solche Idiome übersetzt und keine Äquivalente oder Parallelen findet, muß man ganze Sätze bilden.

* * *

Der Botschafter war also eher ein Akademiker als ein klassischer Diplomat. Im übrigen war er ein sehr netter Mensch und machte keine Umstände, wie manche anderen Botschafter. Sogar mit mir, einem jungen und unerfahrenen Dolmetscher, stellte er sich auf die gleiche Stufe. Vielleicht wollte ich ihm deswegen gerne helfen, wenn notwendig und möglich. Ich erinnere mich an ein Ereignis, wo er total verblüfft war und weder aus noch ein wußte. Wäre ich ihm nicht zu Hilfe gekommen, hätte sich die Verlegenheit aller Anwesenden in die Länge gezogen.

Es war der Nationalfeiertag der DDR. Der Botschafter gab einen großen Empfang in der Botschaft. Zhou Enlai, der damalige Ministerpräsident und Außenminister, und Zhu De, der damalige Präsident des Volkskongresses, waren die Ehrengäste des Abends. Wir saßen zu viert in einem behaglichen Zimmer - Zhou, Zhu, König und ich. Die Atmosphäre war gleich am Anfang zu formell, weder lebhaft noch herzlich. Herr König war wohl nicht der Mensch, ein Gespräch in Gang zu bringen oder es in Gang zu halten. Von Zhu De konnte man als Gesprächspartner sowieso nicht viel erwarten, denn er sprach überhaupt sehr wenig, und das auch nur, wenn er gefragt wurde. Zhou Enlai war eigentlich viel gesprächiger. Er sprach humorvoll und lachte auch gern. Was ihm an diesem Abend passiert war, wußte ich nicht. Er schien zerstreut zu sein, saß da, schlürfte seinen Drachenbrunnentee aus Hangzhou, sprach aber sehr wenig. Es war schlimm, daß keiner von ihnen Raucher war, sonst wäre die Atmosphäre nicht so drückend gewesen. Ein Dolmetscher war eine viel zu geringe Persönlichkeit, um ein Gespräch beginnen zu dürfen. Ich hatte aber das Gefühl, daß dem Botschafter etwas auf dem Herzen lag. Er suchte nur den richtigen Moment. Ruhe, immer noch Ruhe im Zimmer. Schließlich räusperte sich Herr König und fing an zu sprechen:

»Genosse Zhou Enlai, Genosse Zhu De, es ist mir bekannt, daß Sie beide in Deutschland studiert haben. Ich bin aber nicht mehr sicher, wann das war.«

Das war nicht schwer zu übersetzen. Ich gab jedes Wort des Botschafters wieder. Da geschah etwas Unerwartetes:

Zhou Enlai guckte nach links, Zhu De schaute nach rechts. Beide taten so, als hätten sie nichts gehört. Niemand wollte diese Frage beantworten. Herr König war offensichtlich erstaunt und sah mich mit gehobenen Augenbrauen an, ob ich auch seine Frage richtig übersetzt hätte. Mit gesenkten Augenlidern gab ich ihm zu verstehen: Natürlich, jedes Wort.

Der arme Botschafter war total verblüfft und saß da wie gelähmt.

Eine Sekunde verging, dann zwei, drei ... Ein Engel muß durch das Zimmer geflogen sein. Ich verstand, obwohl ich eine ganz kleine Persönlichkeit war, daß ich der einzige zu dieser Zeit und an diesem Ort war, der etwas tun konnte, um aus dieser peinlichen Situation herauszukommen. Ich stand ganz natürlich auf und schenkte Tee ein, zuerst Zhou, dann Zhu. Und als ich dem immer noch ratlos dasitzenden Herrn König Tee einschenkte, zeigte ich, unbemerkt von Zhou und Zhu, auf seine Tasse und dann auf Zhou und Zhu. Herr König konnte meine Andeutung nicht gleich begreifen. Ich mußte sie zweimal wiederholen, bange, daß entweder Zhou oder Zhu es merken könnten. Aber nein, der eine guckte immer noch nach links, der andere immer noch nach rechts. Gott sei Dank! Endlich hatte Herr König begriffen.

»Sie trinken sicherlich jeden Tag Tee. Wollen Sie nicht zur Abwechslung einmal Kaffee probieren? Ich habe nämlich erstklassigen Kaffee aus Deutschland, von meinem Urlaub.«

Dann geschah das Erwartete: Zhou Enlai guckte nach rechts, Zhu De schaute nach links. Beide waren noch wortkarg. Sie sagten zur gleichen Zeit nur ein Wort: »Suibian« - beliebig -, aber immerhin war der Stillstand gebrochen. Herr König, der nun ein Thema gefunden hatte, behauptete:

»Ich trinke lieber Kaffee, obwohl Tee eigentlich gesünder ist.«

Darauf erwiderte Zhou:

»Viele Chinesen glauben, Kaffee sei gut für die Verdauung.«

Gott sei Dank, daß er endlich aus seiner Geistesabwesenheit herausgekommen war. Er erzählte Herrn König dies und das, aber über seine Studienzeit in Deutschland - kein Wort, als ob davon nie die Rede gewesen wäre. Als er sprach, nickte Zhu De und sagte ab und zu »ja« oder »richtig«. Aber nachdem Zhou geendet hatte, begann Zhu auch, dem Botschafter etwas zu erzählen. Er hat an diesem Abend ausnahmsweise viel gesprochen, als ob er für sein vorheriges Schweigen Ersatz geben wollte.

So verlief der Rest des Abends ziemlich gut.

Ich wußte nicht, ob der Botschafter aus rein persönlicher Neugier seine Frage an Zhou und Zhu gestellt hatte oder ob das Außenministerium der DDR es wissen wollte. Der arme Botschafter! Wie sollte er wissen, daß die beiden Ex-Studenten über ihre Zeit in Deutschland aus irgendeinem unversändlichen Grund heraus nicht gern sprechen wollten.

* * *

Dr. Lothar Bolz war auch kein klassischer Diplomat, obwohl er viel witziger und scharfsinniger als der Botschafter war. Er wäre gern genauso lange in China geblieben wie die anderen Delegationsleiter, die anläßlich des fünften Nationalfeiertages der Volksrepublik als Mao Zedongs Ehrengäste eingetroffen waren. Aber die DDR feierte ihren Gründungstag nur sechs Tage später als wir. Und als Außenminister mußte er unbedingt rechtzeitig zum Staatsfeiertag der DDR am 7. Oktober wieder in Berlin sein.

Es war ein ziemlich ruhiger Abend vor seiner Abreise. Wir machten einen Spaziergang im Garten der Residenz des Delegationsleiters. Wir waren froh und dankbar, daß wir uns nach einer Woche hektischer Arbeit wieder ein bißchen entspannen konnten. Wir sprachen auch nicht viel miteinander. Frau Liebermann, die Chinesisch-Dolmetscherin der Botschaft, ging neben mir.

»Wissen Sie, Genosse Zhou,« begann sie ein Gespräch, als ob sie die Stille brechen wollte, »Sie haben eine gute Aussprache. Sie sprechen grammatisch richtig. Aber Sie müssen sich das ›also‹ unbedingt abgewöhnen. Es ist schrecklich!«

»Sie haben sicherlich recht,« erwiderte ich. »Aber wissen Sie, beim Übersetzen finde ich manchmal nicht sofort das richtige Wort, kann aber nicht schweigen und nachdenken. Dann taucht das ›also‹ wie von selber auf und dient quasi als Zeitgewinner.«

»Laß den Zhou in Ruhe!« sagte der Delegationsleiter, der neben dem Botschafter und seiner schönen Gatttin ging, ziemlich streng. Er drehte sich um und schaute mich an.

»Zhou, durch uns sind Sie in der letzten Woche sehr abgemagert. Wir werden Ihre Dienste nie vergessen.«

Er nahm meine Hand in seine dicke, fleischige Hand und drückte sie fest. Meine Kehle wurde eng. Ich senkte meinen Blick.

»Ja,« fügte der Botschafter hinzu, »wir sind Ihnen sehr dankbar.«

Auch seine charmante Gattin lächelte mich an. Ich war reichlich belohnt. Frau Liebermanns Gesicht wurde rot.

Am nächsten Tag am Flughafen nahm Dr. Bolz, bevor er in seine Kabine ging, wieder meine Hand und sagte zu mir in einem besorgten Ton:

»Zhou, versprechen Sie mir etwas?«

»Oh, ja, alles,« erwiderte ich.

»Wenn wir weg sind, fahren Sie vom Flughafen direkt nach Hause und gehen gleich ins Bett. Ihre Augen sind entzündet. Sie haben ein Schlafdefizit.«

Diplomat? Er war zu mir fast wie ein Onkel.

Jahre im Paradies – leider zu kurz

So ungefähr war meine Arbeit im Außenministerium - anstrengend, aber interessant.

Ein Kulturabkommen und ein Handelsabkommen zwischen China und der DDR wurden bald unterzeichnet. Die Verhandlungen verliefen freundlich, die Durchführung reibungslos. Bald kamen zu uns Experten aller Branchen aus der DDR. Wir schickten auch Studenten dorthin. Ich hätte natürlich gern als Dolmetscher in unserer Botschaft in Berlin gearbeitet. Da ich aber der einzige Deutschdolmetscher des Ministeriums war, nahm man lieber einen Russischdolmetscher mit, der in Berlin anfing, Deutsch zu lernen. Später wurde er Vizeaußenminister. Es kamen zwei deutsche Literaturprofessoren zu uns und unterrichteten an der Peking-Universität. Ihre Studenten sind heute Elitekräfte der Germanistik an verschiedenen Universitäten und Forschungsinstituten. Zur Zeit der Gründung der Zentralen Philharmonie in Peking kam ein deutscher Musikprofessor, ein Dirigent. Er wurde gebeten, Kontakte zwischen der Pekinger Philharmonie und dem Berliner Sinfonieorchester herzustellen, denn die chinesische Philharmonie wollte es bei ihrer Gründung zum Vorbild nehmen. Chinesische Sänger, Tänzer, Akrobaten, eine Jugenddelegation, eine Frauendelegation fuhren in die DDR. Jedesmal war ich bei der Verhandlung oder Vorbereitung dabei, aber nicht einmal durfte ich mitfahren. Eine Klasse der besten Mittelschule in Peking hatte die Ehre, den Namen »Wilhelm-Pieck-Klasse« zu erhalten. Die DDR-Botschaft übergab den Schülerinnen und Schülern schöne Bilder, Bücher und Geschenke. Am selben Tag erhielt in Ost-Berlin eine deutsche Klasse den Ehrennamen »Mao-Zedong-Klasse«. Darüber hinaus bekam China die modernsten Anlagen und Maschinen aus der DDR. China exportierte vorwiegend Agrarprodukte in das Bruderland. Das Handelsvolumen war zwar nicht besonders groß, aber beide Seiten waren zufrieden.

Das waren die besten Jahre der Volksrepublik. Ein westlicher Journalist hat festgestellt, daß die meisten chinesischen Intellektuellen die Anfangsjahre, also die Jahre von 1949 bis 1955 entweder als »Jahre im Paradies« oder »goldene Jahre« bezeichnen. Wenn ich an diese Jahre denke, so denke ich unwillkürlich an ein Lied, das die Stimmung der Chinesen zu dieser Zeit richtig widerspiegelte: »Besingen wir unser liebes Vaterland, welches marschiert zum Reichtum und zur Stärke von nun an.« Das Lied war damals sehr populär. Fast alle Chinesen auf dem Festland glaubten, daß die dunkelsten und schwersten Zeiten des Landes schon hinter ihnen lagen. Mit der Gründung der Volksrepublik hatte eine neue Phase der Geschichte begonnen; alles würde besser und immer besser werden; eines Tages würde auch China ein reiches und starkes Land der Welt sein. Das Volk hatte genug von Kriegen, Unruhen und Zerstörungen. Jetzt wollte es in Frieden leben und das Land wieder aufbauen. Es war eine seltene Begeisterung und ein noch selteneres Vertrauen in die Kommunistische Partei im Volk wahrzunehmen. Im Lande herrschte eine ungeheure schöpferische Kraft.

Glücklicherweise hatte die junge Volksrepublik Jahr um Jahr gute Ernten. Auch das Wetter war für den Ackerbau immer günstig. Die Preise blieben niedrig und stabil. Wenn man täglich, auch am Wochenende, in der Kantine seine drei Mahlzeiten einnahm, kostete es zwischen zwölf und fünfzehn Yuan. »Miete« war ein Wort, das Menschen wie wir, die wir ein öffentliches Amt innehatten, die sogenannten Kader, fast vergessen hatten. Denn wir wohnten in Heimen, die uns die Ämter zur Verfügung stellten. Mao-Anzüge aus Tuch oder wattiert waren billig. Mit einer Monatskarte von sechs Yuan konnte man in der Stadt mit allen öffentlichen Verkehrsmitteln fahren. Kleidung, Essen, Wohnung, Verkehr - das verstehen wir unter Lebenshaltung des Volkes. Dabei betrug mein monatliches Gehalt ungefähr achtzig Yuan. Ich verbrauchte nur die Hälfte davon. Von der anderen Hälfte hat immer der Staat Gebrauch gemacht, denn ich war ein Stammgast der Bank.

Für die meisten Menschen war das Leben viel leichter geworden. Die Bauern hatten nach der Landreform ihr Stückchen Land, die Städter hatten eine Stelle, während die Fürsorgeämter sich um die Alten, Schwachen, Kranken und Invaliden kümmerten. Die Regierung war rechtschaffen, verantwortungsvoll, dienstbeflissen, zuverlässig und effizient. Maos Aufruf »Dem Volk dienen!«blieb nicht nur auf dem Papier oder im Mund. Es war tatsächlich der Leitgedanke aller Kader im ganzen Lande. Die Beziehungen zwischen den Kadern und dem Volk sowie zwischen den Vorgesetzten und den Untergeordneten waren freundlich und kameradschaftlich. Die Kritik des Volkes und der Untergeordneten wurde ernst genommen. 1951 und 1952 gab es eine Bewegung gegen Korruption, Verschwendung und Bürokratismus, in der zwei Veteranen der Revolution gnadenlos erschossen wurden, weil sie nach dem Sieg zwei- oder dreitausend Yuan unterschlagen hatten.

Im Außenministerium mußte Wang Bingnan, Chef der Generalkanzlei, der durch seine deutsche Ex-Ehefrau Anna Wang in Deutschland nicht ganz unbekannt ist, vor sämtlichen Kadern mehrmals Selbstkritik üben, weil er seiner jungen hübschen Verlobten erlaubte, in seiner Kanzlei, die für die meisten Kader unzugänglich war, täglich eine Siesta zu genießen. Wang war am Anfang sehr entgegenkommend. Aber die Kritik, insbesondere die der jungen Mitarbeiterinnen seiner Kanzlei, eskalierte in einem solchen Maß, daß sie lächerlich wurde, und er endlich seine Geduld verlor. Er sagte:

»Na gut, ich gebe euch freie Hand. Ihr sollt für mich meine Verlobte erziehen.«

Auf der nächsten Vollversammlung wurde eine Anweisung des Ministers Zhou Enlai verlesen:

»Genosse Wang Bingnan soll die Kritik der Massen bescheiden anhören und sich nicht der Bewegung gegen Bürokratismus widersetzen. Eine neue Selbstkritik ist erwünscht.«

Der arme Kanzleichef, gegen die neidischen Mädchen war er wirklich ohnmächtig, denn sie hatten sich beim Minister über ihn beschwert. Wohl oder übel gab er sich zum letzten Mal Mühe und gab offen zu, daß er sich in seiner hohen Stellung von bürokratischen und privilegierten Gedanken habe anstecken lassen. Er versicherte seinen Kritikerinnen, daß er in Zukunft gegen solche bourgeoisen Bakterien kämpfen würde. Außerdem mußte er ihnen versichern, daß er als ihr Vorgesetzter niemals in irgendeiner Form Vergeltung üben würde. Die Mädchen hatten einen vollständigen Sieg errungen. Sie waren stolz wie die Pfauen. Die unglückliche Verlobte mußte woanders ihre Mittagsruhe halten. Und der Verlobte wußte nicht, ob er weinen oder lachen sollte.

Das war ein überzeugendes Beispiel der Demokratie, der Kritik und Selbstkritik am Anfang der Volksrepublik. Mit der Entwicklung des Landes wurde es aber nicht besser, sondern schlechter. Daß vom Kritisierten Selbstkritik als rettender Strohhalm angesehen wurde, geschah später, als China von seinem richtigen Kurs abwich. Damit war auch die Demokratie zugrunde gerichtet.

Wenn man im feudalen China sagte: »Niemand nimmt das auf der Straße Liegengelassene; niemand verriegelt nachts seine Haustür«, so meinte man, daß die Menschen damals ein hohes soziales Bewußtsein hatten, und daß die öffentliche Ordnung stabil war. Das war eine Beschreibung der Zeiten, wo die Menschen ehrlich waren. Am Anfang der Volksrepublik waren wir Chinesen auch noch so ehrlich.

Herr Suter, Manager einer großen Firma in Zürich, hat mir Ende 1988 etwas Ähnliches in seinem Büro erzählt. Er hat mehrmals Geschäftsreisen nach China unternommen. Einmal wohnte er im Friedenshotel in Shanghai. Als er am Flughafen auf seine Maschine wartete, kam ein Auto angerast und daraus sprang der Beamte für Öffentlichkeitsarbeit des Hotels und rief ganz aufgeregt: »Herr Suter, ich freue mich, daß ich Sie noch eingeholt habe. Hier, Sie haben ein Paar Schuhe in Ihrem Zimmer vergessen. Ich wünsche Ihnen einen angenehmen Flug und kommen Sie wieder zu uns, wenn Sie in Shanghai sind. Jetzt muß ich aber schnell wieder weg, denn man wartet auf mich im Hotel. Auf Wiedersehen!«

Bevor Herr Suter sich bei ihm für seinen letzten Dienst bedanken konnte, war das Auto schon weg.

»Aber Herr Zhou,« sagte Herr Suter, »Sie müssen wissen, die Schuhe habe ich nicht vergessen. Ich wollte sie nicht mehr haben. Und als ich das Weggeworfene nicht wegwerfen konnte und wieder in die Hände nahm, wurde mein Blick trübe. Ich bin ein sehr weitgereister Mensch, Herr Zhou. Aber ein solches Land wie China habe ich noch nie gesehen.«

»Wann war das?« fragte ich.

»Oh, ganz genau kann ich mich nicht mehr daran erinnern, aber es muß Anfang der fünfziger Jahre gewesen sein.«

Eine deutsche Sinologin, die als Touristin China mehrmals besucht hat, erzählte mir an einem Herbstabend 1990 im Cafe Ali Baba in West-Berlin, wo ich die vierzig Räuber leider nicht getroffen habe, eine ähnliche Geschichte:

»Stell dir vor, am Hauptbahnhof in Hangzhou hielt mir ein junger Hotelangestellter zwei Stücke Unterwäsche entgegen, vor den Augen aller Menschen in der Nähe, und fragte höflich: ›Bitte schön, Fräulein, sind das Ihre Sachen? Das Zimmermädchen hat sie in Ihrem Zimmer gefunden!‹ Es war wirklich sehr peinlich.«

»Wann war das?« Auch sie habe ich so gefragt.

»Moment mal,« erwiderte sie nachdenklich. »Das war noch vor dem ›großen Sprung nach vorne‹, wo die Chinesen plötzlich alle verrückt wurden und mit primitiven kleinen Öfen versuchten, Stahl zu gewinnen.«

Viele Menschen - sowohl Chinesen als auch Ausländer in China - haben ähnliche Erfahrungen gemacht. Vater wollte einmal etwas kaufen und entdeckte zu seiner Bestürzung, daß er sein Portemonnaie verloren hatte. In der Hoffnung, es irgendwo in einer Ecke wiederzufinden, ging er denselben Weg zurück. An einer Kreuzung sah er einen ungefähr zehnjährigen Schüler, der sein Portemonnaie aufhob und wartete. Voller Freude wollte mein Vater es nehmen, wurde aber von dem Schüler aufgefordert, zuerst die genaue Summe im Portemonnaie zu nennen. Vater gab dem Zehnjährigen eine Hälfte der Yuan und sagte: »Vielen Dank, Junge. Ich bewundere deine Ehrlichkeit. Hier, nimm das Geld und kaufe dir Bonbons.«

»Onkel,« erwiderte der Junge ganz ernsthaft, »unser Lehrer hat uns gesagt, gefundenes Geld soll man sich nicht aneignen.«

Bevor Vater nach seinem Namen fragen konnte, war er schon weg.

Das war auch am Anfang der Volksrepublik.

Damals hat die Regierung schnell und effektiv viele von der alten Gesellschaft hinterlassene Übel aus der Welt geschafft. Opiumsüchtige wurden behandelt. Prostituierte erhielten eine Ausbildung. Glücksspiele wurden verboten. Die Kriminalitätsrate sank. Es gab ein Moralgesetz: »Jetzt ist das Land befreit. Willst du dich immer noch wie in der alten Gesellschaft verhalten?« Solch eine einfache Frage hat viele Menschen von Missetaten abgeschreckt. Das Land gedieh und das Volk lebte in Frieden.

International wurde die neue Volksrepublik von immer mehr und mehr Ländern diplomatisch anerkannt. Die erste Regierungsdelegation erschien in der UNO und forderte den legitimen Sitz der Volksrepublik. Die Volksfreiwilligen marschierten über den Fluß Ya Lu und kämpften

Schulter an Schulter mit der Koreanischen Volksarmee gegen die amerikanischen Aggressoren.

Chen Jiakang, der damals als Leiter der Jugenddelegation über Harbin nach Moskau fuhr, war inzwischen Leiter der Hauptabteilung Asien des Außenministeriums geworden. In einem Vortrag im Ministerium hat er das sehr bildlich ausgedrückt:

»Früher haben wir die Imperialisten aus unserem Land hinausgejagt. Jetzt gehen wir hinaus, um gegen die Imperialisten zu kämpfen. Einmal hinausjagen, einmal hinausgehen, Genossen, das ist kein kleiner Unterschied. Das ist ein Beweis, daß China stärker geworden ist.«

In der Tat war China stärker geworden. Es war wieder ein souveränes und selbständiges Land. Aller Anfang ist schwer. Trotz aller Schwierigkeiten florierte die neue Volksrepublik. Im ganzen Lande, sei es in den Großstädten und Städten oder in den unzähligen Dörfern, herrschte eine Euphorie, eine Aufbruchstimmung, eine Atmosphäre der Hoffnung, der Zuversicht, der Entwicklung, des Aufstiegs, der Zufriedenheit und der Glückseligkeit.

Es waren Jahre im Paradies - leider zu kurz.

»Es lebe Vorsitzender Mao!« – Personenkult, Anfang einer Tragödie

Wann und wie begann in China der Irrweg? Warum haben die Jahre im Paradies nur so kurze Zeit gedauert? Gibt es eine klare Trennungslinie, vor der alles richtig, nach der alles falsch war? Nein, auch in den Jahren im Paradies lagen schon die Keime der Mißerfolge auf der Lauer. In dem heiteren Himmel haben die jubelnden Menschen die Schatten der Regenwolken - Omen eines Orkans - nicht bemerkt. Und hinter diesen Schatten steckte der Personenkult - Anfang einer Tragödie.

Ich bin kein Fanatiker. Ich versuche, immer einen klaren Kopf zu behalten und mir meine eigene Meinung zu bilden. Aber wenn das ganze Volk von tödlichen Bakterien angesteckt wird und sogar Denker und Philosophen dagegen ohnmächtig sind...

1945, auf einer Versammlung in dem Befreiten Gebiet, hörte ich zum ersten Mal »Es lebe die Kommunistische Partei Chinas!«. Die Rufenden hoben dabei die Arme. Ich bekam eine Gänsehaut. So etwas hatte ich in Shanghai noch nicht erlebt. Ich wollte es nicht mitmachen. Aber um nicht aufzufallen, habe ich widerstrebend den Arm gehoben und die Lippen bewegt. Dabei dachte ich spontan an die Kaiser. Das deutsche »Es lebe ...«

klingt nicht so schrecklich. Die Russen sagen gar das Gegenteil: »Langlebigkeit ist keine Glückseligkeit.« Und die Japaner? Sie üben das Harakiri aus und glauben dabei, es sei eine Ehre, für ihren Mikado sterben zu dürfen. Für uns Chinesen aber ist Langlebigkeit das höchste Glück, auch für die Armen, denn wir sagen: »Lieber in Dürftigkeit leben, als in Ausgiebigkeit sterben.« Die Kaiser strebten gar nach Unsterblichkeit. Die Geschichte erzählt von einem Kaiser, der träumte, mit Hilfe der Alchemisten, ein unsterblicher Elf zu werden und schließlich von Chemikalien vergiftet wurde. Die Kaiser ließen sich die »Zehntausendjährigen« nennen und ihre hohen Beamten in der Thronhalle im Chor singend rufen: »Möge Eure Majestät zehntausend Jahre leben, zehntausend Jahre, zehntausendmal zehntausend Jahre!« Aber das waren Kaiser. Und die Kommunisten, die behaupten, daß sämtliche Staaten und politische Parteien eines Tages absterben werden, lassen ihre Partei ebenfalls für zehntausend Jahre hochleben. Wieso?

Dieses Rätsel ist in meinem Kopf immer ungelöst geblieben. Meine Zweifel konnte ich bereits damals mit niemandem diskutieren, denn solche Gedanken sollten an und für sich schon parteifeindlich sein!

Und nun, seit der Gründung der Volksrepublik kam eine neue Parole hinzu, und zwar hieß es immer vor dem Spruch »Es lebe die Kommunistische Partei Chinas!« »Es lebe Vorsitzender Mao!«, obwohl im Parteistatut steht, daß alle Funktionäre ausnahmslos auch einfache Mitglieder der Partei sein sollen.

Es gibt viele Dinge in dieser Welt, die ich nicht verstehe. Natürlich habe ich sowohl die Partei als auch Mao Zedong geliebt, genauso wie die meisten Chinesen, sonst wäre ich den Lebensweg eines Revolutionärs nicht gegangen. Es ist der Partei und Mao zu verdanken, daß heute in Shanghai keine japanischen Schildwachen mehr auf der Garten-Brücke stehen, die den chinesischen Vorübergehenden großzügig Ohrfeigen schenken, daß es keine Sikh, vietnamesischen und russischen Polizisten mehr gibt, die die chinesischen Rikschakulis blutig schlagen oder Kinder wie mich in die Polizeistation schleppen, wo Ausländer über das Schicksal der Chinesen in China entscheiden. Es ist der Partei und Mao zu verdanken, daß wir Chinesen nicht mehr vor Hunger oder Kälte sterben, daß ich nach 1949 in Shanghai keine Leichen mehr am Wintermorgen sehe, auch keine kleinen Bettler, die den Vorübergehenden Kuchen oder sonstiges Eßbare aus der Hand reißen. Die Partei und Mao haben wirklich dem Volke gedient und das Volk ist ihnen dankbar. Aber dazu sind sie ja da, wofür denn sonst? Und für ihre Verdienste sollen sie zehntausend Jahre leben?

Na schön, nehmen wir das nicht zu wörtlich. Gemeint ist nur, daß sie wegen ihrer Verdienste lange leben sollen. Ich habe nichts dagegen. Ich glaube auch nicht, daß jemand etwas daran auszusetzen hat. Aber leider ist es nicht nur eine Sache der wörtlichen Interpretation. Denn Liebe, auch der Partei oder Mao gegenüber, ist eine Emotion, die im Herzen sitzt und nicht auf den Lippen hängt. Warum immer so fanatisch Losungen rufen? Wäre es nicht besser, wenn wir nicht mit Worten, sondern mit Taten zum Aufbau des Landes beitrügen?

Kurz nach der Gründung der Volksrepublik fand einmal eine große Kundgebung in einem Stadion statt. Zehntausend Menschen warteten auf den Vorsitzenden Mao Zedong. Blitzschnell kamen mehrere völlig gleiche schwarze Limousinen angerast, hielten vor einem Nebeneingang des Stadions, und bevor man richtig hingesehen hatte, flogen die Türen zur gleichen Zeit auf. In der nächsten Sekunde waren die Limousinen wieder weg. Man hörte die Militärkapelle plötzlich Maos Loblied »Der Osten wird rot« laut und feierlich spielen. Nicht jeder konnte Mao sehen, denn es war ein riesengroßes Stadion. Aber da begann schon das »Ritual«: Alle standen auf, den »Chorleitern« an allen Ecken folgend, hoben ihre Arme hoch und riefen aus voller Kehle:

»Möge Vorsitzender Mao zehntausend Jahre leben!

Zehntausend Jahre!

Zehntausendmal zehntausend Jahre!«

Das »Ritual« hat minutenlang gedauert, denn wenn es hier abflaute, schwoll es dort wieder an. Den Anlaß dieser Kundgebung habe ich vergessen. Aber diese Szene ist in meiner Erinnerung geblieben, denn sie war die erste von solchen Szenen, die in den kommenden Jahren gang und gäbe wurden.

»Der Osten wird rot« - ursprünglich ein Bauernlied, oder wie wir es nennen, ein Berglied, wurde praktisch das Präludium zu Maos Auftreten. In gewissem Sinne spiegelte das Schicksal dieses Liedes Maos Schicksal wider.

Ein Dokumentarfilm hat die Entstehung dieses Liedes überzeugend dokumentiert: Ort: Provinz Shaanxi - Sitz der Kommunistischen Partei während des Antijapanischen Krieges; Tageszeit: Morgendämmerung; Szene: Ein »befreiter Bauer« klettert auf einen Hügel. Begeistert von dem herrlichen Sonnenaufgang, breitet er die Arme aus, und mit dem Gesicht der Sonne zugewandt, singt er aus dem Stegreif, und zwar in einer für diese Gebirgsgegend typischen hohen Tonlage ein »Berglied«:

»Der Osten wird rot,
die Sonne geht auf.
In China ist ein Mao Zedong aufgetaucht.
Er strebt für das Volk nach seinem Glück.
Hu-er-hei-ya!
Er ist der große Retter des Volkes
...«

Schlicht, aber rührend, weil dieser Sänger die Freude der befreiten Bauern oder die Stimme ihrer Herzen freiwillig und spontan zum Ausdruck bringt.

Wir sagen auf chinesisch: »Wo es Menschen gibt, die gerne in Sänften sitzen, da gibt es auch Menschen, die bereitwillig die Sänfte tragen.« An jedem kaiserlichen Hof gab es genug Lohnschreiber, die bereitwillig als Werkzeuge im Dienste des Kaisers standen. Sie waren »Sänftenträger« des Kaisers. Mao hatte auch seine »Sänftenträger« - die Lohnmusiker. Sie haben das schlichte, aber ehrliche »Berglied« von einem einfachen Bauern so raffiniert bearbeitet, daß es furchtbar majestätisch und pompös klingt. Und dieses Loblied wurde viel häufiger gespielt als die Nationalhymne. Es ist sogar im Weltraum erklungen. Das alles hat Mao wenigstens geduldet, wenn nicht stimuliert. Merkwürdig war, daß Mao 1956 den Personenkult Stalins offen und scharf kritisierte. Seine »Sänftenträger«, die Lohnschreiber, haben lange scheinmarxistische Essays geschrieben, die den Eindruck vermittelten, als ob der Personenkult, genauso wie Kaviar und Wodka, ausschließlich ein russisches Produkt wäre.

Puyi wurde »der letzte Kaiser« Chinas genannt. Meines Erachtens war Mao der echte letzte Kaiser. In gewissem Sinne hat er sogar die Kaiser vor ihm an Macht und Pracht, an Vornehmheit und Erhabenheit übertroffen. Ich bin kein Historiker. Ich könnte mich irren. Aber soviel ich weiß, gab es zwar die sogenannte Hofmusik für die Kaiser, jedoch kein Loblied für einen bestimmten Kaiser, wie »Der Osten wird rot« für »Kaiser« Mao Zedong, das jahrzehntelang im ganzen Land vom gesamten Volk gesungen wurde. Und in der Ankündigung von Vorsitzenden Maos Erscheinen durch dieses Lied war nie ein Versehen unterlaufen.

China wird im Westen »Reich der Mitte« genannt. Die Kaiser haben ihr Reich als Mitte der Welt verstanden. Sie glaubten, sie seien die Söhne des Himmels, die vom Himmel beauftragt worden seien, in seinem Namen in der Mitte der Welt die ganze Welt zu beherrrschen. Sie haben immer auf ihren Thronen gesessen und Oberhäupter der tributpflichtigen Nachbarländer empfangen, die vor ihnen dreimal knien und neunmal den Kotau machen mußten.

Hat Mao Zedong nicht das gleiche getan - oder noch mehr? Diese blinde Überlegenheit der Kaiser - war Mao irgendwie besser? Hat er nicht in einem Gedicht sogar Dschingis Khan ausgelacht? Voller Geringschätzung hat er schwarz auf weiß geschrieben:

»Dschingis Khan verstand nur,
seinen Bogen zu spannen,
um auf große Geier zu schießen.«
Dann seufzte Mao: »Alles ist vorbei!«
Und mit schwungvoller Feder schrieb er weiter:
»Wenn man die Prominenten aufzählen will,
so muß man an die Gegenwart herangehen.«

Und damit hat er das Pünktchen aufs ›i‹ gesetzt. Während seine »Sänftenträger« - die Lohnmusiker miteinander konkurrierten, dieses neueste Gedicht des großen Führers Mao zu komponieren und zu singen, war die Öffentlichkeit, insbesondere die ältere Generation der Intelligenz in der Hauptstadt sehr entrüstet. Hinter verriegelten Türen und zugeschlossenen Fenstern flüsterten und seufzten sie:

»Mao geht diesmal wirklich zu weit! Wer hätte geglaubt, daß auch er...? In seinen Augen ist er der erste und größte Held in einem Land mit einer Geschichte von fünftausend Jahren. Wenn es so weitergeht, was wird dem Land und dem Volk passieren?«

Was wird passieren? Mao versuchte, die Geschichte zu verneinen. Verneint wurde er selbst schließlich von der Geschichte. Wer mit der Geschichte spielt, geht zugrunde. Und sein Land und sein Volk hat Mao in den Abgrund einer zehnjährigen Katastrophe getrieben. Lin Biao und die »Viererbande« konnten während der »Kulturrevolution« das Rad der Geschichte zurückdrehen, weil sie Maos Schwächen bis zum äußersten übertrieben.

Mao war ein Politiker voller Widersprüche wie selten einer: Es gab Widersprüche zwischen seinen Worten und seinen Taten, zwischen seinen Theorien und seiner Praxis, zwischen seiner Jugend und seinem Alter, zwischen dem, was er sich erlaubte und dem, was er von anderen verlangte...

Am Anfang der Volksrepublik hatte Mao sicher den aufrichtigen Wunsch, sein Land von Sieg zu Sieg zu führen, es nach der Revolution zu einem reichen und starken Land aufzubauen. Aber Macht verdirbt den Menschen. Auch Mao blieb von diesem Gesetz nicht verschont. In Yenan konnte man Mao oft unter den Bauern finden. Sie plauderten ganz unbefangen miteinander. Mao stammte aus einer Bauernfamilie im Landesinnern. Er konnte sich mit den Bauern wunderbar verstehen. Er hatte eine besondere Begabung, das Komplizierte so zu vereinfachen, daß auch die ungebildeten Bauern es leicht verstehen konnten. Er nannte sich Proletarier und Kommunist, war eigentlich ein hervorragender Führer des Bauernaufstandes. Und die Bauern, die sich immer einen guten Kaiser gewünscht hatten, liebten und verehrten Mao. Sie haben in Mao die Verwirklichung ihres Lebenstraums gesehen. Sie haben unter Maos Führung mit ihrem Blut und Leben die Revolution gewonnen. Es war damals nicht übertrieben, die Beziehungen zwischen Mao und dem Volke mit »Fisch im Wasser« oder »Milch im Wasser« zu beschreiben.

Der Höhepunkt von Maos Karriere war auch der Anfang seines Untergangs, der Anfang einer Tragödie. »Im Glück steckt oft Unglück«, hat ein klassischer Philosoph schon vor langer Zeit warnend gesagt. Vom Erfolg und Sieg berauscht, hatte Mao dafür nur taube Ohren. Der spätere Mao begann, den früheren Mao selber zu vernichten. Manche prinzipienlos weichherzige Menschen bedauern Mao und meinen, wenn er nach der Gründung der Volksrepublik ebenso vom Amt zurückgetreten wäre, wie auch manche weltberühmte Primadonna und Primaballerina oder wie mancher Filmstar trotz großer Reputation Abschied von der Bühne und dem Publikum genommen hatte, so wäre er als eine total positive Figur in die Weltgeschichte eingetragen worden.

Mao hat früher geschrieben: »Wir müssen bescheiden und umsichtig sein... Wir müssen uns vor Überheblichkeit und Unbesonnenheit in acht nehmen... Wir müssen dem Volke dienen... Wir müssen uns auf die Massen verlassen und dürfen uns nie von ihnen loslösen«, usw. Das alles kann man heute noch in der deutschen Übersetzung der »Mao-Bibel« finden. Mao hat früher auch den Ausdruck »Maoismus« abgelehnt. Er meinte, er sei Schüler des Marxismus und versuche, die Theorien des Marxismus mit der Praxis der chinesischen Revolution zu verbinden.

Was hat er aber später getan? Beurteilen soll man einen Menschen nicht nur nach seinen Worten, sondern auch oder in erster Linie nach seinen Taten.

Als erstes begann er, nach dem Sieg der Revolution seine Waffenbrüder zu beseitigen. Als erster betroffen war sein Erzfeind Liu Shaoqi. Das war nicht Maos Erfindung. Die ersten Kaiser einer neuen Dynastie haben fast alle dasselbe getan. Sie waren meistens Führer des Bauernaufstandes, der den letzten Kaiser einer alten Dynastie stürzte. Sie waren Menschen, mit denen man in Not und Schwierigkeiten gemeinsam kämpfen, aber nicht die Macht und den Reichtum teilen konnte. In diesem Sinne war Mao auch ein solcher Kaiser.

Eine Tradition der Demokratie hat es in China nie gegeben. Auch die sogenannte innerparteiliche Demokratie war fragwürdig, das heißt, in mancher Hinsicht gab es sie, aber andererseits - und meistens in entscheidenden Fragen - hatte Mao immer das letzte Wort. Diese unverständliche Erscheinung konnte man vor 1957, vor der Anti-Rechtsabweichlerbewegung, noch offen diskutieren, danach wurde ein Zweifel daran schon als reaktionär betrachtet.

Nach dem Sieg der Revolution sind wir Chinesen von vielen Übeln der alten Gesellschaft befreit worden, aber eine neue Last mußten wir auf die Schulter nehmen - die Pflicht der politischen Schulung. Alle Kader, Redakteure, Dozenten oder Studenten müssen jede Woche einen halben Tag die Arbeit niederlegen oder das Studium unterbrechen, um in Gruppen politische Schulung zu treiben. Dabei erhalten sie vom Staat immer noch ihre Gehälter oder Löhne. Wer versucht, sich dem zu entziehen, wird kritisiert oder gar bestraft. Auch das einfache Volk in den Städten und auf dem Lande wird geschult. In Universitäten, wo ausnahmslos alle Teilnehmer Intellektuelle sind, werden Leitartikel von Zeitungen oder Referate von führenden Funktionären abgelesen, während die »Zuhörer« entweder dösen oder miteinander flüstern und die »Zuhörerinnen« entweder stricken oder Melonenkerne knacken. Dazu gibt es noch Versammlungen, in denen ein leitender Funktionär ein Referat hält oder die Fragen der Geschulten beantwortet.

Während einer solchen Schulung im Außenministerium tauchte die Frage auf: »Wer ist größer, die Partei oder Mao?« Oder in anderen Worten: »Leitet die Partei Mao, oder leitet Mao die Partei?« Wu Xiuquan war damals Hauptabteilungsleiter für die Sowjetunion und Osteuropa. Er sollte diese schwierige Frage beantworten. Er nahm Stalin als Beispiel und sagte, oberflächlich gesehen, leitete Stalin alles in der Sowjetunion, weil sein Prestige einfach zu hoch war. Eigentlich arbeite man in der Sowjetunion nach dem Prinzip der kollektiven Leitung. Nach Wus Meinung sei es auch so in China. Es sei ein Glück für die Chinesen, daß sie Mao Zedong gefunden hatten. Und weil Maos Ansehen mit jedem Tag wachse, habe man das Gefühl, als ob er allein alles entscheide, als ob er über der Partei stünde. Natürlich gelte in China auch das Prinzip der kollektiven Leitung, usw. Die Antwort des Hauptabteilungsleiters hatte mich, wenigstens diesmal, nicht klüger gemacht.

Tatsache war, daß Mao immer überheblicher, hitzköpfiger und despotischer wurde. Er hat einmal behauptet, daß Laien zu allen Zeiten und in allen Ländern die Fachleute geleitet haben. Ob diese Behauptung überhaupt stimmt, ist Nebensache. Hauptsache war, daß Mao als Laie wirklich Fachleute geleitet hatte. Die Geburtenplanung ist ein überzeugendes Beispiel dafür. Am Anfang der Volksrepublik hatte ein Experte, Professor Ma Yinchu, Mao vorgeschlagen, ab sofort in China Geburtenkontrolle zu betreiben, sonst käme es in absehbarer Zukunft zu einer Bevölkerungsexplosion. Ob Mao die Theorien von Malthus wirklich studiert hat, ist nicht bekannt. Jedenfalls hat er als Laie Professor Mas Rat, also den Rat eines Fachmannes, nicht nur grob abgelehnt, sondern ihn als »reaktionären Anhänger des Imperialisten Malthus« gebrandmarkt. Diese total unbegründete Anklage eines Laien genügte schon, einen Fachmann zu vernichten. Professor Ma verlor alles: Arbeit, Ruhm, gesellschaftliche Stellung... Er ist entweder erst kurz vor oder nach seinem Tode rehabilitiert worden. Aber inzwischen hat sich seine Voraussage unglücklicherweise bewahrheitet - eine Bevölkerungsexplosion hat tatsächlich in China stattgefunden. Sie fällt nicht nur China, sondern der ganzen Welt zur Last. Viele Probleme, Ärger, Unzufriedenheit, ja gar Blutvergießen und Todesopfer in China können auf die Übervölkerung zurückgeführt werden. Wäre Mao nur nicht gegenüber Professor Mas Rat taub gewesen!

Nach Maos Tod wurden seine hinterlassenen Sachen im Film und Fernsehen gezeigt, im Rundfunk und in den Zeitungen wurde darüber berichtet. Man sah einen alten Pyjama mit Löchern, ein Paar abgetragene Schuhe... Diese Lumpen haben vielen leichtgläubigen Chinesen Tränen in die Augen getrieben. »Oh, weh! Unser Großer Führer hat sein ganzes Leben seinem Volk gewidmet und so bescheiden gelebt. Auch wenn unser Land noch arm ist, er hätte ein anständigeres Leben verdient.« Viele dachten so. Die Medien haben aber verschwiegen, wie er zum Beispiel in Shanghai lebte. Man sagt, daß es vom Shanghaier Flughafen bis zu seiner Residenz einen geheimen Tunnel gäbe. Wieviel Residenzen Mao im ganzen Land überhaupt hatte und wo sie waren, das wurde nicht berichtet.

In seiner philosophischen Abhandlung »Über die Widersprüche« hat Mao ein Axiom des dialektischen Materialismus erörtert, nämlich, die

Dinge neigen dazu, sich in ihr Gegenteil zu verkehren. Er warnte vor Blindheit und sprach sich für Bewußtsein aus. Der Philosoph Mao konnte merkwürdigerweise auch nicht anders. Er hat Personenkult geduldet. Personenkult hat ihn vernichtet. Das war nicht nur seine persönliche Tragödie, sondern die Tragödie eines großen Landes. Hoffentlich vergißt man die Erfahrungen von gestern nicht, denn sie können eine Lehre für morgen sein.

DURCH KLASSENKAMPF ZUM KOMMUNISMUS?

Eine weinende schwangere Frau –
1955 – Bewegung zur Liquidierung aller versteckten Konterrevolutionäre

Wenn man Mao Zedong auch als einen Erfinder bezeichnen könnte, dann wäre er der Erfinder der Massenbewegungen. Durch Massenbewegungen hat er die Japaner hinausgejagt und die Nationalistenregierung gestürzt. Nun versuchte er, sein Land durch Massenbewegungen zu beherrschen. Die Massen haben unter ihm soviel gelitten, daß sie klagen: »Ach, Massenbewegungen bewegen Massen.« Sie meinen, Massenbewegungen brachten den Massen Unruhe und Katastrophen. Maos letztes »Meisterwerk« war für ihn persönlich erfolgreich, denn er konnte durch die »Kulturrevolution« wieder an die Macht kommen und seinen Erzfeind, Liu Shaoqi, vernichten. Für sein Land aber bedeutete sie einen zehnjährigen Tumult, eine ruinöse Katastrophe.

Anfang 1955 schrieb Hu Feng, ein berühmter Literaturwissenschaftler, einen langen Brief an den Vorsitzenden Mao, in dem er die Arbeit der Partei im Bereich der Literatur scharf kritisierte und gleichzeitig mit seiner Meinung dazu Vorschläge unterbreitete.

Maos Reaktion auf den Brief war alarmierend. Er meinte, Hu Feng habe die Partei heimtückisch angegriffen, er sei ein Konterrevolutionär. Kurz darauf wurde Hu verhaftet und ins Gefängnis geworfen.

Das war der erste Schritt eines langen Irrweges in China. Mao hatte den Wirklichkeitssinn verloren und begann, gegen sein eigenes Volk zu kämpfen. Dabei hatte er nicht lange zuvor schwarz auf weiß geschrieben: »Wer sind unsere Freunde? Wer sind unsere Feinde? Das ist das allerwichtigste Problem der chinesischen Revolution.« Auf einmal war China vom Paradies in die Hölle gefallen.

Von 1950 bis 1952 hatte Mao eine Bewegung zur Unterdrückung von Konterrevolutionären durchgeführt. Diese Bewegung war notwendig und erfolgreich gewesen, denn sie verbesserte die gesellschaftliche Ordnung und Sicherheit. Mao sagte nach der Bewegung: »In China gibt es noch Konterrevolutionäre, aber nicht mehr viele.«

Aber jetzt, 1955, sollte wegen Hu Feng eine neue Bewegung durchgeführt werden, und zwar zur Liquidierung aller versteckten Konterrevolutionäre. Mit dieser Anweisung Maos verhärtete sich die politische Atmosphäre auf dem Festland über Nacht. Dem Volk wurde zu verstehen gegeben, daß es überall, sogar in der Partei und in der Armee, selbstverständlich auch in den Familien, versteckte Konterrevolutionäre gab. Das bedeutete, der Mann oder die Frau, der Vater, die Mutter oder das Kind, der Verwandte oder der Nachbar, der Freund oder der Kollege..., jeder war möglicherweise ein versteckter Konterrevolutionär. Man konnte mit einem Konterrevolutionär in einem Büro arbeiten, in einer Kantine essen, sogar in einem Bett schlafen, ohne zu wissen, daß er oder sie ein Konterrevolutionär war.

Die Partei und die Regierung wandten sich an das Volk, daß es im Interesse des Landes und des Volkes jeden »mit Mut beargwöhnen und ohne Gnade anzeigen« sollte. Was die versteckten Konterrevolutionäre betraf, so hieß die Politik der Partei und der Regierung: »Milde Behandlung dem Geständigen, strenge Bestrafung demjenigen, der Widerstand leistet.« Über Nacht wurden Netze am Himmel gespannt, Fallstricke auf Erden ausgelegt. Gott helfe denjenigen, die hineingeraten sollten.

* * *

An dieser Bewegung habe ich nicht mehr im Außenministerium teilgenommen, denn ich wurde gerade vor Beginn der Bewegung in den Volksverlag für Literatur versetzt.

Mutter hat mir später erzählt, daß diese Nachricht von meiner Versetzung für meinen Vater ein furchtbarer Schlag war und daß er lange voller Herzweh geweint hat. Armer Vater, ich weiß, du warst immer so stolz auf deinen zweiten Sohn, weil er neben Mao Zedong und Zhou Enlai sitzen und für sie dolmetschen durfte. Aber das war eine Säuberungsaktion. Ein ständiges Mitglied des Politbüros war inzwischen erster ständiger Vizeaußenminister geworden, weil Zhou Enlai als Premier zuviel zu tun hatte. Und dieser neue »Machthaber« duldete keine Untergeordneten, die einen Kopf und eine Zunge hatten. Er wollte in seinem »Königreich« nur absolut gehorsame »Untertanen« haben. Das hatte auch Liu Shaoqi, der damalige Generalsekretär der Partei, verlangt. In seinem Essay »Über die Selbsterziehung der Kommunisten« hatte er sich für einen von der ganzen Partei anerkannten Maßstab ausgesprochen, nämlich: »Jedes Mitglied der Partei soll ausnahmslos das gehorsame Werkzeug der Partei sein.« Unglücklicherweise habe ich mich immer für selbständiges Denken und schöpferisches Handeln interessiert. Als junger Dolmetscher oder Radioansager war es noch okay. Ich konnte sowieso nicht »schöpferisch« arbeiten. Ich war tatsächlich ein Werkzeug. Allerdings mußte ich nicht unbedingt der Partei gehorchen, sondern dem Text oder den Worten anderer Leute. Aber im Außenministerium war ich nicht nur Dolmetscher und Übersetzer, sondern auch Sachbearbeiter, zuständig für Deutschlandangelegenheiten, und Verbindungsmann zwischen dem Ministerium und der DDR-Botschaft. Es gab jeden Tag viele Dinge zu erledigen. Mein Vorgesetzter war ein in eine Zivilstellung übergewechselter Armeeangehöriger, der kein Deutsch sprach und nichts von Deutschland verstand. Es gab zwischen ihm und mir immer wieder Meinungsverschiedenheiten. Ich konnte einfach nicht ihm und seinen falschen Meinungen absolut gehorchen. »Jeder muß der Wahrheit gehorchen. Vor der Wahrheit ist jedermann gleichberechtigt,« argumentierte ich. Das führte natürlich zu Unannehmlichkeiten. Er hatte das Gefühl, daß ich ihn geringschätze und er sein Gesicht verlöre. Und das war genug. Ich mußte gehen. Den unmittelbaren Vorgesetzten darf man nie vor den Kopf stoßen. Das versteht jeder, nur ich nicht. Für diese Dummheit mußte ich mehrmals einen hohen Preis bezahlen.

Zur »persona non grata« wurden auch viele Abteilungs- und gar Hauptabteilungsleiter erklärt, die, so wie ich, gleich von Anfang an treu und gewissenhaft für das Ministerium gearbeitet haben, alle tüchtige Funktionäre und Rückgrat einer Abteilung, aber nicht bedingungslos gehorsam.

Jeder hat sein Los. Ein Mensch wie ich, mit einem Dickkopf und störrisch wie ein Esel, soll vom Leben nichts anderes erwarten als Ablehnung und Enttäuschung, Niederlage und Verzweiflung. Als ich noch ein Kind war, machte sich meine Mutter um meinen Charakter schon Sorgen. »Jungchen, du bist zu stur,« hat sie nicht nur einmal gesagt. »Du wirst in Schwierigkeiten kommen, wenn du deinen Charakter nicht änderst.« Aber sie wußte ganz genau, was sie von mir verlangte, war fast unmöglich. Denn wie ein Sprichwort lautet, ist es »leicht, Berge und Flüsse zu versetzen, aber schwer, den Charakter eines Menschen zu verändern«. Auch ein Lehrer hat einmal zu mir gesagt: »Merke dir meine Worte, mit deinem Charakter wirst du dir immer und überall einen blutigen Kopf holen.« Merkwürdig, daß ich trotz Warnungen und Mahnungen das alte Ich geblieben bin. Aber ich habe keine Wahl: Meine Handlungen werden von meinem Charakter bestimmt.

Meine Gefühle waren sehr gemischt. Vom Außenministerium entlassen zu werden, war für mich natürlich ein Schlag ins Gesicht. Das bedeutete das Ende einer diplomatischen Karriere. Und ich war noch nicht einmal im Ausland gewesen. Doch ich hätte sowieso keine Aufstiegschancen gehabt, weil ich kein Parteimitglied war, geschweige denn ein gehorsames Werkzeug der Partei. Gezwungenermaßen mußte ich mich mit dem Zweitbesten abfinden. Aber, wer weiß, sagte ich mir, »kein Unglück so groß, es hat sein Glück im Schoß«. Für Literatur hatte ich mich schon immer interessiert. Vielleicht war dieser Verlag der richtige Platz, wo ich meine Fähigkeiten würde entfalten können? Vielleicht könnte ich in einer weniger politischen Institution noch Karriere machen?

Im Mai 1955 begann ich also als Lektor für deutsch- und englischsprachige Literatur im Volksverlag für Literatur in Peking zu arbeiten. Das ist der größte staatliche Verlag für Literatur. Dort arbeiten ältere Experten der chinesischen Klassik und jüngere Sinologen sowie Lektoren für fremde Literaturen. Da es keine Regierungsbehörde, sondern eine kulturelle Institution ist, war die Zahl der Mitglieder der Partei und Jugendliga wesentlich kleiner. Aber die Macht der Parteizelle war während der Bewegung gar nicht schwächer, denn sie hatte gewissermaßen die Befugnisse der Polizei und der Staatsanwaltschaft übernommen.

Ein prinzipieller Unterschied zwischen der chinesischen und der westlichen Justiz liegt darin, daß in China der Angeklagte schuldig ist, bevor seine Unschuld bewiesen werden kann. Der Satz: In dubio pro reo - im Zweifelsfalle zugunsten des Angeklagten - gilt in China nicht. Das heißt, schon der geringste Verdacht kann den Betroffenen in große Bedrängnis bringen. Und während dieser Bewegung hatte er überhaupt keine Möglichkeit, seine Unschuld zu beweisen, weil alle Untersuchungen ohne seine Teilnahme und Kenntnis geschahen.

Wenn ich das alles schon damals verstanden hätte, wäre mir viel Leid erspart geblieben.

Obwohl unzufrieden mit meiner Versetzung, blieb mein Vertrauen in die Partei unberührt. Meiner Enttäuschung noch nicht recht bewußt, nahm ich im Verlag zum ersten Mal an einer sogenannten Kampfsitzung teil.

Die Sitzung fand in einem Redaktionsbüro statt, wo ungefähr zwanzig Mitarbeiter des Verlages in einem Oval Platz nahmen. Das war eine von mehreren »Kampfgruppen«, deren Teilnehmer an diesem Nachmittag ihre Arbeit unterbrachen, um gegen die sogenannten versteckten Konterrevolutionäre im Verlag zu kämpfen. Selbstverständlich bekamen alle ihr Gehalt, denn das war auch Arbeit, sogar eine noch wichtigere.

Jemand las einen Leitartikel der Volkszeitung, des Organs des ZK der Partei, vor. Danach sprach die Vorsitzende der Sitzung, Leiterin Lu von der Kaderabteilung:

»Genossen, ihr alle habt eben die Stimme des Vorsitzenden Mao und der Partei gehört. Die Diktatur des Proletariats ist so mächtig, daß nur Idioten Eier gegen Steine werfen und gegen die Bewegung handeln. Wer Probleme hat, soll verstehen, daß die Partei schon längst Beweise in der Hand hat, und daß die Augen der Massen hell wie der Schnee sind. Er soll seine Verbrechen gestehen, wenn er mild behandelt zu werden wünscht. Wer möchte sprechen?«

Niemand sprach.

»Also gut,« fuhr Leiterin Lu fort, »dann muß ich ganz klar und deutlich bekanntgeben, daß in diesem Zimmer ein versteckter Konterrevolutionär sitzt. Er soll jetzt und hier seine Verbrechen vor der Partei und vor den Massen gestehen. Um dieser Person eine letzte Chance zu geben, warte ich drei Minuten.«

Sie schaute auf ihre Uhr. Im Zimmer wurde es auf einmal mäuschenstill. Wenn jemand jetzt eine Zigarette angezündet hätte, wäre das Zimmer in die Luft geflogen.

»Eine Minute ist vorbei,« sagte Leiterin Lu.

Niemand meldete sich. Alle saßen gespannt da und vermieden, einander in die Augen zu schauen.

»Noch eine Minute,« hörte man die Stimme der Leiterin.

Stille. Totenstille.

»Also gut, wir haben alles versucht, was wir können. Jetzt haben die Massen das Wort!« Das klang wie ein Befehl.

Ein »Aktivist« sprang auf, brüllte und zeigte auf eine in einer Ecke sitzende Person. »Li Min, warum zitterst du?«

Alle blickten überrascht auf Li Min.

»Nein, ich habe nicht gezittert,« kam sofort die Antwort.

»Schaut, Genossen, wie seine Hände auf seinem Schoß zittern!« schrie der Anzeiger.

»Steh auf, Li Min! Steh auf!« riefen die »Kämpfer«.

Mit Schwierigkeiten stand Li Min auf. Seine Beine versagten ihm den Dienst. Er zitterte noch heftiger. Er senkte den Kopf und wagte nicht, die Menschen anzuschauen. Er war schon ein Konterrevolutionär, wenigstens sah er so aus.

»Gestehe deine Verbrechen! Gestehe!« Die Rufe wurden lauter.

Leiterin Lu beobachtete, wie die Anwesenden darauf reagierten. Ihrem Blick folgend, bemerkte ich, daß zwei andere Menschen wie auf glühenden Kohlen saßen. Sie riefen zwar mit, aber ihre Stimmen waren schwach, ihre Gesichter blaß. Ein anderer »Aktivist«, mit einem Bogen Papier in der Hand, stand auf und begann zu reden:

»Li Min ist in Changchun geboren und hat seine Jugend in der damaligen Hauptstadt des Marionettenstaates Manzhouguo verbracht. Hier steht alles, was er unter den Japanern gemacht hat. Li Min, wenn du nicht gestehst, dann bist du verloren.«

Li Min arbeitete in derselben Redaktion wie ich. Er war zuständig für japanische Literatur. Wir saßen in einem Zimmer und aßen an einem Tisch. Er war sogar freundlich zu mir und half mir, da ich als Neuling in der Redaktion vieles nicht verstand. Dieser Mensch sollte ein versteckter Konterrevolutionär sein? Wie entsetzlich!

»Gestehe! Gestehe!«

Die Rufe wurden immer herausfordernder.

Ohne den Kopf zu heben, begann Li Min zu sprechen:

»Genossen! ...«

»Falsch!« Er wurde sofort unterbrochen. »Wer sind deine Genossen? Etwa wir? Nein, wir sind revolutionäre Volksmassen und du bist ein versteckter Konterrevolutionär!«

Ein »Chorleiter« begann Losungen zu rufen, während die anderen nachsprachen:

»Milde Behandlung dem Geständigen, strenge Bestrafung demjenigen, der Widerstand leistet!«

»Li Min, du hast die Stärke der Massen gesehen,« sagte Leiterin Lu. »Jetzt sollst du endlich reden.«

Li Min fing tatsächlich an zu reden, was er in Changchun gemacht, welche Schulen er besucht, welche Leute er gekannt hat, usw. Er wurde wiederholt unterbrochen.

»Unehrlich!« rief jemand.

»Widersprüchlich!« schrie ein anderer.

Auch ein unschuldiger Mensch kann seine Nerven verlieren.

Li Min versuchte, sowohl die an ihn gestellten Fragen zu beantworten, als auch Rechenschaft über seine Vergangenheit zu geben. Schweißtropfen erschienen auf seiner Stirn. Aber er konnte die ihn Verhörenden nicht immer zufriedenstellen. Die Kampfsitzung zog sich in die Länge. Schließlich sagte Leiterin Lu:

»Genossen, ihr habt gesehen, daß Li Mins Einstellung heute sehr schlecht war. Er hat Widerstand gegen die Bewegung geleistet. Deswegen erkläre ich im Namen der Führungsgruppe der Bewegung folgendes:

Erstens darf Li Min ab sofort nicht mehr nach Hause gehen. Zweitens stellen wir ihm ein Zimmer im Hinterhof zur Verfügung, wo er sich prüfen kann und der Führungsgruppe schriftliche Eingeständnisse über seine Verbrechen ablegen soll. Drittens ist er ab sofort von seiner Stelle als Lektor entbunden und bekommt selbstverständlich auch kein Gehalt mehr, sondern nur ein Minimum für seinen Lebensunterhalt. Viertens darf er keine Briefe, Telefonate oder Besuche empfangen. Fünftens hat die Führungsgruppe Genossen Wang und Genossin Yan beauftragt, Li Min zu überwachen. Ohne ihre Genehmigung und Begleitung darf Li Min nirgendwo hingehen. Li Min, ist das klar?«

Li Mins »Ja« war leise und schwach.

»Genosse Wang, Genossin Yan, ihr könnt jetzt Li Min abführen,« befahl Leiterin Lu.

Als sie weg waren, fuhr Leiterin Lu fort:

»Genossen, ihr habt gesehen, daß es heute in diesem Sitzungsraum noch andere Leute gibt, die sicherlich der Führungsgruppe etwas zu berichten haben. Solche Leute sollen nach der Sitzung sofort zum Büro der Führungsgruppe kommen und ihre Verbrechen gestehen. Sonst wird es ihnen wie Li Min ergehen. Genossen, ihr sollt weiter alle verdächtigen Personen ›mit Mut beargwöhnen und sie ohne Gnade anzeigen‹. Diese Bewegung ist eine Prüfung für alle Genossen. Die Partei hofft, daß ihr alle sie bestehen könnt.«

Wenn wir Chinesen sagen, »ein Huhn schlachten, um die Affen einzuschüchtern«, so meinen wir, jemanden strafen, um andere abzuschrecken. Li Min war das Huhn, doch wer waren die Affen?

Kurz darauf sollte ich im Auftrag der Führungsgruppe eine »Kampfgruppe« gegen einen anderen versteckten Konterrevolutionär führen, denn die Parteizelle meinte, daß ich, obwohl ich kein Mitglied der Partei und neu im Verlag war, wegen meiner bisherigen Arbeit für die Partei ihr Vertrauen verdiente. Der »Kampfgegenstand« war ein anderer Lektor, mit Namen Shi, zuständig für amerikanische Literatur. Nach Information der Führungsgruppe stand er in dem Verdacht, ein Taiwan-Spion zu sein. Ein Kommilitone von ihm, der in der Provinz Fujian arbeitete und auch als Taiwan-Spion beargwöhnt wurde, hatte Shi als seinen Vorgesetzten angezeigt, an den er mehrmals geheime Mitteilungen geschickt haben sollte. Das alles hat mir der Sekretär der Führungsgruppe Yao mündlich mitgeteilt. Schriftliche Unterlagen hatte er mir nicht vorgelegt. Weil ich kein Parteimitglied war? Yao war ein widerlicher Kerl mit einem vereiterten

Auge und furchtbar üblem Mundgeruch. Aber er war Vertreter der Parteiorganisation. Ich mußte mich ihm unterordnen.

Die Führungsgruppe teilte mir einige »Aktivisten« zu, meist Mitglieder der Jugendliga wie ich. Ich mußte eine Vorbereitungssitzung einberufen, um sie mit den Verhältnissen des »Kampfgegenstandes« vertraut zu machen, und um unter uns die Arbeit aufzuteilen:

Wer sollte Shi anzeigen? Wer sollte als »Chorleiter« Losungen rufen? Wer sollte die Politik der Partei erläutern? Wer sollte Protokoll führen? Wer sollte Shi überwachen? Ich sollte als Organisator den Kampf führen.

Alle »Aktivisten« rieben sich die Hände und krempelten sich die Ärmel hoch. Jeder brannte darauf, sich gleich in den Kampf zu stürzen. Nachdem alles sorgfältig vorbereitet und umsichtig arrangiert war, wurde eine Reihe von Kampfsitzungen einberufen, wobei Shi ähnliche Anschuldigungen wie Li Min über sich ergehen lassen mußte. Aber seine Antwort war von Anfang bis zum Ende immer dieselbe:

»Ich bin unschuldig. Das muß ein Mißverständnis sein. Ich glaube an den Vorsitzenden Mao. Ich glaube an die Partei. Eines Tages wird die Wahrheit ans Licht kommen.«

Der Kampf geriet in eine Sackgasse.

In der Einzelhaft hatte er manchmal Alpträume und schrie mitten in der Nacht schrill auf. Er war sichtlich abgemagert. Ich begann zu schwanken. War er wirklich schuldig? Er sah eher wie ein Mensch aus, der Qualen erlitt, nicht wie ein Verbrecher, der Angst vor der Bestrafung hatte.

Eines Nachmittags kam eine hochschwangere Frau zu mir - Shis Ehefrau. Weinend bat sie mich, ihr die Erlaubnis zu geben, Shi einmal zu besuchen.

»Weißt du, Genosse Zhou,« schluchzte sie, »eine Frau steht kurz vor der Entbindung mit einem Bein im Grab. Ich habe keine Angst vor dem Tod. Aber ich will mich wenigstens von meinem Mann verabschieden. Bitte, Genosse Zhou, du hast sicher auch eine Frau und Kinder...«

Nein, ich hatte weder Frau noch Kinder, aber ich hatte eine Mutter. Ich wollte schon »ja« sagen, durfte aber meine Machtbefugnisse nicht überschreiten.

»Nein,« sagte Leiterin Lu. »Sie darf ihren Mann jetzt nicht sehen. Wenn Frauen weinen, werden Männer schwach. Wenn Shi jetzt seine Frau sähe, würde er mehr Bedenken haben. Du mußt ihr das klarmachen.«

Ich brachte die weinende schwangere Frau zum Tor des Verlages und sah ihr nach, als sie mit gesenktem Kopf langsam wegging.

Humanismus? Aber Humanismus ist für die Kommunisten immer »bourgeoise Scheinheiligkeit«. Mao hat geschrieben: »Revolution ist Gewalt. Sie ist keine Einladung zum Essen. Sie ist keine Malerei oder Stickerei. Man darf nicht gesittet, höflich, zurückhaltend und großherzig sein.« Der Kampf gegen die Konterrevolutionäre war ein Bestandteil der Revolution, also auch Gewalt. Hier war Barmherzigkeit fehl am Platz. Aber eine weinende schwangere Frau? Dann fiel mir ein, Leiterin Lu war auch schwanger.

Der Kampf gegen fast alle »Gegenstände« geriet in eine Klemme. Die Produktion des Verlages fiel wesentlich ab. Um aus der Zwickmühle herauszukommen, wurde ein Beamter des Sicherheitsministeriums als Berater eingeladen. Es sollte heute um den Fall Shi gehen.

Der Beamte Chen war noch relativ jung, aber tüchtig und selbstsicher. Sein Vorschlag war, Shi sofort freizulassen und Schluß mit diesem Fall zu machen. Zur Begründung sagte er:

»Wenn ihr mir sagt, daß Shi hier in der Hauptstadt Geheimnisse gesammelt und sie an seinen ehemaligen Kommilitonen in die Provinz Fujian geschickt hat, wäre das etwas anderes, denn diese Geheimnisse wären von Fujian weiter nach Taiwan gegangen. Aber wenn ihr sagt, daß der Kommilitone geheime Mitteilungen nach Peking geschickt hat... Was sollte Shi mit diesen Mitteilungen anfangen? Von Peking nach Taiwan schicken? Unmöglich! Warum dieser große Umweg? Unsere Feinde sind auch keine dummen Menschen. Sie werden nie das Naheliegende aufgeben und das Fernliegende suchen.«

Das war gerade auch mein Zweifel. Ich fühlte mich jetzt erleichtert. Es freute mich, daß Shi bald seine Frau und eventuell sein Kind sehen konnte. Aber nein, die Führungsgruppe war der Ansicht, dass dieser junge Beamte »rechts« war, und wollte seinen Rat nicht annehmen. Obwohl keine weitere Kampfsitzung gegen Shi einberufen wurde, mußte er weiter in Einzelhaft sitzen.

Ich war sehr enttäuscht, konnte es aber gut verstehen. Denn »lieber ›links‹ als ›rechts‹« ist bis heute noch die Philosophie vieler Beamten, die nur ihre persönliche Karriere achten und kein Gewissen für das Schicksal anderer Menschen haben. Sie argumentieren: »›Links‹ ist eine Frage der Arbeitsmethode‹, ›rechts‹ ist eine Frage der Einstellung.« Das bedeutet, wer »links« ist, ist in seinem revolutionären Eifer nur zu weit gegangen, ist zu revolutionär. Wer aber »rechts« vom Kurs abweicht, weicht vom revolutionären Standpunkt ab, hat die Einstellung des Feindes angenommen.

Während dieser Bewegung mußte sich der Leiter jeder Einheit persönlich bei seinen Vorgesetzen verantworten. Im offiziellen Bericht mußte er mit Unterschrift und Siegel bezeugen, daß es in seiner Einheit entweder keine versteckten Konterrevolutionäre gab oder alle liquidiert worden waren. Seiner eigenen Sicherheit wegen weigerte sich der Verlagsleiter, das Risiko einzugehen, Shi freizulassen, bevor diese Bewegung vorbei war. Wenn später irgendwie bewiesen werden könnte, daß Shi wirklich unschuldig war, so konnte der Leiter immer noch Selbstkritik üben und gestehen, daß er »links« war. Wenn er aber als »rechts« kritisiert werden sollte, dann könnte er sein Amt verlieren.

Inzwischen hatte Shis Frau eine Tochter zur Welt gebracht. Die Mutter hat nicht gelächelt, sondern geweint. Der Mann wußte noch nicht, daß er Vater geworden war. Auch wenn er die Tage mit seinen Fingern nachrechnete, konnte er nicht ahnen, daß seine Frau wegen der Sorge und Trauer eine Frühgeburt hatte.

Die Bewegung hat ungefähr ein Jahr gedauert. Li Min und Shi waren zwei von den insgesamt zwölf »Kampfgegenständen« des Verlages. Wenn sie auch nicht beschimpft oder geschlagen wurden, mußten jedoch alle zahlreiche »Kampfsitzungen«, Demütigungen und Drohungen sowie diese »Selbstprüfung« im Isolierzimmer über sich ergehen lassen. Und ihre Familienmitglieder wurden von den Straßenkomitees und Nachbarschaftskommissionen heimlich überwacht. Ihre Bekannten vermieden Kontakte mit ihnen, solange ihre Gatten oder Eltern in Einzelhaft saßen. Sie müssen alle eine schwere Zeit erlebt haben.

Eines Tages wurde eine Vollversammlung im Verlag einberufen, bei der niemand fehlen durfte. Auch alle »Kampfgegenstände« waren anwesend.

Den Vorsitz hatte der Vizedirektor des Verlages und Leiter der Führungsgruppe, Genosse Wang. Er sagte:

»Genossen, ich erkläre hiermit, daß unter der weisen Führung vom Vorsitzenden Mao und der Partei die Bewegung zur Liquidierung aller versteckten Konterrevolutionäre in unserem Verlag erfolgreich und siegreich vollendet ist.«

Beifall von den »Massen«. Die »Gegenstände« waren sichtlich tief beunruhigt. Sie erwarteten ihr Urteil.

»Genossen,« fuhr Vizedirektor Wang fort, »im Namen der Führungsgruppe des Verlages verkünde ich jetzt offiziell, daß keiner von den zwölf ›Kampfgegenständen‹ unseres Verlages ein versteckter Konterrevolutionär ist.«

Ich war zutiefst schockiert. Zwölf Lektoren, jeder mit fachlichen Kenntnissen und Erfahrungen, mußten als sogenannte versteckte Konterrevolutionäre fast ein Jahr lang alles über sich ergehen lassen, nur um schließlich diese »offizielle Verkündung« zu hören, daß sie doch keine versteckten Konterrevolutionäre waren?! Großer Gott, so etwas gibt es doch nicht! Und wir, die sogenannten Aktivisten der Bewegung, die wir ausnahmslos blindlings an die Führungsgruppe geglaubt und schonungslos gegen die »Gegenstände« gekämpft haben - was haben wir in diesem Jahr getan? Andere Menschen gequält, die unsere Genossen waren!

So erschüttert war ich, daß ich kaum merkte, wie die Versammlung weiterging. Vizedirektor Wang sagte noch, daß die zwölf Genossen in der Vergangenheit etwas gegen die Revolution getan, aber keine konterrevolutionären Verbrechen begangen hatten(!). Da sie die Partei um Gnade gebeten und der Leitung versichert hatten, in Zukunft den Marxismus-Leninismus und Mao Zedongs Gedanken ernsthaft zu studieren und sich politisch und ideologisch zu reformieren, wurden sie alle milde behandelt. Die Partei und die Volksregierung seien schonend und großherzig.

Er sagte noch, daß alle »Gegenstände« ab sofort freigelassen würden. Sie könnten ihre bisherige Arbeit wieder aufnehmen und bekämen ihr Gehalt von den vergangenen Monaten zurückerstattet. Ein Dank ging an alle »Aktivisten« der Bewegung. Kurz darauf wurden zwei von ihnen in die Partei aufgenommen, weil sie besonders entschlossen gegen die »versteckten Konterrevolutionäre« gekämpft hatten!

Nach der Versammlung habe ich von einem Genossen der Kaderabteilung gehört, was es mit dem »Verbrechen« von Shi auf sich hatte: Dieser Kommilitone Shis, der in Fujian arbeitete, wurde von einem möglichen Nebenbuhler als Taiwan-Spion anonym angezeigt. Er geriet in Panik, nachdem ein »Aktivist« ihm eine Ohrfeige versetzt hatte. Um sich zu retten, legte er ein fabriziertes Geständnis ab, in dem der Name von Shi als Name seines »Vorgesetzten« erschien.

Schweren Herzens ging ich nach Hause. Etwas begann in mir auseinanderzufallen. Was war das? Das Vertrauen in die Partei? Oder das Selbstvertrauen?

Ich hatte Gewissensbisse. Wie konnten die anderen »Aktivisten« den Dank der Führungsgruppe in aller Seelenruhe annehmen und ihn für selbstverständlich halten? Wir hatten zwölf unschuldige Genossen ein Jahr lang gequält und ihre Familienmitglieder ins Unglück gestürzt. Und für diese »Aktivität« sollten wir von der Partei gelobt und ausgezeichnet werden? Wie konnten wir unser Glück auf dem Leiden anderer Menschen bauen? Ich dachte an Shis schwangere Frau. Ich fühlte mich schuldig.

Und die Partei? War sie nicht noch mehr schuldig als ich? Ich war ihr Werkzeug. Meine Schuld bestand darin, daß ich blindlings an die Partei glaubte und ihre Anweisungen bedingungslos ausführte. Aber wie konnte eine regierende Partei, die über eine so große Macht in einem so großen Land verfügte, so leichtsinnig, so verantwortungslos sein und mit Menschen wie mit Unkraut verfahren? Diese Apathie, dieser Bürokratismus war einfach unglaublich und haarsträubend.

Ich fühlte mich betrogen. Aber warum sollte die Partei mich betrügen? Was für Vorteile hatte dieser Betrug für sie? Daß sie mich in die Irre geführt hatte, war sicher. Unsicher war, warum?

Ich fand keine Antwort. Aber der blinde Glauben an die Partei war an diesem Tag zugrunde gegangen.

Am nächsten Tag erschienen die beiden ehemaligen »Kampfgegenstände« in der Redaktion - Li Min und Shi. Shi war rasiert und gekämmt und hatte eine neue Mao-Uniform an. In seinen Armen lächelte ein rundes Baby. Ich gab Shi meine Hand, konnte aber kein passendes Wort finden.

»Mit dreißig soll man etabliert sein« –
1956 – »Gipfel« meines Lebens?

Eigentlich bin ich kein Konfuzianer. Ich muß mich manchmal schämen, daß ich von Konfuzius so wenig weiß. Aber ein Wort von ihm kannte ich gut: »Mit dreißig soll man etabliert sein.« 1956, in dem Jahr, in dem ich dreißig wurde, schien es wahr zu werden, schien ich den Gipfel meiner Karriere und meines Liebesglücks erreicht zu haben. Wie sollte ich ahnen, daß Glück und Unglück oft auf einem Steg wandern?

Obwohl mein Engagement in der Bewegung zur Liquidierung aller versteckten Konterrevolutionäre in mir ein Schuldgefühl und arge Zweifel hinterlassen hatte, schien die Leitung des Verlages mit mir zufrieden zu sein. Kurz nach dem Ende der Bewegung wurde ich zum Sekretär der Redaktion ernannt, quasi zum Politkommissar, zuständig für die politische Schulung und ideologische Arbeit. Ich wurde nicht von meiner eigentlichen Arbeit als Lektor freigestellt. Diese neue Funktion mußte ich nebenbei ausüben. Ich organisierte die wöchentliche politische Schulung. Nach jeder Diskussion mußte ich der Parteileitung Bericht über deren Verlauf erstatten. Manchmal kamen Lektoren zu mir, um sich vertraulich mit mir zu unterhalten. Manche hatten Probleme mit dem Chef der Redaktion oder mit dem Gruppenleiter. Manche waren mit ihrer Arbeit unzufrieden. Ein junger Kollege war in ein Mädchen verliebt, das einen anderen gern hatte... Alle wollten sich bei mir Rat holen. Das bedeutete natürlich Vertrauen der Partei und Popularität bei den Kollegen - beides unentbehrliche Faktoren des Erfolgs.

Eines Abends erschien ein Auto vor meinem Haus - eine auffallende Seltenheit in dem Gäßchen, wo ich wohnte, die mehrere schaulustige Kinder anzog. Die Ehrengäste waren keine geringeren als der Vizedirektor Wang und der Parteisekretär Xu des Verlages. Ich war überwältigt durch diese unerwartete Gunst. Sie überbrachten mir eine noch überwältigendere Nachricht: Die Führungsgruppe der Partei des Kulturministeriums hatte die Leitung des Verlages in Kenntnis gesetzt, daß das Sekretariat des 8. Parteikongresses mich als Deutschdolmetscher und Übersetzer brauchte.

»Dein Versetzungsbescheid ist eben eingetroffen, und wir sind sofort mit dem Auto zu dir gekommen,« sagte der Vizedirektor Wang heute ausnahmsweise liebenswürdig. »Es ist nicht nur eine Ehre für dich persönlich, sondern auch für unseren Verlag.« Er klopfte mir sogar auf die Schulter.

Da sprach auch Sekretär Xu:

»Geh, Genosse Zhou, und erfülle diese ehrenvolle Aufgabe. Wenn du zurückkommst, wirst du in die Partei aufgenommen.«

Was habe ich getan, um diese übermäßige Gunstbezeigung zu verdienen? fragte ich mich. Bevor ich jedoch meine Dankbarkeit zum Ausdruck bringen konnte, waren die beiden wichtigen Funktionäre des Verlages schon weg. Sie hätten noch eine Sitzung, sagten sie.

Nach mehr als zehn Jahren Probezeit, dachte ich, will die Partei mich endlich haben. Bin ich wirklich besser geworden seit 1945, als ich anfing, für die Revolution zu arbeiten?

*   *   *

Die neue Aufgabe versprach interessant zu werden, denn ich hatte vorher noch nie Simultanübersetzungen gemacht. Als ich Jahrzehnte später, 1988, in West-Berlin im Internationalen-Congress-Centrum die Ausstattung für Simultanübersetzung mit der unsrigen im Jahre 1956 verglich, war ich überrascht, daß unsere Arbeitsbedingungen vor mehr als dreißig Jahren besser gewesen waren. Denn wir hatten für jede der sechs Fremdsprachen eine separate Zelle, dazu noch eine Zelle für Chinesisch. So konnten wir alle ungestört arbeiten.

Die Aufgabe lockte mich auch deshalb, weil wir die ersten Simultanübersetzer waren. Der letzte Parteikongreß hatte in Yenan während des Antijapanischen Krieges stattgefunden. Die Partei war damals isoliert von der Außenwelt und hatte natürlich keine ausländischen Delegationen empfangen können. Als ich 1982 Yenan besuchte, habe ich an dem Pult gestanden, wo Mao, Liu, Zhou und Zhu ihre Berichte vor den Delegierten des 7. Kongresses erstattet hatten. Dieser Kongreß war für den Sieg des Antijapanischen Krieges von entscheidender Bedeutung gewesen. Jetzt sollte der 8. Kongreß ein Meilenstein für den Aufbau des Sozialismus sein.

Der Kongreß fand in dem Gebäude der Politischen Konsultativkonferenz des Chinesischen Volkes statt. Zum ersten Mal erschienen so viele ausländische Genossen in diesem Gebäude. Führer der Kommunistischen Parteien oder Arbeiterparteien der ganzen Welt konnte man hier in dem immer voll besetzten Saal finden. Es berührte mich sehr, wie Delegierte und Gäste aller Hautfarben und in allen Kleidungen Schulter an Schulter im Saal standen und die »Internationale« in allen Sprachen der Welt feierlich sangen. Ich bekam eine Gänsehaut. Tränen trübten meinen Blick. Ich versuchte mitzusingen, aber meine Kehle verengte sich. Viele Menschen glaubten damals, daß nach Stalins Tod das Zentrum der kommunistischen Bewegung der Welt von Moskau nach Peking verlagert worden sei.

Am ersten Abend, als wir Dolmetscher der sechs Fremdsprachen uns in der Kantine trafen, waren wir alle ziemlich enttäuscht von unserer Arbeit. Unter Simultanübersetzung hatten wir uns etwas anderes vorgestellt, als nur die vorbereiteten Übersetzungen abzulesen. Und das hätten ja auch Ansager ohne jede Erfahrung mit der Übersetzung tun können. Denn wir haben ungefähr so gearbeitet:

Sprach zum Beispiel ein englisch sprechender Delegierter, so begab sich der Englischdolmetscher zu der Chinesischzelle und setzte sich neben die Chinesischansagerin, die keine Fremdsprachen verstand, aber die chinesische Übersetzung vor sich hatte. Der Dolmetscher hörte durch den Kopfhörer, was der Delegierte sagte und deutete auf die Übersetzung, wie weit die Rede ging, so daß die Ansagerin simultan ablesen konnte. Die Dolmetscher der anderen fünf Sprachen saßen in ihren Zellen und hörten zu, was die Ansagerin auf chinesisch sagte, und lasen von ihren jeweiligen Übersetzungen ab. Das war kinderleicht. Wir fühlten uns unterfordert. Die ausländischen Gäste waren aber alle sehr zufrieden. Sie konnten immer simultan lachen und applaudieren, wenn die chinesischen Delegierten es taten.

So ging der Kongreß für uns Simultandolmetscher weiter - nicht so interessant, wie wir es erwartet hatten. Ich mußte an meine Zeit in Harbin und Shenyang denken, wo ich in dem schwülen Studio saß und Kriegsberichte ablesen mußte.

Im Foyer unterhielten sich die Dolmetscher:

»Hätte ich das gewußt, wäre ich nicht gekommen.«

Ein anderer, der eigentlich nicht weniger gelangweilt war, versuchte den ersten zu trösten:

»Was schon geschehen ist, soll man gelassen hinnehmen. Wenigstens ißt man hier besser. Und jeden Abend einen Film oder ein Konzert geboten zu bekommen, ist doch auch etwas, meinst du nicht?«

»Na ja!« Der erste gähnte.

Wer hätte erwartet, daß die gelangweilten Dolmetscher am letzten Tag noch eine harte Nuß knacken mußten?

Der letzte Tagesordnungspunkt war die Wahl des Zentralkomitees. Niemand hatte für diesen Tag vorbereitete Übersetzungen in der Hand. Heute sollte alles tatsächlich simultan übersetzt werden. Die Atmosphäre in den Zellen wurde auf einmal gespannt. Denn jeder wußte, daß Chinesisch knapper als die meisten europäischen Sprachen ist. Wenn man mit Chinesisch nicht Schritt halten könnte, so würde es eine Katastrophe werden: Ein amerikanischer Gast würde sich wundern, warum die anderen lachen, nur weil sein Dolmetscher nicht so schnell Englisch sprechen konnte; oder ein Japaner würde noch seinem Dolmetscher zuhören, da applaudieren schon die anderen Gäste.

Hören wir, was die Dolmetscher nach dem Ende des Kongresses einander zu erzählen hatten:

»Hätte ich das gewußt, wäre ich nicht gekommen.« Das war der junge Mann, der vor ein paar Tagen noch seinen Kollegen zu trösten versuchte.

»Auch wenn man hier besser ißt und jeden Abend einen Film sehen kann?« kam die schlagfertige Antwort von dem, der seinem Unmut vor einigen Tagen Luft gemacht hatte.

»Ach was!« sagte die Spanischdolmetscherin. »Für Simultanübersetzungen müßte man zwei Zungen haben!«

»Verdammt noch mal« schimpfte der Russischdolmetscher. »Ich habe noch nie gewußt, daß Russisch so furchtbar lang ist.«

»Mon Dieu!« klagte die Französischdolmetscherin. »Die Franzosen sind verrückt. Sie sagen nicht achtundachtzig, sondern zwanzig mal vier plus acht. Wie kann man mit einer solchen verrückten Sprache Schritt halten?«

»Nein, verrückt sind die Deutschen.« Ich hatte auch etwas hinzuzufügen. »Sie haben manchmal ihre Zeitwörter am Ende eines langen Satzes und man muß warten, bis sie erscheinen und erst dann darf man übersetzen. Aber da kommt schon der nächste Satz.«

Erregt tauschten wir unsere Erfahrungen aus, als wir eine Nachricht erhielten, die uns noch mehr erregte. Der Leiter des Übersetzungsbüros, Professor Yang, der in Yenan für Mao Zedong gedolmetscht hatte, teilte uns nämlich mit:

»Die Parteileitung ist mit unserer Arbeit sehr zufrieden. Vorsitzender Mao hat in Yenan schon darauf hingewiesen, daß es ohne Übersetzung auch keine Kommunistische Partei Chinas geben würde, denn die Entstehung der Partei erfolgte nach der Übersetzung der Werke des Marxismus. Man könnte auch sagen, daß der Erfolg des Kongresses ohne Übersetzung undenkbar wäre. Als Anerkennung unserer Arbeit will Vorsitzender Mao uns in etwa einer halben Stunde empfangen.«

»Ura!« rief der Russischdolmetscher.

Beifall. Jubel. Die Nachricht selbst war für uns schon eine Belohnung.

Die Zeit des Empfangs rückte näher. Wir standen im Foyer in einer Reihe und warteten. Niemand sprach. Für viele Dolmetscher war es das erste Mal, daß sie den Vorsitzenden Mao aus der Nähe sehen durften - ein historischer Moment für sie.

Da kam schon der Vorsitzende, begleitet von anderen leitenden Funktionären der Partei. Aber das Lied »Der Osten wird rot«, das sein Erscheinen stets ankündigte, erklang zu meiner Erleichterung nicht - vielleicht, weil wir nur wenige waren.

»Guten Tag, Genossen!« grüßte Mao. »Ihr habt euch alle große Mühe gegeben.« Er gab dabei Professor Yang die Hand, schaute aber die zweite Person an. Seine Begleiter taten genau dasselbe. Sie »gaben« uns zwar ihre Hand, aber nicht, um uns die Hand zu drücken. Ich stand vorne in der Reihe. Als Mao mir seine Hand gab, gab er kein Zeichen, daß er mich erkannte. Ich wollte noch einmal versuchen, Maos Blick auf mich zu lenken. Unauffällig ging ich zum Ende der Reihe und wartete. Nein, auch dieses Mal, als ich die letzte Person in der Reihe war, haben Mao und seine Begleiter mich nicht angeschaut. Niemand hatte bemerkt, daß ich zum zweiten Mal in der Reihe erschienen war.

Voller Erwartung meldete ich mich am nächsten Tage beim Vizedirektor und Parteisekretär des Verlages. Ich erwartete die mir versprochene Belohnung - Eintritt in die Partei. Ich fand die beiden in Vizedirektor Wangs Büro. Sie saßen zurückgelehnt auf ihren Sofas mit übereinandergeschlagenen Beinen und rauchten. Als sie mich sahen, murmelten sie so etwas wie: »Ach, du bist wieder da. Gut.« Sie wandten ihre Blicke wieder von mir ab und rauchten weiter. Kein Wort mehr. Verblüfft wartete ich eine Sekunde und - ging.

Ich wandte mich an die Sekretärin der Jugendliga. Sie teilte mir ganz sachlich mit, daß die »Quote« der Aufnahme der neuen Parteimitglieder für diesmal schon »erfüllt« sei.

Das war ein Schlag ins Gesicht. Das Blut drang in meinen Kopf. Ich hatte das Gefühl, daß die Partei mich ausgenutzt und dann im Stich gelassen hatte. Ein gefährliches Gefühl!

Wenn ich später an diese Situation dachte, sah ich immer klarer: Das war der Wendepunkt gewesen, wo ich mich innerlich endgültig von der Partei abwandte. Mein Vertrauen in die Partei war zerstört. Nein, die Partei hatte mich nicht betrogen. Für die Partei sind ihre Mitglieder - ich war nicht einmal Mitglied - nichts anderes als Werkzeuge - und »absolut« gehorsame Werkzeuge nach Generalsekretär Liu Shaoqi - und Werkzeuge wirft man weg oder man legt sie beiseite, wenn man sie gebraucht oder verbraucht hat.

* * *

Viele Menschen glauben an das Schicksal. Ich nicht. Vielleicht hat mich die Partei zu materialistisch erzogen. Aber Glück und Unglück haben mich trotz meines Unglaubens abwechselnd besucht. Wenn ich mit dreissig keine Karriere gemacht hatte, habe ich doch ein wenig Glück in der Liebe gehabt. Wir Chinesen sprechen dann vom »Pfirsichblütenglück«. Vielleicht kann man wirklich nicht alles haben. Sagt man nicht, wer Glück mit den Frauen hat, hat kein Glück in den Kasinos?

Es war höchste Zeit für mich, eine Familie zu gründen.

Meine Freundin Qiu im Außenministerium war ein sehr nettes Mädchen. Sie hatte lange auf mich gewartet. Aber ich konnte mich nicht so schnell entschließen, sie zu heiraten. Schließlich wollte sie nicht länger warten und heiratete einen Jungen aus einer Botschaft in Osteuropa. Sie hat mir von der chinesisch-sowjetischen Grenze einen letzten Brief geschrieben, als sie mit der Eisenbahn zu ihrem Mann fuhr:

»Liebster, in zehn Minuten verlasse ich China. An der Grenze gebe ich dir einen letzten Kuß. Vergiß mich nicht!«

Seitdem habe ich sie nie wieder gesehen. In der langjährigen Verbannung dachte ich manchmal an sie und mußte mir immer wieder sagen: Gut, daß sie mich verlassen hat. Was wäre ihr passiert, wenn sie mich geheiratet hätte? Sie ist nicht der Typ, der den Ehemann in der Not im Stich läßt. Als ich 1988 in West-Berlin zufällig in der Zeitung den Namen ihres Mannes las - er war Botschafter in einem Land am Mittelmeer - schrieb ich sofort einen Brief an meine alte Freundin, bekam aber keine Antwort. Wahrscheinlich wollte sie nicht mehr an ihre erste und unglückliche Liebe erinnert werden. Ich habe sie nie wieder gestört - aber auch nicht vergessen.

Nachdem Qiu mich verlassen hatte, stand ich im Verlag plötzlich in der Gunst der Mädchen. Um ganz ehrlich zu sein, ich hatte keiner den Hof gemacht. Sie waren einfach wie Schmetterlinge zu mir geflogen.

Ma war die erste, die einen »frontalen Angriff« gegen mich entfesselte und mich auch fesseln konnte. Wie hätte ich mich gegen ihre blauen Augen und ihre rosigen Wangen wehren können? Sie war Muslimin und hat mir einmal eine Ochsenhirnsuppe - nein, keine Ochsenschwanzsuppe - gekocht. Als mein Unglück begann, hat sie mich ohne viel Aufhebens verlassen, wie ein Kommandeur, der eine hoffnungslose Stellung aufgibt.

Shao war eine Malerin aus Peking, ein ausgeglichenes und sehr feinfühliges Mädchen. Ich habe in meinem ganzen Leben keine andere Frau kennengelernt, die einen solchen beruhigenden Einfluß auf mich ausübte. Ich bin alles andere als geduldig, aber sie brauchte nur sanft meinen Namen zu rufen oder still neben mir zu sitzen und liebevoll in meine Augen zu schauen, da fühlte ich mich entspannt und wieder gelassen. Sie hatte großes Mitleid mit meinem Verhängnis und war vor meiner Inhaftnahme mein einziger Trost. Wer hätte geglaubt, daß sie während der »Kulturrevolution« lieber in einer anderen Welt Erleichterung suchen und sich von ihren zwei kleinen Töchtern trennen würde? Das habe ich erst nach meiner Rehabilitierung erfahren. Liebste, ich weiß, diese Welt ist für dich immer zu grob gewesen. Ich hoffe, du hast endlich deinen Frieden gefunden.

* * *

Die chinesische Philosophie stellt fest: »Jedes Ding verkehrt sich jenseits seiner Grenze in sein Gegenteil«, und warnt: »Denke auch in Friedenszeiten an mögliche Gefahren.« Ich war auf dem »Gipfel« meines Lebens so sehr berauscht, daß ich auf einen möglichen Fall gar nicht vorbereitet war. Ich stürzte von dem Gipfel in die Talsohle. Als ich mit Mühe und Not wieder zu einem flachen Gelände gelangte, waren zweiundzwanzig Jahre verstrichen. Meine Blütezeit war dahin. Aber die chinesische Philosophie hat immer recht: »Das Böse gipfelt im Guten.« Ich beklage micht nicht. Es ist Glück im Unglück, daß ich eine schwere Katastrophe überleben konnte. Ich tröste mich mit Ausflüchten, daß ich trotz alledem körperlich und geistig gesund geblieben und immer noch lebensfreudig und arbeitsfähig bin.

»Ich möchte um Entschuldigung bitten« – 1956 – Bewegung zur Rektifikation der Partei

Nach der Bewegung zur Liquidierung aller versteckten Konterrevolutionäre wurde die politische Atmosphäre im Lande wieder entspannter. Mao nannte das »zuerst Anspannung, dann Entspannung« und meinte, das sei das Gesetz der Dinge. Seine neue Politik »Laßt hundert Blumen blühen, laßt hundert Schulen miteinander wetteifern« begrüßten besonders die Intellektuellen. Am Anfang der Volksrepublik waren sie als Anhängsel der Grundbesitzer und Kapitalisten behandelt worden. Die Partei benötigte ihr Wissen und Können, aber sie galten nicht als Leute ihrer eigenen Seite. Vielmehr wurden sie wegen ihrer ausbeutenden Klassenherkunft diskriminiert und beargwöhnt. Mao sagte einmal zu den Intellektuellen: »Denkt mal nach, wenn keine Haut da ist, woran sollen die Haare haften?« Er meinte, da die Grundbesitzer und Kapitalisten nicht mehr existierten, müßten ihre Anhängsel, die Intellektuellen, nun an den Werktätigen und ihrer Partei haften. Aber dazu müßten sie das alte Ich ablegen und ein neuer Mensch werden. Und das wäre nur möglich, meinte Mao, wenn sie bescheiden von den Arbeitern und Bauern lernten. Mit einem Wort, die Intellektuellen waren in den ersten Jahren der Volksrepublik Bürger zweiten Ranges.

1956 gab Zhou Enlai im Namen der Partei zum erstenmal eine unmißverständliche Erklärung ab, daß die Intellekuellen nicht mehr bourgeoise oder petitbourgeoise Elemente, sondern ein Bestandteil der Werktätigen seien. Also endlich wurden sie als Leute der eigenen Seite anerkannt. Viele Intellektuelle waren begeistert und nannten Zhous Statement den »Frühling der Intellektuellen«. Viele naive Menschen faßten das als eine Liberalisierung der Parteipolitik auf. Sie fühlten, daß der Abstand zwischen ihnen und der Partei auf einmal wesentlich verringert worden war. Für diese Naivität mußten sie später teuer bezahlen, manche sogar mit ihrem Leben.

Direkt nach dem 8. Parteikongreß 1956 begann eine neue Bewegung - die Bewegung zur Rektifikation der Partei.

Die Partei gab dem ganzen Volk zu verstehen, daß mit der Gründung der Volksrepublik die Partei aus der Oppositionspartei zur Regierungspartei geworden war, und daß die Partei in den ersten Jahren zu viele dringende Aufgaben zu erledigen hatte, daß sie nicht die Zeit und Kraft gehabt hat, ihre Organisation und ihre Mitglieder zu rektifizieren. Jetzt war es aber höchste Zeit, diese versäumte Aufgabe wirklich zu lösen. Deswegen rief sie alle Menschen auf, die auf sie vertrauten und sie liebten, ihr zu helfen, indem sie sie ohne Bedenken und Vorbehalt kritisierten. Die Partei hatte beschlossen, ihre Organisation, ihre Arbeit und ihren Stil zu verbessern. Und als ob die Partei schon im voraus ahnte, daß die »Volksmassen« trotz dieses Aufrufs doch noch nicht so ohne weiteres ihre Meinungen äußern wollten, wurden Maos Worte von Yenan als Politik dieser Bewegung wiederholt und betont:

»Weißt du etwas, sprich.

Sprichst du endlich, sag alles.

Gereiche es dem Sprecher nicht zum Tadel;

aber dem Hörer zur Lehre.«

Natürlich gab es viele Menschen, die ihr Vertrauen in Mao und die Partei setzten. Sie sahen die Hoffnungen des Landes in der Partei. Sie waren gerne bereit, ihre Meinung aufrichtig und direkt zu äußern, und hofften, daß die Partei ernsthaft ihre Fehler und Schwächen verbessern würde.

Es gab auch Menschen, die zwar nicht völlig mit der Kommunistischen Partei übereinstimmten, aber keine andere Wahl hatten. Denn jeder verstand, daß die Kommunistische Partei die einzige machthabende Partei des Landes war, während die acht sogenannten demokratischen Parteien nichts anderes als »Fassade« waren.

Gerade zu diesem Zeitpunkt geschah zufällig etwas, was meine Einstellung zur Partei, von der ich mich emotional zu lösen begonnen hatte, weiter drastisch änderte. In der Redaktion stieß ich auf ein Exemplar des

Organs der Kommunistischen Partei der USA Daily Worker vom 5. Juni 1956, in dem der vertrauliche Bericht von Chruschtschow auf dem 20. Parteitag der Kommunistischen Partei der Sowjetunion in verkürzter Form veröffentlicht worden war. In diesem Bericht entlarvte Chruschtschow zum erstenmal Stalins himmelschreiende Verbrechen nicht nur am sowjetischen Volk, sondern an der ganzen Menschheit, indem er zahlreiche Dokumente und Fakten den Delegierten des 20. Parteitages zur Kenntnis gab. Vor Stalins Tod waren sie streng geheim gehalten. Dieser Bericht war für mich nichts weniger als ein Blitz aus heiterem Himmel. Ich war noch nie so erschüttert gewesen. Entweder war Chruschtschow ein Lügner, Intrigant und Karrierist oder Stalin war ein Diktator, Tyrann und »sozialistischer Zar«. Auf dem 8. Kongreß der KP Chinas kurz vorher waren zwei Essays verteilt worden: »Über die Diktatur des Proletariats« und »Noch einmal über die Diktatur des Proletariats«, in denen Chruschtschow aber als Revisionist gebrandmarkt worden war. Ich hatte an der deutschen Übersetzung teilweise mitgearbeitet. Auf einmal brach das Heldenbild von Stalin als Führer der kommunistischen Welt zusammen und mit ihm das Götzenbild von Mao Zedong als Retter des chinesischen Volkes. Lüge! Alles Lüge! »Die Sowjetunion heute ist das China morgen«, hieß die Losung. Wenn das wirklich so werden sollte!

Ich hatte den langen Bericht von Chruschtschow am Abend in einem Zug gelesen. Es folgte eine schlaflose Nacht. Ich war zornig, daß ich mich zehn Jahre lang hatte täuschen lassen. Ich war traurig, daß sich meine Ideale als Seifenblasen erwiesen. Wozu meine Selbstaufopferung, wofür die Leiden, die ich für die Revolution über mich ergehen ließ? Eine Unzufriedenheit begann mich zu überwältigen. Ich war unzufrieden mit der Partei. Das war ein gefährliches Gefühl, viel gefährlicher als das Gefühl damals, als mir der Eintritt in die Partei verweigert wurde. Denn das war eine rein persönliche Sache. Aber Chruschtschows Bericht hatte die größte und infamste Lüge dieses Jahrhunderts ans Licht gebracht. Mir war, als erwachte ich aus einem Traum. Ich empfand Schmerz und Entrüstung. Dieses neue Bewußtsein gestaltete mein Leben total anders.

* * *

Im Verlag hatte die Rektifikationsbewegung angefangen. Als »politischer Sekretär« war es meine Aufgabe, im Auftrag der Parteileitung die erste Sitzung der Redaktion einzuberufen. Alle Lektoren waren anwesend.

Niemand wollte als erster das Wort ergreifen. Da es kein Mitglied der Partei in unserer Redaktion gab, warteten alle darauf, daß die Mitglieder der Jugendliga zuerst sprachen. Aber auch sie saßen da und warteten. Die Atmosphäre war drückend. Li Min, Shi und Wang, ebenfalls ein Lektor, waren besonders nervös. Wang war zwar kein »Kampfgegenstand« während der Bewegung zur Liquidierung aller versteckten Konterrevolutionäre gewesen, aber er mußte wegen seiner komplizierten Vergangenheit der Kampfleitung Rechenschaft ablegen. Sie hatten offensichtlich noch Angst von der vorherigen Bewegung und waren mißtrauisch.

Um die Sitzung in Gang zu bringen, blickte ich in Richtung des Gruppenleiters der Jugendliga, Zhang, der mich sofort verstand. Er räusperte sich und begann zu sprechen. Seine Eloquenz war wirklich bewundernswert. Er hat fünfzehn Minuten gesprochen, ohne irgend etwas zu sagen. Er war Absolvent der Peking-Universität, zuständig für koreanische Literatur. Ob er diese Fähigkeit in der Universität oder anderswo gelernt hatte, wußte ich nicht. Aber das war eigentlich nicht seine Erfindung. Viele Menschen haben aus ihren Erfahrungen mit den zahlreichen Bewegungen eine solche Fähigkeit erworben. Denn Schweigen wird als Desinteresse an der Politik verstanden, und das macht auf die Partei einen schlechten Eindruck.

Aber wie hat Zhang dieses Kunststück vollbracht?

Er fing mit der Bedeutung dieser Bewegung an und versicherte der Partei, daß er als Helfer und Reserve der Partei die Bewegung ohne Vorbehalt unterstütze. Dann versuchte er die Politik der Partei zu erläutern, als ob die Anwesenden nie davon gehört hätten. Dabei zeigte er ein so gründliches Verständnis dafür, daß man nicht umhin konnte, sich zu fragen, ob nicht er es war, der für die Partei diese Politik ausgearbeitet hatte. Er hat auch nicht die chinesische Bescheidenheit vergessen, denn er versicherte seinen Zuhörern, daß das, was er gesagt hat, nicht mehr als ein Backstein war, den er hingeworfen hat, um einen Jadestein anzuziehen. Das war wieder nicht seine Erfindung, sondern ein abgedroschenes Klischee, welches viele Redner gebrauchen, um zu zeigen, daß sie nur ein paar unwichtige Bemerkungen gemacht haben, um eine fruchtbare Diskussion anzuregen.

Immerhin hat Zhang die Sitzung in Gang gebracht. Jetzt begann einer nach dem anderen zu sprechen. Leider tauchte keine Jade auf, sondern immer nur Backsteine, und zwar aus demselben Ofen. Zhang hatte ein Muster vorgegeben. Alle sprachen ihm nach.

Der Vizedirektor war sehr ärgerlich, als er von den politischen Sekretären verschiedener Redaktionen erfuhr, wie die erste Sitzung verlaufen war. Er schlug auf den Tisch und schäumte vor Wut über seine untauglichen politischen Kader.

»Nein, so geht es nicht weiter!« Sein Ningbo-Akzent war vor Erregung besonders ausgeprägt. »Die Partei will wissen, was und wie die Massen denken. Ihr müßt versuchen, den Massen den Mund aufzumachen.«

Dann erteilte er, wie ein Kommandeur seinen Unteroffizieren, seine Anweisungen:

»Erstens, die Massen haben bestimmt etwas zu sagen. Zweitens, sie haben geschwiegen, oder schlimmer noch, sie haben zwar geredet, aber doch nichts gesagt, weil sie Bedenken haben. Drittens, um diese Bedenken zu beseitigen, müssen alle politischen Kader auf der nächsten Sitzung den Massen mit gutem Beispiel vorangehen. Mitglieder der Partei und Jugendliga sollen in dieser Bewegung ihre Loyalität der Partei gegenüber zeigen und beweisen, indem sie die Partei kritisieren. Ja, ihr habt richtig gehört. Ich wiederhole: die Partei kritisieren, und zwar ohne Bedenken oder Vorbehalt. Denn nur die loyalen Mitglieder wünschen, daß die Partei ihre Arbeit verbessert. Die Klassenfeinde würden sich freuen, wenn die Partei immer mehr Fehler machen sollte. Viertens, ich erwarte von euch das nächste Mal bessere Resultate.«

Das nächste Mal war es tatsächlich besser. Man begann über wesentliche Fragen zu reden, und das war wieder Zhang zu verdanken. Sein »Backstein« waren diesmal die Arbeitsbedingungen der Lektoren: zu wenig Arbeitsräume, so daß man sich in einem beengten Zimmer nicht auf die Arbeit konzentrieren konnte; zu wenig Nachschlagewerke, so daß man auf Stadtbibliotheken angewiesen war, usw. Ihm folgten alle Lektoren, die mit ihm übereinstimmten und mehr Wünsche oder Anregungen dieser Art äußerten. Ihre Hoffnungen, daß die Parteileitung des Verlages sich mehr um die Intellektuellen kümmern, sich mehr mit ihnen unterhalten und mit ihnen Freundschaft schließen könnte, waren natürlich hundertprozentig richtig. Ein alter Lektor, Zhao, zuständig für französische Literatur, machte sogar eine Bemerkung, die Anklang bei allen Anwesenden fand. Er sagte:

»Ich habe immer das Gefühl, daß die Partei zwar ehrwürdig, aber nicht liebenswürdig ist. Ihr wißt ja, der Parteisekretär Genosse Xu wohnt auf derselben Etage wie ich. Wir treffen uns tagtäglich mehrmals im Flur. Aber in den vielen Jahren haben wir nur das eine nichtssagende Wort gewechselt, und zwar: ›Schon gegessen?‹«

Aber solche Kritik - wenn es sich überhaupt um Kritik handelte - tat niemandem weh. Es fehlte immer noch die Offenheit, die der Vizedirektor von den politischen Sekretären verlangte. Ich sah keinen anderen Weg, als selbst zu sprechen:

»Genossen, niemand von uns ist Mitglied der Partei,« fing ich an, »aber wir hoffen, genauso aufrichtig wie die Mitglieder, daß die Partei ihre Arbeit verbessert, denn heute ist die Kommunistische Partei die regierende Partei, ihre Arbeit hat mit uns allen zu tun. Jeder hat das Recht, offen zu sagen, was er über die Arbeit der Partei denkt. Hingegen hat die Partei die Pflicht, auf die Kritik und Vorschläge der breiten Volksmassen zu hören und dementsprechend ihre Arbeit zu verbessern. Nur so hat die Partei das Recht, die regierende Partei zu bleiben und die Unterstützung der breiten Volksmassen zu genießen.«

Hier machte ich eine Pause und schaute mich um. Ich konnte nur apathische Gesichter sehen. Der Protokollführer, mein Freund Gao, hatte kein Wort mitgeschrieben. Er spielte mit seinem Füllfederhalter.

»Von diesem Standpunkt ausgehend, möchte ich heute auf der offiziellen Sitzung der Redaktion Kritik an der Parteileitung des Verlages üben, und zwar...«

»Moment,« unterbrach mich Gao, »mein Füller hat keine Tinte mehr... So, jetzt kannst du weiterreden.«

Sein »Zwischenspiel« lenkte die Aufmerksamkeit aller Anwesenden auf mich.

»Meiner Meinung nach war die Bewegung letzten Jahres im Verlag ein gravierender politischer Fehler der Parteileitung gewesen.«

Hier machte ich wieder eine Pause.

Mein Publikum war jetzt ganz Auge und Ohr.

Niemand döste. Niemand flüsterte.

Gao schrieb schnell in sein Heft.

»Ihr wißt ja alle,« setzte ich fort, »daß wir ein Jahr lang gegen zwölf ›Gegenstände‹ gekämpft haben, weil sie nach den Anweisungen der Parteileitung alle versteckte Konterrevolutionäre waren.«

Li Min, Shi und Wang waren offensichtlich beunruhigt.

»Und was war das Resultat? Keiner von ihnen ist Konterrevolutionär. Sie sind alle unsere Genossen. Vorsitzender Mao hat gesagt, daß es unsere allerwichtigste Aufgabe ist, unsere Freunde von unseren Feinden zu unterscheiden. Wie soll man das verstehen? Am Anfang hat die Leitung gesagt, sie hätte Beweise. Niemand hat daran gezweifelt. Am Ende sagte die Leitung: ›Wie konnte man vorher, ohne gegen sie zu kämpfen, wissen, ob sie Konterrevolutionäre sind oder nicht. Der Zweck des Kampfes war eben, diesen Zweifel zu klären. Die Partei hat diesen Genossen geholfen, ihre seelische Bürde von sich zu werfen, so daß sie von nun an erleichtert arbeiten und glücklich leben können.‹ Was für eine Logik ist das? Die Parteileitung hat nie zugegeben, daß sie einen Fehler begangen hat. Sie hat sich auch nie bei diesen Genossen entschuldigt. Aber sie sind auch Menschen, Menschen wie wir mit Würde, mit Gefühl, mit Frauen und Kindern. Hat die Partei keinen Respekt davor? Wie kann eine solche Partei mit der Unterstützung der Volksmassen rechnen? Nach der Bewegung fühlte sich jeder bedroht. Und die ›Aktivisten‹, schämen sie sich gar nicht, daß sie diese Genossen schwer gedemütigt und verletzt haben? Sie haben gar kein schlechtes Gewissen. Im Gegenteil, sie freuen sich über ihre ›Verdienste‹. Sie sind auch reichlich von der Partei belohnt. Sie sind entweder Mitglieder der Partei oder der Jugendliga geworden. Sie haben ihr Glück auf dem Leiden anderer Menschen gebaut. Haben sie kein Herz? Ich..., wenn mir die Freiheit gegeben würde..., möchte mich bei allen ehemaligen ›Kampfgegenständen‹ entschuldigen: Ich möchte ihnen sagen: Verzeiht mir. Ich war zu naiv, zu leichtgläubig. Aber glaubt mir, daß ich dafür schwer bestraft worden bin. Diese Gewissensbisse sind wie Schlangen. Sie lassen mich Tag und Nacht nicht in Ruhe. Ich... ich bereue meine Teilnahme und meine Tätigkeit während dieser Bewegung. Ich...«

Meine Kehle verengte sich. Ich konnte nicht weitersprechen. Ich stand auf und ging ans Fenster. Hinter mir war Ruhe. Niemand sprach. Niemand hustete. Totenstille. Und dann klingelte es - Feierabend. Ich hörte Menschen weggehen. Sie wollten mich nicht stören.

Am nächsten Tag erfuhr ich, daß meine kurze Rede aus dem Stegreif ein großer Erfolg gewesen war. Viele sagten:

»Zhou hat endlich das gesagt, was uns allen am Herzen liegt.«

»Zhou hat den seltenen Mut, die Wahrheit zu sagen. Ich schäme mich vor ihm und bin entschlossen, von ihm zu lernen.«

»Was mir am besten gefiel, war das Pathos, mit dem Zhou sprach. Nur ein aufrichtiger und aufgeschlossener Mensch kann so sprechen.«

»Schade, daß gestern kein Parteimitglied da war. Die Partei soll auf die Stimme der Massen hören.«

Ein alter Lektor, King, kam zu mir und sagte:

»Ach, wie schade, daß ich gestern deine Rede verpaßt habe. Die Redaktion spricht über nichts anderes als deine Rede. Sogar in der Kantine sprechen Genossen von anderen Abteilungen auch darüber.«

Danke, Genossen, danke für euer Lob! Wißt ihr aber auch, dass diese

Rede von wenigen Minuten mich zweiundzwanzig Jahre Verbannung gekostet hat?

Jeden Tag mußten die politischen Kader Vizedirektor Wang über die Sitzungen berichten. Jetzt konnte man bei dieser Gelegenheit viel mehr erfahren, was den Menschen auf dem Herzen lag.

Die Redaktion für Gegenwartsliteratur berichtete:

»Die Kommunistische Partei ist die Regierungspartei, aber nicht die einzige Partei in China. Sie soll mehr demokratisch sein. Sie soll tatsächlich und nicht nur formell mit anderen Parteien zusammenarbeiten. Sie soll nicht alle Macht an sich reißen.«

Die Redaktion für klassische Literatur meinte:

»Die Kommunistische Partei soll die Intellektuellen mehr respektieren und auf sie vertrauen. Sie soll ihr Freund werden. Sie soll mit ihnen zusammenarbeiten und sie nicht bloß ausnutzen. Sie soll ihre Lebens- und Arbeitsbedingungen wesentlich verbessern.«

Die Redaktion für sowjetische und osteuropäische Literaturen war der Ansicht:

»Die Kommunistische Partei soll ihre Mitglieder, einschließlich hochrangiger Funktionäre, besser erziehen und striktere Forderungen an sie stellen. Der Bürokratismus und die Privilegien der Parteimitglieder, besonders der hochrangigen Funktionäre, sind in vielen Aspekten schrecklich und unerträglich.«

Die Verwaltung des Verlages äußerte den Wunsch:

»Die Kommunistische Partei soll auch Selbstkritik üben und nicht nur von den Massen Kritik verlangen, die sie nur als Fassade der Demokratie ausnutzt. Sie soll den Massen versichern, daß sie den Rednern tatsächlich nicht die Schuld geben und keine Rache an ihnen nehmen wird.«

Im Verlag hatte man angefangen zu reden, obwohl immer noch bange.

Draußen aber kochte die öffentliche Meinung vor Empörung. In den Zeitungen konnte man jeden Tag Berichte und Reportagen lesen, in denen Vertreter aller Lebensstellungen, aber meistens von anderen Parteien, von der Intelligenz und von den enteigneten Kapitalisten, die Schale ihres Zorns über die Partei ausgossen oder ihre Wut an den Parteimitgliedern, besonders an hochrangigen Funktionären, ausließen.

Die Kommunistische Partei veröffentlichte in ihrem Organ sogar Worte, die sichtlich ihrem Bild und Prestige schadeten, ohne sich zu verteidigen oder Gegenangriffe zu starten.

Ein Schriftsteller schrieb:

»Der Bürokratismus und die Privilegien der Parteimitglieder, besonders der hohen Funktionäre, müssen sofort abgeschafft werden.«

Der Vorsitzende der Partei der Intellektuellen sagte in einer Ansprache: »China braucht auch ein echtes Mehrparteiensystem. China braucht eine Opposition. Alle demokratischen Parteien sollen der Reihe nach als Regierungsparteien tätig sein.«

Ein Ex-Kommandeur der Nationalistenarmee meinte:

»Die Volksbefreiungsarmee ist die Armee der Kommunistischen Partei. Wir brauchen eine Armee, die dem Staat, und nicht einer einzelnen Partei, untergeordnet ist.«

Der Vorsitzende der Partei der Unternehmer soll auf einer Sitzung gesagt haben:

»Wenn ein Mitglied der Kommunistischen Partei die Interessen des Landes und des Volkes verletzt hat, sehe ich keinen Grund, warum es nicht wie alle anderen Verbrecher auch hingerichtet werden soll.«

Am Anfang war ich, wie viele andere Menschen, erschrocken, solche Berichte zu lesen, denn so etwas hat vorher nie in der Zeitung gestanden. Obwohl ich auch mit der Partei unzufrieden war, hatte ich nicht die geringste Absicht, die Partei zu stürzen. Es war mir klar, daß die Kommunistische Partei die einzige Partei in China war, die stark genug war, ein so großes Land zu regieren. Außer dieser Partei gab es in China keine andere politische Kraft, die diese Partei ersetzen konnte.

Auf der anderen Seite war ich, wieder wie viele andere Menschen, froh, daß die Partei anscheinend demokratisch geworden war. Sie ließ jeden zu Wort kommen. Wahrscheinlich hatte diesmal die Partei Maos Worte ernst genommen, daß dem Sprecher seine Worte nicht zum Tadel, sondern dem Hörer zur Lehre gereichen mögen. Hoffentlich ließ sich die Partei die Mühe nicht verdrießen, auf die Kritik der Massen zu hören, und verbesserte ihre Organisation, ihre Arbeit und ihren Stil grundsätzlich und nicht oberflächlich oder äußerlich. Letzten Endes liebten die meisten Chinesen ihr Vaterland. Auch wenn sie die Partei zu scharf oder streng kritisierten, wollten sie eigentlich nur, daß die Partei durch diese Bewegung in eine bessere Lage versetzt werden konnte, China weiter zu führen.

Doch die Tatsachen beweisen, wir waren alle zu naiv.

»Was soll das heißen?«

Als die gütigen und ahnungslosen Menschen eines Morgens im Jahre
1957 die Volkszeitung aufblätterten und erwarteten, die immer weiter
eskalierende scharfe Kritik an der Partei zu lesen, fanden sie diesen Leitartikel, angeblich von Mao selbst geschrieben.

Sie waren alle erschrocken: Die Partei hatte an der ganzen Front zum
Gegenangriff geblasen!

Aber, aber... Mao hat doch gesagt, und die Partei hat auch wiederholt
und mit Nachdruck dem Volk versichert, daß sie den Kritisierenden keine
Schuld geben werde. Was soll dieser Leitartikel heißen? dachten viele
Leute. Diejenigen, die etwas gesagt hatten, begannen, sich ihre Worte ins
Gedächtnis zurückzurufen, um festzustellen, ob sie in Gefahr oder in Si-
cherheit wären.

»Was soll das heißen?« forderte der Leitartikel heraus. »Wir Kommunisten haben euch um Kritik gebeten, und ihr wollt uns Kommunisten
stürzen und töten!«

Haarsträubende Übertreibung.

»Wir Kommunisten geben bis heute immer noch keine Schuld denjenigen, die uns wohlwollend und konstruktiv kritisiert haben. Aber ihr seid
Klassenfeinde! Und den Klassenfeinden gilt die Diktatur des Proletariats.«

Auf einmal roch das ganze Land stark nach Pulver!

Dieser Leitartikel erschien am gleichen Tag in allen Zeitungen des
Landes.

Ebenso veröffentlichten alle Zeitungen an diesem Tage neben dem
Leitartikel Reden von Arbeitern, Bauern und Soldaten und auch Berichte
über Massenversammlungen und Kundgebungen mit ein und demselben
Inhalt: Wir - das heißt die »Volksmassen« - sind am Ende unserer Geduld.
Wir sind fest entschlossen, den Vorsitzenden Mao und die Partei zu vertei-
digen!

Die Zeitungen »entlarvten« diesen Sprecher - er war ein durch die Ma-
schen der Bewegung geschlüpfter versteckter Konterrevolutionär - und jenen Redner - er war Sohn eines geflohenen Großgrundbesitzers oder eines
hingerichteten Spions. Auf einmal tauchten in den Zeitungen unzählige
Menschen auf, die auf diese oder jene Weise Todfeinde der Partei sein
sollten, die diese Bewegung ausgenutzt haben sollten, um die Partei übel

zu verleumden und heimtückisch anzugreifen. Nicht nur Zeitungen, auch der Rundfunk - mit oder ohne Draht -, Filme, Theaterstücke, Karikaturen, alle Medien und Kunstformen wurden mobilisiert, um eine machtvolle Stimmung für den Gegenangriff zu schaffen. Alles war genau geplant und vorbereitet. Mao verwendete eine bekannte Taktik aus der alten Zeit: »Die Schlangen aus ihren Höhlen herauslocken.« Wer hätte so etwas von einem kommunistischen Führer erwartet? Wer hätte damit gerechnet? Selbst die politisch erfahrenen Führer der anderen acht demokratischen Parteien nicht.

»Die Kommunisten haben uns hinters Licht geführt!«

»Wir sind in eine Falle geraten!«

Alarmrufe von denjenigen, die gestern noch glaubten, daß es ihnen gelungen wäre, die Kommunisten Schritt für Schritt in die Enge getrieben zu haben. Vor »Erfolgen« waren sie, als sie gestern ins Bett gingen, noch außer Rand und Band. Am nächsten Morgen fanden sie sich in mehreren Ringen von den »Volksmassen« umzingelt. Bevor sie Widerstand leisten konnten, war ihr Vorhaben schon zum Scheitern verdammt.

*   *   *

An demselben Tage wurde die Bewegung zur Rektifikation der Partei abrupt abgebrochen; eine neue Bewegung, die Bewegung gegen die Rechtsabweichler, wurde über Nacht landesweit entfesselt, die von Deng Xiaoping geleitet wurde.

Rechtsabweichler? Wieso nicht Konterrevolutionäre?

Die Partei gab allen zu verstehen, daß die Klassenfeinde hundertprozentig Konterrevolutionäre waren, aber da viele Führer der demokratischen Parteien darin verwickelt waren, war die Kommunistische Partei bereit, den Vorschlag einer linken Führerin einer demokratischen Partei anzunehmen, diese Klassenfeinde als »Rechtsabweichler« zu bezeichnen und als Ausdruck von Widersprüchen im Volk zu behandeln. So konnten die demokratischen Parteien ihr Gesicht wahren; so konnte die Kommunistische Partei ihre Großzügigkeit und auch Stärke zeigen. Der Volksmund pflegt zu sagen: »Wer hat je gehört, daß Flöhe die Bettdecke hochgehoben haben?«

Aber die offizielle Definition für »Rechtsabweichler« war nie zweideutig - ein Rechtsabweichler ist ein Element gegen die Partei, gegen das Volk und gegen den Sozialismus.

Also begann auch im Verlag die Anti-Rechtsabweichlerbewegung.

Hatte ich irgendeine Ahnung, daß mir diese Bewegung zum Verhängnis werden könnte? Die Antwort: ja und nein.

Ja, denn es bestanden manche Ähnlichkeiten in den Meinungen von mir und den Rechtsabweichlern. Nein, denn obwohl ich in manchen Aspekten unzufrieden mit der Partei war, hatte ich nie die Absicht gehabt, die Partei zu stürzen. Ich war nicht gegen die Partei, nicht gegen das Volk oder gegen den Sozialismus.

Aber trotzdem konnte ich schon etwas Ungewöhnliches spüren. Man versuchte, mich zu meiden oder gar zu schneiden. Mitglieder der Partei und Jugendliga saßen in langen Sitzungen, aber diesmal ohne mich.

Was sollte das alles heißen?

Die Antwort war klar: Meine kurze Rede in der Redaktion über die Bewegung zur Liquidierung aller versteckten Konterrevolutionäre wurde als »giftiges Unkraut« bezeichnet und mußte unverzüglich kritisiert werden. So hieß es in einer Wandzeitung neben dem Eingang des Verlages, so auffällig, daß niemand sie übersehen konnte.

Welche Ehre! Überrascht wie ich auch war, bin ich nicht, wie manche »Kampfgegenstände«, in Panik geraten. Endlich, dachte ich, nun habe ich wenigstens Klarheit. Also, es ist doch geschehen. Ich bin »giftiges Unkraut«.

Mao hat wieder einmal den chinesischen Wortschatz ergänzt. Nach »Papiertiger«, »Rennender Hund« kamen jetzt »giftiges Unkraut« und »duftende Blumen«. Nach seiner Philosophie kann man das giftige Unkraut ausgraben und als Düngemittel für duftende Blumen benutzen. Er konnte seine Zufriedenheit kaum verbergen, daß er die Schlangen aus ihren Höhlen herausgelockt hatte. Jetzt wollte er sie zum Nutzen der Partei verwenden.

Ich bin sofort zur Kampfleitung gegangen und verlangte, das Protokoll zu lesen. Der Sekretär Yao, der mich vorher immer seinen »alten Waffenkameraden« genannt hatte, gab mir diesmal eine glatte Absage.

»Na gut,« mußte ich erklären, »ich habe das Protokoll weder gelesen noch unterzeichnet. Ich erkenne es nicht an. Ohne meine Kenntnis davon kann niemand es gegen mich verwenden.«

Wer hätte geglaubt, daß mein Protest wiederum »giftiges Unkraut« sein würde?!

Auf der ersten Kampfsitzung sprang der Protokollführer Gao als erster »Kämpfer« gegen mich auf und brüllte:

»Ich habe im Auftrag der Parteileitung das Protokoll geführt. Ich war und bin zu dieser Minute für jedes Wort, ja für jede Interpunktion verantwortlich. Wer die Authentizität meines Protokolls in Frage stellt, muß auch unbedingt für seinen Verdacht Beweise bringen, sonst ist das wieder eine Herausforderung gegen die Bewegung.«

Nicht schlecht, dachte ich. Gao, der vorher immer lieber Protokoll führte, um nicht sprechen zu müssen, kann ja ganz gut sprechen, wenn er etwas zu sagen hat. Man verzeihe mir meinen Zynismus, aber ich konnte nicht umhin, als er mich anbrüllte, daran zu denken, daß es nur mir zu verdanken war, daß er ein Zimmer hatte finden können.

Ihm folgte die Lektorin für amerikanische Literatur, Guo, die mit mir ein Zimmer teilte:

»Zhou ist Mitglied der Jugendliga. Er war auch Mitglied der Kampfleitung gegen die Konterrevolutionäre. Deswegen haben wir, pardon, hatten wir Massen Vertrauen zu ihm. Der Kampf war eben vorbei, da fing er schon an, mit den Konterrevolutionären(!) zu liebäugeln. Das war nichts weniger als Vertrauensbruch und Verrat. Zhou muß genügend Grund für sein Verhalten angeben.«

Also so dachte sie über mich. Kein Wunder, daß sie in unserem gemeinsamen Zimmer tat, als ob ich überhaupt nicht da wäre.

Diesmal hatte Zhang, der sonst viel sprach, aber nichts sagte, auch etwas zu sagen, aber leider nicht sehr logisch:

»Zhou hatte gesagt, wenn ihm die Freiheit gegeben wäre, würde er sich bei den Konterrevolutionären (!) entschuldigen. Ich möchte Zhou fragen: Was für Freiheiten möchtest du noch haben? Du warst schon sehr frei. Du warst so frei, daß du nicht mehr auf die Disziplin der Partei achtetest...«

Merkwürdig, ich war doch gar kein Mitglied der Partei. Was hatte die Parteidisziplin mit mir zu tun? Nach ihm sprachen alle Lektoren außer Li Min, Shi und Wang, die sich offensichtlich nicht wohlfühlten. Auch der alte Lektor, King, der mich damals gebeten hatte, ihm von meiner Rede zu erzählen, weil er sie verpaßt hatte, hat gesprochen. Ich soll ihr Vertrauen mißbraucht haben. Ich soll sie alle betrogen haben. Dafür soll ich bestraft werden.

Die Stellvertretende Sekretärin der Jugendliga Wang hat nach der Sitzung im Auftrag der Kampfleitung mit mir gesprochen. Sie sagte:

»Als Genosse Wang, der Vizedirektor, damals von deiner Rede in der Redaktion erfahren hatte, war er ganz blaß geworden. Er sagte: ›In der Jugendliga hat jemand die weiße Flagge gehißt. Er hat sich bei den Konterrevolutionären entschuldigt. Das war eine reaktionäre Rede. Das war Verrat. Wir müssen dieses ›giftige Unkraut‹ unverzüglich offen kritisieren.«

Mein Gott, hat man gar keinen Respekt vor der Logik mehr? Ja, ich habe mich bei den mißhandelten »Kampfgegenständen« entschuldigt, weil sie ein Jahr lang Demütigung und Ungerechtigkeit über sich ergehen lassen mußten. Aber sie sind keine Konterrevolutionäre. Das hatte kein anderer als Vizedirektor Wang selber auf der Vollversammlung des Verlages offiziell bekanntgegeben. Und jetzt soll ich eine weiße Flagge gehißt und mit den Konterrevolutionären geliebäugelt haben?! Jetzt soll ich haften für etwas, was ich nicht getan habe?! Ich verstehe diese Welt nicht mehr!

Ein paar Tage später rief die Hauptkampfleitung des Kulturministeriums eine Kampfversammlung von zehntausend Menschen ein. Jemand rief mich in der Redaktion an:

»Zhou,« es war eine Mädchenstimme, »gehst du zur Versammlung?«

Wenn ich die Wahl hätte, nein. Leider hatte ich nicht diese Wahl. Ich mußte »ja« sagen.

»Also gut, ich warte auf dich am Tor. Wir fahren zusammen mit dem Fahrrad dorthin, ja?«

Aus Erfahrung verstand ich sofort, daß ich wenigstens teilweise meine Freiheiten verloren hatte. Das Mädchen - sie hieß Zhu, war eine Korrektorin - hatte sicherlich nicht ihre Gesellschaft angeboten, um mit mir zu flirten. Ich stand unter Aufsicht.

Die Versammlung fand in einem Stadion statt. Neben mir saß Wang, der zwar kein »Kampfgegenstand« während der Bewegung gegen die Konterrevolutionäre gewesen war, aber doch unter Verdacht stand. Die Versammlung kam zu einer Pause. Wang fragte mich, ob ich auch auf die Toilette gehen möchte. Ich folgte ihm. Draußen vor der Toilette blieb er aber stehen.

»Ich warte auf dich hier. Keine Eile. Nimm dir Zeit,« sagte er freundlich, vermied aber meinen Blick.

Das nenne ich Ironie. Damals hatte ich genau dasselbe mit ihm gemacht.

Die Kampfleitung wollte wahrscheinlich durch diese kleinen Aufträge Wang zu verstehen geben, daß er trotz der letzten Bewegung noch das Vertrauen der Partei genoß. Ich freute mich aber, daß Wang seine menschlichen Gefühle nicht total verloren hatte und sie mir auch zeigte. Natürlich hatte meine Entschuldigung auch ihm gegolten.

Ich dachte an Shi, meinen ehemaligen »Kampfgegenstand«, und Li Min. Ihnen ist nichts passiert. Aber sie hatten offensichtlich wieder Angst. Trotzdem versäumten sie nie die Gelegenheit, mich mit einem kaum bemerkbaren Nicken oder Lächeln zu grüßen, auch wenn sie, wie alle anderen Menschen, nicht mehr mit mir sprachen. Wenigstens sie verstehen mich, dachte ich und mußte ein bitteres Lächeln aufsetzen.

Der Kampf gegen die Rechtsabweichler ging weiter. Kampfversammlungen, Kampfsitzungen, Verhöre, eins nach dem anderen, jeden Tag. Dazu mußte noch schriftlich Rechenschaft der Kampfleitung gegeben werden. Das war bei jeder Bewegung so. Aber diesmal durften alle »Kampfgegenstände« noch zu Hause wohnen und weiterhin ihre Arbeit machen. Ich wohnte damals bei meiner Schwester, die inzwischen ihre eigene Familie in Peking gegründet hatte.

In der Redaktion arbeitete ich selbstverständlich nicht mehr als politischer Sekretär, sondern nur als einfacher Lektor.

»Hast du dich verteidigt? Warum nicht?« fragten mich später meine Freunde in Kanada, Amerika und Deutschland, denen ich von meinem Verhängnis erzählte. Wie sollten sie wissen, daß in China alles anders ging. Damals gab es keine Rechtsanwälte, an die man sich wenden konnte. Die Partei war die einzige und höchste Leitung aller Bewegungen. Sie hatte die Macht der Polizei, der Staatsanwaltschaft und der Justiz an sich gerissen. Unter solchen Umständen wäre es dumm gewesen, zu versuchen, sich zu verteidigen, denn »sich verteidigen« war in den Augen der Partei identisch mit »Widerstand leisten«, und die Politik der Partei hieß und heißt: »Milde Behandlung dem Geständigen, strenge Bestrafung demjenigen, der Widerstand leistet.« Um sich nicht in noch größere Schwierigkeiten zu bringen, hatte man praktisch keine andere Wahl, als zu gestehen, was gegen einen ausgesprochen wurde und das Ende der Bewegung abzuwarten.

Was mich persönlich betraf, hatte ich allmählich begonnen einzusehen, daß meine Rede grundsätzlich nicht falsch, jedoch nicht opportun war, denn viele Menschen haben kritisiert, daß die Bewegung gegen die Konterrevolutionäre ein totaler Fehler war. In unserem Verlag hatte diese Bewegung keine versteckten Konterrevolutionäre aufgedeckt, in anderen Organisationen dagegen viele. Außerdem befanden sich unter den Kritikern neben den meisten Menschen, die die Partei wohlwollend und konstruktiv kritisierten, tatsächlich viele, die aus verschiedenen Gründen die Partei haßten und sie stürzen wollten. Das war ein Kampf mit unklarem Frontverlauf. Es war nicht immer möglich, die Feinde auf einem Blick von den Freunden zu unterscheiden. Meine Rede konnten diese Leute für ihre eigenen Zwecke absichtlich falsch interpretieren und als Beweis ihrer Kritik verwenden. Und das war für die Partei schädlich. Es handelte sich hier um

1954: Zhou Enlai, Zhou Chun, Mao Zedong (v.l.n.r.)

光
臨

地
點
：
北
京
飯
店
（
西
大
人
路
）

毛
澤
東

為
慶
祝
中
華
人
民
共
和
國
國
慶
節
茲
訂
於
九
月
三
十
日
下
午
八
至
十
時
舉
行
酒
會
敬
請

Einladung von Mao Zedong
an Zhou Chun:

Es wird am 30. September
(1950) von 8 bis 10 Uhr
abends eine Cocktailparty
veranstaltet, um den
Nationalfeiertag der
Volksrepublik China zu
feiern.

Um Ihre geschätzte
Anwesenheit wird
respektvoll gebeten.

Mao Zedong

Ort: Peking Hotel
(Einladung gilt als
Eintrittskarte)

DDR-REGIERUNGSDELEGATION AM KUANGTING-STAUBECKEN IN NORDCHINA –
BEGRÜSSUNG DURCH DIE DORFBEWOHNER AM 18.10.1954
(2. V.L.: ZHOU CHUN)

DER DDR-BOTSCHAFTER
JOHANNES KÖNIG
VERLÄSST MIT SEINEN
GÄSTEN DIE DEUTSCHE
BOTSCHAFT NACH EINEM
EMPFANG 1954 ANLÄSS-
LICH DES 5. GRÜNDUNGS-
TAGES DER DDR
(RECHTS LIO SHAOQI;
2. REIHE MITTE: ZHOU
ENLAI; HINTEN MITTE:
ZHOU CHUN)

DER AUTOR
UND SEINE SCHWESTER
ANFANG 1949 IN BEIJING

DIE ELTERN IN SHANGHAI 1980 – IHRE LETZTEN GLÜCK-
LICHEN JAHRE NACH DER REHABILITIERUNG IHRER DREI KINDER.
IN DER MITTE DIE SCHWESTER, DIE EINSTIGE »TOCHTER DER PARTEI«

姓　名　周　純
机　关　大会秘书处
大会职务　組　員
1956年9月14日填發

注意事項

1. 凭证在閉会时出入会場、小組会場和代
表住所。
2. 非經允許不得携帶武器进入会場。
3. 本証应妥为保存，不得轉借，不得遺失。

ARBEITSAUSWEIS FÜR DEN 8. PARTEITAG DER KPCH
VOM 14.09.1956

DER DOLMETSCHER
VON MAO ZEDONG
UND ZHOU ENLAI:
ZHOU CHUN,
BEIJING 1950

einen Widerspruch zwischen Motiv und Effekt. Obwohl meine Kritik sich auf die Kampfleitung des Verlages beschränkte, und nicht auf die ganze Bewegung zielte, hat sie, objektiv gesehen, dem Angriff solcher Leute gegen die Partei Vorschub geleistet. Und aus diesem Grunde fühlte ich mich nicht tadellos. Ich habe mich auch deswegen nicht verteidigt, sondern aufrichtig Selbstkritik geübt. Ich habe mir wirklich Mühe gegeben, meinen Fehler zu erkennen und zu analysieren. Ich habe der Kampfleitung gegenüber mehrmals freiwillig schriftlich Selbstkritik abgelegt. Aber die Leitung war damit nie zufrieden. Vizedirektor Wang hatte den Ton schon angegeben. In den Augen der Kampfleitung war ich hundertprozentig ein Verräter, der eine weiße Flagge vor den Konterrevolutionären gehißt hatte. Von meiner Theorie des Widerspruchs zwischen Motiv und Effekt wollten sie nichts wissen. Und es geschah nicht selten, daß meine Selbstkritik bei der nächsten Kampfsitzung von einem »Aktivisten« vorgelesen wurde, so daß »die revolutionären Massen« mir weiter »helfen« konnten. Helfen? Aber wohin? Gestehen, daß ich ein Verräter war? Nein, das kam für mich gar nicht in Frage.

So war der Kampf gegen mich an einem toten Punkt angekommen. Die Kampfleitung und die »Aktivisten« schienen das Interesse an mir verloren zu haben. Sie wandten sich anderen »Kampfgegenständen« zu.

Ich war selbstverständlich nicht der einzige »Kampfgegenstand« im Verlag. Unser Direktor Feng Xuefeng, ein berühmter Literaturwissenschaftler und Veteran der Partei, der sich zwar kaum im Verlag sehen ließ, aber bei den Lektoren hohes Ansehen genoß, war diesmal auch zum »Kampfgegenstand« geworden. Er sollte angeblich zu einer »Anti-Partei- Clique« der Literatur- und Kunstschaffenden gehören. Die anderen »Gegenstände« waren meistens ältere Lektoren. Merkwürdig verhielt sich Zhang, ein Experte der chinesischen Klassik. Er soll auf einer Sitzung gesagt haben: »Wir bitten die Kommunistische Partei um Erlaubnis, die Partei lieben zu dürfen.« Die Parteimitglieder waren alle empört, denn die Ironie der Bitte konnte sogar ein Idiot verstehen. Niemand wußte, wie man ihn kritisieren sollte oder konnte. Es hat aber nicht lange gedauert, bis man feststellte, daß dieser Zhang ein altes Mitglied der Nationalistenpartei gewesen war und viele wichtige Beamte auf der Insel Taiwan kannte. Da hatte man eine Handhabe gefunden und beschlossen: »Kämpfen wir gegen ihn und sehen wir, was sich aus dem Kampf entwickelt.« So wurde auch er »Gegenstand«.

Ein anderer Experte, Wang, wurde auf eine ziemlich dramatische Weise »Kampfgegenstand«. Auf einer Sitzung der Redaktion soll er gesagt haben:

»Jeder von uns hat die Ehre, ein Aktenheft zu besitzen, welches aber erstens nicht in unseren eigenen Händen ist, sondern in der Kaderabteilung, und zweitens uns gegenüber geheimgehalten wird, obwohl alles darin ausschließlich mit uns zu tun hat. Also unsere Aktenhefte sind wichtige Staatsgeheimnisse. Welche Ehre! Aber mir wäre es lieber, ich könnte meine Biographie selbst schreiben, als daß junge Mädchen mit Zöpfchen es tun. Wer weiß, vielleicht machen sie einen Hahnrei oder Schweinehund aus mir mit ihren Kritzeleien.«

Mit diesen Worten stach er in ein Wespennest. Die Leiterin der Kaderabteilung Lu fragte ihn auf einer Kampfsitzung:

»Guck mich an, du, Wang. Ich bin weder jung, noch habe ich Zöpfchen. Ich habe die Ehre, deine Biographie im Auftrag der Partei für dich zu schreiben. Wenn deine Frau anständig ist, wenn du kein Schweinehund bist, warum hast du so große Angst vor deinem Aktenheft? Hast du etwa ein schlechtes Gewissen?«

Der sonst so eloquente Wang wurde für diesmal mundtot gemacht.

Schließlich kam die Endphase der Bewegung. Da Rechtsabweichler nominell keine Konterrevolutionäre waren, sollte kein »Gegenstand« verhaftet und verurteilt werden. Viele wurden zwangsweise in die abgelegenen Provinzen im Nordosten oder Nordwesten deportiert, um dort durch körperliche Arbeit reformiert zu werden. Nicht wenige sind nie zurückgekommen - Hunger, Kälte, Krankheiten Überlastung, Nervenzusammenbruch, Selbstmord... Menschenleben waren billig.

Um sich den Anschein der Großzügigkeit und Barmherzigkeit zu geben, hat die Partei einen jungen Lektor - er war noch Assistent - wegen seiner »guten Einstellung zur Bewegung« mit Strafe verschont. Er kam frisch von der Universität, also ein von der Partei erzogener junger Intellektueller, verschieden von den älteren Intellektuellen, die aus Familien von Grundbesitzern oder Kapitalisten stammten und bourgeois oder petitbourgeois erzogen waren. Sein Vater war Arbeiter, sein Großvater ein armer Bauer. Der junge Lektor hat nicht nur seine eigenen falschen Worte zugestanden und bereut, sondern auch seine Zimmergenossen denunziert, die ihm ihre Unzufriedenheit der Partei gegenüber anvertraut hatten. Außerdem hat er der Partei schriftlich versichert, nie wieder irgend etwas gegen die Partei zu sagen oder zu tun. Natürlich waren seine Zimmergenossen in Schwierigkeiten geraten, aber sie wußten auch bald, wem sie es zu verdanken hatten.

Meine Strafe war anfangs relativ mild. Ich wurde nominell entlassen, durfte aber noch ein Jahr als Lektor im Verlag weiterarbeiten. Was später mit mir geschehen sollte, war an Hand meiner Einstellung zu bestimmen. Schon in dieser »Prüfungszeit« wurde mein Gehalt stark reduziert. Gut, daß ich alleinstehend war. Logischerweise durfte ich auch nicht mehr in der Jugendliga bleiben, denn ich hatte nach Vizedirektor Wang »eine weisse Flagge gehißt«. Die im Verlag gebliebenen Rechtsabweichler mußten auch öfter unentgeltlich körperliche Arbeit leisten. Nach Mao war dies ein Heilmittel gegen alle nichtproletarischen Gedanken.

Die Anti-Rechtsabweichlerbewegung dauerte nur kurze Zeit. Bald darauf erschien in der Volkszeitung wieder ein Leitartikel »Ein schneller Kampf mit schneller Entscheidung unter der weisen Führung des Großen Führers, des Vorsitzenden Mao«, danach noch ein Leitartikel, welcher den »historischen, glänzenden und totalen Sieg der Partei gegen die wahnsinnige Provokation und den tollwütigen Angriff der bourgeoisen Rechtsabweichler« bejubelte. Jetzt sollte und konnte die unterbrochene Rektifikationsbewegung wieder aufgenommen werden. In der zweiten Phase sollten nicht nur Parteimitglieder und die revolutionären Massen ganz ehrlich ihr »Herz der Partei offenbaren«, so daß die Partei sie besser erziehen konnte, sondern auch Rechtsabweichler sollten ihre reaktionären Gedanken der Partei gestehen, so daß die Partei sie besser reformieren konnte.

* * *

Mir ist unbekannt, ob es in anderen Ländern auch »Wandzeitungen mit großen handgeschriebenen Schriftzeichen« gibt. Ich habe solche Zeitungen, auf denen jeder seine Meinung äußern konnte, nur in China gesehen, und zwar bei politischen Bewegungen. Oft wurden sie benutzt, um die Verbrechen der Klassenfeinde zu entlarven oder um die Feinde herauszufordern, ihre Verbrechen zu gestehen. Aber diesmal sollten die Zeitungen einem anderen Zweck dienen, und zwar als ein Feld, wo jeder sein Herz der Partei offenbaren konnte. Die Leute waren wirklich nicht langsam, um dem Aufruf der Partei Folge zu leisten. Am gleichen Tag stieß man im Verlag schon überall auf solche Wandzeitungen.

Ein alter Lektor schrieb:

»Ich stamme aus einer feudalen Familie. Wegen meiner Erziehung glaubte ich vorher, nur Bildung und Gelehrsamkeit zählen, alles andere ist ohne Wert. Ich hatte kein Interesse für Politik. Der gemeine Angriff der Rechtsabweichler gegen die Partei hat mir eine wichtige Lektion erteilt: Ohne Politik ist man nicht einmal imstande, giftiges Unkraut von duftenden Blumen zu unterscheiden. Ich war wirrköpfig. Der Große Führer, Vorsitzender Mao, und die weise Kommunistische Partei haben mir die Augen aufgesperrt. Ich will jetzt anfangen, Marxismus-Leninismus und Mao Zedongs Gedanken fleißig zu studieren und mich ideologisch zu reformieren. Ich bin nicht nur dem Vorsitzenden Mao und der Partei für ihre Erziehung dankbar, sondern auch den Rechtsabweichlern, denn sie sind für mich negative Beispiele und warnende Lektionen.« Und so weiter.

So hat er sein Herz der Partei offenbart. Dasselbe haben viele andere getan. Es gab zwar unzählige Wandzeitungen, aber sie waren fast alle nach einer bestimmten Formel geschrieben: Wie politisch falsch man vorher gedacht hatte, was für Lektionen man gelernt hatte, wie groß und weise Vorsitzender Mao und die Partei waren und so weiter.

Das Herz der Partei offenbaren? Nein, alle hatten Angst.

Deswegen solche oberflächliche Lebhaftigkeit, aber inhaltliche Leere. Man kann einmal betrogen werden, aber nicht ein zweites Mal.

Was sollte ich tun?

Manchmal kann ich mich selber nicht verstehen. Der Volksmund sagt: »Durch Schaden wird man klug.« Meine Naivität, meine Leichtgläubigkeit haben mich nicht nur einmal zu Schaden kommen lassen. Sogar ein Kind versteht, das Feuer zu meiden, nachdem es ihm die Finger verbrannt hat. Aber ich bin besonders langsam, wenn ich aus eigenen Fehlern lernen soll.

Wenn man diese Wandzeitungen genau las, so fand man sehr wenige, die von Rechtsabweichlern geschrieben worden waren. Sie haben ihre Lektion gelernt. Reaktionäre Gedanken der Partei gestehen? Noch einmal als Schlangen aus ihren Höhlen herausgelockt werden? Nein danke! Sie schwiegen oder sie wiederholten ihre Selbstkritik. Mir fehlte leider diese Weisheit. Ich dachte an etwas anderes.

Für eine längere Zeit lebte ich mit der Überzeugung, daß es zwischen mir und der Partei oder zwischen meiner subjektiven Welt und der objektiven Welt große Widersprüche gab. Ich war immer unglücklich. Im Aussenministerium hatte ich wie ein Pferd gearbeitet, aber man schmiß mich einfach hinaus, weil ich mich weigerte, ein »gehorsames Werkzeug« zu sein. Im Verlag hatte ich mir als politischer Sekretär große Mühe gegeben, für die Verbesserung der Beziehungen zwischen der Partei und den Intellektuellen zu arbeiten. Auch meine Kritik an der Partei hinsichtlich des Fehlers der Bewegung gegen die nicht existierenden versteckten Konterrevolutionäre diente diesem Zweck. Aber die Partei hat mich als Verräter gebrandmarkt. Ich wollte Mitglied der Partei werden. Der Parteisekretär

Xu hatte es mir sogar versprochen. Dann verhielt er sich abweisend. Was war los? Ich konnte doch nicht blindlings darauf beharren, daß das alles Fehler der Partei waren und ich selber immer im Recht war. Meine armseligen Kenntnisse der Philosophie besagten, daß ich mich den Verhältnissen anpassen mußte. Vielleicht, so dachte ich, wenn ich dem Aufruf der Partei wirklich Folge leiste und der Partei ohne Vorbehalt meine von der Partei als reaktionär bezeichneten Gedanken gestehe, kann dieser Widerspruch gelöst werden. Vielleicht soll ich mich wirklich von der Partei reformieren lassen, sonst ist der Abstand zwischen mir und der Partei immer da - der Abstand, der mir wiederholt Leiden verursachte. Ich griff zur Feder und brachte alles auf einen Zug zu Papier, was ich als »Abstand« fühlte. Ich schrieb zum Beispiel, daß ich großen Abstand von den revolutionären Massen hatte, weil sie auf den Vorsitzenden Mao ohne Vorbehalt vertrauten und ihn innig liebten, während ich das Gefühl hatte, Mao habe den Personenkult toleriert, weil er sich tatsächlich als der größte Held und Retter des Volkes fühlte. Ich habe ganz ehrlich gestanden, daß mir Maos Loblied und die Losung »Es lebe Vorsitzender Mao« zuwider waren. Darin sah ich den großen Abstand des Gefühls. Ich versprach der Partei, dieses reaktionäre Gefühl zu korrigieren.

Auf dem Wege nach Hause fühlte ich mich erleichtert, als ob ich eine schwere Last abgelegt hätte. Jetzt ist der Abstand weg, dachte ich. Ich habe der Partei alles gesagt, was mir auf dem Herzen liegt. Ich bin bereit, von der Partei reformiert zu werden.

Meine Schwester wohnte unweit meines Verlages. Ich war zu ihr gezogen, weil ihr Mann, Li, ein Zeitungsredakteur, während der letzten Bewegung als »Konterrevolutionär in der Vergangenheit« nach dem Nordosten in ein Zwangsarbeitslager geschickt worden war. Meine Schwester wurde kurz darauf aus der Partei verwiesen, weil sie sich geweigert hatte, sich von ihrem Mann scheiden zu lassen. Die Parteileitung - sie arbeitete damals in der Propagandaabteilung des Zentralkomitees der Partei - hatte ihr gesagt: »Du bist eine Tochter der Partei. Die Partei hat das Recht, ihren Schwiegersohn zu wählen(!). Du mußt zwischen der Partei und deinem konterrevolutionären Mann wählen.« Arme Schwester! Sie hatte zwei noch sehr kleine Kinder. Sie hatte keine Wahl. Die Wahl hatte die Partei. Als der Redakteur schließlich rehabilitiert wurde, war seine Familie auseinandergerissen. Kurz darauf starb er an Krebs. Seine Tragödie war typisch für die Jahre der zahlreichen Bewegungen.

Als meine Schwester mich sah, fragte sie:

»Ich habe dich lange nicht lächeln gesehen. Was ist dir heute passiert?«
Sie wurde ganz blaß, als sie von meiner Wandzeitung erfuhr. Sie war so entsetzt, daß ihre Lippen zitterten.

»Oh, Brüderchen, Brüderchen,« sagte sie, nachdem sie sich gewissermaßen von ihrem Schreck erholt hatte, »du bist verloren! Wie konntest du wieder eine solche Dummheit machen! Hast du deine ›große Rede‹ in der Redaktion schon vergessen? Du hättest wenigstens vorher mit mir sprechen sollen. Aber das letzte Mal hast du vorher auch nicht mit mir gesprochen. Jetzt kann ich dir auch nicht mehr helfen. Ach, Li ist weg. Aber da du hier wohnst, habe ich nie das Gefühl, daß ein Mann fehlt. Und die Kinder haben dich so gern. Aber jetzt...«

Sie konnte nicht weitersprechen.

Mein Herz wurde auf einmal schwer wie Blei. Wieder falsch? Eine böse Vorahnung hatte uns beide gepackt. Wir wußten nicht, was wir noch sagen sollten. Gut, daß die Kinderfrau mit meiner Nichte und meinem Neffen spazierengegangen war.

Die Befürchtung meiner Schwester wurde Realität. Gleich am nächsten Tag wartete auf mich eine neue Kampfsitzung.

»Zhou ist ein unentwegter Rechtsabweichler. Kaum wurde er von der Partei milde behandelt, begann er schon erneut die Partei anzugreifen. Seine Wandzeitung ist Beweis für seine reaktionären Gedanken - schwarz auf weiß. Wir müssen seinen Angriff mit Entschiedenheit zurückweisen. Unserer Meinung nach soll er diesmal streng bestraft werden.«

So hieß es auf der Sitzung. Ich verstehe diese Welt wirklich nicht mehr! Die Partei hat alle Rechtsabweichler aufgefordert, ihre reaktionären Gedanken zu gestehen. Ieh habe das getan. Es ist die einfachste Logik, daß auf meiner Wandzeitung nur reaktionäre Gedanken zu lesen sind. Den Forderungen der Partei nachkommen, heißt, die Partei angreifen. Dafür soll ich streng bestraft werden? Wie soll ich mich verhalten, um keinen Fehler zu machen?

Die Sitzung war kurz. Keiner hatte mehr Lust, einem unentwegten Rechtsabweichler politisch oder ideologisch zu »helfen«. Strafe ist die einzige Sprache, die er versteht, meinten sie.

*   *   *

Nach der Sitzung wurde ich ins Büro der Bewegungsleitung gebracht, wo der Direktor der Verlagssetzerei Tan schon auf mich wartete. Ich sollte ihm in die Setzerei folgen. Denn die Leitung hat die Forderungen »der revolutionären Massen« angenommen und beschlossen, mich »wegen erneuter Angriffe gegen die Partei« streng zu bestrafen. In der Redaktion als Lektor, als Intellektueller weiterzuarbeiten, das wäre zu behaglich für mich. Jetzt sollte ich zwangsweise körperliche Arbeit leisten, und zwar unter Aufsicht »der revolutionären Massen«. Ich bekam mein schon stark reduziertes Gehalt nicht mehr, sondern nur den Lohn eines Lehrlings - kaum ausreichend fürs Leben.

Die Setzerei erinnerte mich an Schilderungen aus Charles Dickens' Romanen - eine jämmerliche Bude, eng, schmutzig und chaotisch. Auch die Menschen da waren grob, vulgär und egoistisch. Mit Ausnahme von wenigen älteren Meistern waren die meisten halbe Analphabeten, Mädchen und Jungen aus den Dörfern nahe Peking. Sicherlich waren sie keine Vertreter des industriellen Proletariats, dachte ich, und jetzt sollte ich mich unter der Aufsicht solcher Leute reformieren? Mein Herz zog sich zusammen. Keine Panik, sondern immer gefaßt und würdig, sagte ich mir. Vielleicht geschah es aus menschlichem Instinkt, sich selbst zu schützen. Diese Haltung habe ich gleich am Anfang meines Verhängnisses unbewußt angenommen - apathisch, distanziert, zurückgezogen. Vielleicht hat mich diese Kruste während der langjährigen Verbannung wie ein Panzer geschützt sowohl vor materieller Not, als auch vor geistiger Quälerei. Viele Menschen sind zugrunde gegangen, weil sie sich diese Immunität nicht angeschafft haben.

Der Direktor Tan war ein typischer Despot in seinem kleinen Königreich. Er stammte aus einer armen Bauernfamilie, war zuerst Milizsoldat, dann Parteisekretär seines Dorfes und schließlich Freiwilliger des chinesischen Volkes in Korea, wo er von Granatsplittern verwundet und als Kriegsbeschädigter demobilisiert wurde. Als diese private Setzerei verstaatlicht und dem Verlag zugeteilt wurde, suchte man einen Direktor. Ein Vorgesetzter, der aus demselben Dorf stammte, hat ihn empfohlen. Obwohl er ein halber Analphabet war und nicht die geringste Ahnung von dem Geschäft der Setzerei hatte, konnte er mit einer Frau, einem Sohn, einer Tochter, einer Katze und ein paar Hühnern und Küken von seinem abgelegenen Dorf, wo man kaum satt wurde, in die Hauptstadt umziehen und die Stelle des Direktors und des Parteisekretärs der Setzerei übernehmen. Er war ja ein »ruhmvoller Kriegsbeschädigter der Revolution«. Ausserdem sollte es nach Mao immer so gewesen sein, daß nicht nur in China, sondern auch im Ausland »die Laien die Fachleute führten« und nicht umgekehrt. Tan fühlte sich wohl in dieser Stelle, wo er praktisch nichts zu tun brauchte, denn er hatte einen Werkmeister, Wang, der als Lehrling in einer großen Druckerei alles genau gelernt hatte und jetzt die Leitung der Produktion in der Hand hatte. Wang war ein Schmeichler durch und durch.

Wir waren mit dem Fahrrad vom Verlag bis zur Setzerei gefahren. Unterwegs versuchte ich den Direktor anzusprechen. Er hat aber nur durch die Nase erwidert. Nicht sehr gesprächig, dachte ich und schwieg. Kaum waren wir angelangt, da begann Direktor Tan schon zu brüllen:

»Lao Wang, komm her! Und ihr alle, hört zu! Das ist ein bourgeoiser Rechtsabweichler vom Verlag. Die Partei hat uns Arbeiter beauftragt, ihn zu reformieren. Er steht unter eurer Aufsicht. Macht mit ihm, was ihr wollt. Wenn er seinen Schwanz hochträgt und euch nicht gehorcht, kommt nur zu mir. Auch die Amerikaner mußten vor mir fliehen. Dieser miese Rechtsabweichler, dieser Kapitalistensohn wird vor mir sicherlich in die Hosen pissen. Ha, ha, ha!«

»Ha, ha, ha!« Alle lachten, aber am lautesten Wang.

»Als ich in Korea gegen die Amerikaner kämpfte, wo warst du, Rechtsabweichler?« Froh, daß er ein aufmerksames Publikum gefunden hatte, fuhr er fort:

»Hast du auch ein Loch in deinem Bein? Das war kein Hundebiß. Eine amerikanische Granate war das, verstehst du? Mein Blut hat den Schnee gerötet. In Korea, verstehst du?«

Komisch, daß mein neuer Vorgesetzter nicht einmal Korea richtig aussprechen konnte. Bei ihm klang es wie »Gaolea«.

Mich vor der Belegschaft zu demütigen, zu verspotten und zu quälen war für ihn ein besonderes Vergnügen, ein seltsamer Genuß und eine unersetzbare Freude. Die Arme in die Seiten gestemmt, stand er mitten in der Werkstatt und brüllte, schimpfte und gestikulierte. Auf diese Weise versuchte er auch die Belegschaft einzuschüchtern, seine Unwissenheit zu verbergen und seine Stelle zu behalten.

»Ich war Bauer, später Soldat, und jetzt Arbeiter. Und du? Du bist Kapitalistensohn. Du bist Intellektueller. Du hast deinen Bauch vollgestopft mit Wissen. Weißt du, woher das Blei kommt? Weißt du, wie man ein Buch druckt und bindet? Du saßt in der Redaktion und schriebst dies und das. Weißt du, was wir Arbeiter machen müssen, wenn ihr Herren Lektoren einen Punkt oder Strich macht? Ihr denkt, ihr seid gebildet, ihr seid klüger, ihr seid vornehmer. Könnt ihr ein Buch ohne uns Arbeiter machen?«

Total unrecht hatte er wieder nicht.

»Du verdientest eben zuviel. Du lebtest zu gemütlich. Deswegen bist du Rechtsabweichler geworden. Jetzt sollst du Geld nur genug für deinen Reis kriegen. Jetzt sollst du die härteste und schmutzigste Arbeit machen. So wirst du sauber sein. Hier.« Er zeigte auf seinen Kopf.

Wirklich? Doch wie lebte er? Er wohnte mit seiner Familie in einem Hof nebenan. Dort konnte man alles finden, was der Setzerei gehörte. Selbst seine Küche und die Kantine der Setzerei waren identisch. Außerdem standen die kräftigen Burschen der Setzerei jederzeit der Familie Tan zur Verfügung, wenn sie Arbeitskräfte für irgendwelche häusliche Zwecke brauchte. Alle Menschen hatten Angst vor dem Alleinherrscher seines Reviers.

»Jetzt hau ab, du Rechtsabweichler, und mache die Toiletten sauber!« befahl Tan.

Er wollte mich von vornherein in meine Schranken weisen.

Mut! sagte ich zu mir selber. Unter allen Umständen mußt du deine Würde bewahren! Ich drehte mich um und folgte dem Werkmeister.

Von diesem Tag an hatte ich in der Serzerei meinen Namen verloren. Ich hieß einfach »Rechtsabweichler«.

Zu Hause wartete auf mich meine sehr besorgte Schwester. Sie fragte mich mit gehobenen Augenbrauen und seufzte, als ich ihr alles erzählte. Ein tröstendes Wort hat sie nicht gefunden. Sie dachte dabei an ihren Mann, vermutete ich. Ihm ging es noch schlimmer in einer Welt von Eis und Schnee.

In der Setzerei blieb mir nichts anderes übrig, als mich ins Unvermeidliche zu schicken und gute Miene zum bösen Spiel zu machen.

Diese Setzerei war eine Hölle für mich. Der Direktor hatte den Ton angegeben. Jetzt folgten ihm alle nach, aber natürlich der Werkmeister, der Schmeichler, zuerst.

»Rechtsabweichler!« Sobald er mich am Morgen erblickte, erteilte er mir laut seine ersten Befehle des Tages, so daß alle ihn hören konnten:

»Sofort den Kessel anzünden! Siehst du nicht, daß alle Durst haben und Tee machen wollen? Schnell, schnell! Und dann die beiden Toiletten, nicht nur die für die Männer, sondern auch für die Weiber, und alle dreizehn Spucknäpfe saubermachen. Schnell, schnell! Hier wird gearbeitet. Hier sind nur Arbeiter, keine Intellektuellen. Hörst du? Hier ist keine Redaktion, wo du im Sessel bequem sitzen und Tee trinken, Zigaretten rauchen und Zeitungen lesen konntest. Ab morgen mußt du mindestens eine Stunde früher kommen und alles genau vorbereiten. Wenn die Meister kommen, hast du das Wasser schon gekocht, so daß sie gleich Tee machen können. Du sollst alles saubergemacht haben, verstanden? Du darfst nicht Feierabend machen wie die Meister, bevor du nicht alles fertiggemacht hast, verstanden? Ob du am Sonntag zu Hause bleiben darfst, mußt du mich jeden Samstagnachmittag fragen. Wenn es Aufträge für dich gibt, mußt du auch am Sonntag arbeiten, verstanden? Schnell, schnell, an die Arbeit! Was guckst du mich dumm an?«

Das hat er vor den Arbeitern und Lehrlingen, die er schmeichlerisch »Meister« nannte, getan, offensichtlich um ihnen ein Beispiel zu geben, wie sie mich behandeln sollten. Sie waren gar nicht langsam, diese Verachtung und Feindseligkeit von ihm zu lernen.

»Rechtsabweichler!« rief mich ein Bauernmädchen, noch nicht zwanzig Jahre alt. »Hier saubermachen! Schnell!«

»Rechtsabweichler! Komm her! Das wegschaffen! Schnell!« Das war ein Junge vom Lande.

»Rechtsabweichler! Hol mir heißes Wasser, aber schnell!« Diesmal war es ein Meister. Er wollte seinen Tee machen.

Die verheirateten Arbeiterinnen hatten ihre Art, mich zum Narren zu halten, zu demütigen und zu beleidigen.

Eines Tages sprachen zwei junge Mütter während der Mittagspause dicht neben mir von ihren Entbindungen, so konkret, so ausführlich, daß sogar unverheiratete Mädchen hätten verlegen werden können. Für die Arbeiterinnen war ich kein Mann, kein Mensch, sondern ein Nichts. Vor mir brauchten sie nicht auf Anständigkeit zu achten.

Einmal kam eine Arbeiterin während der Mittagspause zu mir mit einer Schüssel in der Hand.

»Halte das, Rechtsabweichler!« sagte sie zu mir.

Ich tat, wie mir geheißen, ohne zu verstehen, was sie wollte. Ganz unvermittelt begann sie, ihre Bluse aufzuknüpfen. Ich sah vor mir zwei große weiße Brüste. Was sollte das heißen? Ich ahnte etwas, wollte es aber nicht glauben. Es waren doch genug Frauen in der Werkhalle. Da begann sie auch schon, ihre Milch in die Schüssel zu melken! Vor Schreck ließ ich die Schüssel fallen. Irgendwie war sie nicht zerbrochen.

»Ha, ha, ha!« lachten alle. Besonders laut lachten die Frauen.

»He, was machst du denn da?« Die Arbeiterin war eher überrascht als verärgert. »Nimm sie auf! Mir tun die Brüste weh, verstehst du nicht?«

»Wie soll er das verstehen?« sagte eine Setzerin. »Er ist noch Junggeselle, habe ich gehört. Vielleicht hat er noch keine nackten Brüste gesehen.«

»Ha, ha, ha!« Diesmal war das Gelächter so laut und frech, daß ich errötete.

»Das glaube ich nicht,« warf eine andere ein. »Die Intellektuellen sind alle miese Scheinheilige. Er hat sicher schon mit Frauen geschlafen.«

»Ach, du kannst dir wirklich die Mühe sparen.« Sogar die Männer waren nicht bloß Zuschauer. Ein Bauernjunge hatte einen »Rationalisierungsvorschlag« zu machen. »Warum gibst du ihm nicht einfach deine Zitzen in den Mund? Er wird deine Brüste schon schön melken.«

»Ja, gute Idee!« Ein anderer Junge war noch unverschämter. »Komm, ich melke deine Brüste für dich! Umsonst!«

»Ha, ha, ha!« Das Gelächter konnte einen taub machen.

Männer sollen Frauen respektieren, das versteht jeder. Aber wenn Frauen Männer nicht respektieren? Diese junge Mutter war nicht zu einer Frau gegangen, sondern zu mir, weil ich für sie wieder ein Nichts war.

In der Setzerei mußte ich jeden Tag nicht nur die schwersten und schmutzigsten Arbeiten verrichten, sondern war auch den Beschimpfungen und Beleidigungen der Arbeiter ausgesetzt. Warum hassen sie mich so, fragte ich mich manchmal, wenn ich trotz Überarbeitung und Müdigkeit nicht einschlafen konnte. Ich fand nur eine Begründung: Sie haßten mich, weil ich ein Anti-Partei-Element war. Ihr Haß auf mich war gleichzeitig ihre Liebe zur Partei. Das sollte ich von ihnen lernen, um mich selbst zu reformieren. Vielleicht sollte ich mich selbst hassen, um den Abstand zwischen mir und der Partei zu verkürzen? Vielleicht sollte ich wirklich lieber schwere und schmutzige körperliche Arbeit machen, um meine Ideologie gründlich zu reformieren? Vielleicht war ich wirklich Rechtsabweichler geworden, weil ich vorher als Intellektueller ein zu behagliches Leben geführt und mir falsche und reaktionäre Gedanken angeeignet hatte? Aber die anderen Lektoren, ebenso Intellektuelle - wieso waren sie keine Rechtsabweichler geworden? Diese Fragen verwirrten mich.

Wie gut wäre es, dachte ich, als ich keine Antwort finden konnte, wenn man nicht denken müßte. Die Intellektuellen haben ein schweres Schicksal, weil sie einen Kopf haben. Sie denken zuviel.

Inzwischen verursachte mir der unerwartete Besuch eines Polizisten des Reviers einen großen Schreck. Er teilte mir mit, daß ich, um meine »Reformierung zu beschleunigen«, in ein Zwangsarbeitslager im Nordosten gehen sollte. Ich ging sofort in ein Krankenhaus und ließ mir eine Bescheinigung ausstellen, daß ich wegen Elefantiasis zu schwerer Landarbeit nicht tauge, und durfte mich in Peking weiter »reformieren« lassen.

Mit der Zeit begannen die älteren Meister mir gegenüber freundlicher zu werden. Sie nannten mich nicht mehr »Rechtsabweichler«, sondern »Lao Zhou« - Alter Zhou -, genauso wie sie einander nannten. Besonders freundlich waren die zwei Meister Da und Wang. Sie erzählten mir manchmal während der Mittagspause von ihrem Leben und ihren Familien. Ich fand, daß sie nicht wie manche Intellektuellen Überlegenheitskomplexe hatten. Vielleicht weil für sie das Leben immer ein Kampf um ihre Existenz gewesen war?

Eines Abends mußte Meister Da Überstunden machen. Deswegen konnte auch ich nicht nach Hause gehen. Als er eine Zigarette rauchte, sagte er zu mir:

»Lao Zhou, wir Arbeiter verstehen nicht viel von der Politik. Wir verstehen nur, daß wir arbeiten müssen, um leben zu können. Aber wir verstehen auch, daß man die Intellektuellen achten und schätzen muß. Wir hoffen, daß eines Tages unsere Kinder auch Intellektuelle werden können. Du bist gebildet. Du hast für die Partei und die Revolution gekämpft. Jetzt machst du körperliche Arbeit. Wir haben dies genau beobachtet. Du scheust dich nicht vor Schmutz und Ermüdung. Wir haben unter uns gesagt: Es ist gar nicht so einfach, daß ein Intellektueller wie Zhou so hohe Anforderungen auf sich nimmt und alles macht, was ihm geheißen. Wenn die Partei unsere Meinung wissen will, werden wir ein gutes Wort für dich einlegen, so daß du wieder in der Redaktion als Intellektueller arbeiten kannst. China hat nicht zu viele, sondern zu wenige Intellektuelle. Mach's gut, Lao Zhou, nicht verzweifeln!«

Er reichte mir dabei die Hand. Ich mußte aber schnell meinen Kopf zur Seite drehen.

* * *

Ende der fünfziger Jahre war die Gemüseversorgung in Peking besonders knapp geworden. Um sicherzustellen, daß die Mitarbeiter genug Gemüse bekommen konnten, hatte der Verlag wie viele andere Behörden und Institutionen seinen eigenen Gemüsegarten in einem Vorort angelegt. Hierher kamen die Mitarbeiter der Reihenfolge nach, um zu arbeiten. Diejenigen Rechtsabweichler, die am Anfang noch in der Redaktion weiterarbeiten konnten, durften das nicht mehr tun, denn die Partei meinte, Rechtsabweichler seien ideologisch reaktionär, deswegen durften sie nicht mehr als Lehrer, Schriftsteller, Redakteure und dergleichen arbeiten. Sie würden sonst als »giftiges Unkraut« die Schüler und Studenten und die Leser vergiften. Sie mußten jetzt im Gemüsegarten arbeiten. Auch ich wurde von der Setzerei dorthin versetzt. Dadurch war meine Lage noch schlechter geworden.

Die chinesischen Bauern schildern die Schwere ihrer Arbeit folgendermaßen: »Mit dem Gesicht der Erde, mit dem Rücken dem Himmel zugewandt.«

Für mich war diese Arbeit besonders schwer, weil ich eine Rückenverletzung habe. Alle zwei bis drei Minuten mußte ich meinen Rücken strecken. So ging viel Zeit verloren. Man konnte oder wollte meine Schwierigkeiten nicht verstehen. Sie kommentierten: »Zhou ist nicht kleiner als wir, ißt auch nicht weniger, arbeitet aber am langsamsten.«

Ich tat mein Bestes. Man verlangte aber das Unmögliche von mir. Da alle Arbeitskräfte Kollegen des Verlages waren, wurde ich nicht mehr, wie in der Setzerei, beschimpft oder beleidigt. Aber mir war nicht besser zumute. Diese Menschenverachtung war für mich eine seelische Bürde. Ich versuchte, wenn möglich, allen aus dem Weg zu gehen und allein zu arbeiten.

Die Zeit der Ernte näherte sich. Von Sonnenuntergang bis Sonnenaufgang mußten die Felder bewacht werden. Ein Nachtwächter wurde gesucht. Das war eine sehr unangenehme und undankbare Arbeit. Jede Nacht mußten die Wächter ununterbrochen im Freien die Runde machen. Es war taufeucht. In Scharen flogen die Moskitos. Schlimmer war, daß die Wächter manchmal von bewaffneten Menschen überfallen werden konnten, die auch gerne umsonst von der Ernte Gebrauch machen wollten. Manchmal überfiel einen der Schlaf. Niemand wollte es machen. Irgendjemand dachte an mich: »Laß Zhou das machen. Er taugt sowieso nicht für die Feldarbeit.«

Ach, recht herzlichen Dank. Das kam mir sehr gelegen. Das war, als bekäme man ein Kissen, als man gerade schlafen wollte. Endlich hatte ich meine Ruhe. Es war eine Erlösung für mich, nicht nur von der Landarbeit, sondern auch von den giftigen Blicken und eiskalten Bemerkungen der Menschen. Da begann eine Periode in meinem Leben, wo die Sterne meine einzige Gesellschaft waren. Unter dem Himmel war ich gerne mutterseelenallein. Ich übernachtete bei Mutter Grün.

»Melonen und Gemüse statt Getreide« –
1959 bis 1961 - drei Jahre Hungersnot

Wenn ich mir die Jahre nach 1957 ins Gedächtnis zurückrufe, so scheinen sie mir, wie ein Alptraum zu sein. Auf einmal waren wir Chinesen vom Paradies in die Hölle gestürzt. Aber es machte Mao »unendlich Spaß, gegen den Himmel, gegen die Erde und gegen die Menschen zu kämpfen«, wie er zu dieser Zeit in einem Gedicht schrieb. In diesen Jahren fühlte er sich wohl am meisten bestätigt in seinem Erfindungsreichtum. Der Bruch mit der Sowjetunion hatte seine Stimmung nicht verdorben. Seine Antwort: »Sich auf die eigene Kraft verlassen und hart kämpfen.« Hatte ihn die USA-Blockade am Anfang der Volksrepublik nicht in die Knie zwingen können, warum sollte er sich jetzt von dem Zusammenbruch der »unverbrüchlichen, brüderlichen Freundschaft« mit dem »Alten Großen Bruder« bedrückt fühlen? Nein, in zehn Jahren sollte China England überholt und die USA eingeholt haben. Maßnahmen? Maßnahmen hatte der große Führer immer mehr als genug. Im Handumdrehen hatte er »drei rote Fahnen« gehißt - nämlich die Generallinie der Partei, die Volkskommunen und den großen Sprung nach vorne -, unter denen China den Sozialismus aufbauen sollte. Schwerpunkte: »Einmal Stahl, einmal Getreide - wenn wir diese zwei Dinge in der Hand haben, dann scheuen wir niemanden und nichts.« Alles war klipp und klar bei dem Vorsitzenden. Und das Volk? Wenn Politiker den Realitätssinn verlieren und das Volk blindlings mit ihnen mitläuft, dann ist die Hölle nicht mehr weit.

Und wie waren diese Jahre für mich? Wenn wir Chinesen sagen, »gerade wenn das Dach undicht ist, beginnt es zu regnen«, so meinen wir, »ein Unglück kommt selten allein«. Und für mich waren leider nicht »aller guten Dinge drei«, sondern aller schlechten.

Nachdem die Partei mir großzügig den »Hut« eines Rechtsabweichlers geschenkt und auf den Kopf gesetzt hatte, erlitt ich auf jede nur mögliche Weise Demütigungen und Beleidigungen - in der Redaktion, in der Setzerei und im Gemüsegarten.

Als ob das noch nicht schlimm genug gewesen wäre, begann mein Lebensniveau drastisch zu sinken. Die schwere körperliche Arbeit machte mich viel schneller hungrig, als wenn ich in der Redaktion saß. Ich sehnte mich oft nach fetten und kräftigen Speisen, die ich mir mit meinem stark reduzierten Einkommen leider nicht leisten konnte. Ich bekam nie genug zu essen. Nicht selten geschah es, daß, wenn ich mich gegen Mittag besonders anstrengen mußte, um zum Beispiel etwas Schweres zu heben, ich kalte Schweißausbrüche bekam.

Es war wirklich ein seltsames Erlebnis - das Gefühl der Sattheit war verlorengegangen! Auch am Ende einer Mahlzeit hatte ich Hunger. Ich hätte ständig essen können, aber es gab nichts. Der Hunger war immer da, sogar im Schlaf. Oft wachte ich mitten in der Nacht auf und konnte nicht wieder einschlafen, weil mein Magen knurrte.

Eines Morgens, als ich die Augen öffnen wollte, waren die oberen Augenlider merkwürdig schwer. Ich konnte nicht richtig sehen. Und als ich aufstand, waren auch die Beine schwer wie Blei. Der Spiegel sagte mir, die Augenlider sind geschwollen. Nie hatte ich so ausgesehen!

Ich habe Elefantiasis. Das linke Bein war immer geschwollen, aber an diesem Morgen auch das rechte. Ich war entsetzt und dachte an mein Herz. Ich habe noch nie Probleme mit dem Herzen gehabt. Fängt es jetzt an? Als ich im Zimmer umherlief, hatte ich paradoxerweise den Eindruck, meine Füße träten nicht auf festen Boden, sondern auf Baumwolle. Das gab dem Körper ein Gefühl, als ob er in der Luft schwebe. Am liebsten hätte ich mich wieder ins Bett gelegt. Aber ohne Krankenschein war das nicht möglich, ich mußte zur Arbeit gehen. Oh, das war ein furchtbarer Tag! Ich fühlte mich schwach, und wenn ich mich hinsetzte, wurde ich schnell schläfrig. Ich zwang mich aufzustehen. Wie mir da schwindelte! Zahllose Sternchen tanzten vor meinen Augen. Nur mit Willenskraft konnte ich den Arbeitstag zu Ende führen.

Bald stellte sich heraus, mein Zustand war keine Ausnahme. Im ganzen Land war eine Hungersnot ausgebrochen und hatte sich schnell ausgebreitet, damit das Hungerödem und Leberschwellung sowie Leberentzündung infolge der Unterernährung.

In Peking wurden praktisch alle Lebensmitttel rationiert. Trotzdem mußte man lange Schlange stehen und sich darüber freuen, wenn man das nicht umsonst getan hatte. Oft geschah es, daß, wenn man endlich am Schalter angelangt war, die Verkäuferin ganz apathisch sagte: »Alles ausverkauft. Was? Du fragst mich, wann es wieder etwas zu verkaufen gibt? Wen soll ich denn fragen? Den Oberbürgermeister?«

Es erschienen auf dem Markt »erstklassige Bonbons«, »erstklassige Kuchen«, »erstklassiges Dies«, »erstklassiges Jenes«. Sie waren zwar nicht rationiert, aber doppelt und dreifach so teuer wie die rationierten Lebensmittel. Diejenigen, die sich so etwas leisten konnten, hielten diese »Erstklassigen« überhaupt nicht für Luxus, sondern einfach für Sachen mit zu hohen Preisen. Trotzdem war man auf sie als unentbehrliche Ergänzung angewiesen. Natürlich konnte der Staat auf diese Weise den Umlauf des Geldes beschleunigen und die Kaufkraft senken. Das war alles sehr interessant für mich zu beobachten, aber nur zu beobachten und nicht mehr. Da das Geld fehlte, hatte ich auch keine Kauflust. Ich dachte dabei an eine uralte Geschichte, in der ein Befehlshaber den Durst seiner Soldaten löscht, indem er ihren Blick auf saftige Pflaumen lenkt. Wenn doch mein Blick auf solche »erstklassigen« Sachen meinen Hunger stillen könnte!

Es war ein später Winterabend. Es schneite. Erschöpft, hungrig und durchgefroren ging ich von der Arbeit nach Hause. An einer Straßenecke sah ich eine lange Schlange. Automatisch schloß ich mich an und erkundigte mich bei dem letzten Mann, was verkauft würde. Das war so üblich damals. Er drehte sich um und brüllte mich an:

»Särge!«

Ich war verblüfft, traute kaum meinen Ohren.

Eine ältere Frau vor ihm hatte zufällig unser »Gespräch« gehört. Sie drehte sich auch um, seufzte und sagte zu mir:

»Ach, die Menschen sind vor Hunger einfach verrückt geworden. Es gibt Eis am Stiel. Hast du je gesehen, daß man im Schnee Schlange steht, um Eis zu kaufen?«

Gesehen? Nein, auch nie davon gehört, dachte ich. Soll ich weiter Schlange stehen? Man kann den Hunger doch nicht mit Eis am Stiel stillen. Außerdem schneit es. Eis plus Schnee macht einen noch kälter. Also, nach Hause, ins Bett! Aber, nein, Eis am Stiel ist eine der wenigen Ausnahmen, die nicht rationiert sind. Umsonst stehen nicht so viele Menschen Schlange. Ich war noch unschlüssig, als ich die Kunden vor mir sah, die gleich nach dem Kauf ein Eis in den Mund steckten und noch mehrere in ihren Tüten und Taschen oder gar in ihren Mützen oder Halstüchern mitnahmen - sicher für ihre Familienmitglieder.

Zu Hause schmolz ich das Eis im heißen Wasser und trank es, bevor ich ins Bett ging. Wenigstens hatte ich einen süßen Geschmack im Mund und ein warmes Gefühl im Magen. Hungrig aber war ich immer noch. Die Menschen sind vor Hunger verrückt geworden! Ich dachte an die Worte der alten Frau. Wer Hunger hat, ist beim Essen nicht wählerisch. Hunger ist der beste Koch. Aber wenn der Koch nichts zu kochen hat? Ich konnte nicht umhin, mir die Kriegszeiten ins Gedächtnis zurückzurufen. Verständlicherweise konnte damals das materielle Leben auch nicht so gut sein. Aber meine Kameraden und ich waren begeistert und glücklich. Wir hatten aus freiem Willen diesen Weg der Selbstaufopferung gewählt, um gegen ausländische Aggressoren und inländische Unterdrücker zu kämpfen. Wir waren stolz und glücklich, das heißt, diejenigen von uns, die die Kriege überlebten, daß auch wir unseren Teil zur Befreiung des Landes beigetragen hatten.

Aber jetzt? Wofür litten wir? Mit diesen Gedanken sank ich in einen unruhigen Schlaf.

Zum ersten Mal nach der Gründung der Volksrepublik begann das Vertrauen des Volkes in die Partei zu schwanken. Unzufriedenheit herrschte sowohl in den Städten als auch auf dem Lande.

»Es lebe die große, glorreiche und richtige Kommunistische Partei Chinas!« hieß das Schlagwort.

Ich bin kein Pedant, aber ich denke, eine Partei kann nur groß und glorreich sein, wenn sie richtig ist. War die Partei zu jener Zeit überhaupt richtig? Wenn ja, wie konnte es geschehen, daß in einem so großen Land drei Jahre hintereinander Naturkatastrophen herrschten, daß das ganze Volk Hunger litt oder gar verhungern mußte? War das wirklich eine Naturkatastrophe oder von Menschen angerichteter Schaden?

Meine Schwester war die einzige Person, die ich ins Vertrauen ziehen konnte.

»Ich bin kein Parteimitglied mehr. Ich muß nicht für die Partei sprechen,« sagte sie zu mir. »Aber ich habe mein Vertrauen zum Leben nicht verloren. Ich gebe zu, heute ist es nicht so gut wie gestern. Aber ich bin fest davon überzeugt, daß es morgen besser sein wird als heute.«

Sie war sehr zu beneiden. Man muß innere Kraft haben, um äußere Schwierigkeiten überwinden zu können. Aber wird es morgen auch besser sein als gestern? Die ersten Jahre der Volksrepublik - die Jahre im Paradies - kommen sie wieder? Das war die Frage, die viele Menschen entweder sich selbst stellten oder hinter geschlossenen Türen mit Vertrauten flüsternd besprachen. Mißtrauen oder Unzufriedenheit wagte niemand mehr zu zeigen. Man vermied überhaupt, darüber zu sprechen. Eine beklemmende Stille, eine bedrückende Atmosphäre entstand nach der Anti-Rechtsabweichlerbewegung.

* * *

Man sagt, Stalin soll Mao einmal kritisiert haben, weil dieser alles groß haben wollte und zu sehr auf Anerkennung orientiert war. Mao ließ sich von dem »Alten Großen Bruder« nicht kleinkriegen, zumal er noch einen alten

Groll auf Stalin wegen seiner Unterstützung für Chiang Kaishek hegte. Er soll scharf erwidert haben: »Wenn ich für mein Volk alles groß haben will, wenn ich für mein Volk Anerkennung erwarte, was ist daran falsch?«

Das waren Worte. Jetzt wollte Mao durch Taten zeigen, was er damit meinte. Er rief das ganze Volk auf, Stahl zu schmelzen und Volkskommunen zu organisieren. Er hatte ja eine besondere Vorliebe für Massenbewegungen.

Über Nacht wurden im Hinterhof des Verlages mehrere kleine, primitive Schmelzöfen gebaut. Jeder Mitarbeiter sollte Eisen abgeben, sei es ein alter Kessel oder eine zerbrochene Pfanne oder gar eine Handvoll rostiger Nägel. Und wir sollten Stahl daraus schmelzen! Ich mußte an die Alchemisten denken.

Als ich Nachtwache im Hinterhof des Verlages hatte und auf die Herde aufpassen mußte - als ob ich etwas davon verstanden hätte -, konnte ich eine Frage nicht loswerden: Jeder hätte doch gleich am Anfang wissen müssen, daß man so keinen Stahl schmelzen kann. Wieso sagt keiner ein Wort dagegen? In Andersens Märchen »Des Kaisers neue Kleider« hat ein Knabe gerufen: »Aber der Kaiser ist doch nackt! « Wo ist bei uns in China dieser Knabe? Oder gibt es einen solchen überhaupt?

Alle Chinesen haben das mitgemacht - Parteiführer, Wissenschaftler, Arbeiter, Soldaten, Stadtbewohner, nicht zuletzt Millionen und Abermillionen von Bauern, die ihre eisernen Kochgeräte abgaben und in den Dorfkantinen essen mußten.

Das Resultat dieser landesweiten Massenbewegung war keine Überraschung. Man hat aus alten Kesseln, zerbrochenen Pfannen, gerosteten Nägeln nicht Stahl, sondern wieder Eisen geschmolzen!

Genauso plötzlich, wie sie angefangen hatte, hörte diese Bewegung auf. Niemand zog Bilanz. Was mit den zahllosen Herden im ganzen Lande und mit den unzähligen unbrauchbaren Eisenklötzen und -klumpen geschah, weiß ich nicht.

* * *

Meine Vermieterin Zhao hatte Verwandte in einem nahe gelegenen Dorf. Als sie einmal Besuch bekam, durfte ich dem Gespräch beiwohnen.

»Auch wir Erzeuger von Getreide haben Hunger,« sagte eine Frau im mittleren Alter, die zu meiner Vermieterin »Tante« sagte. »Deswegen habe ich dir diesmal nichts mitbringen können.«

»Aber ich lese in der Zeitung und höre im Rundfunk, daß die Volkskommunen hintereinander ›Satelliten‹ in den Himmel schießen,« wunderte sich die Tante.

»Satelliten« - so nannte man damals die Erfolge in der Landwirtschaft.

»Stimmt,« antwortete die Nichte. »Unsere Kommune hat vor einigen
Tagen auch einen ›Satelliten‹ in den Himmel geschossen. Aber weißt du,
Tante, wie das gemacht wurde?«

Ja, wie? Das wollte ich auch gerne wissen. Die Massenmedien berichteten tagtäglich und immer wieder von dem beispiellosen Arbeitselan der
Kommunemitglieder, die behaupteten: »Wie groß der Mut der Menschen
ist, so hoch ist der Ertrag des Bodens.« Die Zeitungen waren voll von den
»Satelliten«. Hohe Beamte der Zentralen Regierung und örtlicher Behörden besichtigten die Kommunen und waren tief beeindruckt und begeistert. Sie ermutigten die Kommunemitglieder, noch größere »Satelliten« in
den Himmel zu schießen. »Für den Vorsitzenden Mao, für die Partei,« sagten sie und versprachen, mehr und immer mehr Kredite und Kunstdünger
an die Kommunen zu liefern. Die Parteisekretäre der Kommunen hatten
heisere Stimmen, denn sie mußten immer wieder erklären, und jedesmal
lauter: »Wir haben in unserer Volkskommune den Kommunismus schon
verwirklicht! Es wird umsonst gegessen!« Tatsächlich zeigten die Zeitungen
Bilder von alten Bauern mit Tränen des Glücks in den Augen und über-
füllten Schüsseln mit Reis und Fleisch in den Händen.

»Ja, erzählen Sie, wie,« sagte ich zu der Frau vom Lande. »Ich habe ein
Bild gesehen, da steht ein Baby auf den Spitzen des Weizens im Acker. Das
ist doch nur möglich, wenn der Weizen so dicht wächst, daß er das Baby
tragen kann, oder?«

»Dieses Bild habe ich nicht gesehen,« erwiderte die Frau. »Aber ich habe folgendes gesehen und sogar mitgemacht. Uns wurde einmal mitgeteilt,
daß hohe Beamte der Zentralen Regierung am nächsten Tag unsere Kommune besichtigen wollten. Wir mußten die eben geschnittenen Weizen-
büschel von den weiten Feldern auf die Weizenäcker an die Straße tragen
und sie so dicht wie möglich mitten in den noch wachsenden Weizen
›pflanzen‹. So konnte unser Parteisekretär, als die Beamten die Weizenäcker an den Straßen besichtigten und nach dem veranschlagten Ertrag
fragten, eine ›Satellitenziffer‹ nennen.«

»Aber das ist doch Betrug!« rief ich aus und sprang auf.

»Und das hast du alles mitgemacht? Wie konntest du?« Die Tante war
nicht weniger empört als ich.

»Aber Tante, was konnten wir kleinen Leute schon tun? Niemand wollte mitmachen. Da gab uns der Parteisekretär zu verstehen, entweder mitmachen und mehr Kredite und Düngemittel bekommen oder als rückständige Kommune gar nichts. Und jeder weiß, was rückständig bedeutet.«

»Und die Beamten, haben sie das alles geglaubt?« wollte die Tante wissen.

»Geglaubt? Ja. Sie waren mehr als zufrieden. Sie ließen sich von den mitgekommenen Fotografen vor den ›Satellitenäckern‹ posierend Bilder machen. Unser Sekretär durfte hinter ihnen stehen. In der Dorfkantine gab es lebende Fische, frische Eier und Gemüse. Ein Koch war aus Peking hergeholt worden. Natürlich durfte unser Sekretär auch mitessen. Als die Beamten üppig gegessen und nach Herzenslust getrunken hatten und in ihre Limousinen einsteigen wollten, fanden sie ihre Wagen vollgestopft mit Erdnüssen, Datteln, lebenden Hühnern und Fischen. ›Aber, aber,‹ sagten sie zum Sekretär, ›wir haben schon bei euch so gut gegessen...‹. ›Eine Kleinigkeit, eine Kleinigkeit,‹ unterbrach sie der Sekretär, ›die Sie an uns erinnern soll.‹ Die Beamten klopften ihm auf die Schulter und lachten befriedigt. Im nächsten Moment sahen wir einen Streifen Staub und die hohen Beamten waren weg.«

Haben alle Beamten einen solchen Mythos geglaubt? Nein, es gab wenigstens eine Ausnahme: den damaligen Verteidigungsminister, einst Oberbefehlshaber der Chinesischen Volksfreiwilligen Armee in Korea, Marschall Peng Dehuai. Nach ernsthafter Untersuchung hatte er einen langen Bericht über die aktuelle Lage auf dem Lande an Mao geschrieben. Seine Ehrlichkeit und Loyalität haben ihn sofort seine Stellung als Verteidigungsminister und später während der »Kulturrevolution« das Leben gekostet. Vom Hörensagen weiß ich, daß Mao einen persönlichen Groll gegen ihn hegte. Ein Sohn von Mao war Stabsoffizier in Korea gewesen. Während eines Luftangriffes war er getötet worden. Der Oberbefehlshaber hätte mehr Verstand haben und den »Prinzen« einer solchen Gefahr nicht aussetzen sollen. Der Marschall aber blieb bis zu seinem Tode Mao treu. Die Zeitungen berichteten, er habe noch mit Liebe Maos Namen gerufen, bevor er in einem armseligen Zimmer irgendwo auf dem Lande zu atmen aufhörte.

Als Mao schließlich die Tatsache der Hungersnot akzeptieren mußte, seufzte er und sagte: »Ach, ihr da unten, es schadet nichts, wenn ihr von geringeren Erträgen berichtet. Das Getreide ist immerhin noch da. Aber ihr habt von mehr berichtet. Wie sollte ich es wissen? Wenn der Staat das Getreide nun von euch verlangen würde, wäre es nicht da. Dadurch verhungert man, versteht ihr das nicht?«

Ob Mao es selbst verstand? Wieso sollte er es nicht wissen?

Als Zhou Enlai von der Hungersnot erfuhr, konnte er seine Mahlzeiten nicht mehr zu sich nehmen. Er befahl seinem Koch, ihm nur das einfachste Menü zu servieren. Er rief das Volk auf: »Reis eigentlich für drei Personen sollen jetzt fünf Personen teilen. Niemand darf verhungern!«

Der gute Premier! Aber verhungert waren doch viele, viele Menschen. Wieviel, weiß ich nicht. Ist eine Statistik je veröffentlicht worden?

Chinesen über vierzig Jahre können sich noch an eine Losung der Partei von damals erinnern: »Melonen und Gemüse statt Getreide!«

Ich habe, wie die anderen, soviel Melonen und Gemüse gegessen, wie ich kaufen konnte. Aber erstens waren in den Jahren der Hungersnot auch Melonen und Gemüse knapp; zweitens wurde man davon nicht satt; und drittens, was noch schlimmer war, man litt an Durchfall. Kein Wunder, daß man sagt: »Auf dem Gesicht sieht man die Farbe der Gemüse« und meint, daß man ausgemergelt ist und bleich oder gelblich aussieht.

Erst später, als ich im Gefängnis wieder hungerte und sehr viel Melonen und Gemüse essen mußte, verstand ich die Absurdität dieser Losung. Ich litt wieder an Durchfall und ging zum Arzt. Er war ein junger Mann mit rosigen Wangen.

»Warum mußt du soviel Melonen und Gemüse essen?« fragte er mich. »Verstehst du nicht, daß Melonen und Gemüse immer mit Getreide zusammen gegessen werden müssen? Sonst bekommt man Durchfall. Iß mehr Getreide und weniger Gemüse. Dann brauchst du keinen Arzt mehr.«

Dieser gut ernährte Arzt erinnerte mich an einen Kaiser, der seinen Kanzler gefragt haben soll: »Ich verstehe euch nicht. Ihr berichtet, das Volk hat keinen Reis mehr zu essen. Müssen sie Reis essen? Warum essen sie nicht Fleisch?« Marie Antoinette hatte auch gefragt: »Warum ißt das Volk keinen Kuchen, wenn kein Brot da ist?«

Gott sei Dank ging die Hungersnot vorbei. Damit ging aber auch das absolute, ja blinde Vertrauen des Volkes in Mao und die Partei vorbei! In der Geschichte hinterläßt alles Spuren. Auch die Spuren der Hungersnot prägten sich ein.

Und was machte der Generalsekretär, der Nummer-Eins-Theoretiker der Partei, Liu Shaoqi, zu dieser Zeit? Er machte Experimente mit dem Kommunimus! Er hatte einige Bezirke der Hauptstadt als seine Experimentierbezirke festgesetzt, in denen unter seiner Leitung der Kommunismus aufgebaut werden sollte. Maßnahmen? Die Volkskommunen! Wenn die Idee der Volkskommunen auf dem Lande eine große Entdeckung des Vorsitzenden Mao war, so war die Idee der Volkskommunen in den Städten eine noch größere Erfindung des Generalsekretärs Liu Shaoqi. Und die Losung der Partei hieß: »Der Kommunismus ist das Paradies! Die Volkskommune ist die Brücke zum Paradies!« Das Ziel? Wenn Liu seine Experimente gelängen, dann sollten die »Erfahrungen« schnell landesweit verbreitet werden - und China wäre über Nacht das erste Land des Kommunismus in der Welt! Der Nummer-Eins-Theoretiker gab sich wirklich große Mühe, die Räder der Geschichte nach vorne zu schieben. War die Geschichte irritiert? Jedenfalls hat sie China drei Jahre Hungersnot als Antwort auf Lius Experimente geschenkt.

Oh, großer Gott! Hattet ihr alle, Führer der Partei und der Regierung, euren Realitätssinn verloren? Wohin wolltet ihr China und die Chinesen führen - zum Paradies des Kommunismus...?

»Alles ist nicht verloren?« –
1964 – Auf Wiedersehen, Peking!

Maos »großer Sprung nach vorne« hat nicht nur die Chinesen in den Abgrund gestürzt, sondern auch ihn selbst. In der Partei hatte er die Macht und Unterstützung seiner Genossen verloren und sein Erzfeind Liu Shaoqi gewann an Popularität, weil er angeblich eine pragmatischere Linie vertrat. Mao konnte zwar seine Stellung als Vorsitzender der Partei weiterhin behalten, aber seine Funktion als Vorsitzender der Volksrepublik mußte er an Liu abgeben. Damit er sein Gesicht wahren konnte, hieß es in der Volkszeitung, daß Mao sich in Zukunft mehr auf theoretische Forschungen des Marxismus konzentrieren, aber immer noch der »große Führer des chinesischen Volkes« bleiben würde. Und um seinen Gegnern und der Welt seine körperliche »Macht« zu demonstrieren, schwamm Mao mit siebzig Jahren quer durch den Yangtse. Er suchte die Chance, ein Comeback zu veranstalten. Das war der Anlaß für die »Kulturrevolution« einige Jahre später.

Da Mao aus dem Weg war, konnte Zhou Enlai das Land aus der Katastrophe bringen. Das Leben wurde allmählich wieder besser. Auch die politische Atmosphäre entspannte sich. Im Jahre 1959 gab es zwar wieder eine Bewegung gegen die rechte Tendenz, aber die hat nicht lange gedauert und auch nicht so große Ausmaße angenommen. Für unseren Verlag war jedoch diese Bewegung von großer Bedeutung.

Ob wir Chinesen einen besonders großen Machttrieb haben? Oder ist das einfach eine allgemeine Krankheit der Menschheit? Das geht über meine Begriffe. Außerdem glauben wir, daß »Gutes mit Gutem vergolten wird, Böses mit Bösem«. Der Machtkampf zwischen Mao und Liu spiegelte sich auch im Verlag wider, und zwar zwischen dem Direktor Feng und dem Vizedirektor Wang. Während der Anti-Rechtsabweichlerbewegung konnte Wang den eigentlich nur nominellen Direktor Feng stürzen und selbst Direktor werden. Wang war vor seinen Erfolgen von Schwindel befallen und konnte seine Selbstzufriedenheit kaum verbergen. Natürlich hatte er ein »Recht« dazu, denn er hatte sich wirklich große Mühe gegeben, den Stolperstein seiner Beamtenkarriere wegzuräumen. Oh, wie scharf und grausam er seinen ehemaligen Direktor auf sogenannten Kampfsitzungen kritisierte. Nach ihm sollte Feng nicht nur politisch rechts, sondern auch literaturtheoretisch im Unrecht sein. »Fachkollegen sind Feinde.« Es gilt, Feinde zu beseitigen. Wang hatte aber nicht damit gerechnet, daß, als er das Wohlwollen seiner Vorgesetzten gewonnen, er zur gleichen Zeit das Mißfallen seiner Untergeordneten auf sich gezogen hatte. Denn er hat »den ins Wasser gefallenen Hund geschlagen«, »dem in den Brunnen Gefallenen Steine nachgeworfen«, und Feng war wegen des Drucks von oben nicht einmal in der Lage, sich selbst gegen Wang zu wehren. So etwas tut ein anständiger Chinese nicht. Deswegen war die Sympathie der Lektoren auf der Seite des entwürdigten Direktors. Er wurde nach ein paar Jahren auch rehabilitiert.

Das Schicksal ist oft sehr unfair, aber mit Wang machte es eine Ausnahme. Kaum hatte er auf seinem Thron als Direktor Platz genommen, wurde er während der Bewegung gegen die rechte Tendenz wegen seiner Essays getroffen. Er verlor alles - außer der Sympathie der Lektoren, die er nie genossen hatte. Eine seiner früheren Anhängerinnen, eine Lektorin der russischen Literatur, war ein richtiges Chamäleon. Sie war die erste, die ihn öffentlich scharf und grausam kritisierte, noch schärfer und grausamer als Wang damals Feng. Mit dem Verlust der Macht büßte er auch seine geistige Gesundheit ein. Er wurde aus der Hauptstadt in sein Heimatdorf in der Nähe von Ningbo deportiert. Aus der Kaderabteilung hörte ich, daß er eines Tages auf einer Tenne dauernd im Kreis herumrannte, mehrmals fiel, wieder aufstand und weiterrannte, bis er erschöpft hinfiel und nie wieder aufstand. Später habe ich allerdings in der Zeitung gelesen, daß er in einem Krankenhaus in der Kreisstadt verstorben ist. Wie und wo er starb, ist nicht wichtig. Wichtig ist, daß Böses mit Bösem vergolten wurde. Niemand im Verlag trauerte um ihn.

Bis 1960 wurde den meisten Rechtsabweichlern der »Hut« abgenommen, den die Partei ihnen aufgesetzt hatte. Die Volkszeitung bejubelte dies als Sieg der Politik der Partei, Reaktionäre durch körperliche Arbeit zu reformieren.

Im Verlag konnten außer mir auch alle Rechtsabweichler wieder als Lektoren arbeiten. Ich brauchte zwar nicht mehr in der Setzerei Toiletten und Spucknäpfe zu reinigen oder im Gemüsegarten dem Mond und den Sternen Gesellschaft zu leisten, konnte aber immer noch nicht als Lektor in die Redaktion zurückgehen, sondern mußte als Hilfskraft in der Bibliothek des Verlages arbeiten. Mir wurde allmählich klar, daß mich die Parteileitung des Verlages nicht nur als Rechtsabweichler, sondern tatsächlich auch als Verräter behandelte. Der damalige Vizedirektor Wang hatte ja den Ton angegeben: »Jemand in der Jugendliga hat eine weiße Flagge gehißt.«

Ich verstand nur zu gut, was für ein Schicksal ein Verräter zu erwarten hatte. Im Parteistatut hieß es, daß Verräter nie wieder in die Partei aufgenommen werden durften. Ich war nicht einmal Parteimitglied. Ich hatte keine Chance mehr. Und mit diesem Bewußtsein begann in mir die Verzweiflung. Eine Depression fing an zu wachsen. Man sagt, diejenigen, die Selbstmord begehen, sind Feiglinge. Ich war feiger als Feiglinge. Ich hatte eine solche Angst vor dem Tod, auch ohne Schmerzen, denn es gäbe ja kein Zurück mehr. Außerdem wollte ich ein solches Ende nicht nehmen. Was hatte ich eigentlich getan, daß ich das Recht auf Leben, das jeder Mensch nur einmal hat, aufgeben sollte? Wenn ich stürbe - so hieß es immer bei der Partei -, hätte ich mich meiner Strafe durch Selbstmord entzogen. Dann wäre ich für alle Zeiten mit Schimpf und Schande bedeckt. Ich mußte weiterleben! Auch wenn diese Depression unerträglich war. Wer weiß, sagte ich mir, vielleicht kommt noch der Tag, an dem die falsche Anschuldigung gegen mich restlos aus der Welt geschafft werden kann.

Ich war am Leben geblieben, aber was für ein Leben! Ich versuchte tagsüber, mich mit der Arbeit so sehr zu beschäftigen, daß ich einfach nicht die Muße hatte zu grübeln. Die Bücherregale waren staubbedeckt. Die Bibliothek hatte keinen Staubsauger. Ich habe praktisch die ganze große Bibliothek mit meinen Händen saubergemacht. Die Lektoren waren sehr zufrieden. Sie kriegten nicht mehr schmutzige Finger, wenn sie Bücher von den Regalen nahmen. Um ihnen Zeit zu sparen, hatte ich darüber hinaus einen Telefondienst organisiert, wobei sie mich nur jeden Morgen vor zehn Uhr anzurufen brauchten, um Bücher zu bestellen. Vor der Mittagspause bekam jeder Lektor die für ihn notwendigen Nachschlagewerke in die Hand. Das heißt, anstatt in der Bibliothek zu warten, bis die Lektoren zu uns kamen, ging ich mit den schweren Büchern in jede Redaktion. Und die Lektoren konnten mir die Bücher in der Redaktion zurückgeben, die sie nicht mehr brauchten, so daß ich sie in die Bibliothek zurückbringen konnte. Sogar in der Kantine kamen sie zu meinem Tisch und gaben mir Bücher zurück. Und das alles habe ich ohne einen Handkarren gemacht, denn die Redaktionen waren auf verschiedenen Etagen. Einen Fahrstuhl gab es nicht.

Leiter Qi, ein alter Bibliothekar, war mit mir auch sehr zufrieden. Er meinte aber, daß so etwas nur gemacht werden konnte, wenn ich in der Bibliothek arbeitete. Niemand verfüge über solche körperliche Kraft. Hinter meinem Rücken sagte er, daß ich mir nur deswegen so große Mühe geben würde, weil ich auf die Parteileitung einen guten Eindruck machen will, damit sie auch mir endlich den »Hut« des Rechtsabweichlers abnimmt.

Nach der Arbeit kamen die langen und einsamen Abende. Meine Schwester war inzwischen versetzt worden, und in Peking hatte ich praktisch niemanden, mit dem ich mich unterhalten konnte. Ich versuchte zu lesen. In der Bibliothek gab es mehr als genug Meisterwerke der Weltliteratur, die ich nicht kannte und lesen wollte.

Zu dieser Zeit zum Beispiel habe ich Bertolt Brecht entdeckt und begonnen, sein »Furcht und Elend des Dritten Reiches« ins Chinesische zu übersetzen. Das war lange vor dem »Brecht-Fieber« in China Ende der siebziger Jahre.

Dann kam eine Zeit, in der das Lesen mich auch nicht mehr beruhigen konnte. Die vier Wände schienen mich zu erdrücken. Ich mußte hinaus! Gerne wäre ich ins Theater oder Konzert gegangen, aber mit meinem schmalen Einkommen - ich bekam in der Bibliothek zwar ein wenig mehr als ein Lehrling, aber immer noch nicht das volle Gehalt - konnte ich es mir nicht leisten. Es blieben für mich nur noch die Kinos, die billig waren. Um die Zeit totzuschlagen, ging ich nach dem Abendessen blindlings in irgendein Kino, nur um unter Menschen zu sein und etwas sehen und hören zu können. Aber bald hatte ich alle Filme gesehen, sogar Filme, die mich eigentlich nicht interessierten. Die Arbeit tagsüber war sehr anstrengend. Nach dem Kino ging ich gleich ins Bett, obwohl es noch zu früh war. Oft schlief ich rund um die Uhr. Sonntags schlief ich bis Mittag und ging dann in den Park oder in den Zoologischen Garten. Aber bald konnten mich die unartigen Affen auch nicht mehr amüsieren.

Was sollte und konnte ich mit mir selbst anfangen? Manchmal saß ich da und schrieb mit dem Zeigefinger vier Zeichen auf den Tisch: Das Leben ist lustlos.

Viele Menschen in meiner Situation hätten angefangen zu rauchen, zu trinken, um Geld zu spielen, in die Bordelle zu gehen oder gar kriminelle Handlungen zu begehen. Aber ich konnte mich doch nicht selbst ruinieren. Ich mußte weiterleben. Weiterleben, gut, aber wofür? Ich konnte nicht leben und wollte nicht sterben. Ich war am Ende meiner Kräfte. Ich hatte Angst vor einem Nervenzusammenbruch.

Ein Vizedirektor des Verlages, Lou, den ich im Jahre 1945 in dem Befreiten Gebiet Ost-Zhejiang schon kennengelernt hatte, war nach langer Abwesenheit in den Verlag zurückgekehrt. Vielleicht aus alter Freundschaft sagte er zu mir einmal, als wir uns zufällig im Flur trafen:

»Lao Zhou, du hast im Verlag einen guten Eindruck gemacht. Ich glaube, auch dein ›Hut‹ sitzt nicht mehr lange auf deinem Kopf.«

Ein normaler Mensch hätte seine Worte als freundlich, aber unverbindlich angesehen. Er hatte mir nichts versprochen. Aber ich war dem Zustand eines Ertrinkenden nahe und hatte seine Freundlichkeit als einen rettenden Strohhalm betrachtet und mich daran geklammert. Wenn das Leben in diesen Jahren überhaupt noch einen Sinn für mich hatte, so war es die Hoffnung, diesen unsichtbaren, aber spürbaren »Hut« loszuwerden. Diese Hoffnung hat mich zwar am Leben gehalten, aber auch meine Nerven überspannt, so daß sie jederzeit zu zerreißen drohten.

Dann geschah etwas, was meinen Lebenspfad wieder drastisch änderte.

Es war wieder Ende eines Monats - Dezember -, die Zeit, zu der ich in die Kaderabteilung gehen und mündlich Rechenschaft über meine »politische und ideologische Reform« ablegen mußte. Diesmal war mein »Beichtvater« ein unbekannter Neuling namens Ma. Er wollte mich vielleicht gleich am Anfang durch Strenge einschüchtern, denn er sagte zu mir, ohne mich Platz nehmen zu lassen:

»Dein Name ist doch Zhou Chun, nicht wahr? Du weißt ja genausogut wie ich, du bist der einzige Rechtsabweichler im Verlag, der noch den ›Hut‹ auf dem Kopf bewahrt. Macht es dir etwa Spaß? Wie lange gedenkst du, den ›Hut‹ noch zu behalten? Bis zum Sarg? Oder bist du einer von denjenigen unentwegten Reaktionären, die, wie Vorsitzender Mao sagte, gerne ›mit ihrem Dickkopf aus Granit zu Gott gehen‹ wollen? Nicht unmöglich! Du bist doch Sohn eines Shanghaier Kapitalisten, nicht wahr? Wir haben nie behauptet, daß wir alle Klassenfeinde reformieren können. Einige werden schon ekelhaft und dreckig wie Hundescheiße...«

»Ich lasse mich nicht beleidigen!« hörte ich mich unbesonnen herausplatzen.

Meine Nerven zerrissen endlich.

Für eine Sekunde war dieser Ma offensichtlich verblüfft. Er starrte mich ungläubig an. Doch dann erlangte er schnell seine Fassung wieder und zischte eisig durch die Zähne:

»Sehr wohl! Die Tür ist hinter dir!«

Das war der Anfang einer neuen Katastrophe. Ich hatte das Vorgefühl, ein Unheil angerichtet zu haben. Aber ich war einfach zu stolz, mein Wort zurückzunehmen. Und als der Schlag schließlich fiel, war ich schon längst zu sehr niedergeschmettert, um noch Schmerzen zu empfinden.

Der Ma war blitzschnell. Am nächsten Tag wurde im Verlag eine kurze Kampfsitzung einberufen. Die Sekretärin der Jugendliga klagte mich im Namen der Belegschaft wegen »Klassenrache« an. Andere kritisierten die Parteileitung, sie hätte mich zu schonend und gelinde behandelt. Alle verlangten, daß der letzte Rechtsabweichler des Verlages, der in all den Jahren keine Reue über sein Verbrechen empfunden hat, jetzt von der Diktatur des Proletariats bestraft werden sollte.

Ich war wie gelähmt, fühlte keine Furcht, auch keinen Schmerz.

Ein wartender Polizist forderte mich auf, irgendein Papier zu unterzeichnen. Ich tat, wie mir geheißen - mechanisch. Daß es der Haftbefehl war, wurde mir erst später bewußt. Der Polizist holte ein paar Handschellen hervor. Ich fiel nicht ohnmächtig hin, sondern streckte ihm, wie in einem Traum, meine Hände ganz brav und artig entgegen. Mit dem Knacken der Handschellen klopfte auf einmal mein Herz. So weit sind wir also, sagte ich zu mir selbst. Die »Kämpfer« klatschten in die Hände. Ich schaute über ihre Köpfe hinweg. Bevor ich dem Polizisten voranging, verbeugte ich mich tief vor den »revolutionären Massen« und sagte wieder zu mir selbst: Auf Wiedersehen! Das alles habe ich wie in einem Traum getan, ohne wirklich zu wissen, warum oder wofür.

Es gab noch eine Hausdurchsuchung. Die Nachbarn machten große Augen. Ich war da, und doch hatte ich das Gefühl, als ob ich nicht dabei wäre. Ich stand in meinem Zimmer und wartete, ohne zu wissen, worauf.

Was der Polizist und alle Nachbarn im Zimmer machten, schien nichts mit mir zu tun zu haben. Endlich sagte der Polizist:

»Ich nehme dir die Handschellen ab. Du gehst noch einmal auf die Toilette, hörst du?«

Ich habe ihn gehört und ihm auch gehorcht. In der Toilette habe ich lange gestanden, bis sich die Notdurft meldete. Ich ging ins Zimmer zurück und hielt dem Polizisten wieder die Hände hin.

»Nein,« sagte er, »du nimmst deine Sachen und wir gehen, hörst du?«

Ob ich hörte? Natürlich. Bevor wir den Hof verließen, drehte ich mich um und verbeugte mich wieder tief vor meinen Nachbarn und sagte zu mir selbst, lautlos: Auf Wiedersehen! Niemand sprach.

Das Auto des Verlages fuhr nördlich. Die Straßenlaternen brannten schon. Ich schaute nach beiden Seiten - bekannte Häuser, unbekannte Vorübergehende. Vor fünfzehn Jahren hatte mich die Arbeitsgruppe für Auswärtige Angelegenheiten des ZK der Partei per Telegramm in die Hauptstadt bestellt. Jetzt mußte ich als Verbrecher die Hauptstadt wieder verlassen. Ich wollte weinen, hatte aber keine Tränen. Seufzend lehnte ich mich zurück und schloß meine Augen. Eine Stimme neben mir sagte ruhig und ohne Feindseligkeit:

»Alles ist nicht verloren. Du bist noch nicht alt. Wenn du dich ernsthaft reformieren läßt, wirst du nachher wieder Hoffnung und Zukunft haben.«

Es war der Polizist. Ich gab ihm meine gefesselten Hände und fühlte einen festen und ermutigenden Druck. Dann drehte ich schnell meinen Kopf weg. Das Herz tat mir weh. Ich verabschiedete mich stumm:

Auf Wiedersehen, Peking! Alles ist nicht verloren?

IM GEFÄNGNIS

»Sogar die Vögel draußen sind sehr zu beneiden«

Wo bin ich? Mit einem Ruck war ich wach. War ich überhaupt einge-schlafen oder hatte ich nur geduselt?

Ein trübes Licht fiel von der Zimmerdecke. Jemand hustete, seufzte dann. Mein Rücken schmerzte. Ach so, ich lag auf dem nackten Fußbo-den. Auf dem Fußboden? Ich bin im Gefängnis! Jetzt war ich ganz wach. Ja richtig, gestern abend hatte mich der nicht unfreundliche Polizist zum Untersuchungsgefängnis gebracht. Als ich aus dem Auto ausstieg, sagte ich zum Fahrer:

»Auf Wiedersehen, Lao Gao, vielen Dank!«

Lao Gao war der Fahrer des Verlagsdirektors. Hatte er mich nicht ge-hört? Er fuhr einfach weg. Sonst war er immer höflich zu mir gewesen.

In der Halle sprach der Polizist mit einem Gefängnisbeamten, der mich anscheinend schon erwartete. Er brachte mich zu einer Art Käfig in einer Ecke der Halle, befreite mich von den Handschellen, sperrte mich aber in den Käfig ein.

Das war also kein Traum mehr. Man hat mich eingesperrt. Schon ein-mal habe ich in der Ecke einer Halle gestanden. Das war lange her. Ich wurde nicht eingesperrt. Die Ecke war nur durch ein Seil abgegrenzt. Jetzt, nach fast dreißig Jahren, stand ich wieder in der Ecke einer Halle, aber diesmal war es die Halle eines Gefängnisses der Kommunistischen Partei, für die ich seit 1945, also fast zwanzig Jahre, gearbeitet hatte.

Der Polizist entfernte sich. Ich winkte ihm zu. Er blieb eine Sekunde stehen und blickte mich an. Dann war er weg. Unterwegs hatte ich ihn ge-fragt, wie er heißt und in welchem Revier er arbeitet. Er hieß auch Zhou. Ich fragte ihn noch, ob ich ihn nach meiner Freilassung besuchen dürfte.

»Du führst mich zum Weg der Reformierung. Wenn ich ein neuer Mensch geworden bin, möchte ich meinen Führer nicht vergessen,« hatte ich ihm gesagt.

»Du bist willkommen.« Ohne Zögern kam die Antwort.

»Willst du essen?« Diese Frage brachte mich wieder in die Realität zurück.

»Ja bitte,« sagte ich und bekam durch das Gitter ein gedämpftes Mais-brot, ein Stückchen gepökelte Melone und eine Schüssel abgekochtes Was-ser. Nach dem ersten Schluck fühlte ich Hunger.

Im Nu verschwanden Brot und Melone, obwohl das eine furchtbar grobkörnig und das andere viel zu salzig war. Später hörte ich, daß kaum noch jemand überhaupt etwas zu sich nahm. Sie konnten nicht mehr schlucken.

»145! Komm raus!« rief der Beamte, der mich eingesperrt hatte.

145? Was soll das heißen?

»He, du, komm heraus! Ab sofort heißt du 145, verstanden? Du darfst hier niemandem deinen Namen, deine Arbeitseinheit, deine Wohnungsadresse und dein Verbrechen verraten, verstehst du? Nicht vergessen!«

Er führte mich in ein Zimmer ohne Fenster und schloß die Tür zu.

»Ausziehen!« kam sein Befehl.

Ausziehen? Er konnte mich doch auch mit der Kleidung durchsuchen. Aber Befehl war Befehl. Ich begann mich langsam auszuziehen.

»Schneller, schneller! Alles ausziehen!«

Alles ausziehen? Sogar vor dem Arzt zieht man nicht alles aus. Das Blut schoß mir in den Kopf. Ich öffnete den Mund, konnte aber keinen Laut von mir geben. Nackt stand ich vor dem Beamten.

»Arme hochheben!«

Er schaute auf meine Achselhöhlen.

»Umdrehen! Beine spreizen! Breiter. Nach vorne beugen! Tiefer! Bleib stehen, aber nicht furzen!«

Mein Gott! Wohin schaute er denn?

»Umdrehen!«

Er nahm meine Kleidung in die Hand und tastete jedes Stück ab.

»So, jetzt wieder anziehen! Aber schnell!«

Er führte mich in einen Flur und blieb vor einer Zelle stehen. Als er seine Schlüssel suchte, merkte ich, daß es auf der Tür noch eine kleinere Tür gab.

»Geh hinein! Stopp! Wie heißt du?«

»Zh..., 145.«

»145, Kapitän! Jeden Uniformierten hier nennst du Kapitän, merk dir das!«

Hinter mir flog die Tür zu. Der Schlüssel drehte sich im Schloß. Die Stiefel des Kapitäns entfernten sich. Ich war nun richtig im Gefängnis. Es waren fünf oder sechs Männer in der Zelle. Alle saßen auf dem nackten Fußboden. Von ihnen kamen prüfende Blicke.

»Setz dich dort hin!« Jemand zeigte auf eine Ecke, in der es ein Loch gab. Das stank. Das muß das Pissoir sein.

»Ich bin der Zellenleiter. Ich will keinen Ärger in der Zelle haben, hörst du? Du siehst wie ein Intellektueller aus. Die Zellenregeln sind an die Wand geklebt. Du kannst sie selbst lesen. Aber faß dich. Alle Neulinge sehen so geistig abwesend aus. Ich bin daran gewöhnt. Das ist das dritte Mal, daß ich in dieser Zelle sitze. Alle Kapitäne kennen mich...«

Die Regeln waren alle strenge Verbote, zum Beispiel: »Miteinander sprechen ist in dieser Zelle streng verboten.«

Ich war sowieso nach der Durchsuchung immer noch so schockiert, daß es mir fernlag, mit irgend jemandem zu sprechen. Zum ersten Mal in meinem Leben verstand ich, daß man sich Kleider anzieht, nicht nur, um sich vor der Kälte zu schützen oder schön auszusehen. Kleider sind ein Teil der Menschenrechte und -würde. Oft weiß man etwas erst zu schätzen, wenn man es verloren hat.

»Wieviel Personen?« fragte jemand durch das Guckloch in der Tür.

»Erlauben Sie mir zu berichten, Kapitän, wir waren sechs. Eben kam ein Neuling. Also sieben sind wir heute abend. Ende, Kapitän.«

Das war der Zellenleiter. Die Tür wurde aufgemacht. Er durfte in den Flur gehen, um das Essen für alle zu holen. Jeder kriegte von ihm ein gedämpftes Maisbrot, ein Stückchen gesalzene Melone und eine Schüssel abgekochtes Wasser. Es blieben noch zwei Portionen übrig.

»Du hast im Käfig schon deine Portion gehabt. Das weiß ich aus Erfahrung. Trotzdem habe ich deine Portion in der Zelle noch einmal bestellt. Du kannst sicher nicht mehr essen, oder?«

Bevor ich antworten konnte, fand meine zweite Portion den Weg in die Schüssel des Zellenleiters.

Das Guckloch flog auf.

»Appell! 203!«

»Hier!«

»569!«

»Anwesend.«

»145! 145!«

»Ja, ich bin hier, Kapitän.«

»Das nächste Mal prompter! 32!«

»Jawohl!«

...

»Jetzt wird geschlafen!«

Ein Seufzen der Erleichterung ging durch die Zelle. Alle legten sich mit ihren Kleidern auf den nackten Fußboden hin. Ich tat dasselbe. Das

Licht brannte weiter. Für viele Jahre mußte ich unter einem brennenden Licht schlafen. Schlafen ohne Licht gehört auch zu den Menschenrechten. Daran habe ich vorher nie gedacht.

Alle waren längst eingeschlafen. Einer schnarchte. Einer schluchzte im Schlaf. Ich lag mit offenen Augen auf dem harten Boden und versuchte, meine konfusen Gedanken irgendwie in Ordnung zu bringen...

»Zhou Chun ist ein Ultra-Rechtsabweichler. Ihm gilt nicht die Erziehung, sondern die Diktatur des Proletariats. Erziehung ist nicht allmächtig. Sie wirkt nur, wenn der Betreffende sie freiwillig akzeptiert. Beispiele dafür sind diejenigen Rechtsabweichler in unserem Verlag, denen der ›Hut‹ nach ein paar Jahren Erziehung abgenommen worden ist. Aber Zhou hat schon sieben Jahre den ›Hut‹ auf dem Kopf. In den sieben Jahren hat er immer halsstarrig die Erziehung der Partei und der Arbeiter zurückgewiesen. Er ist Sohn eines Kapitalisten. Sein Herz ist vom Haß auf die Partei und die Arbeiter erfüllt. Seine Einstellung dem Genossen Ma gegenüber zeigte deutlich den Haß seiner Klasse. Sie war auch eine besondere Form der Rache seiner Klasse. Wir haben sieben Jahre lang mit der größten Geduld versucht, ihn zu erziehen. Die Tatsachen haben bewiesen, daß bei ihm Erziehung nicht möglich ist. Und wo Erziehung nicht mehr möglich ist, soll Strafe ihre Rolle spielen. Zhou ist ein bis zum Tode bußunfähiger und unheilbarer Klassenfeind. Ihm gilt die Diktatur des Proletariats...«

So hatte es auf der Kampfsitzung gegen mich geheißen.

Bin ich ein Klassenfeind? Wiederholt hatte ich mich das gefragt. Hasse ich die Partei? Bin ich gegen das Volk und gegen den Sozialismus?

Jedesmal war die Antwort negativ. Aber ich bin hier - im Gefängnis. Was habe ich getan, womit diese Strafe verdient? Ich fand keine Antwort.

Oder doch? Eines schien mir klar: Ich hatte objektiv, das heißt ohne Absicht, dem Klassenfeind geholfen, der Partei Schaden gebracht.

»Du hast die Partei in die Enge getrieben. Die Partei befand sich in einer schwierigen Lage. Sie mußte sowohl gegen die Frontalangriffe als auch gegen den Angriff im Rücken kämpfen.« Das war der Vorwurf des Parteisekretärs des Verlages.

Ich mußte damals zugeben, meine Rede hatte für die Partei, objektiv gesehen, einen »schlechten Effekt«. Subjektiv hatte ich kein Motiv, die Partei anzugreifen. Die Partei hatte aber meine Selbstkritik zurückgewiesen, denn nach Mao mußten Motiv und Effekt immer übereinstimmen. Wenn der Effekt nicht gut ist, kann das Motiv auch nicht gut sein. Naja, vielleicht war er im Recht. Nur, ich konnte ihn nicht verstehen.

Ich war müde und wollte mich nicht mehr mit einer Frage quälen, auf die ich sieben Jahre lang keine Antwort finden konnte. Aber die Gedanken kamen nicht zur Ruhe. Ich hegte den echten und innigen Wunsch, mich zu bessern, den Konflikt zwischen meinem »subjektiven Ich« und der »objektiven Außenwelt« zu lösen. Paradoxerweise war mir eine Zwangsreformierung durch körperliche Arbeit nicht total zuwider. Finanzielle Bedrängnis, materieller Mangel, beschwerliche Arbeit hatten mich nicht zugrunde gerichtet. Unerträglich für mich waren die Demütigung, die Hoffnungslosigkeit und die Depression gewesen. Hier im Gefängnis sind die Menschen alle gleich schwarz, dachte ich. Wenn schon, denn schon. Das Sprichwort heißt ja: »Man wird dann wiedergeboren, nachdem man in eine tödliche Lage versetzt war.« Wer weiß? Wenn ich mich nicht von selbst bessern konnte, so ist diese Zwangsreformierung vielleicht ein besserer Weg? So denkend, fand ich wieder innere Ruhe. Ich drehte mich um und schlief endlich ein.

Ich konnte nicht länger als eine Stunde geschlafen haben, denn als ich aufwachte, schien es mir, als wäre ich noch immer in dieselben Gedanken vertieft. Die anderen schliefen noch. Draußen begann die Morgendämmerung. Auf den Leitungsdrähten saßen Vögel. Sie zwitscherten und flogen davon. Ach, sogar die Vögel draußen sind sehr zu beneiden. Man versteht, was Freiheit bedeutet, wenn man sie verloren hat. Ich dachte an das Nirwana. Das Bild des Phönix in glühenden Flammen gab mir einigermaßen Trost. Vielleicht war eine Wiedergeburt auch für mich möglich?

»Nehru ist es zu verdanken«

Am folgenden Tage wurde ich in eine größere Zelle übergeführt. Gott sei Dank bekam ich diesmal einen Platz weiter entfernt vom Pissoir zugewiesen. Man schickte mir auch mein Bettzeug ins Gefängnis. Tagsüber saßen wir auf dem nackten Fußboden, durften uns aber an das zusammengelegte Bettzeug lehnen. Unsere einzige Aufgabe hier war, über unsere »Verbrechen nachzudenken« und uns darauf vorzubereiten, der »Regierung«, wie sich hier jeder Beamte wichtigtuerisch nannte, alles zu gestehen. Es gab hier nur zwei Kategorien von Menschen: »Verbrecher« die einen und »Regierung«, vom Gefängnisdirektor, Aufseher, Koch, Friseur bis zum Putzmann, die anderen.

Das Nachdenken sollte durch je eine Stunde politische Schulung - also auch im Gefängnis! - am Vormittag und am Nachmittag unterstützt

werden. Diejenigen, die lesen konnten, hatten der Reihe nach die Volkszeitung vorzulesen. So sollte jeder sein »Verbrechen erkennen«.

Der Zellenleiter sprach zuerst:

»Aus der heutigen Zeitung wissen wir, daß unser liebes Vaterland unter
der weisen Führung vom Vorsitzenden Mao und der Partei tagein und tag-
aus besser, reicher und stärker wird. Jeder Chinese soll dem Vorsitzenden
Mao und der Partei dankbar sein und hart arbeiten, fleißig lernen und
sparsam leben. Ich bin Arbeiter. Nein, ich war Arbeiter. Jetzt bin ich ein
Verbrecher. Ich habe meine glorreiche Klasse verraten. Ich hasse mich
selbst. Nachts kann ich nicht schlafen. Ich denke immer über mein Verbrechen nach. Ich weine oft. Ich bereue mein Verbrechen. Ich versichere
der ›Regierung‹, daß ich mein Verbrechen restlos gestehen werde, um eine
milde Behandlung zu bekommen. Ich verspreche der ›Regierung‹, daß ich
mich durch körperliche Arbeit schnell reformieren und in einen neuen
Menschen umwandeln werde. Ich verspreche der ›Regierung‹, daß ich nie
wieder irgendein Verbrechen begehen werde. Das wär's. Hast du alles aufgeschrieben?«

Der Protokollführer war ein Grundschullehrer. Er nickte. Seine Aufgabe war nicht besonders schwer, denn jeder sprach nach einer bestimmten
Formel, auch hier im Gefängnis. Nur die Neulinge hörten zu, um zu lernen, wie sie sprechen sollten. Die meisten lehnten sich zurück an ihr Bettzeug und vertieften sich in ihre Gedanken. Die anderen saßen da mit geschlossenen Augen. Solange sie nicht schnarchten, konnten sie weiter-
schlafen. Abends kam ein Beamter und holte das Protokollheft ab, welches
am nächsten Morgen wieder zurückgegeben wurde. Ob das Heft überhaupt gelesen wurde? Aber laß das die Sorgen der »Regierung« sein! Du
sollst lieber dein Verbrechen tiefer erkennen.

Es gab täglich drei Mahlzeiten - außer sonntags, da wurde nur zweimal
gegessen. Zum Frühstück erhielten wir Maisbrei und ein Stückchen gepökelte Melone oder Gemüse. Der Brei war so dünn, daß man ihn eher trank
als aß. Zu Mittag bekam jeder ein Maisbrot mit einer Schüssel Gemüsesuppe - meistens Kohl, gekocht in Wasser mit Salz, aber ohne Fett oder
Öl. Das Abendbrot war oft dasselbe wie das Mittagessen, manchmal wieder Maisbrei statt Gemüsesuppe. Die Kost war so einfach und kärglich,
daß ich ab dem dritten Tag wieder ein Hungergefühl wie während der
Hungersnot Ende der fünfziger Jahre bekam. Es begleitete mich von nun
an in den kommenden vierzehn Jahren. Im Gefängnis durfte niemand an
Hunger sterben, das hätte einen internationalen Skandal gegeben. Aber

satt war man nie, auch nicht an Festtagen, obwohl es eine kleine Portion Schweinefleisch für jeden Han-Chinesen gab und für die Moslems Rindfleisch.

In der Zelle gab es lediglich ein Pissoir. Jeden Vormittag kam ein Beamter zur »Toilettenzeit« und machte die Tür auf. Der Zellenleiter war der erste und der Protokollführer der letzte, der die Zelle verließ. Wir gingen in einer Reihe mit gesenktem Kopf. Herumschauen oder Sprechen war verboten. Vor der Toilette blieb der Beamte stehen und zündete sich eine Zigarette an. Wir mußten alle fertig sein, wenn er seine Zigarette geraucht hatte. In der Toilette gab es keine Sitzklos, man mußte über Gruben hokken. Ich war weder eine solche Stellung noch die Knappheit der Zeit gewöhnt. Schlimm war zudem für mich die Verstopfung, verursacht durch den plötzlichen Wechsel vom Reis zum Mais. Später erfuhr ich, daß dies eine unvermeidliche Erscheinung bei den Städtern ist, die nur Reis oder Mehl, aber fast nie Mais essen. Auch der Gefängnisarzt konnte mir nicht helfen. Ich bekam sehr bald Mastdarmschrunde, Aftervorfall und blutigen Stuhlgang, unter denen ich in all den Jahren der Zwangsarbeit schwer zu leiden hatte. Als ein alter Häftling mir seine Erfahrung heimlich beibrachte, war es schon zu spät. Sie war eigentlich sehr einfach, nämlich, eine ganze Dose Marmelade von fünfhundert Gramm auf einmal aufessen. Immerhin konnte ich auch bald Mais ziemlich gut vertragen. Das war doch auch eine Art »Reformierung«.

Ein zweites Mal durften wir jeden Tag die Zelle verlassen - für den Hofgang am Nachmittag. In Filmen habe ich gesehen, daß Häftlinge in westlichen Gefängnissen während des Hofgangs in einem Kreis gehen und jeder die Arme auf die Schultern des Vordermanns legen muß. Wir hatten mehr Freiheit.

Der Hof war klein, umgeben von vier hohen Mauern und überwacht von bewaffneten Soldaten. Trotzdem war das die beste Zeit eines jeden Tages. Hier konnte man sich frei bewegen. Manche machten Gymnastik, manche Tai-Chi oder Qi-Gong, während andere einfach die Arme und Beine streckten. Hier durften man sogar miteinander sprechen, aber immer laut genug für die diensthabenden Soldaten.

Die Gefängnisleitung achtete sehr auf Hygiene. Jeden Tag mußten wir unsere Zellen saubermachen. Leider war der Gestank vom Pissoir immer da. Jede Woche durften wir uns einmal warm baden oder duschen, allerdings nur für eine sehr kurze Zeit, denn es waren viele, die darauf warteten. Jede zweite Woche kam ein Friseur in die Zelle. Gleich am Anfang habe ich mich kahlscheren lassen, und zwar nicht nur aus hygienischen Erwägungen. In der chinesischen klassischen Literatur hieß es, man habe soviel Sorgen wie Haare. Der Friseur sagte zu mir:

»Schade. Du hast so schöne Haare.«

Ich dachte aber, hoffentlich verschwinden meine Sorgen mit meinen Haaren. Wenn ich frei und ein neuer Mensch geworden bin, lasse ich meine Haare wieder wachsen. Werden sie dann schon weiß sein?

Jeder Neuling mußte zwei Formalitäten erledigen: erstens, sich fotografieren lassen, und zwar mit der Häftlingsnummer vor der Brust; zweitens, Abdrücke von allen zehn Fingern nehmen lassen. Nach der Durchsuchung am ersten Tag, als ich mich ganz ausziehen mußte, war ich auf weitere Demütigungen vorbereitet, aber nun wie gelähmt. Ich weiß nicht, ob mein Foto mit meinem kahlgeschorenen Kopf und meiner Nummer vor der Brust noch existiert. Ich hätte heute großes Interesse an diesem »historischen« Bild!

Im übrigen hat die Nummer 145 mich so tief geprägt, daß ich heute immer noch an meine Zeit in diesem Untersuchungsgefängnis denken muß, jedesmal wenn ich auf diese Nummer stoße, sei es eine Hausnummer oder die Nummer eines Autoschildes.

Die Beamten in diesem Gefängnis waren eher neutral als feindselig. Zum Beispiel kam ein Beamter in die Zelle und sagte in einem neutralen Ton:

»Heute hat 283 den Fußboden sehr gut saubergemacht. Die Regierung ist damit sehr zufrieden. Mach weiter so.«

Aber nur bis dahin. Freundlich war keiner.

Hingegen waren die Untersuchungsrichter furchtbare Leute. Vor ihnen mußte jeder Häftling in der Ecke des Zimmers auf einem sehr niedrigen Schemel hocken, so daß er immer von unten nach oben schauen mußte, wenn er auf die Fragen des Richters antwortete. Eine solche Maßnahme sollte - das war die eigentliche Absicht - einen erniedrigenden Effekt auf den Häftling ausüben. Es wurde verlangt, daß er immer kurz und deutlich sprach. Nicht selten wurde er grob unterbrochen.

»Das habe ich gar nicht gefragt. Antworte auf meine Fragen nur mit ja oder nein, und knapp, wo, wann, wie, was, warum! Verstanden? Also los, noch einmal, aber kurz und deutlich, ja?«

Der arme Häftling war manchmal so eingeschüchtert, daß er seine Zunge nicht gleich finden konnte. Dann brüllte der Richter und schlug gar auf den Tisch:

»Sprich! Oder willst du deine Verbrechen immer noch vor der Regierung verbergen? Wohl bemerkt, die Regierung weiß alles. Sie urteilt nach Beweisen und nicht nach der Aussage des Häftlings. Verstanden? Also, willst du sprechen oder schweigen? Schweigen wird als Widerstand aufgefaßt. Du verstehst ja wohl selber, daß das für dich nicht unbedingt günstig ist, oder?«

Jetzt beeilte sich der Häftling zu antworten. Er hatte kaum zwei Sätze gesprochen, da brüllte der Richter schon wieder: »Du bist unehrlich! Dir ist wahrscheinlich strenge Strafe lieber als milde Behandlung, was? Das ist deine Sache. Aber die Regierung will dir noch eine letzte Chance geben. Das nächste Mal mußt du ganz ehrlich deine Verbrechen restlos gestehen. Aber ich warne dich, die Geduld der Regierung ist nicht unbegrenzt. Verstanden? Abführen!«

Der Häftling kam nach einem solchen Verhör total niedergeschlagen und mit starrem Blick in die Zelle zurück. Er konnte nichts essen, obwohl er, wie jeder von uns, immer Hunger hatte. Er schämte sich auch nicht, vor anderen Häftlingen zu weinen. Aber, am nächsten Tage würde er um ein neues Verhör bitten:

»Bitte, Kapitän, geben Sie mir noch eine Chance, bitte! Ich verspreche Ihnen, die ganze Wahrheit zu sagen. Bitte!«

Mein Richter war relativ gebildet. Wenigstens schrie er nicht, schlug auch nicht auf den Tisch. Zwischen uns gab es keine Schwierigkeiten. Als ich vor ihm erschien, warf er mir ein Stückchen Kreide vor meine Füße.

»Schreib deinen Namen auf den Boden!« befahl er.

Eine eigenartige Weise, ein Verhör zu eröffnen.

»Mm!« ließ er vernehmen, nachdem er meinen Namen mit den Akten verglichen hatte.

»Setz dich! Du bist ein Intellektueller. Du warst ein Kader, hast sogar im Außenministerium gearbeitet. Du verstehst die Politik der Partei und der Volksregierung. Außerdem ist dein Fall einfach und klar: Sympathie für die Konterrevolutionäre, Angriff gegen die Partei und den Sozialismus, Ablehnung, sich zu reformieren und sich von der Partei reformieren zu lassen. Ich würde dir raten, so früh wie möglich die Untersuchung hinter dich zu bringen, denn es ist kein Geheimnis, daß die Lebensbedingungen hier am schlimmsten sind. Wenn du anfängst, auf dem Felde zu arbeiten, bekommst du mehr zu essen, hast du mehr Freiheit. Es ist viel besser für dich. Also, sprich, wie du dein Verbrechen erkennst!«

Das Herz klopfte mir bis zum Hals. Auf dem Felde arbeiten! Also ein

Freispruch kam offenbar nicht in Frage. Zu fällen war lediglich ein Urteil, wie lange ich auf dem Felde in einem Zwangsarbeiterlager zu arbeiten hatte. Was, wenn ich langjährig Zwangsarbeit leisten mußte und erst dann freigelassen werden sollte, wenn ich schon, sagen wir, fünfzig Jahre alt bin? Nicht viel Zeit würde mir übrigbleiben, als Intellektueller weiter zu arbeiten. Und konnte ich überhaupt noch Arbeit finden?

Kurz darauf wurde ich in das richtige Gefängnis überführt. Meine Zelle befand sich auf der ersten Etage. Nach einem Monat Untersuchungshaft war ich so schwach geworden, daß ich nicht mehr die Kraft hatte, mit meinem Bettzeug die Treppe hinaufzuklettern. Der Beamte, der mich in meine Zelle bringen sollte, hatte aus Erfahrung offensichtlich Verständnis dafür. Er sagte zu mir in einem neutralen Ton:

»Keine Eile! Streng dich nicht an!«

Aber er nahm mir auch das Bettzeug nicht ab, obwohl er das vielleicht schon tun wollte, aber anscheinend durfte er das nicht. Als ich mit Mühe und Not endlich auf der ersten Etage angelangt war, mußte ich mich auf mein Bettzeug setzen und nach Luft schnappen. Ich war völlig schweißgebadet und entsetzlich durstig. Mir wurde schwindelig und ich sah Sternchen vor mir tanzen.

Der Flur war durch ein eisernes Gittertor, das immer von außen zugeschlossen war, gesichert. Hinter dem Tor gab es auf beiden Seiten Zellen, die offen blieben. Hier hatte man tatsächlich mehr Freiheit. Man konnte sich frei bewegen. Es gab sogar eine Toilette, die man beliebig benutzen durfte. Das war für mich eine große Erleichterung.

Die Kost war auch ein bißchen besser. Den Häftlingen war es gestattet, Speisen und Kleider von ihren Familienangehörigen in Empfang zu nehmen, obwohl sie sie dabei nicht sehen durften. Außerdem war es erlaubt, jede Woche einmal einzukaufen, natürlich nur, wenn man Geld auf der Sparkasse hatte. Bargeld durfte niemand haben. Die Häftlinge bekamen wöchentlich einmal eine Warenliste zu lesen. Sie schrieben ihre Wünsche auf ein Stück Papier und bekamen die Waren in die Zelle geschickt.

Unter den Waren gab es auch Zigaretten und Tabak, aber nie Streichhölzer oder Feuerzeuge. Wie konnten die Häftlinge nun rauchen? Nach dem Abendessen war eine Stunde freie Zeit. Da wartete der Flurleiter oder ein diensthabender Zellenleiter hinter dem verschlossenen Tor mit einer Zigarette in der Hand, bis ein Beamter kam und ihm die Zigarette anzündete. Dann ging dieser zu jeder Zelle und zündete dem wartenden Zellenleiter die Zigarette an. So hatte jede Zelle Feuer. Eine halbe Stunde später mußte der Flurleiter einen Rundgang durch die Zellen machen, um sich zu vergewissern, daß überall das Feuer ausgelöscht worden war.

»Wenn man nach dem Essen eine Zigarette raucht, so fühlt man sich wie ein echter Unsterblicher,« pflegt man in China zu sagen. Auch die hinter dem verschlossenen Gittertor sitzenden Häftlinge sollten davon nicht ausgenommen sein. Ihre Gedanken flogen mit dem Zigarettenrauch über das Tor in die freie Welt nach draußen. Ich bin Nichtraucher, sah es aber gerne, wenn andere Häftlinge diese halbe Stunde genossen. Vielleicht weil es mich an das normale Leben erinnerte.

»Weißt du, wie es möglich ist, daß wir Häftlinge auch rauchen dürfen?« fragte mich einmal der Zellenleiter, ein ehemaliger Grundschullehrer.

»Aus revolutionärem Humanismus der Partei?« riet ich.

»Nein, das hat eher mit dem Kapitalismus als mit deinem revolutionären Humanismus zu tun. Rate noch einmal!«

Ich hatte keine Ahnung, was er mit Kapitalismus meinte.

»Diesmal ist es ausnahmsweise nicht unserem großen sozialistischen Führer, sondern dem Ministerpräsidenten aus dem kapitalistischen Indien zu verdanken,« mußte er auf seine eigene Frage antworten.

»Wie bitte? Was hat das mit Indien oder Nehru zu tun?« Jetzt war ich richtig neugierig.

»Ach, das hat uns wenigstens die ›Regierung‹ erzählt, natürlich nicht so, wie ich es formuliert habe. Nehru hat einmal dieses Gefängnis besichtigt. Du weißt ja, dies ist das Mustergefängnis in der Hauptstadt. Die Partei zeigt das gerne den Ausländern, um zu beweisen, daß auch in Gefangnissen im sozialistischen China der revolutionäre Humanismus herrscht. Auf einer Pressekonferenz in Hongkong - auf seiner Heimreise - wurde Nehru über seine Eindrücke von chinesischen Gefängnissen gefragt. Nehru ist ein alter Fuchs. Er teilte den Journalisten mit, daß, falls er ein Verbrechen begehen müßte, er unbedingt China als Tatort wählen würde. Diplomatisch, nicht wahr? Dann fuhr er fort: ›Apropos, daß die Häftlinge jetzt auch rauchen dürfen, ist mir zu verdanken. Ich habe nämlich Premier Zhou Enlai den Rat gegeben. Ich sagte: Auch die Häftlinge müssen ein wenig das Leben genießen können. Sie werden dann bereitwilliger sein, mit der Regierung zusammenzuarbeiten, wenn sie sich nicht verzweifelt fühlen. Eine Zigarette kann da Wunder wirken!‹«

Ich bin nicht sicher, ob diese Geschichte überhaupt stimmt. Immerhin schien es mir eine gute Idee zu sein, daß die Häftlinge ihre Hoffnungen nicht aufgeben, sondern lebensfroh bleiben sollten. Wenn sie hoffnungslos sind, wie kann da die Partei oder Regierung von ihnen erwarten, daß sie sich Mühe geben, sich durch körperliche Arbeit zu »reforrnieren« und »neue Menschen« zu werden?

»Ich verachte dich, du Intellektueller«

Vorher hatte ich nur in Filmen Gerichte und Gefängnisse gesehen, und zwar meistens westliche. Jetzt wollte es das Geschick, daß ich das ganze gerichtliche Verfahren einmal persönlich erlebe. Ich muß sagen, das war gar nicht so sensationell, wie ich erwartet hatte.

Eines Tages kam ein Staatsanwalt, um mich im Gefängnis zu »besuchen«. Es ist nämlich üblich, daß der Staatsanwalt mit dem Häftling ein Vorgespräch führt, bevor er gegen ihn öffentlich Anklage erhebt.

So wie der Polizist Zhou, der mich ins Untersuchungsgefängnis gebracht hatte, mir nicht nur keine Feindseligkeit gezeigt, sondern mich sogar ermutigt hatte, ließ auch dieser Anwalt - Jiang war sein Name - mir gegenüber keine Feindschaft erkennen. Er drückte sogar sein Bedauern über meinen Weg aus.

»Schade,« sagte er, »du hättest ein musterhafter Kader werden können. Ich habe deine ganze Akte sorgfältig durchgelesen und mich gefragt, wann, wo, wie und warum dein Irrweg begann. Mußte dieser Mensch diesen Weg gehen? Was soll jetzt aus ihm werden? Interessieren dich meine Fragen?«

»Ja,« antwortete ich. »Das sind auch meine Fragen.«

»Na gut,« fuhr er fort. »Du wirst sicher genug Zeit haben, dich in aller Ruhe zu analysieren und dich wieder oder neu zu erkennen. Körperliche Arbeit ist nicht alles...«

»Es tut mir leid,« unterbrach ich, »aber ich bin müde. Ich würde lieber weniger denken.«

»Was meinst du damit?« fragte er ohne jede Schärfe.

»Was nützt es, wenn ich keine Zukunft mehr habe?« Ich fühlte, mit Jiang konnte man offen reden.

»Wieso keine Zukunft mehr?« Immer noch ohne Schärfe.

»Wer weiß, wie lange ich Zwangsarbeit leisten muß? Will man mich noch haben, wenn ich freigelassen bin? Kann ich noch als Intellektueller arbeiten? Werde ich nicht zu alt oder schwach werden, um weiter zu arbeiten?«

»Ach, Unsinn!« unterbrach Jiang mich. »Warum quälst du dich mit Fragen, die niemand beantworten kann? Ich weiß auch nicht, wie lange deine Strafe dauern wird. Aber eins weiß ich: Strafminderung ist möglich, wenn man statt resigniert zu sein, sich aktiv reformiert und von der Regierung reformieren läßt. Schade, daß ich noch mit ein paar anderen Leuten wie dir sprechen muß. Aber deine Kapitäne werden dir sicher helfen, wenn du offen mit ihnen redest. Schade, daß du einen solchen Weg... Na ja, hat vielleicht keinen Sinn, jetzt noch darüber zu sprechen. Mach's gut. Du kannst gehen.«

Kurz darauf kam der Tag des Gerichts. Mit einigen anderen Häftlingen wurde ich in einem LKW zum Gericht gefahren. Das war ein Erlebnis! An jeder Ecke des Wagens stand ein Soldat, die Maschinenpistole auf uns gerichtet. Wir durften aber mit gefesselten Händen auf dem Boden sitzen. Es wäre schrecklich gewesen, wenn wir auch hätten aufrecht stehen müssen, denn der Wagen fuhr quer durch Peking. Was, wenn jemand mich dann erkannt hätte?

Das Gericht sah wie jedes Gericht aus. Aber ein gerichtliches Verfahren, wie ich es in westlichen Filmen öfter gesehen habe, gab es überhaupt nicht. Anwesend waren insgesamt vier Personen: eine sehr junge Richterin, eine noch jüngere Protokollführerin, der Polizist, der mich ins Gericht gebracht hatte, und ich. Der Staatsanwalt Jiang war nicht da, mich anzuklagen; kein Rechtsanwalt mich zu verteidigen; keine Geschworenen; keine Zeugen; keine Besucher... absolut niemand sonst.

Die Richterin hatte offenbar sehr wenig Interesse an mir oder meinem Fall. Ohne das Verfahren irgendwie zu eröffnen, sagte sie unvermittelt zu mir in einem neutralen Ton, als ich vor ihr erschien:

»Hier, nimm deinen Urteilsspruch! Du kannst ihn doch selbst lesen, oder? Du bist zu fünf Jahren Freiheitsstrafe verurteilt worden. Willst du noch Berufung einlegen?«

Fünf Jahre? Viel weniger als ich erwartet hatte.

»Nein,« antwortete ich in einem ebenso neutralen Ton, obwohl ich fast nicht umhin konnte, meine Erleichterung, wenn nicht meine Freude, zum Ausdruck zu bringen.

»Abführen!« befahl die Richterin.

Das war alles? Mehr nicht? Das Verfahren hat höchstens eine Minute gedauert. Nichts von Sensation - und ich hatte etwas Dramatisches erwartet! Man steht ja nicht jeden Tag vor Gericht und möchte schon seinen Spaß haben. Trotzdem war mir gut zumute, wie längst nicht mehr. Also, mit dreiundvierzig Jahren bin ich wieder ein freier Mensch. Vielleicht ist meine Lage wirklich nicht so hoffnungslos.

Die verurteilten Häftlinge wurden auf einen anderen Flur überführt, wo sie noch größere Freiheiten genossen. Vor allem bekamen sie hier ihren Namen zurück. Sie waren nicht mehr nur eine Nummer, sondern wieder ein Mensch. Außerdem durften sie einmal in der Woche Besuch empfangen. Wenn sie zurückkamen, brachten sie meistens Kuchen, Süßigkeiten, Obst und Zigaretten in die Zelle mit. Manche lächelten und zögerten auch nicht, sich mit allerlei Delikatessen zu bedienen. Manche aber weinten, auch wenn sie schöne Sachen bekommen hatten, denn sie wußten, daß der Abschied von ihren Familien immer näher rückte. Die meisten wurden in die Zwangsarbeitslager im Nordosten geschickt. Nicht jeder kam zurück.

Den Verurteilten war es auch gestattet, wieder zu korrespondieren. Selbstverständlich durften die Umschläge nicht zugeklebt werden. Die ersten Briefe, die man bekam, konnten schon Monate alt sein, denn es dauerte gewöhnlich sehr lange, ehe der Verhaftung die Verurteilung folgte. Es war daher nicht selten, daß man spät davon erfuhr, Vater oder Großvater geworden zu sein, oder daß der Vater oder die Mutter inzwischen verstorben war.

»Zhou, wieso bekommst du nie Briefe oder Besuch?« fragte man mich manchmal. »Du hast doch in Peking fünfzehn oder sechzehn Jahre gearbeitet, nicht wahr?«

Das stimmte. Aber in Peking hatte ich niemanden mehr. Nachdem der Mann meiner Schwester als Konterrevolutionär in ein Zwangsarbeitslager im Nordosten geschickt worden war, hatte sie ihre zwei noch sehr kleinen Kinder nach Shanghai zur Oma bringen und selbst, als Strafe der Partei, in die abgelegene Provinz Qinghai gehen müssen.

Aber Briefe? Ich habe absichtlich die Korrespondenz mit meinen Eltern und Geschwistern unterbrochen. Ich wollte sie nicht noch mehr belasten. Mein Vater war »Kapitalist - Mitglied der Ausbeuterklasse«; mein Bruder - ein »schlechtes Element«; meine Schwester - aus der Partei ausgeschlossen; und jetzt ich - ein »Verbrecher«, ein »Feind des Volkes«. Unsere Familie war vom Gipfel in die Talsohle gestürzt. Es war die schwierigste Zeit für die Eltern, besonders für den armen Vater, der immer mit großem Stolz auf seine drei Kinder geblickt hatte. Der einzige Trost für sie war, daß sie viele Jahre später, in hohem Alter die Rehabilitierung aller ihrer Kinder miterleben konnten. Daß wir darüber hinaus alle Universitätsdozenten geworden waren, war ein bloßer Zufall und milderte die Situation etwas. Aber die goldene Zeit der Familie war ein für alle mal vorbei.

Die meisten verurteilten Häftlinge hatten Peking schon verlassen. Aus ihrer Sicht war ich sehr zu beneiden, denn ich durfte wegen meiner Krankheiten - Elefantiasis und Protrusion der Zwischenwirbelscheiben - in der Provinz bleiben. Die Regierung war aber der Meinung, daß Häftlinge sicherheitshalber nicht zu lange in ein und demselben Zwangsarbeitslager bleiben durften. Deshalb habe ich in fast allen Bezirken rund um Peking meine Strafe abgesessen, meistens als Landarbeiter für Getreide oder Gemüse.

Der Transport der Häftlinge von einem Lager zum anderen war wirklich deprimierend. Dabei hatte man das unmißverständliche Gefühl, daß man tatsächlich ein »Feind des Volkes« geworden war. Wir fuhren immer unter bewaffneter Bewachung. Wenn man in einem LKW gedrängt stand und ringsum Bajonette und Maschinengewehre sah, so verstand man viel schneller, was Mao mit seiner Formel »Demokratie und Diktatur des Volkes« meinte: Demokratie dem Volke, Diktatur den Feinden.

Die Lager waren von jedem Dorf so weit entfernt, daß man sich zwar auf einer sehr großen Fläche bewegen konnte und ein gewisses Gefühl der Freiheit hatte, aber man war immer streng bewacht und jeder Fluchtversuch war zum Scheitern verurteilt. In diesen Lagern erinnerte ich mich manchmal an die Worte des Untersuchungsrichters: »...auf dem Felde arbeiten, ...mehr Freiheit, ...mehr Nahrung.« Er hatte mir aber nicht gesagt, wie schwer die Landarbeit ohne Maschinen ist, oder wie lang die Stunden, wie ungenügend die Kost. Mir fiel die Landarbeit wegen meiner Rückenverletzung besonders schwer. Auch wenn ich mir die größte Mühe gab, konnte ich nicht länger als zwei oder drei Minuten mit gekrümmtem Rücken arbeiten. Ich mußte mich immer wieder einmal kurz aufrichten, sonst waren die Schmerzen nicht weniger als eine Folter. Außerdem mußte ich wegen des Aftervorfalls unzählige Male meine Notdurft verrichten. Das schlimmste dabei war, daß ich zwar die Schnelligkeit des Geistes von meiner Mutter, jedoch von meinem Vater die Langsamkeit des Handelns geerbt habe. Als ich im Büro arbeitete, war dieser Konflikt nicht besonders ausgeprägt. Auf dem Felde aber, wo es täglich eine Arbeitsquote gab, war die Langsamkeit meines Handelns ein akutes Problem. Ich konnte mein Soll nie erfüllen. Sogar ältere Männer konnten schneller arbeiten. Ich fühlte den Druck und versuchte, den Kapitänen und Gruppenleitern - das waren auch Häftlinge - meine Schwierigkeiten zu erklären, aber alle waren dafür taub. Niemand wollte mich verstehen, geschweige denn entschuldigen. Nur Strafe gab es: Kritik vor der Arbeitsbrigade oder manchmal sogar Reduzierung meiner Ration, obwohl man schon mit voller Verpflegung nicht satt wurde.

Eines Tages sollten wir Heu auf dem Rücken zur Heumiete tragen. Für eine solche Arbeit gab es zwar kein Soll, aber jeder versuchte, so viel zu schleppen, wie er nur konnte. Ich auch. Ich hatte aber zuviel Heu auf meinen Rücken getan, so daß ich nicht mehr aufstehen konnte. Ich kämpfte darum, nicht hinzufallen, sondern mich zu erheben. Da hörte ich jemand gemessen und zornig zu mir sprechen:

»Ich - verachte - dich, du - Intellektueller!«

Als ich mich endlich mit dem Heu auf dem Rücken erhoben hatte, sah ich den Politischen Instrukteur, zehn Schritte von mir entfernt. In seinem Gesicht las ich tatsächlich Verachtung und Zorn.

»Ich tue mein Bestes, Kapitän,« sagte ich und trug meine Last zur Heumiete.

Sein Gesichtsausdruck und seine Bemerkung sind mir wie ein Brandmal ins Gedächtnis eingeprägt.

Vom Intellektuellen zum Werktätigen umgewandelt?

Ein berühmter alter Professor aus Peking stellte einmal fest: »Die chinesische Intelligenz hat in der Geschichte nie ein gutes Schicksal gehabt.« In der Tat, der erste Kaiser der Qin-Dynastie ließ im Jahre 213 v. u. Z. Bücher verbrennen und Gelehrte lebendig begraben. Nach Mao sollten die Intellektuellen die schmutzigsten Menschen sein. Er meinte, ideologisch und emotionell. Maos Rezept war es, Intellektuelle durch körperliche Arbeit zu reformieren und sie in Werktätige umzuwandeln.

Seit meiner Verhaftung hatte ich reichlich Zeit, mich selbst zu erforschen. Vielleicht hat Mao doch recht, dachte ich. Ich war von einem Intellektuellen zu einem Häftling entartet, weil ich diesen Umwandlungsprozeß versäumt hatte. Heute, wenn ich in einem schönen Altbau in Berlin mit allem modernen Komfort sitze und mir die langen Jahre meiner Verbannung ins Gedächtnis zurückrufe, bin ich mir da wieder nicht mehr so sicher. Hat die Tatsache, daß China, verglichen mit dem Westen, rückständig geblieben ist, nicht wenigstens teilweise mit der Einstellung der Partei den Intellektuellen gegenüber zu tun? Viele chinesische Wissenschaftler haben im Westen erstklassige Leistungen vollbracht, während ihre früheren Kommilitonen im Lande nichts Besonderes zustande bringen können. Woran liegt das?

Ob Zwangsarbeit die Denkweise eines Menschen in der Tat grundsätzlich ändern und verbessern kann, geht über meine Begriffe. Was ich mit Sicherheit weiß, ist, daß Zwangsarbeit die Lebensweise und Gewohnheiten eines Menschen ändern, aber nicht unbedingt verbessern kann.

Die Arbeitslager hatten meistens riesengroße Flächen Ackerland. Jeden Tag mußten wir nach dem Frühstück zu einem weit entfernten Feld gehen und dort bis zum Abend arbeiten. Am Mittag kam der Koch mit dem Ochsenkarren und brachte das Essen. Im Sommer suchten wir Schatten unter den Bäumen. Wenn kein Schatten zu finden war, mußten wir in der Sonne essen. Im Winter suchten wir umgekehrt eine sonnige Stelle. Das war auch nicht immer möglich. Dann mußten wir unseren Rücken gegen den Wind drehen und essen. Diejenigen, die vom Lande kamen, waren daran gewöhnt. Sie hockten oder saßen auf einem Schuh - komischerweise nicht auf zweien - und aßen in Gelassenheit. Für mich war das Essen auf dem Felde am Anfang schwer, nicht nur weil ich immer am Tisch sitzen mußte, um zu essen, sondern auch weil ich nirgendwo vor dem Essen meine Hände waschen konnte.

Eines Tages, als wir auf dem Felde arbeiteten, begann es zu regnen. Der Kapitän hatte einen Gummiregenmantel an und stand unter einem Baum. Er gab nicht den Befehl, aufzuhören und zurückzukehren. Wir mußten trotz des Regens weiterarbeiten. Wir waren durchnäßt. Es war gegen Mittag. Endlich gab der Kapitän den Befehl. Zitternd vor Kälte begannen wir zurückzumarschieren. Da kam uns aber schon der Ochsenkarren entgegen. Zu dieser Zeit goß es in Strömen und wir konnten die Augen fast nicht öffnen. Wir dachten, daß der Karren mit uns zurückfahren würde, so daß wir unter dem Dach ein warmes Essen zu uns nehmen könnten. Aber nein, der Kapitän gab den Befehl, zu stoppen und auf dem Wege zu essen. Mein Gott, ringsum war nicht einmal ein Baum, geschweige denn ein Dach.

Wie konnte man im Regen essen? Aber Befehl war Befehl. Niemand wagte, auch nur eine Bitte zu äußern. Der Karren blieb stehen und wir stellten uns an. Jeder bekam eine Schöpfkelle voll Gemüsesuppe. Bevor man überhaupt anfangen konnte, die Suppe zu essen oder, genauer gesagt, zu trinken, war die Schüssel schon voll von Regenwasser. Es blieb uns nichts anderes übrig, als die Suppe mit dem Regenwasser ganz schnell hinunterzuschütten. Erst dann aßen wir unser in der Faust verstecktes Maisbrot.

Ich habe nicht geweint, denn eines war mir von Anfang an klar: Ich muß mir die größte Mühe geben, immer gut aufgelegt zu bleiben; Selbstmitleid wäre Selbstmord. Aber ich habe ringsum Männer weinen gesehen. Oder war es Regenwasser, das heruntertröpfelte? Hat der Kapitän das auch gesehen?

Das war im Sommer. Im Winter war es noch schlimmer. Wenn der Ochsenkarren uns nach einer Stunde Weges erreichte, war die Suppe schon kalt, das gedämpfte Maisbrot so hart gefroren, daß beim Hineinbeißen nur weiße Zahnabdrücke darauf zurückblieben. Wir mußten in der Nähe trockene Zweige für ein Feuer suchen, um das Brot aufzutauen. Als es dann warm und zu beißen war, war es auch schon berußt. Wenn man im Winter den ganzen Tag im Freien arbeiten mußte, ohne etwas Warmes zu essen oder zu trinken zu bekommen, so konnte man nicht umhin zu zittern. Man war froh, am Abend zurück ins Lager marschieren zu können, um hinter verschlossenen und verriegelten Türen wenigstens Wärme zu finden.

Deutsche Eltern sagen zu ihren Kindern: »Hände waschen, essen kommen!« Das haben wir Städter auch getan. Aber eine solche Gewohnheit der Hygiene war in den Lagern nicht möglich. Es gab auf dem Felde kein Wasser. Womit sollte man sich vor dem Essen die Hände waschen? Außerdem hieß es: »Den Schmutz und die Müdigkeit nicht scheuen!« Das sollte nach Mao die »Tugend« der Werktätigen sein, von welchen die Intelligenz lernen sollte.

Eines Tages mußte ich mit ein paar anderen Häftlingen Jauche auf die Felder tragen. Das war eine sehr schmutzige und ermüdende Arbeit. Sehr schnell waren nicht nur unsere Hände, sondern auch unsere Gesichter beschmutzt. Alle schienen schon an solche Arbeit gewöhnt zu sein. Aber für mich war das eine richtige Prüfung. Als der Ochsenkarren das Mittagessen brachte, begannen die anderen Häftlinge, mit ihren von Jauche beschmutzten Händen Brot zu essen, als ob sie ganz sauber wären. Ich hatte schon längst Hunger, und am Nachmittag mußte weitergearbeitet werden. Was sollte ich tun? Auf das Essen verzichten? Das hätte von der »Regierung« als Widerstand gegen die Reformierung verstanden werden können. Ich kannte die Arbeitsmethoden der »Regierung« nur zu gut, nämlich, was die Häftlinge nicht gerne tun wollten, mußten sie doppelt tun. Das sollte eine wirkungsvolle Erfahrung der Reformierung sein: »Ach, der Zhou scheut sich vor Mist. Na schön, er soll jeden Tag mit Mist zu tun haben, bis er keine Scheu mehr davor hat. Dann ist er einen Schritt vorwärts Richtung Werktätige gegangen.« Also, mir blieb keine Wahl. Mit schmutzigen Händen begann auch ich, mein Brot zu essen. Die ersten Bissen waren schwer. »Nicht daran denken! Essen!« gab ich mir selbst Befehl, und ich aß das Brot auf.

Nach diesem »Wunder« wurden meine Forderungen an Hygiene niedriger. Da ich nichts anderes tun konnte, wurde ich gezwungen, die Realität zu akzeptieren. Konnte man aber behaupten, daß ich dadurch schon angefangen hatte, die »Ideologie und Emotionen der Werktätigen« zu erwerben? Unter den spezifischen Bedingungen glaubte ich: ja. Ja, ich war tatsächlich im »Prozeß der Reformierung, im Prozeß der Umwandlung von einem Kapitalistensohn, von einem Intellektuellen zu einem Werktätigen«.

Wir Häftlinge mußten von Zeit zu Zeit der »Regierung« über unsere Gedanken berichten. Als ich dem Kompanieleiter Liu von diesem »Wunder« berichtete, erschien auf seinem Gesicht ein selten zu sehendes Lächeln.

»Ich freue mich, das zu hören,« sagte Leiter Liu. »Deine ideologische Umwandlung oder, um genauer zu sein, deine Umwandlung vom Intellektuellen zum Werktätigen beweist, wie richtig und wirkungsvoll die Politik der Partei und Regierung ist, Verbrecher durch ideologische Erziehung und körperliche Arbeit zu neuen Menschen zu reformieren. Natürlich hast du mit der Umwandlung erst angefangen, aber du bist auf dem richtigen Weg. Ich bin fest davon überzeugt, daß, wenn du standhaft in diese Richtung weitergehst, du eine glänzende Zukunft haben wirst. Du solltest dem Vorsitzenden Mao und der Partei dankbar sein. Sie haben dich gerettet.«

An diesem Abend sprach Leiter Liu vor der ganzen Kompanie während des Appells über meinen »Erfolg« bei der Reformierung und forderte alle Häftlinge, vor allem die Intellektuellen aus den Großstädten, auf, aus meinen »Erfahrungen« zu lernen. Er betonte aber, daß die Reformierung der Verbrecher und der Intellektuellen grundsätzlich zwei verschiedene Dinge seien, obwohl für diejenigen Verbrecher, die auch Intellektuelle seien, meine »Erfahrungen« Bedeutung hätten.

Das Leben im Arbeitslager verlief sehr monoton. Die Häftlinge waren in Kompanien zu ungefähr zehn Gruppen eingeteilt. Für den einzelnen war die Gruppe sein »Zuhause«. Jede Gruppe hatte einen Leiter und einen Protokollführer - von der »Regierung« ernannt. Eine Gruppe bewohnte ein Zimmer mit einer aus Ziegeln gemauerten heizbaren Schlafbank. Jeder hatte darauf einen schmalen Schlafplatz. Zuerst fand ich es furchtbar, daß man dicht aneinandergedrängt schlafen mußte, Kopf an Kopf. Wenn der Nachbar schnarchte, konnte ich anfangs gar nicht einschlafen. Aber ich war nach der Feldarbeit so müde, daß ich mich schließlich daran gewöhnte.

Morgens mußte man sehr früh aufstehen. Nach dem Frühstück auf der Schlafbank - es gab keine Kantine - folgte eine Stunde politische Schulung, in der meistens die Volkszeitung vorgelesen wurde. Aber der Gruppenleiter nutzte immer einige Minuten, um seinen Leuten klarzumachen, wie die heutige Feldarbeit gemacht werden muß.

Kurz vor acht Uhr standen die Kompanien schon vor dem Tor. Die Kapitäne hatten den Schildwachen die genaue Zahl der von ihnen geführten Mannschaften zu geben. Wenn die Häftlinge aus dem Lager marschierten, wurden sie genau gezählt, und die Zahl wurde registriert. Kam man aus dem Tor, hatte man schon ein bißchen das Gefühl der Freiheit. Einmal schickte mich der Kapitän ins Lager zurück, um etwas zu holen. Als ich allein die halbe Stunde Richtung Lager ging, fühlte ich mich wie ein freier Mensch. Am Tor mußte ich mich natürlich melden, konnte aber ohne Schwierigkeiten gleich hineingehen. Als ich wieder hinaus wollte, fragte mich die Schildwache genau, aus welcher Kompanie ich komme, wie der Kompanieleiter heißt, wo unsere Kompanie heute arbeitet, was für eine Arbeit wir heute machen, usw. Auf dem Rückweg dachte ich: »Komisch, hier ist es gerade umgekehrt. In Peking wird man gefragt, wenn man in eine Behörde hineingehen will, und nicht, wenn man sie verläßt. Klar, wer würde aus freien Stücken in ein Zwangsarbeitslager gehen?«

Alle zwei Wochen hatten wir einen Ruhetag. Dann bekamen wir eine kleine Portion Fleisch und Reis oder Weizenbrötchen zu essen. Die meisten verbrachten den Tag, indem sie ihre Kleider wuschen, dann einen langen Mittagsschlaf machten. Nur wenige lasen Zeitungen und Zeitschriften der Partei. Eine Bibliothek für die Häftlinge gab es nicht. Hier war auch jede Fremdsprache tabu. Manche schrieben Briefe, die sie dann den Kapitänen zur Prüfung vorlegen mußten. Es gab auch einige, die Schach, Karten oder Mundharmonika spielten. Niemand aber hatte Lust, noch Sport zu treiben.

An solchen Tagen konnten wir abends einen Film sehen, meist einen sehr alten. Der synchronisierte sowjetische Film »Lenin im Oktober« wurde unverständlicherweise dreimal gezeigt, was uns natürlich langweilte. An Festtagen veranstalteten wir auch manchmal eigene Kulturabende mit dem Hauptmotiv: Reue für unsere Verbrechen, und Zuversicht, daß wir neue Menschen werden können. Manchmal weinte ein »Schauspieler« oder eine »Schauspielerin« auf der Bühne und war nicht imstande weiterzuspielen.

Was war der größte Wunsch der Häftlinge? Regenwetter. Dann hieß es: Heute wird nicht auf dem Felde gearbeitet, sondern zu Hause studiert. Jeder verstand, das war ein Ruhetag in veränderter Form. Manchmal regnete es aber am Ruhetag und am nächsten Tag wurde es wieder heiter. Dann schimpften viele auf den Himmel: »Ach, der Herrgott im Himmel ist auch blind geworden!«

So verlief das Leben, Tag für Tag, Monat für Monat. Dann kam die »Kulturrevolution«.

Zuerst schien es mir, daß draußen etwas los war, was mit mir nicht direkt zu tun hatte, denn draußen war eine andere Welt. Wir Häftlinge bekamen nur die Volkszeitung zu lesen und die Zentrale Volksrundfunkstation zu hören. Erst später drangen genauere Nachrichten über die »Kulturrevolution« ins Lager, und zwar durch inoffizielle Quellen. Manche Häftlinge bekamen Besuch von ihren Familienmitgliedern, andere Briefe, die, wenn man sorgfältig zwischen den Zeilen las, mehr Informationen enthielten, als auf den ersten Blick zu erkennen war.

Am wichtigsten und auch alarmierendsten war die Nachricht über den Vorsitzenden der Volksrepublik, Liu Shaoqi. Denn wir wußten alle, daß Mao Zedong nach seiner kastastrophalen Niederlage mit dem berüchtigten »großen Sprung nach vorne« und der anschließenden dreijährigen Hungersnot seine Stellung als Vorsitzender der Volksrepublik an seinen Erzfeind Liu Shaoqi abgeben mußte. Liu vertrat eine nüchternere und pragmatischere Linie als Mao. Jetzt hieß es aber, daß Liu der Nummer-Eins-Revisionist und Chruschtschow Chinas sein sollte. Er hat offenbar seine Macht in der Partei und Armee nicht festigen können, so daß Mao ihn durch die »Kulturrevolution« wieder niederschlagen konnte. Liu verlor nicht nur seine Macht, sondern auch sein Leben. Er mußte ganz tragisch in Unehre sterben.

Als das »Rote Schatzbuch« - die Mao-Bibel - und Mao Zedongs vier-bändige ausgewählte Werke mit roter Hülle ins Lager kamen, waren auch wir Häftlinge in diese »Revolution« hineingezogen. Diejenigen, die lesen konnten, mußten Maos drei Essays auswendig lernen, die angeblich besonders wichtig sein sollten, wenn man sich die kommunistische Weltanschauung zu eigen machen wollte. Maos kurze Zitate hatte jeder, auch jeder Analphabet, auswendig zu lernen. Jeden Morgen, bevor wir mit der Arbeit anfingen, mußten wir, mit dem Schatzbuch in der Hand, am Rande des Feldes in einer Linie stehen, und zwar mit dem Gesicht nach Osten gerichtet. Der Gruppenleiter wählte das Zitat. Wenn die Arbeit an diesem Tag besonders schwer sein sollte, dann höchstwahrscheinlich: »Seid entschlossen, scheut keine Schwierigkeiten, kämpft hart, um den Sieg zu erringen!« Wir mußten dann das Schatzbuch an das Herz drücken und im Sprechchor dieses Zitat laut vortragen. Wer das Schatzbuch schmutzig machte, wurde kritisiert, wer es verlor, bestraft. Ein Analphabet benutzte einmal eine alte Nummer der Volkszeitung als Toilettenpapier. Er erhielt dafür, weil auf der Rückseite der Zeitung der große Führer und Steuermann, der Vorsitzende Mao, abgebildet war, eine Strafverlängerung von einem Jahr.

Noch später erreichten uns beunruhigende Nachrichten über einen bürgerkriegsähnlichen Zustand im Lande. Die Polizei, die Staatsanwaltschaft und die Justiz sollten als »Instrumente des Revisionismus« zerschlagen worden sein. Würde uns auch etwas passieren? Die Kapitäne sprachen vor uns nie darüber. Wir haben aber gemerkt, daß sie jetzt Pistolen trugen.

Leiter Song erschien am nächsten Abend in unserem Zimmer. Er fragte die Insassen:

»Wenn ein Häftling sein ganzes Hab und Gut freiwillig der Regierung überreicht mit der Bitte um Weiterleitung an die Erdbebengeschädigten, wie soll diese Tat verstanden werden?«

Mein Herz begann zu klopfen.

Nach einigen Sekunden Schweigen wagte einer seine Meinung zu äußern:

»Das ist ein Zeichen, daß er sein Verbrechen von Herzen bereut und büßen will.«

Seine Äußerung fand bei vielen Anerkennung, aber Leiter Song fragte weiter:

»Ist das alles? Ich hätte gern verschiedene Meinungen gehört.«

Da tauchte eine gänzlich andere Meinung auf:

»Das ist Spekulation. Das ist falsche Loyalität, denn er wußte von vornherein, daß die Regierung eine solche Schenkung nicht akzeptieren darf. Er tat das nur als eine Geste.«

Das war wenigstens Wagemut, obwohl von niemandem unterstützt. Mein Herz klopfte heftiger. Was hatte Leiter Song vor? Da begann er auch schon zu sprechen:

»Nach dem Appell gestern abend hat mir jemand etwas in die Hand gedrückt und ist ohne ein Wort weggegangen. Ich habe es nachlässig in die Manteltasche gesteckt. Erst heute morgen habe ich es im Büro aus der Tasche geholt. Es waren ein Bericht und ein Depositenschein einer Termineinlage, die gerade fällig ist. ›Bitte,‹ hat er im Bericht geschrieben, ›obwohl ich mir immer die größte Mühe gebe, das Arbeitssoll zu erfüllen, kann ich es leider nicht vollbringen.‹ Er leidet nämlich an mehreren Krankheiten, die ihm bei der Landarbeit große Schwierigkeiten bereiten. ›Ich fühle mich der Regierung gegenüber immer schuldig,‹ schrieb er weiter, ›und suche einen Weg, meinen Willen zum Ausdruck zu bringen, mich zu reformieren und ein neuer Mensch zu werden. Die Nachricht vom Erdbeben hat mich erschüttert. Ich habe mich entschlossen, dem Aufruf der Regierung Folge zu leisten und den Depositenschein meiner Termineinlage der Regierung zu überreichen mit der Bitte um Weiterleitung an die Erdbebengeschädigten. Eintausendeinhundert Yuan... nicht viel. Aber das ist mein ganzes Hab und Gut in der Welt. Vielleicht werden die Geschädigten sich besser fühlen, wenn sie wissen, daß auch ein Häftling ihnen helfen wollte.‹«

Mein Gott, hat Leiter Song meinen Bericht auswendig gelernt? Aber ich hatte keine Zeit, darüber nachzudenken, denn er fuhr fort:

»Also, das war der Sachverhalt. Wer sagte, die Regierung darf eine solche Schenkung nicht akzeptieren? Der Aufruf der Partei und Regierung, den Geschädigten zu helfen, gilt allen Chinesen, natürlich auch Häftlingen. Wir haben diese Sache sehr genau studiert und auch an übergeordneter Stelle um Instruktionen nachgesucht. Der Beschluß der Regierung lautet, diese Tat als ein Zeichen, daß der Häftling seine Schuld mit guten Taten abbüßen will, anzuerkennen und alle Häftlinge aufzurufen, von ihm zu lernen. Da er alleinstehend ist und bald freigelassen wird, braucht er sicher das Geld, um ein neues Leben aufzubauen. Deswegen akzeptiert die Regierung seine Intention, möchte ihm aber das Geld zurückgeben.«

Leiter Song holte den Depositenschein aus der Tasche und kam auf mich zu. Das war mir peinlich. Alle guckten mich an.

»Zhou Chun,« wandte sich Leiter Song ausnahmsweise lächelnd an mich, »ich habe mein ganzes Leben lang noch nie soviel Geld auf einmal in der Hand gehabt. Ich habe geschwitzt, als ich es in meiner Tasche fand. Du hättest mich wenigstens darauf aufmerksam machen können. Was hätte ich tun sollen, wenn ich den Schein verloren hätte? Hier, nimm ihn und bewahre ihn gut auf, ja?«

Er drehte sich um und sagte zu den anderen Häftlingen:

»Zhou Chun hat mich nicht einmal um eine Quittung gebeten. Was, wenn ich den Empfang dieses Scheins verleugnet hätte? Niemand war dabei. Und wer sagte, das war Spekulation, das war nur eine Geste der falschen Loyalität? Zhou Chun hatte Vertrauen nicht nur zu mir, sondern vor allem zur Regierung. Du hast gut reden. Wagst du auch, so etwas zu tun, ah?«

Nachdem Leiter Song weggegangen war, sprach niemand mehr über die Schenkung. An den Blicken erkannte ich, daß Songs Worte diesmal nicht die gewohnte Wirkung hatten. Ich sah mißtrauische, ja sogar giftige Blicke. Spekulation? Geste der falschen Loyalität? dachte ich im Bett. Eins weiß ich, als ich Leiter Song den Schein überreichte, gehörte er nicht mehr mir. Daß ich ihn zurückbekam, war unerwartet. Gut, daß wenigstens die Regierung mich verstanden hatte.

Damit will ich nicht sagen, daß es unter den Häftlingen keine guten Menschen gegeben hätte. Der Ex-Milizleiter Li zum Beispiel, der neben mir auf der Schlafbank schlief, war wie ein guter Bruder zu mir. Er kam aus einem Dorf nicht weit von Peking, war Parteimitglied gewesen, ein halber Analphabet. Ich half ihm dabei, aus Maos Werken zu lernen. Er wiederum half mir bei der Feldarbeit, denn er war ein guter Bauer.

An einem Ruhetag saßen wir nach dem Mittagsschlaf unter einem Baum und plauderten.

»Du kannst zu mir kommen, wenn du wieder frei bist,« bot er mir schon zum zweiten oder dritten Mal an. Er hatte nur noch fünf Wochen Lager. »Das heißt, wenn du nicht nach Peking oder Shanghai zurückkehren darfst.«

Er bezog sich auf eine neue Bestimmung seit der »Kulturrevolution«. Freigelassene Häftlinge durften nicht in die Großstädte zurückgehen, so daß sie die »Reinheit« der Städte nicht »beeinträchtigen« konnten.

»Gerne,« antwortete ich, auch zum zweiten oder dritten Mal. »Sag mal, Li, was wirst du machen, wenn du frei bist?«

»Oh, was gibt's da viel zu machen?« erwiderte er. »Ich bin nicht mehr Parteimitglied, Dorfkader oder Milizleiter, sondern ein einfacher Bauer.

Für einen Bauern ist Feldarbeit sein Schicksal. So wie hier. Der einzige Unterschied ist, zu Hause ist man wenigstens frei. Und was für Pläne hast du?«

»In Peking habe ich niemanden mehr,« erzählte ich ihm. »Ich werde versuchen, nach Shanghai zurückzukehren. Aber es ist schwer. Wenn ich der einzige Sohn wäre, käme ich in den Genuß der humanitären Maßnahme, daß das einzige Kind seine Eltern unterstützen soll.«

»Ja, du hast einen älteren Bruder, der bei den Eltern wohnt, nicht wahr?«

»Ja, aber sprechen wir heute nur über dich. In der nächsten Woche wirst du in die Sondergruppe für die Freizulassenden übergeführt werden, stimmt's? Es muß sehr aufregend sein. Du hast doch auch fünf Jahre, wie ich, nicht wahr?«

Plötzlich wurde sein Gesicht finster.

»Ja, fünf Jahre,« sagte er bitter, »fünf Jahre hinter der großen Mauer, während dieser Bastard mit der Witwe...«

Ich war überrascht und guckte ihn gespannt an.

»Zhou, wir sind wie Brüder, obwohl du Intellektueller bist und ich Bauer bin. Ich muß jemandem meine Geschichte erzählen, und ich denke, du bist die richtige Person. Weißt du, wieso ich überhaupt Häftling geworden bin? Natürlich nicht. So was darf man eigentlich nicht erzählen.«

Er zündete seine Pfeife an und begann, mir sein Geheimnis anzuvertrauen:

»In unserem Dorf lebt eine junge Witwe. Sie ist so verführerisch schön. Sie hat mich immer ›großer Bruder‹ genannt. An einem Spätabend im Sommer, als ich den täglichen Rundgang im Dorf machte - ich bin ja... nein, ich war Milizleiter - stand sie an ihre Tür gelehnt. Sie war in ihrer Unterwäsche...«

Er rauchte. Und dann erzählte er weiter:

»Seitdem war ihre Tür jeden Abend zu dieser Zeit einladend angelehnt... Wir hatten so viele schöne Nächte zusammen... Sie ist eine Hexe...! Ich bin seit vielen Jahren Witwer und kinderlos. Ich wollte sie heiraten. Aber sie hatte Angst vor dem Dorfparteisekretär Li. Ich wußte am Anfang nicht, warum. Dieser Li ist ein Ausbund von Häßlichkeit. Er ist über sechzig, verheiratet und hat nicht nur Kinder, sondern auch Enkelkinder. Aber es gelüstet ihn immer noch ›wie eine Erdkröte nach Schwanenfleisch‹. Jeder wußte, daß er viele Geliebte im Dorf hatte. Daß man seines Nächsten Weib nicht begehren soll, hat er nie gelernt.

Eines Nachts ist er in das Haus der Witwe geschlichen und wollte sie vergewaltigen. Da die Witwe heftig Widerstand leistete und laut um Hilfe schrie, mußte er entfliehen. Die Nachbarn haben zwar einen Schatten gesehen, konnten aber nicht feststellen, wer es war. Auf die Fragen der Nachbarn hat die Witwe weinend geantwortet, sie hat den Mann im Dunkeln nicht erkannt. Die Nachbarn wollten es ihr nicht glauben, wußten aber auch nichts Genaues. Natürlich hat die Witwe mir die Wahrheit gesagt. Sie erzählte mir auch, daß der Sekretär sie schon lange begehrte. Als sie fünfzehn war und eines Abends im Teich badete, hat er ihr ihre Kleider gestohlen. So mußte sie unter dem Schutz der Finsternis nackt nach Hause laufen.

Irgendwie hat der Sekretär später von unserem Verhältnis Wind bekommen. Eines Nachts wurden wir von ihm überrascht. Unter vorgehaltener Pistole mußte die Witwe an Ort und Stelle eine Wahl treffen: Entweder zeigte sie mich als ihren Vergewaltiger an, oder er zeigte sie als eine ›versteckte Nutte‹ an. Sie warf sich vor mir auf die Knie und bat mich, ihr einen Ausweg zu lassen. Was konnte ich tun? Sie hat einen kleinen Sohn. Hier bin ich, fünf Jahre lang - Vergewaltiger! Mit mir aus dem Weg, konnte der Sekretär auch die Witwe als Geliebte haben.«

Er paffte ein paar Mal heftig, und mit dem Tabakrauch kamen alarmierende Worte:

»Nun gut, er hat mich ins Gefängnis geworfen und mir meine Geliebte mit Gewalt genommen. Jetzt ist die Zeit aber um. Jetzt bin ich an der Reihe. Er ließ mich nicht leben, jetzt lasse ich ihn auch nicht leben. Ich habe zwar keinen Zugang mehr zu Gewehren, aber ein scharfes Messer ist im Dorf immer noch zu finden. Oh nein, er soll nicht gleich sterben. Vielmehr verdient er, durch Zerstückelung getötet zu werden.«

Er zog wieder heftig an seiner Pfeife. Ich war erschrocken und fand kein Wort, ihn zu trösten oder ihn von diesem schrecklichen Gedanken abzubringen. Ganz dumm fragte ich ihn: »Und die Witwe?«

»Ich weiß nicht, ich weiß wirklich nicht. Ich kann sie einfach nicht hassen. Ich kann sie auch nicht vergessen. Ohne sie gibt es kein Leben für mich mehr. Ich weiß nicht...«

Unvermittelt begann er, wie ein Kind zu schluchzen. Es war furchtbar, einen starken Mann wie ihn weinen zu sehen.

Nach dem Appell an diesem Abend bekam die »Regierung« einen Bericht, in dem es unter anderem hieß:

»Bitte, wenn die Regierung nach fünf Jahren Mühe nicht will, daß aus einem falschen Vergewaltiger ein echter Mörder wird...«

Der Tag war endlich gekommen, an dem Bruder Li in die Sondergruppe übergeführt werden sollte. Ich gab ihm schweigend die Hand. Er hatte sich wieder unter Kontrolle und sagte zu mir zum letzten Mal:

»Komm zu deinem Bruder, wenn du willst oder mußt. Meine Adresse hast du noch, oder? Gib auf dich acht! Wir werden uns wieder treffen!«

Ich wollte ihn in die Arme nehmen. Meine Kehle verengte sich. Mein Blick wurde trübe. Im nächsten Moment war Li schon weg. Ich habe ihn nie wieder gesehen. Ich hoffe sehr, daß mein Bericht, oder meine »Denunziation«, dazu beigetragen hat, ihn davor zu bewahren, ein Mörder zu werden.

Kurz darauf wurde ich auch in die Sondergruppe übergeführt. Bruder Li war nicht zu sehen. Hier sammelten sich aus allen Kompanien die Häftlinge, die einen Monat später freigelassen werden sollten. Jeder hatte vor der Freilassung einen Rechenschaftsbericht zu schreiben, in dem er seine Reformierung zusammenfassen und sein neues Lebensziel festlegen sollte. Das würde ich nicht als überflüssig bezeichnen, denn es gab wirklich Menschen, die zum zweiten, sogar dritten Mal Gefängnisse oder Zwangsarbeitslager »besuchten«. Daher war auch das Motto der Erziehung in dieser Sondergruppe ein altes Sprichwort: »Vergißt man nicht die Erfahrung von gestern, dann ist sie eine Lehre für morgen.«

Was für einen Bericht ich geschrieben habe, erinnere ich nicht mehr. Es waren höchstwahrscheinlich oberflächliche Worte, Formeln, Phrasen. Denn wenn ich mich heute frage: Was hast du in den Jahren als Häftling gelernt, was waren deine Erfahrungen und Lehren, so kann ich nur ehrlich sagen: Ich weiß es nicht. Ich hatte damals wirklich den Wunsch, den Konflikt zwischen mir und der Außenwelt zu beseitigen. Aber ich habe nie richtig verstanden, worin mein Fehler oder mein Verbrechen bestand. Und ob dieser Konflikt nach Jahren ideologischer Erziehung und Zwangsarbeit aus der Welt geschafft worden war. Je mehr ich heute darüber nachdenke, desto verwirrter werde ich. Eigentlich möchte ich gar nicht mehr daran denken.

In dieser Sondergruppe wurde nur wenig gearbeitet. Die Kost war auch ein wenig besser. Die Regierung wollte offensichtlich nicht, daß die Freigelassenen noch wie Häftlinge aussehen. Das wäre für die öffentliche Meinung nicht sehr günstig gewesen. Hier durfte man auch Briefe an seine Familie schreiben und ihnen das Datum seiner Freilassung mitteilen. Darauf hatte ich verzichtet. Ich wußte nicht einmal, wohin ich gehen sollte. Eins war sicher: weder nach Peking noch nach Shanghai.

Fast jeden Morgen, bevor wir mit der Arbeit begannen, kam ein Beamter und teilte dem an diesem Tag freizulassenden Häftling mit:

»Soundso, nimm deine Sachen und folge mir!«

Der Betroffene hatte seine Sachen schon längst gepackt: ein paar alte Kleider, einigen Krimskram und Maos Werke. Er unterdrückte seine Freude, um die Zurückbleibenden nicht zu verletzen. Statt dessen sagte er gewöhnlich:

»Ich gehe voran. Ihr kommt bald nach. Wir werden uns noch treffen. Gebt auf euch acht! Und vielen Dank für eure Fürsorge!«

Die Zurückgebliebenen erwiderten ebenso freundlich etwa:

»Geh schon unbesorgt! Wir wünschen dir eine glänzende Zukunft! Auf Wiedersehen!«

Der Beamte hatte Verständnis für dieses Ritual und wartete geduldig. Dann waren die beiden weg.

»Wieder einer weniger!« sagte jemand.

»Das nenne ich eine gute Sache,« meinte ein anderer.

»Nicht leicht, wirklich. Wer ist der nächste? Du, Lao Huang, nicht?«

Erst dann verließen wir das Lager und gingen zu einem nicht weit entfernten Feld, wo wir manchmal nur ein paar Stunden arbeiteten.

Das Datum der Freilassung gehört zu den wenigen Daten, die man nie vergißt. Ich wurde am 30. Dezember 1964 verhaftet und sollte am selben Tage 1969 freigelassen werden. Ich begann in der Sondergruppe, wieder die Tage zu zählen: 26. Dezember, 27. Dezember, 28. Dezember. An diesem Morgen erschien wie üblich der Beamte. Ich hatte nicht besonders auf ihn geachtet. Aber er hat mich gleich gesehen und sagte:

»Zhou Chun, nimm deine Sachen und folge mir!«

Was? Ich wollte meinen Ohren nicht trauen und platzte heraus:

»Aber...«

Dann hielt ich inne und packte schnell meine Sachen. Der Beamte wartete geduldig. Die anderen Häftlinge aber begannen, höhnische Bemerkungen zu machen:

»He, hört mal, heute ist die Sonne wohl im Westen aufgegangen.«

»Hat jemand von euch je einen Typ gesehen, der das Datum seiner Freilassung vergißt?«

»Na ja, wenn er lieber länger hierbleiben möchte, das ist seine Sache, aber ich...«

»Einem Wirrkopf, wie diesem Intellektuellen, kann der Herrgott auch nicht helfen.«

In der Eile und Verwirrung hatte ich das übliche Ritual des Abschiednehmens total vergessen. Erst draußen vor der Tür fiel es mir ein. Sollte ich in die Gruppe zurückgehen? Da begann der Beamte schon zu sprechen:

»Zhou Chun, im Namen des Mittleren Volksgerichts der Stadt Peking spreche ich dich frei.«

Wie im Traum sagte ich mechanisch:

»Ich bin der Regierung und den Kapitänen zu Dank verpflichtet.«

Worauf der Beamte erwiderte:

»Nichts zu danken. Das war unsere Pflicht. ›Vergißt man nicht die Erfahrung von gestern, dann ist sie eine Lehre für morgen.‹«

Das Ritual der Freilassung war beendet. Hat jemand mir das beigebracht? Dann überreichte mir der Beamte meine Armbanduhr und mein Bargeld, die ich am Tage der Verhaftung hatte abgeben müssen. Merkwürdigerweise ging die Uhr nach fünf Jahren noch. Sicherlich hat jemand sie an diesem Morgen für mich aufgezogen. Dafür war ich dankbar, denn dadurch bekam ich das Gefühl, daß das Leben in diesen fünf Jahren nicht aufgehört und heute eine neue Phase für mich begonnen hatte.

»Komm,« sagte der Beamte zu mir, »ich begleite dich zum Tor.«

Am Tor reichte er mir die Hand und wünschte mir alles Gute, drehte sich um und ging weg. Für ihn war das Routinearbeit.

Das Tor wurde mir geöffnet. Ein Schritt weiter - da war die Freiheit. Aber was sollte ich mit der Freiheit anfangen? Wohin sollte ich gehen? Ich war alles andere als glücklich.

Da kam schon jemand auf mich zu. Ich kannte ihn. Er war ein Straßenhändler aus Peking, der ein paar Tage vor mir freigelassen worden war. Man nannte ihn Lao Mo.

»Herzlich willkommen, Lao Zhou,« empfing er mich mit einem strahlenden Gesicht und reichte mir drei Schritte von mir entfernt schon seine Hand. »Du bist ein neuer Mensch geworden. Ich gratuliere dir zu deiner Neugeburt! Hier, ich habe ein Geschenk für dich.«

Noch immer wie im Traum sagte ich unberührt:

»Danke! Aber wo sind wir? Und wohin gehen wir?«

Mechanisch nahm ich das Geschenk in Empfang - drei getrocknete rote Datteln.

»Tja, das habe ich den Gruppenleiter auch gefragt, der mich hier abholte. Weißt du, hier ist keine Freiheit. In der Mitte steht das Gefängnis für die Häftlinge. Ringsum sind die sogenannten Angestellten untergebracht, die nach der Freilassung zwangsweise im Lager bleiben und weiter arbeiten müssen, aber dann unbefristet.«

Mein Herz stand still.

»Und hast du gemerkt, daß der Kapitän eben nicht ›Auf Wiedersehen‹ zu dir gesagt hat? Nein? Ach, du stehst immer noch unter Schock. Komm, gehen wir. Ich erzähle dir unterwegs alles.«

Wir gingen in Richtung einer Baracke, die schräg gegenüber stand. Lao Mo war in einer sehr gesprächigen Stimmung.

»Es gibt bestimmte Berufe, wo das Wort ›Auf Wiedersehen‹ tabu ist. Der Arzt sagt nicht ›Auf Wiedersehen‹ zu seinen Patienten, sondern ›Gute Besserung‹. Der Verkäufer von Särgen, Grabsteinen und Totenhemden oder der Bestattungsunternehmer sagt ›Kommen Sie gut nach Hause‹ und nie ›Auf Wiedersehen‹. Und die Polizeibeamten, die uns freilassen...«

Ich schenkte ihm nur ein Ohr. Ich war mit meinen eigenen Gedanken beschäftigt. Was weiter mit dem »neuen Menschen«? »Neugeburt«! Ein komischer Ausdruck. Vor meiner Verhaftung habe ich in Peking schon Waren mit diesem Markenzeichen gesehen: Strümpfe, Handtücher, Streichhölzer... Jeder wußte, das waren Produkte der Gefängnisse oder Zwangsarbeitslager. Sollte ich nach meiner »Neugeburt« auch so etwas Ähnliches produzieren oder weiter auf dem Felde arbeiten?

Da waren wir schon angekommen. Man hätte meinen können, hier wohnen ganz normale Menschen. Wir haben im Gefängnis oder im Lager nie solche gestreiften Gefangenenkleider tragen müssen, die man in westlichen Filmen sieht, sondern durften unsere eigenen Kleider anhaben. Diejenigen, die es brauchten, bekamen Kleidungsstücke von der Regierung, auch ohne Streifen. Aber die Insassen der Baracken sahen in ihren eigenen Kleidern irgendwie anders aus. Die Stimmung spielte eine entscheidende Rolle. Dieser typische starre Ausdruck der Häftlinge war von ihren Gesichtern verschwunden. Erst hier erfuhr ich von dem Gruppenleiter, wohin ich beziehungsweise wir gehen sollten - in die Volkskommunen. Ich verstand nun, wieso ich zwei Tage früher freigelassen worden war. Denn morgen sollte der letzte Konvoi dieses Jahres kommen, um uns zu verschiedenen Kommunen der Provinz zu bringen. Da es gesetzlich verboten war, Häftlinge länger im Gefängnis oder Lager festzuhalten, mußte ich früher entlassen werden, so daß ich mit diesem Konvoi abfahren konnte.

Hier spielten die Menschen Schach oder Karten, schrieben Briefe, wuschen ihre Kleider oder nähten. Alle warteten. Ich wußte nicht, was ich mit dem ersten freien Tag anfangen sollte. Da das Schlafen mir das einfachste zu sein schien, legte ich mich hin, fand aber keinen Schlaf. Nach einiger Zeit ging ich in den Hof. Lao Mo sah mich und kam auf mich zu. Wenn er mir noch mehr erzählen wollte, würde ich verrückt werden. Ich drehte mich um, aber es war schon zu spät.

»Lao Zhou,« rief er mir nach, »hast du zufällig zehn Fen bei dir?«

»Nein,« antwortete ich, »ich habe nur einen Zwanzig-Fen-Schein.«

»Na gut, gib mal her. Ich muß nämlich Briefmarken kaufen,« sagte er und nahm meine Banknote in Empfang, die er mir nie zurückgab.

Es fiel mir später ein, daß er zehn Fen für seine drei Datteln haben wollte, die er mir »geschenkt« hatte. Ein kleiner Gewinn für den Ex-Strassenhändler. »Reformiert«? »Neugeburt« oder ein »neuer Mensch«? Bah!

An diesem Abend kamen drei Beamte zu uns mit einem großen Stück Schweinefleisch und einer Flasche Branntwein. Ich kannte nur einen von ihnen. Seine beiden Begleiter mußten zu anderen Kompanien gehören. Der älteste sagte zu uns sehr liebenswürdig:

»Ihr habt alle eine schwierige Zeit hinter euch. Das verstehen wir nur zu gut. Leider konnten wir drinnen nichts für euch tun. Gesetz ist Gesetz. Heute sind wir aber wieder gleich. Im Namen des Politkommissars und des Direktors des Lagers sind wir drei gekommen, um Abschied von euch zu nehmen und euch allen eine glänzende Zukunft zu wünschen. Das Fleisch und den Wein haben wir drei von unserem Geld gekauft. Ihr könnt das ruhig genießen. Aber bitte nicht zuviel trinken, denn morgen haben wir eine lange Strecke mit dem LKW zu fahren. Also, einen schönen Abend - und bis morgen.«

Das hatte ich nicht erwartet. Wozu diese Geste? Feindseligkeit zwischen der »Regierung« und den Ex-Häftlingen abbauen? Branntwein habe ich nicht getrunken, aber Fleisch nach Herzenslust gegessen. Fünf Jahre! In den Lagern kriegte man ab und zu zwar auch Fleisch zu essen, aber nie genug. Ich war in den fünf Jahren auch nie richtig satt gewesen. »Seid immer bereit!« ist der Slogan der Jungen Pioniere. Mein Magen war in diesen Jahren auch immer bereit, nach einer Mahlzeit noch mehr zu essen.

Bevor ich einschlief, dachte ich: Ach, wenn ich ein heißes Bad nehmen könnte. Ich würde stundenlang in der Wanne faulenzen. Und wirklich saubere Wäsche möchte ich nach dem Bad anziehen. Dann bin ich wieder vom Scheitel bis zur Sohle sauber - sauber und ohne Läuse!

Ausnahmsweise war ich in dieser Nacht nicht einmal aufgewacht. Im Schlaf hatte ich das Gefühl, als ob ich immer tiefer und tiefer in etwas hineinsinken würde.

Als ich meine Augen wieder öffnete, war es schon hell.

Guten Morgen, mein neues Leben, ich begrüße dich!

EIN »NEUER MENSCH«

»Hast Du Hunger?«

Die Engländer sagen: »Life begins at forty.« Mit dreiundvierzig Jahren ein neues Leben aufzubauen, sollte nicht zu spät sein, habe ich immer so gedacht. Und das war ein Trost für mich, der mir Mut in den fünf schweren Jahren gegeben hatte. Aber die Realität kennt kein Erbarmen. Sie hat meinen Traum scheitern lassen. Nach der »Neugeburt« mußte ich, ein freigelassener Häftling, ohne Freiheit ein neues Leben beginnen. Denn wenn man sein eigenes Schicksal nicht bestimmen kann, was ist das für eine Freiheit? Außerdem stand ich vor der Frage: Kann ich mich als Bauer selbst ernähren? In einem Dorf zu wohnen und zu arbeiten war zwar besser, als weiterhin im Zwangsarbeitslager zu bleiben, aber sollte ich für immer vom städtischen Leben und von der intellektuellen Arbeit verbannt werden? War das mein Schicksal? Vielleicht eine Bäuerin heiraten und Kinder haben? Schließlich sind vier von fünf Chinesen Bauern. Warum mußte ich etwas anderes sein? Der LKW war schon stundenlang unterwegs. Meine Gedanken wurden immer wirrer, meine Stimmung finsterer. Ich wollte nicht mehr nachdenken, konnte aber nicht aufhören. Wie gut wäre es, wenn man das Gehirn ausschalten könnte!

Die drei Beamten waren sehr früh gekommen. Sie sollten uns zu unserem neuen Ziel begleiten. Draußen vor der Baracke warteten mehrere LKW. Gott sei Dank waren keine Soldaten mit Bajonetten und Maschinengewehren da! Voller Verwirrung stieg ich in einen LKW ein, wußte immer noch nicht, wohin es gehen wird.

»Kapitän, wo und wann verlassen wir das Lager?« fragte jemand.

»Du wirst es gar nicht merken,« war die ausweichende Antwort.

»Aber es müßte doch Wachtürme geben.«

»Sei nicht so selbstsicher!« Ein anderer Beamter war weniger freundlich.

Alle schwiegen. Und in der Tat, ich habe nicht bemerkt, wo und wann wir wieder unter freiem Himmel fuhren. Die Trennungslinie zwischen Gefangenschaft und Freiheit war so enttäuschend verschwommen. Aber hatte das wirklich eine Bedeutung? Wir fuhren durch Kleinstädte, durch Dörfer. Wir fuhren immer weiter. Es war schon dunkel, als wir endlich in einer Kreisstadt namens Wei anhielten. Wir befanden uns also immer noch in der Provinz Hebei. Hier warteten schon Beamte von den verschiedensten Volkskommunen auf uns. Einen Gruß oder ein Willkommen gab es nicht.

Man fing gleich mit der Zuweisung der Freigelassenen an. Es war von vornherein schon bestimmt, wer von uns in welche Kommune gehen sollte. Deswegen dauerte es nicht lange, bis ich mit drei oder vier anderen Freigelassenen wieder in einen Geländewagen einstieg, welcher uns in die Volkskommune Süd-Liugang brachte. Dort warteten auf uns wieder Beamte aus verschiedenen Dörfern, und jeder von uns sollte einem Beamten zu seinem endgültigen Ziel folgen.

»Bist du Zhou Chun?« fragte mich eine Frau im mittleren Alter. Bevor ich antworten konnte, forderte sie mich auf:

»Komm mit!«

Ach so, ich war der letzte. Die anderen waren schon weg. Draußen wartete ein Milizsoldat mit einem Schubkarren.

»Leg deine Sachen darauf. Wir gehen zu Fuß. Es ist nicht weit.«

Stumm folgte ich ihr. Ich wollte schon irgend etwas sagen, fand aber kein Wort. Die Frau war auch nicht gesprächiger. Unterwegs faßte ich endlich Mut und fragte höflich und kleinlaut:

»Darf ich Ihren werten Namen wissen?«

»Liu. Wir heißen alle Liu. Der Dorfvorsteher ist auf einer Dienstreise. Ich bin Direktorin der Dorffrauenvereinigung. Unser Dorf heißt Nord-Liugang.«

Weiter mit mir zu reden schien sie kein Interesse zu haben. Schweigend gingen wir Richtung Dorf. Der Karren quietschte. Liu ist ein sehr verbreiteter Familienname. Gang heißt eigentlich Hochland. Aber unverständlicherweise sah man ringsum gar keine Hügel, sondern ein ausgedehntes Flachland. Vor uns tauchte die Silhouette eines Dorfes auf. Kein Licht war zu sehen. Keine Stimme war zu hören. Das Dorf lag schon im Schlaf. Wir kamen zu einer einzeln stehenden Hütte. Die Frau öffnete die Tür und gab mir den Schlüssel. Der Milizsoldat hatte meine Sachen schon auf den Boden gelegt. Ohne ein Wort entfernten sich die beiden. Ich war allein. Ringsum war Finsternis. Ich konnte meine eigenen Finger nicht sehen.

Also, das ist Freiheit. So fängt mein neues Leben an. Ich war zu müde, weiter zu denken. Ich nahm meine Sachen, ging in die Hütte, machte die Tür zu und tappte im Dunkeln. Ein Bett irgendwo? Oh ja, hier ist eins mit Stroh darauf. Ich legte mich bekleidet hin und muß sofort eingeschlafen sein, erschöpft von der langen Fahrt.

Jemand sprach zu mir. Es war eine Frauenstimme. Sie fragte mich etwas. Ich konnte sie nicht verstehen. Sie sprach Dialekt. Nein, das war sicher ein Traum. Also, schlafe weiter. Aber nein, jetzt klopfte jemand an das Fenster, leise, aber fest. Das Fenster war ohne Glasscheibe oder Papier. Draußen standen zwei Frauen - eine alte und eine junge. Die alte hat mich etwas gefragt. Jetzt konnte ich sie verstehen. Sie klopfte und fragte:

»Hast du Hunger? Mach auf!«

Ich hatte fast fünf Jahre lang kein Frauengesicht mehr gesehen, keine Frauenstimme gehört. Im Zimmer war es dämmrig. Ich stolperte zur Tür und machte auf. Was sah ich? Eine alte Frau, die mir eine Schüssel voller Süßkartoffeln zureichte, eine junge Frau mit einer Schüssel Hirsebrei. Beide Schüsseln dampften. Ich war so verblüfft, daß ich stumm dastand, ohne die Schüsseln anzunehmen.

»Nimm doch,« redete mir die alte Frau zu.

»Iß, bevor es kalt wird,« sagte die junge und gab mir noch ein Paar Eßstäbchen.

Ich nahm die Schüsseln und Eßstäbchen, fand aber keine Worte. Die alte Frau machte die Tür von außen zu. Beide entfernten sich. Ich stand immer noch stumm da. Meine Kehle verengte sich. Heiße Tränen tröpfelten in die Schüssel - die ersten Tränen in fünf Jahren.

»Reicht dir der Mist für dein Essen aus?«

Wer sind die beiden Frauen? Nachbarinnen? Aber es war ganz dunkel gestern nacht. Niemand hätte mich sehen können. Wieso wissen sie, daß ich hier bin?

»Iß, bevor es kalt wird,« klang die Stimme der jungen Frau wieder in meinen Ohren. Ist sie die Tochter?

Ich suchte einen Stuhl, fand keinen und mußte mich auf dem Bettrand niederlassen. Mechanisch begann ich zu essen. Die Süßkartoffeln habe ich mit Schalen gegessen. Der Hirsebrei war gerade gut, weder zu dick noch zu dünn. Die junge Frau hat sogar ein Stückchen gepökelte Gurke darauf gelegt. Ohne sie wäre die Mahlzeit zu süß. Das Essen hat mich richtig warm gemacht, von innen nach außen, obwohl das Zimmer nicht geheizt und das Fenster ohne Scheibe war. Als die alte Frau wegen der Schüsseln und Eßstäbchen zurückkam, fragte ich sie:

»Weißt du, Tante, daß ich ein freigelassener Häftling bin?«

»Ja, natürlich,« antwortete sie. »Mein Sohn ist Dorfkader - Buchhalter der Produktionsbrigade. Das eben war seine Frau. Wir wußten schon seit einigen Tagen, daß du zu uns kommen würdest.«

»Aber warum seid ihr so nett zu mir, wenn ihr alles wißt?« fragte ich weiter.

»Weil du unser Gast bist. Uns ist es egal, was du vorher getan hast. Dafür bist du schon bestraft worden. Und solange du unser Gast bist, wirst du bei uns nur Gastfreundschaft finden.«

Sie hatte gerade die Tür aufgemacht, da kamen viele Männer herein. Das kleine Zimmer war auf einmal von fremden Menschen vollgestopft. Sie hockten sich überall hin und begannen zu rauchen, zu husten und zu spucken. Vor so vielen »Eindringlingen« war ich fassungslos. Wie sollte ich sie anreden? Genossen? Das würde albern klingen. Meister? Auch nicht gut. Sie waren Bauern, keine Arbeiter. Zum ersten Mal bemerkte ich, daß es in der chinesischen Sprache keine feste Anredeform für Bauern gibt.

»Hast du gegessen?« fragte mich mit lauter Stimme ein korpulenter Bauer im mittleren Alter.

»Ja,« erwiderte ich kleinlaut und wunderte mich, warum er mich fragte. Er hat sicher die Schüsseln und Eßstäbchen in den Händen der alten Frau gesehen.

»Weißt du, wer die alte Frau ist?« Ein jüngerer Mann fragte mich. Er sah wie ein Schullehrer aus. Bevor ich antworten konnte, sagte er: »Sie ist meine Mutter.«

»Ach, du mußt der Buchhalter sein,« endlich hatte ich ein Gesprächsthema gefunden. »Ich bedanke mich herzlich für eure Gastfreundschaft.«

Der korpulente Bauer warf ein:

»Nichts zu danken, ihr seid Nachbarn. Sie wohnen dir direkt gegenüber.«

Jetzt hatte der Buchhalter wieder das Wort:

»Und er ist der dritte Onkel Liu, der Leiter unserer Produktionsgruppe. Er ist auch zuständig für deinen Lebensunterhalt, deine Arbeit und deine Erziehung.«

So haben sie sich mir nacheinander vorgestellt.

»Gruppenleiter, Buchhalter, mein Name ist Zhou Chun. Ich bin ein freigelassener Häftling, ich...«

»Da du hier bist,« unterbrach mich der dritte Onkel Liu nicht unfreundlich, »sind wir alle Mitglieder einer großen Familie. Wir heißen dich willkommen. Du bist studiert. Wir haben sehr viel von dir zu lernen. Aber Landarbeit mußt du von uns Bauern lernen.«

Wie bitte? Mitglied einer Familie? Gestern oder vorgestern war ich noch »Feind des Volkes«. Und heute wollten die Bauern von mir lernen? Ich wagte nicht einmal zu nicken.

Es stellte sich heraus, daß die Besucher entweder Kader oder Mitglieder der Produktionsgruppe waren, mit denen ich in Zukunft zu tun haben sollte. Das war quasi ein offizielles Zusammentreffen. Die Bauern haben ihre eigenen Arbeitsmethoden.

Die Produktionsgruppe hatte mit dem Geld, welches sie vom Zwangsarbeitslager bekommen hatte, für mich Haushaltsutensilien sowie Produktionswerkzeuge gekauft. Alles andere mußte ich mir selbst besorgen, genauso wie die Kommunemitglieder. Das war für mich eine unangenehme Lage und auch eine harte Prüfung. Erstens hieß das, ich stand immer noch unter polizeilicher Aufsicht, sonst hätte das Zwangsarbeitslager kein Geld weiter für mich ausgegeben. Zweitens verdiente eine volle Arbeitskraft bei dieser Gruppe für einen zehnstündigen Werktag nur achtundzwanzig Fen. Ich zählte so wie die Alten und Schwachen als halbe Arbeitskraft. Und mit diesem schmalen Einkommen sollte ich mich ernähren, mich mit Kleidung versorgen und alle notwendigen Ausgaben bestreiten? Das war fast unmöglich.

Am Anfang habe ich zusammen mit den Kommunemitgliedern auf dem Felde gearbeitet. Das war ein sehr großer Unterschied zu der Feldarbeit im Lager. Nach dem Frühstück mußte der Gruppenleiter, der dritte Onkel Liu, jeder Familie persönlich mitteilen, daß es Zeit sei, sich auf den Weg zur Arbeit zu begeben, um dann zu erfahren, daß einer heute Bauchschmerzen hatte und ein anderer zum Schwiegervater mußte, der seinen siebzigsten Geburtstag feierte. Nach einer guten halben Stunde begannen die Mitglieder ohne Hast und Lust zum Feld zu gehen. Ich war immer der erste, der erschien, konnte aber ohne die Gruppe nicht anfangen. Auch wenn alle da waren, die kommen konnten oder wollten, nahmen sie sich Zeit, bevor sie begannen zu arbeiten. Die Männer wollten noch eine letzte Pfeife genießen. Die Frauen hatten noch ein paar Stiche zu nähen. Die Mädchen guckten mich heimlich an und kicherten. Sie hatten noch niemanden aus dem Zwangsarbeitslager gesehen. Die Jungen versuchten, sich gegenseitig zu Boden zu ringen. Da weinte ein Baby. Die Mutter entblößte ohne Scham ihre Brüste und gab sie ihm, eine nach der anderen, bis es zufrieden einschlief. Inzwischen riefen die Jungen: »Oh, ich habe Durst! Gibt's was zu trinken?« Lachend schimpfte die Mutter und sagte: »Wartet, bis eure Großtante pinkelt!« Da begannen alle zu lachen und auch zu arbeiten. Also, das waren die Kommunemitglieder! Von Arbeitsfreudigkeit und Emsigkeit konnte kaum die Rede sein, für die die chinesischen Bauern in der Geschichte weltberühmt waren. Die Zeiten haben sich wesentlich geändert.

Wegen meiner gesundheitlichen Beschwerden beschloß später die Produktionsgruppe, mich von der Feldarbeit zu befreien. Sie teilte mir eine andere Arbeit zu. Ich mußte Tiermist für die Gruppe sammeln, der als Dung für die Felder verwendet wurde. Wer hätte daran gedacht, daß mein erster Beruf als »neuer Mensch« von 1970 bis 1973 Mistsammler auf dem Lande sein sollte! Das war ein guter Beruf, denn man hatte mehr Freiheit, wenn man alleine arbeitete. Im übrigen hatte man auch mehr Flexibilität mit der Zeit zum Kochen und Waschen. Der Mist wurde an die Produktionsgruppe verkauft, und zwar je nach Qualität und Quantität. So verdiente ich meinen Lebensunterhalt. Mistsammeln war in dieser Gegend ein sehr verbreiteter Nebenberuf für die Männer. Deswegen war die Konkurrenz auch sehr groß. Die besonders fleißigen Männer standen vor der Morgendämmerung auf und suchten mit einer Laterne in der Hand in der Nähe. Als beruflicher Mistsammler mußte ich jeden Tag wenigstens zweimal die Landstraßen entlanggehen, um Mist zu suchen und zu sammeln, jedesmal eine andere Route. Leider habe ich kein Bild von mir als Mistsammler. Ich muß ganz komisch ausgesehen haben - ein Intellektueller, mit einer Mistgabel in der Hand und einem Weidenkorb auf der Schulter. Bald fand ich, daß das Mistsammeln auch keine leichte Arbeit war, denn wenn man ausging, war man frisch und satt, der Korb war auch leer und leicht. Je weiter man ging und Mist sammelte, desto müder wurde man, und der Korb wurde auch schwerer. Gegen Mittag und Abend, wenn man nach Hause kam, war man nicht nur erschöpft, sondern auch hungrig und durstig. Trotz meiner Bemühungen wurde der Misthaufen vor meiner Hütte nur sehr langsam größer. So ging es nicht weiter. Für mich hieß es: mehr Mist, mehr Geld. Ich mußte versuchen, mehr Mist nach Hause zu bringen.

Der dritte Onkel Liu fand meine Idee, ein gebrauchtes Fahrrad und zwei große Weidenkörbe zu kaufen und auf einer viel größeren Fläche Mist zu sammeln, gar nicht schlecht. Unser Dorf lag mitten zwischen drei Kreisstädten, je ungefähr fünfzig Kilometer voneinander entfernt. Jeden Morgen fuhr ich in eine der drei Städte und kam abends mit viel Mist wieder zurück. Wenn ich erschöpft den Mist auf dem Haufen ablud und sah, wie er von Tag zu Tag größer wurde, spürte ich eine Freude und Genugtuung, die ich vorher nie gespürt hatte. War es das, was Mao als die »Ideologie und Emotionen der Werktätigen« bezeichnete? War ich ein Kleinbauer geworden?

Jeden Monat kam eine Gruppe von »Mistexperten« zu mir und prüfte die Qualität des Mists. Mitglieder dieser Gruppe waren alte, erfahrene

Bauern. Sie bestimmten den Preis. Pferdemist war am teuersten, denn man konnte ihn für den Gemüsegarten gebrauchen. Schweinemist war am billigsten. Ich hatte Vorliebe für Kuhmist, der wie ein großes Stück Kuchen auf der Straße lag. Auch viele, viele Jahre später und sogar in westlichen Ländern verspüre ich immer Lust, Kuhmist zu sammeln, jedesmal wenn ich den »Kuchen« irgendwo liegen sehe. Ich denke dann automatisch an meine Tage als Mistsammler, an die Erschöpfung, an die Freude und an die Genugtuung. Welch ein »Reformierungserfolg«!

Im Dorf nannte man mich »Lao Zhou« - ein Zeichen dafür, daß ich für sie kein »Feind des Volkes«, sondern einer von ihnen war; denn »Lao« (alt) bezieht sich nicht nur auf das Alter, sondern vielmehr auf eine freundschaftliche Beziehung. Die Dorfkinder, auch wenn sie immer so dumm und stumpfsinnig auf den Fotos der ausländischen Journalisten aussehen, haben ihren Sinn für Humor. Manche Kinder nannten mich auch »Lao Zhou«, dann kriegten sie oft einen Schlag auf den Rücken. »Ungebildet,« schimpfte der Vater oder die Mutter. »Sag Onkel Zhou!« Also Onkel Zhou nannten mich die Kinder vor den Eltern, aber um sich wahrscheinlich für den Schlag auf den Rücken zu rächen, gingen sie noch weiter. Jedesmal wenn sie sicher sein konnten, daß die Eltern außer Sicht- und Hörweite waren, riefen sie im Chor: »Lao gai dui, Lao gai dui! « Die chinesische Sprache hat so viele Homonyme. Hier bedeutet »Lao« nicht mehr »alt«, sondern »Arbeit«. »Lao gai dui« heißt »Zwangsarbeitslager«. Das erste Mal, als die Kinder mich anschrien, war ich erschrocken und erschüttert. Wütend jagte ich sie weg, indem ich meine Mistgabel drohend in die Höhe hielt. Die Kinder lachten triumphierend und flogen auseinander. Wenn sie den Unfug wiederholten, merkte ich, daß der Spaß für sie eben darin lag, mich zu ärgern und mich zornig zu sehen. Wenn ich sie total ignorierte, hatten sie auch keine Lust mehr dazu.

Eines Abends kam ich mit einem vollen Korb auf der Schulter zurück. Mit dem Fahrrad konnte ich an diesem Tag nicht fahren, weil ein Nachbar ein Rad von mir geborgt hatte, um sein eigenes Hinterrad bei einem langen Kohlentransport zu schonen. Ich war todmüde, aber zufrieden. Vor dem Dorf spielten noch drei oder vier Kinder. Ich tat, als ob ich sie überhaupt nicht gesehen hätte, und war schon einige Schritte vorbei. Plötzlich hörte ich die Kinder hinter meinem Rücken im Chor singen: »Lao gai dui, Lao gai dui! Reicht dir der Mist für dein Essen aus?« Donnerwetter! Diese verdammten Bengel! Kann man so etwas hinnehmen? Ich verlor den Kopf, drehte mich um und warf die Mistgabel rasend vor Wut heftig in die

Richtung der Kinder, die erschrocken und schreiend nach allen Richtungen auseinanderliefen. Ich stand da, ganz außer Fassung, und schnappte nach Luft. Eine Hand berührte meine Schulter.

»Du bist müde. Geh nach Hause und koch deine Suppe!«

Es war der dritte Onkel Liu, der Gruppenleiter. Er holte die Mistgabel zurück, gab sie mir und entfernte sich.

An diesem Abend habe ich ausnahmsweise keine Suppe gekocht (In dieser Gegend nennt man das Abendessen »Suppe«). Ich hatte keinen Appetit. Ich saß lange im Dunkeln, bevor ich ins Bett kroch.

»Wir haben ein weiches Herz«

Die Höflichkeit und Gastfreundlichkeit der Chinesen sind im Westen nicht weniger berühmt und gerühmt als China-Restaurants, Porzellan, Tee oder Seide. Unter den Chinesen aber sind meines Erachtens besonders die Bauern für ihre Güte zu preisen. Einen solchen Eindruck hatte ich schon in den vierziger Jahren in den Befreiten Gebieten gewonnen. In einem abgelegenen Dorf lebte damals eine alte, kinderlose Witwe. Als ich krank war, nahm sie mich in ihre Pflege, bis ich wieder auf die Beine kam. Dabei hatte sie selbst nicht einmal genug zu essen. Ich habe sie »Mutter« genannt. Nach der Befreiung wollte ich sie wieder besuchen, war aber leider nie dazu gekommen. Jetzt, in diesem Dorf, einem wirklich sehr armen Dorf, hatte ich Gelegenheit, die Bauern besser kennenzulernen und zu verstehen. Die Kommunemitglieder konnten nicht einmal das Getreidesoll, das sie an den Staat verkaufen mußten, erfüllen, und deshalb verkaufte der Staat jedes Jahr Getreide wieder an die Bauern zurück. Da es nicht hinreichend war, mußten die Bauern Blätter der sibirischen Ulmen sowie Blätter und Ranken der Süßkartoffel essen, die die Schweine nicht einmal riechen wollen. In den drei Jahren, die ich dort lebte, habe ich, wie die Bauern, auch solche Ersatzlebensmittel gegessen.

Einmal sagte der Dorfvorsteher - er war auch Parteisekretär des Dorfes - zu mir in seinem Hof:

»Weißt du, Lao Zhou, Handan ist der ärmste Bezirk der Provinz Hebei. Wei ist der ärmste Kreis des Bezirks. Süd-Liugang ist die ärmste Volkskommune des Kreises. Unser Dorf ist das ärmste Dorf der Kommune. Ich habe mehr als genug zu tun, um zu sichern, daß niemand in unserem Dorf verhungert.«

»Ja, aber warum hat man denn Lao Zhou zu uns geschickt?« warf seine Frau ein. »Er könnte in anderen Dörfern doch mehr verdienen.«

Sie war eine dunkelhäutige Frau mit einer üppigen Figur, nicht ohne Reiz. Peinlich für mich war, daß sie oben ohne war. Paradoxerweise sind die Sitten auf dem angeblich feudalen Lande offener als in den Städten. Verheiratete Frauen, auch wenn sie noch ganz jung sind, dürfen im Sommer am hellichten Tage nackt bis zur Taille im Dorf herumlaufen und sich mit Männern unterhalten.

Vielleicht fand der Vorsteher seine Frau nicht mehr so reizend. Jedenfalls sagte er zu mir:

»Die Frauen haben lange Haare, aber kurze Einblicke.«

Erst dann erklärte er ihr:

»Lao Zhou ist doch nicht hier zu Besuch. Die Leute oben meinten, je ärmer die Umgebung, desto günstiger für seine Reformierung. Er ist Sohn eines Kapitalisten in Shanghai.«

»Ach so,« sagte die Frau, und ihre Neugier war befriedigt.

Für mich war das ganz neu. Ich sagte mir im stillen auch: Ach so. Aber dann: Vielen Dank für diese besonders günstige Behandlung.

Auch wenn sie arm waren, waren die Dorfbewohner großzügig. Wenn ich beim Mistsammeln an ihren Häusern vorbeiging, gab mir dieser Onkel ein Stückchen Maisbrot oder eine Süßkartoffel, jene Tante eine Schüssel Brei und ein Stückchen gepökeltes Gemüse.

»Iß, iß, du armer Mensch,« sagten sie. »Ein Intellektueller aus einer Großstadt, der sogar die Sprachen der ›fremden Teufel‹ kann, muß mit uns Bauern Armut leiden. Ajaja!«

Einmal kam ein Mädchen, die Tochter eines Nachbarn, an meiner Hütte vorbei. Sie blieb zurückhaltend an der Tür stehen und wollte ihre gekochten Möhren mit mir teilen. Sie hatte nur fünf, wollte mir aber drei geben.

»Nein, danke,« sagte ich höflich.

Sie guckte mich mit ihren schönen Mandelaugen an und sagte:

»Nimm, du hast sicher Hunger. Das weiß ich.«

Ich war zutiefst bewegt, wollte aber ihre Möhren immer noch nicht annehmen. Eins, zwei, drei - legte sie schüchtern lächelnd die drei Möhren in meinen Schoß, sagte leise und sanft:

»Nun, iß doch!« und ging singend weg.

Wie hieß sie? Schade, ich kann mich nicht mehr daran erinnern. Aber ihre vertrauensvoll blickenden Mandelaugen und ihre tiefen, reizenden Grübchen sind in meinem Gedächtnis geblieben.

Ein anderes Mal kam ein zehnjähriger Bursche, der Sohn eines anderen Nachbarn, zu mir, gab mir eine große Scheibe Wassermelone und fragte mich:

»Habt ihr auch Wassermelonen zu Hause?«

Als ich »ja« sagte, war er sowohl erstaunt als auch enttäuscht.

»Ach so, das habt ihr auch. Aber sicherlich nicht so süß und saftig wie unsere?« flehte er mich fast an. »Weißt du, unsere Melonen sind so süß und saftig, daß du, während du oben ißt, unten schon pinkelst.«

Ich mußte so herzhaft lachen, daß die Melone fast aus meiner Hand geschlüpft wäre.

»Was lachst du denn? Glaubst du es mir nicht?« Er war tief verletzt.

Es war ein Nachmittag im Sommer. Eine alte Frau saß unter einem Baum und nähte.

»Lao Zhou,« rief sie mich, als ich mit meinem Korb und meiner Mistgabel vorbeiging. »Setz dich ein bißchen zu mir. Ich wollte dich immer etwas fragen, aber die Kader waren stets dabei. Jetzt ist niemand da. Sag deiner Tante ehrlich, bist du wirklich alleinstehend?«

Als sie mich nicken sah, seufzte sie:

»Ach, du armer Mensch, du bist über vierzig und lebst immer noch wie ein Mönch. Deine Mutter ist daran schuld. Unsere Ahnen haben immer gesagt: ›Wenn der Junge aufgewachsen ist, soll er eine Frau zu sich nehmen; wenn das Mädchen reif geworden ist, soll es einen Mann haben.‹ Deine Mutter hätte längst eine Frau für dich finden sollen. Wenn man Frau und Kinder hat, dann weiß man, wohin man gehört.«

Sie suchte ihre Schere, fand sie und sprach weiter:

»Aber zu spät ist es wieder nicht, Lao Zhou. Tante sucht eine gute Frau für dich. Sag mal, gefällt dir die Witwe Lifang?«

Lifang? Ich mußte an den Tag denken, an dem ich beim Mistsammeln an ihrem Haus vorbeiging. Das war ein heißer Mittag. Sogar die Hunde lagen im Schatten und rangen nach Luft, ihre langen, roten Zungen herausstreckend. Mistsammler haben eine berufliche Gewohnheit: Sie schauen nicht wie normale Menschen nach vorne, sondern blicken nach unten. Deswegen war ich überrascht, eine halbnackte Frau zu sehen, die vor der Tür unter einem Baum ihr Mittagsschläfchen hielt. Es war schon zu spät, mich zurückzuziehen. Ihr Haus lag weit am Ende eines Gäßchens, welches zu der Landstraße führte. Das einzige, was ich tun konnte, ohne aufzufallen, war, an ihrer Pritsche vorbeizugehen, ohne auf ihren nackten Körper zu blicken. Ich hätte das vielleicht geschafft, wenn sie nicht so auffallend weiß gewesen wäre. Die meisten Frauen, die mit nacktem Oberkörper herumliefen, waren dunkelhäutig. Ohne mich aufzuhalten, konnte ich nicht umhin, doch einen flüchtigen Blick auf sie zu werfen. Sie lag auf dem Rücken, die Arme unter dem Kopf, die Beine ein wenig gespreizt. Sie hatte nur eine kurze, lockere Hose an. Faszinierend waren ihre schön gestalteten, weißen, großen und strammen Brüste. Die Brustwarzen waren nicht dunkel, sondern blaßrot wie die eines jungen Mädchens. Ich hatte das Gefühl, daß sie wach war und spürte, daß ein Mann ihre wunderschönen Brüste und ihr geheimnisvolles Delta anstarrte, denn sie spreizte die Beine breiter, und ihre Brüste zitterten ein wenig. Ich beeilte mich, die Landstraße zu erreichen. Wie lange habe ich einen solchen schönen Frauenkörper nicht mehr gesehen? fragte ich mich.

»Aber Lao Zhou,« riß mich die Tante aus meinen Gedanken, »geniere dich doch nicht. Ich habe das Gefühl, daß Lifang dich mag.«

»Wieso? Hat sie dir was gesagt, Tante?« fragte ich. Gleichzeitig fragte ich mich selber: Hat sie diesen Mittag absichtlich auf mich gewartet? Sie weiß ganz genau, daß das Gäßchen mein unvermeidlicher Durchgang zur Landstraße ist.

»Sehr direkt nicht. Aber sie hat schon ein paarmal gesagt: ›Lao Zhou ist wirklich kein schlechter Mensch. Es tut mir leid um ihn.‹ Und du weißt ja, in ihrem Alter ist es furchtbar schwer...«

»Was, Tante? Was ist schwer für sie?« Ahnungslos fragte ich.

»Ich meine, sie ist noch zu jung... Ach, du verstehst es doch nicht. Du hast noch nie eine Frau gehabt.«

Als ich in dieser Nacht aufwachte, kam mir in den Sinn: Vielleicht sollte ich wirklich hier im Dorf heiraten? Aber ein Intellektueller und eine Analphabetin? Können sie einander verstehen? Lifangs zauberhafte Brüste provozierten mich. Ich drehte mich um und versuchte weiterzuschlafen.

Von da an wählte ich beim Mistsammeln eine andere Route.

Um mich kümmerte sich nicht nur die warmherzige Tante, sondern auch die Frau eines Majors der Volksbefreiungsarmee, der in Shanghai stationiert war. Als die Frau erfuhr, daß ich aus Shanghai stammte, war sie besonders freundlich zu mir. Sie erzählte mir gerne von ihren Erinnerungen an diese Großstadt, die sie mit ihrer Tochter mehrmals besucht hatte. Ich konnte nicht umhin, zu lächeln, wenn sie in der Art der Bauern anstatt »mein Mann« vertraut »dein älterer Bruder« sagte. In der Tat war der Major zwei Jahre älter als ich. Und als er mich eines Tages während seines Urlaubs in meiner Hütte besuchte, habe ich ihn wirklich »älterer Bruder« genannt.

Die Bauern haben auch ihre eigene, für Fremde schwer zu verstehende Art und Weise, den Gatten oder die Gattin zu rufen. In dieser Gegend zum Beispiel ruft die Ehefrau den Gatten: »Seinen Vater des Kindes« oder einfach »seinen Vater«, während die Gattin für den Ehemann »seine Mutter des Kindes« oder »seine Mutter« heißt.

»Und was machen sie, wenn sie kein Kind haben?« habe ich gefragt.

»Dann ist es schwierig,« meinten die Gefragten einhellig.

»Aber es muß doch einen Weg geben?« fragte ich den Bauern ein Loch in den Bauch.

»Na ja, dann hustet man oder macht ein Geräusch, um die Aufmerksamkeit des anderen auf sich zu ziehen,« war die Antwort. Schwer zu glauben.

Wenn die Ehefrau irgend jemandem von ihrem Gatten erzählt, sagt sie: »mein Alter«. Umgekehrt sagt der Ehemann: »jene Person in unserem Haus« oder noch schlimmer: »jene Person in unserem Haus, die das Feuer anzündet« oder »..., die die Schüssel abwäscht.«

Wie das Ehepaar einander im Bett nennt, war mir eine zu empfindliche Frage, die ich nicht zu stellen wagte. Was würden die guten Bauern über mich, den ehemaligen »Lao gai dui«, den Zwangsarbeiter, denken?

Der Besuch des Majors bei mir war eigentlich auch nicht korrekt. In Shanghai hätte er nie in Uniform einen freigelassenen Häftling besucht. Hier in seiner Heimat und in seinem Urlaub fühlte er sich vielleicht unbefangener.

»Nicht verzweifeln,« hat er mir gleich am Anfang seines Besuchs gesagt. »Du bist ein Intellektueller. Du kannst fremde Sprachen. Du wirst wieder die Gelegenheit, dem Staat und dem Volk zu dienen, bekommen. China hat nicht zuviele, sondern zuwenige Intellektuelle.«

Also nicht nur in den Augen der Bauern, sondern auch in den Augen eines Offiziers, eines Parteimitglieds, war ich kein »Feind des Volkes«.

»Bleib gesund. Bessere Tage werden kommen,« sagte er beim Abschied. Im Dunkeln waren seine Worte wie eine Fackel. Sicher wußte ein Major, was er sagte.

Als ich eines Abends vom Mistsammeln zurückkam, sah ich seine Frau halbnackt vor ihrem Haus sitzen und Schuhe für ihren Mann herstellen.

»Na, Lao Zhou, hast du viel Mist sammeln können?« fragte sie. »Zeig mal! Hm, nicht viel heute. Kein Glück gehabt?«

»Nein,« seufzte ich. »Muß jemand vor mir dagewesen sein. Hat alles gesammelt.« Ich war mittlerweile ein ziemlich erfahrener Mistsammler geworden.

»Nicht so tragisch,« tröstete sie. »Heute weniger, morgen mehr.«

»Ist mein älterer Bruder schon weg?« fragte ich.

»Ja, heute nachmittag. Sein Herz gehört der Armee, auch wenn er zu Hause ist. Ach, ich bin alt geworden!« Dieses Mal war sie es, die seufzte.

»Nicht so tragisch,« ahmte ich sie nach. »Heute älter, morgen...«

»Weiter! Morgen was? Jünger? Ach, du, Lao Zhou, du alter Knabe! Vielleicht ist es dein Glück, daß du nicht im Joch häuslicher Pflichten eingespannt bist,« meinte sie.

»Ja, das denke ich auch.«

Ich war froh, daß jemand mich verstand.

»Weißt du, Schwägerin,« es war nur logisch, sie so zu nennen, »ich habe in meinem Leben sehr viele Dummheiten gemacht. Aber eins habe ich doch richtig getan. Sonst hätte ich Frau und Kinder in Mitleidenschaft gezogen.«

Ich dachte an die Mädchen, die ich in meiner Jugend gemocht hatte, und wurde traurig.

Die Tochter kam aus der Küche und gab ihrer Mutter eine Schale Hirsebrei.

»Auch eine Schale für Onkel Zhou, Guiying,« ordnete die Mutter an.

»Du ißt doch Suppe bei uns heute abend, so daß du nicht kochen mußt?«

Auf dem Brei lag ein Häufchen Dörrfleischfasern - eine Spezialität aus Shanghai.

»Oh, schönen Dank, Guiying,« sagte ich zu dem jungen Mädchen.

»Wenn du nachher Heimweh bekommst und nicht schlafen kannst, gib mir nicht die Schuld.« Guiying steckte frech ihre Zunge heraus und verschwand. Die Mutter lachte.

»Wie alt ist Guiying eigentlich?« fragte ich, nur um gesellig zu sein.

»Sechzehn. Sie wird ein besseres Leben haben. Ich habe schon einen Mann für sie gefunden. Er ist ein Kader in der Kreisstadt. Wenn Guiying ihn heiratet, kann sie in der Stadt leben und braucht nicht mehr das zurückgekaufte Getreide im Dorf zu essen,« schwätzte die glückliche zukünftige Schwiegermutter. »Na, schmeckt es dir? Ich meine die Dörrfleischfasern. Das hat dein älterer Bruder in Shanghai für uns gekauft.«

Ihr schmeckte es, denn sie schnalzte mit der Zunge vor Behagen und plauderte weiter:

»Ihr Shanghaier seid reich. Wir sind arm, aber wir haben ein weiches Herz. Wir können einfach nicht ertragen, andere Menschen leiden zu sehen. Du hast ja auch die ehemaligen Grundbesitzer und reichen Bauern im Dorf gesehen. Sie haben uns vor der Befreiung wie Schweine und Hunde behandelt. Jetzt haben sie alles verloren und müssen wie wir hart arbeiten, um ihre Schüssel Brei zu verdienen. Hast du je gesehen oder gehört, daß wir armen Bauern sie beschimpfen oder schlagen? Am Anfang der Befreiung, während des Klassenkampfes, ja. Aber das ist schon lange her. Jetzt sind sie ebenso arm wie wir, manche sogar ärmer. Ach, iß doch mehr, Lao Zhou, du hast sicher Hunger. Guiying, noch eine Schüssel für Onkel Zhou. Weißt du nicht, daß er Tiger ist? Tja, was wollte ich sagen? Ja, du hast sicher viel gelesen. Die Bücher sagen uns, was wir tun sollen und was nicht. Einen Hund schlagen, der ins Wasser gefallen ist - das sollen wir nicht tun. Wenn jemand in den Brunnen gefallen ist, sollen wir doch nicht noch einen Stein in den Brunnen hineinwerfen, nicht wahr, Lao Zhou? Du verstehst viel mehr als wir. Was kann ich, eine alte Dorffrau, dir erzählen?«

Mao Zedong war ein entschlossener Theoretiker des Klassenkampfes. Für ihn waren Arbeiter die führende Klasse und das Bündnis der Arbeiter und Bauern die Grundlage des Staates. Er hat das Volk wiederholt aufgerufen, von ihnen zu lernen. Ebendeswegen hat das Zwangsarbeitslager mich auf das Land geschickt. Aber ich fand, daß die Bauern, so wie die Frau des Majors erzählte, wirklich ein weiches Herz haben. Sie interessieren sich nicht besonders für Politik. Wir Chinesen sind überhaupt toleranter als die Europäer. Nur wenn ein Kampf nicht mehr zu vermeiden ist, dann sind wir gezwungen, nach Waffen zu greifen.

»Wir haben ein weiches Herz.«

Für die Dorfbewohner war ich wahrscheinlich ein ins Wasser gefallener Hund oder ein in den Brunnen gefallener Mensch. Ich mußte an die Mutter und die Frau des Buchhalters denken. Sie haben mir gleich am ersten Tag warmes Essen gegeben.

Alles gestohlen!

Das Leben eines beruflichen Mistsammlers ist sicherlich nicht leicht. Im Zwangsarbeitslager habe ich immer heimlich auf Regen gehofft. Man kann doch nicht im Regen auf dem Feld arbeiten. Ein Regentag war für die Häftlinge ein von Gott gesandter Ruhetag. Für einen Mistsammler ist ein Regentag eine Katastrophe. Er hat an diesem Tag nur Ausgaben und keine

Einkünfte. Wenn es zwei oder drei Tage hintereinander regnet, dann bleibt ihm nichts übrig, als im Bett zu liegen und zu seufzen.

Dieser »Beruf« hat mir aber auch etwas Wertvolles beigebracht. Einen Korb voll von feuchtem Mist auf der Schulter zu tragen und eine Stunde lang nach Hause zu laufen - das war nicht so angenehm wie ein Spaziergang in der Stadt, besonders wenn man bei gutem Wetter eine nette Gesprächspartnerin hat. Das einzige, das ich beim Mistsammeln tun konnte, war, diese schwere Arbeit aufs beste zu nutzen, um meinen Willen zu stählen.

Die Last auf den Schultern wurde mir oft zu schwer. Wenn ich dann den Korb niedersetzen und Luft holen wollte, aber zwanzig Schritte vor mir eine Telefonstange erblickte, redete ich mir ein: Nein, jetzt noch nicht absetzen, weiterlaufen bis zur Stange! Jeder Schritt war für mich eine Anstrengung, aber ich habe es immer geschafft. Auch im Winter, wenn ich endlich den Korb mit einem Stöhnen niedersetzte, standen Schweißtropfen auf meiner Stirn.

Ich erinnere mich an einen Sommerabend: Als ich nach dem Mistsammeln mit dem Fahrrad nach Hause zurückfuhr, begann es dunkel zu werden. Ich war hungrig und todmüde. Den ganzen Tag hatte ich nichts gegessen, nur Brunnenwasser getrunken. Ein kühler Wind begann auch zu wehen. Ich hatte außer meinem kurzen Beinkleid nichts an. Weiter, weiter, ermutigte ich mich. Beharren und siegen. Zwei Kilometer vor dem Dorf zog sich ein Graben hin. Jedesmal mußte ich mich besonders anstrengen, um über diesen Graben zu fahren. An jenem Sommerabend war ich zu schwach. Die beiden Körbe voller Mist waren zu schwer. Ich fiel vom Fahrrad und lag im Graben.

»Steh auf!« befahl ich mir.

Ich versuchte es einmal, zweimal. Nein, ich hatte einfach nicht mehr die Kraft und mußte liegenbleiben. Vielleicht kam jemand vorbei? Das war sehr unwahrscheinlich. Der Wind wehte stärker. Es wurde kühler. Ich wurde schläfrig.

»Nicht einschlafen! Du wirst frieren. Sofort aufstehen! Wenn nicht jetzt, dann wird es zu spät sein.«

Ich nahm mich zusammen und kam zu Kräften. Mit einem Ruck stand ich wieder auf den Füßen.

Als ich mit Mühe und Not meine Hütte erreichte, waren meine Beine so steif, daß ich nicht absteigen konnte. Ich war kaputt. Ohne Suppe zu kochen, kroch ich ins Bett, obwohl ich einen Bärenhunger hatte. Körperlich war ich schwach, aber innerlich war ich stärker geworden: Ich hatte meine eigene Schwäche überwunden. Ich dachte an Maos Worte: »sich auf die eigene Kraft verlassen«. Ich konnte sie besser verstehen.

Der Buchhalter der Produktionsgruppe gab mir jeden Monat meine Portion Getreide, Gemüse und Brennholz. Einmal hatte er vergessen, bevor er sich auf die Dienstreise begab, mir meine Portion für den nächsten Monat auszuhändigen. Das Getreide bei mir zu Hause wurde immer weniger, bis eines Tages das letzte Korn aufgegessen war. Womit sollte ich meine Suppe kochen? Natürlich könnte ich von den Nachbarn etwas borgen. Ich war sicher, daß sie mir helfen würden. Aber ich war einfach zu schüchtern, um zu betteln. Als die Nachbarn anfingen, Suppe zu kochen, konnte ich ihre Windöfen hören. Was sollte ich tun? Jetzt konnte ich doch nicht mit leerem Magen zu Hause sitzen. Der Hunger würde noch unerträglicher sein, wenn ich daran denken mußte, daß jetzt alle Nachbarn ihre Suppe aßen. Ich nahm Mistgabel und Korb und verließ meine Hütte. Das ganze Dorf aß.

»Wohin gehst du noch? Es wird bald dunkel. Du kannst doch nicht im Dunkeln Mist sammeln,« sprach mich jemand an.

»Ich bin gleich wieder da,« antwortete ich.

»Hast du schon Suppe gegessen?«

»Ja, schon.«

»So früh?«

»Ja, heute ein bißchen früher als sonst.«

Die guten Bauern. Wie konnten sie ahnen, daß ich zu Hause kein Körnchen mehr hatte? Als ich zurückkam, schlief schon das ganze Dorf. Ich trank so viel Wasser vom Brunnen vor meiner Hütte, daß ich es im Bauch hören konnte. Dann kroch ich ins Bett.

Ja, das Leben war wirklich nicht leicht. Gesundheitlich war ich auch nicht besonders gut dran.

»Weißt du,« sagte der dritte Onkel Liu einmal zu mir, »als du vor dem Neujahr zu uns kamst, warst du so schwach, daß wir unter uns sagten: ›Dieser Lao gai dui kann bei uns noch das Neujahrsbrot essen, aber die Teigtaschen des Frühlingsfestes nicht mehr.‹«

Das Frühlingsfest oder das chinesische Neujahr fällt normalerweise auf Anfang Februar. Das heißt, die Dorfbewohner glaubten nicht, daß ich länger als einen Monat leben würde. Daß ich drei Jahre in diesem Dorf leben konnte, war für sie ein Wunder.

Im Dorf lebte ein alter Arzt der chinesischen Medizin. Er hat mich kurz nach meiner Ankunft untersucht und mir geraten, meine Ernährung zu verbessern.

»Du bist mit vierundvierzig schon wie vierundsechzig. Du bist viel zu früh alt. Wenn du noch weiterleben willst, mußt du mehr und besser essen. Ich kann dir auch nicht viel helfen, wenn du so furchtbar unterernährt bist. Hast du Geld? Hast du Verwandte? Du brauchst dringend Hilfe, wenn du weiter...«

Ich war ärmer als die armen Bauern. Meine ganzen Habseligkeiten waren in einem kleinen Paket mit Kleidern, die ich noch aus Peking hatte, darunter einige neue Sachen. Eines Morgens, als ich aufwachte, merkte ich mit Erschrecken, daß das Paket nicht mehr da war. Ich war wie gelähmt. Mir war nur das übriggeblieben, was ich jeden Tag anhatte, nämlich ein alter wattierter Anzug vom Zwangsarbeitslager, den niemand haben wollte, wenn er nicht fälschlich für einen Sträfling gehalten werden mochte. Als ich wieder zu mir kam, ging ich schnell zum dritten Onkel Liu, der mich sofort zum Dorfvorsteher brachte. Mir war das Weinen nahe.

»Lao Zhou,« sagte der Vorsteher, »du hast Pech gehabt. Trotzdem muß ich dich noch kritisieren...«

»Ja,« unterbrach ich ihn in reumütigem Ton, »ich war sehr unvorsichtig.«

Es war nämlich so gewesen: An jenem Abend mußte ich noch einmal kurz hinausgehen, bevor ich ins Bett ging. Da das Schloß verrostet und es umständlich war, die Tür zuzuschließen und wieder aufzumachen, habe ich das Schloß nicht richtig zugeschlossen. Es ist schon dunkel, dachte ich, niemand kann das merken. In fünf Minuten bin ich wieder da.

»Nein, das habe ich nicht gemeint,« erwiderte der Vorsteher. »Jeder kann ab und zu einmal unvorsichtig sein. Aber du hättest gestern abend sofort zu mir kommen sollen. Jetzt ist es schon zu spät. Dein Paket ist nicht mehr im Dorf. Der Dieb - ich habe meinen Verdacht, wer das sein kann - hat gestern nacht das Paket schon aus dem Dorf hinausgeschmuggelt. Für ihn wäre es zu dumm und auch gefährlich, das gestohlene Paket zu Hause aufzubewahren.«

»Ich wollte Lampenöl sparen und habe gestern abend kein Licht gemacht. Deswegen habe ich es erst heute morgen gemerkt.«

»Ach so,« jetzt verstand der Vorsteher, konnte aber nicht viel für mich tun. Er schrieb schnell einen Brief für mich, mit dem ich mich am selben Tag noch bei der Kreisregierung melden sollte.

In den drei Kreisstädten, wo ich Mist sammelte, schien alles wieder normal geworden zu sein. Niemand sprach noch von der »Kulturrevolution«. Es waren auch keine Spuren davon zu finden. Aber ich hatte mich geirrt. Nach ein paar Tagen kam der Vorsteher mit einem Polizeibeamten der Kreisregierung zu mir. Sie hockten auf dem Boden und rauchten ihre eigenen Zigaretten, da ich ihnen weder Stühle noch Zigaretten anzubieten hatte. Sie hätten meinen Fall schon untersucht und seien zu folgender Schlußfolgerung gekommen: Erstens, obwohl sie fast sicher wüßten, wer mein Paket gestohlen hat, könnten sie wegen Mangels an Beweisen nichts unternehmen, außer daß der Verdächtige ab sofort unter Aufsicht der Miliz gestellt würde. Eine Hausdurchsuchung sei nutzlos, denn sicher sei mein Paket schon längst nicht mehr im Dorf. Zweitens, die Polizei der Kreisregierung hätte zur Zeit zuviel zu tun, um sich noch um meinen Fall kümmern zu können: Im Kaufhaus der Kreisstadt sei vor kurzem des Nachts eingebrochen worden, was vor der »Kulturrevolution« nie geschehen sei.

»Ist dein Fall wichtiger oder der Fall des Kaufhauses?« fragte mich der junge Polizeibeamte.

Was konnte ich sagen? Was heißt wichtiger? Mir war absolut wichtig, mein Paket wieder zu haben. Ich hatte außer dem Anzug gar nichts mehr. Man hat mir alles gestohlen.

»Also warte, bis wir wieder Zeit für dich haben,« sagte der Beamte und verließ mit dem Vorsteher meine Hütte.

Im Verdacht stand mein nächster Nachbar. Das war nicht nur die Meinung des Vorstehers und des Polizeibeamten, sondern auch der Dorfbewohner, denn nur mein nächster Nachbar hat mein Paket gesehen; nur er konnte an diesem Abend merken, daß ich die Tür nicht richtig zugeschlossen hatte; nur er konnte schnell in meine Hütte hineinschleichen und wieder unbemerkt herauskommen. Außerdem hatte er keinen allzu guten Ruf im Dorf.

»Er ist kein richtiger Bauer,« sagten die meisten Bewohner. »Er war Deserteur der Armee und ist jetzt eher ein Kleinhändler.«

»Er ist unsere Schande,« fügte jemand hinzu.

Der Polizeibeamte kam nie wieder. Der Vorsteher seufzte, wenn er mich traf. Der dritte Onkel Liu schimpfte und spuckte auf den Boden. Ich mußte etwas tun. Ich konnte doch nicht mit nur einem wattierten Anzug weiterleben.

»Du darfst nicht nach Hause kommen«

Natürlich hatte ich meine eintausendeinhundert Yuan nicht vergessen. Mit dem Geld hätte ich meinen Lebensunterhalt wesentlich verbessern können. Aber nein, dieser Gedanke, daß ich mit meinem ganzen Hab und Gut meine Schuld abbüßen könnte, hatte mich wie ein Teufel besessen, obwohl ich nicht genau wußte, woran ich schuldig war.

Gleich am zweiten Tag nach meiner Ankunft im Dorf war mir aufgefallen, daß es keinen Strom hatte. Ich schrieb umgehend einen Brief an die Leitung der Produktionsbrigade, in dem ich den Wunsch äußerte, dem Dorf mit meinen Ersparnissen zu helfen, eine Stromleitung zu legen. Nach ein paar Tagen teilte mir der dritte Onkel Liu mit, daß auf einer Sitzung der elf Gruppenleiter beschlossen wurde, mein Geld als Darlehen dankend anzunehmen , aber nicht für die Stromleitung - das war technisch nicht möglich - sondern um es an die elf Gruppen zu verteilen, das heißt einhundert Yuan an jede Gruppe.

Der dritte Onkel Liu war selbstverständlich entschieden dagegen. Er wollte die ganze Summe als Kapitalanlage für seine Gruppe haben mit der Begründung: Lao Zhou ist in meiner Gruppe. Aber die anderen zehn Gruppenleiter wollten nicht nachgeben - Begründung: Lao Zhou hat das Geld der Produktionsbrigade und nicht einer Produktionsgruppe gegeben. Der dritte Onkel Liu war die Minorität. Jetzt ließ er seinen Zorn an mir aus:

»Wie konntest du so was tun, Lao Zhou?« schimpfte er. »Du hättest mich wenigstens vorher fragen können. Wenn du das Geld mir - was heißt mir? -, ich meine meiner Gruppe oder unserer Gruppe gegeben hättest, so bräuchtest du überhaupt nicht zu arbeiten. Wir würden uns schon um dich kümmern, um Getreide, Gemüse, Brennholz... alles was du brauchst. Mit tausendeinhundert Yuan könnte ich oder die Gruppe ein starkes Pferd und einen Wagen kaufen und den Transport der Waren als Nebengewerbe der Gruppe organisieren. Das bringt Geld, und zwar schnell. In einem Jahr bekämst du dein Geld mit Zinsen zurück. Die ganze Gruppe würde dir dankbar sein, denn sie könnte mehr Geld als Gewinnbeteiligung bekommen. Aber jetzt? Äh, du Bücherwurm!«

Offensichtlich waren die Mitglieder der Gruppe genauso unzufrieden mit mir wie ihr Leiter, denn sie wollten oder konnten mir nach dem Diebstahl nicht helfen. Aber wie sollte ich das alles wissen? Die Struktur der Produktionsbrigade beziehungsweise der Gruppen war mir total fremd. Außerdem, wer hätte den Diebstahl vorausgeahnt? Mitglieder anderer Gruppen hingegen waren freundlicher. Sie sagten: «Der arme Lao Zhou. Er erbettelt seinen Reis mit einer goldenen Schüssel.«

Ich dachte an meine Eltern. Vielleicht könnten sie mir helfen? Nach meiner Verhaftung hatte ich jegliche Beziehung zu ihnen abrupt unterbrochen. Ich wollte sie nicht belästigen. Maos Klassenkampftheorie kannte ich nur zu gut. Während der »Kulturrevolution« wurde diese Theorie bis ins Extrem, bis zur Absurdität übertrieben. Es hieß damals: »Drachen gebären Drachen, Phönixe gebären Phönixe, Mäuse gebären Mäuse, die nur taugen, Löcher in den Boden zu bohren.« Das ganze Volk wurde nach der Klassenherkunft in »rot« und »schwarz« geteilt, darunter kamen noch konkrete Kategorien. Soweit ich mich erinnere, gehörten unter »schwarz« ehemalige Grundbesitzer und reiche Bauern, Konterrevolutionäre, sogenannte schlechte Elemente, Kriminelle zum Beispiel, und »Rechtsabweichler«. Dazu kamen noch die ehemaligen Kapitalisten und die Intellektuellen oder die »stinkende Nummer neun«. »Rot«, das waren die Arbeiter, Bauern und Soldaten.

Im Gefängnis war ich sozusagen »Gast der Regierung« gewesen. Ich bekam umsonst Unterkunft und Verpflegung. Da ich hier im Dorf nun auf mich allein angewiesen war, von niemandem Hilfe erwarten konnte, begann meine Entschlossenheit, die Eltern nicht zu belasten, zu schwanken. Um zu existieren, brauchte ich dringend ihre Hilfe. Endlich faßte ich Mut und schrieb den ersten Brief. Bevor Antwort kam, dachte ich manchmal: »Hoffentlich haben sie den Brief nicht bekommen.« Gleich danach fragte ich mich aber: »Oh, wie lange muß ich noch warten?«

Endlich kam die Antwort, geschrieben von meinem Bruder, der nach seiner Scheidung bei den Eltern wohnte. »Wir sind alle sehr froh,« schrieb er, »wieder von Dir zu hören. Uns allen geht es gut.« Tränen trübten meinen Blick. »Vater, Mutter,« sagte ich im Herzen, »wir haben uns so lange nicht gesehen.« Mein Bruder teilte mir mit, daß er an demselben Tag schon ein Paket mit Kleidern und Lebensmitteln an mich abgeschickt habe. »Es ist nicht viel,« schrieb er. »Unsere Verhältnisse sind mit früher nicht zu vergleichen.« Mein Herz zog sich zusammen. Mein Bruder hat mir nicht erzählt, was der Familie während der »Kulturrevolution« passiert war. Aber ich konnte zwischen den Zeilen lesen. Sie war getroffen. Meinetwegen?

Als der Briefträger zum ersten Mal mit einem Paket zu mir kam, folgten ihm wenigstens zehn Frauen und Kinder. Alle waren neugierig.

»Lao Zhou hat ein Paket aus Shanghai bekommen. Aus Shanghai. Von seinen Eltern,« sagten sie zueinander. Und zu mir sagten sie:

»Zeig mal, Lao Zhou, was für Sachen im Paket sind.«

Zeigen? Das hätte ich lieber nicht getan. Aber ich mußte es tun, um sie nicht zu verletzen. Denn sie meinten es gut mit mir. Es war ein Zeichen der Fürsorge und Sympathie. Die Privatheit, die man im Westen so hochschätzt, gibt es bei uns, besonders bei den Bauern, überhaupt nicht. Die Frauen riefen in meiner kleinen Hütte sehr viele »Ohs« und »Ahs« aus. Sie beguckten jeden Artikel zweimal, und dreimal kommentierten sie ihn fachkundig. Erst als ihre Neugierde befriedigt war, verließen sie nacheinander meine Hütte.

»Wo ist Shanghai?« hörte ich eine fragen.

»Weit, sehr, sehr weit. Der Major ist doch dort stationiert. Frage mal seine Frau. Sie ist dort gewesen,« antwortete eine andere.

Ich saß vor den auf dem Bett verstreuten Artikeln. Mein Kopf war für eine Weile leer. Mutter hatte eigenhändig für mich Mehl mit sehr viel Fett und Zucker gemischt und geröstet. Sie erinnerte sich noch daran, daß ich als Kind diese Spezialität aus Shanghai besonders mochte. Sie hatte auch nicht vergessen, daß ich viel auf einmal aß und dann Bauchschmerzen bekam. Deswegen hatte sie einen Zettel beigelegt, auf dem nur zwei Zeichen standen: »Wenig essen!« Ach, Mutter!

Jetzt hatte ich an Regentagen etwas Besseres zu tun, als im Bett zu liegen und mit leerem Magen zu schlafen - nämlich Briefe schreiben. Meine Partnerin war Mutter, obwohl Vater und Bruder auch manchmal schrieben. Offensichtlich hatte auch Mutter dadurch eine neue Tätigkeit neben der alltäglichen Hausarbeit gefunden. Sie schrieb einen Brief nicht auf einmal zu Ende, sondern heute eine halbe Seite, morgen ein paar Zeilen mehr, als ob sie ein Tagebuch schriebe, bis der Brief fast zu dick für den Umschlag wurde und sie jedesmal für Übergewicht mehr frankieren mußte. Auf diese Weise unterhielt sie sich mit ihrem zweiten Sohn, der schon seit langem nicht mehr zu Hause war. In Mutters Briefen las ich Tränen und Blut. Sie beschrieb alle Vorgänge, alle Handlungen und Dialoge so anschaulich, daß ich glaubte, dabeigewesen zu sein:

Kurz nach dem Ausbruch der »Kulturrevolution« wurde Vater seiner Stellung als Vizedirektor der kleinen Werkstatt enthoben, die er vorher besessen hatte, die aber nach 1949 verstaatlicht worden war. Das war noch lange nicht das Schlimmste. Eines Tages fuhren drei LKW vor die Wohnung. Heraus sprangen einige Arbeiter. Sie nannten sich »Vertreter des Revolutionskomitees der Werkstatt« und gaben Vater zu verstehen, daß nach der heutigen Politik der Partei, wobei die Betonung auf heutig lag, sämtliches Privateigentum der ehemaligen Kapitalisten beschlagnahmt werden sollte, denn das sei auch ein Teil der Ausbeutung der ehemaligen Kapitalisten, die nach der Verstaatlichung immer noch viel besser als die

Arbeiter lebten. Diese »revolutionäre Aktion« ließ »das Vermögen der Klassenfeinde konfiszieren«. Vater war von Natur aus ängstlich. Er zitterte am ganzen Körper und konnte keinen Laut von sich geben. Hingegen war Mutter viel gefaßter. Sie sagte ruhig zu den »Vertretern«:

»Wenn es die Politik der Partei verlangt, dann nehmt alles, was ihr wollt. Aber wir haben eine Bitte: Gebt uns eine detaillierte Quittung der Beschlagnahme, und zwar mit einem offiziellen Stempel des Revolutionskomitees darauf.«

Ein »Vertreter« - er schien der Anführer zu sein - spuckte auf den Politurfußboden und schimpfte:

»Bei den Zhous gilt die Weiberherrschaft!«

Mein Bruder protestierte:

»Ich würde auch bitten, mit der Sprache...«

Da zerrte ihn Vater bange am Ärmel, und mein Bruder schwieg. Alle drei mußten dastehen und zugucken, wie ihre Möbel, Kleider, Schmuck, Gemälde, Bücher, Antiquitäten... vor ihren Augen von den »Vertretern der Revolution und der Arbeiterklasse« weggenommen wurden. Vater versuchte, wenigstens seinen Abakus zu retten:

»Bitte schön,« sagte er mit zitternder Stimme, »darf ich meinen Abakus behalten? Ich brauche ihn jeden Tag für die Hausrechnung.«

»Hausrechnung?« höhnte ein junger Mann. »Hausrechnung! Habt ihr gehört? Der werte Herr Zhou braucht seinen Abakus für seine Hausrechnung! Wir Arbeiter brauchen keine Hausrechnung. Ihr braucht sie auch nicht mehr. Was gibt es zu rechnen, wenn man kein Vermögen mehr besitzt? Ihr seid ab heute auch Proletarier, versteht ihr? Oder träumt ihr noch, eines Tages wieder reich zu werden?«

Bevor sie mit ihrer Beute triumphierend weggingen, fragte ein anderer junger Mann:

»He, altes Weib, hast du was versteckt? Gold, Silber, Diamanten, Juwelen?«

Mutter preßte ihre Lippen zusammen. Aber Vater sagte leise zu ihm: »Nein!«

So waren meine Eltern in weniger als einer Stunde »Proletarier« geworden. Vielleicht kann man das besser verstehen, wenn man weiß, daß der chinesische Ausdruck für Proletarier »die vermögenslose Klasse« heißt.

Meine Eltern waren noch »glücklich«, wenn man sie mit anderen ehemaligen Kapitalisten verglich. Ihr nächster Nachbar in derselben Wohnung war auch ein ehemaliger Fabrikbesitzer. Seine Arbeiter waren echte

Raufbolde. Sie haben nicht nur sein Eigentum geraubt, sondern ihn auch brutal geschlagen. Schreiend und blutend floh er in meines Vaters Zimmer und kroch unter das Bett. Die Arbeiter jagten ihm nach und zogen ihn hervor. Sie schlugen ihn weiter. Vater und Mutter waren zu sehr erschrocken, um zu protestieren. Mein Bruder versuchte, die Arbeiter darauf aufmerksam zu machen, daß sie nicht in des Nachbars Zimmer waren. Man schob ihn einfach grob zur Seite.

Die Frau des Nachbarn wurde von einigen jungen Arbeiterinnen zur Veranda gezerrt.

»Auf die Knie, du Kapitalistennutte!«

Kniend schluchzte sie:

»Mein Mann war Kapitalist, ist es schon längst nicht mehr. Ich bin doch immer Hausfrau gewesen. Was wollt ihr von mir?«

Als Antwort erhielt sie eine Ohrfeige, so heftig, daß sie an den Mundwinkeln blutete. Sie begann zu heulen. Ihre Arme wurden nach hinten gedreht. Bevor sie es ahnen konnte, begann man, ihr die Haare auf der rechten Seite zu schneiden und den halben Kopf kahlzurasieren. Das nannte man »Yin-Yang-Frisur«. »Yin« - negativ, ohne Haare; »Yang« - positiv, mit Haaren.

Halb ohnmächtig kniete die Frau da und hatte nur einen Gedanken: »Sterben, lieber sterben, ich will nicht mehr leben!«

»He, guckt mal, sieht diese Dame nicht besonders schön aus?« rief die freiwillige Friseuse.

Die Arbeiterinnen brachen in ein wildes Gelächter aus.

»Wartet, bis ihr Mann heute nacht mit ihr schläft« fügte ein männlicher »Beobachter« hinzu. »Er wird glauben, er schläft mit einer Hexe.«

Hämisches Gelächter.

Mutter schrieb in ihrem Brief: »Mein Söhnchen, ich glaube nicht, daß die Hölle viel schlechter sein kann.«

Nach der Plünderung hatte sie oft nicht einmal genug Geld für die täglichen Lebensmittel. Auf dem Markt suchte sie eines Morgens etwas Billiges. Bevor sie erkennen konnte, wer es war, hatte jemand unauffällig ein Päckchen in ihren Korb geworfen. Mutter versuchte, diese Person ausfindig zu machen, aber ohne Erfolg, denn um diese Zeit war immer ein Gedränge auf dem Markt. Sie machte das Päckchen auf und fand zehn Zehn-Yuan-Banknoten darin. Wer könnte das gewesen sein, dachte sie, fast in Tränen.

»Weißt du, mein Söhnchen,« schrieb Mutter, »erst viel, viel später habe ich es durch Zufall herausgefunden, es war eine alte Arbeiterin der Werkstatt. Als ihr Mann starb, lag ihr Sohn im Krankenhaus. Ich habe ihr damals einhundert Yuan geschenkt. Aber das war schon lange her. Mein Söhnchen, deine Mutter ist alt, aber nicht abergläubisch. Du erntest, was du säst. Merk es dir!«

Mein Bruder war während der »Kulturrevolution« als »schlechtes Element« eingestuft worden. Als Strafe und zur »Umerziehung« mußte er zuerst jeden Tag dreimal das Gäßchen sauber fegen, später mit anderen »schwarzen Elementen« Luftschutzbunker graben.

»Schwere, schmutzige und gefährliche Arbeit,« schrieb Mutter. »Dafür kriegt dein Bruder achtzehn Yuan pro Monat oder, genauer gesagt, für dreißig oder einunddreißig Tage, denn sonntags müssen sie auch arbeiten. ›Bedürfnisse des Staates‹, heißt es. Das Geld ist nicht einmal genug für seine Zigaretten. Er ist immer kaputt und schlecht gelaunt, wenn er nach Hause kommt, und spricht kaum ein Wort mit uns.«

Inzwischen mußte sich meine unglückliche Schwester, die ihre zwei kleinen Kinder vor der gesellschaftlichen Diskriminierung schützen und ihre Zukunft sichern wollte, doch noch von ihrem angeblich konterrevolutionären Mann scheiden lassen. Ihr Schicksal erinnerte mich an das chinesische Sprichwort: »Hätte man früher gewußt, daß es heute so enden wird, wozu denn seinerzeit so handeln?« Die Reue kommt oft zu spät.

»Er konnte es am Anfang gar nicht glauben, daß ich ihn im Stich gelassen habe,« schrieb meine Schwester. Sie mußte wegen der Scheidung zu ihrem Mann in ein Zwangsarbeitslager an der chinesisch-sowjetischen Grenze fahren. »Er war so sicher, daß ich auf ihn warten wollte. Erst als ich mit ihm über die Zukunft der Kinder sprach, begann er allmählich zu verstehen. Er liebte seine Kinder. Er wollte auch nicht, daß die Kinder einen ›konterrevolutionären‹ Vater haben. Als wir uns voneinander verabschiedeten, fiel es ihm so schwer, und er war so schwach in den Knien, daß er sich an einen Baum lehnen mußte. Ich küßte ihn zum letzten Mal und mußte an seinen ersten Kuß vor so vielen Jahren denken. Ich war schon über die Brücke, da hörte ich ihn rufen: ›Küß die Kinder für mich! Und vergiß mich nicht! Bitte, bitte!‹ Brüderchen, seine Stimme, seine Verzweiflung kann ich bis heute nicht vergessen. Nein, wir haben ihn nicht vergessen. Aber an jenem Tage mußte ich mich zwingen, nur an die Kinder zu denken, sonst wäre ich zurück über die Brücke gerannt und wieder zu ihm gegangen. Ich hatte nicht einmal den Mut, einmal zurückzuschauen. Seinen Augen, Brüderchen, seinen Augen konnte ich nie widerstehen.«

Nach angemessener Zeit hatte meine Schwester einen ehemaligen

Kollegen, ein Parteimitglied, geheiratet, der sie trotz alledem sehr liebte. Jetzt waren sie beide Dozenten an einer Universität im Nordosten Chinas. Da die Studenten und Schüler als Rotgardisten in der »Kulturrevolution« eiferten und vom Unterricht wegblieben, waren Universitäten und Schulen praktisch außer Betrieb, und die Dozenten wurden auf das Land geschickt, um von den armen Bauern »umerzogen« zu werden.

»Wir wohnen jetzt in einem Dorf und sind fast Bauern geworden,« schrieb meine Schwester weiter. »Wir haben einen großen Hund, eine schöne Katze, zwei fette Schweine, sechs Hühner, zwei Enten und zwei Gänse. Eier haben wir mehr als genug, Gemüse auch, und zwar frisch von unserem kleinen Gemüsegarten hinter dem Haus. Damit haben wir, auch die Kinder, alle Hände voll zu tun. Unsere Fremdsprachen haben wir fast verlernt. Interessant ist, daß unser Haus zu einem Dorfklub geworden ist. Jeden Abend kommen Männer, Frauen und Kinder zu uns. Wir knacken Sonnenblumenkerne, rauchen selbstgepflanzte Tabakblätter. Das Zimmer ist immer voll Rauch, Stimmen und Gelächter. Wenn aber ein Dorfkader dabei ist, dann ist die Stimmung verdorben. Das merkt der Kader auch. Er bleibt nicht lange. Wenn er weg ist, sprechen und lachen wir wieder frei. ›Wenn die Katze fort ist, tanzen die Mäuse.‹«

»Ach, Brüderchen,« ich konnte ihr Seufzen aus dem Brief heraus hören, »wie sehr sich doch der Sozialismus von dem idealen Bild, für das wir einmal kämpften, unterscheidet!«

Nachdem ihr erster Mann verhaftet und in ein Zwangsarbeitslager geschickt worden war, geriet meine Schwester in große finanzielle Schwierigkeiten, denn sie mußte allein zwei kleine Kinder ernähren. Da habe ich sie unterstützt. Ich war zwar »Rechtsabweichler« geworden, aber immerhin alleinstehend und lebte gewohnheitsmäßig sehr sparsam. Das hat meine Schwester nicht vergessen. Jetzt überwies sie mir monatlich zehn Yuan.

»Nicht viel,« schrieb sie, »aber mehr kann ich leider nicht schicken. Es ist besser als gar nichts. Bitte kaufe dir von dem Geld nahrhafte Speisen. Du mußt gesund bleiben.«

Jetzt fühlte ich mich besser. Ich war nicht mehr mutterseelenallein auf der Welt. Ich gehörte zu einer Familie. Dieses Gefühl der Zugehörigkeit spendete mir in meiner Not großen Trost. Allmählich begann es mir gesundheitlich auch besser zu gehen.

Daß ich wieder Kontakt mit meinen Eltern aufgenommen hatte, sprach sich im Dorf herum. Man fragte mich:

»Wie lange bleibst du noch bei uns, Lao Zhou?«

»Kannst du nicht zu deinen Eltern nach Shanghai gehen? In Shanghai ist es sicherlich viel besser als hier.«

»Lao Zhou, hast du noch nicht genug vom Mistsammeln?«

»Weißt du, Lao Zhou, der Lao Li im Dorf meiner Schwester ist schon nach Hause gegangen. Ihr seid doch gleichzeitig angekommen, nicht wahr?«

Das hatte ich auch gehört. Nicht nur Lao Li, sondern auch Frau Zhao vom nächsten Dorf war bereits weg. Die zwei stammten auch aus Groß-städten. Trotzdem war es ihnen gelungen, nach Hause zu gehen. Sollte ich es auch versuchen? Was hatte ich hier zu verlieren? Je früher aus diesem miserablen Loch heraus, desto besser.

In meinem nächsten Brief fragte ich Mutter auf weitschweifige Weise, ob ich nach Hause kommen darf. Das Elternhaus hatte ich mit achtzehn verlassen. Jetzt war ich sechsundvierzig. »Ich erwarte nicht, zu Hause bes-ser zu leben als hier im Dorf. Ich werde eine Arbeit suchen und selbständig leben. Der Unterschied ist: Hier bin ich ein Mistsammler, in Shanghai wäre ich endlich ein freier Mensch und könnte auf eine Arbeit als Intellek-tueller hoffen.«

Eine Woche, zwei Wochen... jeden Tag wartete ich auf Mutters Ant-wort. Selbst der Briefträger schien mein Problem zu verstehen und hatte Mitleid mit mir.

»Tut mir leid, Lao Zhou, nichts für dich heute,« sagte er zu mir, bevor ich ihn fragen konnte. »Sei nicht traurig. Der Brief ist wahrscheinlich schon unterwegs. Der Tag wird kommen.«

Der Tag kam endlich. Aber was für ein Tag!

»Mein lieber Junge,« schrieb Mutter, »du weißt, wie sehr wir dich alle lieben und wie innig wir alle hoffen, daß wir eines Tages wieder zusammen-kommen können. Dein Bruder ist bei uns. Deine Schwester ist, obwohl weit von uns, bei ihrem Mann und ihren Kindern. Nur du, der am meisten erlit-ten hat, bist allein und einsam. Du weißt nicht, wie oft ich im Traum dei-netwegen weine, wie oft dein Vater von Alpträumen aufwacht und weint.«

Meine Augen begannen naß zu werden.

»Aber, weißt du,« fuhr Mutter fort, »wir leben heute in einer Umge-bung, wo jeder Mensch uns beschimpfen und beleidigen kann. Einmal hat der Nachbar Ah Fu deinen Bruder beschimpft, obwohl er nichts Falsches getan hatte. Er versuchte, das Ah Fu klarzumachen. Oh, dieser Dämon Ah Fu, nur weil er Sohn einer Arbeiterfamilie ist, gab er deinem Bruder vor unseren Augen eine Ohrfeige. Man sagt: ›Wenn man den Hund schlagen will, muß man noch an den Hundebesitzer denken.‹ Dein Bruder hat nicht zurückgeschlagen, sondern nur gesagt, daß Prügelei gegen die Gesetze ist. ›Gesetze?‹ höhnte Ah Fu. ›Was verstehst du, Kapitalistensohn, von Gesetzen der Arbeiterklasse? Ich will dir das beibringen!‹ Daraufhin zerrte er deinen Bruder in das Gäßchen und rief: ›Kommt, kommt, Leute! Ich zeig euch die Gesetze der Arbeiterklasse den Kapitalisten und ihrer Nachkommenschaft gegenüber!‹ Und vor den Nachbarn hat Ah Fu deinen Bruder einmal hin und einmal her, ganz kaltblütig und gelassen, aber heftig geohrfeigt, bis deinem Bruder das Blut vom Mundwinkel herunterlief. Du kennst deinen Bruder. Er ist wie ein Feuerwerk und explodiert sofort, wenn es angezündet ist. Aber diesmal hat er nicht einmal versucht, sich zu verteidigen. Dein Vater und ich standen auf der Veranda. Vater zitterte so heftig, daß ich ihn festhalten mußte. ›Ich will nicht mehr leben! Ich kann nicht mehr leben!‹ murmelte er. Mir war, als ob mein Herz blutete. Dein Bruder ist der älteste Sohn und der älteste Enkelsohn der Familie. Ich weiß nicht, wie diese Szene geendet hätte, wenn nicht Onkel Gao, der pensionierte Arbeiter und älteste Bewohner des Gäßchens, dazwischengetreten wäre. Er ging zu Ah Fu und sagte ganz ruhig zu ihm: ›Ah Fu, er ist auch ein Mensch. Er hat auch Vater und Mutter. Wenn deine Eltern sehen, daß man dich vor ihren Augen schlägt, wie würden sie darauf reagieren, ah? Übrigens, hat er zurückgeschlagen? Er hat sich nicht einmal verteidigt. Es ist keine Heldentat, einen wehrlosen Menschen zu schlagen.‹ Daraufhin hat Ah Fu wie ein Wahnsinniger laut geschrien: ›Der große Führer, Vorsitzender Mao, hat uns gelehrt: Revolution ist Gewalt und keine Malerei oder Stickerei. Merk dir das, du Kapitalistensohn! Jetzt verschwinde!‹

Liebes Söhnchen, das war nur ein Beispiel. Aber du kannst schon verstehen, hoffentlich, wie wir heute leben. Deine Mutter ist alt geworden und hat ein schwaches Herz. Sie kann nicht noch mehr Last tragen. Wenn du, ein Rechtsabweichler und ein freigelassener Häftling, nach Hause kommst, so ist das zweifellos ein tödlicher Schlag für mich. Hab Verständnis dafür, mein liebes Söhnchen, aber du darfst nicht nach Hause kommen - jetzt noch nicht. Und wenn du trotz meiner Bitte zurückkommst, so wirst du eine tote Mutter finden!«

Der gerade wiedergefundene Boden unter meinen Füßen schien auf einmal verschwunden zu sein. Mir war, als ob ich in die Talsohle gefallen wäre.

Mutter ist alt. Sie kann ihren eigenen Sohn nicht mehr tragen... Mutter ist alt. Sie kann nicht... Ich bekam einen Schwindelanfall.

In den vergangenen Jahren konnte ich mein Verhängnis alleine durchstehen. Die Aussichten, daß sich alles irgendwie zu meinem Vorteil ändern würde, haben mir Mut gegeben, das Unerträgliche zu ertragen. Aber jetzt? Alles wurde leer in meinem Kopf - Vakuum. Dann fing es wieder von vorn an - die Gedanken drehten sich immer in demselben Kreis, bis ein furchtbarer, neuer Gedanke auftauchte: »Mutter würde lieber sterben, als ihren eigenen Sohn sehen!«

»Nein, das kann nicht sein!« Eine innere Stimme machte sich hörbar. »Mutter hat es nicht so gemeint.«

Aber dieser neue, furchtbare Gedanke hatte irgendwie Wurzel geschlagen. In meiner Not war ich so gemein geworden, daß ich unbedingt einen Sündenbock suchen mußte, dem ich die Verantwortung für mein Leiden in die Schuhe schieben konnte, auch wenn es sich um meine leibliche Mutter handelte. »Wie kann eine Mutter ihren eigenen Sohn im Stich lassen?« Diese Frage biß in mein Herz, und ich konnte Mutter nicht verzeihen. Sie hat mich doch immer als Hoffnung ihres Lebens betrachtet.

Als Mutter 1985 schwerkrank im Krankenhaus lag, habe ich sie jede Nacht gepflegt. Am Morgen bin ich ohne Schlaf vom Krankenhaus direkt in die Universität gefahren, um Unterricht zu erteilen. Nach drei Monaten, als ich selbst erschöpft und mit hohem Fieber bettlägerig war, nahm sie eines Nachts Abschied von der Welt. Sie ging mit Zufriedenheit, wie sie es mir eines Nachts gesagt hatte, da alle ihre drei Kinder rehabilitiert worden waren und als Universitätsdozenten wirkten.

An dem Tag, an dem wir ihr die letzte Ehre erwiesen, habe ich lange vor ihren sterblichen Überresten gekniet, um sie um Vergebung zu bitten.

»Habt Dank, ihr guten Menschen!«

»Das Leben fließt wie ein Schlammfluß dahin.« Diese Zeile eines russischen Liedes tauchte wieder in meinen Gedanken auf, nachdem Mutter mir die Rückkehr nach Shanghai verweigert hatte. Wie lange soll ich noch hierbleiben? Was mache ich weiter? Das ganze Leben lang Mist sammeln? Diese Fragen quälten mich jeden Morgen, wenn ich aufwachte, und jeden Abend, wenn ich ins Bett kroch. Das Leben hatte seine Bedeutung verloren. Ich lebte nur, um zu leben. Sicherlich muß irgend etwas passieren, was mir eine Wendung zum Besseren bringt. Denn jeder sagt, China hat nicht zu viele, sondern zu wenige Intellektuelle. Es liegt nicht im Interesse des Staates und des Volkes, Intellektuelle von ihren geistigen Tätigkeiten zu entfernen und sie auf das Land zu schicken, damit sie als einfache Bauern ihre Reisschüssel verdienen. Eine solche Maßnahme ist eher schädlich als nützlich. Und die Geschichte hat wiederholt bewiesen, was gegen die Interessen des Volkes verstößt, kann nicht ewig dauern. Meine Situation muß sich früher oder später ändern. So dachte ich, als ich auf den Landstraßen Mist sammelte. Das war meine feste Überzeugung. Diese Überzeugung gab mir die innere Kraft, die mir half, die zweiundzwanzigjährige Verbannung durchzuhalten.

»Im Dorf gibt es nichts Neues,« pflegte man zu sagen. Die Nachricht, daß Lin Biao, eine Natter an Maos Busen, bei seiner Flucht in die Sowjetunion über der Mongolei mit dem Flugzeug abgestürzt ist, hatte zwar für eine kurze Zeit den Bauern Gesprächsstoff geliefert, wurde aber wieder schnell vergessen, auch von mir. Doch die Nachricht von der Herstellung der diplomatischen Beziehungen zwischen China und den USA erinnerte mich an meine Zeiten im Außenministerium. Das war sicherlich ein wichtiger Durchbruch an der diplomatischen Front. Ich dachte an meine ehemaligen Kollegen. Ich schaute mich selbst an - ein altes Beinkleid, ein Paar alte Schuhe, eine Mistgabel in der Hand, ein Korb auf der Schulter. »Den Sinn für Humor muß man immer behalten,« sagte ich mir und setzte ein bitteres Lächeln auf. Trotzdem mußte ich an ein klassisches chinesisches Gedicht denken: »Vor dem kranken Baum gedeihen hunderttausend Bäume; an dem sinkenden Schiff fahren Tausende Schiffe vorbei.« Und ich, ein »neuer Mensch«, bin ein »kranker Baum«, ein »sinkendes Schiff«. Wann kommt die Wendung?

Die Wendung kam endlich - leider nicht zum Besseren, sondern zum Schlechteren - mit der Nachricht, daß alle vom Zwangsarbeitslager auf das Land geschickten freigelassenen Häftlinge vom Lager zurückgeholt werden sollten, um im Lager als angestellte Landarbeiter zu arbeiten.

Mein Mut sank. »Mutter, Mutter,« dachte ich, »wenn ich jetzt schon in Shanghai wäre, könnte ich dieser neuen Katastrophe entkommen.«

Nein, das sollte eine landesweite Aktion sein. Alle Leute wie ich mußten zurück zum Lager, egal ob sie auf dem Lande oder in den Städten wohnten. Denn sowohl die Bauern als auch die Städter waren gegen das Experiment des Sicherheitsministeriums, die freigelassenen Häftlinge in Dörfern oder Städten unter Aufsicht der »breiten Volksmassen« weiter zu reformieren. Viele Ex-Häftlinge, die in den Dörfern wohnten, fielen den Bauern zur Last, weil sie keine Landarbeit verrichten konnten, während die, die in den Städten lebten, durch erneute kriminelle Handlungen die Sicherheit störten.

Obwohl unser Dorf sehr arm war, wäre ich lieber hiergeblieben, denn die meisten Bauern waren freundlich und sympathisch. Von ihnen habe ich menschliche Wärme, Trost und Unterstützung erfahren. Vor allem aber habe ich hier die mir entzogene Menschenwürde wiedergefunden - auch als Mistsammler. Und jetzt diese furchtbare Nachricht.

Am nächsten Tag schon erschien ein Kader der Volkskommune vor meiner Tür und sagte ganz kurz zu mir:

»Lao Zhou, in einer Stunde verläßt du das Dorf. Pack deine Sachen schnell ein. Es kommen zwei Milizsoldaten mit einem Schubkarren zu dir. Sie werden dich zur Stadt bringen. Dort wartet ein LKW auf dich.«

Für eine Weile wollte mein Gehirn einfach nicht arbeiten. Ich stand mitten in meinem kleinen Zimmer, als ob ich nicht verstanden hätte. So schnell hatte ich das nicht erwartet. Als ich wieder zu mir kam, war der Kader schon weg. Er hat sich nicht einmal die Mühe gemacht, mir mitzuteilen, wohin ich mit dem LKW fahren würde. In einer Stunde! Mechanisch begann ich zu packen. Ich breitete meine Bettdecke auf dem Boden aus, warf alle meine Sachen - nicht viel - darauf, band die Decke zusammen, und mein Gepäck war schon fertig.

Da erschien die Frau des Majors vor der Tür. Mit Tränen in den Augen sagte sie zu mir:

»Ich wollte schon lange deine Bettdecke und deine Kleider für dich waschen, aber bin immer nicht dazu gekommen. Die Kinder, verstehst du? Jetzt mußt du schon weg. Du mußt auf dich achtgeben. Ich kann dir nicht mehr helfen. Hoffentlich sehen wir uns wieder. Wer weiß, möglicherweise in Shanghai.«

»Schwägerin,« sagte ich, meine Kehle zog sich zusammen, »in den drei Jahren bist du immer wie eine leibliche Schwester zu mir gewesen. Ich bin dir sehr dankbar und werde dich nie vergessen. Einen schönen Gruß von mir an meinen älteren Bruder, wenn er nach Hause kommt.«

»Lao Zhou!« rief jemand. »Bist du fertig?«

Es waren die Milizsoldaten.

Draußen warteten meine Nachbarn. Sie wollten Abschied von mir nehmen. Der Dorfvorsteher war auch gekommen und sagte zu mir:

»Lao Zhou, im Namen von mehr als eintausend Dorfbewohnern bedanke ich mich bei dir für dein großzügiges Darlehen. Das waren besonders schwere Jahre für uns.«

Auch der Buchhalter der Produktionsbrigade sagte:

»Lao Zhou hat uns bei Schnee Kohle geschickt.«

Der Gruppenleiter vom anderen Ende des Dorfes, der mich kaum kannte, bestätigte:

»Ja, wirklich, dein Geld war für uns Regen zur richtigen Zeit. Du hast uns gerettet. Vielen Dank!«

Unser Gruppenleiter, der dritte Onkel Liu, schwieg.

Es gab viel Händedrücken, viel Schulterklopfen, viele gute Wünsche und nette Worte. Das Mädchen mit den schönen Mandelaugen, welches einmal ihre Möhren mit mir geteilt hatte, war auch dabei. Sie war größer, reifer und noch hübscher geworden. In ihren Augen sah ich Tränen. Der Bursche, der mir so witzig von den hiesigen Wassermelonen erzählt hatte, sah heute zu ernst aus für sein Alter. Auch die kleinen Kinder, die mich gefragt hatten, ob der Mist für mein Essen ausreiche, lachten nicht mehr. Die Witwe Lifang verbarg sich hinter einem Baum. Ihr Gesicht war totenblaß. »Verzeih mir, gute Frau,« sagte ich lautlos im Herzen, »ich kann nicht. Hoffentlich findest du einen besseren Mann als mich.«

»Wir haben ein weiches Herz.« Irgendwie gingen mir die Worte der Frau des Majors durch den Sinn.

Die Milizsoldaten fürchteten, den wartenden LKW in der Stadt zu verpassen. Wir mußten gehen. Uns folgten die Nachbarn. Wir gingen an dem Haus meines nächsten Nachbarn vorbei. Die Tür war zugeschlossen. Im Hof war niemand zu sehen. Aber hinter dem Fenster konnte ich Augen entdecken, die verstohlen nach außen blickten. Jetzt brauchte er keine Angst mehr um das gestohlene Päckchen zu haben. Er hat ein paar Kleider bekommen, aber viele Nachbarn und Freunde verloren. »To err is human, to forgive divine.« Ich hatte ihm schon längst verziehen.

Wir kamen zum Dorfeingang. Jetzt war der Moment des richtigen Abschiednehmens. Ich wollte etwas sagen, wußte aber nicht, was. Ich drehte mich um und machte eine tiefe Verbeugung. Heiße Tränen schossen mir in die Augen. Schnell drehte ich mich wieder um und folgte den Milizsoldaten mit dem Schubkarren und meinem Gepäck. Die Nachbarn blieben stehen und riefen mir nach:

»Komm wieder, Lao Zhou!«

»Vergiß uns nicht, Lao Zhou!«

An der Ecke drehte ich mich zum letzten Mal um. Die Nachbarn waren noch da. Jetzt wußte ich, was ich sagen wollte. Aber ich war schon zu weit weg.

»Habt Dank, ihr guten Menschen,« sagte ich in meinem Herzen. »Lebt wohl! Lao Zhou wird euch nie vergessen.«

ZWISCHEN TIEREN UND MENSCHEN

»Durch den Schornstein«

In der Stadt - es war eine Kleinstadt - warteten schon einige Leute auf den LKW, der uns in das Zwangsarbeitslager bringen sollte.

Beim Abschied gab ich den beiden Milizsoldaten je fünf Yuan, so daß sie ins Restaurant gehen konnten. Sie nahmen das Geld mit Dank, gingen aber nicht ins Restaurant, sondern hockten sich neben einen Eßstand. Jeder hatte sich eine Gemüsesuppe für zehn Fen gekauft. Das Maisbrot hatten sie mitgebracht. So lebten die hiesigen Bauern Anfang der siebziger Jahre. Fünf Yuan Bargeld hatte nicht jede Familie.

Endlich kam der LKW. Der Beamte Li von der Volkskommune stieg aus. Er kannte alle Leute, denn er war zuständig für öffentliche Sicherheit, und wir waren alle seine »Stammkunden«. Als er mich erblickte, sprach er so laut, daß jeder ihn hören konnte:

»He, Lao Zhou, du spinnst wohl? Alle mal herhören! Unser Lao Zhou hat auf dieser Welt nicht mehr und nicht weniger als eintausendeinhundert Yuan. Er weiß nicht mehr, was er damit anfangen soll. Im Lager hat er schon einmal das Geld der Regierung geschenkt. Gut, daß man ihm das Geld zurückgegeben hat, sonst wäre er mittellos. Das hätte ihm als Warnung dienen können. Aber nein, nicht unserem Lao Zhou. Am ersten Tage, als er in sein Dorf kam, gab er wieder sein Geld weg, diesmal dem Vorsteher seines Dorfes. Lao Zhou, wieso hast du mir nicht das Geld gegeben? Da wäre ich der reichste Mann der ganzen Kommune. Hört zu, ihr alle, von Lao Zhou habe ich keinen Fen bekommen. Aber für Lao Zhou habe ich mir wirklich Mühe gegeben, damit er sein Geld zurückbekommt. Wißt ihr, es war gleich von Anfang an meine Idee, daß sein Geld nicht als Schenkung, sondern als Investition behandelt werden sollte. Deswegen erhielten die elf Produktionsgruppen je einhundert Yuan. Es ist ein reiner Zufall, daß sein Dorf elf Gruppen hat. Natürlich war es viel leichter, das Geld auszugeben, als es zurückzuverlangen. Mit den elf Gruppenleitern habe ich zig Mal gesprochen. Ich fragte sie: ›Hört zu, ihr alle, seid ihr Parteimitglieder oder Kapitalisten? Lao Zhou ist Sohn eines ehemaligen Kapitalisten. Er hat trotz alledem Vertrauen zur Partei und euch sein ganzes Hab und Gut zur Verfügung gestellt. Ihr habt alle auch mit seinem Geld tatsächlich mehr oder weniger Gewinne bekommen. Jetzt sagt ihr mir, daß ihr ihm das Geld nicht zurückzahlen könnt? Ihr seid Hundesöhne!‹ Ja wirklich, ich habe sie beschimpft.

Aber, trotzdem ist es mir nicht gelungen, das Geld vor Lao Zhous Abreise einzusammeln. Lao Zhou, hör zu, du kriegst dein Geld erst im Lager wieder. Und so lange ich Li heiße, versichere ich dir, wirst du keinen Fen weniger bekommen. Aber du hast deine Zinsen verloren. Na ja, nicht umsonst. Du hast ja auch selbst gesehen, wie gern die Kommunemitglieder dich haben und wie ungern sie es sehen, daß du sie verlassen mußt, nicht?

Aber eine gute Fahrt, ihr alle! Kommt zurück und seht, wie unsere Kommune sich vorwärts entwickelt. Gebt auf euch acht. Oh, äh, paßt auf Lao Zhou auf. Er spinnt.«

Alle lachten. Ich versuchte, auch zu lachen, war aber dem Weinen näher.

Bevor Li uns verließ, trat er an mich heran. Wie hieß er mit Vornamen denn? Er war ein robuster Mann, ungefähr vierzig, laut und derb. Irgendwie mußte ich an einen Bären denken. Er hatte mit seinem schmalen Einkommen eine Frau und drei Kinder zu ernähren. Kein Wunder, daß er mich nicht verstehen konnte. Aber nein, er hat mich doch verstanden. Er nahm meine Hand und guckte mir lange in die Augen. Seine Stimme war ausnahmsweise leise und sanft:

»Leb wohl, Lao Zhou. Die Leitung der Volkskommune und ich persönlich erkennen in dir immer noch Tugenden eines Staatsfunktionärs. Freut mich, dich kennengelernt zu haben. Hab auch sehr viel von dir gelernt. Gib auf dich acht. Wir treffen uns vielleicht wieder.«

Er gab mir mit seiner Bärentatze einen so heftigen Schlag auf die Schulter, daß ich beinahe gestolpert wäre. Bevor ich ihm auch nur ein Wort des Dankes sagen konnte, war er schon weg. Er fuhr mit einem alten japanischen Fahrrad, vielleicht war es noch eine Kriegsbeute vom letzten Krieg.

Ob ich Li wiedersehen werde? In den Dörfern, in den Kleinstädten, weit entfernt von der Hauptstadt und den Großstädten, arbeiten viele Kader wie Li, anonym, fleißig, hilfsbereit, sich aufopfernd. Sie sind das Rückgrat der Gesellschaft... Ich hatte keine Zeit, meine Gedanken bis zum Ende zu führen, denn wir mußten einsteigen und fortfahren.

*   *   *

Merkwürdigerweise sprach niemand auf der langen Fahrt. Jeder war in Gedanken versunken. Wahrscheinlich dachte jeder an das gleiche.

Das Lager kam immer näher und näher, die Freiheit rückte immer weiter und weiter. Was erwartete uns da vorn? Unser Wagen hatte schon längst Städte und Dörfer hinter sich und fuhr jetzt stundenlang in der Wildnis. »Wohin? Tatsächlich zum ›Rande des Himmels‹ oder zum ›Kap des Meeres‹, wie man die Abgelegenheit eines Ortes so bildhaft schildert,« dachte ich und wurde immer schwermütiger.

Allmählich wurde in der Ferne ein Gebäude im Zwielicht sichtbar. Als ich endlich den Wachtturm und die Mauer mit dem Drahtverhau erblickte, sagte ich zu mir in meinem Herzen: »Mein Gott, das letzte Mal waren es fünf Jahre. Und diesmal?«

Ob man in anderen Ländern auch freigelassene Häftlinge wieder zwangsweise in die Arbeitslager schicken und sie dort unbefristet festhalten kann, davon habe ich keine Ahnung. Wir waren keine Häftlinge mehr. Wir wurden nach Ablauf der Freiheitsstrafe freigelassen, aber im Lager zurückgehalten und angestellt. Deswegen hießen wir »Angestellte«. Wir hatten wieder teilweise Bürgerrechte. Wir durften wie freie Menschen jedes Jahr einmal unsere Gatten oder alle vier Jahre einmal unsere Eltern oder erwachsenen Kinder auf Staatskosten besuchen. Wir durften an Ruhetagen das Lager verlassen, aber wohin? Das Lager war von der Außenwelt isoliert. Wir bekamen freie medizinische Versorgung und auch Monatslohn, obwohl nur in Höhe des Existenzminimums. Merkwürdig war die rechtliche Stellung der Angestellten. Im Lager waren wir genauso organisiert wie Häftlinge, und von uns wurde absoluter Gehorsam erwartet und verlangt. Wir hatten theoretisch Bürgerrechte, aber wir waren keine Bürger, denn wir hatten keine Freiheit.

*   *   *

Wir wurden nicht in dasselbe Lager geschickt, aus dem wir freigelassen worden waren. In dem ersten und zweiten Lager blieben wir nicht lange. Schließlich wurden wir in eine Saline, unweit der Kohlestadt Tangshan, übergeführt, zuerst mit dem LKW nach Tientsin, von dort mit der Eisenbahn nach Tangshan. Was für ein Erlebnis! Wir waren in einer freien Stadt, der drittgrößten Stadt des Landes. Wir saßen in einem freien Abteil mit freien Passagieren zusammen. Aber wir waren nicht frei. Wir hatten zwar keine Handschellen an den Handgelenken mehr, auch Maschinengewehre oder Bajonette waren nicht zu sehen, aber mit den uniformierten Sicherheitsbeamten an unserer Seite haben die Passagiere sofort alles verstanden. »Lao gai dui, lao gai dui« flüsterten sie. Einige von ihnen wechselten sogar ihre Plätze, um möglichst weit weg von uns zu sitzen.

Von Tangshan fuhren wir wieder mit dem LKW zur Saline - dem Ersten Zwangsarbeitslager der Provinz Hebei. Die Arbeit in der Saline war viel schwerer als die Landarbeit. Dort arbeiteten nur junge und starke Angestellte. Sie bekamen auch einen viel höheren Lohn und eine viel höhere Getreideration. Außerdem hatten sie mehr Freiheit und mehr Ruhetage. Ich war zu alt und zu schwach dafür, deswegen wurde ich einer Kompanie für alte, schwache, kranke und behinderte Angestellte zugeteilt, die einen großen Gemüsegarten bearbeiteten, um die Saline teilweise mit Gemüse zu versorgen. Diese Kompanie hatte einen grotesken Namen: »Die letzte Station«, denn nur diejenigen, die zu nichts mehr taugten, wurden hier aufgenommen, sonst wollte keiner hierherkommen. Wenn man in China Verbrecher und Sträflinge als »Dreck der Gesellschaft« zu bezeichnen pflegt, dann waren Angestellte dieser Kompanie wieder »Dreck des Zwangsarbeitslagers«. Für das Lager waren sie nutzlos. Sie warteten nur noch, um »durch den Schornstein« zu gehen. Ihre letzte Fahrt war die von dieser gottverlassenen Kompanie bis zum nächsten Krematorium. Es geschah nicht selten, daß wir, wenn wir am Abend todmüde vom Gemüsegarten zurückkamen, einen leeren Schlafplatz im Zimmer vorfanden.

»Ach, heute ist wieder einer durch den Schornstein gegangen,« sagte dann jemand, der noch Lust und auch Kraft zu sprechen hatte.

Die meisten schwiegen. Es gab aber immer einen, der sich besonders irritiert fühlte und darauf scharf zurückwarf:

»Das nächste Mal bist du dran, junger Mann!«

Diese sonderbare Kompanie war quasi ein »Eintopf« oder »Chop-suey« der verschiedensten Typen. Wenn Maxim Gorki das erlebt hätte, hätte sein berühmtes Werk »Das Nachtasyl« eine Fortsetzung gefunden.

Ich erinnere mich zum Beispiel an einen Grundschullehrer, der eine Schülerin von zwölf Jahren vergewaltigt hatte. Er wurde zu fünfzehn Jahren Freiheitsstrafe verurteilt. Seine Mutter hatte aus Scham und Enttäuschung Selbstmord begangen. Als dieser Vergewaltiger freigelassen wurde, war er zwar noch nicht alt, aber schon ein Mensch mit zerrütteter Gesundheit und gebrochenem Herzen. Er hatte immer noch solch furchtbare Gewissensbisse, daß er manchmal mitten in der Nacht so laut schrie, daß er nicht nur seine Zimmergenossen, sondern auch sich selbst aus seinem Alptraum weckte und dann lange Zeit hilflos schluchzte.

Da war ein Bauer, der den Ehebrecher erwürgt und den Leichnam in den Fluß geworfen hatte. Er wurde zum Tode mit zweijähriger Bewährung verurteilt. Während dieser Frist hatte er im Lager wie ein Pferd gearbeitet

und auf die »Regierung« einen positiven Eindruck gemacht, so daß die To-
desstrafe zu lebenslänglicher Freiheitsstrafe und diese wiederum wegen
»echter Reue und musterhafter Arbeit« zu zwanzigjähriger Freiheitsstrafe
gemildert wurde. In China ist das die längste zeitlich begrenzte Freiheitsstrafe. Jetzt hatte er alle Strafen hinter sich. Er war wieder ein »freier
Mensch«, aber seelisch zusammengebrochen. Zu Hause hatte er niemanden mehr. Seine Frau war wahnsinnig geworden. Sie wurde in einem Ir-
renhaus untergebracht. Deswegen war diese Kompanie die einzig mögliche
Bleibe für den Bauern. Hier sprach er mit niemandem, flüsterte aber immer mit sich selbst und zitterte am ganzen Körper. Er war ein richtiges
Wrack, eine traurige Erscheinung.

Es gab auch einen Ingenieur, der nach der Anti-Rechtsabweichlerbewegung im Jahre 1957 versucht hatte, nach Hongkong zu fliehen. Diese
Bewegung hatte vielen Intellektuellen das Gefühl gegeben, auf dem Festland nicht weiterleben zu können. Er war nicht der einzige, der einen solchen Versuch unternahm. Gemeinsam mit zwei Kollegen wollte er heimlich nach Hongkong schwimmen. Es war den beiden anderen auch tatsächlich gelungen. Dieser arme Mensch aber bekam unterwegs einen
Krampf und wurde von den Milizsoldaten festgenommen, die ihnen nach-
geschwommen waren. Ein solcher Versuch hieß zu jener Zeit »Landes-
verrat«, und der Ingenieur mußte dafür fünfzehn Jahre hinter der Mauer
mit Drahtverhau verbringen. Die Ironie der Geschichte wollte es, daß
nach mehr als fünfzehn Jahren seine beiden Kollegen, die inzwischen
Bürger der USA und Professoren an einer amerikanischen Universität geworden waren, als Gastprofessoren von einer chinesischen Universität eingeladen wurden und diesmal legal über Hongkong zurückkehrten. Sie
wollten auch ihren alten Kollegen wiedersehen. Das Ministerium für
Öffentliche Sicherheit der Regierung und das Amt für Einheitsfront der
Partei beeilten sich, diesem Wunsch entgegenzukommen. Das Wiedersehen fand in einer Villa in einem Vorort von Peking statt. Der »Verräter«,
jetzt ein Angestellter im Lager, aber angeblich ein Chefingenieur, wartete
schon auf seine Kollegen. Als die beiden Amerikaner chinesischer Abstam-
mung ein offensichtlich neu möbliertes Zimmer und einen modernen Bücherschrank mit nur wenigen Mao-Zedong-Werken sahen, verstanden sie
schon die Hälfte der Wahrheit. Der nagelneue Mao-Anzug, das abgema-
gerte Gesicht und die rauhen Hände des Gastgebers verrieten die andere
Hälfte. Sechs Augen starrten einander an. Niemand konnte ein passendes
Wort finden. Ein üppiges Gastmahl wurde in einem prachtvollen Speise-

saal serviert. Dennoch lehnten die beiden Gäste die Gastfreundschaft des fragwürdigen Gastgebers ab und verließen die Residenz des angeblichen Chefingenieurs - das Gästehaus des Ministeriums für Öffentliche Sicherheit. Also, die erfolgreichen »Verräter« waren Ehrengäste der Regierung und der Partei, während der gefaßte »Verräter« sein Mißgeschick immer weiter büßen mußte.

Auch die Geschichte des ehemaligen Nationalisten-Kommandeurs der Garnison der Stadt Baoding in der Nähe von Peking ist mir in Erinnerung geblieben. Dieser hatte in seiner Jugend in Japan nicht nur Artillerie studiert, sondern auch die Herzen vieler japanischer Schönheiten gebrochen. Nach einer zwanzigjährigen Freiheitsstrafe war er immer noch sehr stark für sein Alter und immer noch sehr reaktionär trotz der langjährigen Reformierung. An Ruhetagen pflegte er sich auf seinem Bett zurückzulehnen und einen Schluck Branntwein zu sich zu nehmen. Wenn seine Augen rot wurden, begann seine Zunge locker zu werden.

»He, hört zu, ihr Hundesöhne!« fing er an, zu allen seinen Zimmergenossen zu sprechen, obwohl niemand ihm auch nur ein halbes Ohr schenkte, denn alle konnten seine Worte schon auswendig wiederholen. Aber entweder der Branntwein oder sein Haß gegen die Kommunisten oder eine Kombination von beidem trieb ihn, weiterzusprechen:

»Als ich Kommandeur der Stadtgarnison Baoding war, saßen viele, viele Kommunisten in meinem Gefängnis. Sie verlangten, als ›politische Häftlinge‹ behandelt zu werden. Aber jetzt? Sitzen jetzt viele, viele Nationalisten als ›politische Häftlinge‹? Oh, nein! Das habe ich an meinem eigenen Leib erfahren. Wir waren oder sind immer noch ›Konterrevolutionäre‹. Wir werden genauso wie Diebe oder Schurken behandelt. Eine Unverschämtheit! Unerhört!...«

»Exzellenz!« wurde er unterbrochen. »Herr Kommandeur haben wahrscheinlich die Tage der Einzelhaft im Hinterhof wieder vergessen. Oder wollen Herr Kommandeur seine Ruhe wieder dort suchen?«

»Bah, ihr Feiglinge, ihr Taugenichtse!« brüllte der Ex-Kommandeur. »Was habe ich nicht alles erfahren? Sitzt die Zunge nicht immer noch in meinem Mund?«

Ein anderer fiel ihm in die Rede:

»Wie lange der würdige Kopf des vornehmen Kommandeurs noch fest auf der Schulter sitzt, ist wirklich eine Frage, wenn Exzellenz so weiterreden.«

»Bah!« Exzellenz trank wieder einen großen Schluck.

Ja, jeder Angestellte hatte eine andere Geschichte zu erzählen. Aber hier, in dieser »letzten Station«, herrschte eine gemeinsame Stimmung: Hoffnungslosigkeit.

»Ihn nicht schlagen!«

»Hast du die heutige Zeitung gelesen?« fragte mich Karin, eine hübsche, mollige Gymnasiallehrerin. Wir saßen im Cafe Möhring am Adenauerplatz in West-Berlin und sprachen von ihrer Chinareise vor zwei Jahren.

»Nein, was gibt's Neues?« fragte ich ziemlich lässig.

»Die Polizisten in China foltern Häftlinge.«

»Was? Unmöglich!« Ich hatte meine eigenen Erfahrungen.

Karin holte den »Tagesspiegel« von der Wand und zeigte auf einen Artikel.

»Hier, lies das!«

Das Datum war der 30. März 1989. Rechts oben unter der Rubrik »Politik« stand ein Auszug des Berichts vom Generalstaatsanwalt vor dem Volkskongreß. Ich war zutiefst erschüttert, als ich die vielen konkreten Zahlen der Gefolterten, der Verwundeten, der Verkrüppelten, ja gar Getöteten las. Daß die Volksrepublik China eine solche unerhörte Tatsache mit Offenheit und Sachlichkeit der ganzen Welt gegenüber eingestand, war auch außergewöhnlich und beispiellos.

»Na, was sagst du dazu?« fragte Karin.

Was konnte ich dazu sagen?

»Sag mal, wurdest du auch gefoltert?« fragte Karin weiter.

»Nein, nie,« antwortete ich und wurde geistesabwesend, denn ich mußte an meine Tage in den Gefängnissen und Zwangsarbeitslagern denken.

Die Gesetze der Volksrepublik verbieten es, Häftlinge zu foltern. In meinen langen Jahren »hinter der Mauer«, egal ob als Häftling oder als Angestellter, war Folterung mir persönlich nie passiert. Folterung mußte wohl das »Produkt« der »Kulturrevolution« sein, in der freie, unschuldige Menschen grausam gequält wurden, unter ihnen auch hohe Partei- und Regierungsbeamte, berühmte Schriftsteller und Künstler, Professoren und Ärzte. Der Wut ausgesetzt waren auch ehemalige Grundbesitzer, reiche Bauern, Kapitalisten, Konterrevolutionäre, »schlechte Elemente« und »Rechtsabweichler«. Nicht wenige wurden umgebracht oder suchten durch

Freitod der unerträglichen Folterung zu entkommen. Solche Folterungen geschahen am hellichten Tage und vor den »breiten Volksmassen«.

Wenn ich mir heute meine dunkelsten Tage ins Gedächtnis zurückrufe - was ich selbstverständlich ungern tue -, kann ich nicht erklären, wieso ich von der Folterung verschont worden war. Damals habe ich auch keine Folterung gesehen. Daß die Polizeibeamten Häftlinge beschimpften oder mit Worten beleidigten, war nur zu erwarten, obwohl auch das verboten ist. Da ich in einer Kompanie oft einer der wenigen Intellektuellen oder gar der einzige war, pflegten die Kompanieleiter mich entweder unter vier Augen oder vor anderen Häftlingen folgendermaßen zu quälen:

»Schaut mal,« sagte ein Leiter beim Appell zur Kompanie, »da steht Zhou Chun, keinen Zentimeter kleiner als die anderen, ißt auch nicht einen Bissen weniger. Aber was hat er heute geleistet? Nicht einmal soviel wie diejenigen, die älter als er sind! Schämst du dich nicht, Zhou Chun, wenn du deine Schüssel in die Hand nimmst? Hast du dein tägliches Maisbrot verdient?«

Das war noch nicht das Schlimmste, denn was er sagte, war wenigstens wahr. Ungerecht und demütigend war nur, daß er meine kranke Wirbelsäule außer Betracht gelassen hatte, obwohl er darüber genau informiert war. Außerdem hieß es entsprechend der Politik der Partei und Regierung: Häftlinge sollen je nach ihren Möglichkeiten körperliche Arbeit leisten. Der Zweck war, sie durch körperliche Arbeit zu reformieren. Wichtiger war aber die ideologische Erziehung. Was dieser Kompanieleiter sagte, verstieß gegen die Politik. Aber als Häftling wäre es dumm gewesen, ihm zu widersprechen.

Schlimmer war es, als ein anderer Beamter vor der Kompanie zu mir sagte:

»Zhou Chun, du bist der einzige studierte Mensch in meiner Kompanie. Du hast soviel Wissen. Ich bin ein halber Analphabet. Aber was hast du mit deinem Wissen gemacht? Du denkst wohl, weil du so studiert bist, kannst du alles machen, was du willst? Falsch, Zhou Chun! Die Diktatur des Proletariats ist eben dazu da, bourgeoise Intellektuelle wie dich zu reformieren. Ja, so ist es. Jetzt kann dir dein Wissen auch nicht mehr helfen. Du mußt genauso wie die Analphabeten oder Halbanalphabeten auf dem Feld arbeiten. Oh, du hast vorher als Intellektueller zu gut gelebt, zu leicht und gemütlich. Jetzt sollst du die eiserne Faust der Diktatur des Proletariats probieren. Hoffentlich schmeckt sie dir. Jetzt sollst du von uns Analphabeten lernen. Scher dich mit deinem Wissen zum Teufel!«

Oder schlimmer noch:

»Zhou Chun, weißt du noch, wie du heißt? Weißt du noch, wieviel Schüsseln Reis du am Tag ißt? Du denkst wohl, du bist immer noch ein Staatsfunktionär, immer noch ein Intellektueller? Bah! Für mich bist du und ist dein Wissen nicht einmal soviel wert wie der stinkende Hundemist.«

Ich mußte große Zurückhaltung üben, um dem Beamten nicht mit folgenden Worten zu antworten: »Danke ergebenst für die gütige Nachfrage, verehrter Kapitän, ich weiß noch ganz genau, daß mein Familienname Zhou ist, genau derselbe wie Zhou Enlai. Und nach einem Sprichwort gehörten der Ex-Premier und ich vor dreihundert Jahren zu einer und derselben Familie. Außerdem pflegte ich zu jeder Mahlzeit zwei Schüsseln Reis zu essen, aber jetzt bekommen wir keinen Reis mehr, sondern Mais, und das nie genug. Was mein Wissen anbelangt, so ist es wirklich nicht mit Hundemist zu vergleichen. Ende, verehrter Kapitän.«

Im alten China pflegte man zu sagen: »Wenn dem Gelehrten ein Soldat begegnet, kann er dem nichts klarmachen, auch wenn er recht hat.« Mit den Soldaten im neuen China können die Gelehrten anscheinend auch nicht zurechtkommen. Und die meisten Polizeibeamten waren ja früher Soldaten.

Mao hat einmal geschrieben: »In der Tat sind die Intellektuellen am meisten ohne Wissen. Verglichen mit ihnen, haben die Arbeiter und Bauern mehr Wissen.«

Dieses pseudomarxistische Vorurteil hat bis heute immer noch seine schädlichen Einflüsse. Wegen dieser Diskriminierung mußte ich während meiner langjährigen Verbannung »geistige Folterung« über mich ergehen lassen. Daß Häftlinge körperlich gefoltert wurden, habe ich zwar nicht gesehen, aber davon gehört habe ich doch. Das war Mitte der siebziger Jahre, also fast am Ende der »Kulturrevolution«. Da sagte einmal der Kompanieleiter Gao beim Appell:

»Premier Zhou Enlai hat befohlen, seine Anweisungen in allen Zwangsarbeitslagern des Landes bekanntzumachen.«

Dann begann er von einem Dokument abzulesen, das ungefähr so lautete:

Kürzlich habe ich zur Kenntnis genommen, daß Häftlinge in manchen Zwangsarbeitslagern gefoltert worden sind. Ich muß wiederholen, daß die Folterung der Häftlinge streng verboten ist. Gefolterte Häftlinge, ihre Familienmitglieder oder Bekannten haben das Recht, Beamte zu verklagen, die Häftlinge gefoltert haben. Sie können sich direkt an mich wenden. Wer versucht, das zu verhindern, wird streng bestraft. Vorsitzender Mao hat darauf hingewiesen, daß die Folterung der Häftlinge unmenschlich ist.

Merkwürdigerweise hat der Kompanieleiter Gao gleich nach dem Vorlesen des Dokuments ohne Kommentar »Wegtreten!« gesagt. Sonst pflegte er immer zu sagen:

»In meiner Kompanie ist die Lage so...«

Es ist wahr, daß in seiner Kompanie Angestellte von Beamten nicht gefoltert worden sind. Aber es ist nicht wahr zu behaupten, daß Angestellte in seiner Kompanie nicht gefoltert worden sind. Wie war das möglich? Tatsache war, daß manchmal Angestellte von anderen Angestellten gefoltert wurden, und das geschah nicht ohne Kenntnis der Beamten, ja, in manchen Fällen wurde das sogar von ihnen toleriert, angedeutet oder veranlaßt. Sie brauchten nur zu sagen: »Ihn nicht schlagen.«

Es war in der Kompanie ein ehemaliger Sekretär der Kommunistischen Partei einer Gemeinde, unweit Pekings, der während des Antijapanischen Krieges von den Japanern festgenommen worden war. Er behauptete, daß er mit Hilfe eines patriotischen Wächters in einer mondlosen Nacht den Feinden entflohen war. Aber die Parteiorganisation hatte Informationen bekommen, daß er inzwischen ein Verräter und Spion der Japaner geworden war. Er konnte seine Unschuld nicht beweisen, denn der einzige Zeuge zu seinen Gunsten war der Wächter, der nachher nicht mehr zu finden war. Für diesen Verdacht mußte er zwanzig Jahre Freiheitsstrafe über sich ergehen lassen. Jetzt war er auch in die »letzte Station« gelangt. Aber er beharrte immer noch steif und fest auf seiner Unschuld und schrieb dauernd Briefe an höhere Instanzen, in denen er Einspruch erhob und um Rehabilitierung bat. Eine Ermittlung, die sechs Monate dauerte, konnte weder seine Schuld noch seine Unschuld beweisen. Da er schon alt war und keine Familienangehörigen hatte, sollte er seine restlichen Tage in dieser Kompanie verbringen. Das wollte er nicht. Er argumentierte mit dem Kompanieleiter. Er schimpfte am Tage und schrie in der Nacht. Er trat in den Hungerstreik. Die Kompanie hatte keine Ruhe mehr.

Der Leiter Gao berief eine Sitzung der »Aktivisten« unter den Angestellten ein, machte ihnen den Fall des ehemaligen Parteisekretärs bekannt, organisierte eine »Hilfsgruppe«, die ihm »helfen« sollte, sich zu benehmen.

»Ihn nicht schlagen!« sagte Leiter Gao, bevor er die Sitzung schloß.

Ich hatte die »Ehre«, zu dieser »Hilfsgruppe« zu gehören, denn die meisten »Aktivisten« waren Gruppenleiter oder Protokollführer. Unverständlicherweise wurde der ehemalige nationalistische Garnisonskommandeur zum Leiter der »Hilfsgruppe« bestimmt. War das eine Vernachlässigung des Kompanieleiters, oder hatte er das mit einer bestimmten Absicht gemacht? Das war keine unbegründete Frage, denn während der »Kulturrevolution« wurde eine Frau, namens Zhang Zhixin, ein ehemaliges Mitglied der Kommunistischen Partei, die gegen die »Viererbande« gekämpft hatte und von ihnen ins Gefängnis geworfen worden war, von Häftlingen, die vorher für die Nationalisten gearbeitet hatten, in ihrem Einzelkerker aufeinanderfolgend vergewaltigt, bevor sie hingerichtet wurde. So etwas konnte nur zumindest mit Kenntnis der Beamten geschehen. Und jetzt sollte ein ehemaliger nationalistischer Kommandeur einem ehemaligen kommunistischen Parteisektretär »helfen«? Diese Situation gefiel mir gar nicht. Ich entschied, nur als »Beobachter« an der »Hilfsaktion« teilzunehmen.

Die »Hilfsaktion« fand in einem kleinen Lesesaal statt. Die »Aktivisten« saßen in einem halben Kreis der Tür gegenüber. Vor ihnen stand in der Mitte des Zimmers, direkt unter der Lampe, ein Hocker. Kein Beamter war anwesend. Bald erschien der Sekretär an der Tür, flankiert an beiden Seiten von zwei großen, starken »Aktivisten«. Der Kommandeur sprang auf und salutierte.

»Willkommen, Genosse Sekretär, welche Ehre! Willst du nicht bitte Platz nehmen?«

Die zwei »Aktivisten« drückten den Sekretär nieder auf den Hocker.

»So!« fuhr der Kommandeur fort. »Wir haben dich hierher eingeladen, um mit dir in einer freundlichen Atmosphäre über deine glorreiche Vergangenheit zu reden.«

Der Sekretär blickte umher und sah Gesichter, die sehr weit entfernt von freundlich waren.

»Wie du weißt, Genosse Sekretär,« nahm wieder der Kommandeur das Wort, »war ich Nationalist, also Feind des Volkes. Ich habe meine Strafe verdient. Deswegen bin ich hier, in einem kommunistischen Zwangsarbeitslager. Aber du, Genosse Sekretär, du warst doch Kommunist, nicht wahr? Wieso sitzt du mit mir in demselben Zimmer?«

Der Sekretär schwieg. Offensichtlich wollte er zuerst herausfinden, was der Kommandeur vorhatte.

»Ach so,« sagte der Kommandeur, »ein Nationalist ist nicht gut genug für dich. Du willst mit einem Kommunisten sprechen, mit dem Vorsitzenden Mao vielleicht, Genosse Sekretär?«

»Ha, ha, ha!« Gelächter von den »Aktivisten«.

»Antworte!« Plötzlich brüllte der Kommandeur. Er sah auf einmal wie ein anderer Mensch aus.

Der Sekretär sah über den Kopf des Fragestellers hinweg. Der Kommandeur gab dem »Aktivisten« hinter dem Sekretär einen Wink. Der »Aktivist« versetzte dem Hocker einen heftigen Fußtritt. Bums! Der Sekretär fiel auf den Boden, mit Armen und Beinen in der Luft.

»Ha, ha, ha!« Diesmal war das Gelächter viel lauter.

»Aufstehen! Aufstehen!« riefen mehrere Stimmen. Mir schoß das Blut ins Gesicht.

Der Sekretär kam mühsam auf die Beine. Aber bevor er aufrecht stehen konnte, brachen wieder Stimmen aus:

»Den Kopf senken! Den Kopf senken!«

Der Sekretär stand jetzt ganz aufrecht und hob seinen Kopf hoch. Seine Augen spien Feuer.

»Ihr seid ausnahmslos auch Angestellte wie ich. Was für Rechte habt ihr dazu?« fragte er, drehte sich um und wollte gehen.

Auf einmal sprangen alle auf und stürzten sich auf ihn. Nur der Kommandeur und ich blieben sitzen. Bevor ich richtig sehen konnte, wie es geschah, fand ich den Sekretär in einer Stellung, welche »mit dem Flugzeug fliegen« hieß. Man hatte ihn so stark niedergedrückt, daß er nicht nur den Kopf senken, sondern auch den Oberkörper beugen mußte. Darüber hinaus hatte man seine Arme nach hinten gedreht und waagerecht gehalten. Mit jedem Versuch, loszukommen, bekam er eine Ohrfeige. Das Gesicht des Kommandeurs war jetzt dunkelrot wie eine Leber. Er befahl:

»Sag, daß du ein Verräter bist!«

»Ich bin kein Verräter!« Die Stimme klang dumpf. Diesmal kriegte er eine Serie von Ohrfeigen. Sein Mund blutete.

»Sag, daß du ein Spion bist!«

»Ich bin kein Spion!«

Jemand gab ihm von hinten einen heftigen Fußtritt. Er fiel auf die Knie, aber immer noch in dieser »Flugzeugstellung«.

Blut, Schweißtropfen und Tränen tröpfelten auf den Boden.

»He, Chef, ich habe eine Idee!« rief jemand.

»Laß mal sehen!« schrie der Kommandeur zurück.

Das Zimmer war wie eine kochende Teekanne. Ein Mann mit einem kahlen Kopf und einem pockennarbigen Gesicht schritt auf den Sekretär zu, drückte seinen Kopf noch niedriger, hob ein Bein und hielt den Kopf des Sekretärs unter seinen Hosenzwickel. Er ritt praktisch auf dem Sekretär. Das ist für uns Chinesen die schlimmste Beleidigung.

»Ha, ha, ha!« Die »Aktivisten« zeigten großes Interesse und gemeinsame Anerkennung für diese »neue Idee«.

»Piß auf seinen Hundekopf!« rief jemand.

»Furz doch mal!« schrie ein anderer.

Das machte der Kahlkopf tatsächlich - zum großen Vergnügen der Anwesenden.

»Na, Genosse Sekretär, wie gefällt es dir?« fragte der Kahlkopf.

»Mit Gewalt könnt ihr mich nie erobern!«

Der Sekretär konnte fast nicht mehr sprechen. Er schnappte nach Luft. Wieder Tumult im Zimmer.

»Hartnäckiger Verräter!«

»Starrkopf!«

»Er geht mit seinem Granitkopf zu Gott!« Das war ein Zitat von Mao.

Eine neue Serie von Ohrfeigen begann.

»Nein,« sagte der Kahlkopf, der immer noch auf dem Sekretär ritt. »So muß man ohrfeigen. Ich zeige es euch.«

Gelassen, rhythmisch, aber jedesmal mit furchtbarer Gewalt, ohrfeigte er. Plötzlich fiel der Reiter auf den Boden. Der Sekretär war in Ohnmacht gefallen. Der Kahlkopf kam hoch und gab dem auf dem Boden liegenden Sekretär einen schweren Fußtritt.

»Laßt ihn da liegen! Gehen wir!« befahl der Kommandeur. So endete die »Hilfsaktion«.

Ich ging im Hof spazieren. In dieser Welt gibt es immer Dinge, die ich nicht verstehen kann.

In dieser Nacht hörte ich im Halbschlaf eilige Schritte und gedämpfte Stimmen im Hof. Ich schlief wieder ein. Am nächsten Morgen wußte jeder in der Kompanie: Der Sekretär ist verschwunden. Im Gemüsegarten, wo wir tagsüber arbeiteten, bekamen wir die letzte Nachricht: Man hat die Leiche des Sekretärs in einem Teich zirka zwei Kilometer von der Kompanie entfernt gefunden. Er hatte einen neuen Mao-Anzug und ein Paar neue Schuhe an. In seinen Taschen hat man nur die »Zitate vom Vorsitzenden Mao« gefunden. Wollte der ehemalige Gemeindesekretär der Kommunistischen Partei durch seinen Tod und mit der »Roten Bibel« der Partei eine letzte Botschaft hinterlassen: »Ich war kein Verräter! Ich war kein Spion!«?

Beim Appell an diesem Abend sagte der Kompanieleiter Gao kurz, daß der Selbstmord »aus Furcht vor seinen eigenen Verbrechen« geschah.

Bald darauf waren dieser Tote sowie die zahlreichen anderen, die »durch den Schornstein« gegangen waren, auch vergessen. Man dachte an die Toten nur, wenn man einen weißen Wagen vor der Kompanie sah, den Wagen des Krematoriums. Und manch einer sagte dann resignierend:

»Heute geht wieder einer durch den Schornstein.«

»Nur Geduld, alter Bruder,« würde ein anderer erwidern, »bald kommen auch wir an die Reihe.«

»Ihn nicht schlagen!« - eine unmißverständliche Andeutung der Polizeibeamten, welche die »Aktivisten« auf ihre Art und Weise zu entziffern verstanden.

Einmal sollte auch ein »Aktivist« »nicht geschlagen« werden. Er war ein alter Hase und wußte sich vor solch einer Prügelei zu retten, an der er schon mehrmals teilgenommen hatte.

Es war ein Sonntagabend. Im Hof wurde ein chinesisch synchronisierter Film zum dritten Mal in wenigen Monaten gezeigt. Trotzdem kamen nicht nur Angestellte, sondern auch Beamte und ihre Familienangehörigen, unter ihnen selbstverständlich auch weibliche. Man saß auf Hockern oder einfach auf dem Boden. Dieser »Aktivist« - Li hieß er - erschien bei jeder Aufführung, aber wie es in einem klassischen chinesischen Gedicht heißt: »Dem Herrn Besoffenen ist nicht nach Wein.« Er hatte andere Vorlieben, nämlich das schöne Geschlecht, welches so selten zu sehen war. Li war nicht viel größer als ein Zwerg, nicht viel hübscher als Quasimodo in Victor Hugos »Der Glöckner von Notre Dame«. Außerdem hinkte er ein bißchen auf dem linken Fuß, gerade schlimm genug, um als Behinderter von der schweren Arbeit in der Saline verschont zu werden. Es ging das Gerücht, daß er sich in seiner Schulzeit einmal als Mädchen verkleidet in die Badeanstalt für Schülerinnen eingeschlichen hatte. Im Dunst haben ihn die duschenden Mädchen zunächst nicht bemerkt, bis er plötzlich mit einer Hand die Brüste und mit der anderen die Scham eines Mädchens packte. Das Mädchen war erschrocken und schrie schrill auf. Er floh, so schnell er konnte, stolperte aber über einen Besen und fiel hin. Schimpfend und schreiend fielen die Mädchen über ihn her.

»Dieser unverschämte Halunke! Schlagt seine Hände kaputt!« rief eine.

Der Besen wurde die Waffe der Mädchen. Er konnte den Schlägen entkommen, indem er auf dem Boden rollte. Ein Mädchen schüttete ein Becken kaltes Wasser auf ihn. Triefend stürzte er auf die Tür zu. Das Wasser machte ihn blind, und er fiel die Treppe hinunter. Dadurch hatte er sich den linken Fuß verstaucht. Zu Hause wagte er seiner Großmutter, bei der er lebte, sein »Abenteuer« nicht zu erzählen, und die blinde Oma hat auch nichts gemerkt. Aber seitdem hinkt er. Wieso wußte man alles so genau? Nach Hörensagen sollte er das alles selbst erzählt haben, als er einmal betrunken war.

Um auf den Filmabend zurückzukommen. Das Licht war schon aus, als Li erschien. Er suchte mit einem Hocker in der Hand eine Zuschauerin und fand auch eine. Sie war allein. Li setzte sich hinter sie. Nach einer Weile packte er sie von hinten an den Brüsten. Er hatte an diesem Abend Pech. Das war keine Zuschauerin, sondern ein Zuschauer mit langen Haaren. Der drehte sich um und gab Li eine kräftige Ohrfeige.

»Verzeih, Alter Bruder, verzeih. Ein Mißverständnis, ein Mißverständnis,« stotterte Li. »Sei doch nicht so böse. Wir sind alle Angestellte. Ich dachte, es wäre meine Schwester...«

»Was?« unterbrach ihn der Langhaarige, »du packst deine Schwester immer von hinten an den Brüsten? Übrigens bin ich kein stinkender Angestellter wie du. Ich bin der Sohn vom Kapitän Hu.«

»Vielleicht schläft er auch mit seiner Schwester. Wie alt ist sie denn? Ist sie hübsch? Wir hätten sie gerne kennengelernt,« sagte ein anderer Junge, der nebenan saß und herübergekommen war.

»Wie heißt du? Von welcher Kompanie bist du?« forderte der Langhaarige Li auf.

Noch einer war herübergekommen. Sie waren Kommilitonen der Schule für Kinder der Lagerbeamten. Als er Li sah, sagte er: »Ach, dieser Hinkefuß! Ich kenne diesen ›Alten Bruder‹. Er heißt Li und ist von der Kompanie der Behinderten.«

Also wurde eine »Hilfsaktion« organisiert.

»Ihn nicht schlagen!« befahl der Kompanieleiter Gao, bevor er das Zimmer verließ. Er war noch in Hörweite, als der alte Hase Li sich selbst Ohrfeigen gab - einmal links, einmal rechts - und in einem weinerlichen Ton sagte:

»Ich bin kein Mensch. Ich bin ein Tier. Ich bin wegen Frauenbrüsten ein Verbrecher geworden. Aber nach langjähriger Reformierung habe ich immer noch eine Sucht nach Frauenbrüsten, besonders nach Mädchenbrüsten...«

»Unverschämt!« unterbrach ihn jemand.

»Ja, ich bin unverschämt,« gab Li gerne zu und schenkte sich wieder Ohrfeigen - einmal links, einmal rechts. »Aber ich bin ehrlich. Ich liebe Brüste. Manche sind elastisch, manche sind so glatt und zart. Ich habe wenigstens hundert Brüste gestreichelt. In Kinos, in Parks. Viele Mädchen lassen es mich tun...«

»Stopp!« brüllte jemand. »Aufhören. Was soll das, Gruppenleiter? Sollen wir uns solche obszönen Geschichten anhören oder diesem unzüchtigen Halunken helfen?«

»Laß ihn doch ausreden, Mensch! Er ist wenigstens ehrlich. Es gibt sicher Menschen, die genauso unzüchtig oder noch unzüchtiger sind. Aber sie sind noch unehrlich dazu,« meinte der Gruppenleiter. »Weiter, Li, sag mal, was du an diesem Abend gemacht hast, aber ganz ehrlich, ja?«

»Ich bin kein Mensch. Ich bin ein Tier,« wiederholte Li. »Ich bin undankbar der Regierung gegenüber. Ich muß bestraft werden.«

Links, rechts, wieder zwei Ohrfeigen.

»Ich habe viel Branntwein getrunken. Ich war furchtbar aufgeregt. Ich...«

»Moment, Moment!« unterbrach ihn der Gruppenleiter. »Was war deine Absicht?«

»Ich sagte schon. Ich bin ein Tier. Ich liebe Brüste, besonders...«

»Was geschah, als du hinter deiner angeblichen Schwester saßest?« fragte der Leiter.

»Ich bekam eine Erektion...«

»Unverschämt!« riefen mehrere Stimmen.

»Ja, unverschämt bin ich. Aber es war so schön.« Li lächelte sogar ein bißchen, als er das sagte.

»Sei ernsthaft, Li! Wir wollen dir helfen. Was geschah dann?« wollte der Leiter wissen.

»Als meine Finger die Brüste berührten...«

»Weiter, weiter!« Er hatte es geschafft Es herrschte eine gewisse Spannung im Zimmer.

»Oh, es war so schön! Ich stieß aus, einmal, zwei...« Sein Lächeln wurde breiter. Dumm und grotesk sah er im Lampenlicht aus.

»Unverschämt!« Wieder dieselben Rufe.

»Hat jemand was zu fragen oder zu sagen?« fragte der Leiter.

»Was gibt's da noch zu fragen oder zu sagen?« erwiderte jemand. »Dieser schamlose Mensch hat alles gestanden.«

So endete die »Hilfsaktion«, ohne daß derjenige, der »nicht geschlagen« werden sollte, geschlagen wurde.

Und der Gruppenleiter? Er hieß Diao, was Schlaukopf bedeutet. Er war Rikschakuli vor 1949. Nach der Befreiung war er wegen wiederholten sittenlosen Verhaltens minderjährigen Mädchen gegenüber mehrmals »Gast« der Polizei geworden. Und nun Diao und Li - der Unterschied zwischen den beiden war wie bei zwölf und einem Dutzend. Kein Wunder, daß Diao sich Lis »Geständnis« gerne angehört hatte.

Weibliche Angestellte

Es war ein Ruhetag im Lager. Ich saß mit dem ehemaligen Dorflehrer Pan zusammen und las die Zeitung, genauer gesagt, die Zeitungen von den letzten vierzehn Tagen. An Werktagen war ich absolut kaputt und konnte nicht mehr lesen. Er, ein dünner, alter Mann mit einer altmodischen Brille, rauchte seine selbstgedrehte Zigarette und schaute in die Ferne. Irgendwie sah er wie ein Philosoph aus.

»Lao Zhou,« sagte er nach einer Weile, »du bist ein richtiger Intellektueller, ich nur ein halber. Aber weißt du, warum das Zeichen ›Verbrechen‹ so geschrieben wird?«

»Oh, darüber habe ich mir nie Gedanken gemacht, warum?« fragte ich zerstreut zurück und las weiter.

Bevor er antwortete, schrieb er mit seinem von Zigaretten vergilbten Zeigefinger das Zeichen auf den Erdboden.

»Schau mal, hier oben ist eine ›Vier‹, unten ist ein ›Unrecht‹, nicht wahr?«

Tatsächlich! Das Zeichen habe ich so oft geschrieben, besonders nach meiner Inhaftierung, aber wieso habe ich nie gemerkt, wie es geschrieben wird?

»Tja, du hast recht,« sagte ich und wollte eine Reportage über meine Heimatstadt Shanghai weiterlesen. Von meinen Eltern hatte ich lange nichts gehört.

»Aber, was für vier Unrechte sind Verbrechen?« fragte er weiter.

Oh, dieser ein bißchen wie ein Philosoph aussehende Dorflehrer wollte mir ein Loch in den Bauch fragen. Er war Columbus und Sherlock Holmes in einer Person - Columbus, weil er etwas entdeckt hatte, was wenigstens mir unbekannt war, und Sherlock Holmes, weil das eine Frage war, welche der immer grübelnde Detektiv an seinen Partner Dr. Watson stellen würde. Jetzt war mein Interesse erwacht.

»Da bin ich überfragt,« antwortete ich ehrlich. »Du weißt es sicher, Lao Pan. Erzähl mal!«

»Als du noch in der Schule warst,« fing er an, indem er seine Brille eher aus Gewohnheit als aus Notwendigkeit ein wenig nach oben schob, »hat man dich sicher vor vier Dingen gewarnt. Was waren die vier Dinge?«

Hm, er war ein guter Lehrer, der es verstand, die Methode des Anleitens zum selbständigen Denken anzuwenden. Leider war ich an diesem Ruhetag ein schlechter Schüler, wo ich lieber lesen und ungern denken wollte.

»Gewarnt? Vor vier Dingen? Keine Ahnung. Was meinst du, Lao Pan? Schieß los! Spann mich nicht so auf die Folter!«

Er hustete leise und trocken, wahrscheinlich auch aus Gewohnheit, und mit einem kaum bemerkbaren Lächeln fing er an, sie aufzuzählen:

»Also, vor Wein, Weib, Geld und Zorn.«

»Ach so, ja, sicher. Allerdings hat mich niemand vor dir auf die Zusammenhänge zwischen dem Zeichen und der Warnung aufmerksam gemacht. Du bist ein wunderbarer Lehrer,« sagte ich und dachte dabei an »Wein, Weib und Gesang«.

Er lächelte zufrieden und rauchte seine selbstgedrehte Zigarette weiter.

* * *

In den Gefängnissen und Zwangsarbeitslagern habe ich zwei Kategorien von Häftlingen gesehen: Konterrevolutionäre, die nach der offiziellen Version keine politischen Häftlinge waren, und Kriminelle, die entweder etwas mit Geld oder mit Frauen zu tun hatten. Von den vier Übeltaten, die der Dorflehrer erwähnt hatte, waren wenigstens zwei vorhanden, nämlich Weib und Geld, aber das nur in bezug auf die Männer. Hier in dieser Kompanie, der »letzten Station«, habe ich zum ersten Mal auch weibliche Angestellte gesehen, denn eine Frauengruppe war der Kompanie angegliedert. Wer waren diese Frauen? Was für Verbrechen hatten sie vorher begangen?

Diese Gruppe war nicht groß. Da man tagtäglich zusammen im Gemüsegarten arbeitete, dauerte es nicht lange, bis man einander kennenlernte. Es stellte sich heraus, daß auch diese Frauen sehr unterschiedlich waren. Da war zum Beispiel Wang, die eine ehemalige Spionin des FBI gewesen sein sollte. Sie leitete jetzt die Gruppe. Die Frauen empfanden nur Furcht, aber keine Ehrfurcht vor ihrer Leiterin, denn sie hatten das Gefühl, immer heimlich und genau von der amerikanisch trainierten Spionin beobachtet zu werden.

Und dann war da Xiao, ein ehemaliges Mitglied der Heilsarmee, die am Anfang der Volksrepublik als eine reaktionäre Organisation der Imperialisten galt. Xiao hatte sich durch ihre vornehme Haltung und ihr zivilisiertes Auftreten nicht nur die Achtung der weiblichen, sondern auch der männlichen Angestellten erworben. Sie hatte mit sechzig immer noch eine zarte und mädchenhafte Stimme. Jedesmal, wenn sie bei Kulturabenden auftrat, war die Halle voll von Bewunderern. Ende der siebziger Jahre konnte sie das Zwangsarbeitslager verlassen und in ihre Heimatstadt Tientsin zurückkehren. Kurz darauf wurde sie von dem Tientsiner Fremdspracheninstitut als Dozentin für Englisch angestellt.

Ling, eine Mittelschülerin, war die Tochter eines Ex-Bankiers aus Shanghai, der vor 1949 eine schöne Wohnung mit Garten und ein amerikanisches Auto besaß, dazu noch Chauffeur, Koch, Erzieherin und Dienstmädchen. Die Schülerin wollte ein Piano haben, aber der Vater, der inzwischen für die Volksbank arbeitete, war auf einer Dienstreise im Ausland, und die Mutter lebte getrennt von ihrem Mann in Amerika. In der Schule war Ling für irgendeine Veranstaltung zuständig und hatte eine Summe Geld dafür bekommen, die sie nach den Sommerferien der Schulleitung zurückgeben sollte. Da sie sicher war, daß ihr Vater vor Semesteranfang zurückkommen würde, hatte sie mit diesem Geld ein Piano gemietet. Sie beabsichtigte, ihren Vater um das Geld zu bitten und es der Schulleitung zu geben. Die Ferien waren vorbei. Der Vater war nicht zurückgekommen. Sie bekam Angst und fuhr nach Hangzhou zu ihrer Tante. Die Schulleitung glaubte, daß sie sich mit öffentlichen Geldern heimlich davongemacht hatte. Sie wurde festgenommen. Da sie noch minderjährig war, wurde sie in ein Lager für Jugendliche geschickt. Der Vater kam nach Hause, zahlte das Geld an die Schule zurück, konnte aber seine geliebte Tochter nicht mehr aus dem Lager herausholen, weil sie dort drei Jahre sitzen mußte. Da sie aus der Großstadt Shanghai stammte, durfte sie nach der Freilassung nicht nach Hause gehen und wurde dieser Frauengruppe zugeteilt. Sie war damals fünfzehn oder sechzehn Jahre alt gewesen. Als ich sie kennenlernte, war sie siebenunddreißig.

»Hätte ich Shanghai nur nicht verlassen und auf Papa gewartet,« sagte sie mir später in meinem Wohnheim in Shanghai, als wir beide endlich das Lager verlassen hatten und wieder als wirklich freie Menschen leben konnten.

Die Verzögerung des Vaters hatte das Schicksal der Tochter völlig verändert.

»Ich wollte Musik studieren. Aber jetzt..., jetzt verstehe ich alles, was nur ein schlechtes Weib versteht, alles. Doch Musik...« Sie weinte.

Ich machte nicht einmal den Versuch, sie zu trösten. Schweigende Aufmerksamkeit schien mir das beste. Wir waren damals die einzigen in der Kompanie, die aus Shanghai stammten.

»Nur um eine eigene Familie zu haben, so daß ich nicht weiter mit den schlechten Weibern der Gruppe zusammenwohnen mußte, habe ich den ersten Mann geheiratet, den ich im Lager kennenlernte. Aber er war... Er konnte nicht mit mir... Verstehst du?«

Sie wurde des öfteren gefragt, wieso sie kein Kind hatte.

»Ich mußte eine Operation über mich ergehen lassen,« log sie dann.

Erst nach dreizehn Jahren faßte sie endlich den Mut, sich von ihrem Mann scheiden zu lassen. Da war sie immer noch Jungfrau.

Kurz nach der Scheidung bekam sie so viele Anträge von den Angestellten des Lagers, daß sie sich belästigt fühlte. Sie adoptierte eine Tochter. Die leibliche Mutter hatte schon ein Kind. Sie durfte kein zweites haben und verkaufte die neugeborene Tochter an sie für einhundert Yuan. Das hat ihr nicht viel geholfen. Es gab immer noch viele Bewerber. Nach ihrer Rehabilitierung hat sie einen rehabilitierten Angestellten geheiratet. Sie wohnen jetzt mit der adoptierten Tochter in Shijiazhuang, der Hauptstadt der Provinz Hebei. Ihr Mann arbeitet als Dozent an einer Universität, sie ist Hausfrau.

»Ich bin sein Mädchen für alles. Aber er darf mein Schlafzimmer nicht betreten. Für mich ist meine Tochter alles. Wenn sie sechs Jahre alt wird, werde ich ihr ein Piano kaufen. Das Piano hat mein Leben ruiniert. Meine Tochter wird ein besseres Schicksal haben.«

Mit diesen Worten brachte sie ihre Geschichte zum Abschluß - eine Geschichte voller Tränen. Eine Blume war verwelkt vor ihrer Blütezeit.

In der Frauengruppe gab es noch eine bildschöne junge Frau. Sie hieß Yin und war auch Mittelschülerin. Ihr Vater war in ihrer Kindheit schon verstorben. Als sie fünfzehn oder sechzehn war, heiratete ihre Mutter wieder. Eines Nachts, als die Mutter weg war, wurde die Tochter vom Stiefvater vergewaltigt. Der Stiefvater wurde zwar wegen Vergewaltigung eines minderjährigen Mädchens ins Gefängnis geworfen. Unverständlicherweise aber wurde die Tochter auch in ein Lager für Jugendliche geschickt. Und das sollte der Wunsch oder die Bitte der Mutter gewesen sein. Denn die Tochter sollte den Stiefvater verführt haben, um Geld von ihm zu erpressen. Nach drei Jahren im Lager konnte die Tochter nach der Freilassung nicht nach Hause gehen, denn die Mutter, die inzwischen ihren dritten Mann geheiratet hatte, wollte ihre eigene Tochter nicht mehr haben. Deswegen wurde Yin dieser Frauengruppe zugeteilt.

Im Lager der Angestellten war sie wie eine seltene, duftende Blume. Es gab genug »Bienen«, die um sie herumschwirrten. Es hat nicht lange gedauert, bis sie in eine Bande von Halunken geriet. Ihre sexuellen Beziehungen zu den verschiedenen Männern hätten unentdeckt bleiben können, wenn es keine Prügelei zwischen zwei »Bienen« um die Blume gegeben hätte. Die besiegte »Biene« wurde rachsüchtig und denunzierte. Die Ermittlung zeigte, daß es sich um eine Bande von mehreren Personen handelte, unter ihnen außer der »Blume« noch drei Ex-Dirnen. Wie sie bestraft wurden, habe ich entweder vergessen oder nie erfahren. Jedenfalls, als ich Yin kennenlernte, schien sie ihre Lektion gelernt zu haben und arbeitete fleißig und gewissenhaft im Gemüsegarten.

Nachdem ich sie längere Zeit nicht gesehen hatte, begegnete ich ihr eines Tages zufällig im Krankenhaus.

»Was machst du hier?« fragte ich sie.

»Wie du siehst, arbeite ich hier als Krankenschwester,« antwortete sie. »In der Schule habe ich nämlich Erste Hilfe gelernt.«

Sie sah in ihrer Uniform wunderschön aus, fast mädchenhaft, ohne jede Spur von ihrem vergangenen wollüstigen Leben.

»Gefällt es dir hier?« fragte ich weiter.

»Oh, ja,« lächelte sie strahlend, »viel besser als im Gemüsegarten.«

Sie errötete und sprach zögernd weiter:

»Ich... ich habe hier einen Arzt kennengelernt. Er hat mich gern. Und ich... Wir wollen am Nationalfeiertag heiraten. Ich bin nicht mehr jung, weißt du. Höchste Zeit, eine Familie zu haben und normal zu leben. Und ... und ich habe ihm alles von mir erzählt. Er ist so gütig. Und wie ist es mit dir? Ich habe dich lange nicht gesehen. Du bist oft in meinen Gedanken, weißt du? Du bist anders. Du bist... du bist...«

Sie errötete wieder. Nein, das hatte ich nicht gewußt. Sie hat nie Andeutungen gemacht. Aber ich freute mich, daß dieser »Blume« ein besseres Schicksal beschieden war.

So hatte jede Frau dieser Gruppe eine Vergangenheit. Ob auch jede eine Zukunft haben würde? Ich meine, die jüngeren wohl. Die älteren Frauen mußten ihre restliche Zeit hier verbringen, denn sie hatten niemanden mehr. Für sie war diese Kompanie tatsächlich »die letzte Station«. Aber was sollte mit den jüngeren geschehen? Einige von ihnen schienen sich gar keine Gedanken darüber zu machen. Ich denke zum Beispiel an eine ehemalige Prostituierte, Cai Feng, aus Tientsin. Ihr Name war typisch für solche Frauen, denn er bedeutet »bunter Phönix«. Und Tientsin hatte vor der Volksrepublik den Spitznamen »das kleine Shanghai«, also auch eine Stadt der Finsternis.

Es war wieder einmal ein Ruhetag im Lager. Ich hatte Zeitungen von den vergangenen vierzehn Tagen zu lesen, zwei Briefe zu schreiben und siebzehn Kleidungsstücke zu waschen. Ich wollte auch einen langen Mittagsschlaf machen, um mich richtig auszuruhen und Energie für die kommenden zwei Wochen zu schaffen. Aber nein! Gleich nach dem Mittagessen wurde eine Kompanieversammlung einberufen, und niemand durfte sich entschuldigen. Heute muß es etwas Außerordentliches geben, dachte ich, denn es war die stellvertretende Leiterin Liu, und nicht der Leiter der Kompanie Gao, die die Versammlung eröffnete.

»Cai Feng! Aus der Reihe treten!« Die Stimme der Leiterin war heute noch schriller als sonst.

Cai Feng, flankiert von der Ex-Spionin Wang und einer anderen stärkeren Frau, erschien vor dem Publikum. Wang drückte Cai Fengs Kopf nieder. Aber Cai Feng hob ihren Kopf wieder und lächelte die Männer an. Dieses Spiel mit dem Kopf-Niederdrücken und Kopf-Wiedererheben wiederholte sich ein paar Mal, bis Cai Feng endlich gelernt hatte, als »Kampfgegenstand« richtig zu stehen. Das verschaffte mir die erste Gelegenheit, diese Ex-Dirne von vorn zu beobachten. Sie war Ende dreißig oder Anfang vierzig. Man pflegt in China zu sagen: »Frauen mit dreißig sind wie Wölfinnen, mit vierzig wie Tigerinnen in ihrem Verlangen.« Hübsch war sie eigentlich nicht, aber sie hatte eine starke erotische Anziehungskraft, wenn sie auch ordinär wirkte. Besonders auffällig waren ihre Brüste. Sie schien nie einen Büstenhalter zu tragen, auch nicht im Sommer. Man sah von Ferne schon zwei riesengroße Fleischkugeln tanzen. Es war kaum möglich, nicht einen Blick in ihre Richtung zu werfen, auch wenn man der heilige Konfuzius selbst gewesen wäre. Ihre Hüften waren auch außerordentlich breit. Und sie trug gerne enge Hosen. Sie hatte eine eigenartige Weise, dumm zu lachen und Lieder aus der örtlichen Oper vor sich hin zu brummen. Sie war Raucherin. Man sagte, daß sie auch gerne ab und zu ein Glas Branntwein zu sich nahm, aber meistens heimlich im Bett, denn ihre Leiterin, die Ex-Spionin, hatte ein Paar scharfe Augen.

Jetzt fing diese Leiterin an, im Namen der Frauengruppe Cai Feng zu »helfen«, das heißt zu kritisieren: »In der alten Gesellschaft waren arme Mädchen und Frauen manchmal gezwungen, sich ihre Existenz mit ihrem Körper zu erkaufen. Der große Führer, Vorsitzender Mao, und die Kommunistische Partei haben sie aus der Hölle gerettet und ihnen die Möglichkeit verschafft, als selbständige und gleichberechtigte Frauen in der neuen Gesellschaft zu leben. Leider gibt es unter solchen Frauen immer noch einige, die nicht arbeiten und ein ehrliches Leben führen wollen. Freiwillig und heimlich üben sie ihren alten Beruf weiter aus. Cai Feng ist ein Beispiel für solche Frauen. Sie ist mehrmals bestraft worden, bereut ihre Sünde aber immer noch nicht. Neulich wurde sie auf frischer Tat ertappt, und zwar nicht mit einem, sondern zur gleichen Zeit mit zwei Männern.«

Jetzt geschah etwas ganz Unerwartetes. Cai Feng hob ihren Kopf und kicherte, ja, kicherte, als ob diese Geschichte mit ihr nichts zu tun hätte und sie sie sehr amüsant fände.

Die Leiterin Wang, die bisher ruhig und sachlich gesprochen hatte - vielleicht hatte sie diese Rede vorher aufgeschrieben und auswendig gelernt -, verlor jetzt ihre Fassung und schrie, mit einem Finger auf Cai Feng zeigend: »Unverschämt! Schamlos!« und versuchte, Cai Fengs Kopf niederzudrücken.

Das Publikum, überwiegend männlich, brach in Gelächter aus.

Diesmal verlor auch die stellvertretende Kompanieleiterin Liu ihre Gelassenheit, sprang auf und kreischte so gellend, daß sie husten mußte: »Ruhe! Ruhe! Was gibt's da zu lachen? Seid ernsthaft! Hier ist das Erste Zwangsarbeitslager der Provinz Hebei, nicht etwa ein Teehaus auf der Himmelsbrücke in Peking. Weiter!«

Weiter sprach die Ex-Spionin. Sie schlug einen anderen Ton an, heftiger, aber natürlicher:

»Cai Feng ist eine Frau ohne jegliches Schamgefühl. In der Gruppe pflegt sie, anderen Frauen von ihren schmutzigen Geschäften zu erzählen. Jedesmal, wenn sie eine Schachtel Luxus-Zigaretten öffnet, wissen wir, daß sie wieder ein Geschäft gemacht hat. Ihre Männer sind meistens Arbeiter der Saline. Sie verkauft sich zu unterschiedlichen Preisen. Das hat sie uns selbst gesagt. Männer, die sie nicht mag, müssen mehr zahlen. Sie liebt junge und starke Männer. Für sie macht sie es auch manchmal umsonst. ›Zum Spaß,‹ sagt sie. Sie hat ein geheimes Heftchen, in das sie ihre illegalen Einkünfte einträgt. Hieraus ist zu ersehen, daß ihre letzten zwei Männer der siebenundachtzigste und der achtundachtzigste waren...«

Das FBI trainiert seine Spione gut, aber diese Wang war sicher nicht die beste, dachte ich. Denn sie hat auf diese Weise offenbart, daß sie Cai Fengs Sachen durchsucht hat.

»... Aber ich könnte mich auch irren,« fuhr Wang fort, »denn es kann ja sein, daß sie manchmal vergißt, einen oder zwei Männer in ihr Heftchen einzutragen. Wie dem auch sei, es kann festgestellt werden, ohne Cai Feng Unrecht zu tun, daß sie ungefähr einhundert Männer gehabt hat.«

Ich bemerkte Grimassen und Grinsen - natürlich versteckt.

»Aber für wie lange?« hörte ich jemand flüstern. »In einem Monat?«

»Quatsch! Wie könnte das möglich sein?« Sein Nachbar hatte einen besseren Sinn für Zahlen.

»Oder in einem Jahr?« Der erste wollte Klarheit.

»Ach, du bist ein Hund, der Mäuse fängt. Was geht dich das an? Oder bist du einer von den hundert Männern?«

»Du Hurensohn! Du...« protestierte der erste.

Wie üblich wurde Cai Feng nach der Versammlung zur Einzelhaft gebracht. Ob sie diesmal Buße tun würde, war fraglich. Einzelhaft erhielt sie sicherlich nicht das erste, wahrscheinlich auch nicht das letzte Mal.

Merkwürdig war, daß die stellvertretende Kompanieleiterin nicht Frauen wie Cai Feng in ihrer Schlußrede verdammte, sondern die Männer, die sie als »Ursprung aller Übel« bezeichnete. Vom Hörensagen wußte man, daß sie nach einer unglücklichen Liebe in ihrer Jugend ledig geblieben war.

Ein »Musterangestellter« – ein Päderast

In den Gefängnissen und Zwangsarbeitslagern wurde ein- oder zweimal im Jahr eine Versammlung einberufen, in der Häftlingen, die sich gut benommen hatten, mildere Behandlungen bekanntgegeben wurden, zum Beispiel frühere Freilassung mit Bewährung oder Verkürzung ihrer Strafen, während Häftlinge, die neue Verbrechen begangen oder sich disziplinwidrig benommen hatten, wieder bestraft wurden, meistens mit Verlängerung ihrer Strafen.

Die Angestellten mußten ähnlichen Versammlungen beiwohnen. Diejenigen, die sich gut benommen hatten, bekamen entweder eine kleine Belohnung, oft ein Heft und einen Kugelschreiber, oder einen Ehrentitel, wie »Aktivist« oder »Musterangestellter«. Es gab auch Fälle, da Angestellte wegen neuer Verbrechen wieder verhaftet wurden.

Zur Kompanie gehörte ein junger Mann namens Zhao Qing. Da er an einer Herzkrankheit litt, konnte er nicht mehr in der Saline arbeiten. Er war ein Schüler aus Tientsin und stammte aus einer Großgrundbesitzerfamilie. Sein Vater war ein reaktionärer Offizier gewesen und am Anfang der Volksrepublik erschossen worden. Seine Mutter hat Samen des Hasses gegen die Kommunisten in seine Brust gesät. Er schrieb Gedichte, in denen er Mao und die Partei verfluchte. Ein Zimmergenosse hatte ihn denunziert. Er wurde als Konterrevolutionär verhaftet, in ein Lager für Jugendliche gesteckt, bis er volljährig war, und mußte dann in der Saline arbeiten.

Er schien ein ruhiger und disziplinierter Mensch zu sein. Auffällig war nur seine offene Zuneigung zu dieser Frau von der Heilsarmee, Xiao. Aber niemand nahm es ernst, denn sie starnmten beide aus Tientsin, und der Altersunterschied betrug fast zwanzig Jahre. Die Frau kam manchmal zu ihrem »jüngeren Bruder« Zhao, um mit ihm Bücher zu tauschen. Beide lasen gerne Gedichte. Später ging das Gerücht, daß sie Liebesbriefe in den Büchern versteckten.

Eines Morgens wurde uns mitgeteilt, daß wir vor der Arbeit im Gemüsegarten einer Versammlung im Theater des Lagers beiwohnen sollten. Wir stellten uns an und wollten schon starten. Da sagte der Gruppenleiter von Zhao, ein Schurke aus Tientsin mit dem Spitznamen »Hund«:

»Zhao Qing, geh schnell zurück und hol dir Stift und Papier. Du sollst heute Protokoll führen.«

Zhao tat, wie ihm geheißen. Er war Protokollführer seiner Gruppe.

Das Theater war der Stolz des Lagers. Es diente mehreren Zwecken: Theater, Kino, Konzerthalle und Versammlungssaal.

Wir nahmen alle Platz.

»Zhao Qing!« Diesmal war es der Kompanieleiter Gao. »Nimm deinen Stift und Papier und komm auf die Bühne.«

Zhao tat, wie ihm geheißen. Er war der beste Protokollführer der Kompanie. Kaum hatte Zhao auf der Bühne Platz genommen, da brüllte der Kompanieleiter plötzlich:

»Zhao Qing! Aufstehen!«

Bevor Zhao aufstehen konnte, zerrte ihn sein Gruppenleiter, der »Hund«, von hinten hoch. Nanu? Was sollte das bedeuten? Wir waren alle sehr überrascht.

Es stellte sich heraus, daß jemand ein Heft im Gemüsegarten aufgelesen und wegen des Inhalts sofort dem Kompanieleiter überreicht hatte. In diesem Heft sollten Gedichte stehen, die Mao und die Kommunistische Partei verfluchten. Das Heft trug keinen Namen. Trotzdem konnte ein Fachmann des Lagers unschwer feststellen, daß das Zhao Qings Heft war, denn er hatte einen eigenartigen Schriftzug.

Jetzt klang im Theater die Stimme des Kompanieleiters in hoher Tonlage:

»Zhao Qing ist in der neuen Gesellschaft geboren und unter der roten Fahne herangewachsen. Es wurde erwartet, daß auch er ein Mensch werden würde, der der Gesellschaft und dem Volk nützt. Aber nein, als er noch minderjährig war, mußte er schon drei Jahre in einem Lager für Jugendliche verbringen. Warum? Wegen reaktionärer Gedanken und Gedichte. Die Regierung hat versucht, ihn zu retten. In all diesen Jahren war er, oberflächlich gesehen, diszipliniert. Aber ein Wolf bleibt immer ein Wolf. Der Spukgeist von seinem erschossenen reaktionären Vater hat ihn nie verlassen. Hier, hier sind seine neuesten ›Meisterwerke‹. Ich habe einen Sohn ungefähr seines Alters. Ich kann meinen Sohn immer gut verstehen. Aber Zhao Qing kann ich gar nicht verstehen. Als ich seine reaktionären Gedichte las, standen mir die Haare zu Berge...«

Zhao Qing stand mit zitternden Beinen auf der Bühne, hinter ihm sein »bester Freund«, der »Hund«, der Schurke aus seiner Heimatstadt. Der hatte ihn gebeten, Stift und Papier mitzubringen, um ihn zu paralysieren und sicher ins Theater zu bringen. Jetzt war für Zhao alles zu spät. Der Haftbefehl wurde vorgelesen. Der Schurke gab Zhao einen heftigen Fußtritt von hinten. Zhao fiel auf die Knie. Zwei Angestellte der Kompanie sprangen auf Zhao und fesselten ihn geschickt an Händen und Hals. Wo hatten sie das gelernt? Waren sie vorher Polizisten gewesen? Jedenfalls haben sie für die Polizisten alles prima erledigt.

»Abführen!« befahl der Kompanieleiter.

Erst dann erschienen Polizisten, flankierten Zhao und führten ihn ab.

Später hörte ich, daß Xiao, die Frau von der Heilsarmee, die ganze Zeit blaß und zitternd dagesessen hatte. Wahrscheinlich war es doch kein Gerücht gewesen.

* * *

Zhaos Festnahme wirkte wie ein Steinwurf ins Wasser. Sie hat nur für eine kurze Zeit kleine Wellen geschlagen. Dann wurde das Wasser wieder ruhig, wenigstens an der Oberfläche.

Aber die Inhaftierung des »Musterangestellten« Tang hat einen Sturm in der Kompanie verursacht. Auch ich war erschüttert.

In der Kompanie gab es auch einige ehemalige Mitglieder der Partei und Jugendliga, Staatsfunktionäre, Offiziere der Volksbefreiungsarmee und Intellektuelle. Sie stammten meistens wie ich aus Großstädten und konnten deswegen nach ihrer Freilassung nicht nach Hause gehen. Der »Musterangestellte« Tang war einer von ihnen. Wann, wo und wie Tang diesen Ehrentitel bekommen hat, war mir nicht bekannt. Ich wußte nur, daß er vorher Leiter einer Forschungsgruppe des Historischen Museums in Peking war, Experte der Geschichte der Ming-Dynastie. Er hat sogar ein Buch darüber geschrieben. In seinem Kreis war er sicherlich nicht unbekannt. Als er noch im Museum arbeitete, wurde er irgendwie in eine Schmuggelei mit Antiquitäten verwickelt.

»Das war eigentlich nicht meine Schuld,« pflegte er an Ruhetagen zu erzählen, wenn er in einer Ecke des Hofes hockte und mit jemandem Schach spielte. »Aber ich war doch Leiter der Gruppe. Wenn ich die Verantwortung nicht übernommen hätte, dann hätten wenigstens fünf Personen, alle meine Untergeordneten, hinter Gittern sitzen müssen. Sie hatten Frauen und Kinder, ich war alleinstehend...«

»Schach!« sagte leise der Partner, um ihn bei der Erzählung nicht zu stören. Ganz gelassen machte Tang einen geschickten Zug und sagte ebenso leise: »Schach!«

»Oh!« Diesmal war der Partner laut. »Du bist aber schlau. Du hast deine Absicht total versteckt. Was soll ich jetzt machen?«

Offensichtlich war Tang ein guter Schachspieler.

»Weiter!« sagte ein Beobachter des Schachspiels.

»Was weiter?« Tang schien ein wenig zerstreut zu sein. »Ach so. Na ja, ich war alleinstehend. Ich dachte nur: ›Nun gut. Diesmal übernehme ich die Verantwortung und mache eine überzeugende Selbstkritik, dann wird alles wieder okay. Mein Vorgesetzter würde mit mir zufrieden sein und die fünf Untergeordneten mir dankbar.‹ Aber ich hatte Pech. Ihr wißt ja alle, jede politische Bewegung verlangt Beispiele und Typen. Man hat mich als ›Typ‹ geopfert. Ich kriegte fünf Jahre. Als ich freigelassen wurde, kam wieder eine Bewegung. Verdammt noch mal! Diesmal hieß es, die Hauptstadt sollte so rein und sauber wie der Schnee sein. Ich konnte nicht mehr nach Peking zurück.«

»Ja, aber wieso bist du hier?« unterbrach ihn jemand. »Du bist gar nicht so alt wie wir.«

»Du solltest mich sehen,« erwiderte Tang, »wenn ich einen Asthmaanfall kriege, älterer Bruder.«

Er verstand, mit Leuten umzugehen. In der Tat schien er ein richtiges »Muster« unter den Angestellten zu sein, zumal er Intellektueller war und trotzdem genausogut im Gemüsegarten arbeiten konnte wie die Bauern, worum ich ihn sehr beneidete. Außerdem war er Nichtraucher, Nichttrinker und lebte sehr sparsam.

»Ich habe noch eine alte, kranke Mutter,« erzählte er. »Sie tut mir leid.« Er schickte seiner Mutter jeden Monat Geld.

»Nicht viel,« meinte er. »Mehr kann ich aber nicht. Nur ein Zeichen meiner Liebe zu ihr.«

Er hatte gute Manieren, sprach höflich, zankte nie mit jemandem. Er war perfekt. Was hätte man von einem Angestellten noch verlangen können? Darüber hinaus war er ein ständiger Beistand für die Beamten. Jedesmal, wenn die »Regierung« jemanden kritisieren wollte, war er auf der Versammlung der Hauptredner. Er konnte des Vorsitzenden Mao Worte auswendig zitieren und sogar genau sagen, auf welcher Seite diese Worte in der »Roten Bibel« zu finden waren. Allerdings war es Häftlingen und Angestellten verboten, die Wörter »Partei« und »Genosse« zu gebrauchen. Auch das beachtete er vorbildlich. Er konnte den Fehler des Betreffenden systematisch analysieren und erklären, warum er einen solchen Fehler gemacht hatte, und sogar treffende Ratschläge geben, wie in Zukunft ein ähnlicher Fehler zu vermeiden war. Er sprach wie ein Professor vor seinen Studenten mit Vernunft, aber nie zu sachlich, mit Pathos, aber nie zu emotional. Er vergaß nie, die Gelegenheit zu nutzen, seine Dankbarkeit der »Regierung« gegenüber zum Ausdruck zu bringen, denn es sei die »Regierung«, die ihm geholfen habe, seinen eigenen Fehler sowie die Fehler anderer Angestellten so deutlich und genau zu erkennen. Zum Schluß rief er alle Angestellten auf, sich unter der Leitung der »Regierung« weiter zu reformieren und ihren Teil zum Aufbau des Sozialismus beizutragen.

Nach seiner langen Rede brauchte der anwesende Beamte nur kurz zu behaupten, daß die »Regierung« Tangs Worten zustimme und hoffe, daß alle Angestellten der Kompanie davon lernen. Dabei vergaß Tang auch nie, seinen Kopf bescheiden zu senken und die bewundernden Blicke zu vermeiden.

Dann kam ein Tag, an dem wir ausnahmsweise mitten in der Arbeit vom Gemüsegarten zurückgeholt wurden.

»Schnell, schnell, alles liegen lassen. Sofort zurückkommen!« war der Befehl.

»Was ist denn wieder los?« fragten wir einander.

»Weiß der Teufel!« sagte einer.

»Wozu sich selbst mit Fragen quälen, die niemand beantworten kann. In einer halben Stunde wird alles klar sein,« sagte der ehemalige Dorflehrer. Das war ein gutes Beispiel der chinesischen Gelassenheit.

Kaum waren wir im Hof angelangt, da kam schon wieder ein Befehl.

»Holt eure Hocker und kommt sofort zurück in den Hof! Verstanden?«

Also nicht einmal Zeit, sich die Hände zu waschen und umzuziehen.

»Verdammt noch mal! So was gibt's doch gar nicht!« fluchte der Ex-Garnisonskommandeur.

Die Langsamen hatten sich kaum niedergelassen, da fing die Versammlung schon an.

Heute gibt's was Außergewöhnliches, dachte ich, als ich im Hof unbekannte Beamte sah. Es waren auch Frauen und Kinder dabei. Die Versammlung hatte weder einen Anfang - man hat Maos Zitate nicht gelesen - noch ein Ende - niemand hat eine Abschlußrede gehalten.

Es sprachen viele Menschen: Beamte und Frauen. Alle waren furchtbar aufgeregt und empört. Manche Frauen schluchzten mitten in ihrer Rede und konnten nicht weitersprechen. Ihre Kinder, meistens Knaben, ungefähr zehn Jahre alt, weinten mit. Sie alle verlangten, daß die »Regierung« dieses »große, schlechte Ei«, was Halunke bedeutet, strengstens bestrafen solle.

Aus dem Chaos wurde allmählich klar, daß ein Angestellter dreizehn Knaben der Beamten sexuell mißbraucht hatte. Und als der Name des Angestellten endlich genannt wurde, war es, als ob es aus heiterem Himmel plötzlich blitzte. Es war Tang, der »Musterangestellte«!

Jetzt brach auch Unruhe unter den Angestellten aus. Auf einmal wurden sie wie Ameisen. Hier sah man drei, dort fünf Köpfe zusammen. Sie sprachen durcheinander. Ich war aber völlig verblüfft und sprachlos. Er? Ausgerechnet er? Irgendwie hoffte ich, daß das alles nicht wahr war.

»Ruhe, Ruhe!« rief Kompanieleiter Gao. »Hört gut zu, was der Politkommissar Wu zu sagen hat!«

Der Politkommissar Wu war ein großer Mann, Mitte fünfzig, immer noch mit dem Erscheinungsbild eines Offiziers. Er ließ sich selten sehen. Aber wenn er erschien, dann war immer etwas Wichtiges los. Als er aufstand und sich räusperte, begann es im Hof allmählich ruhig zu werden.

»Genossen! Ihr Angestellten!« Seine Stimme war schrill für seine Größe, fast wie eine Frauenstimme. »Ich war blind. Ich habe einen Wolf für ein Lamm gehalten. Dieser verdammte Tang hat uns alle betrogen. Neulich hat die Politische Abteilung vorgeschlagen, diesen Tang ausnahmsweise als Beamten anzustellen. Niemand in der Abteilung kann so gut reden wie er. Und wir brauchen einen guten Redner für unsere politische Arbeit, hieß es in dem Bericht der Abteilung. Ich war eben im Begriff, diesen Vorschlag zu billigen. Gut, daß ich ein bißchen gezögert habe. Sonst hätte ich einen groben Fehler gemacht. Ich habe gezögert, weil so etwas beispiellos ist, nicht, weil ich etwas gegen Tang hatte. Ich bin meiner Frau dankbar. Sie war die erste, die ›Spinnfäden‹ und ›Hufabdrücke‹ entdeckte.«

Was waren die Spinnfäden? Was waren die Hufabdrücke? Das hat der Politkommissar nicht ausführlich aufgezählt. Aber durch seine Rede wurde schließlich klar, was der »Musterangestellte« Tang, der Experte der Geschichte der Ming-Dynastie, heimlich alles getan hatte.

Es stellte sich heraus, daß Tang ein nicht unwillkommener Gast bei den Beamten und ihren Familien gewesen war. Denn ihre Kinder mußten in der Schule Geschichte lernen, und die Beamten hatten Tang gebeten, an Ruhetagen zu ihnen zu kommen, um ihren Kindern Nachhilfeunterricht zu erteilen. Das tat er gerne, denn obwohl er dafür nicht extra bezahlt wurde, konnte er immer etwas besonders Gutes bei den Beamtenfamilien zu essen bekommen. Außerdem bot ihm das eine ausgezeichnete Gelegenheit, auf die Beamten einen guten Eindruck zu machen, was für seine Zukunft äußerst wichtig war. Ein dritter Grund, warum Tang so freiwillig seine Ruhetage für die Kinder der Beamten opferte, den aber niemand ahnte, war jetzt klar: Er wollte auch auf die Kinder oder genauer gesagt auf die Knaben, einen guten Eindruck machen. Als Historiker hatte Tang genug Geschichten zu erzählen, um die Knaben anzuziehen. Sie hatten großen Respekt vor ihm und nannten ihn »Onkel Tang«. Er war viel besser als die Geschichtslehrerin in der Schule.

Im Hof wurden oft Filme gezeigt. Da das fast die einzigen Unterhaltungen im Lager waren, kamen auch Beamte und ihre Familienangehörigen, die aber weit weg von den Angestellten saßen. Nun, die Mütter hatten ein so großes Vertrauen in Tang, daß sie ihre Knaben mit Tang zusammen den Film sehen ließen, wobei es Tang immer verstand, ihre Fragen: »Ist er ein guter Mensch oder ein böser Mensch?« geschickt zu beantworten oder ihnen Hintergrundkenntnisse zu vermitteln. Die Mütter glaubten, daß ihre Kinder dadurch etwas umsonst von Tang bekommen könnten. Aber wie sollten sie ahnen, was ihre Kinder von Tang wirklich bekamen?

In einer Ecke hinten auf dem Hof stand eine Werkzeughütte. Nur Tang hatte den Schlüssel. Da die Kompanie ihn immer mehr als eine Art

Sekretär brauchte, der Berichte zu schreiben, Löhne zu berechnen hatte und dergleichen, arbeitete er immer weniger im Gemüsegarten, bis er später tagsüber im Hof blieb und auf die Werkzeughütte und den Dampfkessel aufpaßte. Dies gab ihm die Möglichkeit, die Knaben während des Films heimlich in die Werkzeughütte zu führen, um sie als Werkzeug seiner bestialischen Wollust zu mißbrauchen. Jedesmal, wenn seine Gelüste befriedigt waren, gab er seinen Opfern Bonbons, drohte aber zur gleichen Zeit: »Niemand soll das wissen, verstehst du? Sonst werden dich deine Eltern in den Kanal für Salzboote werfen. Merk dir das!«

Die Eltern hatten am Anfang nicht die geringste Ahnung.

»Lao Tang,« lud ihn eine Mutter ein, »kommst du zu uns diesen Sonntag? Es gibt gebratene Gans, extra für dich zubereitet.«

Mit diesem »Lao« war die strikte Trennungslinie zwischen »Regierung« und Ex-Verbrecher verschwunden.

Ein Vater erzählte Lao Tang:

»Unser Bao Bao hat nächste Woche Geschichtsprüfung. Er hat Angst und sagte, nur Onkel Tang könne ihm helfen. Hast du am Wochenende ein bißchen Zeit für ihn? Später können wir wieder Schach spielen.«

O ja! Onkel Tang hatte Zeit für Bao Bao und ihm auch geholfen, und zwar auf eine sonderbare Weise in der Werkzeughütte.

Tang hatte eine besondere Schwäche für das Unberührte. Er brauchte jedesmal einen neuen Knaben. Seine Erfolge ermutigten ihn. Er hatte schon ein Dutzend auf seinem Konto, aber kein schlechtes Gewissen. Mit dem zweiten Dutzend hatte er eben angefangen.

»Wo ist dieser verdammte Angestellte?« schrie plötzlich eine Mutter mit rotgeweinten Augen. »Wo steckt dieser Wolf im Lammfell? Ich will ihn in Stücke reißen!«

Der Politkommissar Wu hielt inne.

Ja, wo war Tang? Gewöhnlich sollte der »Kampfgegenstand« vorne mit gesenktem Kopf stehen.

»Wo ist Tang?«

»Her mit ihm!«

Im Hof begann es wieder unruhig zu werden. Der Politkommissar gab einen Wink. Zwei Polizisten erschienen in Uniform und mit Pistolen, zwischen ihnen der »Musterangestellte« Tang.

Ein Aufruhr entstand im Hof. Die Frauen, schreiend und weinend, die Männer, fluchend und gestikulierend, wollten sich auf Tang stürzen. Schnell stellten sich die beiden Polizisten um Tang und riefen:

»Ihn nicht schlagen! Ihn nicht schlagen!«

Diesmal war der Ruf wörtlich gemeint, denn ohne die Polizisten wäre Tang von den wütenden Eltern totgeschlagen oder gar in Stücke gerissen worden.

Die Frauen spuckten Tang verächtlich ins Gesicht. Die Männer fluchten wild und zeigten ihre Fäuste.

»Schlechter Onkel! Schlechter Onkel!« Jetzt schrien auch die Kinder.

Ich konnte Tang nicht sehen. Die Menschenmassen hatten ihn völlig eingekreist. Wie sah er jetzt aus? Noch immer wie ein Akademiker?

»Abführen! Sofort abführen!« befahl Kommissar Wu. Seine Frauenstimme wurde noch schriller.

Die Polizisten kamen nicht einen Schritt vorwärts.

»Genossen! Eltern! Ruhe! Ruhe bitte!« Jetzt war Wus Stimme so schrill, daß sie unmenschlich klang.

Die Massen schauten den Kommissar an, ohne zurückzutreten.

»Genossen! Eltern! Ihr müßt Vertrauen in die Partei und Regierung haben. Ich versichere euch als Politkommissar des Ersten Zwangsarbeitslagers der Provinz Hebei, daß der Verbrecher nach den Gesetzen streng bestraft werden wird. Ich versichere euch, daß ich heute noch persönlich mit dem Präsidenten des Gerichtshofes sprechen und ihm euer gerechtes Verlangen ausrichten werde. Genossen! Eltern! Ich schäme mich, daß ich als Politkommissar eure Kinder nicht geschützt habe, und bin bereit, eure Kritik entgegenzunehmen. Genossen! Eltern!...« Wus Stimme zerriß.

Die Massen begannen, den Kreis um Tang zu lockern. Schnell führten die Polizisten ihn ab. Ich bekam nur flüchtig Tangs Rücken zu sehen. Er ging nicht. Er wurde von den Polizisten weggeschleppt.

»Adieu, Herr ›Musterangestellter‹!« sagte ich zu mir selbst. »Was für ein ›neuer Mensch‹ bist du? Was für ein Parteimitglied? Was für ein Staatsfunktionär? Was für ein Intellektueller?«

Hier im Ersten Zwangsarbeitslager der Provinz Hebei lebte man zwischen Tieren und Menschen!

Ein »Kampfheld« – ein lüsterner Wolf

»Die liebenswertesten Menschen« - das war ein Stück Geschichte, welches einen an den Krieg gegen die Amerikaner in Korea am Anfang der Volksrepublik erinnerte. Die Soldaten der Chinesischen Volksfreiwilligen-

Armee waren zu dieser historischen Zeit tatsächlich vom Volk am meisten geehrt und geliebt.

Aber was hat das mit dem Zwangsarbeitslager oder der Kompanie für die Alten und Behinderten zu tun? Eigentlich nicht sehr viel, außer der Tatsache, daß es in dieser Kompanie zufällig auch einen der »liebenswertesten Menschen« gab, der aber gar nicht mehr so liebenswert war.

Meine Bekanntschaft mit diesem Ex-Freiwilligen Zhang war eher dienstlich als privat. Aus irgendeinem Grunde mußte er seinen Lebenslauf schreiben und ihn bei der »Regierung« abgeben. Er war zu mir gekommen und hatte mich gebeten:

»Lao Zhou, du bist der einzige Intellektuelle in der Kompanie, dem ich vertraue. Willst du mir helfen? Ich bin ein halber Analphabet. Außerdem kann ich fast gar nichts mehr sehen.«

Wie konnte ich einem »Kampfhelden« seine Bitte abschlagen? Er war Leiter einer Spähkompanie in Korea gewesen. Als er einmal mit einem Späher tief ins feindliche Hinterland vorgestoßen war, lief der Späher unglücklicherweise auf eine Mine und war sofort tot. Zhangs Augen wurden schwer verletzt.

Er hat zwar auf dem Schlachtfeld den Ehrentitel bekommen, aber seine Sehkraft verloren. Als er schließlich in diese Kompanie für Behinderte wanderte, schickte ihn die »Regierung« ausnahmsweise in das städtische Krankenhaus in Tangshan, der nächsten Großstadt, wo er die beste Behandlung bekam. Aber auch die erfahrensten Augenärzte konnten kein Wunder vollbringen. Zhang kam nach einigen Monaten zurück - mit einer Stange in der Hand.

»Lao Zhou,« sagte Zhang »was ich dir jetzt zu erzählen habe, ist meine Vergangenheit, nicht meine Gegenwart, verstehst du?«

Nein, ich konnte ihn nicht verstehen. Meinte er, daß er jetzt wirklich ein »neuer Mensch« geworden war und seine eigene Vergangenheit verabscheute? Aber da fing er schon an, mir seine Vergangenheit zu erzählen.

Es stellte sich heraus, daß er nach der Explosion der Mine in Korea von seinem Kommando freigesprochen und in einer koreanischen Familie untergebracht wurde, da es kein Krankenhaus mit Augenärzten in der Nähe gab. Er sollte später mit anderen Verwundeten zusammen nach China geschickt werden. Dieser Familie gehörte ein Offizier der Koreanischen Volksarmee an, der im Krieg vermißt war. Seine Frau lebte allein mit einem kleinen Kind. Nun, Zhang sprach kein Koreanisch außer »Guten Tag« und »Danke schön«. Trotzdem konnten er und die Wirtin einander durch Gesten verstehen. Die Frau war jung und einsam und Zhang der einzige junge Mann im ganzen Dorf. Er war kräftig und hatte einen Ehrentitel. Was später zwischen ihnen geschah, war weder Überraschung noch Ausnahme.

Überrascht aber wurden sie einmal von der Schwester der Wirtin, deren Mann im Krieg gefallen war. Die Schwestern haben dann lange miteinander gesprochen. Zhang verstand natürlich kein Wort. Schließlich hat er das Gespräch doch verstanden, denn die Wirtin verließ das Schlafzimmer mit einem mysteriösen Lächeln, aber ohne ihre Schwester. Bevor Zhang etwas dazu sagen konnte, lag die Schwester schon mit einem einladenden Lächeln auf dem Bett.

Hier begann Zhang seinen Kopf zu verlieren. Die Fügsamkeit und Zärtlichkeit der koreanischen Frauen gefiel ihm sehr. Darüber hinaus hatte er herausgefunden, daß es im Dorf viele einsame junge Frauen gab. Sie freuten sich über seine Gesellschaft um so mehr, wenn er etwas von seiner Ration mitbrachte. Seine »Erfolge« ermutigten ihn. Er nahm nicht nur die Mütter, sondern auch ihre Töchter, manche noch nicht volljährig. Er sank tiefer und tiefer in seine Sünden.

Es wäre sicher so weitergegangen, wenn nicht die einzige Tochter des Dorfbürgermeisters Selbstmord begangen hätte. Sie war schwanger. Der Bürgermeister suchte den Bataillonsleiter der Freiwilligen auf. Die ganze Wahrheit kam an den Tag.

Zhang wurde verhaftet. Das Kriegsgericht verurteilte ihn zum Tode. Aber die Koreaner sahen es nicht gern, daß ein chinesischer Kampfgefährte, und noch dazu ein Kampfheld, auf ihrem Boden erschossen werden sollte. Überdies wiesen sie darauf hin, daß Zhang keine Frau vergewaltigt hatte. Und das war Tatsache. Schließlich wurde beschlossen, Zhang nach China zurückzuschicken, wo er zu zwanzigjähriger Freiheitsstrafe verurteilt wurde.

Das war seine Geschichte, ein Kapitel seines Lebenslaufs. Er hatte ganz sachlich gesprochen, als ob er nicht über seine eigene Vergangenheit, sondern über die einer anderen Person erzählte, ohne Scham, ohne Reue.

»Na ja, das ist schon mehr als zwanzig Jahre her,« dachte ich, obwohl seine kalte Distanz mich doch wunderte. Es waren immerhin mehr als zwanzig koreanische Frauen, unter ihnen mehrere junge Mädchen. Das war doch eine große Schande für die Chinesische Volksfreiwilligen-Armee. Daß er nicht an Ort und Stelle erschossen wurde, war sein »Glück«.

»Hast du alles notiert, Lao Zhou?« fragte mich Zhang. »Ja? Gut, danke! Wenn du es ins reine geschrieben hast, unterzeichne ich es und gebe es dem Kompanieleiter. Keine Ahnung, warum man sich wieder dafür interessiert. Mir wäre es viel lieber, wenn man daran denkt, daß ich jetzt wie ein Mönch lebe. Man hat wohl vergessen, daß ich ein Kampfheld bin, und noch ein glorreicher Invalide dazu. Es war ein reiner Zufall, daß Xiao Wang und nicht ich auf die Mine gelaufen war. Ich war nur ein paar Schritte hinter ihm. Buddha hat mir ein zweites Leben gegönnt, und ich beabsichtige, es zu genießen.«

Seine Worte machten mich sprachlos. Schlimm, daß die chinesischen Zeitwörter keine Zeitform haben. Hatte er damals in Korea schon diese Absicht gehabt und deswegen zwei Dutzend Frauen »genossen«, oder hatte er jetzt diese Absicht? Wahrscheinlich jetzt noch. Hat er nicht eben vom Leben eines Mönchs gesprochen?

»Bist du verheiratet, Lao Zhou? Nein? Und du hast auch nie mit einer Frau geschlafen? Aber, aber, Lao Zhou, wofür lebst du denn?«

Waren seine Augen schon so schlimm, daß er gar nicht meine Reaktion merkte? Denn er fuhr fort:

»Weißt du, Lao Zhou, ich würde nicht Frauen für Reichtum oder Karriere tauschen. Nein, nicht ich. Frauen liebe ich am meisten. Du hast gar keine Ahnung, wie zärtlich und gleichzeitig heftig koreanische Frauen im Bett sind. Sie haben nie genug. Und die Jungfrauen! Sind sie nicht reizend? Halb schüchtern, halb froh; halb ablehnend, halb nachgebend. Einfach berauschend! He, wohin gehst du, Lao Zhou? Wohin? Und was ist das?«

Nein, ich bin nie scheinheilig, aber so etwas war zuviel für mich. Ich bin aufgesprungen, habe das Konzeptpapier zerrissen und ihm ins Gesicht geschleudert. Mit großen Schritten bin ich weggegangen.

»He, Lao Zhou!« hörte ich ihn noch hinter mir her rufen. »Was soll das? Komm zurück! Ich verstehe dich nicht!...«

»Ich kann dich auch nicht verstehen, Genosse Kampfheld,« dachte ich.

Für einige Zeit hörte ich nichts mehr von ihm, wollte auch nichts mehr von ihm wissen.

*   *   *

Es war der fünfzehnte Tag des achten Monats, nach dem Lunarkalender also das Mondfest, ein Fest des Familientreffens. In der Kantine gab es Mondkuchen und sogar Portwein. Trotzdem war die Stimmung in der Kompanie eher traurig als festlich. Kein Wunder - in einem Zwangsarbeitslager. Einer der größten Dichter der Tang- Dynastie, Li Bai, hat zwei Zeilen hinterlassen, die fast jeder Chinese kennt:

»Ich hebe den Kopf und schaue den klaren Mond an,

ich senke den Kopf und denke an das Heimatland.«

Tatsächlich denkt man zu jedem Fest, aber besonders zum Mondfest, innig an seine Angehörigen. Auch hier war es nicht anders. Nur ich machte wohl eine Ausnahme. Ab achtzehn habe ich fast immer allein gelebt. Heimweh war - und ist für mich auch heute noch - ein Luxus. Oder bin ich seelisch schon erstarrt? Es kommt mich einfach zu teuer zu stehen, es raubt mir die Kraft.

Wir aßen Mondkuchen im Zimmer. Einige tranken Portwein dazu. Jemand seufzte und zitierte ein paar Gedichtzeilen:

»Ich versuchte, meine Sorgen zu ertränken, doch sind meine Sorgen schlimmer geworden.«

Da erschien an der Tür Diao, der Gerüchtemacher, mit einem Glas Portwein in der Hand.

»He, ihr Leute, habt ihr gehört, daß...« Er wollte uns etwas erzählen.

»Scher dich zum Teufel!« unterbrach ihn der Rezitierer. »Wir haben ohne dich schon genug Sorgen.«

»Immer mit der Ruhe, junger Mann!« Der Gerüchtemacher mußte seine Geschichte erzählen, egal, ob er willkommen war oder nicht. »Diesmal heiße ich bestimmt nicht Diao, wenn meine Nachricht nicht wahr ist.«

»Wie viele Male hast du das schon gesagt?«

Ein anderer warf ein:

»Nie waren deine Geschichten wahr, und du hast die Unverschämtheit, immer noch Diao zu heißen - eine Schande für deine Ahnen!«

»Gut, gut!« Diao tat, als ob er weggehen wollte. »Daß der Kampfheld aus Korea von der Oma erpreßt wurde, ist wohl auch keine Nachricht für euch, oder?« fragte er absichtlich gleichgültig an der Schwelle.

»Was ist mit dem Kampfhelden? Was ist mit der Oma? Heraus damit!« rief jemand aus der Ecke.

»Na, seht ihr, Nachricht ist Nachricht.«

Diao wartete nicht ab, noch einmal eingeladen zu werden. Er ließ sich bequem nieder.

»Ah, was sehe ich hier?« fragte er. »Man sagt: ›Zigarette und Wein teilt man mit jedem Mann.‹«

Er bediente sich mit einer Zigarette, teilte seinen Wein in der Hand aber mit niemandem. Nach einem langen Zug räusperte er sich und begann:

»Ihr wißt ja, der Kampfheld kann fast nichts sehen und hat nur noch einen schwachen Sinn für Licht. Wahrscheinlich deswegen ist er seit kurzem wieder besonders gierig nach Frauen. ›Eine blinde Katze rennt in eine tote Maus hinein.‹ Das ist Zufall. Unser Held will aber, bevor er ganz blind wird, keinen Zufall, sondern Sicherheit, will keine tote Maus, sondern eine lebendige Frau haben...«

»Kannst du nicht direkter sein, Diao?« unterbrach ihn jemand.

»Ja, ja! Habt nur Geduld!«

Diao war mit seinem Erfolg, Neugierde geweckt und Spannung erzeugt zu haben, ganz zufrieden.

»Und diese verdammte Oma mit den Pockennarben kann seinen Gedankengang genau lesen...«

»Wer ist Oma?« Wieder Unterbrechung, aber diesmal von einem Neuling.

»Wer ist Oma? Was für eine komische Frage? Wer weiß nicht, daß die Oma vor dreißig Jahren eine berühmte Dirne in Tangshan war? Sie hat sogar mit dem japanischen Kommandanten geschlafen. Er gab ihr ein goldenes Armband und eine Ohrfeige zum Abschied...«

»Eine Ohrfeige? Wieso?« Jetzt waren alle ganz Ohr.

»Sie wollte noch eine goldene Halskette!« erwiderte Diao.

»Keine Unterbrechung mehr. Weiter, Diao!« sagte jemand.

»Ja, aber wo war ich denn? Ach so, die Oma. Ihr habt alle ihre Enkelin gesehen, die hier zu Besuch ist, nicht? Sie hat eine süße Stimme und nennt jeden ›Onkel‹. Irgendwie hat die Oma dem Helden zu verstehen gegeben, daß er ihre Enkelin für hundert Yuan haben könnte. ›Eine Jungfer‹, hat sie ihm ins Ohr geflüstert. ›Große Brüste. Runde Hüften. Frühreif, weißt du?‹ Was sind hundert Yuan für den Helden? Er kriegt doch jedes Vierteljahr seine Invalidenrente. Hätte ich soviel Geld, würde ich sofort das Mädchen unter meinen Leib drücken. Sechzehn und noch große Brüste und runde Hüften dazu...«

»Rede keinen Unsinn, Diao! Wer weiß nicht, daß du impotent bist!«

Das war ein Schlag ins Gesicht.

»Keine Unterbrechung, habe ich gesagt. Also, weiter, Diao!«

Das war wieder der Ungeduldige.

»Ja, erzähl weiter!«

»Was geschah weiter?«

Der Portwein und das Heimweh hatten ein interessiertes Publikum erzeugt.

»Also, weiter. Aber ob ich potent oder impotent bin, hat mit dir wirklich sehr wenig zu tun. Ich will nicht mit dir schlafen, auch wenn du mir hundert Yuan gibst. Puh!« Diao spuckte aus. »Jetzt hört gut zu und unterbrecht mich nicht, sonst gehe ich, verstanden? Also, gestern hat die Oma unseren großen Kampfhelden zum Mondfest eingeladen. Er sollte unter dem Baum warten, bis ihn die Enkelin abholt. Jetzt komme ich zum Höhepunkt...«

»Verdammt noch mal, Diao, weiter!«

»Ja, weiter, weiter!«

Aber Diao hatte keine Eile. Er bediente sich mit einer zweiten Zigarette und nahm einen langen Zug nach dem anderen. Erst als er befriedigt war, setzte er fort:

»Nun, er folgte der Enkelin und konnte es kaum abwarten. Man sagt, Jungfern haben einen besonders aufreizenden Duft, wißt ihr? Sie kamen zu Omas Zimmer. Die Tür war einladend angelehnt. Die Enkelin war verschwunden. Aber das hat unser blinder Held überhaupt nicht gemerkt. ›Hast du das Geld mitgebracht?‹ fragte leise die Oma. ›Aber natürlich.‹ Brav überreichte er ihr das Geld. Nachdem die Oma die Banknoten genau gezählt hatte, sagte sie: ›Aber worauf wartest du noch? Zieh dich aus. Meine Enkelin liegt schon im Bett. Sie ist splitternackt.‹ Hastig begann die Erdkröte sich zu entkleiden und wollte das Schwanenfleisch genießen. Als er wirklich splitternackt war, packte ihn die Oma fest am Körper und schrie: ›Hilfe! Hilfe!‹ Da stürzte der Opa ins Zimmer, und die Oma begann zu heulen: ›Er hat mich vergewaltigt, dieser blinde Hund. Er hat mich vergewaltigt.‹

Der Opa gab dem total verwirrten nackten Mann eine heftige Ohrfeige und begann zu brüllen: ›Ha, was für ein Kampfheld! Was für ein glorreicher Invalide! Du bist eine Kreatur mit einem Menschengesicht, aber dem Herzen einer Bestie! Hast du die Galle eines Leoparden gefressen? Das hier ist ein Zwangsarbeitslager. Und du wagst hier meine Frau zu vergewaltigen? Komm, wir gehen zum Kompanieleiter. Du bist wohl lebensmüde. Man hätte dich längst in Korea erschießen sollen. Aber vielleicht willst du lieber in deiner Heimat sterben, was? Komm!‹

Der Opa zerrte den fast ohnmächtigen, zitternden Mann am Arm. Die Oma weinte und heulte. An der Schwelle fiel der Kampfheld auf die Knie, nannte den Opa ›Großen Onkel‹ und flehte ihn an, sein Leben zu schonen. Der Opa seufzte und sagte: ›Tja, wenn man es sich genauer überlegt, ist es für dich auch nicht leicht, wie ein Mönch zu leben. Du hast ja so viele Frauen gehabt, nicht? Dein ›Großer Onkel‹ hat ein weiches Herz und will dich schon retten. Aber du hast meine Frau vergewaltigt, und das bringt Unglück ins Haus. Du mußt etwas tun, um... Aber zieh dich zuerst an. Wir werden schon eine Lösung finden.‹«

Diao stand auf, gähnte und wollte weggehen.

»He, Diao, du kannst jetzt doch nicht gehen. Erzähl weiter! Was geschah später?« fragten ihn einige Zuhörer.

»Aber ich habe keinen Wein mehr im Glas,« sagte Diao.

Natürlich brauchte er nicht das Zirnmer zu verlassen, um Wein zu holen. Man schenkte ihm das Glas voll.

»Danke, danke. Ich wünsche euch allen Glück.«

Er nahm einen Schluck und setzte sich wieder.

»Was geschah später? Tja, was konnte schon geschehen? Es war ein Handel zwischen zwei Männern. Die Oma war inzwischen auch verschwunden. Sie hatte ihre Rolle schon gespielt. Nach zehn Minuten begleitete der Opa unseren Helden nach Hause, wartete aber draußen, bis er von ihm noch vierhundert Yuan dazu in die Hand gedrückt bekam.«

Diao hatte eine Art, seine Geschichte zu erzählen, als ob er dabeigewesen wäre. Ihm konnte man nicht alles glauben, aber auch nicht alles nicht glauben. Die Zuhörer waren verschiedener Auffassungen. Einige meinten, der lüsterne Wolf habe es verdient, die anderen aber sagten, die Oma sei eine schreckliche Wölfin.

Und ich? Ich hatte wieder die seltene Gelegenheit, Kreaturen zwischen Tieren und Menschen zu beobachten.

Was für eine Welt!

Ein Akademiker – ein Denunziant

Denunziation, eine Sünde im westlichen Sinne, ist Pflicht jedes Chinesen. Es heißt »Berichterstattung« und ist weder Maos Erfindung noch eine neue Idee der Partei. Das hat es bei uns in China seit dem Kaisertum immer gegeben. Diejenigen, die zwar über einen Sachverhalt Bescheid wissen, aber die zuständige Behörde nicht informieren, werden streng bestraft. Vor der Volksrepublik gab es das Blocksystem oder das System der Zehn-Haushalt-Gemeinschaften, der Hundert-Haushalt-Gemeinschaften, usw. Das waren Zwangsverbände zur Überwachung und Kontrolle des Volkes. Jetzt haben wir Nachbarschaftskommissionen und Straßenkomitees - offene »Ohren und Augen« der Polizei. Sogar die Sowjetunion war gegen dieses System. In den Jahren, als die »unzerbrechliche, brüderliche Freundschaft« zwischen den beiden Ländern doch zerbrochen war, hatte sie in ihren Medien die chinesische Partei kritisiert, daß sie das ganze Volk offen aufrief und verpflichtete, einander zu denunzieren. »Einander denunzieren« - das war ein sowjetischer Ausdruck. Auf chinesisch heißt es: »der Partei näherkommen«. Jedes Parteimitglied, jeder Staatsfunktionär, jeder Chinese soll die Partei nicht nur ständig über seine eigenen Gedanken, Worte und Handlungen informieren, sondern auch über die der anderen Leute, so daß »die Partei sie besser erziehen kann«. Das ist ein übliches Verfahren in China, weder vom Westen noch von der Sowjetunion importiert, sondern wirklich »made in China«.

In den Zwangsarbeitslagern heißt es zwar nicht mehr »der Partei näherkommen«, denn die Insassen sind ja alle »Feinde des Volkes«, aber immerhin »der ›Regierung‹ näherkommen«, so daß »die Regierung sie »besser reformieren kann.« Ob der Häftling oder der Angestellte der »Regierung« fortwährend schriftlich oder mündlich über sich selbst und auch über andere Häftlinge und Angestellte Bericht erstattet, ist ein wichtiger Maßstab, ob er die Erziehung und Reformierung durch die »Regierung« akzeptiert oder ablehnt. Und diese Berichterstattung, egal, ob schriftlich oder mündlich, geschieht ganz offen, obwohl der Inhalt des Berichts vertraulich bleibt.

In den Gefängnissen und Zwangsarbeitslagern war ich fast in jeder Gruppe der Protokollführer, nie der Leiter, denn der Leiter mußte ein Mensch sein, der die Produktion oder die Landarbeit organisieren und leiten konnte. Meine Stärke lag offensichtlich in der Handhabung des Stiftes, und nicht der Ackergeräte. Es war die Pflicht jedes Protokollführes, der »Regierung« regelmäßig über sich selbst und - was noch wichtiger war - über seine Gruppe, einschließlich Gruppenleiter, Bericht zu erstatten. Das war der Grund, warum Protokollführer, obwohl sie nicht unbedingt die besten Arbeitskräfte waren, von manchen Menschen als »gefährlich« betrachtet wurden. Ich gab mir Mühe, immer sachlich zu berichten, nicht nur über die negativen, sondern auch über die positiven Seiten der Mitglieder meiner Gruppe. Da ihnen nie Unannehmlichkeiten passierten, hatten sie allmählich Vertrauen zu mir. Leider handelten nicht alle Protokollführer so.

In der Kompanie gab es zum Beispiel einen Protokollführer, der ein skrupelloser Denunziant war. Cai stammte aus Kanton. Er war Parteimitglied gewesen, Staatsfunktionär, Bevölkerungswissenschaftler, also ein Akademiker. Wie er ins Zwangsarbeitslager gelangt war, habe ich entweder vergessen oder nie wirklich gewußt, denn er sprach sehr selten und wenig über sich selbst. Er hatte aber immer großes Interesse an anderen Menschen. Er klopfte einem freundlich auf den Rücken, denn er war zu klein, um jemandem auf die Schulter klopfen zu können, und fragte lässig: »Na, wie geht's?«, »Was gibt's Neues?« oder »Was machen die Leute in deiner Gruppe?« oder »Wie denkst du über...?« Diejenigen, die ihn nicht kannten, fanden in ihm einen guten Gesprächspartner, denn er hatte immer ein aufmerksames Ohr und verstand, einen zum Reden anzuregen. Selbst die sonst wortkargen Menschen bekamen Lust, ihm etwas zu erzählen. Sie hatten keine Ahnung, daß das Cais Art und Weise war, Erkundigungen über andere Menschen einzuziehen, um der »Regierung« Bericht zu erstatten. Er war auch Protokollführer einer Gruppe. Aber sein Interesse war unbegrenzt, und er tat es, nicht wie die meisten Protokollführer, als Pflicht, sondern für seinen eigenen Zweck, nämlich, um der »Regierung näherzukommen«, um auf sie einen guten Eindruck zu machen, um günstigere Behandlungen zu bekommen. Das hat er auch erreicht, zum Beispiel erhielt er einen höheren Lohn und eine höhere Getreideration; er wurde leichter krankgeschrieben, wenn es zu heiß oder zu kalt war und er ungern im Gemüsegarten arbeitete.

Die »Regierung« hatte natürlich nichts dagegen, ein Paar »Ohren und Augen« unter den Angestellten zu haben. Aber mit der Zeit wurden die Wirkungen dieses Denunzianten immer geringer, denn immer mehr Menschen begannen, ihn in seinem wahren Licht zu sehen und Distanz zu ihm zu halten. Im übrigen stimmten seine Berichte manchmal nicht, und das wiederum hat sein Prestige bei der »Regierung« sehr beeinträchtigt. Aber am schlimmsten für ihn war es, daß man begann, ihn zum Narren zu halten.

Es war kurz nach Maos Tod im Jahre 1976. Der ehemalige nationalistische Garnisonskommandeur war eben von seinem Familienbesuch in Baoding ins Lager zurückgekehrt.

»Na, was gibt's Neues?« fragte ihn Cai wie gewöhnlich. »Was sagen die Menschen in Baoding?«

»Nichts!« Der Ex-Kommandeur war ihm gegenüber wortkarg. Er war schon lange in der Kompanie.

»Gar nichts? Merkwürdig!« Cai schaute nach draußen. »Oh! Es sieht nach Regen aus. Meine Wäsche ist noch im Hof.«

Er verließ das Zimmer ohne Gewinn, aber auch ohne Verlust. Er hat wenigstens sein Gesicht gewahrt.

Ein paar Tage später begegnete ihm ein Neuling, der derselben Gruppe wie der Ex-Kommandeur angehörte.

»Na, was gibt's Neues?« Cai versäumte nie die Gelegenheit, Informationen zu sammeln.

»Oh, nichts,« antwortete der Neuling.

»Nichts? Merkwürdig!« Dann tat Cai, als ob er sich selbst fragte. »Jemand ist doch neulich von zu Hause zurückgekommen, habe ich gehört. Wer war das denn? War es nicht einer aus deiner Gruppe?«

»Ach so,« erwiderte der Neuling, »du meinst wohl den Ex-Kommandeur, nicht?«

»Ja, gewiß. Er ist aus Tangshan, nicht?«

»Nein, aus Baoding.«

»Aber natürlich, aus Baoding. Er war Garnisonskommandeur dieser Stadt, habe ich gehört. Und gar keine Nachrichten aus Baoding?«

»Doch.« Der ahnungslose Neuling begann zu erzählen.

Es stellte sich heraus, daß man in Baoding hinter geschlossenen Türen sagte: »Gut, daß der alte Mao gestorben ist. Sonst müßten noch mehr unschuldige Menschen sterben.«

Die Nachricht kam offensichtlich von dem Ex-Kommandeur, denn wir im Lager glaubten immer noch, daß Maos Tod ein unersetzbarer Verlust für den Staat und für das Volk ist. Für uns war Mao weiterhin »der große Führer«. Wie sollten wir wissen, was das Volk draußen dachte und sagte. Wir waren total auf die Zeitung und den Rundfunk der Partei angewiesen.

Am nächsten Tag sollten wir eine Stunde früher vom Gemüsegarten zurückgehen, um an einer Versammlung im Hof teilzunehmen.

»Was gibt's Neues?« fragte Cai unterwegs.

»Weiß der Teufel!« erwiderte jemand.

»Ich bin zwar kein Teufel, aber ich weiß ganz genau, daß wieder jemand kritisiert werden soll,« sagte ein anderer.

Sowohl Cai als auch der Kompanieleiter Gao hatten schnell gearbeitet. Im Hof sahen wir wieder den Politkommissar Wu. Es mußte etwas Wichtiges sein. Es war eine »Kampfversammlung«. Der »Kampfgegenstand« war niemand anderes als der Ex-Kommandeur.

Der Kompanieleiter hatte wahrscheinlich vorher schon mit ihm gesprochen und ihn kritisiert. Denn die Versammlung begann ausnahmsweise mit der Selbstkritik des Ex-Kommandeurs. Er nannte sich »ein undankbares Vieh«. »Die Regierung« habe ihn nach seiner Festnahme nicht hingerichtet. Er durfte sogar seine Familie besuchen. Aber er habe die Großmut der »Regierung« mit Verleumdung zurückgezahlt. Selbstverständlich sei Vorsitzender Mao auch nach seinem Tode der große Führer des chinesischen Volkes. Niemand in seiner Familie oder in seiner Heimatstadt habe gesagt, daß, wenn der Vorsitzende Mao nicht gestorben wäre, noch mehr unschuldige Menschen sterben müßten. Das sei eine Lüge. Er habe die Lüge fabriziert und verbreitet aus seinem reaktionären Klasseninstinkt. Er sei bereit, jede Strafe der »Regierung« zu akzeptieren. Er versichere der »Regierung«, nie wieder ähnliche Fehler zu machen. Und so weiter und so fort. Er hatte das alles aufgeschrieben. Jetzt las er Wort für Wort ab. Man hätte glauben können, daß er die Nachricht vom Tode Maos vorlese - so traurig schien er zu sein.

Nach seiner Selbstkritik sprach - wieder ausnahmsweise - nicht Gao, der Kompanieleiter, sondern direkt Wu, der Politkommissar. Er wies darauf hin, daß das eine Widerspiegelung des Klassenkampfes im Lager sei. Jeder Angestellte solle sich bemühen, auf der richtigen Seite des Kampfes zu stehen. In diesem Kampf seien Fehler unvermeidlich. Wichtig sei es aber, von eigenen Fehlern zu lernen und ähnliche Fehler in Zukunft nicht zu wiederholen.

Der Ex-Kommandeur wurde nicht bestraft. Aber drei Tage hintereinander hat er fast kein Wort mit irgend jemandem gewechselt.

Dann kam ein Ruhetag. Alle Leute waren im Zimmer, denn es regnete zum großen Ärger der Angestellten. Der Ex-Kommandeur saß wie üblich auf seinem Bett, trank Branntwein und aß Erdnüssee dazu. Über eine kleine Weile hörte man Glas zerbrechen. Es war der Ex-Kommandeur. Sein Gesicht hatte die Farbe der Schweineleber. Seine Augen spien Feuer.

»Dieser gottverdammte, gemeine Denunziant,« fing er an zu fluchen. »Dieses stinkende, niedrige Vieh! Ich weiß ganz genau, wer mich denunziert hat. Es kommt ihn noch teuer zu stehen. Wer außerhalb des Lagers weiß nicht oder meint nicht, daß der alte Kerl Mao für viele Menschenleben verantwortlich ist? Wer weiß nicht...«

»Pst!« Sein Gruppenleiter versuchte ihn zu stoppen. »Exzellenz, trink deinen Branntwein und rede keinen Unsinn. Du bereitest uns allen mit deinem Geschwätz Unannehmlichkeiten. Wir haben dich doch nicht denunziert. Nicht wahr, ihr alle?«

»Ja, ja. ›Unglück kommt aus dem Mund.‹ Denk daran!« Das war sein Protokollführer.

»Na gut, ich trinke meinen Schnaps. Auf euer Wohl!« Er nahm direkt aus der Flasche einen großen Schluck. »Aber hört gut zu! Wenn ich mich für diesen Haß nicht revanchiere, so schwöre ich euch, bin ich kein Mensch mehr.«

»»Wenn sich ein Gentleman in zehn Jahren revanchiert, so ist es noch nicht zu spät.«« Wieder der Protokollführer - er war vielleicht ein alter Pedant. Wieso konnte er sonst so viele alte Redewendungen auswendig vortragen?

Kurz darauf begann »Seine Exzellenz« zu schnarchen.

Irgendwie hatte Cai Wind davon bekommen und schrieb wieder einen Bericht. Diesmal reagierte die »Regierung« gar nicht darauf. Vermutlich hatten die Beamten inzwischen auch erfahren, wie man über Mao denken »sollte«.

Aber das hat Cai nicht im geringsten entmutigt. Er klopfte den Leuten immer noch freundlich auf den Rücken und fragte lässig: »Na, was gibt's Neues?«

Einige Tage danach kam eine junge Frau an, die ihren Mann, einen Angestellten, besuchen wollte. Sie bekamen ein Zimmer, so daß sie zusammenleben konnten.

Kurz darauf erhielt die »Regierung« wieder einen Bericht von Cai. Darin schrieb er, daß diese junge Frau eine Hure sei und schon mit vier Angestellten geschlafen habe, während der Mann draußen vor der Tür gesessen und wachsam Ausschau gehalten habe. Von jedem »Gast« habe er hundert Yuan in die Hand gedrückt bekommen.

Die »Regierung« untersuchte den »Fall« und fand den Bericht völlig unbegründet. Aber woher hatte Cai diese Information? Von demselben Neuling in der Gruppe des Ex-Kommandeurs!

Dann geschah etwas Dramatisches. Eines Abends wurde Cai mitgeteilt, daß er sich umgehend bei der Kompanieleitung melden solle. Ahnungslos verließ er das Zimmer. Unterwegs wurde er von mehreren Leuten überfallen. Man stopfte ihm den Mund mit einem stinkenden Strumpf und warf ihm einen Sack über den Kopf. Er wurde in ein leeres Zimmer geschleppt und brutal verprügelt. Als er nach Mitternacht noch nicht zurückkam, meldete sich sein Gruppenleiter beim Kompanieleiter, der ihm sagte, daß er überhaupt nicht nach Cai gerufen habe. Cai wurde schließlich in dem leeren Zimmer gefunden, unfähig aufzustehen. Er hatte niemanden gesehen, aber er behauptete, das Husten des Ex-Kommandeurs gehört zu haben. Natürlich konnten weder er noch die »Regierung« herausfinden und beweisen, wer ihm aufgelauert und ihn so raffiniert geschlagen hatte, daß gar kein Trauma zu sehen war. Sie waren aber ganz sicher, daß der Ex-Kommandeur diese Racheaktion geplant und organisiert hatte.

Am nächsten Tag kannte jeder in der Kompanie den Skandal.

Cai war nirgendwo zu sehen. Er hatte in der Nacht Blut ausgeworfen und mußte dringend ins Krankenhaus gebracht werden. Nach einem Monat etwa ließ sich Cai wieder im Hof sehen. Er war blaß und mager. Aber freundlich wie immer klopfte er den Leuten auf den Rücken und fragte lässig: »Na, was gibt's Neues?«

Eine chinesische Redensart lautet: »Der Hund kann sich nie ändern. Er muß immer Mist fressen.«

Dieses Ex-Parteimitglied, dieser Ex-Staatsfunktionär, dieser Akademiker hat in seinen langen Jahren hinter den Mauern neben seinem Beruf als Bevölkerungswissenschaftler einen neuen Beruf erworben - den Beruf eines Denunzianten.

Ein Kompanieleiter – ein »Moralist«

Die Beamten des Lagers kamen entweder von der Volksbefreiungsarmee oder von den Polizeischulen. Um fair zu sein, muß ich sagen, daß die meisten Beamten, die ich kennengelernt habe, gut waren. Sie beschimpften uns nicht, sie verprügelten uns nicht. Einige waren sogar menschlich.

Natürlich gab es auch manche, die uns beleidigten. Ich hatte das Gefühl, daß sie ein Vorurteil gegenüber den Intellektuellen hatten, weil sie selber Bauern und halbe Analphabeten waren. Ebendeswegen war ich ihnen oft auf Gnade und Ungnade ausgeliefert. Aber auch dann muß ich wiederholen: Geprügelt oder auf irgendeine andere Weise mißhandelt wurde ich nie. Ich glaube nicht, daß ich eine Ausnahme war.

Auf der anderen Seite konnten wir natürlich nicht genau wissen, ob die Beamten in jeder Hinsicht gut waren. Man sagt: »Auch die Vögel im Wald singen nicht das gleiche Lied« oder: »Auch die zehn Finger sind nicht gleich lang.« Daß die Beamten von ihren Machtbefugnissen Gebrauch machten und kleine Vorteile für sich selbst und ihre Familien zu erlangen suchten, war üblich und weit verbreitet, so daß sich niemand darüber wunderte. Man wunderte sich erst dann, wenn ein Beamter das nicht tat.

Was die meisten Angestellten betraf, so versuchten sie den Beamten Gefallen zu erweisen oder Dienste zu leisten, natürlich nicht aus Respekt, sondern um sie für ihre eigenen Zwecke auszunutzen, und zwar um ihre gegenwärtige Lage irgendwie zu verbessern. So etwas habe ich nie getan, weil es mir fern lag, mich auf diese Weise zu verkaufen. Im Lager hatte ich immer das Gefühl, daß es am schwersten war, meine Menschenwürde auch in einer solchen unwürdigen Situation zu bewahren. Nur einmal hat mich ein junger Kompanieleiter gefragt, ob ich ihm Englischunterricht geben könnte. Selbstverständlich meinte er umsonst. Und als Gegenleistung, vermutete ich, hätte ich weniger im Gemüsegarten arbeiten müssen. Ich habe ihm aber gesagt, daß ich mein Englisch nach einer so langen Unterbrechung schon verlernt habe. Ich wollte ein ruhiges Gewissen haben. Denunziant Cai nannte mich einen Bücherwurm und Prinzipienreiter. Ich glaube, wenn er Englisch gekonnt hätte, hätte er dem Leiter seine Dienste angeboten wie die anderen Angestellten auch, denn so etwas war in ihren Augen eine Gelegenheit, die man nicht jeden Tag hatte.

Aber es bot sich so manche Gelegenheit. Ein Angestellter war vorher zum Beispiel Tischler gewesen. Ein Beamter hatte eine neue Wohnung bekommen und wollte neue Möbel haben. Mußte er das alles kaufen? Nein! Holz war im Lager sowieso mehr als genug vorhanden. Er brauchte nur dem Tischler zu sagen: »Hör zu, ab morgen arbeitest du nicht mehr im Gemüsegarten. Komm zu mir um acht Uhr, verstanden?« Was gab es da so schwer zu verstehen? Ab morgen sah man den Tischler im Gemüsegarten nicht mehr. Und wenn er abends zurückkam, hatte er immer gute Zigaretten, die er gerne mit seinen Zimmergenossen teilte. Er durfte auch einen Platz am Tisch der Beamtenfamilie einnehmen, wo entweder Fisch oder Geflügel serviert wurde, dazu noch ein Gläschen Wein für den »freiwilligen« Handwerker. Als man ihn nach einem Monat etwa im Gemüsegarten wieder sah, verstand jeder, daß der Beamte seine neue Wohnung schon gratis möbliert hatte.

Oder ein anderer Angestellter war vorher Gärtner gewesen. Ein Beamter oder seine Frau liebte Blumen. An einem Ruhetag verschwand der Gärtner ziemlich früh vom Hof und kam relativ spät beschwipst zurück. Man brauchte ihn gar nicht zu fragen. Er hatte seinen Ruhetag »freiwillig« aufgegeben. Der Beamte oder seine Frau war aber sehr froh, in ihrem Zimmer oder Garten schöne Blumen genießen zu können.

Ein Angestellter aus Peking oder Tientsin durfte wieder einmal seine Frau oder seine Eltern oder Kinder besuchen. Es kamen zu ihm mehrere Beamte. Einer wollte ein modernes Kleid für seine Frau »kaufen«; ein zweiter eine Armbanduhr aus der Schweiz für seinen erwachsenen Sohn;

ein dritter importierte Zigaretten oder guten Reiswein aus den südlichen Provinzen für den Schwiegervater, usw. Alle sagten:

»Da wir nicht wissen, ob du das überhaupt finden kannst - gute Sachen sind heutzutage so schwer zu kriegen - und wieviel es kostet, erhältst du dein Geld, wenn wir die Sachen von dir bekommen, okay?«

Konnte der Angestellte »nein« sagen? Er stellte schnell eine Liste auf: Kleid für Hong, Armbanduhr für Kong..., so daß er nichts vergaß und den Unwillen irgendeines Beamten hervorrief, sei es auch den eines Beamten, der mit dieser Kompanie gar nichts zu tun hatte.

Vor seiner Abreise sagte der Kompanieleiter zu ihm:

»Ach ja, bevor ich vergesse: Ich habe neulich gehört, daß es heutzutage sehr schwer ist, Bahnfahrkarten zu kaufen. Wenn du deswegen ein paar Tage später zurückkommst, macht es nichts. Aber vergiß nicht mein...«

Nachdem er seinen Urlaub drei Tage überzogen hatte und endlich zurückkam, besuchte er zuerst die Beamten, bevor er zu seiner Gruppe ging. Zu dem ersten Beamten würde er sagen:

»Dieses Kleid ist die neueste Mode in Tientsin. Meine Frau möchte es Ihrer Frau schenken. Das hat mit uns Männern nichts zu tun.«

Wie sollte der Beamte wissen, daß die Tochter der Schwester seiner Frau in einer Bekleidungsfabrik arbeitete und daß dieses Kleid ein Musterstück war? Aber eins wußte der Beamte ganz genau, daß dieser Angestellte eine angemessene Gegenleistung von ihm erwartete.

Zu dem zweiten würde der Angestellte sagen:

»Diese Armbanduhr hier ist ein Luxusstück aus der Schweiz. Sie ist ganz neu. Ich habe sie einmal zu meinem Geburtstag geschenkt bekommen. Aber ich habe schon eine alte Uhr, und diese hier ist zu gut für den Gemüsegarten. Natürlich kann Ihr Sohn die Uhr gerne haben.«

Dann würde der Beamte sagen:

»Aber nein. Wir dürfen doch nicht ein so teures Geschenk akzeptieren. Wieviel kostet es denn?«

»Ach, das? Weiß ich nicht, wirklich. Ich schätze, vierhundert oder so,« wäre ungefähr die Antwort.

»Aber das können wir uns gar nicht leisten,« würde die anwesende Frau des Beamten einwerfen.

»Aber, ich bitte Sie,« würde der Angestellte dann sagen. »Sie wissen genauso gut wie ich, eine Uhr darf man nicht unbenutzt liegen lassen. Wie wäre es, wenn Ihr Sohn diese Uhr für mich trägt, bis er sich eine bessere wünscht? Dann kann er mir diese nicht mehr neue Uhr zurückgeben.«

Froh, daß er ein Geschäft so freigebig abgeschlossen hatte, ging er zum dritten Beamten. Froh? Ja. Denn wie sollte der Beamte wissen, daß er diese angebliche Schweizer Uhr - diese vom Zollamt in Tientsin beschlagnahmte Schmuggelware - für nur fünfzig Yuan bekommen hatte? Im übrigen war er fast sicher, daß sein Antrag, sich im städtischen Krankenhaus in Tangshan einer ärztlichen Generaluntersuchung unterziehen zu können, bald genehmigt werden würde.

Zum dritten Beamten würde er sagen:

»Ach, Sie hatten recht: Importierte Zigaretten sind gar nicht zu finden. Aber glücklicherweise hatte ich zufällig noch eine Flasche guten Reiswein aus Shaoxing zu Hause übrig. Die können Sie ruhig haben.«

Natürlich ahnte der Beamte auch nicht, daß der Angestellte diese Flasche Reiswein unterwegs im Speisewagen seines Eisenbahnzuges »zufällig gefunden« hatte.

Aber es waren nicht nur solche beiderseitigen Hinterlistigkeiten im Zwangsarbeitslager festzustellen. Selbst im Lager gab es auch Ausnahmen. Ein Politkommissar, der seinen Posten aus gesundheitlichen Gründen vorübergehend verlassen hatte, wohnte noch im Lager. Er verstand diesen Unfug ganz genau, machte aber nie mit. Einmal hatte ein Angestellter etwas für ihn in Peking gekauft und versuchte weitschweifig, ihm das zu schenken.

»Soviel Geld habe ich noch, um mir etwas kaufen zu können,« sagte der Kommissar und fragte nach dem Preis.

Der Angestellte mußte einen Preis nennen, aber er nannte einen unglaublich niedrigen.

»Ich weiß wirklich nicht,« sagte der Kommissar, »wieviel es kostet. Deswegen bin ich dir nicht dankbar, wenn du zuwenig verlangst.«

Mit rotem Gesicht verdoppelte der Angestellte seinen Preis.

»Ihr verdient so wenig. Wie kann ich da noch von euch Geschenke annehmen?« Der Kommissar gab ihm an Ort und Stelle das Geld. »Ich bin dir schon sehr dankbar für deine Mühe.«

Kein Wunder, daß der Angestellte Ehrfurcht vor diesem Beamten empfand.

* * *

Unsere Kompanie hatte mehrere Beamte, die wir alle Kapitän nannten. Manche kamen und gingen; manche blieben länger. Einmal kam ein neuer

Leiter, der früher in der Politischen Abteilung des Lagers gearbeitet hatte. Er hieß Li und war Absolvent einer Polizeischule in Peking. Irgendwie war er anders. Er war weder zu streng noch zu freundlich. Er tat seine Arbeit. Sonst hielt er sich fern von uns. Er lächelte nie. Trotzdem war mein erster Eindruck von ihm ziemlich gut. Ich erinnere mich heute noch an eine Rede, die er auf einer Sitzung der Gruppenleiter und Protokollführer hielt. Seine These war: Bevor man ein Verbrechen begeht, findet zuerst ein allmählicher, manchmal unbewußter Vorgang der moralischen Entartung statt.

»Ihr seid alle in gewissem Sinne Führer der Angestellten,« fing er seine Rede an. »Nur wenn ihr euch selber darüber im klaren seid, was und wie es mit euch passiert ist, könnt ihr anderen Angestellten helfen, ihre Verbrechen zu erkennen und die notwendigen und nützlichen Lehren daraus zu ziehen.«

Guter Anfang - das mußte ich ihm zugestehen.

»Niemand begeht ein Verbrechen ganz unvermittelt,« behauptete Li. »Wenn ihr eine Schwäche für Geld und Genuß, Weib und Wein habt, da beginnt schon der Vorgang der menschlichen Entartung. Ruft eure Vergangenheit ins Gedächtnis zurück. Versucht herauszufinden, wann, wo, wie und warum dieser Vorgang bei euch begann.«

Er sprach wie ein Moralist, jedenfalls sehr abweichend von anderen Leitern, die nur Maos Worte zu zitieren wußten.

»Der Vorgang der Reformierung ist deswegen ein Vorgang des moralischen Wiedererwachens. Reformierung ist nur von innen möglich. Politische und ideologische Erziehung, körperliche Arbeit und Strafe - das sind notwendige, aber nur äußerliche Bedingungen. Nur wenn ihr einen hohen moralischen Maßstab an euch selbst stellt und euch konsequent Mühe gebt, diesen Maßstab zu erreichen oder gar zu übertreffen, ist eine wirksame Reformierung möglich. Nehmt das zur Kenntnis! Die Moral sagt uns vielmehr, was wir nicht tun sollen, als was wir tun dürfen. Ihr habt alle etwas getan, was ihr nicht tun solltet. Deswegen sollt ihr euch jetzt immer fragen: ›Darf ich das tun? Ist das moralisch erlaubt?‹...«

Er schien ein Mensch zu sein, der nicht nur seinen Glauben propagierte, sondern ihn auch in die Tat umsetzte. Er war immer korrekt - seine Worte, seine Handlungen. Sogar im Hochsommer erschien er vor uns in seiner tadellosen Uniform mit geschlossenen Kragenhäkchen. Zu Hause sollte er auch ein Mustervater sein. Aber von seinem Privatleben hörten wir nur sehr wenig.

Wer hätte geglaubt, daß ausgerechnet Leiter Li - ein Vorbild für uns alle - Selbstmord begehen sollte? Wie ein Blitz aus heiterem Himmel kam die Todesnachricht. Selten war soviel Mitgefühl der Angestellten für einen Beamten zu beobachten gewesen. Eine offizielle Mitteilung haben wir nie bekommen, aber es gab andere Kanäle der Information. Es hat nicht lange gedauert, bis wir seine Lebensgeschichte zusammensetzen konnten. Ob alles stimmte, wußte niemand. Aber im großen und ganzen mußte es schon stimmen. Und wir waren vor Erstaunen sprachlos.

Leiter Li war Witwer gewesen. Seine Frau starb, nachdem sie ein Mädchen geboren hatte. Li hatte nie wieder geheiratet. Die Tochter bedeutete ihm alles in der Welt. Deswegen nannte er sie Zhen Zhu, was »Perle« heißt. Er war Vater und Mutter in einer Person. Daß Li eine Lieblingstochter hatte, wußte jeder. Ich hatte sie aber nie gesehen.

Perle hat immer neben dem Vater geschlafen. Sie wurde ein Jahr alt. Sie wurde zehn Jahre alt. Vater und Tochter schliefen immer noch in einem Bett. Eines Tages kam die Frau des Politkommissars, Schwester Ma, zu Li. Sie waren Nachbarn, und außerdem war Li Schüler des Kommissars gewesen, als er eine Polizeischule in Peking leitete. Sie sagte zu ihm:

»Xiao Li, Perle ist ein großes Mädchen geworden.«

Li kaufte ein Bett für Perle. Das Bett stand in seinem Zimmer.

Perle wurde zwölf - dreizehn - vierzehn - fünfzehn.

Schwester Ma kam wieder und sagte zu Li:

»Xiao Li, Perle braucht ein Zimmer.«

»Aber, Schwester Ma,« erwiderte Li, »du weißt ja, wir haben nur ein Zimmer.«

Schwester Ma seufzte und ging weg.

Perle wurde immer hübscher.

»Genau wie die Mutter,« sagten alle.

Sie hatte auch eine schöne Figur und empfand keine Scheu, sie sehen zu lassen. Die Jungen in der Nachbarschaft und in der Schule begannen, ihr den Hof zu machen.

Perle wurde achtzehn.

Diesmal sagte Schwester Ma zu Li:

»Perle kann bei uns schlafen. Unsere Tochter hat ein kleines Zimmer.«

Perle schlief zwei Nächte bei Schwester Mas Tochter. Dann wollte sie nicht mehr.

»Ich kann in einem fremden Bett nicht schlafen,« behauptete sie.

Li war in diesen Tagen auch auffällig nervös. Vater und Tochter waren unzertrennlich. Li schaffte aber Perles Bett in die Küche fort. Schwester Ma kam nicht mehr. Sie war beruhigt.

Nach dem Abitur begann Perle, als Erzieherin in der Kindertagesstätte für die Beamtenkinder zu arbeiten. Sie lernte einen Jungen aus Peking kennen, der sie innig liebte. Seine Eltern waren beide hohe Beamte der Zentralregierung. Er wollte sie nach Peking bringen, um sie dort zu heiraten und eine Arbeit für sie zu finden. Sie hat seinen Antrag vor ihrem Vater verborgen. Aber irgendwie hat er es erfahren. Da geschah die Tragödie.

Eines Nachts hörten die Nachbarn Perle um Hilfe schreien. Sie fanden sie ohnmächtig und nackt im Bett liegen. Vor dem Bett standen zwei Paar Schuhe - eines davon von einem Mann.

Schwester Ma brachte Perle ins Krankenhaus. Die Nachbarn konnten nirgendwo den Vater finden.

Im Krankenhaus wurde Vergewaltigung und Mordversuch festgestellt. An ihrem Hals waren Spuren des Würgens deutlich zu sehen. Außerdem konnte festgestellt werden, daß Perle schwanger war.

Wer war der Vergewaltiger? Wer hatte versucht, sie zu ermorden? War der Vater hinter ihm her?

Perle weinte, wollte aber kein Wort reden.

Am nächsten Morgen wurde der Vater gefunden. In einem Wäldchen ziemlich weit weg hatte Li sich an einem Baum aufgehängt. Er war nackt und barfuß. Es war Blut an seinen Sohlen. Woher er das Seil hatte, wußte niemand. Man fand in der Nähe noch Schalen und Kerne einer Wassermelone.

Perle fiel wieder in Ohnmacht, als sie die Nachricht vom Tode ihres Vaters erreichte. Schwester Ma saß immer an ihrem Bett.

Als Perle wieder zu sich kam, erzählte sie, weinend an Schwester Mas Schulter gelehnt, ihre Geschichte:

Es fing an, als sie erst zehn Jahre alt war. Als sie dann etwas von der Sexualität zu spüren begann, war sie schon an dieses so unnatürliche Leben gewöhnt. Sie liebte ihren Vater. Für sie war er alles. Er fütterte sie, kleidete sie an, spielte mit ihr, schickte sie in den Kindergarten und holte sie ab, schickte sie in die Schule, half ihr bei den Hausaufgaben, erzählte ihr wunderbare Geschichten; tröstete sie, wenn sie weinte, pflegte sie, wenn sie krank war, brachte sie ins Bett, kleidete sie aus, umarmte sie, küßte sie, streichelte sie und schlief mit ihr. Für sie war das Unnatürliche natürlich geworden. Sie konnte nur in seinen Armen einschlafen. Sie teilte mit ihm ein Geheimnis, das die Bindung zwischen Vater und Tochter immer enger werden ließ.

Dann tauchte in ihrem Leben ein zweiter Mann auf - der Sohn des hohen Beamten in Peking. Er war anders, ganz anders als ihr Vater. Sie errötete in seiner Nähe. Ihr Herz klopfte. War das Liebe? Sollte sie mit ihm nach Peking gehen? Und der Vater? Sie konnte ihn hier nicht allein lassen. In Unentschlossenheit schwieg sie und schlief mit ihrem Vater weiter, bis sie entdeckte, daß sie schwanger war. Was sollte sie oder konnte sie tun? Der einzige Weg für sie schien, den Antrag des Jungen zu akzeptieren. So hatte das ungeborene Kind wenigstens einen legitimen Vater, ohne daß er die geringste Ahnung von der Wahrheit hatte.

In dieser fatalen Nacht, nachdem sie miteinander geschlafen hatten, offenbarte sie ihrem Vater die Wahrheit und ihren Plan. Er war eifersüchtig und argwöhnisch. Er behauptete, daß das Kind nicht von ihm, sondern von dem Jungen war. Die Versicherung der Tochter, daß der Junge sie nie berührt hatte, wollte er nicht glauben. Der Gedanke, daß ein fremder Mann mit ihm seine Tochter geteilt hatte, machte ihn wahnsinnig wütend. Er drohte, den Jungen umzubringen. Aber was sollte er mit dem Kind tun? Schließlich kam ihm eine Idee: Die Tochter sollte hier im Lager irgendeinen Beamten heiraten. Dann konnte er sie weiterhin immer noch haben. Aber Perle war inzwischen eine junge Frau geworden. Sie wollte ihr eigenes, normales Leben aufbauen, und zwar mit einem Mann, den sie liebte. Sie bat den Vater weinend, sie gehen zu lassen. Hier verlor der Polizeibeamte und »Moralist« seinen Kopf und begann, seine eigene Lieblingstochter zu würgen. Sie schrie um Hilfe. Er hörte die Nachbarn kommen. Nackt und barfüßig stürzte er aus dem Fenster und floh.

»In seinen Armen nannte er mich nicht Zhen Zhu,« erzählte sie schluchzend Schwester Ma, »sondern immer Lan Hua.«

Lan Hua - »Orchidee« - so hatte die verstorbene Mutter geheißen.

Das Drachenjahr 1976

Das Drachenjahr ist das glücklichste Jahr. Viele Chinesen haben das seit jeher geglaubt. Aber das Drachenjahr 1976 hat sie enttäuscht. Es war ein ereignisreiches, doch verhängnisvolles Jahr.

Im Januar starb Zhou Enlai. Ihm folgte Zhu De. Am 28. Juli zerstörte ein Erdbeben von 8,8 Punkten auf der Richterskala die Kohlestadt

Tangshan. Das Land beklagte zwei Millionen Tote. Am 9. September starb Mao Zedong. Kurz danach wurde die »Viererbande« zerschlagen.

Ein alter Aberglaube schien sich zu bestätigen, der besagt, daß, wenn ein großer Staatsmann stirbt, viele kleine Leute auch sterben müssen.

Zhu De, einst Oberbefehlshaber und Präsident des Volkskongresses, war schon sehr alt gewesen und hatte deswegen zurückgezogen gelebt. Sein Tod wurde vom Volk als natürlich, als selbstverständlich empfunden. Nein, er hat den Kommunismus in China nicht mit eigenen Augen gesehen, wie er prophezeit hatte. Als er starb, war China am Rande des Zusammenbruchs. Hätte er einige Monate länger gelebt, hätte er wenigstens die Zerschmetterung der »Viererbande« miterleben können. Mich würde interessieren, was er auf dem Herzen hatte, als er im Sterben lag.

Zhou Enlais Tod hingegen hat das chinesische Volk zutiefst berührt. Zweimal kam es zu großen spontanen Kundgebungen. Einmal versammelten sich hunderttausend Chinesen auf der Hauptstraße Pekings, der Straße des Ewigen Friedens, um dem hochverehrten und innig geliebten Premier die letzte Ehre zu erweisen, als sein Leichenwagen vorbeifuhr; noch einmal am 5. April, dem Tag zu Ehren der Toten, am Platz des Himmlischen Friedens, wo es zu blutigen Auseinandersetzungen mit der Polizei und Armee kam; denn die Menschen bekundeten auch ihre nicht mehr erträgliche Unzufriedenheit mit der noch wütenden »Viererbande« und ihre brennende Besorgnis um den Verlust ihres Premiers, der diese reaktionäre Clique immer einzudämmen versucht hatte.

Die Angestellten unserer Kompanie hatten spontan einen Zhou-Enlai-Abend veranstaltet. Merkwürdig waren der Eifer und die Sorgfalt, womit man alles vorbereitete und durchführte. Die »Regierung« begrüßte diese Idee und bot den Enthusiasten jede notwendige Unterstützung. Sehr schnell wurde eine provisorische Bühne im Hof gebaut. Es war wirklich ein Wunder, was für Fachleute aller Branchen unter den Angestellten versteckt waren. Sie konnten alles selbst improvisieren.

Diesmal waren ausnahmsweise die Angestellten die Gastgeber. Sie hatten alle Beamten und ihre Angehörigen eingeladen. Diese erschienen besonders zahlreich und ließen sich auf den Ehrenplätzen vorne nieder. Sogar der Politkommissar Wu war gekommen und erkundigte sich bei den Organisatoren, was er für sie tun könne. Er wurde eingeladen, den Abend zu eröffnen. Er bedankte sich höflich, schlug aber bescheiden vor, den Abend zum Abschluß zu bringen.

Der Scheinwerfer leuchtete. Es ertönte die Nationalhymne. Alle standen auf. Es folgte Trauermusik - Musik der Gleichberechtigung auf dem chinesischen Festland, denn sie ist bei allen Trauergelegenheiten zu hören, egal, ob für Mao Zedong oder für das einfache Volk. Die richtige Atmosphäre für den Gedenkabend war geschaffen.

Der Abend begann mit der Rezitation eines inzwischen landesweit bekannten Gedichts von einer berühmten Dichterin. Schon der Titel war äußerst anrührend: »Premier Zhou, wo bist du?« Eine ehemalige Lehrerin trug es vor. Man merkte, sie war Amateurin. Aber mit welchen Emotionen sie das Gedicht rezitierte! Ihre Stimme zitterte. Und sie gab sich die größte Mühe, ruhig zu bleiben und weiter vorzutragen. Im Hof war es außerordentlich still. Kaum hatte sie das Gedicht zu Ende rezitiert, verbarg sie schnell ihr Gesicht mit beiden Händen und rannte laut schluchzend hinter die Kulissen. Das Publikum war erschüttert. Niemand klatschte. Hier und da hörte man Seufzen und Schluchzen. Selbst die Kinder der Beamten waren ausnahmsweise brav und ruhig.

Es folgten Gesänge und Tänze. Natürlich konnte und sollte man künstlerisch nicht zuviel von den »Schauspielern« verlangen. Ergreifend war aber, daß jeder »Schauspieler« und jede »Schauspielerin« mit echten Emotionen die Rolle spielten. Und was für »Schauspieler« sie alle waren, die Frau von der Heilsarmee, Schwester Xiao, oder Wang, die Ex-Spionin des FBI! Xiao sang ein Lied zum Andenken an Premier Zhou Enlai. Ihre wunderbare, geübte Stimme und die Tränen auf ihren Wangen bewegten das Publikum zutiefst. Wang trug auch ein Gedicht vor, das von ihr selbst geschrieben war. Nicht nur ihre Stimme zitterte. Nein, sie zitterte am ganzen Körper. Sie mußte sich zweimal unterbrechen, um ihre Erregung zu bewältigen.

Der Ex-Kommandeur der Nationalisten hat in meiner Nähe gesessen. Selbst er hat mehrmals geseufzt. Ich hörte ihn seinem Nachbarn zuflüstern:

»Premier Zhou war eine Ausnahme. Ich meine, er ist nicht nur von seinen Genossen und Freunden, sondern auch von seinen Feinden hochgeachtet worden.«

Auf der Bühne war kein Bild von Zhou Enlai zu sehen. Aber jeder Schauspieler hatte eine selbstgemachte kleine weiße Blume aus Papier auf der Brust - weiß, weil das in China die Farbe der Trauer ist.

* * *

Dann kam der 28. Juli. Es war noch nicht ganz hell. Ich träumte, ich wollte aus einem Eisenbahnzug aussteigen, aber es war so wackelig, daß ich nicht gehen konnte. Dann fühlte ich etwas unter mir heftig schütteln, nicht nur horizontal, sondern auch vertikal. Mit einem Ruck war ich wach. Erdbeben!

»Raus! Schnell! Erdbeben!« rief ich laut und sprang von meinem Schlafplatz auf der Schlafbank, welcher am weitesten von der Tür entfernt war, auf. Ich hatte auch die Geistesgegenwart, einen wattierten Überrock über meinen Kopf zu werfen. Der Boden bebte so unregelmäßig, daß ich gar nicht richtig gehen konnte. »Bitte, gib mir noch ein paar Sekunden, bitte!« hörte ich mich lautlos zu mir selbst sprechen. Ich konnte trotz aller Bemühungen nicht schnell genug aus dem Zimmer stürzen, so wie ich es mir wünschte. Ich bin Atheist, sonst hätte ich mich in meiner Todesangst an irgendeinen Gott gewandt. Noch nicht herunterfallen! Jetzt noch nicht! Ich meinte selbstverständlich das Dach.

An der Schwelle fielen einige Ziegelsteine auf meine Schulter, aber mein wattierter Überrock schützte mich. Meine Zimmergefährten und die Menschen aus den Zimmern nebenan waren schon alle im Hof - also in Sicherheit. Aber sie schienen noch nicht wach zu sein. Oder waren sie im Schockzustand? Niemand sprach. Alle schauten zur Baracke, als ob sie erwarteten, daß sie vor ihren Augen zusammenbricht. Der Boden zitterte immer noch, aber schon viel leichter. Allmählich wurde es hell. Der Boden war auch wieder ruhig geworden. Die Baracke stand noch da.

»Schaut mal!« sagte jemand und zeigte auf das Dach.

Viele Risse konnte man da sehen.

Man ging wieder ins Zimmer, um Kleidungsstücke herauszuholen.

»Kommt schnell wieder raus!« rief der Gruppenleiter Qiu, ein ehemaliger Arzt der chinesischen Medizin, in seinem schweren Shandongdialekt.

»Ja, richtig!« stimmte ich ihm zu. Ich war Protokollführer, hatte auch Verantwortung. »Es kommen vielleicht noch Nachbeben. Irgendwo habe ich soetwas gelesen.«

Es begann zu nieseln. Der Himmel war gelbgrau. Kein Wind wehte.

»Sagt mal,« fragte Fang, ein ehemaliger Rikschakuli aus Peking, »wer war der erste, der das Beben bemerkte?«

Er war wahrscheinlich der letzte gewesen - der Langschläfer.

»Es war Lao Zhou. Er hat so laut ›Erdbeben!‹ gerufen, daß ich sofort aufwachte,« antwortete ihm jemand. »Stimmt, stimmt. Es war Lao Zhou. Es war der Protokollführer,« sagten die anderen.

Jetzt mußte ich mich selbst wundern, wieso ich, ausgerechnet ich, der ich immer so langsam bin, der erste von den zwölf Insassen des Zimmers war, der aufwachte und sofort richtig auf das Erdbeben reagierte. War das Instinkt?

»He, ihr da! Seid ihr alle in Ordnung?« Es war der Kompanieleiter.

Die Gruppenleiter antworteten einer nach dem anderen:

»Ja, ja, Kapitän.«

»Dann kommt mit mir! Aber schnell!« befahl der Leiter.

Eine Baracke der Frauengruppe war eingestürzt. Wir rannten dem Leiter hinterher. Unterwegs sahen wir eine Baracke, nicht weit, in einem rechten Winkel von der unseren, total zusammengebrochen. Das war das provisorische Gästehaus für Besucher der Angestellten. Viele Menschen versuchten mit bloßen Händen, Gäste aus den Trümmern zu retten. Daneben standen einige Frauen und Kinder, die entweder heulten oder einfach sprachlos und offensichtlich betäubt nur zuschauten.

»Lao Li!« rief unser Gruppenleiter Qiu plötzlich. »Wo ist Lao Li?«

Erst da merkten wir, daß Lao Li, der Koch, nicht mit uns war.

»Oh, Scheiße!« Wieder Qiu. »Gestern abend habe ich ihm noch gesagt, er sollte lieber in der Gruppe bleiben. Aber nein, er mußte mit seiner Frau schlafen.«

»Was? Du meinst, Lao Li ist auch darunter?« fragte jemand und zeigte auf die Trümmer.

Aus dieser Richtung kam eine Frau auf uns zugerannt. Sie war halbnackt. Ihr Haar war zerzaust. Neben ihr rannte ein Knabe, fünf oder sechs Jahre alt.

»Gruppenleiter Qiu! Gruppenleiter Qiu!« rief die Frau, als sie sich näherte. »Rette den Vater meines Kindes! Rette...«

Sie warf sich verzweifelt vor uns auf die Knie. Der Knabe weinte. Es war Lao Lis Frau. Lao Li hatte seine Frau und seinen Sohn gerade noch aus der Tür hinausstoßen können, bevor das Dach auf ihn herabstürzte.

»Geht schnell mit dem Kompanieleiter,« sagte Qiu zu uns. »Ich komme nach. Nein, Lao Gao, Lao Ding, ihr kommt mit mir.«

Die Frauengruppe befand sich jenseits der Straße, eigentlich ganz in der Nähe, aber für uns Männer war sie eine verbotene Zone. Jetzt sahen wir aber halbnackte Frauen - hin und her rennend, weinend und schreiend. Unverständlicherweise war nur ein Haus in der Mitte einer Reihe von Häusern eingestürzt, während alle anderen Häuser verschont geblieben waren.

»Schnell, schnell!« rief der Kompanieleiter. »Es sind Frauen und Kinder darunter!«

In der nächsten Sekunde rannte er schon woanders hin.

Nur wenige hatten die Geistesgegenwart besessen, Ackergeräte mitzubringen. Die meisten arbeiteten mit bloßen Händen. Unsere Finger begannen zu bluten. Neben uns stand eine Frau im mittleren Alter - Frau Zhang, die vorher in Peking als Sekretärin gearbeitet hatte. Sie war nackt bis auf ihren Schlüpfer.

»Hier, Frau Zhang, zieh meine Jacke an!« sagte Fang, der Rikschakuli, und begann, seine Jacke auszuziehen. »So sieht es schlecht aus.«

Die Frau war fast wahnsinnig vor Entsetzen und schrie:

»Ich will keine Jacke! Ich will meinen Mann und meine Tochter! Oh, schneller, schneller, bitte!«

Sie stampfte unaufhörlich mit ihren bloßen Füßen. Sie gestikulierte wild mit ihren Armen. Ihre Brüste tanzten vor den Männern. Als es uns endlich gelang, ihren Mann und ihre Tochter auszugraben, war es für jede Hilfe schon zu spät. Der Vater hielt seine Tochter, ein niedliches Kind von drei oder vier Jahren, noch fest in seinen Armen. Frau Zhang war auf einmal ruhig - sie war in Ohnmacht gefallen.

Als wir Lao Lis Frau im Hof wiedertrafen, fiel sie vor mir auf die Knie und sagte weinend:

»Älterer Bruder, mein Mann ist tot. Er hat mich und unser Kind gerettet. Aber er selber ist tot. Älterer Bruder, ich weiß, du hast ihm hundert Yuan geliehen, so daß er uns hierherkommen lassen konnte. Sei unbesorgt. So lange ich lebe, das verspreche ich dir, werde ich die Schuld meines verstorbenen Mannes zurückzahlen. Aber jetzt, jetzt...« Sie zeigte auf die Trümmer und schluchzte.

Später habe ich gehört, daß sie mit ihrem Sohn nicht in die Heimat zurückgekehrt ist. Sie hat einen Salinearbeiter geheiratet, dessen Frau und Kind auch beim Erdbeben ums Leben gekommen waren. Wir haben uns nie wieder gesehen.

Manchmal fragte ich mich, ob ich nicht indirekt an Lao Lis Tod schuldig war. Ich war fast sicher, niemand hätte ihm Geld geliehen, denn er hatte einen schlechten Ruf. Meine Hilfsbereitschaft hat eine Familie zerstört. Es lag mir fern, die Witwe des Schuldners noch zur Zahlung aufzufordern.

Die Behinderten unserer Kompanie wohnten im Hinterhof. Ihre Häuser waren restlos zertrümmert. Aber die Blinden, die Tauben, die Krüppel... kein einziger war verletzt! Niemand hatte ihnen geholfen. Wie sie sich in Sicherheit gebracht haben, wußte niemand. Es war einfach ein Wunder.

Im Hof wurden am selben Tag noch provisorisch Zelte aufgebaut. Niemand durfte in ein Haus gehen und sich zur Nacht ausziehen. Auf jeden Fall mußte man die Schuhe anbehalten. Die Kerzen durften nicht gelöscht werden. Schichtweise machten wir Nachtdienst. Gleich in der ersten Nacht regnete es. Ich hatte Dienst und mußte im Hof patrouillieren. In den Regenströmen konnte ich kaum die Augen öffnen.

Das war der erste Tag des großen Tangshan-Erdbebens in der Kompanie.

Später haben wir erfahren, daß es in der industriellen Großstadt Tangshan mehrmals zu Plünderungen und Vergewaltigungen gekommen war, während im Zwangsarbeitslager alles in Ordnung war. Besonders diszipliniert hatten sich die Häftlinge benommen. Die Mauer und der Wachtturm des Gefängnisses waren zerstört worden. Aber kein einziger Häftling hat auch nur versucht zu entfliehen. Im Gegenteil, sie haben die Wächter aus den Trümmern gerettet. Viele Häftlinge und Angestellte haben freiwillig ihr Blut für die Verletzten gespendet oder Geld, Uhren, Ringe und andere Kostbarkeiten der »Regierung« zur Verfügung gestellt. Auch ich habe mich natürlich daran beteiligt, denn dank den Bemühungen des Kommunekaders Li hatte das Dorf mir das Darlehen zurückgezahlt.

Bald darauf wurde eine Versammlung im Lager einberufen. Diejenigen Häftlinge und Angestellten, die sich bei den Notstandsarbeiten nach dem Erdbeben ausgezeichnet hatten, wurden von der »Regierung« gelobt oder belohnt. Ein Häftling wurde an Ort und Stelle freigelassen. Er hatte drei Frauen und acht Kinder mit bloßen Händen aus den Trümmern gerettet, wurde aber selber schwer verletzt. Die Schenkungen wurden den Häftlingen und Angestellten mit Anerkennung von der »Regierung« zurückgegeben.

Es gab auch nur einen Fall von Bestrafung. Han, der beste Arzt des Krankenhauses für die Angestellten, der in Japan Medizin studiert hatte, war nach dem Erdbeben fischen gegangen. Als man ihn endlich fand und bat, an der Rettung im Krankenhaus teilzunehmen, sagte er kalt:

»Ich bin Internist, kein Chirurg. Außerdem habe ich heute frei.«

Am nächsten Tag, als er Dienst im Krankenhaus hatte, stahl er einem in Ohnmacht liegenden Patienten eine Armbanduhr. Am dritten Tag wurde er verhaftet.

In Tangshan war einer Patrouille ein verdächtiger Mann begegnet. Er hatte mehrere Armbanduhren an beiden Armen. An Ort und Stelle wurde er erschossen. Das waren Notstandsmaßnahmen. Es gab besonders viele Vergewaltigungen. Es gab Fälle, wo verletzte, ohnmächtige, sogar tote Frauen vergewaltigt wurden. Die Frauen in dieser Gegend schlafen meistens nackt.

Nach dem Erdbeben kamen viele hohe Beamte aus Peking mit dem Nachfolger Maos, dem Ministerpräsidenten Hua Guofeng an der Spitze, der sich unglaublich schnell den Ehrentitel »Der weise Führer« erworben hatte. Sie brachten alles, was man nach einer solchen Katastrophe brauchte. Viele Länder hatten Hilfe angeboten. Sie wurde höflich abgelehnt. »Danke schön. Aber China ist noch stark genug, eigene Wunden selbst zu heilen« war die stolze Behauptung in diesen Tagen. Was die Chinesen versprachen, haben sie auch gehalten. Heute steht eine neue Großstadt Tangshan da, moderner und besser als vor dem Erdbeben.

Ein stellvertretender Ministerpräsident hat sich damals aber lächerlich gemacht. Es war Chen Yonggui, ein Beispiel für einen Emporkömmling, der nach Deng Xiaopings Worten »mit dem Hubschrauber« befördert worden war. Man sagt, er hatte vorher in einem Dorf als Hexenmeister gelebt, war also gar kein richtiger Bauer gewesen. Nach der Befreiung hat er sich zum Parteisekretär eines Dorfes namens Dazhai in der Provinz Shanxi emporgearbeitet. »Eine gute Fabel braucht Zufälle.« Mao suchte gerade in dieser Zeit zwei »rote Fahnen« als Muster für seine illusorisch schnelle Entwicklung des Landes. An der Industriefront wurde über dem Ölfeld Daqing im Nordosten eine »rote Fahne gehißt«. An der Agrarfront wurde das arme Dorf Dazhai als Muster bestimmt, welches durch die besonders günstigen pekuniären und materiellen Unterstützungen der Zentralregierung auf einmal zu Wohlstand kam. Chen Yonggui wurde über Nacht eine legendäre Figur und während der »Kulturrevolution« vom Dorfparteisekretär außer der Reihe zum stellvertretenden Ministerpräsidenten befördert. Er kam auch nach Tangshan. Nach einer flüchtigen Besichtigung sagte er zu den Medienleuten, indem er drei Finger zeigte: »In drei Monaten steht Tangshan wieder auf!« Der ehemalige Hexenmeister glaubte wohl, ein Wunder vollbringen zu können. Oder wollte er seine »Dazhai- Erfahrungen« auch in der total zerstörten Großstadt Tangshan anwenden? Chen Yonggui war also der Vertreter der Bauern in der Funktion des Vizepremiers. Als Vertreter der Arbeiter bestimmte Mao Wang Hongwen in der Funktion des stellvertretenden Vorsitzenden der Partei, die er für ihn neu schuf. Er ernannte ihn sogar zu seinem Nachfolger. Maos Theorie lautete: »Die Arbeiter sind die führende Klasse. Sie sollen alles führen. Das Bündnis der Arbeiter und Bauern ist die Grundlage der sozialistischen Volksrepublik.« Chen blamierte sich unsterblich. Und Wang, um es vorwegzunehmen, endete in Peking, aber nicht in Zhong Nan Hai, im Sitz des ZK der Partei und der Zentralregierung, sondern als Mitglied der »Viererbande« weit draußen vor der Hauptstadt, und zwar hinter den Gittern desselben Gefängnisses, in dem Maos Witwe, die vorherige Schauspielerin, »die Kaiserin der roten Hauptstadt«, Jiang Qing, ihre letzte Rolle spielte.

* * *

Der Zufall wollte es, daß sich das Sprichwort »Unglück kommt nie allein, Glück kommt nie doppelt« bewahrheitet.

Das Leben im Lager hatte sich nach dem Erdbeben noch nicht normalisiert - wir wohnten immer noch in Zelten -, da kam schon die gefürchtete, aber erwartete Trauernachricht: »Vorsitzender Mao ist hingeschieden!«

Auf einmal erfaßte mich das Gefühl: In der Zeit großer Not hat der Vater uns Kinder verlassen, was sollen wir jetzt tun? Viele Menschen haben Zhou Enlais Tod beweint, ich nicht, obwohl ich auch außerordentlich traurig war. Jetzt konnte ich meine Trauer nicht mehr zurückhalten und vergoß heiße Tränen.

Ein Mao-Zedong-Abend konnte wegen der Situation nach dem Erdbeben nicht stattfinden. Aber die »Regierung« organisierte Sitzungen der Gruppen zum Andenken an den »Großen Führer«.

Da ich in der Gruppe Protokoll führen mußte, war ich nicht zum Sprechen gekommen. Es war ja auch besser so, denn ich wollte dieses Gefühl eines Waisenkindes lieber für mich selbst behalten. Ich sah darin ein immer noch vorhandenes, quasi heiliges Band meiner Emotionen zum »Großen Führer«.

Jeder Sprecher, sei es ein ehemaliger Kommunist oder Nationalist, hat mit Tränen seine Loyalität dem verstorbenen Vorsitzenden gegenüber zum Ausdruck gebracht. Ein besonders rührender Sprecher war Bai, ein ehemaliger nationalistischer Seeoffizier, der an einem Aufstand seines Kreuzers gegen die Nationalisten teilgenommen hatte und zum Kapitän der kommunistischen Marine befördert worden war. In seiner neuen Position fühlte er sich aber nicht wohl, weil er so wesentlich weniger Lohn bekam und die eiserne Disziplin der Volksmarine nicht ertragen konnte. Er wurde eines Nachts bei einer »schlechten Frau« erwischt. In seiner Tasche wurden Bilder von nackten Frauen gefunden, und schlimmer noch, Heroin und Banknoten der Nationalisten. In seinem Tagebuch zu Hause hat er mehrmals die Kommunistische Partei verflucht und seinen Wunsch, nach Taiwan zu fliehen, unmißverständlich geäußert. Er wurde verhaftet, aber ausnahmsweise milde behandelt, denn er hatte immerhin etwas Gutes für die Volksrepublik getan. Im Gefängnis lernte er einige Häftlinge kennen, die vorher auch für die Nationalisten gearbeitet hatten. Gemeinsam planten sie, aus dem Gefängnis auszubrechen. Er wurde wieder erwischt und strenger bestraft. Er war verzweifelt. Zu dieser Zeit begann im Gefängnis ein politischer Kurs für Ex- Nationalisten. Bai durfte mit einer Gruppe von Kursteilnehmern Fabriken und Dörfer besuchen und sich direkt mit Arbeitern und Bauern unterhalten. Sie besuchten auch Museen und Ausstellungen. Sie wohnten Vorträgen und Aufführungen bei. Als Bai nach einem Monat ins Gefängnis zurückkam, wartete auf ihn ein langer Brief seines älteren Bruders aus dem Heimatdorf. Die Mutter war inzwischen gestorben. Sie hatte ihrem zweiten Sohn ein Wort hinterlassen: »Mein Söhnchen, deine Mutter könnte im Jenseits getröstet lächeln, wenn du ein ›neuer Mensch‹ werden würdest.« Zum ersten Mal in seinem Leben weinte Bai Tränen der Reue. Ein Polizeibeamter begleitete ihn nach Hause, damit er seiner Mutter die letzte Ehre erweisen konnte. Als Bai zurückkam, war er ein anderer Mensch.

Jetzt weinte Bai und sprach weiter:

»Ich habe vorher das Leben eines Sünders geführt. Es war unser Großer Führer, Vorsitzender Mao, der mir die Bedeutung des Lebens beibrachte. Wenn er mich im Himmel noch hören kann, möchte ich ihm sagen...«

Er stand aufrecht wie ein Offizier und hob seinen rechten Arm:

»Vorsitzender Mao, ich schwöre, mich politisch und ideologisch ernsthaft und möglichst schnell zu reformieren. In meinen letzten Jahren werde ich mich bemühen, ein Mensch zu werden, der dem Volk nützt, und ihm nicht schadet.«

Als er sprach, vergoß er Tränen, die er nicht einmal versuchte zurückzuhalten.

Wie schlecht wir im Lager informiert waren! Über die wirklichen Meinungen und Emotionen des Volkes hinsichtlich Maos Tod wurden wir im dunkeln gelassen.

* * *

Kurz nach Maos Tod erschienen eines Morgens auf der Hofmauer Aufrufe wie »Nieder mit der ›Viererbande‹!« »Feiern wir den großartigen Sieg der Zerschmetterung der ›Viererbande‹!« und ähnliche.

»Viererbande! Was ist das für ein neues Ding?« fragte ich mich. Ich hatte gar keinen direkten Kontakt mit der Außenwelt und war vollkommen auf die offiziellen Medien angewiesen. Weder die Eltern noch die Geschwister hatten je in ihren Briefen etwas davon erwähnt. Diejenigen, die ihre Familien besuchen durften, hatten schon längst davon erfahren, wagten aber im Lager darüber nichts zu erzählen. Die Selbstkritik des Ex-Kommandeurs war für sie eine Mahnung gewesen. Jetzt jedoch begannen sie laut und offen zu berichten, was sie zu Hause gesehen und gehört hatten.

Eine alarmierende Nachricht: Das Volk hielt den vor kurzem verstorbenen »Großen Führer und Steuermann« Mao verantwortlich für die unzähligen ungeheuren Verbrechen der »Viererbande«. Er hatte sie wenigstens toleriert - wenn nicht noch schlimmer -, sie für seine eigenen politischen Zwecke ausgenutzt.

Der Ex-Garnisonskommandeur hatte also doch recht.

Mir wurde schwindelig. »Retter des Volkes« vor seinem Tod. Und jetzt - seine sterblichen Überreste noch nicht kalt geworden - diese furchtbaren Anschuldigungen! Chiang Kaishek hatte mich in meiner Kindheit enttäuscht. Soll mich jetzt auch Mao Zedong enttäuschen?

Ich verstehe diese Welt nicht mehr!

Aber die Menschen draußen feierten die Zerschmetterung der »Viererbande«, die sich mit der zehn Jahre währenden »Kulturrevolution« quer gestellt und die Entwicklung des Landes blockiert hatte. Jahrelang mußten sie unter ihrer Tyrannei leiden. Jetzt waren sie sie endlich los - die Leiterin Jiang Qing, Maos Witwe, Wang Hongwen, Zhang Chunqiao und Yao Wenyuan.

Die Pekinger bewiesen ihren Humor. In der Hauptstadt waren auf einmal die Krebse vergriffen. Viele Einwohner hatten sich einen weiblichen und drei männliche Krebse gekauft, um den Sieg zu feiern.

In China begann eine neue Ära.

Die führende politische Figur dieser neuen Ära war Deng Xiaoping. Das Volk nannte ihn »Deng, den blauen Himmel« - ein Ausdruck aus der feudalen Zeit für gute Beamte, besonders für diejenigen, die den unge-

recht behandelten Menschen halfen und sie aus den finsteren Gefängnissen, ja sogar vor den Henkern retteten, so daß sie wieder den blauen
Himmel erblicken durften. Deng selber war zweimal von Mao und seinen
politischen Gegnern gestürzt worden. Er sollte die ungerecht behandelten
Menschen verstehen.

Für mich bedeutete »Deng, der blaue Himmel« eine neue Lebens-
phase.

»Eine ereignislose Periode«

Die Politiker kommen und gehen. Das Volk bleibt. Nach dem Tode von
Mao, Liu, Zhou und Zhu, den vier wichtigsten Führern, kam Deng Xiaoping an die Reihe. Das Volk setzte seine Hoffnungen auf Deng. Allerdings
hatte es während der zehnjährigen »Tumulte«, wie die »Kulturrevolution«
nun zu nennen war, gelernt. Einen Personenkult in gleichem Maße wie zu
Maos Zeiten gab es nicht mehr. Um auf das Vertrauen des Volkes zu antworten, organisierte Deng eine landesweite Überprüfung aller ungerecht
behandelten Fälle seit der Gründung der Volksrepublik, mit Schwerpunkt
auf die »Kulturrevolution«. Für mich bedeutete diese Überprüfung den
Wendepunkt meines Schicksals, den Anfang einer neuen Periode meines
Lebens. Mir unverständlich und für mich auch enttäuschend war, daß
Deng darauf beharrte, die von ihm im Jahre 1957 persönlich geführte
Anti-Rechtsabweichlerbewegung sei »notwendig und korrekt« gewesen,
obwohl alle noch existierenden Rechtsabweichler durch die Überprüfung
rehabilitiert wurden.

Was für ein Politiker ist dieser »Zwerg«? Seine alten Kameraden nannten ihn manchmal so. Er nahm es nicht übel, sondern bewies sogar seinen
Sinn für Humor. Einem westlichen Journalisten soll er einmal geantwortet
haben: »Warum soll ich mich sorgen? Ich bin sicher, wenn der Himmel
herunterfallen würde, gäbe es größere Menschen als mich, die ihn tragen
würden.«

Die Überprüfung war noch im Gange. Eines Tages kamen zwei politische Mitarbeiterinnen der Kaderabteilung des Verlages in Peking unerwartet ins Lager.

»Oh, Lao Zhou, du bist sehr mager geworden,« sagte die eine.

Sie hieß Xu und war Sekretärin der Jugendliga des Verlages. Sie meinte
wohl, ich sei viel älter geworden. Wir hatten uns vierzehn Jahre nicht gese-

hen. Damals hatte sie mich im Namen der Belegschaft wegen »Klassenrache« angeklagt. Unser Gespräch verlief in einer fast freundlichen Atmosphäre. Bevor sie das Lager verließen, versprachen sie mir, meinen Fall
»nach der neuen Politik« ernsthaft zu prüfen. Sie meinten - natürlich persönlich - auch, daß ich falsch behandelt worden sei.

Der Frühling, obwohl sehr verspätet, war für mich endlich gekommen.

*   *   *

Inzwischen hatte sich die politische Atmosphäre in Shanghai auch wesentlich entspannt. Der Druck auf meine Eltern war viel schwächer geworden.
Nach fast zwanzig Jahren durfte ich sie besuchen.

Zwei grauhaarige, gebeugte alte Menschen wohnten immer noch in
diesem kleinen Zimmer. Es war nicht einmal zwanzig Quadratmeter groß.

»Ach, Söhnchen,« seufzte Vater, »die vergangenen Jahre waren wie ein
Geschichtsbuch. Man weiß nicht, wo und wie man zu sprechen anfangen
soll.«

Er war immer langsam gewesen, jetzt war er noch langsamer. Übrigens
sprach er nach seinen persönlichen bitteren Erfahrungen während der
»Kulturrevolution« immer noch wie die Parteizeitung.

Mutter hatte einen stärkeren Charakter als Vater. Sie guckte mir lange
in die Augen und sagte schließlich:

»Gut, daß wir uns überhaupt noch sehen können. Du mußt mehr essen. Du bist zu mager. Das gefällt mir nicht.«

Sie ging in die Küche. Als sie mit sautiertem Rindfleisch und Zwiebeln
- meinem Lieblingsgericht - zurückkam, hatte sie ein verweintes Gesicht.

Mein Bruder durfte inzwischen wieder arbeiten. Als Englischlehrer war
er bei seinen Studenten einer Abendhochschule so beliebt, daß sie ihm
einen hübschen Bücherschrank zu seinem Geburtstag schenkten.

Natürlich hatten wir einander sehr viel zu erzählen. Aber ein Satz wurde immer wiederholt: »Es hätte noch schlimmer kommen können.« Tatsächlich war es für uns Glück im Unglück, daß wir alle diese Katastrophe
überlebt hatten. Wie viele Menschen waren ums Leben gekommen? Das
wußte keiner zu sagen.

Auf der anderen Seite aber konnte ich nicht umhin, an meine Jugend
zu denken. Mit achtzehn Jahren habe ich das Elternhaus verlassen, um für
die Revolution zu arbeiten. Jetzt war ich zweiundfünfzig. In den vierund-
dreißig Jahren hatte ich nur zwölf Jahre arbeiten können, zweiundzwanzig

Jahre verbrachte ich in der Verbannung. Ich hatte das Gefühl, daß die neue Gesellschaft, für die ich mich aufgeopfert und gekämpft hatte, nicht mit meiner idealen Gesellschaft übereinstimmte. Viele Menschen meines Alters hatten dasselbe Gefühl - mein Bruder und meine Schwester ebenfalls. Als ich meiner Schwester später schrieb, daß ich für meinen autobiographischen Roman einen Verleger gefunden habe, wurde sie dadurch ermutigt, ihr eigenes Vorhaben zu verwirklichen, nämlich die Verwirrung unserer Generation literarisch darzustellen.

Trotz alledem war ich froh, daß sich die Lage in China verbessert hatte. Vielleicht bekäme ich auch eine Chance, wieder als Intellektueller zu arbeiten?

* * *

Wieder im Lager, begann ich von Rehabilitierungen zu hören. Aus unserer Kompanie durfte der Denunziant Cai seine demographische Forschungsarbeit im Ministerium für Arbeit und Personal wieder aufnehmen. »Minister Ma persönlich wollte mich haben,« erzählte er stolz seinen Zimmergefährten, bevor er das Lager verließ. In überraschend kurzer Zeit konnte er sogar eine Monographie veröffentlichen. Vor ihm war Schwester Xiao rehabilitiert worden und konnte in Tientsin arbeiten.

Besonders diese zwei Beispiele machten mir Mut. Wenn Angestellte des Lagers nach Peking und Tientsin zurückkehren durften, war Shanghai wahrscheinlich auch keine verbotene Stadt mehr für mich.

Kurz darauf kam die Nachricht, daß das Ministerium für Öffentliche Sicherheit eine Übersetzungsgesellschaft in der Stadt Baoding gründen wollte. Alle Angestellten, die eine Fremdsprache konnten, sollten sich melden und an einer Prüfung teilnehmen. Ich hatte keine Ahnung gehabt, daß es in unserem Lager so viele Menschen mit Fremdsprachenkenntnissen gab. Kein Wunder, wenn man sagt: »Das Zwangsarbeitslager ist eine Stelle, wo sich Drachen verbergen und Tiger schlafen.« Alle waren sehr begeistert, daß sie nach zehn, zwanzig oder noch mehr Jahren endlich die Gelegenheit bekamen, dieses gottverlassene Lager am Meeresrand zu verlassen und in einer Stadt nicht weit von Peking wieder geistig arbeiten zu dürfen. Vielleicht war ich die einzige Ausnahme. Ich hatte mich nicht gemeldet. Denn ich wollte lieber im Lager auf meine Rehabilitierung warten und dann entweder nach Peking oder nach Shanghai fahren, um dort eine Arbeit zu suchen. Auf diese Weise konnte ich wie Cai und Xiao ein für allemal die Polizei loswerden. Die Übersetzungsgesellschaft hieß »Neugeburt« und wurde direkt vom Ministerium für Öffentliche Sicherheit geführt. Sie hatte ihren Sitz im Gefängnis von Baoding. Dort war man immer noch ein Angestellter und kein freier Mensch. Aber man hatte den ehemaligen Dolmetscher des Außenministeriums, der für Vorsitzenden Mao und Premier Zhou gedolmetscht hatte, nicht vergessen. Ich mußte trotzdem an der Prüfung teilnehmen. Auf dem chinesischen Festland hat jeder Kader eine Akte, die ihn das ganze Leben lang begleitet, obwohl er selber nicht das Recht hat, Einsicht zu nehmen.

Die Prüfung war an sich kinderleicht. Man brauchte nur einen kurzen Aufsatz zu einem beliebigen Thema entweder in englischer, russischer oder japanischer Sprache zu schreiben. Trotzdem fielen viele durch.

»Verdammt noch mal!« fluchte einer nach der Prüfung. »Ich konnte ziemlich gut Englisch. Wirklich. Ich habe es viele Jahre in einer Missionsschule gelernt. Aber jetzt habe ich alles verlernt.«

»Älterer Bruder,« tröstete ihn ein anderer, »du bist nicht der einzige. Wie kann man von uns noch Kompetenz verlangen? Jede Fremdsprache war doch bis vor kurzem im Lager streng tabu.«

»Ja, ja, stimmt,« meinten einige andere. »Man hätte uns wenigstens einen Monat zur Wiederholung geben sollen.«

Ich aber lachte mir ins Fäustchen, denn ich hatte mir einen Trick ausgedacht. Um durchzufallen, hatte ich nur sehr kurze und einfache Sätze geschrieben, um auf die Beamten der Übersetzungsgesellschaft einen negativen Eindruck zu machen.

»Ach, sogar der ehemalige Dolmetscher hat sein Englisch verlernt,« sollten sie sagen müssen.

Daß mein Trick nicht funktionierte, hat mich sehr enttäuscht. Die Beamten waren mit meinem Aufsatz nämlich sehr zufrieden.

»Merkwürdig, daß dieser Zhou nach einer so langen Unterbrechung mit der Grammatik immer noch so sicher ist!« kommentierte einer.

»Eine Fremdsprache zu beherrschen, ist auch eine besondere Fähigkeit,« erläuterte der Direktor der Gesellschaft, Hong, fachkundig. »Wenn man sie wirklich erlernt hat, wird man sie nie verlernen.«

Das schmeichelte mir zwar, doch ich fuhr sehr unglücklich mit den Glücklichen nach Baoding.

Die Durchgefallenen waren natürlich auch sehr enttäuscht, jedoch auf eine andere Weise. Ich konnte sie gut verstehen. Ihnen erging es wie Menschen, die nach einem Schiffbruch zwanzig Jahre lang auf einer Insel

gewartet hatten, bis sie wieder ein Schiff vorbeifahren sahen. Das Schiff
rettete sie aber nicht. Ob noch ein Schiff vorbeifahren würde? Wenn ja,
wann? Vielleicht konnten viele von ihnen nicht mehr so lange warten.
Verzweiflung herrschte bei den Schiffbrüchigen.

*　*　*

Baoding ist zwar keine Großstadt, aber immerhin eine Stadt mittlerer
Größe. Hier merkte ich, wie städtisch ich immer noch war. Vielleicht
fühlen sich Städter nur in Städten wie Fische im Wasser; und auf die
gleiche Weise die Bauern auf dem Lande. Straßen, Menschen, Lärm, Lä-
den, Kinos, Restaurants, Parks, Busse, Straßenbahnen... Es war gut, nach
so vielen Jahren wieder in einer Stadt wohnen zu können. Es war gut, nach
so vielen Jahren an einem Schreibtisch sitzen und mit dem Kopf arbeiten
zu können. Die Lebensbedingungen waren besser. Wir hatten auch grös-
sere Freiheiten.

Ich wurde der Gruppe für Deutsch zugeteilt. Die Gruppe hatte nur
drei Übersetzer. Der Leiter hieß Ce. Es war eine Überraschung, als ich
1990 in der Biographischen Literatur-Handlung in West-Berlin zufällig
ein Buch von ihm und über ihn fand, betitelt »Flaneur im alten Peking«.
Erst da erfuhr ich, daß er ursprünglich ein mongolischer Prinz war, ein
richtiger Playboy, der in seiner Jugend in Deutschland in die Schule gegangen war. Er wurde nach mir vom Pekinger Fremdspracheninstitut angestellt und arbeitete als Redakteur an einem deutsch-chinesischen Wör-
terbuch mit.

Die Arbeit war alles andere als interessant. Wir übersetzten deutsch-
sprachiges Polizeimaterial ins Chinesische: Waffen, Blutflecke, Fingerab-
drücke, Fußspuren, Leichen... furchtbar langweilig. »Wenn es so weitergeht, werde ich verrückt,« dachte ich. Dann versuchte ich, mich selbst zu
trösten. Sei doch zufrieden! Hier sitzt du unter dem Dach; im Lager hast
du acht oder zehn Stunden in der Sonne, im Wind oder gar im Regen gestanden. Hier bist du ein Intellektueller; imLager warst du nicht einmal
ein qualifizierter Landarbeiter. Hier...; im Lager... Aber nein, dieser dumme Selbsttrost machte mich nicht glücklicher.

In der Übersetzungsgesellschaft habe ich zwei merkwürdige Menschen
kennengelernt. Einer von ihnen war vor der Volksrepublik ein hochrangiger Geistlicher gewesen, der sogar einmal vom Papst empfangen worden
war. Gleich am Anfang der Volksrepublik war er in die Spionage ver-

wickelt worden und mußte zwanzig Jahre hinter schwedischen Gardinen sitzen. Er sprach tatsächlich Schwedisch. Niemand wußte genau, wieviel Sprachen er konnte. Sprachen, deren Namen ich nie gehört hatte, waren für ihn gar nicht fremd. Merkwürdig an ihm war, daß er nach so vielen Jahren im Lager immer noch wie ein Prediger sprach.

Im Hof sah ich manchmal zwei Frauen spazierengehen, die miteinander Japanisch sprachen, die eine im mittleren Alter, die andere mit weißen, langen Haaren und einem runzeligen Gesicht. Ich war total verblüfft, als ich erfuhr, daß die letztere keine Frau, sondern ein Mann war. Die Frau im mittleren Alter erzählte mir eines Tages:

»Für mich ist er immer meine ›Tante‹. Er sieht nicht nur wie eine alte Dame aus, sondern seine Stimme und seine Gebärden sind auch perfekt weiblich. Mir fällt sein Geschlecht nur dann ein, wenn wir eine Toilette aufsuchen müssen. Er erzählte mir, daß er nicht selten Schwierigkeiten hat, auf eine Herrentoilette zu gehen. Die Männer drinnen sind immer erschrocken, wenn sie eine ›Frau‹ hereinkommen sehen.«

»Was es in dieser großen Welt nicht alles gibt,« dachte ich.

Eines Tages, als ich mich im Büro mit Fingerabdrücken und Fußspuren langweilte, wurde mir mitgeteilt, daß ich mich umgehend beim Direktor Hong melden solle. In seinem Büro sah ich außer dem Direktor noch den politischen Funktionär des Verlages Yuan und einen unbekannten Mann im mittleren Alter. Sie standen auf, als ich eintrat - was mich erschreckte. Erstaunt war ich, als sie mich mit einem Lächeln »Genosse Zhou« nannten.

»Genosse Zhou Chun,« Yuan kam mir mit ausgestreckten Armen entgegen, »ich freue mich, dich wiederzusehen. Du siehst gut aus. Äh, ja, das hier ist Genosse Wang, Richter des Pekinger Mittleren Volksgerichts.«

»Genosse Zhou,« fing der Richter an, »Genosse Yuan und ich sind gestern mit dem Geländewagen von Peking zum Ersten Zwangsarbeitslager gefahren, nur um zu erfahren, daß du nicht mehr da warst. Wir sind zurückgefahren und heute morgen mit der Eisenbahn hierher gekommen. Bitte, entschuldige diese Verzögerung.«

In der langjährigen Verbannung habe ich fast alle Höflichkeiten und Rituale vergessen. Ich schaute den Richter stumm an. »Nein,« dachte ich, »er war es nicht. Es war ja eine Richterin gewesen, die das Urteil über mich fällte. Wenn sie gekommen wäre! Sie hatte mich keines Blickes gewürdigt. Oder der Untersuchungsrichter, der mir immer ein Stückchen Kreide auf den Boden warf, damit ich ihm zeigen konnte, wie ein bestimmter Name geschrieben wird...«

»Genosse Zhou,« jetzt Yuan wieder, »ich soll dich von allen Genossen des Verlages herzlich grüßen, insbesondere aber von dem Direktor und dem stellvertretenden Direktor der Redaktion für fremdsprachige Literatur. Sie haben mich persönlich beauftragt, ihre Grüße an dich auszurichten.«

Sein Händedruck war fest, seine Miene beinahe fromm.

Etwas in meiner Brust begann zu schmelzen. Meine Augen wurden feucht, meine Sicht trübe. Aber immer noch fand ich keine Worte.

»Wollen wir nicht alle Platz nehmen?« Direktor Hong war der Gastgeber. »Hier, Genosse Zhou, nimm diesen Stuhl. Er ist bequem.«

Mechanisch ließ ich mich nieder und sagte trocken dreimal »danke«, indem ich in drei Richtungen nickte. Es folgte eine kurze Stille. Dann räusperte sich Richter Wang. Das Lächeln verschwand. Er begann in einem professionellen Ton zu sprechen. Unbewußt saß ich aufrecht, mit beiden Händen auf den Knien.

»Im Namen des Mittleren Volksgerichts der Stadt Peking...«

Nachdem er das neue Urteil desselben Volksgerichts abgelesen hatte, erklärte er mir folgendes in einem weniger offiziellen Ton:

»Erstens, die Strafzumessung des Originalurteils aus dem Jahre 1965 war zu streng; zweitens, das neue Urteil entkräftet ab heute das Originalurteil; drittens, ab heute hast du wieder alle Bürgerrechte und bist wieder Staatsfunktionär; viertens, ab heute bekommst du wieder den ursprünglichen Monatslohn... Verstehst du, Genosse Zhou?« fragte mich Richter Wang.

Ich fühlte, daß ich nichts fühlte. Ich meine, ich hatte das Gefühl, daß ich etwas fühlen sollte, zum Beispiel Glück, Freude oder wenigstens Erleichterung. Aber ich fühlte nicht so. Ich war erstaunt und betäubt. Das Eis saß immer noch in meiner Brust. Also die Strafe war »zu streng« gewesen, aber nicht falsch. Ich war doch schuldig. Ich meine, ich hatte das Gefühl, daß ich etwas tun sollte, zum Beispiel, mich bei der Regierung und der Partei für die Milde und Schonung bedanken, aber ich tat es nicht. Ich saß einfach da, sprachlos und regungslos.

»Verstehst du?« wiederholte Richter Wang seine Frage. Da er immer noch keine Antwort von mir bekam, setzte er mit seiner Erklärung fort:

»Genosse Zhou, bitte versteh das richtig. Unsere Absicht ist, dir politisch einen Ausweg zu schaffen. Jetzt bist du wieder Staatsfunktionär. Jetzt kannst du wieder als Intellektueller arbeiten. Das ist doch das allerwichtigste, nicht wahr?«

»Ja,« antwortete nicht ich, sondern Yuan, der politische Funktionär. »Wir müssen noch heute nach Peking zurückfahren. Aber es kommt noch jemand von der Kaderabteilung des Verlages, um mit dir über deine zukünftige Arbeit zu diskutieren.«

Für sie war ihre Aufgabe erfüllt.

»Wir sehen uns bald in Peking, Lao Zhou,« sagte Yuan und verabschiedete sich mit dem Richter von Direktor Hong.

In der Übersetzungsgesellschaft war ich der erste, der »rehabilitiert« wurde. Mein neuer »roter Paß« - ein Beweis für die Identität eines Staatsfunktionärs - ging von Hand zu Hand. Die Pässe für die Angestellten im Lager waren häßlich grau gewesen.

»Lao Zhou,« sagte einer, »du bist sehr zu beneiden.«

»Aller Anfang ist schwer,« zitierte ein anderer. »Jetzt hat es angefangen. Es kann nicht mehr allzu lange dauern.«

Ein Dritter seufzte: »Ihr seid alle sehr zu beneiden. Ihr werdet früher oder später rehabilitiert werden. Ich war aber ein richtiger Konterrevolutionär.«

»Das war deine Vergangenheit,« sagte ich, ohne ihn trösten zu wollen. »Du kannst heute mit deinen Sprachkenntnissen für die Volksrepublik arbeiten und auf diese Weise deine Missetaten wiedergutmachen.«

Ob er sich nach meinen Worten besser fühlte, weiß ich nicht. Ich mußte mich aber wundern, daß, wenn es um die Dinge anderer Menschen ging, ich alles nüchterner betrachten konnte. Was mich selbst anbelangte, war ich mir gar nicht im klaren, ob alles in Ordnung gehen würde, denn der Richter hatte mir vor seinem Abschied noch etwas gesagt, und zwar betont gesagt:

»Genosse Zhou, du bist nie juristisch bestraft worden. Merke dir, 1964 bis 1978 war für dich eine ereignislose Periode.«

Eine ereignislose Periode? Wieso? Wieso!

NACHZÜGLER

In die Gesellschaft zurückfinden

Es ist viel leichter, einen Menschen zu verbannen, als ihn wieder aufzunehmen, als ihm zu helfen, in die Gesellschaft zurückzufinden.

Richter Wang hatte gut reden, ich sei juristisch nicht bestraft worden. Meine Verbannung solle eine ereignislose Periode sein; wenn ich Formulare ausfüllen müsse, solle diese Periode leer bleiben; das Mittlere Volksgericht der Stadt Peking sei für diese Periode verantwortlich,... etc.

Was heißt verantwortlich?

Kann das Gericht mir meine vergeudete Blütezeit - meine Lebensjahre von dreißig bis zweiundfünfzig - zurückgeben?

Kann das Gericht mir einen Schadenersatz - meinen Lohn von zigtausend Yuan - rückwirkend auszahlen? In einem Leitartikel des Organs der Partei hieß es, der Staat sei nach dem zehnjährigen »Tumult« am Rande des Zusammenbruchs. Die rehabilitierten Genossen sollen sich mit der politischen Wiedergutmachung abfinden und keinen pekuniären Schadenersatz vom Staat verlangen.

Das wichtigste ist aber: Kann das Gericht meine seelischen Wunden heilen? Das Sprichwort »Zeit heilt alle Wunden« stimmt bei mir nicht. Nach vielen Jahren träume ich in Berlin noch oft, daß ich wieder im Zwangsarbeitslager bin. Die Szenen der Träume sind jedesmal andere. Aber immer frage ich mich: »Oh, großer Gott! Wieso bin ich wieder hier? Soll ich noch einmal zweiundzwanzig Jahre in der Verbannung verbringen? Nein, so lange lebe ich nicht mehr. Ich werde diesmal hier sterben wie die vielen Menschen, die ich damals im Lager kannte. Was kann ich nur tun?« Und wenn ich mit klopfendem Herzen, kaltem Schweiß auf der Stirn aufwache, fühle ich keinen Schmerz, sondern Trauer - eine stumpfe, aber lang andauernde, tiefe Trauer. Ich fühle mich einsam und verlassen. Entfliehen kann ich nicht. Dieser Alptraum vom Zwangsarbeitslager ist ein Bestandteil meines Lebens geworden. Er endet erst dann, wenn mein Leben endet.

Es liegt mir jedoch fern, in diese Probleme verstrickt zu werden oder meine Verluste zu beweinen, denn ich bin von einem Gedanken besessen: Mir bleibt nicht viel Zeit, ich muß unbedingt noch etwas leisten, wenn ich mein Leben nicht total nutzlos verstreichen lassen will.

Um meine Lage zu ändern, mußte ich tatsächlich oft Formulare ausfüllen oder Lebensläufe schreiben. Man liest bei mir: 1957-1979 »Rechtsabweichler« - körperliche Arbeit - Rehabilitierung. Ob Richter Wang mit einer solchen Formulierung zufrieden war? Ich hatte keine Ahnung. Ich hatte auch nicht die Absicht, diese Frage noch mit ihm zu diskutieren. Es gab so viele Probleme zu lösen, bevor ich in die Gesellschaft zurückfinden konnte.

Nach dem Richter kam die Genossin Xu von der Kaderabteilung noch einmal zu mir - diesmal nach Baoding. Ihre erste Frage an mich war eine nicht mißzuverstehende Andeutung.

»Ja,« sagte sie freundlich, »jetzt ist es endlich soweit, daß der Verlag sich um deine zukünftige Arbeit kümmern kann oder soll. Was gedenkst du zu machen? Erzähl mal!«

Nach den Bestimmungen der Überprüfung hatte der falsch Behandelte das Recht, seine ursprüngliche Arbeit wieder aufzunehmen, und seine ehemalige Einheit hatte nicht das Recht, ihn unter irgendeinem Vorwand abzulehnen. Das heißt, wenn der Verlag mich nach mehr als zwanzig Jahren noch haben wollte, hätte Genossin Xu ungefähr so fragen müssen:

»Hast du Lust, wieder als Lektor deutsch- und englischsprachiger Literatur zu arbeiten? Oder hast du inzwischen schon andere Pläne?«

Denn - wieder nach den Bestimmungen der Überprüfung - der falsch Behandelte hatte auch das Recht, eine andere Arbeit aufzunehmen. In diesem Fall war seine ehemalige Einheit verpflichtet, ihm alle notwendige Hilfe zu gewähren.

Natürlich hatte ich mir seit meiner Rehabilitierung Gedanken über meine zukünftige Arbeit gemacht, nein, eigentlich schon früher - als die Aussichten der Rehabilitierung begannen, positiv zu erscheinen.

Diese Übersetzungsgesellschaft im Gefängnis zog mich selbstverständlich nicht in ihren Bann. Sollte ich aber nach Peking zurückkehren? Nein. Denn in dieser meiner zweiten Heimatstadt war überall etwas, das bei mir eine Saite anschlagen könnte. In dieser Kaiserstadt würde ich durch Erinnerungen geplagt werden. Im übrigen wohnte meine Schwester mit ihrer Familie schon längst nicht mehr in Peking. Noch ein Grund - und das war der wichtigste: Im Verlag hatte man mich »durch Kritik zugrunde gerichtet und berüchtigt gemacht«, was damals während der Bewegung das Schicksal jedes Kritisierten sein sollte. Es war alles ganz schön und gut für meine alten Kollegen, solange sie mir im Zwangsarbeitslager herzliche Grüße ausrichten ließen, aber wenn ich wirklich vor ihnen erscheinen und in derselben Einheit arbeiten sollte, dann würden sie allein durch meine Anwesenheit immer wieder an ihre falsche Kritik an mir während der Bewegung erinnert werden - sicherlich kein allzu angenehmes Gefühl, immer in meiner Schuld stehen zu müssen. Also, lieber woanders hingehen. Und die einzige Alternative war Shanghai - meine Heimatstadt.

Das war leichter gedacht als getan. Denn Mao hatte am Anfang der Volksrepublik den Vorschlag des Bevölkerungswissenschaftlers, Professor Ma Yinchu, Geburtenkontrolle durchzuführen, abgelehnt. Inzwischen war in China eine Bevölkerungsexplosion geschehen. Besonders übervölkert waren Großstädte wie Peking, Shanghai, Kanton, etc... Diejenigen, die unbedingt in diese Großstädte ziehen wollten, mußten zweitausend Yuan oder noch mehr bezahlen, um sich eine Aufenthaltsgenehmigung zu kaufen - natürlich »durch die Hintertür« - oder sie mußten mit einem Einwohner dieser Großstädte den Wohnsitz tauschen - was gar nicht billiger war. Es gab sogar Fälle, wo Frauen gerne irgendeinen Mann in diesen Großstädten heiraten wollten, nur um dort leben zu dürfen.

Trotz dieser anscheinend unüberwindlichen Schwierigkeiten fuhr Genossin Xu nach Shanghai, um dort für mich eine Einheit zu finden, die mich haben wollte. Ihr Plan war, wenn eine Einheit mich besonders dringend haben wollte, dann hatte diese die Möglichkeit, die Personalabteilung der Stadtregierung Shanghai zu bitten, mich in die Stadt zu lassen. Ihr Plan funktionierte. Ihre Bemühungen waren nicht umsonst. Sie fand tatsächlich eine Einheit in Shanghai für mich, und zwar den Verlag für Übersetzungen, einst Zweigstelle des Pekinger Verlages.

»Man kennt dich ganz genau,« sagte die Genossin zu mir bei ihrer Rückkehr von Shanghai. »Du bist der erste Lektor der deutschsprachigen Literatur. ›Nestor‹ oder ›Senior‹ nennt man dich. Außerdem sind deine Übersetzungen auch bei ihnen bekannt. Was hast du übersetzt, Lao Zhou?«

»Ach, eigentlich nicht sehr viel.« Das war die bekannte chinesische Bescheidenheit. »Unter anderem eine kurze Biographie des ersten Präsidenten der Deutschen Demokratischen Republik, Wilhelm Pieck, die aber in dreißigtausend Exemplaren erschien, weil sie vom Verlag als Lehrmaterial des Internationalismus für die chinesischen Freiwilligen in Korea gedacht war. Und in Zusammenarbeit mit einem Kollegen habe ich Willi Bredels ›Ernst Thälmann‹ übersetzt.«

»Ach ja, richtig, Thälmann,« sagte Xu. »Den gleichnamigen deutschen Film habe ich gesehen, natürlich schon synchronisiert. Also, habe noch ein bißchen Geduld. Wir hören noch von Shanghai.«

Parallel dazu versuchten meine alten Klassenkameraden auch, eine Einheit für mich in Shanghai zu finden. Es stellte sich heraus, daß seit der

Durchführung der Öffnungspolitik Dozenten für Fremdsprachen wieder sehr gefragt waren, besonders erfahrene und hochqualifizierte Lehrer. Die Tongji-Universität, eine ursprünglich von den Deutschen in Shanghai gegründete, heute immer noch stark deutsch orientierte Universität, wollte mich haben. Das Shanghaier Fremdspracheninstitut, jetzt Shanghai-Universität für Internationale Studien, hatte auch großes Interesse an mir, ebenso noch eine andere Universität, die Shanghaier Jiao-Tong-Universität.

Diese guten Nachrichten machten mich schwindlig. Auf einmal wurde »ein Haufen stinkender Hundemist«, wie man mich in den langen Jahren der Verbannung genannt hatte, sehr beliebt und populär. Das damalige »giftige Unkraut« wurde jetzt zur »duftenden Blume«.

In ihren Bemühungen, mich zu »verkaufen«, vergaßen meine Kommilitonen nie zu erwähnen, daß ich Vorsitzenden Maos und Premier Zhou Enlais Dolmetscher gewesen war. Ich versuchte, ihnen in meinen Briefen klarzumachen, daß ich zwar für Mao und Zhou gedolmetscht hatte, aber nie zu ihrem persönlichen Personal gehörte, wie ihr privater Sekretär oder Leibarzt, Chauffeur oder Koch.

»Ach, Lao Zhou,« schrieben sie zurück, »du erinnerst uns an Rip van Winkle, der nach zwanzig Jahren in einer Grotte seine Mitmenschen nicht mehr verstehen konnte. Wenn du nach zwanzig Jahren im Zwangsarbeitslager immer noch so ernsthaft bist, kommst du nie nach Shanghai zurück. Also, laß das bitte unsere Sorge sein, ja?«

Was konnte ich noch sagen oder tun?

Der Verlag, die beiden Universitäten und das Institut wollten mich interviewen. Ich mußte nach Shanghai fahren. Aber zuerst gab es noch einige Formalitäten mit dem Verlag in Peking zu erledigen.

* * *

»Alles ist nicht verloren« - mir fielen die Worte des nicht unfreundlichen Polizisten Zhou ein, der mich vor vierzehn Jahren festgenommen und in das Untersuchungsgefängnis gebracht hatte.

Peking, meine zweite Heimatstadt, ich bin zurückgekommen. Aber wie du dich inzwischen verändert hast. Überall grobe junge Menschen, die sich sehr von ihren Eltern, den alten Pekingern, unterschieden. Überall häßliche Betonbauten, die mit dem uralten Pekinger Baustil überhaupt nicht harmonieren. Ich fühlte mich nicht mehr wie zu Hause in dieser halb bekannten, halb fremden Stadt.

Ich war geneigt, den Polizisten Zhou aufzusuchen, bin aber leider während meines kurzen Aufenthalts nicht dazu gekommen. Es gab so viele Sachen zu tun.

Am wichtigsten war die Überprüfung. In der Politischen Abteilung saß ich Yuan gegenüber, der mich in Baoding mit dem Richter besucht hatte.

»Ach, Lao Zhou,« seufzte er, während er mir ein Papier vorlegte. »Eigentlich hättest du das selber machen sollen. Ich bin sicher, du kannst es viel besser als ich. Du warst ja Lektor, und ich habe nur die Dorfschule besucht. Nein, Wortklauberei war nie meine Stärke. Aber jetzt habe ich die ›angenehme Aufgabe‹, neue politische Schlußfolgerungen für alle Rehabilitierten zu schreiben. Furchtbar! So, hier, Lao Zhou, du brauchst nur hier zu unterzeichnen, dann ist alles erledigt. Bist du damit zufrieden?«

Alles erledigt? Mit einem Bogen Papier? Mit einer Unterschrift? Ob ich damit zufrieden bin?

Das Papier war wirklich kein literarisches Meisterwerk. Aber der Sinn war klar: Was man vorher als »schwarz« bezeichnet hatte, sollte jetzt »weiß« genannt werden. Am Anfang stand die neue Stellungnahme des Verlages hinsichtlich meiner Rede in der Redaktion vor zweiundzwanzig Jahren. Unter anderem hieß es:

»Genosse Zhou Chun, damals Mitglied der Jugendliga - Reserve und Helfer der Partei also - hat während der Bewegung zur Rektifikation der Partei im Jahre 1956 dem Aufruf der Partei Folge geleistet und auf einer von der Partei organisierten legalen Sitzung seine persönliche Meinung hinsichtlich der Arbeit der Partei offen und ehrlich geäußert. Es war falsch, ihn deswegen als ›Rechtsabweichler‹ einzustufen. Ab heute wird ihm der ›Hut‹ des Rechtsabweichlers vom Kopf genommen. Er erhält wieder den Status des Staatsfunktionärs und seinen damaligen Monatslohn.«

»Es hat mehr als zwanzig Jahre gedauert, bis man meine Worte richtig versteht oder verstehen will,« dachte ich bitter. Kein Wort der Entschuldigung. Wie konnte sich die regierende Partei auch bei einem unbedeutenden Menschen, der nicht einmal Mitglied der Partei war, der aus einer Kapitalistenfamilie stammte, entschuldigen? Nur Premier Zhou Enlai und sein Stellvertreter Marschall Chen Yi hatten den kühnen Mut der Politiker, sich im Namen der Partei bei allen Intellektuellen des Landes zu entschuldigen. Aber das war schon einige Jahre her. Und mit ihrem Tod war dieser Edelsinn auch tot.

Lächerlich war die Tatsache, daß Yuan sich große Mühe gab, meine Thesen Punkt für Punkt zu wiederholen und zu jedem Punkt eine Erklärung zu geben, die beweisen sollte, daß dieser Punkt »kein giftiger Angriff gegen die Partei« gewesen war. Die Erklärungen waren weder logisch noch überzeugend. Sie waren an den Haaren herbeigezogene Feststellungen. Aber ist es überhaupt wichtig, daß die Papiere immer logisch und überzeugend sein müssen? Wenn dahinter die absolute Macht steht, so sind die Schlußfolgerungen schon autoritativ und unbestreitbar. Als man meine Thesen als »giftige Angriffe gegen die Partei« in das Papier schrieb und mich zwang, das zu unterzeichnen, hatte sich da die Parteileitung des Verlages Gedanken darüber gemacht, ob diese Schlußfolgerung logisch oder überzeugend war? Und wer sich weigerte, ein solches Papier zu unterschreiben, wurde noch strenger bestraft. In der Tat kannte ich nur einen, der den Mut gehabt hatte, das Unterzeichnen abzulehnen. Er war ein älterer Lektor gewesen, Mitglied einer demokratischen Partei. Er ging, nachdem er abgelehnt hatte, zum Grab seiner Frau draußen in einem Vorort. Dort hat er lange, lange verweilt. Er hat nicht nur von seiner Frau noch einmal Abschied genommen, sondern von der Welt. Was mit ihm später geschah, weiß ich nicht genau. Jedenfalls wurde er kurz darauf verhaftet. Ob er jetzt - wenn er noch am Leben ist - auch wie ich ein solches Papier unterzeichnen mußte oder wollte?

Aber immerhin, dieses Papier hier war unentbehrlich, wenn ich einen neuen Anfang meines Lebens machen wollte. Ich dachte an Richter Wangs Worte: »...um dir politisch einen Ausweg zu schaffen...«. Ich unterzeichnete das Papier und wollte einen Dank aussprechen, konnte es jedoch nicht tun. Hätte ich mich dafür bedanken sollen? Ich weiß nicht mehr, wie ich Yuan verließ und mich auf den Weg zur Redaktion begab.

Die alten Kollegen waren froh, mich wiederzusehen. Sie wußten schon, daß ich nicht mehr mit ihnen zusammen in der Redaktion arbeiten würde. Ihnen war sicher ein Stein vom Herzen gefallen. Sie konnten es sich leisten, großzügig und kollegial zu sein.

Direktor Sun versuchte, die Atmosphäre zu beleben, indem er sagte:

»Schaut mal, der Lao Zhou ist gar nicht älter geworden. Und ich weiß auch, warum. Wir haben in diesen Jahren mit dem Kopf gearbeitet und graue Haare bekommen, während Lao Zhou mit den Händen arbeitete und sich keine Sorgen zu machen brauchte.«

Ob das eine geziemende Bemerkung war?

Vielleicht dachte sein Stellvertreter Luo nicht so, denn hastiger als notwendig fügte er hinzu:

»Ach, was haben wir schon viel getan? Mal in der Kaderschule, mal auf dem Lande, wie die Frechen sagen, ›um die Erde zu reparieren‹...«

»Was ist mit Shi?« fragte ich und meinte den Lektor, dessen schwangere Frau ich damals kennengelernt hatte, als sie ihn in seiner Einzelhaft besuchen wollte.

»Er ist auf Dienstreise,« antwortete mir jemand. »Er ist inzwischen eine VIP geworden - Experte für amerikanische Literatur.«

»Ach, schade,« sagte ich. »Ich meine, ich freue mich für ihn. Und wo ist Zhao?« Sie war Sekretärin der Redaktion gewesen und stand während der Bewegung zur Liquidierung aller versteckten Konterrevolutionäre unter Verdacht, eine Spionin der USA zu sein.

Am anderen Ende des Flurs hockte Zhao und sortierte Manuskripte. Sie war trotz der Jahre jung und hübsch geblieben. Aber sie war nervös, als sie mich sah.

»Genossin Zhao,« sagte ich zu ihr, so ruhig ich konnte. »Eins, was mich nach Peking zurückzog, war, mich bei dir zu entschuldigen. Du verstehst, glaube ich, was ich meine. Für meine Unreife und Naivität bin ich mehr als genug bestraft worden, das kannst du mir schon glauben.«

Sie war sichtbar erleichtert und antwortete freundlich:

»Ach, Lao Zhou, let bygones be bygones. Durch die ›Kulturrevolution‹ haben wir alle sehr viel gelernt und sind auch erfahrener und weiser geworden.«

Bevor wir uns voneinander verabschiedeten, gab sie mir die Hand und sagte: »Es tut mir leid um dich. Du warst einer unserer besten Lektoren. Aber ich freue mich, daß du noch jung und gesund geblieben bist.«

Gerne hätte ich das gleiche auch von Shi gehört.

Was ich 1956 tun wollte und nicht durfte, habe ich endlich nachgeholt. Aber was für einen unglaublich hohen Preis mußte ich dafür zahlen! Die Partei und die Regierung haben sich die Mühe gemacht, mich zweiundzwanzig Jahre lang zu bestrafen und zu reformieren, weil ich mich bei denjenigen hatte entschuldigen wollen, die ich während dieser Bewegung, der Partei blind glaubend und gehorchend, grob behandelt hatte. Es tut mir leid, daß die Strafe und Reformierung nicht ändern konnten, daß ich immer und überall die Wahrheit sagen muß. Es ist einfach eine unheilbare Krankheit von mir.

*   *   *

Shanghai, mit achtzehn habe ich dich verlassen. Da warst du noch unter japanischer Okkupation, unter britischer und französischer Kolonialherrschaft. Um dich zu befreien, habe auch ich gegen die Imperialisten und die reaktionäre Regierung gekämpft. Jetzt, mit zweiundfünfzig, kehre ich in deinen Schoß zurück, um weiterzukämpfen, um das Vaterland aus dem Ruin zu retten und es wieder aufzubauen. Willst du deinen Sohn aufnehmen?

Vor der »Kulturrevolution« hatten Vater und Mutter ein Wohnzimmer und ein Schlafzimmer. Am Beginn der »Tumulte« befahlen die Arbeiter den Eltern streng, das größere Schlafzimmer aufzugeben. Als ob sie nicht eng genug wohnten, wohnte mein Bruder jetzt auch bei den Eltern. Er schlief zwar in einer finsteren Kammer im Hinterhof, mußte aber auch das kleinere Wohnzimmer, jetzt das einzige Zimmer der Eltern für alle Zwecke, benutzen, um dort zu arbeiten. Er war Kettenraucher. Nach meiner Rückkehr sollte auch ich in diesem Zimmer Unterkunft suchen.

Nach den Interviews wollten alle vier Einheiten mich haben, insbesondere die Tongji-Universität und das Fremdspracheninstitut. Sie brauchten ganz dringend qualifizierte Lehrkräfte. Und so begannen sie, miteinander um mich zu konkurrieren. Die Universität schrieb einen offiziellen Brief an die Stadtregierung mit der Bitte, daß man mich ihnen zuteilen solle. Das Institut war aber schlauer. Es schickte einen Personalkader direkt in die Personalabteilung der Stadtregierung, um die Beamten dort zu überzeugen, daß das Institut mich wirklich sehr dringend braucht. Dieser Kader hieß Lu und war ein alter Hase. Er wandte die sogenannte Zermürbungstaktik an. Er ging heute in die Personalabteilung. Morgen rief er an. Übermorgen erschien er schon wieder in der Abteilung.

»He, Alter Bruder,« mußte man ihm sagen, »wir sind doch Berufsgenossen. Sei nicht so hastig. Du weißt genauso gut wie wir, wie schwer es ist, einen Kader zuzuteilen, so daß sowohl die Einheit als auch er selber zufrieden ist. Es ist wirklich ein Wahnsinn. Damals hieß es: weg, weg, weg; schnell, schnell, schnell. Hunderttausende Kader wurden im Nu aufs Land geschickt, und wir waren danach fast arbeitslos. Jetzt sollen sie alle wieder in die Städte zurückkommen. Denkst du, daß man es auch so schnell, schnell, schnell machen kann? Glaubst du, daß ich hier bequem sitze?«

Der trickreiche Lu ließ sich gar nicht entmutigen. Er stritt auch nicht mit der vorgesetzten Abteilung, sagte »Auf Wiedersehen!« und ging brav weg. Aber die Abteilung hörte früh am nächsten Morgen schon wieder seine Stimme am Telefon:

»Hör mal, mit Zhou Chun ist das anders. Er ist ein rehabilitierter Kader. Er hat zweiundzwanzig Jahre hinter der Mauer gesessen. Er hat das

Recht, unverzüglich wieder als Intellektueller zu arbeiten. Außerdem hat er für Vorsitzenden Mao und Premier Zhou gedolmetscht...«

»Aber, alter Bruder...,« versuchte sein Gesprächspartner ihn zu beruhigen.

Und das Tauziehen verschaffte mir genug Zeit, meine eigenen Vorstellungen zu bedenken.

Im Verlag für Übersetzungen saßen schon zwei Lektoren der deutschen Sprache. Sie waren vom selben Jahrgang, beide viel jünger als ich, und konkurrierten miteinander. Wenn ich eventuell in demselben Verlag arbeiten sollte, würden sie höchstwahrscheinlich eine »Einheitsfront« bilden und mit mir konkurrieren. Denn allein meine Anwesenheit im Verlag würde eine Drohung für sie bedeuten. Nein, es war nicht weise, mich in eine solche Arena der Rivalität zu begeben. Im übrigen war ich nicht sicher, ob ich nach langjähriger Landarbeit noch acht Stunden sitzen und mit dem Kopf und den Augen arbeiten konnte. Die Arbeit eines Lektors ist sehr anstrengend - das wußte ich aus Erfahrung.

Hingegen hat man in den Universitäten Sommer- und Winterferien. Man braucht auch nicht jeden Tag acht Stunden ununterbrochen dort zu sitzen. Man kann seine Zeit besser einteilen. Noch ein Grund, warum die Universitäten mich mehr reizten als der Verlag, war, daß ich mich gerne mit jungen Leuten unterhielt. Diese Erfahrung machte ich, weil gerade zu dieser Zeit meine Schwester mit ihren Kindern nach Shanghai zu Besuch kam. Die jungen Leute mochten mich, und ich sprach auch sehr gerne mit ihnen. Sie sammelten sich um mich, und ich begann, sie zu belehren:

»Hört gut zu, Kinder. Es ist die Forderung oder Aufforderung der Geschichte, daß ihr uns so schnell wie möglich einholt und überholt. Das erwartet und verlangt von euch die Nation. Das Volk...«

Sie machten große Augen. Sie spitzten ihre Ohren. Mein »Erfolg« bei der jungen Generation war ziemlich ermutigend. »Keine schlechte Idee,« dachte ich mir, »den Mädchen und Jungen meine Erfahrungen als Dolmetscher und Übersetzer weiterzugeben. Das ist die Forderung der Geschichte an mich...«

Eines Tages kam Lu, der Personalkader, mich und meine Eltern besuchen. Er strahlte. Ich verstand sofort, daß ich sein »Gefangener« geworden war. Aber wie hatte er das geschafft?

»Ach, mit ein paar Tricks, Lao Zhou, ist alles zu schaffen.«

Er verlor keine Zeit, sich aufzublasen.

»Wissen Sie, Herr und Frau Zhou, die heutige Politik der Partei ist für

Sie, für Lao Zhou und für das Institut günstig. Denn erstens zählt Lao Zhou zu dem sogenannten dringend gefragten Spezialfachpersonal. Ich meine, seit der Öffnungspolitik ist die Nachfrage nach Fremdsprachen auf einmal wahnsinnig groß geworden. Und zweitens, Eltern dürfen ein Kind bei sich behalten. Ich weiß, Herr und Frau Zhou, Sie haben schon einen Sohn bei sich. Aber seit dem Unfall mit dem Fahrrad und nach der Operation hinkt er ein bißchen, nicht wahr? Er ist behindert. Deswegen dürfen Sie, Herr und Frau Zhou, einen zweiten Sohn bei sich behalten...«

Lu war nicht nur gut informiert, sondern verstand auch, aus einer günstigen Gelegenheit Kapital zu schlagen. Aber das waren doch keine Tricks. Die Tongji-Universität hätte genauso wie er mit der Stadtregierung sprechen können.

»Na ja, der Unterschied liegt darin,« erklärte Lu seine Tricks, »daß ich alles mit eigener Hand erledige. Ich bin einfach noch einmal in die Personalabteilung gegangen, wo ich gar kein gern gesehener Gast bin. Das weiß ich ganz genau. Ich lasse mich aber nicht im geringsten einschüchtern. Ich legte ein belegtes Brot und stellte eine Flasche Limonade auf den Tisch des stellvertretenden Direktors und begann ganz gemütlich die Zeitung zu lesen. ›Nimm dir Zeit,‹ sagte ich höflich und freundlich zu ihm. ›Ich kann warten. In der Tat werde ich heute ohne dein Ja dein Büro nicht verlassen...‹«

Wir konnten nicht umhin, zu lachen.

»›Aber Alter Bruder,‹ protestierte der Vizedirektor,« fuhr Lu fort, sehr zufrieden, daß er ein aufmerksames Publikum gefunden hatte, »›du kannst doch nicht ...! Was soll das heißen?‹ Ich las meine Zeitung, als ob ich zu Hause wäre. Der Vizedirektor saß wie auf Kohlen. Nach fünf Minuten sagte ich zu ihm, meine Zeitung immer noch in der Hand: ›Oh, ich hab's fast vergessen. Mein Präsident sagte mir, bevor ich hierher kam: Lao Lu, sag den Genossen in der Stadtregierung, wir sind gerne bereit, zwei Lehrer an die Personalabteilung zurückzugeben, falls sie uns Lao Zhou geben will.‹ Ich las wieder meine Zeitung. Der Vizedirektor war beinahe aufgesprungen. ›Was? Noch einmal!‹ fragte er mich. Ich wiederholte die Worte des Präsidenten. Dieser Trick von mir funktionierte. ›Ist das dein Ernst?‹ fragte der Vizedirektor. ›Was heißt, ist das dein Ernst? Mir ist es egal.‹ Meine Augen waren immer auf die Zeitung geheftet. ›Abgemacht!‹ rief der Vizedirektor. ›Du darfst es aber nicht bereuen.‹ Ich sagte immer noch lässig: ›Ein Mann, ein Wort.‹ ›Abgemacht!‹ wiederholte der Vizedirektor, und du gehörst uns, Lao Zhou!«

Lu lachte so laut, daß er sich dann bei den Eltern entschuldigen mußte.

»Oh,« ihm fiel noch etwas ein, »eine Kleinigkeit, Lao Zhou. Mein Brot und meine Limonade haben mich - Moment mal - ein Yuan fünfzig gekostet. Ich habe sie in der Erregung dort vergessen. Wie wäre es, wenn du dafür bezahlst, ah? Schließlich habe ich deinetwegen...«

Diesmal lachten wir alle herzlich.

Vater, der immer so langsam war, verstand den Trick nicht und mußte Lu fragen (oder weil er Kaufmann und deswegen besonders empfindlich war):

»Zwei gegen eins, Genosse Lu? Das war aber ein schlechtes Geschäft.«

»Quantitativ ja, aber qualitativ, Herr Zhou, qualitativ. Man stößt nicht jeden Tag auf einen Ex-Dolmetscher von Vorsitzenden Mao und Premier Zhou, meinen Sie nicht?«

»Ah ja.« Jetzt war Vater auch an Lus Seite. »Also, Genosse Lu, Sie haben sozusagen mit einem belegten Brot und einer Flasche Limonade unseren zweiten Sohn abgekauft?«

Vater bewies seinen Sinn für Humor. Mutter warf ihm einen Seitenblick zu, den er gar nicht bemerkte. Vielleicht fand Mutter Vaters Bemerkung ein wenig dreist?

In der Zwischenzeit lud mich der stellvertretende Präsident der Tongji-Universität Weng ein, in meiner Freizeit in einer Klasse von leitenden Funktionären der Universität Deutschunterricht zu erteilen. Ich akzeptierte die Einladung und erzählte Weng von der Entscheidung der Stadtregierung. Er wurde sehr böse, natürlich nicht auf mich, sondern auf die Stadtregierung und das Fremdspracheninstitut.

»Aber, das ist doch nicht fair. Wir haben uns früher als das Fremdspracheninstitut an die Stadtregierung mit der Bitte gewandt, dich uns zuzuteilen. Und dieser, dieser... wie war sein Name? Lu? Das war wirklich eine Unverschämtheit! Ist er ein Kader, oder ist er ein Händler?«

Aber »der Reis ist gar«, wie wir Chinesen sagen. Weng stand vor vollendeten Tatsachen und konnte nichts mehr ändern.

Auf diese Weise wurde ich wieder in die Shanghaier Gesellschaft eingegliedert, und zwar ohne einen Fen zahlen zu müssen. Man nannte es ein Wunder, eine ganz rare Ausnahme.

Jetzt war die Frage, ob ich mit dem Deutschunterricht im Institut gleich anfangen könnte. Ich war nie Sprachlehrer gewesen. Auch ein Sprachlehrer hätte nach einer so langen Unterbrechung sein Deutsch verlernen können.

»Laß dir deshalb keine grauen Haare wachsen,« meinte Zhang, der Leiter der Deutschabteilung. »Du kannst zunächst bei Xiao Zhao und Xiao Zhou einmal hospitieren. Dann weißt du schon ungefähr Bescheid, wie wir das machen. Übrigens sind die zwei die besten Lehrkräfte, die wir vorläufig haben.«

Keine schlechte Idee. Aber ich fand, daß auch die besten nicht so außergewöhnlich gut waren. »Wenn sie das schaffen,« dachte ich, »kann ich es auch.«

Jetzt hatte ich schon einige Zeit mein Deutsch aufgefrischt. Mit Zuversicht begann ich meinen ersten Unterricht.

Meine Studenten waren Postgraduierte, Wissenschaftler, Direktoren von Fabriken, Manager..., die bald in die Bundesrepublik Deutschland reisen wollten, um sich dort weiterbilden zu lassen. Sie konnten zwar Englisch oder Russisch, aber kein Wort Deutsch, als sie bei uns anfingen. Ich sollte ihnen weiterhelfen.

»Ich bin wie ihr Chinese, habe zwar Deutsch gelernt, aber fast wieder verlernt,« fing ich auf deutsch an. »Deswegen mache ich unvermeidlich Fehler, wenn ich Deutsch spreche. Ich werde mich bemühen, sowenig Fehler wie möglich zu machen. Wenn ich aber doch Fehler mache, bitte ich euch, mich zu korrigieren...«

Alle waren erstaunt, einschließlich meiner Kollegen, die bei mir hospitierten, nur nicht Zhang, der Leiter. »Da ihr alle, oder fast alle, Englisch gelernt habt, werde ich eine vergleichende Didaktik versuchen, denn Deutsch ist dem Englischen viel ähnlicher als dem Chinesischen...«

Wieder Erstaunen allerseits. Zhang lächelte.

Das nächste Mal fragte ich meine Studenten:

»Das letzte Mal habe ich tatsächlich Fehler gemacht, und zwar zwei. Wißt ihr welche?«

Niemand wußte es. Auch meine Kollegen nicht. Ich korrigierte meine eigenen Fehler und bat meine Studenten um Entschuldigung.

Sie guckten einander an, lächelten zufrieden. Manche nickten anerkennend. Meine Kollegen guckten auch einander an. Sie waren aber offensichtlich verwirrt. Zhang lachte sich ins Fäustchen.

»Warum ich nicht erstaunt war?«wiederholte Zhang meine Frage an ihn während der Pause. »Weil ich deinen Lebenslauf gelesen habe. Ich weiß ganz genau, wie weit man sein mußte, um solche Aufgaben, wie du sie erfüllt hast, bewältigen zu können. Du bist aus der Übung gekommen, und Übung macht den Meister. Ich habe Vertrauen zu dir.«

So begann mein Beruf als Sprachlehrer.

Später borgte mich die Englischabteilung für ein Semester aus. Die Studenten und Kollegen waren mit mir zufrieden. Unzufrieden war nur ich, wenn sie mich immer wieder mit derselben dummen Frage quälten:

»Lao Zhou, was ist bei dir besser? Englisch oder Deutsch?«

Komisch fand ich, daß die Englischabteilung sagte:

»Schaut mal, Lao Zhous Englisch ist phantastisch. Dabei ist Englisch seine zweite Fremdsprache. Sein Deutsch muß noch besser sein!«

Und die Deutschabteilung sagte:

»Dieser Lao Zhou ist ein Rätsel. Er gehört zu den Amphibien. Deutsch ist seine zweite Fremdsprache. Sein Englisch muß noch besser sein!«

Ich war einfach zu faul, diese Bemerkungen zu bestätigen oder zu dementieren. Ich blieb für sie ein Rätsel. Aber ich empfand auch Genugtuung.

Bevor ich vom Fremdspracheninstitut offiziell angestellt werden konnte, mußte ich noch zwei Prüfungen bestehen, eine für das Englische und eine für das Deutsche.

Professor Yangs Mutter war Engländerin. Er hat in England studiert und war mit einer Engländerin verheiratet. Er war richtig überrascht, als ich ihm erzählte, daß ich nur drei Jahre Englisch gelernt und mehr als zwanzig Jahre keinen englischen Laut im Ohr gehabt hatte.

»Unglaublich!« sagte er. »Unglaublich! Wieso hast du dein Englisch nicht vergessen? In dieser Abteilung sprechen die Lehrkräfte zwar gut Englisch, aber alle mit einem chinesischen Akzent. Du bist die einzige Ausnahme. Und du bist noch nie im Ausland gewesen, sagtest du? Sicher werde ich dich der Parteileitung sehr empfehlen.«

Professorin Zhang ist in Dresden geboren und dort aufgewachsen. Ihr Deutsch war besser als ihr Chinesisch. Ihre Meinung von meinem Deutsch war der des Professors Yang von meinem Englisch sehr ähnlich.

Mit dem Gutachten dieser zwei Experten wurde ich schließlich eine richtige Lehrkraft des Instituts. Ich war sehr beliebt bei vielen Studenten, aber leider nicht bei allen. Besonders die jüngeren Studenten wollten nur das lernen, was später geprüft werden sollte. Sie lernten für die Prüfungen. Deshalb meinten sie, daß ich ihnen zuviel aufgab. Für sie war ich ein zu strenger Lehrer, der immer höhere Forderungen an sie stellte. Die Bemerkung einer jungen Studentin brachte wohl die Meinung solcher Studenten zum Ausdruck:

»Ach, Sie machen das Leben für uns alle verdammt schwer, wissen Sie?«

Vielleicht nahm diese Bemerkung schon mein eigenes Leben in den kommenden zehn Jahren vorweg. Denn ich habe wie ein Pferd gearbeitet - sieben Tage pro Woche, zehn Stunden pro Tag. Ich war von einem Gedanken besessen: Ich muß unbedingt etwas schaffen, sonst würde ich selbst beim Sterben die Augen nicht schließen wollen.

»Haßt du Mao Zedong?«

Warum mußte ich mir mein Leben so schwer machen?

Als die Rehabilitierung im Lager begann, geschah es, daß Menschen bei der Nachricht von ihrer Rehabilitierung plötzlich starben, manche lachend, manche im Schlaf. Es gab aber auch Menschen, die danach nicht mehr arbeiten konnten, weil sie körperlich zu schwach dafür geworden waren, oder nicht wieder für diese Partei und Regierung zu arbeiten gewillt waren. Sie zogen es vor, einen ruhigen Lebensabend zu genießen. Das war aber nicht mein Lebensweg, denn ich bin ein ehrgeiziger Mensch.

Es ist immer der Lebenswunsch der chinesischen Eltern gewesen, daß ihre Kinder, insbesondere ihre Söhne, einmal »Drachen« sein mögen. In ihnen sehen sie nicht nur die Sicherheit für ihr hohes Alter, sondern auch die Fortsetzung ihres Lebens. Meine Mutter war keine Ausnahme. Für sie war ich, und nicht mein Bruder, ihre Hoffnung, obwohl er ihr erster Sohn war. Ich muß etwas schaffen, um Mutter zu trösten, war ein Gedanke, der tief und fest schon in meinem kleinen Kopf saß, als ich noch ein Schulkind war. Das war natürlich ein furchtbarer Druck für mich, aber bis zu einem gewissen Grade konnte ich ihren Wunsch verwirklichen. Die Periode, in der ich im Außenministerium gearbeitet hatte und für Mao Zedong, Zhou Enlai dolmetschte, war der Gipfel ihres Lebens. Mit meinem Verhängnis war ihr Glück auch zerbrochen. Nach der Rehabilitierung fing ich wieder an, eine Karriere zu machen.

Eine andere Antriebskraft war der Vergleich mit meinen alten Klassenkameraden und Kollegen. Wir waren achtzehn in einer Klasse der Deutsch-Chinesischen Mittelschule gewesen. Als ich nach fünfunddreißig Jahren nach Shanghai zurückkehrte, waren die meisten Ärzte geworden, einige von ihnen Chefärzte oder Direktoren der städtischen Krankenhäuser. Ein Kommilitone namens Ye war der erste Chinese vom Festland, der den Titel eines Doktors der Medizinwissenschaften in der Bundesrepublik Deutschland erworben hatte. Sein Spezialfach war Mikrochirurgie.

Viele Kommilitonen waren alte Mitglieder der Kommunistischen Partei, unter ihnen einige verantwortliche Parteifunktionäre. Das war wirklich eine Ironie. Denn sie haben nichts für die Revolution getan. Sie sind sozusagen von den Kommunisten befreit worden, während ich alles für die Revolution aufgeopfert habe. Aber heute war ich nicht einmal ein Parteimitglied. Ich mußte mich den etablierten Kommilitonen gegenüber unterlegen fühlen und schämen.

Meine Kollegen des Außenministeriums waren in diesen Jahren auch wichtige Persönlichkeiten geworden. Unter den gleichaltrigen und jüngeren gab es einen stellvertretenden Minister, einen Hauptabteilungsleiter und einige Botschafter, einschließlich dem Botschafter in den USA. Einige Kollegen des Verlages waren berühmte Lektoren, Übersetzer oder Forscher geworden. Und was war mit mir? Ein Landarbeiter, ein Mistsammler, ein Nichts!

Und nicht zuletzt ist mein Privatleben auch nicht in Ordnung. Meine Kommilitonen und Kollegen sind heute Großväter in glücklichen Familien. Und mir ist weiterhin bestimmt, als »alter Junggeselle« zu leben.

Meine Schwester sagte einmal zu mir: »Weißt du, Brüderchen, du hast nicht nur deinen Sohn, sondern auch deinen Enkel verpaßt. Ach du Ärmster!«

Dieser Vergleich war ein schwerer Schlag für mich und machte mich verrückt. Tag und Nacht konnte ich keine Ruhe finden. Aber ich habe den Mut nicht verloren. Ich war nur deswegen auf dem Lebensweg zurückgeblieben, weil man mich der Blütezeit meines Lebens beraubt hatte. Ich mußte doppelt oder dreifach so hart arbeiten, um die verlorene Zeit wiederzugewinnen. Die Angst, mein Leben ungenutzt und nutzlos verstreichen zu lassen, trieb mich an.

Meine Angst war nicht unbegründet. Einmal sagte die Parteisekretärin der Abteilung, Genossin Ren, zu mir:

»Ach, nimm es uns nicht übel, Lao Zhou, daß wir manchmal hinter deinem Rücken über dich sprechen. Wir haben nichts Böses im Sinn. Im Gegenteil. Wir bedauern so sehr, daß du deine Chance im Leben verpaßt hast. Wir sind alle der gleichen Meinung: ›Es ist wirklich schade um Lao Zhou. Wenn er nicht seine besten Lebensjahre verloren hätte, so wäre er heute sicherlich bessergestellt.‹«

Über dasselbe Thema habe ich 1988 im Wiener Wald mit einer Kollegin aus Peking gesprochen. Sie hieß Zhang. Mit uns war noch ein Herr Zhang aus Peking, ein Sprachlehrer, bei dem sie vorher Deutsch gelernt hatte. Wir saßen im Wald und genossen unsere Mahlzeit im Freien. Ich hatte Lust, über Strauß und seine wunderschönen Walzer zu plaudern. Aber irgendwie wurde ich Gegenstand des Gesprächs:

»Sag mal, Lao Zhou,« fragte Genossin Zhang, die eine scharfe und giftige Zunge hatte, »haßt du Mao Zedong?«

»Nein,« war die schlichte Antwort.

»Was? Bist du empfindungslos, oder stellst du dich nur so großherzig?« forderte sie mich heraus. »Der alte Mao hat dein Leben ruiniert, und du haßt ihn nicht? Ich verstehe dich nicht.«

»Vielleicht hast du immer noch Angst?« kam dem Sprachlehrer Zhang in den Sinn.

Bevor ich antworten konnte, sagte Genossin Zhang: »Ja, schon möglich. Du bist zu feige, zu gestehen, daß du den alten Mao haßt, aber im Herzen...«

»Aber, bitte!« unterbrach ich sie. »Warum soll ich ihn hassen? Für mich bedeutet Haß auf Mao nur die Fortsetzung des Personenkultes. So wie man ihm früher nicht allein alle Verdienste hätte zuschreiben dürfen, so darf man ihm jetzt nicht allein alle Fehler vorwerfen. Man hätte nicht nur ihn allein loben sollen, und man sollte auch nicht ihn allein tadeln. Er...«

Diesmal unterbrach sie mich:

»Verschone mich mit deiner Predigt! Du sollst noch einmal zweiundzwanzig Jahre in der Verbannung leben, dann wirst du den alten Mao hassen!«

Für sie war dieses Thema erschöpft. Sie hatte weder ein Ohr für die Musik noch ein Auge für die Natur, sondern nur einen tiefen Haß gegen Mao, den sie von Peking nach Wien mitgebracht hatte. Jetzt haßt sie mich, weil ich Mao nicht hasse.

Auch andere Menschen haben ähnliche Fragen an mich gestellt. Wie sollte ich es ihnen klarmachen, daß ich einfach nicht die Zeit hatte, mich über mein Schicksal zu beschweren? Ich hatte schon zuviel Zeit verloren. Wenn ich jetzt anfinge, meine Vergangenheit zu beweinen, verlöre ich noch mehr. Mir blieb als einziger Ausweg, die noch vorhandene Zeit optimal zu nutzen, also, arbeiten und noch einmal arbeiten!

Als Sprachlehrer habe ich nicht sehr lange gearbeitet, obwohl es mir Spaß gemacht hat. Zum Fremdspracheninstitut gehörte ein Forschungszentrum für Sprachen und Literaturen. Man wollte ein Seminar für Komparatistik gründen und suchte einen Direktor. Ich wurde in dieses Seminar versetzt und kurz darauf zum Direktor gewählt.

Mit der Komparatistik oder Vergleichenden Literatur hatte man in China bereits vor der Volksrepublik begonnen. Da die Sowjetunion dieses Fach einst als kosmopolitisch abgelehnt hatte, wurde die Forschung in China auch unterbrochen. »Alles von der Sowjetunion lernen« war damals die Politik der Partei. Später erst, als die Sowjetunion auch anfing, Komparatistik zu treiben, durften die chinesischen Literaturwissenschaftler ihre Forschung wieder aufnehmen. Deswegen schien es vielen Chinesen, insbesondere der Jugend, als ob Komparatistik in China ganz neu wäre. Auch deswegen mußten wir mit der Aufklärung anfangen. Und das beste Mittel der Aufklärung war eine Zeitschrift, in der wir die Leserschaft mit den Grundkenntnissen der Komparatistik vertraut machen konnten. Man wählte mich zum Chefredakteur einer solchen Zeitschrift, weil ich vorher in einer literarischen Redaktion gearbeitet hatte.

In diesem Institut wurden nicht nur Fremdsprachen, sondern auch fremde Literaturen unterrichtet. Deshalb hatte das Forschungszentrum auch die Aufgabe, fremde Literaturen zu untersuchen. Diese Aufgabe wurde unserem Seminar zugeteilt. Eines der Projekte war ein Lexikon der englischen Literatur. Der Chefredakteur war wiederum ich.

Also, ich war zur gleichen Zeit Direktor des Forschungsseminars sowie Chefredakteur einer Zeitschrift und eines Lexikons. Selbstverständlich hatte ich mehr als genug zu tun. Aber diese Überlastung gab mir ein Gefühl der Zufriedenheit: Man brauchte mich, ich war auf dem Weg zur Selbstverwirklichung. Und die Krönung all meiner Bemühungen sollte die Verwirklichung meines Traums werden, Professor zu sein. Ich kannte meine Schwächen und Stärken. Verglichen mit den Professoren der älteren Generation fehlte mir noch viel, hauptsächlich eine systematische akademische Erziehung, eine reguläre Berufsausbildung. Aber die Professoren meiner Generation waren für mich nicht außer Reichweite. Mir fehlte es zwar an Qualifikationen und Legitimationspapieren, doch ich stand ihnen in der wissenschaftlichen Arbeit nicht nach. Die praktische Arbeit hatte mich gestählt. Ich war quasi ein Autodidakt.

Vater war weniger ehrgeizig als Mutter. Er hatte Angst, daß ich mich überanstrengen könnte. Seine Philosophie lautete:

»Im Vergleich zu den Fortgeschrittenen fühlt man sich mangelhaft, zu den Zurückgebliebenen hat man aber Überschüsse.«

Er gab mir ein Beispiel:

»Weißt du, Söhnchen, manchmal geschieht es einem so: Man will nach vorne gehen, aber kommt nicht weiter. Dann glaubt man, daß es keinen Ausweg mehr gäbe. Aber wenn man einen Schritt rückwärts tut und nach hinten schaut, da findet man genug Spielraum.«

In der Tat habe ich auf diese vergleichende Weise, obwohl gerade entgegengesetzt zu Vaters Philosophie, Spielraum gefunden, dazu noch Mut und Zuversicht. Ich fühlte mich wie ein lang erprobter Kämpfer, der auf das Schlachtfeld zurückgekehrt war, voller Ungeduld und Kampfbegierde. Manchmal vergaß ich über der Arbeit das Essen oder Schlafen. So ging ich von Tag zu Tag weiter, wie ein unermüdliches Pferd. Und in der Arbeit fand ich wieder Trost und Glück und nicht zuletzt mich selbst.

Was ich als Glück empfand, konnten meine Freunde aber nicht vertragen. Sie sagten zu mir:

»Unter allen Menschen hast gerade du das Recht, ein besseres Leben zu führen. Du hast so viel erlitten. Es tut uns leid um dich. Jetzt bist du rehabilitiert. Du willst arbeiten. Du willst alles nachholen. Das ist verständlich. Aber du bist nicht mehr der Jüngste. Du brauchst eine Familie. Du mußt mit Frau und Kind im Glück leben, wie ein normaler Mensch. Aber schau mal, was für ein Leben du jetzt führst. Du wohnst im Wohnheim. Du ißt in der Mensa. Sogar die Studenten leben besser als du. Sie schließen sich am Wochenende ihren Eltern an. Aber du bist Tag für Tag immer alleine.«

Man kümmerte sich um mich. Eine junge Kollegin, Yin, die so lieb zu mir war wie eine Tochter, hatte eines Sonntags »Geburtstag«. Sie und ihre Eltern luden mich ein. Erst beim Essen erfuhr ich, daß niemand heute Geburtstag hatte. Ich verbrachte einen ganzen Tag fröhlich und glücklich mit dieser Familie, die in einem Vorort wohnte.

Eine Studentin, Qian, klopfte an meine Tür.

»Morgen ist Frühlingsfest. Mama hat Teigtaschen mit Lammfleisch und Kohl vorbereitet. Hier, ich habe Ihnen eine Schüssel voll mitgebracht. Essen Sie, solange sie noch warm sind. Hier haben Sie noch Knoblauch und Essig. Mama hat mich daran erinnert.«

Ich mußte an den ersten Tag in dem armen Dorf denken, wo ich Mist gesammelt hatte. Die Mutter und die Frau des Buchhalters konnten sich wahrscheinlich keine Teigtaschen mit Lammfleisch leisten. Aber die Süßkartoffeln und der Hirsebrei, die sie mir brachten, waren genauso wertvoll wie die Teigtaschen.

»Essen Sie doch, sie werden kalt! Na, schmeckt's Ihnen?« fragte die Studentin Qian.

Ich war so gefräßig, daß ich zwei Teigtaschen auf einmal in den Mund gestopft hatte. Jetzt konnte ich nur verlegen lächeln und »Mm-mm« murmeln. Qian lächelte auch. In ihren schönen mandelförmigen Augen schimmerten Tränen.

Eines Tages besuchte mich der Parteisekretär des Forschungszentrums, Zhang.

»Du hast ein Schlafdefizit, Lao Zhou,« sagte er zu mir. »Deine roten Augen gefallen mir gar nicht. Ich muß etwas tun.«

Und er tat auch etwas. In diesen Sommerferien durfte eine Gruppe ausgezeichneter Hochschuldozenten als Gäste der Städtischen Gewerkschaft der Pädagogen eine Woche in Xian Urlaub machen. Ich war einer von den zwei Dozenten meines Instituts. Natürlich wußte ich, wem ich für die Benennung zu danken hatte.

In Xian gehörten wir zu den ersten Gästen, die die Terrakottafiguren der unterirdischen Armee des Ersten Kaisers der Qin-Dynastie bewundern konnten.

Von Xian fuhr ich noch für ein paar Tage auf eigene Kosten nach Yenan. Das war eine seltene Gelegenheit, denn die zwei Städte liegen nicht sehr weit voneinander entfernt. Für mich war Yenan viel wichtiger als Xian. Während des Antijapanischen Krieges und des Bürgerkrieges war Yenan das Hauptquartier der Kommunistischen Partei gewesen. Für viele Chinesen, insbesondere für die jungen Leute, war Yenan damals quasi dasselbe wie Mekka für die Wallfahrer. Viele Patrioten wurden unterwegs von den Feinden festgenommen und getötet, bevor sie Yenan heimlich erreichen konnten. Diejenigen Kader, die in Yenan gearbeitet hatten, wurden später meistens das Rückgrat der Revolution. Hier gab es so viele historische Sehenswürdigkeiten. Als ich im Museum der Geschichte der Revolution die zahlreichen Bilder und realen Dinge betrachtete, fühlte ich mich glücklich, daß ich auch hier meine Spuren auf dem Wege der Revolution zurückverfolgen konnte.

Überempfindlichkeit

Obwohl ich mir oft gratuliere, daß ich die langjährige schreckliche Verbannung überlebt habe und glücklicherweise körperlich und geistig gesund, lebens- und arbeitsfreudig davongekommen bin, so ist sie doch nicht vollkommen ohne Nachwirkungen aus meinem Leben verschwunden. Mich quälen nicht nur diese Alpträume von meiner Rückkehr in das Zwangsarbeiterlager, mich quält auch eine außergewöhnliche Überempfindlichkeit. Ich bin emotional zu stark verletzbar geworden. Ich fühle Gleichgültigkeit, Vernachlässigung, Verachtung, Demütigung oder Beleidigung, wenn sie in der Tat gar nicht vorhanden oder so gemeint sind. Auf ein solches Gefühl reagiere ich sofort heftig, um meinen verletzten Stolz zu schützen. Dadurch entstehen Mißverständnisse, Differenzen oder Zwiespalte. Manche Leute haben den Eindruck, daß ich zu stolz bin. Meine Beziehungen zu anderen Menschen, einschließlich zu meinen Eltern und Geschwistern, sind manchmal gespannt.

Woher kommt diese Überempfindlichkeit?

Ein Gesetz der Physik lautet: »Je stärker der Druck, desto höher der Gegendruck.«

In den zweiundzwanzig Jahren war ich in die Talsohle der Gesellschaft geraten. Ich war ein absolutes Nichts. Jeder konnte mich tyrannisieren, und ich war nicht in der Lage, mich selbst zu verteidigen. Diese geistige Quälerei begann in der Setzerei, wo mich jeder Lehrling herumkommandieren konnte. Sie ging weiter in der Untersuchungshaft, wo mir das Recht auf meinen Namen entzogen wurde. In Gefängnissen und Zwangsarbeitslagern wurde ich zwar nie geschlagen oder gefoltert, aber es war gang und gäbe, daß mich die Polizeibeamten verhöhnten oder beleidigten. Das Schlimmste dabei war, daß das meistens vor anderen Häftlingen oder Angestellten geschah. Das war vermutlich gerade ihre Absicht: Öffentliche Erniedrigung. Natürlich wäre es eine Dummheit gewesen, mich zu rechtfertigen, denn »man wirft doch keine Eier gegen den Stein«. Gegen die Angriffe der Beamten war meine einzige Waffe Schweigen oder passiver Widerstand. Ich habe nie einen Kuhhandel mit ihnen gemacht. Meine Philosophie lautete: »Meine Menschenwürde verkaufe ich um keinen Preis.« Ich habe den Kampf um meine Würde zwar gewonnen, aber während des Kampfes ist allmählich und unbemerkt auch die Überempfindlichkeit entstanden.

* * *

Nach meiner Rehabilitierung bin ich wieder Staatsfunktionär. Ich bin gleichberechtigt. Es gibt keine Diskriminierung gegen mich mehr, sondern das Gegenteil - Sympathie und beinahe Hochachtung. Viele Chinesen haben den Eindruck, daß die ehemaligen »Rechtsabweichler« meistens redliche und tapfere Menschen sind. Sie halten es für ungerecht, daß solche Menschen so demütigend und grausam behandelt worden sind. Trotz dieser günstigen Atmosphäre habe ich manchmal Schwierigkeiten im Umgang mit anderen Menschen. Der einzige Grund dafür ist diese Überempfindlichkeit.

Meine erste Arbeitseinheit, das Fremdspracheninstitut, war zwar verpflichtet, mich unterzubringen, hatte aber zu der Zeit kein leeres Zimmer zur Verfügung. Ich mußte vorübergehend bei den Eltern wohnen. Mein Bruder ist ein Kettenraucher und arbeitete bis in die Morgenstunden. Ich bin Nichtraucher und mußte sehr früh aufstehen, um mit dem Schulbus zum Institut zu fahren. Da ich in dem einzigen und gemeinsamen Zimmer für die Eltern nicht gut schlafen konnte, bat ich Mutter um Erlaubnis, meinen Schlafplatz mit meinem Bruder zu wechseln. Meine Bitte wurde rundweg abgelehnt mit der Begründung, daß mein Bruder schon lange bei den Eltern wohnte und seine Lebensgewohnheiten nicht ändern könne. Eigentlich war das ein Widerspruch zwischen Menschen und Gegenständen: zu viele Menschen, zu wenige Zimmer. Aber wegen meiner Überempfindlichkeit wurde das ein Konflikt zwischen Menschen. Ich dachte sofort an Mutters Ablehnung meiner Bitte, nach Hause kommen zu dürfen, als ich in dem weit entfernten Dorf Mist sammelte. Ich konnte Mutters beide Ablehnungen nur als Diskriminierungen verstehen. In der Jugend war ich Mutters Liebling. Jetzt waren die Eltern alt. Vielleicht bevorzugten sie meinen Bruder, weil er der älteste Sohn war und er auch Söhne hat. Er ist zuständig für die Fortführung der Sippe. Ich hingegen war ledig und kinderlos. Ich war zutiefst verletzt und verbittert. Von da an habe ich, wenn es zu vermeiden war, mit Vater, Mutter und Bruder kein Wort mehr gewechselt, obwohl ich noch lange bei ihnen in diesem kleinen Zimmer wohnen mußte, bevor ich ausziehen konnte. Danach habe ich sie bis kurz vor Mutters Tod auch nicht mehr besucht. Dabei waren und sind sie meine nächsten Blutsverwandten.

* * *

Das Institut versuchte inzwischen, mir zu helfen. Eines Tages sagte die Parteisekretärin der Abteilung, Genossin Ren, zu mir:

»Lao Zhou, mit Mühe und Not haben wir endlich ein Zimmer für dich gefunden. Allerdings mußt du es mit drei Personen teilen. Du weißt ja, Shanghai ist furchtbar übervölkert. Da du erst kürzlich zurückgekommen bist und dringend Unterkunft brauchst, hast du Priorität vor den anderen Lehrern, die zwar vor dir auf der Warteliste stehen, aber doch irgendwo anders unterkommen können.«

Ich bedankte mich für die Mühe. Ich war enttäuscht und antwortete:

»Aber ich bin schon über fünfzig Jahre alt und alleinstehend. Ich suche kein Zimmer, um es mit anderen Leuten zu teilen, sondern mein eigenes Heim. Ich will lieber warten, bis ich ein Zimmer für mich alleine bekomme.«

Sekretärin Ren sah noch mehr enttäuscht aus als ich. Nach einigen Tagen fragte sie mich:

»Wie wäre es mit einem Zimmer für drei Personen?«

Ich sagte wieder: »Nein danke! Ich will lieber warten.«

Lange mußte ich warten, bis Sekretärin Ren ein neues Angebot für mich hatte.

»Diesmal wirst du sicher ja sagen,« meinte sie, »denn wir haben einen angemessenen Zimmerpartner für dich gefunden. Er hat ungefähr dein Alter. Ihr habt sicherlich ähnliche Lebensgewohnheiten. Wie wäre es?«

Als sie noch einmal »Nein, danke! Ich will lieber warten« von mir hörte, war sie nicht nur enttäuscht, sondern wirklich gekränkt. Ihr Gesichtsausdruck sagte mir: »Wie kannst du so heikel sein? Verstehst du denn nicht, wie schwer es ist, heute in Shanghai eine Unterkunft zu finden? Verstehst du nicht, wieviel Mühe wir uns für dich gegeben haben?«

Noch länger mußte ich diesmal warten - wahrscheinlich als Strafe für meine Undankbarkeit. Das Semester war fast zu Ende. Wir machten die letzte Prüfung. Da holte man mich aus dem Klassenzimmer. Auf dem Flur wartete Sekretärin Ren. Strahlend eröffnete sie mir:

»Ich kann einfach nicht warten, dir diese gute Nachricht mitzuteilen. Wir sind froh, endlich deinen Wunsch erfüllen zu können. Du bekommst heute noch ein Zimmer für dich, und zwar hier in demselben Gebäude. Jetzt brauchst du nicht mehr hin und her zu laufen. Na, zufrieden?«

Ohne meine Antwort abzuwarten, fuhr sie fort, wirklich froh:

»Für einen anderen Menschen hätten wir das nicht getan. Aber du hast es verdient. Du hast so viel erlitten. Trotzdem arbeitest du jetzt ausgezeichnet für die Partei. Sogar deine Studentinnen und Studenten kommen zu uns und sagen: ›Bitte, suchen Sie doch ein Zimmer im Campus für Herrn Zhou. Dann können wir auch nach den Unterrichtsstunden zu ihm gehen und ihn fragen. Er ist unser bester Lehrer. Er ist die Nummer eins. Wir können ihn nicht entbehren. Bitte!‹«

Ich war zutiefst gerührt. Kann oder soll ein Lehrer noch mehr erwarten? Als ich endlich zu Wort kam, war meine Stimme schwach und zitternd, meine Augen waren voller Tränen.

»Danke, Sekretärin Ren. Ich bin der Partei sehr dankbar. Leider ist es zu spät,« hörte ich mich sagen.

»Zu spät? Was meinst du?« Die gutherzige Sekretärin war auch nicht mehr jung. Sie konnte mich trotz ihrer Erfahrungen mit Menschen nicht verstehen.

»Ich sagte doch, heute. Heute kannst du schon umziehen. Ich habe sogar zwei junge Lehrer gebeten, dich nach der Prüfung nach Hause zu begleiten, um dir beim Umzug zu helfen.«

»Nein. Ich meine, ich wäre sehr dankbar, wenn so etwas gleich am Anfang geschehen wäre. Aber jetzt ist es schon zu spät.«

»Zu spät?« murmelte die Sekretärin, als ob sie nach einer Erklärung suchte. Sie konnte mich wirklich nicht mehr verstehen. »Wieso?«

»Ja, zu spät. Meine Gefühle sind während des langen Wartens verletzt worden. Ich bin kein Händler. Ich brauche ein eigenes Zuhause, wie jeder Mensch. Verzeih, aber ich kann nicht mehr bei euch arbeiten. Verzeih und vielen Dank!«

Tränen flossen, trotz meiner Mühe, sie zurückzuhalten.

Die Sekretärin war nicht böse. Sie war wirklich verblüfft.

»Du - du meinst, du willst uns verlassen, nachdem ich - nachdem wir alles für dich getan haben?«

Auch sie war den Tränen nahe.

Aber, kann eine Mutter immer verstehen, warum ihr Kind weint?

»Verzeih, danke!« wiederholte ich kleinlaut. »Ich muß zurück ins Klassenzimmer.«

Nach dem Ende des Semesters verließ ich diese Abteilung.

»Es ist sehr zu bedauern, aber wir können auch nichts dafür,« hat die Sekretärin gesagt.

Ob sie mich für exzentrisch hielt?

*   *   *

»Kein Unglück so groß, es hat sein Glück im Schoß.«

Das Forschungszentrum des Instituts bot mir einen neuen Spielraum für die Entfaltung meines Könnens. Unser Forschungsseminar für Komparatistik war das erste auf dem chinesischen Festland - ich war der erste Direktor dieses Seminars. Unsere Fachzeitschrift war auch die erste - und ich war der erste Chefredakteur. Das war eine frische Herausforderung für mich. Ich hatte das Gefühl, daß ich einen unbebauten Boden urbar machte. Außerdem ist Literatur immer meine Lieblingssphäre gewesen. Ich freute mich über die Chance, wieder auf diesem Gebiet arbeiten zu können.

Der Parteisekretär des Zentrums, Zhang, war ein Veteran der Revolution. Er suchte persönlich den zuständigen Beamten auf und forderte, daß er mit ihm einen Rundgang durch das Wohnheim für Lehrer machen und ihm sämtliche Zimmer zeigen sollte. Auf diese Weise stieß Sekretär Zhang auf zwei verschlossene Zimmer. Er beharrte darauf, sie zu sehen. Der Beamte war verlegen, mußte aber die Zimmer aufschließen. Was sah der Sekretär? Zwei leere, staubbedeckte Zimmer. Er ging sofort zum Kanzler. Endlich bekam ich ein Zimmer für mich allein.

An jenem Morgen, da ich vom Elternhaus auszog, hinderte mich mein verletzter Stolz, mich von den Eltern zu verabschieden. Ich verließ sie ohne ein Wort, ohne einen Blick.

In meinem eigenen Zimmer begann ich, wie ein Besessener zu arbeiten. »Endlich,« sagte ich zu mir selbst, »endlich beginnt ein neuer Höhepunkt in meinem Leben. Ich muß die versäumte Zeit nachholen. Ich muß etwas schaffen.«

Als Direktor des Forschungsseminars und Chefredakteur der Fachzeitschrift stellte ich hohe Ansprüche sowohl an mich selbst als auch an alle Mitarbeiter. Ich verlangte von mir selbst und auch von ihnen Eifer und Fleiß, Qualität und Tempo. Ganz unerwartet geriet ich in Gegensatz zu meinen Kollegen, insbesondere zu den jungen Leuten. Ich war einfach nicht zufrieden mit ihren Leistungen. Manche waren nachlässig, manche zu langsam. Vor allem aber war die Qualität ihrer Aufsätze nicht befriedigend. Ich mußte konkrete Hinweise geben, wie sie umgeschrieben werden sollten. Manchmal mußte ich solche unreifen Produkte rundweg ablehnen. Mein strenger Arbeitsstil machte die jungen Leute sehr unglücklich. Sie beklagten sich bei mir:

»Herr Zhou, wir geben zu, Ihre Strenge ist richtig. Aber schauen Sie mal, wer außer Ihnen heute noch so streng ist. Dieser Arbeitsstil der fünfziger Jahre ist schon längst passe. Sie haben nach mehr als zwanzig Jahren wieder angefangen zu arbeiten. Sie haben keine Ahnung, wie die Leute heute arbeiten.«

Ich hatte wirklich keine Ahnung. Was gab es da an dem Arbeitsstil der fünfziger Jahre schon auszusetzen?

Zu meinem Erstaunen wurde diese Bemerkung meiner jungen Kollegen von einem alten Hongkong-Chinesen, Herrn Pan, der an der Chinesischen Universität in Hongkong lehrte, bestätigt. Wir saßen eines Abends im Restaurant, und er erzählte mir von seiner Reise auf dem chinesischen Festland:

»Diesmal hatte ich Kontakte mit vielen Menschen, nicht nur mit Menschen aus Shanghai, sondern auch aus Peking, Kanton und anderen Großstädten. Mein Eindruck ist, Lao Zhou, um ganz offen und ehrlich zu sein, daß es heute nur wenige Menschen auf dem Festland gibt, die arbeiten, noch weniger, die wie du arbeiten. Die meisten? Naja, man kann wohl nicht sagen, daß sie gar nicht arbeiten. Aber kann man denn sagen, daß sie wirklich arbeiten? Du sollst sehen, wie sie im Büro sitzen, Zeitungen lesen, Tee trinken, miteinander plaudern und schwatzen oder gar stricken…«

Ich war erschrocken und entsetzt. So etwas hat es am Anfang der Volksrepublik nicht gegeben.

Sollte ich, um nicht isoliert und gehaßt zu sein, etwa meine Forderungen an die Arbeit und die Mitarbeiter senken? Sollte ich ein Auge zudrücken und zulassen, daß unqualifizierte Aufsätze in unserer Zeitschrift erscheinen? Nein! Absolut nicht! Kameradschaft ist kostbar. Aber ich kann nie deswegen die Arbeit opfern. Ich beharrte auf meiner Strenge. Das machte die jungen Kollegen noch unglücklicher. Yin, die junge Kollegin, die mich einmal zu ihrem »Geburtstag« nach Hause eingeladen hatte, sagte zu mir auf englisch - sie hatte nämlich in London studiert:

»You make life difficult for everybody, including yourself.«

Sie war bereits die zweite Person, die eine solche Bemerkung machte.

Nach und nach entstand eine gewisse Spannung zwischen mir und den Mitarbeitern. Da ich nicht bereit war, nachzugeben, versuchten sie hinter meinem Rücken direkt mit Genossen Liao, dem stellvertretenden Direktor des Forschungszentrums, zu verkehren. Liao hat in Leningrad studiert und galt als Gorki-Experte. Er war mein direkter Vorgesetzter. Er arbeitete in diesem Institut schon mehr als zwanzig Jahre und hatte sich nicht einmal mit jemandem gestritten. Wegen seiner guten Laune war er berühmt und beliebt. Sein Spitzname war »Buddha«. Außerdem waren er und der Präsident des Instituts Hu in Leningrad Kommilitonen und hier in Shanghai Kollegen und persönliche Freunde. Seine Stellung im Institut war etabliert. Eines Nachmittags kam er zu mir mit einigen Aufsätzen in der Hand und sagte:

»Verzeih, Lao Zhou, daß ich dich störe. Ich weiß, du hast sehr viel zu tun. Ich wollte dir kurz sagen, ich habe diese Aufsätze durchgelesen. Meiner Meinung nach sind sie geeignet für unsere Zeitschrift.«

Die Mitarbeiter hatten ihm die von mir abgelehnten Aufsätze gegeben, offensichtlich ohne ihn von meiner Ablehnung in Kenntnis zu setzen.

»Ich habe diese Aufsätze schon vor dir gelesen,« erwiderte ich. »Meiner Meinung nach sind sie nicht geeignet für unsere Zeitschrift.«

»So?« fragte er. Sein Gesicht wurde rot.

»Ja,« antwortete ich. Mein Gesicht wurde blaß.

Schweigen. Stille. Jeder konnte den Atem des anderen hören.

Nach einer peinlichen Weile sagte er ruhig:

»Ich schlage vor, daß du diese Aufsätze noch einmal durchliest und dir überlegst, ob sie nicht doch für die Zeitschrift geeignet sind.«

Ohne eine Sekunde zu zögern, erwiderte ich, auch ganz ruhig:

»Ich schlage vor, daß du den Mitarbeitern diese Aufsätze zurückgibst und ihnen klarmachst, daß sie in Zukunft mir, und nur mir - dem Chefredakteur der Zeitschrift - ihre Aufsätze abgeben sollen.«

Liao blieb noch ein paar Sekunden vor mir stehen. Dann drehte er sich um und verließ mein Büro, mit den Aufsätzen in der Hand, ohne ein Wort.

»Vor der Schlange in ihrem gewohnten Versteck ist der starke Drache auch ohnmächtig,« pflegt man in China zu sagen. In diesem Institut war ich noch ein Neuling, noch lange kein starker Drache. Mit einem solchen Vorgesetzten, einer solchen Schlange, zu streiten, war gefährlich, das verstand ich ganz genau. Trotzdem wollte ich keinen Kompromiß eingehen, auch nicht, als Parteisekretär Zhang versuchte, zu vermitteln:

»Lao Zhou, an deiner Strenge in bezug auf Qualität und deinem Sinn für Verantwortung ist nichts auszusetzen. Aber unsere Mitarbeiter sind meistens junge Leute, und unsere Zeitschrift ist eine neue Publikation. Man darf nicht zu hohe Forderungen stellen.«

»Gerade weil unsere Mitarbeiter noch jung sind, gerade weil unsere Zeitschrift noch neu ist, muß man gleich am Anfang streng sein und hohe Anforderungen an sie stellen. Nur so können junge Leute etwas lernen und Fortschritte machen. Nur so können wir eine erstklassige Zeitschrift herausgeben,« war meine Antwort.

»Allerdings,« sagte Zhang verlegen, »allerdings. Aber der stellvertretende Direktor Liao ist dein direkter Vorgesetzter, und er hat den Mitarbeitern schon versprochen, ihre Aufsätze zu veröffentlichen.«

Ich wurde totenblaß.

»Wenn ein Chefredakteur nicht das letzte Wort über seine Zeitschrift hat, dann ist entweder er kein guter Chefredakteur oder die Zeitschrift keine gute Zeitschrift.«

Ich wollte mich keinen Zentimeter von der Stelle rühren.

»Aber Lao Zhou, denk bitte daran, wie kann Genosse Liao noch im Zentrum weiterarbeiten, wenn er vor den jungen Mitarbeitern sein Gesicht verliert?«

Der Parteisekretär spielte endlich mit offenen Karten.

»Ach so! Ich will keine Unannehmlichkeiten verursachen. Er kann sein Gesicht ruhig behalten und diese Aufsätze publizieren lassen, aber ohne mich als Chefredakteur.«

Das war mein letzter Verzweiflungskampf. Tatsächlich habe ich am selben Tag meine Kündigung als Direktor des Seminars und als Chefredakteur eingereicht. Ich schlug vor, als Mitarbeiter des Seminars zu bleiben. Das versetzte den stellvertretenden Direktor Liao in Wut.

»Zhou Chun muß gehen, sonst gebe ich meine drei ›Vize‹ auf!« sagte er zum Parteisekretär Zhang. Mit drei »Vize« meinte er Vizedirektor und Vizeparteisekretär des Forschungszentrums sowie Vizeprofessor oder außerordentlicher Professor.

Die Sache wurde an die Personalabteilung des Instituts verwiesen.

Der Abteilungsleiter Liu schlug vor, eine neue Stelle im Institut für mich zu finden. Ich lehnte rundweg ab. Unter solchen Umständen bedeutete Versetzung Strafe. Ich habe keinen Fehler begangen. Ich wollte im Forschungszentrum bleiben und weiterhin Vergleichende Literaturforschung treiben.

Die Sache wurde an den Präsidenten des Instituts verwiesen.

Präsident Hu stand vor einer schwierigen Entscheidung. Wenn er mich versetzen ließ, würde man sagen, daß er für den stellvertretenden Direktor Liao, seinen Ex-Kommilitonen aus Leningrad, Partei ergreife. Wenn er mich unterstützte, müßte Liao das Forschungszentrum verlassen, weil er sein Gesicht verloren hatte.

Gerade zu dieser Zeit bekam ich eine Einladung aus Peking. Die chinesischen Germanisten wollten eine Forschungsgesellschaft für deutschsprachige Literatur gründen. Ohne Einwilligung seines Vorgesetzten darf man eine solche Einladung nicht annehmen.

Vizedirektor Liao teilte mir durch Sekretär Zhang mit:

»Zhou Chun kann nach Peking fahren, aber er darf das Forschungsseminar für Vergleichende Literatur nicht vertreten. Außerdem muß er selbst alle Kosten übernehmen.«

Diesmal wurde ich in Wut versetzt. Ich beschloß, um meine Rechte zu kämpfen.

Ich suchte den Direktor des Forschungszentrums, Professor Fang, auf und erzählte ihm alles. Der achtzigjährige Chaucer-Experte, der zwar Direktor war, aber die Geschäftsroutine seinem Stellvertreter Liao überlassen hatte, wurde blaß, als er mir zuhörte. Er war nicht Mitglied der Kommunistischen Partei, sondern Mitglied der Partei der Intellektuellen, der Chinesischen Gesellschaft zur Förderung der Demokratie. Eigentlich wollte er sich gar keiner Partei anschließen. Aber da ihn die Kommunistische Partei mehrmals einlud, Mitglied zu werden, hat er diese demokratische Partei ausgewählt, um die Kommunistische Partei zu meiden.

»Du fährst als Seminardirektor nach Peking und nimmst an der Gründungstagung der Germanisten teil, und zwar auf Kosten des Forschungszentrums,« sagte er entschlossen. Als er meinen Antrag unterzeichnete, zitterte seine Hand.

Das war für Vizedirektor Liao ein Schlag ins Gesicht. Er schwieg.

Sekretär Zhang zuckte die Achseln und sagte:

»Na ja, Professor Fang hat seine Befugnis als Direktor des Forschungszentrums ausgeübt. Wir haben keine Einwände«

Ich fuhr nach Peking. Dort traf ich nach einem Vierteljahrhundert alte Kollegen und lernte neue, junge Kollegen kennen. Zuerst fand ein Goethe-Symposium in der Peking-Universität statt, wobei ein Experte aus der BRD sowie ein Experte aus der damaligen DDR eingeladen waren. Ich stellte meine Dissertation vor: »Die Neue Melusine - ein unlösbares Rätsel«. Ich versuchte, dieses Märchen von Goethe vom Gesichtspunkt der Komparatistik und der Rezeptionstheorie zu analysieren. Es war wirklich merkwürdig, wie verschieden Goethe selber, ein deutscher Literaturwissenschaftler, ein chinesischer Germanist und ein japanischer Übersetzer dieses Märchen interpretierten. Ich habe quasi Reklame für unser Forschungsseminar gemacht, denn die Teilnehmer des Symposiums hielten meine Dissertation für einen guten Anfang der Forschung der Komparatistik. Nach dem Symposium wurde die Forschungsgesellschaft für Deutschsprachige Literatur feierlich gegründet. Die Teilnehmer des Goethe-Symposiums waren automatisch Gründungsmitglieder der Gesellschaft.

Als ich von Peking nach Shanghai zurückkam, wollte ich, wie es üblich war, meinem Vorgesetzten, Vizedirektor Liao, über das Symposium und die Forschungsgesellschaft informieren. Aber er verweigerte mir jede Teilnahme an der Arbeit des Forschungsseminars. Er war fest entschlossen, mich von seinem Königreich wegzujagen.

Parteisekretär Zhang sagte zu mir:

»Lao Zhou, ich habe, als du noch in Peking warst, mehrmals mit Lao Liao gesprochen. Im Interesse der Partei habe ich mir wirklich die größte Mühe gegeben, den Streit zwischen euch zu schlichten. Aber du hast seine Selbstachtung so sehr verletzt, daß er gar nichts von dir wissen will. Er ist ganz sauer...«

»Du meinst seine Autorität,« fiel ich ihm in die Rede.

»Aber bitte, Lao Zhou...« wollte Zhang weiterreden.

Da unterbrach ich ihn wieder:

»Außerdem soll er ein Buddha sein, habe ich gehört. Einen bösen Buddha habe ich allerdings noch nie gesehen...«

Diesmal wurde Zhang ungeduldig:

»Was heißt Buddha, Lao Zhou? Du kennst ja auch diese Redewendung: ›Der Baum muß seine Rinde haben; der Mensch muß sein Gesicht wahren.‹ Er hat deinetwegen sein Gesicht verloren.«

»Und will jetzt seine Rache an mir nehmen?« warf ich wieder ein.

»Lao Liao sagte mir, so etwas ist ihm noch nie passiert.«

Der Sekretär überging meine Frage. »Und das kann ich auch bestätigen. Niemand hat ihn je so wütend gesehen. Ihm ist wirklich furchtbar schlecht zumute. Lao Zhou, du bist, wie ich, auch ein Veteran der Revolution. Ich bitte dich, du mußt Lao Liao verzeihen.«

Ohne eine Sekunde zu zögern, erwiderte ich:

»Er ist mein Vorgesetzter, ich bin sein Untergeordneter. Er ist Parteimitglied, ich bin kein Mitglied. Wer soll wem verzeihen?«

Sekretär Zhang schwieg und zündete sich eine Zigarette an.

Nach einer Weile fing er von neuem an, aber diesmal in einem rein persönlichen Ton:

»Ich gehe bald in Pension. Professor Fang wird auch nicht mehr lange dem Namen nach Direktor sein. Dann wird Lao Liao Direktor und zur gleichen Zeit Parteisekretär des Forschungszentrums sein. Ich fürchte, deine Situation wird noch schwieriger werden.«

»Aber die Grundsätze der Partei? Erlaubt die Partei, daß ihr Mitglied, nur weil es ein Vorgesetzter ist, aus rein egoistischen Gründen seinen Untergeordneten, der kein Mitglied ist, so unverschämt und skrupellos behandelt? Erlaubt die Partei...«

Meine Stimme zitterte. Zhang legte eine Hand auf meine Schulter.

»Lao Zhou, ich verstehe dich. Die Partei versteht dich. Du hast so viel erlitten. Trotzdem arbeitest du immer loyal für die Partei. Ich danke dir. Die Partei dankt dir. Aber jetzt spreche ich mit dir nicht als Parteisekretär des Forschungszentrums, sondern als dein Freund, oder wenn du willst, als dein älterer Bruder. Folge meinem Rat und geh. Das liegt in deinem eigenen Interesse. Wenn der Buddha nicht mehr lachen kann, so ist er gefährlicher als der Teufel.«

Berührt und dankbar reichte ich ihm die Hand. Lange schauten wir einander in die Augen.

Das Semester neigte sich dem Ende zu.

Zu dieser Zeit wollte Shenzhen, eine wirtschaftliche Sonderzone dicht bei Hongkong, eine Universität gründen und bat Universitäten in Kanton, Shanghai, Peking und anderen Großstädten, Gastdozenten dorthin zu schicken, um bei der Gründung der neuen Universität zu helfen und ein Semester Unterricht zu erteilen.

Der Chef der Personalabteilung, Liu, schlug vor, daß ich nach Shenzhen fahren sollte. »Aus den Augen, aus dem Sinn.« Er hoffte, daß, wenn ich nach einem Semester zurückkäme, Vizedirektor Liao inzwischen schon abgekühlt wäre und daß wir von neuem anfangen könnten zusammenzuarbeiten.

»Soll ich weggehen, um seine Gnade abzuwarten?« fragte ich ihn.

»Aber nein, auf keinen Fall. Wie kommst du darauf, Lao Zhou? Um nach Shenzhen fahren zu dürfen, muß man eine Sonder-Genehmigung von den Sicherheitsbehörden haben. Das ist ein Vertrauensbeweis der Partei. Im übrigen ist das Tempo des Aufbaus in Shenzhen atemberaubend hoch. Wenn ich auch so gut Englisch beherrschte wie du, dann hättest du keine Chance. Wir können nur einen Lehrer schicken. Ich würde dem Präsidenten des Instituts meine Dienste anbieten. Ich habe aber gleich an dich gedacht, weil ich glaubte, du würdest dich über eine so seltene Gelegenheit freuen. Na, wie wäre es, wenn ich dich dem Präsidenten empfehle?«

Wirtschaftliche Sonderzone - atemberaubendes Aufbautempo - neue Universität. Vielleicht war das keine schlechte Idee.

»Na gut,« sagte ich. »Ich fahre nach Shenzhen.«

Der Vorhang ist noch nicht gefallen

Als ich Mitte der 80er Jahre an der Grenze von Shenzhen plötzlich die Nationalflagge Großbritanniens, den »Union Jack«, auf einem Hügel flattern sah, war ich zutiefst erschüttert. Das war wirklich eine entsetzliche

Szene. Natürlich wußte ich, drüben liegt Hongkong, die britische Kron-
kolonie. Aber irgendwie war ich nicht darauf vorbereitet. Ich dachte spontan an das alte Shanghai, an das International Settlement unter britischer
Kontrolle. Heute, nach mehr als vierzig Jahren, sah ich wieder den »Union
Jack« in meinem Land. Ich mußte mich fragen: »Haben wir umsonst gekämpft?«

Eine andere unangenehme Erfahrung machte ich in Shenzhen mit der
strengen Hierarchie, die in der neuen Universität herrschte. Das Fremdspracheninstitut in Shanghai hatte mir den akademischen Titel »Dozent«
verleihen wollen, weil ich in den fünfziger Jahren schon den Rang eines
Lektors hatte. Ich habe das Angebot höflich abgelehnt, denn ich hielt
mich dafür für viel zu alt. Deswegen war ich einfach ein Lehrer oder eine
Lehrkraft ohne jeglichen akademischen Titel. Und dieser Mangel brachte
mich nun in große Verlegenheit. Denn die in Shenzhen aus anderen Universitäten eingetroffenen Professoren waren meistens jünger als ich. Aber
protokollarisch wurden ihnen viel mehr Ehrenbezeugungen erwiesen. Sie
bekamen bessere Unterkünfte. Und nicht zuletzt durften sie, und nur sie,
Hauptfächer unterrichten. Ich mußte an das Sprichwort denken: »Der
Baum muß seine Rinde haben.« Ich war quasi ein Baum ohne Rinde. »Um
zu existieren,« dachte ich, »brauche ich unbedingt eine Rinde.«

Natürlich habe ich in Shenzhen auch sehr viel Interessantes und Fröhliches erlebt, was mich tröstete, mir Selbstvertrauen gab. Die kantonesischen Mädchen meiner Klasse zum Beispiel waren wirklich süß. Wir
spielten in der Pause oft zusammen. Ich war für sie wie ein großer Bruder.

Die Kollegen sagten:

»Wer würde glauben, daß Lao Zhou ihr Lehrer ist!«

Vor meiner Rückkehr nach Shanghai besuchten sie mich. Singend und
tanzend kamen sie ins Zimmer. Jede legte ein Souvenir mit ihrem englischen Namen auf den Tisch. Erst da bemerkte ich, daß ein Kassettenrekorder auf dem Tisch stand. Sie wollten den Abschiedsabend auf Tonband
aufnehmen, so daß sie meine Stimme hören konnten, wenn ich ihnen
fehlte. Wir haben gemeinsam englische Lieder gesungen, gelacht und ge-
schwatzt. Als sie sich verabschiedeten, sah ich Tränen in ihren Augen, obwohl sie versuchten, sie zu verbergen. Ein Jahr später kamen sie nach Shanghai zum pädagogischen Praktikum. Wir freuten uns über das Wiedersehen.

* * *

Die Hoffnungen des Chefs der Personalabteilung schlugen fehl.

Während meiner Abwesenheit hatte Vizedirektor Liao sich nicht nur nicht abgekühlt, sondern Zeit gewonnen, das Forschungsseminar umzubauen, so daß alles ohne mich weiterlaufen konnte.

Ich mußte zugeben, daß die Grundsätze der Partei mir nicht geholfen haben. Liao konnte sich trotz aller Grundsätze durchsetzen. Professor Fang war nicht mehr Direktor. Sekretär Zhang war in Pension gegangen. Der Chef der Personlabteilung war versetzt, natürlich nicht meinetwegen. Der Präsident des Instituts, Hu, ging mir aus dem Weg, so gut er konnte. Andernfalls lächelte er freundlich und sagte nur: »Schönes Wetter haben wir heute, nicht?« und ging an mir vorbei. Mit mir war alles aus. Ich mußte gehen.

»Habe ich nach der Rehabilitierung etwas nicht richtig gemacht?« fragte ich mich manchmal. Die Antwort war immer: »nein«. Aber die Tatsachen blieben: Ich mußte mein Elternhaus verlassen, ich mußte die Deutschabteilung verlassen, und jetzt mußte ich das Forschungszentrum verlassen. Jedesmal hat man meine Gefühle verletzt. Aber ich habe mich auch jedesmal gegen meine eigenen Interessen verhalten. Mußte ich mich unbedingt so benehmen, weil man meine Gefühle verletzt hatte? Ein anderer hätte das höchstwahrscheinlich nicht getan. Das bedeutet, ich bin nicht normal, ich bin überempfindlich geworden. Und diese Überempfindlichkeit, diese Nachkrankheit der Verbannung, wird mich wie die Alpträume ins Grab begleiten.

Jedenfalls konnte der stellvertretende Direktor Liao seine drei »Vize« behalten. Allerdings wurde er Direktor und Parteisekretär des Forschungszentrums und ordentlicher Professor nach unserem Streit, als ob es eine Anerkennung des Instituts wäre. Hingegen mußte ich meine drei »Chefs« aufgeben. Das kann man kaum gerecht nennen.

* * *

Auf der Suche nach einer neuen Arbeitseinheit machte ich eine bittere Erfahrung: Niemand wollte mich mehr haben! Es war noch nicht lange her, daß vier Einheiten um mich konkurrieren mußten. Diesmal sagten die betreffenden Personalabteilungen ganz offen ab, mit der Begründung, daß sie lieber jüngere Lehrkräfte haben wollten. Mir müßten sie ein Zimmer zur Verfügung stellen, aber die Wohnverhältnisse in Shanghai wurden immer schwieriger. Außerdem müßten sie mir den akademischen Titel

Professor verleihen, damit ich nicht als Lehrkraft ohne Titel mit sechzig Jahren in Pension gehen mußte. Damals durfte man als außerordentlicher Professor bis zum fünfundsechzigsten, als Ordinarius bis zum siebzigsten Lebensjahr arbeiten. Aber die Konkurrenz war unglaublich groß, meine Chance sehr gering. Wer wollte einen Lehrer anstellen, der nur wenige Jahre für sie arbeiten konnte?

Daß die Shanghai Jiao-Tong-Universität meine letzte Arbeitseinheit sein sollte, war ein Zufall. Diese Universität baute gerade zu dieser Zeit ihre Managementschule wieder auf und brauchte dafür dringend qualifizierte Englischlehrer und -dolmetscher. Eine alte Kollegin empfahl mich. Nach einer schriftlichen und mündlichen Prüfung nahm mich diese Universität.

Die Jiao-Tong-Universität ist eine der ältesten und auch besten Universitäten in China. Es gibt insgesamt fünf oder sechs mit diesem Namen, eine davon auf der Insel Taiwan. Leider ist Jiao-Tong eine Hochschule für Naturwissenschaften und Ingenieurwesen. So mußte ich meine literarische Forschung noch einmal unterbrechen und Englisch-, manchmal auch Deutschunterricht geben. Außerdem dolmetschte ich für den Präsidenten der Universität, für ausländische Professoren und Gäste, wie zum Beispiel für den Rektor der Universität Konstanz, für den Kanzler der Technischen Universität Berlin und für den Chancellor of the University of Pennsylvania, und auf internationalen Konferenzen.

Obwohl ich nicht lange und nicht viel für Jiao-Tong gearbeitet habe, bin ich dieser Universität dankbar, und zwar aus mehreren Gründen. Ich habe dort nicht nur ein Unterkommen gefunden, sondern auch die »Baumrinde«, die meinen Stolz schützte, nämlich den akademischen Titel. Nicht zuletzt aber habe ich es auch dieser Universität zu verdanken, daß ich heute in Berlin arbeiten und dieses Buch schreiben kann.

* * *

Professor Yang, der Dekan der Managementschule, ist ein berühmter Wirtschaftswissenschaftler. 1986 war er eingeladen, an einer internationalen Konferenz in Vancouver über die »Business Outlooks in Asia and Pacific Rim Countries« teilzunehmen. Er antwortete, daß er aus gesundheitlichen Gründen leider nicht kommen könnte, aber mich als Vertretung empfehlen möchte. Die Vancouveristen waren ein wenig skeptisch, daß ein Literaturwissenschaftler einen Wirtschaftswissenschaftler vertreten könnte. Sie haben mich aber trotzdem akzeptiert, weil sie sich wahrscheinlich genierten, Professor Yangs Vorschlag abzulehnen.

Aber warum hatte Professor Yang dies getan?

Als ich mich Ende 1986 vor meiner Abreise nach Vancouver von ihm verabschiedete, fand ich die Antwort darauf.

»Lao Zhou, du hast immer Bedenken, daß die Führung dir wegen deiner Vergangenheit nicht mehr vertraut. Wir glauben, ein solches Bedenken kann man nur durch Taten beseitigen. Du bist ein Intellektueller. Du verdienst den Respekt und das Vertrauen der Führung.«

Er ist nicht Mitglied der Kommunistischen Partei, sondern der Partei der Unternehmer, der Gesellschaft für den demokratischen Aufbau des Landes. Später hörte ich, daß er kurz nach meiner Abreise nach Tokio geflogen ist. Dort fand auch eine internationale Wirtschaftskonferenz statt. Er war doch in der Lage zu reisen. Er wollte mir nur eine Chance geben.

Vancouver war die erste Stadt im Ausland, die ich besuchte. Leider habe ich nicht viel von dieser schönen kanadischen Stadt sehen können. Man hat uns vom Flughafen abgeholt, ins Hotel gebracht, wo die Konferenz stattfinden sollte. Die Konferenz hat nur zwei Tage gedauert. Danach sind wir gleich wieder zurückgeflogen.

»Es hat sich nicht gelohnt!« meinten viele. Doch, es hat sich gelohnt. Ich habe Selbstvertrauen gefunden und nützliche Kontakte aufgenommen.

Die Konferenz war von der University of British Columbia organisiert worden, die sechs Delegationen eingeladen hatte. Die Teilnehmer waren wichtige Wirtschaftsexperten, unter ihnen ein ehemaliger Ministerpräsident, ein Minister, ein Bankgeneraldirektor. Ihre Berichte waren voller Zahlen. Mein Vortrag enthielt nicht eine Zahl. Ich habe über die Ideenänderung der Chinesen bei der Durchführung der Öffnungspolitik und der Reformen gesprochen. Mein Argument war: Man macht Geschäfte in erster Linie mit lebendigen Menschen und nicht nur mit toten Zahlen. Wer Geschäfte mit China machen will, muß unbedingt seine Geschäftspartner, die Chinesen, verstehen. In der Tat wurde mein Vortrag so gut aufgenommen, daß der Organisator der Konferenz zu mir sagte:

»Das war gerade der Vortrag, der den kanadischen Kaufleuten nützlich ist. Ich führe im nächsten Jahr eine Delegation kanadischer Kaufleute nach Shanghai. Darf ich Sie jetzt schon einladen, Herr Professor, als erster Sprecher eines Symposiums in Shanghai diesen Vortrag zu wiederholen?«

Dieses Lob oder diese Einladung war eine gute Antwort für den Direktor der Kommission für Außenhandel der Stadtregierung in Shanghai. Am

Vorabend meiner Abreise hatte er noch einmal, nun schon zum dritten Mal, Professor Yang zu Hause angerufen und ihn gefragt, ob er sicher sei, daß ich das richtige Mitglied der Delegation wäre. Der Dekan wurde wegen des nächtlichen Anrufs nervös. Er hatte Angst vor der Verantwortung, wurde unsicher, nahm sich aber zusammen und bot dem Direktor die Stirn. Er sagte:

»Soviel ich weiß, hat Lao Zhou sich gründlich vorbereitet. Es gibt keinen Grund zur Sorge. Ich habe Vertrauen zu ihm.«

Aber seine Frau erzählte mir, als ich den Dekan nach meiner Rückkehr von Vancouver besuchte, daß ihr Mann eine fast schlaflose Nacht nach dem Telefonat mit dem Direktor der Außenhandelskommission gehabt hat.

»Rede doch keinen Unsinn,« sagte Professor Yang zu seiner Frau. »Ich habe immer Vertrauen zu Lao Zhou. Er gehört zu der Generation der fünfziger Jahre. Unsere jungen Leute heute haben sehr viel von dieser Generation zu lernen.«

Sein freundliches Lächeln tat mir gut.

* * *

Vor dem Abflug der chinesischen Delegation von Shanghai nach Vancouver hatte uns der kanadische Generalkonsul Herr Sarrasin zum Mittagessen in das beste französische Restaurant eingeladen. Er war ein Frankokanadier: freundlich, sympathisch und hilfsbereit.

Als ich zurückkam, rief ich ihn an, bedankte mich für seine Hilfe und brachte den Wunsch zum Ausdruck, kanadische Literatur in Kanada zu studieren. Dem Generalkonsul gefiel diese Idee. Er versprach mir, alles zu versuchen, um mir eine Studienreise zu ermöglichen.

Kurz darauf kam die erste Sekretärin der kanadischen Botschaft in Peking, Frau Lary, nach Shanghai. Sie war Professorin für Geschichte an der York-Universität, zur Zeit zuständig für kulturelle Angelegenheiten in der Botschaft. Als ihr der Generalkonsul von mir und meinem Wunsch erzählte, fand sie die Idee glänzend und wollte mir helfen. Wir trafen uns in einem Hotel und sprachen über meine Pläne für Kanada. Wenig später rief mich der Generalkonsul an und sagte:

»Herr Professor, ich habe heute sowohl eine gute als auch eine schlechte Nachricht für Sie. Unsere Botschaft hat für Sie ein Stipendium bei unserem Außenministerium beantragt und es jetzt auch bekommen. Das war die gute Nachricht. Jetzt die schlechte. Sie möchten ein Jahr oder zwei Jahre in Kanada bleiben und zwei Bücher über die kanadische Literatur schreiben. Leider reicht das Stipendium für einen Aufenthalt in Toronto nur für zehn Wochen. Der Unterschied ist so groß, daß wir nicht sicher sind, ob Sie davon Gebrauch machen wollen. Sie müssen mir heute noch nicht Ihre endgültige Entscheidung sagen.«

»Was soll ich tun?« fragte ich mich. »Diesmal ablehnen und auf eine bessere Chance warten? Oder akzeptieren und in Toronto versuchen, meinen Aufenthalt zu verlängern?«

Bevor ich mich entscheiden konnte, bekam ich eine Einladung von der Chinese University of Hongkong, an der Bearbeitung eines Englisch-Chinesischen Glossars der Terminologie des Managements teilzunehmen. Da ich Lehraufträge hatte, konnte ich nur in den Sommerferien 1987 dorthin fahren - eine schlechte Jahreszeit mit Hitze und Feuchtigkeit.

* * *

Hongkong, diese nichtchinesische chinesische Stadt, ist Zuflucht für viele Chinesen, die ihr Schicksal außerhalb des Festlands riskieren müssen oder wollen. In den dreißiger Jahren hieß Hongkong »das kleine Shanghai«. Jetzt aber kopiert Shanghai in vielem Hongkong. Für viele Festlandchinesen ist Hongkong ein Symbol des Reichtums und der Freiheit und nicht zuletzt der Zugang zum Westen. Hongkong ist zur gleichen Zeit Stoff zum Nachdenken.

Unser Flugzeug kreiste über der Stadt, und mein erster Eindruck war: Hongkong ist, wie Vancouver, eine dreidimensionale Stadt, Shanghai hingegen flach. Aber die Hongkonger beneiden die Shanghaier um die vielen Straßenbäume.

»Für die Wolkenkratzer müssen wir leider unsere Bäume opfern,« seufzen sie.

Vom Flughafen fuhren wir direkt zu einem Restaurant, wo mein Gastgeber, der achtzigjährige Dr. Pan, auf mich und seinen Sohn Jason wartete, der mich vom Flughafen abgeholt hatte. Dr. Pan hieß mich willkommen und begann gleich zu erzählen, indem er an seinem Sekt nippte:

»Wir haben hier Anfang der fünfziger Jahre mit dem Aufbau begonnen. Da war das Festland von den USA blockiert, und Hongkong wurde der wichtigste Weg zur Außenwelt. In zwanzig Jahren haben wir ein neues, modernes Hongkong aufgebaut. Heute ist es eine Weltmetropole. Wir sind sehr stolz darauf. Das zeigt, wir Chinesen sind fähig, eine erstklassige Großstadt aufzubauen.«

»Aber wir haben in dieser Zeit wie Pferde gearbeitet,« ergänzte sein Sohn. »Diese Tatsache vergessen viele Freunde vom Festland, wenn sie Hongkong bewundern.«

»Natürlich hat Hongkong auch sehr viel vom Festland gelernt.« Dr. Pan war vor 1949 hochrangiger Diplomat der Nationalistenregierung gewesen. »Jetzt wollen wir aber dem Festland helfen.«

»Aber die Festlandchinesen müssen auch arbeiten. Sie...«

Jason unterbrach sich, als sein Vater ihm einen vorwurfsvollen Blick zuwarf.

Ich kämpfte mit der Gabel um die Erbsen und tat, als ob ich nichts bemerkt hätte.

Der Sohn wollte wahrscheinlich seine Worte wie eine in der Kehle steckengebliebene Fischgräte ausspucken. Denn während wir draußen auf den Bus warteten - Dr. Pan war woandershin gefahren -, sagte er mir, was er im Restaurant schon hatte sagen wollen:

»Ich bin in diesem Jahr in vielen Großstädten auf dem Festland gewesen. Dort wird einfach nicht gearbeitet. Ich war auch in Taiwan. Selbst die Taiwan Jiao-Tong-Universität ist besser als die in Shanghai...«

Da kam schon der Doppelstockbus. Ich war dankbar. Denn was hätte ich dazu sagen sollen?

Die Hongkong-Chinesen haben anscheinend keinen so guten Eindruck von den Festlandchinesen. Ein Kollege der Chinese University, Ding, der 1948 seine Heimatstadt Shanghai verlassen und seitdem immer in Hongkong gelebt hat, sagte mir einmal:

»Als ich hierherkam, war Hongkong nicht besser als Shanghai. Wir haben sehr hart gearbeitet. Schauen Sie mal, es hat nur dreißig Jahre gedauert, aber jetzt ist Hongkong eine der modernsten Metropolen der Welt geworden. Was wir gemacht haben, soll man auf dem Festland auch machen können, sogar besser, denn wir sind nur eine Halbinsel. Aber nein, auf dem Festland wird nicht gearbeitet. Jeder hat ausreichend zu essen, genug um sich zu kleiden. Jeder hat ein Dach über dem Kopf. Man scheint damit zufrieden zu sein. Jedenfalls lebt man nicht besser, wenn man härter arbeitet. Wozu denn arbeiten? Auch die sonst Fleißigen sind faul geworden.«

Leider war Ding nicht der einzige, der eine solche Ansicht vertrat. Manche waren noch schärfer mit ihrer Kritik.

»Sie wollen nicht arbeiten, aber sie wollen gut leben,« kommentierte ein anderer Kollege, Huang, von der Hongkong University. »Jeden Tag strömen sie legal oder illegal ein, um die Früchte unserer Arbeit zu genießen. Sie sind nicht nur unverschämt, sondern auch noch arrogant. Sie betrachten sich als ›Alte Große Brüder‹, oder noch schlimmer, sie sind ›Herren des Sozialismus‹. Sie sind ›Patrioten‹. Wir sind ›Sklaven der Imperialisten und Kolonialherren‹. Aber was tun sie hier? Als Kellner oder Putzfrau arbeiten sie natürlich nicht. Sie wollen nur als Ärzte, Journalisten, Redakteure, Bankangestellte, oder was weiß ich arbeiten. Sie dürfen ja ihr Gesicht nicht verlieren. Aber für High-Tech-Berufe sind sie wieder ungeeignet, darin haben sie keine Ausbildung.«

»Hoffentlich ist das nur die Meinung einiger weniger ›Radikaler‹,« dachte ich im stillen, »und nicht die öffentliche Meinung.« Glücklicherweise begegnete ich in Hongkong auch freundlicheren Menschen.

Die Hongkonger Gesellschaft der Übersetzer zum Beispiel hatte mich zu einem Arbeitsessen eingeladen und mich gebeten, über die Ausbildung und Berufstätigkeit der Übersetzer auf dem Festland zu sprechen, und zwar auf englisch, nicht nur, weil ausländische Akademiker anwesend waren, sondern auch, weil ich nicht kantonesisch spreche und nicht alle Hongkong-Chinesen »Putonghua« - die allgemeine chinesische Sprache - verstehen. Die Anwesenden zeigten großes Interesse an meinen Ausführungen. Eingeladen war ich auch, an einem Seminar zur Ausbildung junger Manager teilzunehmen. Ich erhielt »a big hand«, als ich den smarten jungen Damen und Herren mit großem Selbstvertrauen auf englisch sagte: »›friendship‹ is a word which needs no translation. Here is to the friendship between the Hongkong-Chinese and the Mainland-Chinese!«

Interessant war für mich ein Vortrag mit dem Thema »Die Geheimnisse des Gedeihens und des Wohlstandes in Hongkong«, der von einem Unternehmer, der gleichzeitig auch ein Akademiker war, für die Shanghaier Manager gehalten wurde. Darin nannte er vier Gründe, die seiner Ansicht nach die entscheidende Rolle für den Erfolg Hongkongs gespielt haben: erstens die Nichteinmischung der Regierung in das Geschäftsleben; zweitens die Stabilität der Politik der Regierung; drittens die niedrigste Steuerrate der Welt und, last but not least, den Arbeitselan der Hongkong-Chinesen. Während der anschließenden Diskussion wurde der Redner gefragt, ob diese vier Faktoren des Erfolgs ab 1997 noch eine Rolle spielen würden. Er hat mit einem Achselzucken ganz diplomatisch geantwortet: »I hope so.«

Ob er völlig recht hatte, weiß ich nicht. Ob die Hongkong-Chinesen wirklich glücklicher sind, weiß ich auch nicht. Als ich mich im Sommer 1987 in Hongkong aufhielt, waren viele reiche Unternehmer schon ausgereist, während noch mehr solcher Leute ausreisen wollten. Tatsächlich habe ich Anfang 1988 in Toronto viele reiche Hongkong-Emigranten gesehen mit schönen Häusern und modernen Autos. Sogar viele Intellektuelle wollten nicht länger in Hongkong bleiben. Ich nehme an, die meisten Einwohner müssen bleiben, egal, ob sie die Kommunisten mögen oder nicht, denn sie können sich eine Emigration nicht leisten. Aber die Tatsache, daß viele Chinesen sich unter britischer kolonialer Herrschaft besser fühlen als unter der chinesischen Regierung, ist wirklich außerordentlich bemerkenswert und regt zum Nachdenken an. In bezug auf Hongkong ist die Losung zwar immer gewesen, die Kolonie zurückgewinnen, aber viele in der Kolonie lebende Chinesen ziehen ihre Kolonialherren ihrer eigenen Regierung vor. Kann man sich einfach und unterschiedslos diese Tatsache aus dem Sinn schlagen, indem man sagt: »Ach, diese Hongkong-Chinesen haben den Sinn für Patriotismus und das Nationalbewußtsein verloren?«

Hongkong ist, auf der Landkarte betrachtet, nur ein kleiner Punkt. Dieser Punkt liefert aber genug Stoff zum Nachsinnen für das ganze Land. Möglicherweise ist es mit Taiwan ähnlich. Die Partei und Regierung sprachen am Anfang von der Befreiung Taiwans, aber jetzt nicht mehr, sondern von der Einheit des Vaterlandes. Es wäre absurd, wenn der ärmere, ältere Bruder versuchen sollte, den reicheren, jüngeren Bruder zu befreien.

Die vergleichende Denkweise ist sowohl aufschlußreich als auch lebenskräftig. Ein junger Kollege hat mir einmal gesagt: »Wenn wir senkrecht vergleichen,« er meinte historisch, »sind wir stolz auf unsere Fortschritte und Errungenschaften. Wenn wir aber waagerecht vergleichen,« hier meinte er mit anderen Ländern, »sind wir enttäuscht.«

Enttäuscht? Ich bin nicht enttäuscht, auch nicht nach der drastischen Umwälzung in der Sowjetunion und in Osteuropa Ende der achtziger und Anfang der neunziger Jahre. Was wir jetzt machen, ist nur noch ein Experiment. Es ist zwar sehr zu bedauern, daß uns in so vielen Jahren und in so vielen Ländern das Experiment noch nicht gelungen ist, daß wir inzwischen so hohe Kosten dafür bezahlen mußten. Aber die Ideen und Prinzipien des Kommunismus: »Die Abschaffung der Ausbeutung und Unterdrückung der Menschen durch Menschen bleiben« für mich immer die Wahrheit und das Ideal. Ich hoffe, daß eines Tages echte Sozialisten dieses

Experiment mit dem echten Ziel des Sozialismus auf echte sozialistische Weise weitermachen und zum Erfolg führen werden.

* * *

Nach Shanghai zurückgekehrt, arbeitete ich weiter an der Universität. Es kamen für mich hintereinander Einladungen und Angebote von Universitäten aus dem Ausland und aus Hongkong. Der Leiter der Fakultät Ye sagte zu mir:

»Ich sähe es natürlich gerne, wenn du allen diesen Einladungen folgen könntest. Du hast es wirklich verdient. Aber du weißt ja selbst, du bist der Trumpf der Fakultät. Die Studenten wollen unbedingt dich haben. Niemand kann dich ersetzen. Was soll ich tun, Lao Zhou?«

Was er tun sollte? Er meinte wohl, was ich tun sollte. Ich sollte warten, das wußte ich. Trotzdem war ich furchtbar frustriert.

Ende 1987 kam wie ein Blitz aus heiterem Himmel die Nachricht, ich soll in den Ruhestand treten, allerdings mit vollen Dienstbezügen, denn ich wurde zu den Veteranen der Revolution gezählt. Der Präsident der Universität, Professor Weng, sagte:

»Wir müssen dem Nachwuchs eine Chance geben.«

Ich hatte nichts dagegen. Aber wer gab mir eine Chance? Ich habe doch im Alter zwischen dreißig und zweiundfünfzig Jahren überhaupt nicht als Intellektueller arbeiten können. Meine Blütezeit ist dahin! Und nun sollte ich wie andere Leute, die zweiundzwanzig Jahre länger gearbeitet hatten, mein Arbeitsleben beenden, obwohl ich noch kerngesund und arbeitsfähig war? Das war ungerecht! Aber was konnte ich tun? Meine Universität ist eine sogenannte Schwerpunkt-Universität und hat eine größere Autonomie. Diesmal sollten alle Lehrkräfte und Angestellten über sechzig Jahre in Pension gehen. Sogar unser Dekan, Professor Yang, der berühmte Wirtschaftswissenschaftler, mußte zurücktreten.

»Warum appellierst du nicht direkt an Deng Xiaoping? Du hast doch für Mao Zedong und Zhou Enlai gedolmetscht,« gab mir jemand den Rat.

»Aber bitte!« unterbrach ich ihn. »Sogar der Ex-Vorsitzende der Volksrepublik Liu Shaoqi starb in Unehre. Hat Mao ihm etwa...«

»Ja, ja, verstehe.« Er wußte genau, was ich ihm sagen wollte. »Du hast recht. Aber was können wir tun?«

Nichts, gar nichts.

Meiner Lebensmaxime, nicht aufzugeben, solange noch Hoffnung auf einen Ausweg besteht, blieb ich treu. Hoffnungslosigkeit und Hilflosigkeit führen nur zu Resignation. Ich war voller Unrast und versuchte weiterzukämpfen.

Trotzdem war ich traurig. Ich war so ehrgeizig, ja gar eitel. Es gab mir ein furchtbar frustrierendes Gefühl, daß der Gipfel meiner Karriere zwar in Sicht, aber außer Reichweite war.

Ich dachte an Vater.

»Wenn man sich bei Aussichtslosigkeit aber umdreht und nach hinten schaut, so findet man immer noch genug Spielraum - Söhnchen, merk dir das!« hat er mir einmal gesagt, als ich in ebensolcher Gefühlslage war.

Ich drehte mich um. Vater hatte recht. Da hinten war wirklich genug Spielraum. Am Morgen verloren, am Abend gewonnen. Man brauchte mich nicht mehr. Ich hatte endlich die Freiheit und die Zeit, das zu tun, was ich tun wollte und bis jetzt nicht hatte tun können. Jetzt konnte ich reisen: Kanada - USA - Bundesrepublik Deutschland - West-Berlin - Hongkong und zurück. Das sollte meine Reiseroute sein. Zweck der Reise: kanadische, deutschsprachige und englische Literatur studieren, Aufsätze, Bücher darüber schreiben, möglicherweise noch ein Buch über mein ereignisreiches Leben sowie ein Buch über meine Reise dazu, das die Kulturunterschiede zwischen dem Osten und dem Westen darstellt, quasi als Fortsetzung des berühmten chinesischen Klassikers »Pilgerfahrt in den Westen«. Wer weiß, es könnte auch Glück im Unglück sein. Nein, der Vorhang ist noch nicht gefallen. Auf der Bühne des Lebens läßt sich noch viel Interessantes und Sinnvolles spielen.

Morgen beginnt ein neuer Tag, eine neue Phase - eine Phase der Selbstverwirklichung. Ich muß etwas schaffen.

Adieu, meine einundsechzig Jahre - Jahre voller Hoffnungen und Enttäuschungen, voller Erfolge und Fehlschläge, voller Freude und Trauer!

Ach, was für ein Leben!

EPILOG I

Wenn ich heute in Berlin diese Zeilen als Epilog schreibe - mein Manuskript ist inzwischen schon längst fertig,- habe ich das Gefühl, daß es auf dieser Welt manche Dinge gibt, die ich einfach nicht verstehe. Ich fühle mich getrennt von meinem Volk, und zwar zum zweiten Mal - das erste Mal war es von 1957 bis 1979, als ich die Blütezeit meines Lebens in der Verbannung vergeuden mußte.

Ich frage mich: Warum bist du 1988 ausgereist? Hattest du damals schon den Wunsch, deine letzten Jahre im Ausland zu verbringen und die Qual eines Emigranten über dich ergehen zu lassen? Natürlich nicht. Nach meiner Emeritierung wollte ich eigentlich in Kanada und dem deutschsprachigen Raum die neueste kanadische und deutschsprachige Erzählkunst studieren, um nach meiner Rückkehr in China darüber Bücher für die chinesischen Literaturstudenten zu schreiben. Die Experten dieser Länder haben mir gute Ratschläge gegeben. Die Buchhändler waren großzügig und haben die notwendigsten Nachschlagewerke gratis nach China geschickt, als ich noch im Ausland war. Ich habe auch konkrete Pläne für meine Bücher ausgearbeitet. In China bräuchte ich nur noch Verleger finden, dann könnte ich gleich anfangen zu schreiben. Aber jetzt sitze ich hier in Berlin auf dem Trockenen, während die Nachschlagewerke in meinem Zimmer in Shanghai Staub sammeln.

Niemand hat mir die Rückkehr in die Heimat verweigert. Aber ist es nach dem Ereignis am 4. Juni 1989 auf dem Platz des Himmlischen Friedens in Peking ratsam, den Heimweg anzutreten? Ich war schließlich einmal ein sogenanntes »Anti-Partei-Anti-Volk-Anti-Sozialismus-Element« und deswegen zweiundzwanzig Jahre in der Verbannung. Aber es ist vielleicht gerade dieser neuen Trennung von meinem Volk zu verdanken, daß ich der deutschsprachigen Leserschaft diesen autobiographischen Roman bieten kann. Denn ein solches Buch hätte ich in China nicht geschrieben.

Ich habe auch nicht erwartet, daß ich einen neuen Weg finden könnte, um, weit weg von China, meinem Land und meinem Volk zu dienen. Ich bin quasi wirklich ein »Volksbotschafter« geworden, wie mich der ehemalige Rektor der Universität Mannheim nannte. In den vergangenen mehr als drei Jahren habe ich für die Lessing-Hochschule Berlin eine Vortragsreihe der chinesischen Experten zum Thema »Kulturelle Beziehungen zwischen China und Deutschland« organisiert. Außerdem habe ich für das

Haus der Kulturen der Welt »acht Unsterbliche« nach Berlin, also »über's Meer« eingeladen, so daß sie ihre magischen Fähigkeiten zeigen konnten. Es handelt sich um eine Lesungsreihe der chinesischen zeitgenössischen Literatur, woran acht Autoren teilnahmen, und zwar ein Mandschu, ein Mongole, ein Moslem, ein Tibeter, zwei Taiwanesinnen, ein Hongkonger und ein im Exil lebender Dichter. In Berlin habe ich zigmal Vorträge über das heutige China gehalten. Der Sender Freies Berlin nennt mich »Stammgast« im Studio, obwohl ich im RIAS und Funkhaus Berlin auch nicht mehr fremd bin. Mit den Moderatorinnen habe ich interessante Gespräche über China geführt. Im »Tagesspiegel«, in der »Berliner Morgenpost« und in der »Berliner Zeitung« sind meine Artikel zu lesen... Ich habe mir wirklich nicht viel Pause oder Ruhe gegönnt. Es ist mir nicht nur eine Freude, sondern auch ein Trost, durch meine Tätigkeiten mein Land und mein Volk den deutschen Freunden näher bringen zu können.

Ob mein Land und mein Volk mich verstehen?

Oh, China - mein Schmerz, meine Hoffnungen!

Geschrieben in meinem vierten Sommer
in meiner dritten Heimatstadt - Berlin.

Manche Baumblätter sind immer staubig. Lotusblätter bleiben aber stets sauber. Liegt es am Wind oder am Staub? Nein, es liegt an den Blättern.

Manche Chinesen führen ein sorgenfreies Leben. Ich aber trage überall eine schwere Last durch das Leben. Liegt es an den zahlreichen politischen Kampagnen unter Mao Zedong? Nein es liegt – es liegt an mir selber? Vielleicht. Meine Mutter hat mich schon im meiner Kindheit vor meiner Sturheit gewarnt. Ein Grundschullehrer sagte voraus, dass ich mir überall einen blutigen Kopf holen würde, wenn ich meinen Charakter nicht änderte. Aber, hatte ich eine andere Wahl? Wenn ich noch einmal von vorne anfangen könnte, würde ich ein anderes Leben führen wollen? Nein, das kann ich nicht, denn ich habe einen Kopf zuviel, ich habe eine Zunge zuviel, um der KP als »gehorsames Werkzeug« zur Verfügung zu stehen. Schade um die zweiund-zwanzigjährigen Bemühungen der KP, mich durch körperliche Arbeit zu reformieren. Denn auch 20 Jahre nach dieser Reformierung bin ich den Forderungen der KP keinen Schritt nähergekommen. Ich bin immer noch das sture Kind geblieben, auch wenn ich mir mehrmals einen blutigen Kopf geholt habe. Der Mensch muß erzogen werden. Ist er aber auch reformierbar - durch Zwang, durch Strafe, durch körperliche Arbeit? Nach 22 Jahren Quälerei habe ich nicht einmal verstanden, was ich falsch gemacht hatte, um diese Strafe zu verdienen!

Zwei Fragen, die man immer wieder an sich stellt:

»Wie kann Zhou Chun sein Heimatland noch lieben, in dem außer Ablehnung nur noch Demütigung sein Schicksal war? Er hätte längst seinem Land den Rücken kehren und ein Dissident oder Regimekritiker werden sollen!«

Oder:

»Zhou Chun ist ein Feigling. Mao Zedong und die KP haben sein Leben ruiniert. Er hat nicht einmal den Mut, sie zu hassen.«

Sehr logisch - diese Fragen. Aber, läßt sich das Leben immer nur durch Logik erklären? Warum soll ich Mao und die KP hassen, wenn ich mich als Opfer der Geschichte fühle? Warum soll ich mein eigenes Land nicht lieben, wenn ich mich trotz alledem als ein Kind meines Landes und ein Sohn meines Volkes fühle?

Mit gemischten Gefühlen schaue ich auf meine 13 Jahre im Ausland zurück. Mit 65 Jahren habe ich in Berlin meine Frau Marianne kennengelernt und sie zwei Jahre später in Kopenhagen geheiratet. Sie ist meine erste Frau. Sie hat mich in ihrer unauffälligen Art aus der Einsamkeit herausgeholt und in die Normalität zurückgeführt. Sie ist ein sehr gutherziger Mensch, liebt ihre Tochter und ihren Enkel, liebt Kinder, Getier und Blumen, liebt Musik, Malerei und Natur, hat sehr viel Mitleid mit armen und leidenden Menschen. Sie spendet jahrzehntelang an mehrere Wohlfahrts- und Umweltschutz-organisationen, obwohl sie selber keine Frau mit Vermögen ist. Sie interessiert sich sehr für die chinesische Kultur, hat ein sehr freundliches Gefühl für die chinesischen Menschen und bewundert ihre Lebensfreude, obwohl sie in China mit eigenen Augen sehen konnte, daß wir viel ärmer als die Deutschen sind. Kulturunterschiede verursachen manchmal Probleme zwischen uns, aber wir haben dasselbe Gefühl, daß sie in einer Mischehe kein gravierender Störfaktor sind, solange die Liebe die dominierende Rolle spielt. Und wir lieben einander. Wir leben glücklich zusammen.

Mein Glück liegt auch darin, daß ich einen Weg gefunden habe, meinem Land und meinem Volk weiter zu dienen. Als Schriftsteller, Journalist, Dozent und Vortragender verdiene ich nicht nur meinen Lebensunterhalt, sondern versuche auch, China den westlichen Menschen dadurch näherzubringen, die entweder sehr wenig oder sogar falsch über China informiert sind.

Leider ist meine Arbeit mit viel Streß und Ärger verbunden, denn es gibt immer Menschen, auch in der Politik und in den Medien, die sich aus verschiedenen Gründen statt mir Glauben zu schenken lieber an ihr China-Bild klammern, das durch Unwissenheit, Mißverständnisse und Irrtümer, durch Klischees, Diskriminierung und Vorurteile völlig verzerrt ist. Ich ärgere mich, wenn man mein Land aus unausgesprochenen, niederträchtigen Motiven angreift. Selbstverständlich kann jeder Mensch China kritisieren. Die Frage ist: Kritisiert man China als Freund, um ihm zu helfen, oder attackiert man China als Feind, um es zu vernichten? Wer versucht, China in den Schmutz zu ziehen, ist nicht mein Freund. Die Souveränität meines Landes und die Würde meiner Nation zu verteidigen, ist meine heilige Aufgabe im Ausland geworden.

Am Anfang meines Aufenthaltes im Ausland sagte ich immer: »Nein, ich habe kein Heimweh.« Ein paar Jahre später lautete meine Antwort schon anders: »Nein, ich habe noch kein Heimweh.« Jetzt muß ich ehrlich zugeben: »Ja, ich habe Heimweh.« Ich bin doch nicht anders als die vielen

Chinesen im Ausland, die am Ende ihres Lebens gerne in ihre Heimat zurückkehren möchten. »Das Laub fällt zur Baumwurzel nieder,« nennen wir das. Ich merkte mein Heimweh, als ich nach einer langen Abwesenheit wieder in Beijing war. Der erste Schluck Sojamilch trieb mir die Tränen in die Augen. China ist nicht bessser als andere Länder - aber China ist mein Heimatland. Die Verwestlichung Chinas gefällt mir gar nicht - aber China muß auch modernisiert werden. Hauptsache ist aber, daß ich mich nur in China wirklich sicher und zu Hause fühle. Übrigens glaube ich, daß ich in China bestimmt etwas Sinnvolles tun kann, um meinem Land und meinem Volk weiter zu dienen.

Mit diesem Epilog nehme ich also Abschied - obwohl ich noch eine Weile in Berlin bleibe, und mein zweiter Roman »Tochter der Partei« auch in Kürze im selben Verlag erscheint - von meinen Lesern, Zuschauern und Zuhörern, von meinen Studenten, Schülern und Seminarteilnehmern, von allen Menschen, mit denen ich zusammengearbeitet habe, die mich unterstützt und mir geholfen haben. Lebt wohl, liebe Freunde, vergeßt mich nicht. Ich werde Euch in dankbarer Erinnerung behalten - am anderen Ende der Welt, in China.

Geschrieben im Jahre 2000,
als die Blumen wieder anfingen zu blühen,
die Vögel zu zwitschern

INHALT